Das Buch

Schwanger und ohne ihren Geliebten, den Soldaten in die Armee gepreßt haben, willigt die verzweifelte Kitty in die Heirat mit dem älteren George Haredon ein. Sobald dieser jedoch von der wahren Herkunft ihrer Tochter Carolan erfährt, behandelt er sie beide mit Zorn und Verachtung. Erst als Carolan zu einer Schönheit heranwächst, wird er auf sie aufmerksam. Carolan, deren Situation im Hause George Haredons immer schwieriger wird, folgt schließlich ihrer Mutter und ihrem inzwischen heimgekehrten leiblichen Vater nach London. Doch der Vater ist in zwielichtige Geschäfte verwickelt, und als diese auffliegen, werden Mutter und Tochter in das berüchtigte Gefängnis von Newgate geworfen, in dem unmenschliche Zustände herrschen.

Die Deportation nach Australien, zu der sie verurteilt werden, ist vielleicht der Anfang eines neuen Lebens, doch die strapaziöse Überfahrt fordert ihre Opfer.

Dennoch machen sich Carolan und später auch ihre temperamentvolle Tochter Katherine auf, mit viel Mut den neuen Kontinent und nicht zuletzt die Männer, die sie lieben, zu erobern. Von drei Generationen mutiger Frauen erzählt diese mitreißende Abenteuer- und Liebesgeschichte vor einem schillernden historischen Panorama.

Die Autorin

Eleanor Bufford Hibbert wurde 1907 geboren. Unter dem Pseudonym Jean Plaidy verfaßte sie eine Reihe von historischen Romanen. Ihre weiteren Pseudonyme sind Viktoria Holt und Philippa Carr. 1989 wurde die Schriftstellerin mit dem golden Treasure Award der Romance Writers of America ausgezeichnet; im Januar 1993 starb sie im Alter von 86 Jahren auf einer Kreuzfahrt. Die meisten ihrer Romane liegen im Wilhelm Heyne Verlag vor.

JEAN PLAIDY

JENSEITS DER BERGE

Roman

Aus dem Englischen
von Inge Wehrmann

WILHELM HEYNE VERLAG
MÜNCHEN

HEYNE ALLGEMEINE REIHE
Nr. 01/13061

Titel der Originalausgabe
BEYOND THE BLUE MOUNTAINS

Umwelthinweis:
Das Buch wurde auf
chlor- und säurefreiem Papier gedruckt.

Deutsche Erstausgabe 11/99

Printed in Germany 1999
Umschlagillustration: Christie's / Artothek
Umschlaggestaltung: Nele Schütz Design, München,
unter Verwendung des Gemäldes »Die Hull-Docks bei Nacht«
von John Atkinson Grimshaw
Satz: Pinkuin Satz und Datentechnik, Berlin
Druck und Bindung: Pressedruck, Augsburg

ISBN 3-453-16128-9

http://www.heyne.de

Für G. P. H.

Inhalt

KITTY KENNEDY

Es war brütend heiß in der Postkutsche. Die Junisonne schien gnadenlos und brannte die Erde zu trockenem Staub, der die Hecken bedeckte, ins Innere der Kutsche drang, die Reisenden zum Husten brachte und ihre Augen schmerzen ließ. In Brentford hatten sie gut gegessen und getrunken. Als sie nun die Staines-Brücke überquerten, waren sie bereits wieder durstig, verdrießlich und schläfrig. Die harten Sitze, das Rütteln der Kutsche und die quälende Langeweile einer Reise, die noch mindestens vier Tage dauern würde, all dies zerrte an ihren Nerven. Außerdem dachten sie nicht ohne Furcht an die Heide von Bagshot, die sie hofften, bei Tageslicht durchqueren zu können. Heimlich beteten sie darum, daß sie diesen Teil der Reise ohne Schaden überstehen würden.

Der Kaufmann in der Ecke der Kutsche begann zu schnarchen, auch seine Frau nickte ein. Eine Matrone in den mittleren Jahren hielt unnötigerweise ein wachsames Auge auf ihre beiden Töchter, die beide auf die dreißig zugingen. Mit ihren mausfarbenen Haaren und den pickeligen, pockennarbigen Gesichtern sahen sie eher so aus, als würden sie sich für einen Angriff auf ihre Tugend bereithalten. Darüber schienen sich das siebzehnjährige Mädchen mit dem großen Strohhut und der achtzehnjährige junge Mann mit der Ledertasche auf den Knien köstlich zu amüsieren.

Sie behielten einander im Auge, diese beiden, seit er in Kensington in die Kutsche gestiegen war. Er saß ihr gegenüber; die ganze Zeit hatte er versucht, einen Blick von ihr zu erhaschen, aber immer wenn er in ihre Richtung schaute, wurde ihr hübsches ovales Gesicht von der Krempe ihres Hutes verdeckt. Sie trug elegante Kleidung und machte einen naiven und zugleich erfahrenen Eindruck, was er ganz bezaubernd fand. Wer war sie? Warum reiste sie allein? Wie konnte ihre Familie das nur erlauben? Dies befremdete und reizte ihn gleichzeitig.

Ihr blondes Haar hatte die Farbe reifen Weizens, und wenn die Sonne darauf schien, schimmerte es golden. Er hatte ihre Augen noch nicht gesehen; dieser lächerliche Hut versteckte sie jedesmal, wenn er versuchte, sie direkt anzuschauen. Ihr Kinn zierte ein entzückendes Grübchen. Ihr Mund war wunderschön, der Zug darum ein wenig furchtsam und doch auch bestimmt. Die vollen Lippen wirkten sinnlich und dennoch kindlich. Sie war ein sehr attraktives junges Ding, und sie war allein! Ihm selbst war es ein wenig abenteuerlich erschienen, sein Zuhause, das er mit seinem Onkel Gregory in einer kleinen Stadt in der Nähe von Exeter teilte, zu verlassen, um seinen Onkel Simon in Lincolns Inn zu besuchen. Das war ein Abenteuer für einen kühnen jungen Mann. Wieviel abenteuerlicher war es erst für eine wunderschöne junge Dame! Er betrachtete sie von oben bis unten. Ihr langer grüner Umhang hüllte beinahe ihren ganzen Körper ein, aber er konnte das gestreifte Popelinekleid sehen, das sie trug und das unterhalb ihrer schlanken Taille von einem fröhlich bunten Petticoat gebauscht wurde. Wer war sie? Er war entschlossen, es herauszufinden.

Der Kaufmann wurde plötzlich durch sein eigenes lautes Schnarchen geweckt. Vorwurfsvoll sah er seine Frau an, als ob sie schuld sei an dieser Störung. Sie wirkte sanftmütig, beinahe unterwürfig und schien es seit Jahrzehnten gewohnt zu sein, jeden seiner Vorwürfe demütig auf sich zu nehmen.

Jetzt fing er an, eine Unterhaltung mit den anderen zu suchen. Er war ein geschwätziger Mann und setzte wohl voraus, daß alle Menschen ihm die gleiche Ehrfurcht erwiesen wie seine Frau.

»Kriege! Kriege!« rief er aus. »Kriege wird es geben, solange Menschen da sind, die sie führen!«

Erwartungsvoll blickte er Darrell Grey an, den jungen Mann mit der Ledertasche, und Darrell antwortete, daß es immer Reibereien zwischen den Nationen gebe; allerdings galt seine Aufmerksamkeit auch weiterhin der jungen Dame, die ihm gegenüber saß.

»Krieg gegen Amerika!« fuhr der Kaufmann fort. »Krieg gegen Spanien!« Redegewandt zählte er die Ereignisse des vergangenen Jahres auf. »Es stimmt, Rodney hat die Franzosen in die Flucht geschlagen, aber was ist mit den Amerikanern und ihrer Unabhängigkeit ...?«

Einen kurzen Augenblick berührten Darrell Greys Knie den grünen Umhang, woraufhin der Hals und das Gesicht seines Gegenübers sich mit einer flammenden Röte überzogen.

»Der Krieg ist in der Tat eine entsetzliche Sache, Sir«, meinte die Matrone. »Nun, ich kann Euch versichern, wären diese Kriege nicht gewesen, wären meine beiden Töchter längst verheiratet. Beide waren sie verlobt mit Marineangehörigen von Rang und Namen. Ich werde nicht sagen, wie sie hießen – aber es waren große Namen! Gute Namen! Und beide sind in einer Seeschlacht gefallen! Oh, Sir, mir braucht niemand etwas von den Schrecken des Krieges zu erzählen, ich kenne sie!« Sie wandte sich an die Frau des Kaufmanns. »Habt *Ihr* Töchter?« wollte sie wissen, aber die Dame schüttelte nur stumm den Kopf, als wolle sie sagen: »Hört Ihr denn nicht, daß *er* spricht? Wie könnt Ihr ihn unterbrechen?« Die Matrone war jedoch so überzeugt von ihrer eigenen Bedeutung, daß sie sich nicht um die des Kaufmanns scherte. »Es ist gut, Töchter zu haben, wenn sie einem Ehre machen!« rief sie.

Die Kutsche machte einen plötzlichen Ruck. Das Mädchen mit dem Popelinekleid wurde nach vorn geworfen, und Darrell streckte seine Arme aus, um sie aufzufangen. Eine Sekunde lang berührten seine Hände ihre Schultern. Sie lächelte, und er konnte sehen, daß ihre Augen blau waren und ihre Wimpern so golden wie ihr Haar.

»Entschuldigung«, sagte sie.

»Ihr braucht Euch nicht zu entschuldigen«, antwortete er. »Fahrt Ihr bis zur letzten Station mit dieser Kutsche?«

»Ja.«

»Und danach?«

»Ich werde von meiner Tante oder vielleicht von ihren Bediensteten abgeholt.«

Er lehnte sich in seinen Sitz zurück. Sie reiste allein, aber es war nicht einfach, an sie heranzukommen. Nun, er konnte warten. Sie hatten den ganzen Weg nach Exeter vor sich, und Exeter war noch etwa vier Tagesreisen entfernt.

Plötzlich hielt die Kutsche an. Die Matrone und ihre Töchter rückten näher zusammen. Der Kaufmann sah fluchend aus dem Fenster.

»Wir sind in einem Schlagloch steckengeblieben!« verkündete er. »Verdammt noch mal!« Seine Frau blickte unglücklich und schuldbewußt drein.

»Wenn wir hier lange aufgehalten werden, müssen wir womöglich im Dunkeln durch die Bagshot-Heide fahren«, sagte die ältere der beiden Töchter und zitterte.

»Jenseits der Heide soll es einen sehr guten Gasthof geben«, warf die Kaufmannsfrau furchtsam ein.

»Ich hätte schreckliche Angst, die Heide in der Dämmerung zu durchqueren«, flüsterte die zweite Tochter. »Diese Vagabunden schrecken heutzutage vor nichts zurück, sagt man.«

Das Mädchen im Popelinekleid blickte Darrell ängstlich an, und er lächelte ihr aufmunternd zu. Es wäre ihm gar nicht so unrecht, im Dunkeln durch die Heide fahren zu müssen. Er würde sich um sie kümmern, und sie würde ihm dann sehr dankbar sein.

»Ich hoffe sehr …«, begann sie zu leise.

Er rückte ihr ein wenig näher und unterbrach sie: »Es sind gefährliche Burschen, aber Ihr braucht Euch nicht vor ihnen zu fürchten.«

»So ein Unsinn!« sagte die Matrone. »Was können solch schöne Worte gegen bewaffnete Männer ausrichten! Ich versichere Euch, daß die Bagshot-Heide das beliebteste Jagdrevier dieser Verbrecher ist.«

»Meine verehrte Dame«, entgegnete der Kaufmann, »offensichtlich kennt Ihr diesen Teil des Landes nicht sonderlich gut.«

Eine ältere Frau, die am Fenster saß, warf ein: »Man sagt, daß sie den Reisenden gemeine Fallen stellen.«

»Das kann schon sein, Madam«, brummte der Kaufmann, »und sie vergessen niemals, die Passagiere um ihre Brieftaschen zu erleichtern, und sie sind schnell mit ihren Pistolen zur Hand.«

Eine der Töchter kreischte auf, und in diesem Moment fuhr die Kutsche wieder los. Daraufhin gab es ein wenig Gelächter, aber es wirkte unsicher. Eine Weile schwiegen alle. Die Sonne stand schon als roter Feuerball im Westen, als sie an den Rand der Heide kamen.

Darrell lehnte sich nach vorn, und der Strohhut hob sich eine Sekunde lang.

»Wie gut, daß wir so viele sind«, sagte sie leise. »Ich muß zugeben, daß ich sonst Angst hätte.«

Die Angst ließ sie ihre Reserviertheit vergessen. Sie lehnte sich zurück, und ihr Umhang öffnete sich ein wenig; so konnte er einen Blick auf eine schlanke Taille und einen wohlgerundeten jungen Busen unter gestreiftem Popelinestoff werfen.

»Wollt Ihr jemanden besuchen?« fragte Darrell.

»Nein.«

»Dann werdet Ihr also dort bleiben … in der Nähe von Exeter?«

Sie nickte. Jegliche Koketterie war aus ihrem Blick verschwunden. Ihr Mund wirkte ängstlich wie der eines Kindes. Er fand sie bezaubernd.

»Das ist gut«, sagte er.

»Wieso ist das gut?«

»Weil ich zu meinem Zuhause bei Exeter zurückkehre. Vielleicht wohnt Ihr dann ja in meiner Nähe.«

»Vielleicht.« Sie wandte ihren Kopf zur Seite, und er sah ihr mädchenhaftes Profil und ihren sanft geschwungenen fraulichen Hals; sicher würde ihre Sinnlichkeit bald erwachen.

Wo fuhr sie wohl hin? fragte er sich. Wer war sie? Sie könnte eine junge Adlige sein. Oder war sie vielleicht eine Kammerzofe? Er überlegte, wer in der Nachbarschaft eine Kammerzofe beschäftigen würde. Die einzige, die jemals eine Zofe gehabt hatte, war, soweit er wußte, die Frau des Squire, und die war vor zwei Jahren gestorben. Etwas Geheimnisvolles umgab die junge Dame. War sie noch ein unschuldiges Mädchen, oder hatte sie schon Erfahrungen? War sie eine Adlige oder eine Bedienstete, die Kleider von ihrer Herrin trug? Und warum reiste sie allein?

Er mußte es herausfinden, und hier in der Bagshot-Heide war der richtige Ort, sich mutig zu erweisen.

Er sagte: »Mein Onkel ist Rechtsanwalt. Ich arbeite mit ihm zusammen.«

»Habt Ihr keine Eltern?«

Er schüttelte den Kopf. Seine Mutter wäre an den Pocken gestorben, als er fünf Jahre alt war, erzählte er ihr; woran sein Vater gestorben war, wußte er nicht.

»Mein Vater«, sagte sie mit niedlich gekrauster Nase, »starb vor langer Zeit. Ich habe ihn nicht gekannt. Meine Mutter?« Ihr Mund zitterte wieder. »Sie ist gerade gestorben ... ich weiß nicht, woran. Jetzt fahre ich zu meiner Tante Harriet, fünf Meilen von Exeter entfernt.«

»Eure Tante Harriet!« rief er aufgeregt. »Heißt Eure Tante etwa Miß Harriet Ramsdale?«

»Ja, genau die ist es.«

Er lachte höchst erfreut. Doch plötzlich machte er sich Sorgen. Harriet Ramsdale war also die Tante dieses charmanten Wesens! Das war kaum zu glauben. Und sie sollte bei ihr wohnen? Er war erfreut und gleichzeitig bestürzt.

»Ihr Haus ist nur ein paar Meilen von dem meines Onkels entfernt. Wir werden uns wiedersehen, hoffe ich.«

»Wie schön, daß ich schon einen Nachbarn kennengelernt habe«, meinte sie schüchtern.

»Mich freut es sehr!« antwortete er begeistert.

Nun, jetzt wußte er Bescheid. Harriet Ramsdale setzte ihre Nichte also lieber den Gefahren einer einsamen Reise aus, als das Geld auszugeben, um sie abzuholen. Er wurde von Zärtlichkeit erfüllt. Armes kleines Mädchen! Mit Harriet Ramsdale unter einem Dach wohnen zu müssen!

»Wenn Ihr meine Tante kennt«, sagte sie eifrig, »dann könnt Ihr mir vielleicht etwas von dem Leben erzählen, das nun vor mir liegt.«

Er antwortete mit einer Frage: »Wollt Ihr mir sagen, wie Ihr heißt?«

»Kitty Kennedy.«

»Und ich heiße Darrell Grey.«

Ihre Augen mit den langen goldenen Wimpern schlossen sich für eine Sekunde. Es faszinierte ihn, wie sie kokettierte und gleichzeitig wie ein ängstliches Kind wirkte.

»Ich … freue mich, daß wir uns kennengelernt haben«, wiederholte er.

»Werdet Ihr meine Tante besuchen?«

Er lächelte bei der Vorstellung, Harriet Ramsdale zu besuchen.

»Wir werden uns sehen – seid dessen versichert!«

Sie schwiegen, nicht weil sie sich nichts zu sagen gehabt hätten, sondern weil sie über so vieles reden wollten und nicht wußten, wie beginnen.

Inzwischen hatten sie die Heide hinter sich gelassen, und die Passagiere redeten nicht mehr über die Schrecken der Straße, sie redeten über Gasthöfe. Und dann redeten sie über den Krieg und über den unsicheren Frieden.

Als sie in den Hof der Herberge fuhren, war die Sonne gerade untergegangen.

Kitty war zu aufgeregt, um in dieser Nacht viel zu schlafen. Die Niedergeschlagenheit der letzten Wochen war plötzlich wie weggeblasen; das Leben schien am Ende doch nicht so trostlos zu sein. Sie hatte eine gewisse Vorstellung von dem Leben, das sie im Hause ihrer Tante Harriet erwartete. Ihre Mutter – fröhlich, attraktiv, klug und schön – hatte ihr von ihrer Schwester erzählt. »Ach Kitty! Fast zwanzig Jahre ist es her, seit ich sie zum letztenmal gesehen habe. Aber ich kann mir gut vorstellen, was zwanzig Jahre aus der armen Harry gemacht haben!« Dabei hatte sie ihre Lippen geschürzt und mißbilligend dreingesehen, und ihr Gesicht war plötzlich das einer anderen Frau, einer ernsten, mißmutigen Frau. »Harriet war immer brav; sie war Vaters Tochter. Ich war ganz Mutters Tochter.«

Kitty wußte, daß ihre Mutter aus dem Landpfarrhaus geflohen war. Die Atmosphäre dort hatte sie erstickt. Morgengebete. Andachten. Kein Gelächter. Kein Gesang. Keine

Schauspielerei. Und ihre Mutter liebte das Theater doch so sehr! Wie lebhaft sie von zu Hause erzählt hatte! Kitty konnte sich ein Bild machen von dem grauen Steinhaus in Devon mit seinen efeubewachsenen Wänden. Sie sah den Kirchturm daneben vor sich, genau wie den Friedhof am Ende des Gartens, der ihrer Mutter als kleines Mädchen immer so viel Angst gemacht hatte. Das war vor so vielen Jahren gewesen. Nun, Mutter hatte das Haus zwanzig Jahre lang nicht gesehen, das mußte also etwa 1763 gewesen sein, als ein anderer Krieg gerade vorüber war. Kitty konnte es sich genau vorstellen, wie sie dort aufgewachsen war, wie sie schließlich keine Angst mehr vor den grauen Grabsteinen gehabt hatte, wie sie auf dem Friedhof spielte mit dem Sohn von Squire Haredon, der genauso wild, verwegen und hochmütig war wie ihre Mutter selbst. Sie konnte das Eßzimmer des Pfarrhauses mit den großen Fenstern in seiner ordentlichen Reinlichkeit vor sich sehen. Die Familie versammelte sich dort zum morgendlichen Gebet. An einem Ende des Tisches saßen die Dienstmädchen mit ihren gestärkten Häubchen, und am anderen Ende thronte Großmutter Ramsdale, die wunderschön war wie ein prächtiger Vogel, eingesperrt in einen Käfig; daneben Großvater Ramsdale, ernst und gottesfürchtig. Jeffry, der Älteste, und Mutter, die Jüngste, waren beide Großmutter Ramsdale nachgeschlagen, aber Harriet, die Mittlere, fühlte sich ganz als Tochter ihres Vaters. Mutter, ihr Bruder und der Sohn des Squire heckten immer irgend etwas aus, um die arme Harriet zu ärgern. Einem einzigen verrückten Augenblick hatte Großvater Ramsdale seine äußerst unpassende Verbindung mit Großmutter Ramsdale, der Tochter eines Schmieds, zu verdanken. Sie hatte ihn bedrängt und schließlich verführt, so daß er letzten Endes, fromm wie er war, nicht anders konnte, als sie zu heiraten.

Kitty hatte eine Miniatur von Großmutter Ramsdale gesehen; dieses hübsche, schmale Gesicht, dieses schöne blonde Haar, diese eigensinnigen Augen und dieser leidenschaftliche Mund, der sie an ihren eigenen und den ihrer Mutter erinnerte. Da war es ihr nicht mehr so unverständlich, daß sogar ein Mann wie Großvater Ramsdale zur Ehe gedrängt werden konnte. Eine außergewöhnliche Ehe mußte es gewesen sein. Es war ihr nicht möglich, das Landpfarrhaus zu ertragen, und sobald ihre jüngste Tochter laufen und ihre Kleider zuknöpfen konnte, fühlte sie sich wie eine Vogelmutter, die ihren Jungen das Fliegen beigebracht hat, nicht länger an ihr Nest gebunden; sie ging auf und davon mit einem jungen Lord, der durch Exeter reiste und den sie bedrängte, wie sie einst den Pfarrer bedrängt hatte. Niemand hörte jemals wieder etwas von ihr. So wuchsen die Kinder in einer schwermütigen, gottesfürchtigen Atmosphäre auf. Sie wurden gnadenlos von ihrem Vater durchgeprügelt, der fürchtete, daß sein Sohn und seine jüngste Tochter das Blut ihrer Mutter geerbt hätten. Um sein Lieblingskind Harriet hatte er keine Angst. Sie war *seine* Tochter. Und seine Befürchtungen waren durchaus berechtigt, denn mit achtzehn Jahren ging Jeffry nach Oxford, und innerhalb eines Jahres hatte er sich so tief verschuldet, daß man im Pfarrhaus jahrelang knausern mußte, um ihn auszulösen; in seinem letzten Lebensjahr wurde er schließlich bei einem Streit in einer Schenke getötet. Und Bess, Kittys Mutter, war herangewachsen und sah genauso aus wie die Tochter des Schmieds. Ihre Haare und ihre Haut waren ebenso hell, ihr Mund ebenso sinnlich und ihre Augen ebenso lustig wie die ihrer Mutter. Man hatte eine Heirat mit George Haredon für sie arrangiert, aber als eine Gruppe von Schauspielern nach Exeter kam, darunter ein gewisser Peter Kennedy, ging Bess mit ihnen auf und davon.

Oft erzählte sie diese Geschichte, während sie auf dem Kanapee lag, ihr langes blondes Haar über ihre Schultern fiel und unter ihrem offenen Morgenmantel ihre überreifen Reize zum Vorschein kamen.

»Armer Peter! Ich betete ihn an, wie er auf der Bühne herumstolzierte mit seinem roten Umhang und seinem Schnurrbart! Aber Kit, mein Schätzchen, damals war ich eben noch ein dummes Mädchen vom Lande; schnell sah ich den Fehler ein, den ich gemacht hatte. Sollte ich etwa mein ganzes Leben mit einer herumziehenden Schauspieltruppe verbringen? Doch ehe ich mich versah, warst du auch schon unterwegs; ich war nicht unglücklich darüber, ich habe niemals etwas bereut. Und sobald ich dich zum erstenmal gesehen hatte, konnte ich Peter nie mehr böse sein. Ja, meine Kleine, im Leben darf man nicht zurückblicken und traurig sein; man muß immer versuchen, das Beste aus allem zu machen. Und genau das tat ich. Nach Peter hatte ich Toby und danach meinen Lord James. Es ist ein gutes Leben gewesen, und wir haben es weiß Gott genossen, stimmt's?«

Sie hatten das Leben genossen. Stets gab es reichlich zu essen und schöne Kleider zum Anziehen. Sie brauchten niemals zu sparen. Mit den Jahren wurde Bess molliger und reifer, und Sir Henry nahm den Platz von Lord James ein, und auf diese Weise ging es immer weiter. Sie besaßen ein hübsches kleines Haus, ein oder zwei Dienstmädchen, und die vielen netten, gutgestellten Herren, die bei ihnen ein und aus gingen, hatten stets ein freundliches Wort für Kitty. Sie besuchte eine Schule für junge Damen, wo man ein wenig Lesen und Schreiben, etwas Französisch und feine Stickerei lernte. Ab und an gab es ein paar unschöne Vorkommnisse, einen Blick, eine Geste, eine verächtliche Bemerkung über ihre Mutter. Kitty störte das nicht im geringsten; sie bemerkte derartige Dinge überhaupt nicht. Tatsächlich war sie eine modernere Ausgabe ihrer Mutter und der Schmiedstochter; sie war freundlich, sanft und bereit, von einem stärkeren Willen geformt zu werden, und diese Eigenschaften, zusammen mit ihrer auffälligen körperlichen Schönheit, waren das Geheimnis ihrer Anziehungskraft auf jedes egoistische, selbstherrliche männliche Wesen. Ihr fester, starker, fehlerloser Körper und ihr fügsames Wesen stellte für die meisten Männer die lebendig gewordene weibliche Vollkommenheit dar. Dazu verfügte sie über die Gabe ihrer Mutter, immer nach vorn zu sehen und jegliche Reue für Vergangenes zu unterdrücken. Das alte Leben war nun vorüber; ein neues Leben, das ihre ernste Tante Harriet bestimmen würde, lag vor ihr. Diese Aussichten waren nicht gerade erfreulich, aber wie immer erwartete sie das Beste vom Leben, und schließlich hatte sie ja bereits hier auf ihrer Reise nach Westen einen jungen Mann getroffen, dessen Bewunderung sie erregte, dessen gutes Aussehen und hervorragendes Benehmen nichts zu wünschen übrig ließen und der ganz in der Nähe ihres neuen Zuhauses wohnte.

Ihre Mutter hatte gespürt, daß sie bald sterben würde. Eine gewisse Atemlosigkeit, eine hochrote Gesichtsfarbe, Ohnmachtsanfälle: Dies waren die Vorboten des Todes. Die Ärzte und Apotheker konnten sie nicht retten; vielleicht wollte sie auch gar nicht geheilt werden. Sie war achtunddreißig Jahre alt, und das schien ihr nicht mehr besonders jung. Sie hatte ihr Leben gelebt, und sie hatte es genossen; jetzt war sie bereit abzutreten. Aber was sollte aus Kitty werden, die gerade an der Schwelle des Lebens stand und noch so viel zu lernen hatte? Bess, die sich niemals Sorgen um ihr eigenes Wohl gemacht hatte, sorgte sich plötzlich um ihre Tochter. Und plötzlich dachte sie ständig mit einer gewissen Ehrfurcht an das behütete Leben in einem Landpfarrhaus. Sehnsüchtig erinnerte sie sich an stille Kornfelder, an das glänzende Gold der Butterblumen in der Mittagssonne; sie dachte an baumgesäumte schattige Alleen, an Hausmannskost, Morgengebete und an strenge Aufsicht. Es lag eine gewisse Sicherheit in diesen Dingen. Zwar hatte sie nichts von ihrer Familie gehört, seit sie mit Peter Kennedy fortgegangen war, aber es kam ihr nicht in den Sinn, daß ihr altes Zuhause sich in irgendeiner Weise verändert haben könnte. So schickte sie einen Brief an ihre Schwester Harriet ins Pfarrhaus und wartete gespannt auf eine Antwort, während ihre Ohnmachtsanfälle immer häufiger wurden und sie immer verzweifelter nach Atem ringen mußte.

Die Antwort kam schließlich, aber nicht aus dem Pfarrhaus. Dort wäre jetzt ein neuer Pfarrer tätig, schrieb Harriet, denn ihr Vater war vor zehn Jahren gestorben. Harriet wohnte in ihrem eigenen Haus; erinnerte sich Bess an Oaklands? Das kleine Haus, nur einen Steinwurf vom Pfarrhaus und etwa eine Meile von Haredon entfernt? Harriet war zwar alles andere als reich, aber man konnte sich darauf verlassen, daß sie sich ihrer Pflicht bewußt war. Dieser Brief beschwor ein solch vertrautes Bild von Harriet herauf, daß Bess so herzhaft lachen mußte, bis sie stark zu husten begann und fast erstickte.

Dieselbe Harriet! Verbissen und tugendhaft, entschlossen, ihre Pflicht zu erfüllen. Wie wenig sie auch von Bess hielt, die Tochter von Bess war ihre Nichte, und solange sie, Harriet, lebte, war es eben ihre Pflicht, dafür zu sorgen, daß kein Familienmitglied zu hungern brauchte. Bess hätte es vorgezogen, noch ein paar Jahre länger zu leben, um ihre Tochter glücklich verheiratet und in sicheren Verhältnissen zu wissen. Aber das sollte nun mal nicht sein. Und wer konnte schließlich wissen, ob Kitty nicht an dem Ort, von dem sie selbst als junges Mädchen geflohen war, eine weitaus bessere Partie machen würde als in London? Ehrbarkeit zählte; und Harriet war die Ehrbarkeit in Person. Es kam durchaus vor, daß gutgestellte Herren Haredon besuchten, also begann Bess, sich selbst davon zu überzeugen, daß dies wahrscheinlich des Beste für Kittys Wohlergehen sein würde. Schließlich starb sie genauso fröhlich, wie sie gelebt hatte.

Und nun war Kitty also auf dem Weg zu ihrer Tante Harriet. Vielleicht war sie ein wenig besorgt, wenn sie an ihr neues Leben dachte, aber da sie ihrer Mutter so sehr glich, hielten ihre Sorgen sich in Grenzen. Nachdem sie eingeschlafen war, träumte sie nicht von ihrem verlorenen Leben in London oder von dem Leben, das nun vor ihr lag, sondern von Darrell Grey.

Drei weitere Tage waren vergangen, als sie in die schöne alte Stadt Salisbury kamen. Sie gähnten und schliefen, lachten und redeten, waren gereizt und fröhlich, schweigsam und geschwätzig, während sie an den Meilensteinen vorbeifuhren. Die Reise war für alle äußerst ermüdend, außer für Darrell und Kitty, die jeden Augenblick genossen. Sie freuten sich an den schattigen Alleen; sie fanden es abenteuerlich, in der Dämmerung über einsame Straßen und Wege zu fahren; sie waren voneinander bezaubert. Es war wie eine Entdeckungsreise; für Kitty war jede Stadt neu, die sie durchquerten; dabei gab es noch aufregendere Entdeckungen. Wie amüsant war es doch, etwas über Darrells Leben zu erfahren und von ihrem eigenen zu berichten. Er hatte von der Pfarrerstochter Bess gehört, die von zu Hause fortgelaufen war. Er hatte gehört, wie sehr Squire Haredon, ja, daß die halbe Nachbarschaft in sie verliebt gewesen war; dies überraschte ihn nicht, wenn sie ihrer Tochter auch nur ein klein wenig geähnelt hatte.

Die beiden wünschten, diese Reise würde niemals zu Ende gehen! Das Wetter war wunderschön, mit strahlendblauem Himmel und herrlichen Sonnenuntergängen. Sogar der geschwätzige Kaufmann und die mißmutige Matrone amüsierten sie. Zu Darrells Vergnügen imitierte Kitty die Mitreisenden, denn sie hatte dieses Talent von ihrer Mutter geerbt. Er hatte nie jemanden wie sie getroffen. Sie war ganz anders als die Landmädchen, die er kannte. Auch wenn sie nicht so verführerisch schön ausgesehen hätte, so wäre sie allein durch ihre Fröhlichkeit und ihre Lebhaftigkeit für ihn das charmanteste Mädchen gewesen, das ihm jemals begegnet war. Kitty war ihrerseits genauso begeistert von ihm. Er war ein kleines bißchen naiv, so voller Bewunderung, so darauf bedacht, den mutigen Schürzenjäger zu spielen und war doch so scheu und ein wenig schüchtern. Mit jeder Stunde verliebte er sich mehr und mehr in sie, und sie tat desgleichen in gebührendem Abstand. Es war eine wahrhaft bezaubernde Idylle, aber als sie Dorchester erreichten, änderte sich alles ein wenig.

Es war ein schöner Gasthof. Der Wirt kam heraus, um sie zu empfangen; sein ehrliches rotes Gesicht schien sie willkommen zu heißen. Er hatte genug freie Zimmer für alle. Ein offenes Feuer brannte im Kamin des Empfangsraums; überall roch es köstlich nach gebratenem Fleisch, und die Reisenden bekamen Appetit.

Ein Dienstmädchen zeigte Kitty ihr Zimmer, und als sie allein war, warf sie sich auf das Himmelbett. Die Reise hatte sie müde gemacht. Es war noch heißer als zuvor gewesen, und die Atmosphäre in der Kutsche hatte sie eingeschläfert. Sie sorgte sich auch ein wenig, da sie am kommenden Tag ihre Tante Harriet zum erstenmal sehen würde. Abgesehen davon hatte sie bereits Pläne für ein Wiedersehen mit Darrell geschmiedet.

Von unten drang plötzlich das Geklapper von Hufen und das Geräusch von Kutschenrädern herauf. Noch mehr Gäste? Neugierig sprang Kitty aus dem Bett und riskierte einen heimlichen Blick aus dem Fenster. Es war eine elegante Kutsche, und die Pferde waren wunderschön. Der Wirt und die Stallknechte liefen aufgeregt um die Kutsche herum, es handelte sich also offensichtlich um eine bedeutende Persönlichkeit. Dann sah sie ihn ... ein großer, dicker Mann um die vierzig – mit einem roten Gesicht und mächtigen Schultern, gut gekleidet, jedoch eher nach ländlicher Mode. Er blickte finster drein und war offensichtlich wütend. Nun konnte sie den Grund dafür sehen; eines seiner Pferde lahmte. Er verfluchte seinen Kutscher, als ob es dessen Schuld wäre, er verfluchte die schlechten Straßen und die Dummköpfe, die seine Diener waren, er verfluchte alle, die um ihn herumstanden und ihn anstarrten.

»Bringt mir was zu trinken!« schrie er, und der Wirt rannte los, um ihm seinen Wunsch zu erfüllen. Eine höchst unangenehme Person, dachte Kitty; eine abscheuliche Kreatur, noch dazu häßlich mit seinem roten Gesicht und seinen unflätigen Worten. Das Dienstmädchen, das Kitty ihr Zimmer gezeigt hatte, kam mit einem Glas Ale auf einem grünen Tablett heraus. Sie stellte sich vor den Mann, knickste ungeschickt und wartete mit niedergeschlagenen Augen, während er das Glas nahm. Er leerte es mit einem Zug, schimpfte über die schlechte Qualität und forderte ein weiteres Glas, und schnell sollte es gehen, es sei denn, sie wünschte seine Peitsche zu spüren. Das Mädchen beeilte sich, ihm zu gehorchen. Kitty zog sich angeekelt zurück. Niemals zuvor hatte sie so einen Mann gesehen. Er führte sich auf, als sei er der König in dieser kleinen Welt, verfügte aber durchaus nicht über die Manieren, die sie bei einem Mann voraussetzte. Die Männer, die bei ihrer Mutter zu Besuch gewesen waren, hatten sich stets tadellos aufgeführt. Er stampfte über den Hof, und als er die Tür des Gasthofs erreichte, erschien das Dienstmädchen mit einem frischen Glas Ale auf dem Tablett. Er trank es aus und leckte sich die Lippen. Sein Gesicht war noch immer rot vor Wut, aber an der Art und Weise, wie er nun dastand, konnte man erkennen, daß seine Wut bereits nachgelassen hatte. Kitty konnte oben seine Stimme hören.

»Oh! Das ist schon besser, stimmt's, Moll?« Er packte das Mädchen grob an der Schulter, zog sie an sich und küßte sie geräuschvoll auf den Mund. Kitty hörte das Mädchen kichern und wandte sich vom Fenster ab. Sie hatte keine Lust mehr, noch länger auf ihrem Bett zu liegen und zu träumen. Nachdem man ihr heißes Wasser gebracht hatte, wusch sie sich und ging nach unten. Der verführerische Geruch von gebratenem Fleisch stieg ihr in die Nase und machte ihr Appetit, aber als sie gerade die Tür des Speisesaals öffnen wollte, kam die Wirtsfrau auf sie zugerannt.

»Madam, wenn Ihr bitte noch einen Moment im Salon warten wollt«, sagte sie aufgeregt.

»Ich dachte, das Essen wäre fertig ...«, sagte Kitty.

»Eure Reisegefährten sind im Salon. Wir werden euch Bescheid geben, sobald der Speiseraum frei ist.«

Man hörte das Geräusch eines Stuhls, der zurückgestoßen wurde. Eine Stimme brüllte: »Verdammt noch mal! Schließ die Tür!« Der Türgriff wurde aus Kittys Hand gerissen, und der Mann, den sie auf dem Hof gesehen hatte, stand vor ihr; er sah Kitty nicht sofort; wütend blickte er die Wirtsfrau an, und diese stammelte: »Die Passagiere der Postkutsche, Euer Ehren ...«

»Postkutschenpassagiere! Laß doch diesen Abschaum warten! Ich sage dir eins, ich setze mich nicht mit diesem Pack an einen Tisch!« Er hielt inne, denn nun hatte er Kitty entdeckt. »Aha!« fuhr er fort und wischte sich mit der Hand Soße vom Mund. »Wer ist diese Lady?«

Die Frau antwortete: »Die Lady kam heute abend mit der Postkutsche ... mit der Exeter-Kutsche, Euer Ehren.«

»Die Exeter-Postkutsche.« Seine Augen waren groß und braun. Vor zehn Jahren mußte er ein außergewöhnlich gut aussehender Mann gewesen sein. Plötzlich lachte er. »Die

Lady wird mich für ungehobelt halten.« Er verbeugte sich vor Kitty. »Ihr mögt eintreten, Madam. Es soll mir eine Ehre sein, mit Euch zu speisen.«

Kitty betrachtete seine Hände; sie waren groß und die Handrücken mit dunklen Haaren bedeckt. Sie dachte daran, wie eine dieser Hände das nicht besonders scheue Dienstmädchen an sich gezogen hatte, und wich zurück in den dunklen Flur.

»Vielen Dank, aber ich reise nicht allein. Ich werde meine Reisegefährten rufen. Wir sind alle sehr hungrig.«

Im Salon schimpfte die Matrone wütend vor sich hin. »So etwas habe ich noch nie gehört! Wir müssen warten, weil irgendeine wichtige Persönlichkeit es vorzieht, allein und natürlich zuerst zu speisen. Er soll bloß wissen, daß auch ich in besseren Kreisen verkehrt habe! Muß eine Lady es sich gefallen lassen, daß man sie so beleidigt, nur weil sie wegen der schlechten Zeiten ihre Kutsche verkaufen mußte und nun gezwungen ist, mit der Postkutsche zu reisen ...?«

Kitty näherte sich Darrell. »Das Essen ist fertig«, sagte sie, und sie gingen alle in den Speisesaal.

Der Mann sah nicht auf, als sie hereinkamen. Er aß stur weiter. Ein Diener brachte den Braten herein und stellte ihn auf den Tisch; der Wirt erschien und begann sichtlich nervös das Fleisch zu schneiden.

Das gebratene Lamm war hervorragend, und eine Weile hörte man nichts als die Geräusche hungriger Esser. Der große Mann hatte seine Mahlzeit beendet; und jedesmal, wenn Kitty aufsah, blickte er in ihre Richtung. Eine glühende Röte stieg ihr in die Wangen. Zuerst hielt sie ihren Blick gesenkt, aber sie konnte förmlich spüren, wie er sie ansah. Er jagte ihr schreckliche Angst ein, und plötzlich wurde ihr bewußt, wie gefährlich es sein konnte, allein und ohne Schutz auf eine so lange Reise zu gehen. Sie blickte zu Darrell hinüber. Wie gut er doch aussah mit seinem sanften, klugen Gesicht und seinen grauen Augen, die seine Liebe zu ihr widerspiegelten. Er war sehr schlank und sah fast zerbrechlich aus im Vergleich zu diesem arroganten, rotgesichtigen, furchterregenden Mann, der in seinen pompösen Kleidern allein an einem Tisch saß. Sie wagte noch einen Blick in seine Richtung. Er lächelte und versuchte, ihren Blick festzuhalten, aber sie wandte sich hochmütig ab.

»Das scheint ja ein grobschlächtiger Kerl zu sein«, flüsterte sie Darrell zu; »dieser Mann, der so eifrig von unserem Wirt bedient wird. Laß uns in den Salon gehen, ich werde mich dort besser fühlen.«

Sie gingen zurück in den Salon und nahmen auf einer Bank in der Fensternische Platz.

»Das ist Squire Haredon«, erklärte Darrell. »Offensichtlich ist er heute abend schrecklicher Laune.«

»Haredon! George Haredon?« Sie versuchte sich vorzustellen, wie ihre Mutter mit diesem rotgesichtigen Mann auf dem Friedhof gespielt hatte.

Darrell fuhr fort: »Er hat sich eben von seiner schlechtesten Seite gezeigt; er ist sehr verärgert. Sein Pferd lahmt, und er muß hier übernachten, statt nach Hause zu fahren, wie er es vorhatte. Er ist ein guter Squire, aber in seiner Wut kann er fürchterlich sein. Jedermann geht ihm aus dem Weg, wenn er wütend ist.«

»Ich mag ihn nicht, ob er nun wütend ist oder nicht«, sagte sie.

Die Tür öffnete sich, und der Squire betrat das Zimmer.

»Diese Gasthöfe sind vielleicht zugig!« rief er aus. Er schien nicht mehr wütend und lächelte sie freundlich an. »Wenn das nicht der junge Grey ist! Er ist es, nicht wahr? Und die junge Lady?«

Darrell stand auf; aber es war Kitty, die zu sprechen begann.

»Mein Name ist Kitty Kennedy.«

»Kitty Kennedy!« sagte der Squire. Er zog seine schwarzen Augenbrauen hoch. »Bei Gott! Fahrt Ihr etwa zu Eurer Tante Harriet?«

»Ja, so ist es.«

Er schlug sich auf die Schenkel und lachte aus vollem Halse.

»Ihr kamt mir gleich so bekannt vor. Nun, Lady wir beide sind keine Fremden.«

Er baute sich vor ihr auf, und sie trat einen Schritt in die Fensternische zurück. Seine riesige Hand, die er ausstreckte, übersah sie.

»Ich glaube nicht, daß wir uns schon einmal getroffen haben«, sagte sie würdevoll und bedeutete Darrell, sich neben sie zu setzen; auf der Bank war nur Platz für zwei.

»Der Squire meint«, sagte Darrell, »daß er deine Tante kennt und daß er deine Mutter gekannt hat. Deshalb bist du für ihn keine Fremde.«

»Ja, so ein Rechtsgelehrter trifft doch immer ins Schwarze!« schrie George Haredon. »Es stimmt, ich kannte Eure Familie, Kitty. Und Ihr seid die Tochter von Bess! Bei Gott, ich wußte es! Du siehst aus wie Bess!«

Sein vertrautes Gehabe stieß sie ab. Sie griff nach Darrells Hand, und da sie plötzlich eine gewisse Angst verspürte, hielt sie ihren Kopf ein wenig höher.

»Ich könnte fast glauben, Bessie selbst würde hier sitzen«, murmelte George Haredon. Er war aufgeregt und atmete schwer, seine Augen glitzerten.

»Man sagte mir stets, wie sehr ich meiner Mutter ähneln würde«, erklärte Kitty kalt.

»Bei Gott, wer auch immer das gesagt hat, er hatte recht.«

Er war ihr so nahe gekommen, daß sie die Wärme seines Körpers spüren konnte. Sein Atem roch nach Alkohol, und seine Kleider nach Stall. Angeekelt verzog sie das Gesicht, und es war ihr gleich, daß er es bemerkte. Sie wandte sich an Darrell und begann, über die Orte, die sie durchfahren hatten, zu reden, und als George Haredon sich an der Unterhaltung beteiligen wollte, brachte sie das Gespräch auf ihre Reisegefährten, die er nicht kannte. Darrell war beschämt, da er ziemliche Ehrfurcht vor dem Squire empfand. Sie dachte, wie hübsch und kultiviert Darrell doch im Vergleich zu diesem Mann war, und weil sie fühlte, daß er sich ein wenig vor dem Squire fürchtete, hätte sie am liebsten ihre Arme um ihn gelegt, um ihn zu beschützen. Es war ein ganz neues Gefühl, diese Zärtlichkeit, ein neues und wunderbares Gefühl. In diesem Augenblick wußte sie, daß sie Darrell heiraten würde, komme was da wolle. Er brauchte sie, und sie brauchte ihn.

George Haredon beobachtete die beiden, und seine großen Hände hingen hilflos herunter. Sie konnte diese Hände nicht vergessen, wie sie das Dienstmädchen gepackt hatten, und sie wußte, er hätte sie gern genauso gepackt. Er war abstoßend, er war hassenswert, dazu war er überheblich; er versuchte, sich zwischen sie und Darrell zu drängen.

»Donnerwetter!« sagte er und kam ihr so nah, daß sie seinen Schnapsatem riechen konnte. »Bess hat eine vornehme, hübsche Lady aus ihrer Tochter gemacht. Und ich mag diese Lady, ich mag sie sogar sehr!«

Das paßte zu ihm, zu diesem eingebildeten Gockel, der mit seinen prächtigen Federn daherstolzierte. »Ich mag diese Lady sehr! Fühlst du dich nicht geschmeichelt? Denn ich bin hier der Hahn auf dem Hühnerhof!« Aber Kitty würde ihm schon zeigen, daß sie nicht eines seiner Dorfmädchen war, das man in einer Sekunde beschimpfen und im nächsten Augenblick küssen konnte. Auf seiner geblümten Weste prangte ein Soßenfleck. Er sollte wissen, daß sie den Stallgeruch verabscheute, der ihn umgab, und daß seine großen, haarigen, nicht besonders sauberen Hände und vor allem sein ungehobeltes Benehmen sie abstießen.

»Es bedeutet mir nicht allzu viel, ob Ihr mich nun mögt oder nicht«, teilte sie ihm mit.

Er lachte, schien aber doch ein wenig verwirrt. Die stolze Art, wie sie den Kopf hob, verwirrte ihn, und auch die Respektlosigkeit, die man schließlich von Bess' Tochter erwarten konnte. Ihre Ähnlichkeit mit Bess bewegte ihn tief. Aber sie hielt ihn wohl für grobschlächtig? Bess hatte in den alten Tagen ebenso empfunden. Ihre Verachtung war damals verletzend für ihn gewesen, und er hätte sie am liebsten für ihren Hochmut geprügelt. Andererseits war es das, was ihn an Bess immer so fasziniert hatte. Und nun geschah es wieder, diesmal mit der Tochter von Bess, und sein unfreiwilliger Aufenthalt in diesem Gasthof war zu einem anregenden Abenteuer geworden.

»Ihr reist also ganz allein? Hätte Harriet mir das erzählt, wäre ich bereit gewesen, Euch selbst abzuholen. Ihr hättet nicht allein reisen dürfen.«

Sie lächelte Darrell verliebt an und sagte: »Mr. Grey hat sich sehr gut um mich gekümmert, vielen Dank.«

»Den Teufel hat er getan! Ein Rechtsgelehrter zieht aus jeder Situation für sich selbst den größten Nutzen.«

Die Tür wurde plötzlich geöffnet, und die Matrone mit ihren beiden Töchtern trat ein.

»Das Lamm war wohl eher ein Schaf«, sagte sie laut, »aber man konnte es essen. Setzt euch ein bißchen, Kinder ... Wir wollen recht bald auf unsere Zimmer gehen. Das Reisen kann wirklich sehr ermüdend sein. Wie sehr ich doch meine eigene Kutsche vermisse!«

George Haredon sah die Töchter spöttisch an. Sie kicherten und warfen schüchterne Blicke in seine Richtung. Ihre Mutter war wachsam, obwohl sie Gleichgültigkeit vortäuschte.

Der Squire ging auf sie zu. »Auch das Reisen in der eigenen Kutsche kann ermüdend sein, Madam«, sagte er. »So bin ich gezwungen, die Nacht hier zu verbringen, nur weil eines meiner Pferde plötzlich lahmt. Eine verteufelte Sache. Darf ich mich vorstellen? Squire Haredon, zu Euren Diensten, Madam.«

Er lächelte die beiden Mädchen an. Ihre Mutter stellte sie ihm vor: »Meine liebe Tochter Emily – meine liebe Tochter Grace.«

Der Squire wollte sich ein wenig einschmeicheln; er setzte sich zwischen die beiden Mädchen.

»Ich hätte ja ein anderes Pferd nehmen können, aber es ist nichts – es lahmt nur ein wenig. Wenn es der Stute morgen nicht bessergeht, werde ich sie hier zurücklassen. Aber ich glaube, sie braucht nur eine Nachtruhe.«

Der Kaufmann und seine Frau kamen herein, und der Kaufmann begann wieder vom Krieg zu reden.

»Es ist so heiß hier drinnen«, sagte Kitty nach einiger Zeit. »Darrell, ich werde jetzt auf mein Zimmer gehen. Ich bin müde. Es war ein langer Tag.«

Sie wünschte der Gesellschaft eine gute Nacht und ging hinauf in ihr Zimmer. Schnell zog sie sich aus und legte sich ins Bett. Ihr Gesicht brannte. Diese frechen braunen Augen und diese starken, behaarten Hände gingen ihr nicht aus dem Kopf. Von unten hörte sie noch das Gemurmel von Stimmen. Sie konnte sie alle vor sich sehen – George Haredon machte Emily und Grace bestimmt noch immer schöne Augen. Sie war den beiden richtig dankbar. Welch eine Erleichterung, daß diese unverschämten braunen Augen sie nicht länger anstarrten!

Sie hörte Schritte auf der Treppe. Alle würden nun zu Bett gehen. Plötzlich wurde sie von Panik ergriffen, sie sprang aus dem Bett und schloß ihre Tür ab. Dann lehnte sie sich dagegen und mußte über sich selbst lachen. Wie absurd war es, sich so vor ihm zu fürchten! Er hatte seine Aufmerksamkeit nun auf Grace oder Emily gerichtet. Sie legte sich wieder ins Bett. Der Mond schien in ihr Zimmer. Nun, da die Tür abgeschlossen war, fühlte sie sich besser. Langsam döste sie ein. Plötzlich wurde sie wieder geweckt und setzte sich erschreckt auf. Irgendein Geräusch hatte sie gestört. Sie lauschte. Da hörte sie es wieder. Ein Klappern an ihrer Fensterscheibe.

Sie versteckte sich unter ihrer Decke – bis es wieder klapperte. Ängstlich sah sie sich im Zimmer um, stand auf und ging zum Fenster. Auf die Fensterbank kniend sah sie hinaus.

Unter ihrem Fenster stand George Haredon. Gerade wollte er noch eine Handvoll Kies zu ihr hochwerfen.

Zwei Sekunden starrten sie sich an, dann trat sie zurück. Hastig warf sie sich einen Umhang um die Schultern, ging wieder zum Fenster und verriegelte es.

Sie sah ihn nicht noch einmal an, aber sie konnte ihn leise lachen hören. Schnell legte sie sich wieder ins Bett; sie zitterte, nicht vor Kälte, sondern vor Wut.

Harriet Ramsdale war gerade in ihrer Vorratskammer, als sie die Kutsche vor ihrem Tor halten hörte. Hastig verschloß sie eine Schranktür, band sich die Schürze ab und strich ihr Musselinkleid glatt. Sie war eine große Frau mit dünnem dunklem Haar, das sie immer sehr schlicht frisierte. Ihre Augen unter den buschigen Brauen waren grau, die Lippen ein dünner Strich. Jetzt wurde der Ausdruck um ihren Mund ein wenig weicher, denn sie vermutete, daß es die Kutsche des Squire war. Beim Blick aus dem Fenster wurde ihre Vermutung bestätigt. Sie sah, wie er ausstieg, sie sah, wie er in seiner forschen Art, die sie so sehr bewunderte, ihr Tor öffnete und zur Eingangstür schritt.

Jetzt war sie so aufgeregt, wie eine Harriet Ramsdale es nur werden konnte. Schnell beherrschte sie sich jedoch und ging in ihrer üblichen steifen Art zum Tisch zurück, um die Gläser mit Blaubeergelee mit ihrer hübschen, sauberen Handschrift zu kennzeichnen: »Juni 1783«.

»Mach dich doch nicht lächerlich, Harriet Ramsdale«, sagte sie leise zu sich selbst. Als sie ein kleines Mädchen war und Jeffry und Bess sie immer von ihren Spielen ausgeschlossen hatten, war ihr nichts anderes übriggeblieben, als mit sich selbst zu reden, und damit hatte sie nie aufgehört. »Vergiß bloß nicht, daß du gerade vierzig geworden bist!«

Sie war äußerst praktisch veranlagt; sie war dogmatisch; sie war gerecht. Es war ein enger Rahmen, den sie sich selbst gesetzt hatte – Harriet, die Tochter ihres geliebten Vaters, die einzige in der gesamten Familie, die ihn nicht enttäuschen wollte. Daß ihr Haus mit den geschmackvollen Möbeln, den polierten Fußböden, auf denen kein Stäubchen lag, so in Ordnung war, konnte sie ganz allein sich anrechnen. Denn was würden Peg und Dolly schon tun, wenn sie ihre Herrin nicht beständig im Nacken hätten? Sie waren richtige Schlampen, Mädchen aus dem Arbeitshaus, verschwenderisch und faul; Harriet vermutete, daß sie auch lasterhaft waren. Aber da es in ihrer Familie Personen wie ihre Mutter, ihren Bruder Jeffry und ihre Schwester Bess gegeben hatte, war sie geneigt, jeden der Lasterhaftigkeit zu verdächtigen. Als ihr geliebter Vater vor zehn Jahren gestorben war, hatte sie diesen Schock mit großer Fassung ertragen, denn sie hatte einen starken Körper und eine starke Seele. Ihre einzige große Schwäche war ihre unerschütterliche Zuneigung zu George Haredon; es war eine romantische Liebe, die jeglichen gesunden Menschenverstand, den sie immer bei anderen, besonders aber bei sich selbst voraussetzte, vermissen ließ. Es hatte begonnen, als sie gerade sechzehn und Bess vierzehn Jahre alt war; George mußte zu dieser Zeit etwa achtzehn gewesen sein. Er sah so atemberaubend gut aus, schon damals wie ein Mann von Welt, daß Harriet ihn glühend verehrte, obwohl er sie zusammen mit Jeffry und Bess manchmal aufs grausamste ärgerte. Bess war bereits mit vierzehn ein zauberhaftes Wesen, und George hatte nur Augen für sie. Trotz Harriets gesundem Menschenverstand, trotz der unbestreitbaren Tatsache, daß sie zweifellos über alle Eigenschaften verfügte, die eine vernünftige Ehefrau ausmachten, war George wie alle seine Geschlechtsgenossen zu dumm, diese Tugenden zu erkennen. Aber: Wenn Männer älter werden, dann werden sie auch weiser, diese Tatsache ging Harriet beständig im Kopf herum.

Es hatte dem armen George das Herz gebrochen, als Bess mit ihrem Schauspieler davongerannt war, und Harriet war sicher, daß er nur aus verletztem Stolz seine dumme kleine Ehefrau geheiratet hatte. Sie hatte sich dann auch als äußerst schlechte Hausherrin erwiesen und George vier Kinder geboren, von denen nur zwei überlebten. Bald nach der Geburt des letzten Kindes war sie gestorben, da sie sich auf dem Weg zur Kirche erkältet hatte.

George war so unberechenbar und launisch, er brauchte einfach eine führende Hand. Wenn er doch jetzt sie fragen würde! Zwei Jahre waren nun schon seit dem Tod seiner Frau vergangen. Er hatte ja wohl lange genug enthaltsam gelebt. Sie errötete ein wenig. Man erzählte sich gewisse Geschichten über den Squire, aber wurde nicht immer über hochgestellte Persönlichkeiten geklatscht? Man hörte Gerüchte über das wilde Leben des jungen Prinzen von Wales, nur weil er eben der Prinz von Wales war. Diener tratschen; du kannst sie auspeitschen, du kannst ihnen mit Entlassung drohen, und sie tratschen dennoch. Er sollte sogar vor dem Tod seiner Frau ..., aber was auch immer geredet wurde – sie, Harriet, war keine, die solch schlimme Geschichten über einen alten Freund glauben würde.

Es klopfte an der Tür.

»Komm herein!« sagte Harriet, und Peg trat in die Kammer. Ihr Haar war zerzaust, und ihr Gesicht war gerötet.

»Madam, der Squire ist da.«

»Peg! Dein Haar! Dein Kleid! Ist das ein neuer Riß? Was soll bloß der Squire davon denken, daß ich eine solche Schlampe in meinem Haus habe? Du machst mir Schande! Geh jetzt. Ich werde in einer Minute beim Squire sein.«

Sie war beunruhigt. Sogar Pegs Anblick in dem alten, abgetragenen Kleid, das sich aufreizend über ihrem Busen spannte, beunruhigte sie. Harriet strich ihr Kleid über ihrer eigenen flachen Brust glatt und ging in den Salon. George stand mit dem Rücken zur Tür. Er drehte sich sofort um, als er sie kommen hörte.

»Harriet!« sagte er und kam schnell auf sie zu. Er nahm sie bei beiden Händen, und wie immer zwinkerte er mit seinen großen braunen Augen, als er Harriet ansah. Ihr Herz begann schneller zu schlagen, aber ihr Gesicht veränderte sich nicht; nur sehr selten färbte ein Hauch von Rot ihre weiße Haut.

»George! Wie nett, daß du mich einmal besuchst! Ein Glas Schlehenwein? Den mochtest du doch immer so gern.«

»Ja, natürlich, Harry, da sag' ich nicht nein.«

Sie nickte ein wenig steif mit dem Kopf, begann aber zu lächeln. Seine tiefe, ziemlich heisere Stimme erregte sie. Bess hatte vor vielen Jahren, als sie zusammen im Bett lagen, einmal gesagt: »George ist so grob. Manchmal ist es aufregend, aber manchmal ist es auch schrecklich. Ich weiß nicht, ob es mir gefallen wird, mit ihm verheiratet zu sein.« Harriet war immer noch empört. Wie konnte Bess es wagen, sich über die Grobheit anderer zu beklagen? Bess, die mit einem Schauspieler davongerannt war, und niemand wußte, ob er sie geheiratet hatte oder nicht. Bess, die nicht bei ihrem Schauspieler geblieben war und danach noch unzählige Männer gekannt hatte, die eine eigene Kutsche besaß und Seide, Spitze und Bänder, um damit ihren verderbten Körper zu bedecken. Denn Bess hatte regelmäßig an Harriet geschrieben – natürlich nur, um sie zu ärgern –, und diese Briefe waren gespickt mit Männernamen. Harriet hatte nie geantwortet. Sie blieb zurückhaltend, die tugendhafte Tochter eines guten Mannes, die ihren ganzen Ehrgeiz in ihr eingemachtes Obst legte. Wie konnte ausgerechnet Bess Georges Grobheit beklagen? Und doch ... wenn sie mit ihm zusammen war, konnte auch sie nicht umhin, seine Grobschlächtigkeit zu bemerken. Hielt er sich in ihrer Nähe auf, begann sie sogar, die Geschichten, die man über ihn erzählte, zu glauben. In ihrer Vorstellung gab es zwei Georges, den einen, an den sie in seiner Abwesenheit dachte, und den anderen, der leibhaftig vor ihr stand. Der gute Squire – und der ungestüme Mann. Der gute Squire brauchte ihre Hilfe, denn er war unberechenbar, und seine Wutausbrüche waren schon sprichwörtlich. Jede praktische, kluge Frau weiß, daß Wutausbrüche nur an den Kräften zehren und daß man durch sie keinen Schritt weiter kommt. Andererseits war da der Mann, der wilde Gedanken durch ihren Kopf schießen ließ, Gedanken, vor denen sie Angst hatte und die ihr dennoch Freude bereiteten.

Würdevoll schritt sie zur Tür. Peg hatte offensichtlich gelauscht. Die Manieren dieser Mädchen! Es geschah nicht oft, daß sie sie mit der Peitsche züchtigte, aber verdient hätten sie es viel öfter. Leider waren sie so verderbt, daß selbst Schläge fast keinen Eindruck auf sie machten.

»Peg, bring den Schlehenwein und zwei Gläser. Bring auch den frischen Kümmelkuchen – und sieh zu, daß das Tablett sauber ist«, flüsterte sie.

Peg verließ das Zimmer, und Harriet ging zurück zu George, der sie geheimnisvoll anlächelte.

»Man kann diese Mädchen nicht aus den Augen lassen«, sagte sie entschuldigend.

»Du bist eine wunderbare Frau, Harriet«, entgegnete er und wippte mit den Füßen.

Plötzlich wurde sie von Panik ergriffen. Sie dachte, er wollte ihr einen Antrag machen, und mußte an all die Geschichten denken, die man sich über ihn erzählte. Dieses Kindermädchen, das ihm gleichzeitig den Haushalt führte und von der man berichtete, daß sie das Bett mit ihm teilte ... ein wahrhaftiger Zankteufel mit blitzenden schwarzen Augen und stets ein wenig geöffneten Lippen. Sie war die Schlechtigkeit in Person, als Pfarrerstochter hatte Harriet schließlich einen Blick für Schlechtigkeit und Sünde.

»Auf dieses Haus kannst du wirklich stolz sein, Harriet. Ah! Jetzt kommt der Schlehenwein. Es ist wirklich der beste, den ich jemals getrunken habe!«

Die praktisch eingestellte Harriet hielt derartige Bemerkungen für den Beginn eines Heiratsantrags.

»Nett, daß du das sagst, George.«

»Nett? Nein! Es ist nur die Wahrheit, und das weißt du auch, Harriet.«

Peg stand mit ihrem Tablett in der Hand vor ihm; ohne sie anzusehen wußte er, daß sie verschlagen lächelte, wie eine Untergebene, die weiß, daß man sie begehrt. Die Begierde beseitigt alle sozialen Schranken ... für den Moment. Man konnte sie verdreschen, sie mißbrauchen, sie behandeln wie das Arbeitshausflittchen, das sie nun einmal war, und im nächsten Augenblick grinste sie einen an. Unverschämte Schlampe! Ihm war die andere lieber, obwohl er diese hier zu jeder Stunde der armen alten Harriet vorgezogen hätte.

Er hob sein Glas, ohne Peg zu beachten.

»Auf dich, Harriet! Mögest du ein langes, glückliches Leben haben, du hast es verdient!«

»Danke, George. Dasselbe wünsche ich dir auch.«

Er räusperte sich und genoß dieses Schauspiel. Sogar Harriet, die flachbrüstige, prüde alte Harriet begehrte ihn. Das gefiel ihm, das brauchte er. Dieses hochmütige Mädchen im Gasthof hatte ihn entnervt. Sie hatte nicht einmal kokettiert oder ihn hingehalten. Sie hatte ihn nur verspottet, wie es Jahre zuvor schon ihre Mutter getan hatte.

Er dachte nicht viel über sich selbst nach, aber er wußte, daß Bess ihm damals einen schweren Schlag versetzt hatte, als sie ihm versprochen hatte, ihn zu heiraten, und dann mit einem drittklassigen Schauspieler davongerannt war. Deswegen konnte er Bess nicht vergessen. Immer war er auf der Suche nach der Befriedigung, die ihm nur Bess hätte geben können und die er bei keiner anderen fand ... bei keiner von ihnen. Deshalb waren es auch so viele gewesen; nur deshalb war er manchmal brutal zu ihnen und manchmal unglaublich zärtlich. Immer auf der Suche, und das alles nur wegen Bess. Manchmal hatte er davon geträumt, seine großen Hände um ihren weißen Hals zu legen und sie zu erwürgen. Sie hatte es verdient. Er durfte nicht an Bess denken – sonst schoß ihm das Blut ins Gesicht, und seine Adern schwollen an. Aber da war noch etwas anderes in seinem Wesen, etwas Sentimentales, das einem Ideal nacheiferte. Squire! Dies war ein großartiger Titel. Er war stolz darauf, stolz auf seine Ländereien und Pferde, stolz auf die Position, die er innehatte. Er genoß es, wie sie sich ehrerbietig auf der Straße verbeugten, wenn er vorbeifuhr. Aber es gab auch freche Schlampen wie diese beiden aus dem Arbeitshaus, und die lächelten auf andere Weise und hielten ihre Köpfe hoch. Dann war er wütend auf sich selbst und beklagte seine verlorene Würde. Er konnte sie zwar verprügeln und wann immer es ihm beliebte mit ihnen schlafen, aber er konnte nicht diesen Blick aus ihren Augen vertreiben, der zeigte, was sie von ihm hielten: Sie wußten, er war ein Mann, der es nicht ohne Frauen aushielt. Alle Frauen wußten das und ließen ihn dies auch spüren – wie jetzt gerade Peg, die ihn hinter Harriets Rücken frech angrinste. Und das war ganz allein die Schuld von Bess. Bess allein hätte ihn befriedigen können. Er konnte sie immer noch vor sich sehen, wie sie lachte, als er auf dem Friedhof hinter ihr herjagte, sah ihre verführerischen blauen Augen, die ihn quälten, weil sie ihn durchschauten, wie sie alle Männer durchschauen konnten; diese Gabe mußte Bess von der Tochter des Schmieds geerbt haben. Mit Bess verheiratet, hätte er seine Würde bewahren können. Es hätte keine heimlichen Balgereien gegeben, keine flüchtigen Abenteuer mit Küchenmädchen, keine Demütigungen. Welch eine Familie wären sie geworden! Sie hätten Kinder gehabt, einen ganzen Stall voll, denn Bess war dazu geschaffen, Kinder zu gebären, und er dazu, Kinder zu zeugen. Er hätte immer ein wachsames Auge auf Bess haben müssen, aber auch das hätte ihm nichts ausgemacht; wie bei seinen Pferden schätzte er es, wenn

Frauen temperamentvoll waren. Und nun wäre sie beinahe vierzig, und auch sie würde ein wenig ruhiger werden, darüber hätte er sich gefreut. Sie wären beliebt. Das beste Squire-Ehepaar, das man jemals in dieser Gegend gesehen hatte! Auch allein war er ein guter Squire … bisweilen. Oft stand er seinen Untergebenen mit Rat und Tat zur Seite. Aber mit Bess neben sich wäre es in all den Jahren anders gewesen. Er wußte, was sie über ihn sagten: »Der Squire ist zwar kein schlechter Squire, aber besser wäre es, wenn er seine lüsternen Finger von unseren Töchtern ließe!« Dies hätten sie nicht sagen müssen, wäre Bess mit ihm zusammengewesen. Doch nun war sein Schmerz ein wenig gemildert, denn die Situation amüsierte ihn. Er richtete sich zu seiner ganzen Größe auf, immerhin fast ein Meter neunzig. Seine Kleider waren die eines Landsquire, dunkel, eher praktisch als elegant, doch heute trug er feine Spitze an seinem Hals und an seinen Handgelenken. Und Harriet, eine der wenigen Frauen, die niemals auch nur einen Funken Begierde in ihm geweckt hatte, stand vor ihm und war ganz aufgeregt, weil er ihren Schlehenwein gelobt hatte.

Seine Augen nahmen einen grausamen Ausdruck an. Er war immer am grausamsten, wenn sein Stolz verletzt wurde. Innerlich lachte er Harriet aus, weil Harriets Nichte ihn erzürnt hatte. Es würde ein Spaß werden, über jemanden zu lachen, der in einer schwächeren Position war als er selbst.

Das Schicksal hatte es nicht gut mit ihm gemeint. Zuerst wurde ihm Bess angeboten und dann wieder weggenommen; und dann hatte er Amelia geheiratet. Die arme, leidende Amelia, die seine leidenschaftlichen Umarmungen gehorsam über sich ergehen ließ und ihn damit zur Weißglut getrieben hatte. Sie hielt ihn für grob und vulgär, auch wenn sie das niemals ausgesprochen hätte: Zu sehr war sie sich ihrer ehelichen Pflichten bewußt, als daß es ihr eingefallen wäre, ihren Ehemann zu kritisieren. Ihre unausgesprochene Kritik jedoch war für einen cholerischen Mann wie ihn noch schwerer zu ertragen, und deshalb hatte er beschlossen, sie irgendwie aus der Fassung zu bringen; vielleicht hatte er es deshalb noch zu ihren Lebzeiten mit Jennifer getrieben.

Er mußte an Jennifer denken, während er noch über Harriets Schlehenwein lächelte. Jennifers glühender kleiner Körper; Jennifers geöffnete Lippen. Jennifer war eine Teufelin, aber sie amüsierte ihn mehr als jede andere nach Bess. Sie verschaffte ihm ein klein wenig von der Befriedigung, die er sich immer von Bess erhofft hatte. Leidenschaftlich und berechnend war sie und gefährlich schlau. Sie wollte Hausherrin auf Haredon werden. Das wußte er, und er lachte darüber. »Warum sollte ich dich denn heiraten, Jennifer? Was hätte ich denn davon als das, was ich jetzt schon von dir bekomme?« Er konnte schrecklich grausam und schonungslos sein. Er mochte es, wenn sie wütend wurde; er mochte es, wenn sie zur Tür rannte und damit drohte, sein Haus zu verlassen. Solche Szenen liebte er.

»Sei vernünftig, Jennifer«, hatte er zu ihr gesagt, »warum sollte ich dich heiraten? Du willst Kinder? Meinetwegen kannst du Kinder kriegen!« Wie rasend er sie damit machen konnte! Aber sie ging nicht; sie hoffte, sie würde ihn am Ende besiegen. Niemals, Jennifer! Niemals, meine Liebe!

Er sah Harriet wieder an.

»Wie du deinen Haushalt so in Ordnung halten kannst, wo du doch nur diese beiden Schlampen zu deiner Hilfe hast, das weiß ich wirklich nicht, Harry. Aber bald hast du ja deine Nichte bei dir, die dir zur Hand gehen wird.«

Harriet machte eine abwinkende Geste. »In dieser Beziehung darf ich nicht das Geringste hoffen, das sag' ich dir, George Haredon.«

Er lächelte. Dann dachte er daran, wie Kitty in der Fensternische gesessen hatte; sie war Bess so ähnlich, daß er sie am liebsten umgebracht oder mit ihr geschlafen hätte, oder vielleicht beides. Als er seine Augen schloß, konnte man beinahe das rote Blut unter den Lidern pulsieren sehen. Er öffnete die Augen und sah Harriet an, die sehr stolz auf ihr sauberes und ordentliches Zuhause war. Sie hat einen Körper wie ein Brett! dachte er und versuchte sich vorzustellen, mit ihr verheiratet zu sein. Diese Ehe würde anders sein als die mit Amelia. Sogar Harriet war noch temperamentvoller als Amelia. Hatte sie vielleicht doch etwas von der Tochter des Schmieds in sich?

Harriet schlug die Augen nieder. Sie fühlte, daß er ans Heiraten dachte, und sie war ein wenig beunruhigt. Die Ehe ihrer Träume war wahrscheinlich ganz anders als eine reale Ehe. Unwillkürlich wich sie ein Stück zurück.

»Ach!« sagte er. »Und ich dachte, du ließest das Mädchen kommen, damit sie dir im Haushalt hilft.«

»Mir helfen!« Nun spielte sie die beleidigte Hausfrau. »Ich kann meinen Haushalt selbst führen, das müßtest du doch wissen, George. Ich erlaube ihr, bei mir zu wohnen, weil es meine Pflicht ist. Könnte ich sie denn in London lassen bei all diesen Männern, mit denen ihre Mutter zweifellos verkehrte!«

Ein dumpfer Ärger begann in seinem Inneren zu brennen. Zweifellos hatte sie mit unzähligen Männern verkehrt, und wie hochmütig hatte sie ihm gegenüber getan!

»Ich werde sehr streng mit ihr sein, wenn ich es für nötig halte«, fuhr Harriet fort. »Bei mir wird sie ein behütetes Leben führen und ausschließlich meine Freunde treffen.«

»Was für eine kluge Frau du doch bist, Harriet!«

»Möchtest du noch ein Glas Schlehenwein, George?«

»Ja, gern, Harriet, bei deinem guten Wein kann ich nicht widerstehen.«

Als sie ihm das Glas reichte, berührte er ihre Finger. Sie blieb äußerlich ruhig, aber er spürte, wie diese Berührung sie erregte, und hätte laut loslachen können. Es war schon merkwürdig, daß sogar eine vernünftige Frau wie Harriet Ramsdale ihre verrückten Anwandlungen hatte; und sie mußte wirklich verrückt sein. Er stellte sich vor, wie es mit ihr wäre – als ob man einen Bullen mit einer Mauleselin paaren würde!

»Du wirkst belustigt, George. Darf ich wissen, worüber du lachst?«

»Ach, über nichts Bestimmtes, ich genieße einfach deinen Wein und deine Gesellschaft. Aber ich bin aus einem anderen Grund zu dir gekommen, Harriet. Deine Nichte wird in Exeter ankommen, nicht wahr?«

»Ja, warum?«

»Die Postkutsche ist heute abend fällig. Holst du sie ab?«

»Ja, ich hatte vor, mit dem Landauer hinzufahren.«

»Das ist ein ganz schön weiter Weg für dich, Harry. Wie wäre es, wenn ich einen meiner Kutscher hinschickte, um sie abzuholen? Jennifer könnte mitfahren und ihr auf dem Rückweg Gesellschaft leisten.«

Ihre Augen glitzerten ein wenig, als sie zu ihm aufsah.

»Das ist wirklich sehr freundlich von dir, George. Aber ich will dir auf keinen Fall irgendwelche Umstände machen!«

Er legte seine Hand auf ihre Schulter. Knochig war sie; noch knochiger als Amelia. Dünne Frauen konnte ich noch nie ausstehen, dachte der Squire.

»Ich freue mich, wenn ich dir behilflich sein kann, Harriet.«

»Also gut, George!«

Schüchtern war sie, wie ein Schulmädchen, und so überaus dankbar! Er fühlte sich plötzlich matt.

»Ich muß jetzt gehen, Harriet. Jennifer wird das Mädchen abholen.«

Sie stand an der Tür und sah ihn in die Kutsche steigen. Warum hatte er sich nicht erklärt? fragte sie sich. Sie war sicher, daß er es vorgehabt hatte.

Der Abschied fiel schwer. Sie saßen nebeneinander in der Kutsche, und ihre Hände berührten sich.

Darrell flüsterte: »Ich werde die ganze Zeit an dich denken, bis wir uns wiedersehen.«

»Und das wird bald sein«, antwortete sie.

Er kannte das Haus ihrer Tante. Es lag ein Stück entfernt von der Straße, und in der Nähe war ein kleines Wäldchen. Dort würden sie sich am kommenden Abend um acht Uhr ungestört treffen können. Er wollte dort auf sie warten und ihr berichten, was sein Onkel Gregory zu einer Heirat gesagt hatte, denn das war das erste, was er mit ihm bereden wollte.

»Es ist gar kein richtiger Abschied«, sagte Kitty und lächelte ihn zärtlich an.

Die Postkutsche rumpelte weiter. Der Kaufmann und die

Matrone redeten über Exeter, und alle in der Kutsche waren aufgeregt, weil sie bald das Ziel dieser langen Reise erreicht haben würden. Da alle sich so angeregt unterhielten, konnten sie sich ungestört ewige Liebe und Treue schwören.

»Schon als ich dich zum erstenmal gesehen habe, fand ich dich wundervoll. Ich konnte nur deinen Mund sehen, den Rest deines Gesichts hattest du versteckt.«

Sie lachte leise und schmiegte sich noch enger an ihn. »Du hast mich so angestarrt!«

»Ich konnte einfach nicht anders«, murmelte er. »Und, Kitty ... jetzt, wo ich dich kennengelernt habe, weiß ich, daß du der wundervollste Mensch bist, den ich jemals zu treffen hoffte.«

Er küßte ihr Ohr, und sie kicherten. Ob es wohl jemand bemerkt hatte? Es konnte ihnen gleichgültig sein!

Die Postkutsche erreichte Exeter und hielt vor einem Gasthof.

»Vielleicht sollte ich dich meiner Tante besser nicht sofort vorstellen. Vielleicht sollten wir erst eine Weile abwarten ...«, flüsterte Kitty.

Das Gepäck wurde abgeladen. Kitty stand neben ihren Koffern und hielt nach ihrer Tante Harriet Ausschau.

Eine Frau kam auf sie zu – eine kleine Frau mit einem dunklen Umhang mit Kapuze. Sie stellte sich vor sie hin und betrachtete sie mit scharfen, stechendschwarzen Augen.

»Seid Ihr Miß Kitty Kennedy auf dem Weg zu Miß Ramsdale?«

»Ja, die bin ich. Seid Ihr ... meine Tante Harriet?«

Die Frau lachte kurz auf.

»Nein. Aber ich bin gekommen, um Euch abzuholen. Ich habe eine Kutsche, die Euch ins Haus Eurer Tante bringen wird.«

Kitty drehte sich um und lächelte Darrell zu. Sein Gesicht sah traurig aus, dachte sie, aber es blieb ihr keine Zeit, darüber nachzugrübeln, denn ihre Begleiterin drängte sie zu einer Kutsche.

Die Tür wurde zugeschlagen. Die Frauen setzten sich und sahen einander forschend an.

Die zierliche Frau hatte die Kapuze ihres Umhangs abgestreift. Ihr Haar war dunkel und ziemlich kraus, die Brauen waren dunkel und die schwarzen Augen darunter groß und aufmerksam. Kitty fühlte, wie diese Augen alles an ihr genau studierten. Sie fragte sich, ob die Frau wohl eine Bedienstete ihrer Tante war; sie wirkte jedoch ein wenig arrogant und nicht wie eine Dienerin.

Währenddessen rollte die Kutsche vom Hof.

»Sagt mir doch bitte Euren Namen«, sagte Kitty.

»Jennifer Jay.«

»Und meine Tante ...«

»Squire Haredon hat mich geschickt, um Euch abzuholen.«

Das Gesicht des Mädchens wurde feuerrot.

»Aber ... warum?« stammelte Kitty. »Ich will doch zu meiner Tante Harriet.«

»Dorthin fahrt Ihr ja auch. Aber Squire Haredon dachte, es wäre eine Hilfe – für Eure Tante –, seine Kutsche zu schikken.«

»Ich verstehe. Er ist also sehr gut mit meiner Tante befreundet?«

Die Frau lächelte abschätzig.

»Er kennt sie seit vielen Jahren ... Ich nehme an, Ihr seid Eurer Mutter sehr ähnlich?«

»Natürlich bin ich ihr ähnlich. Kanntet Ihr meine Mutter?«

»Wohl kaum! Sie hat diesen Ort vor vielen Jahren verlassen, nicht wahr? Ich bin erst einundzwanzig. Außerdem habe ich als Kind woanders gelebt.«

»Es ist sehr freundlich von Squire Haredon, seine Kutsche zu schicken.«

»Er kann bisweilen ein sehr großzügiger Mann sein«, meinte Jennifer.

Sie wußte wirklich nicht, warum er sich für Harriet Ramsdale solch eine Mühe machte. Sie wollte ihn heiraten, diese verschlagene alte Jungfer. Und sie dachte, niemand wüßte es. Sie selbst, Jennifer, wußte es, und sogar diese halbblöden Schlampen, die für sie arbeiteten, wußten es.

Auch der Squire wußte es; manchmal konnte sie ihn fast dazu kriegen, sich zusammen mit ihm darüber lustig zu machen. Es gab Augenblicke, in denen sie fast alles vom Squire bekommen konnte. Aber er war sehr wankelmütig und cholerisch; das letztemal, als sie Harriets Namen erwähnt hatte, war er ihr wütend über den Mund gefahren; es hatte fast ausgesehen, als ob er sie schlagen wollte. Und das wäre nicht das erstemal gewesen, brutal wie er war! Er konnte manchmal wutschnaubend wie ein großer Bulle auf einen zurasen ... und plötzlich gab er sich dann wieder liebevoll. Sie lächelte verschmitzt.

Und jetzt diese Nichte! Eine hochmütige kleine Schönheit! Er war mit Sicherheit von ihr beeindruckt, aber er pflegte sich nicht aufzudrängen, wo er nicht erwünscht war. Und wer war dieser junge Mann, mit dem sie aus der Postkutsche gestiegen war, der sie angestarrt hatte wie ein Mondkalb? Dies versprach, aufregend zu werden, und vielleicht auch ein bißchen gefährlich.

Sie wollte versuchen, so viel wie möglich über dieses Mädchen herauszubekommen. Es war immer nützlich, gut informiert zu sein. Sie hatte eine scharfe Zunge – etwas, das der Squire an ihr schätzte. Es war sehr einfach, in sein Bett zu gelangen; jedes Küchenmädchen schaffte das. Viel schwieriger war es, darin zu bleiben.

»Hattet Ihr eine angenehme Reise?« fragte sie beiläufig. »Nette Reisebekanntschaften?«

»Sehr nette.«

»Ich hatte den Eindruck, daß einer der jungen Männer, die aus der Postkutsche stiegen, ein besonders angenehmer Reisegefährte war.«

Wie schnell sie doch erröten konnte!

»Ich glaube, Ihr meint Mr. Grey«, sagte Kitty zögernd. »Er hat erzählt, daß sein Onkel in Exeter lebt.«

»Mr. Grey ... Der Name sagt mir nichts. Nun, ich bin ja auch erst vor vier Jahren hierher gekommen. Dieser Mr. Grey ist wirklich ein sehr gut aussehender junger Mann, und es war sicherlich nett, mit ihm zu reisen.«

Sie würde die Geschichte dieser Reise ausschmücken und

dem Squire von der errötenden jungen Dame berichten, die sich ein wenig indiskret mit einem gewissen Mr. Grey verhalten hatte. Sie schaffte es oft, Haredon zum Lachen zu bringen, und wenn ihr dies gelang, beherrschte sie die Situation … immer. Vielleicht stellte er sich ja dann manchmal vor, wie sie an seinem Tisch sitzen und seine Gäste unterhalten würde; alle hätten es bestimmt bald vergessen, daß sie zuerst sein Kindermädchen und seine Geliebte gewesen war, bevor sie seine Frau wurde.

Um von Darrell abzulenken, fragte Kitty schnell: »Und Ihr … Ihr seid mit Squire Haredon befreundet?«

»Ich erziehe seine Kinder«, sagte Jennifer stolz.

»Das muß interessant sein. Erzählt mir von den Kindern.«

»Es sind zwei. Margaret ist fast zwei Jahre alt; Charles ist fünf.«

Kitty lächelte ermutigt. Es war angenehmer, sich den Squire als Familienvater vorzustellen.

»Ich mag Kinder gern; genau wie Ihr, vermute ich, da Ihr diese Aufgabe gewählt habt.«

»Ich habe sie nicht gewählt – sie wurde mir aufgezwungen. Ich besuchte gerade eine Schule für höhere Töchter, als mein Vater plötzlich starb. Es war ein Schock für mich, auf einmal mittellos dazustehen. Es blieb mir nichts anderes übrig, als meinen Lebensunterhalt selbst zu verdienen – so trat ich diese Stellung an. Margaret war damals noch nicht geboren.« Ihre Augen wirkten verschlagen, und Kitty fragte sich, warum.

Jennifer dachte daran, wie sie nach Haredon gekommen war. Von Anfang an hatte der Squire sich sehr für sie interessiert. Leidenschaftlich und recht galant hatte er um sie geworben. Die arme Amelia hatte ihr leid getan, aber das hatte sie nicht davon abgehalten, ihren Ehemann zu verführen. Es hatte großen Spaß gemacht, ihn hinzuhalten. Er konnte so wütend werden, wenn er enttäuscht war – er hatte eben keinen Stil, dieser große Bulle! Aber Amelias Tod schien ein Wink des Schicksals zu sein. Gütiger Gott, sie hatte etwas Glück nötig, und in jenen Tagen war ihr Amelias Tod wie ein glücklicher Zufall erschienen. Er würde wieder heiraten. So gab sie seinem Drängen schließlich nach und hoffte dabei, das richtige zu tun. Sie hatte das Zeug dazu, einen Mann an sich zu fesseln ... bis zu einem gewissen Grad. Ein wenig verächtlich blickte sie das Mädchen an, das ihr gegenüber saß. Dieses Mädchen war sich zu sehr ihrer Schönheit bewußt, um an etwas anderes zu denken, aber Schönheit allein reichte eben nicht aus; Klugheit mußte dazukommen, die Fähigkeit, einen Mann zum Lachen zu bringen, seine schwachen Stellen zu entdecken. Schlauheit war mindestens ebenso wichtig wie Schönheit. Diese Gewißheit machte ihr Mut.

»Oh ...«, sagte Kitty, »die Frau des Squire ...«

»Sie ist tot.«

Warum schaute das Mädchen sie plötzlich so bestürzt an, als ob sie Amelias Tod bedauerte? Wie weichherzig sie war! Aber diese Augen, diese Haut, dieser Mund! Er mußte einfach Gefallen an ihr finden, zumindest vorübergehend.

»Die arme Frau!« sagte Kitty. »Und die armen kleinen Kinder!«

»Sie sind bestens versorgt«, sagte Jennifer fast ein wenig bissig. Und der Squire ist ebenfalls bestens versorgt, dachte sie bei sich.

»Kennt Ihr meine Tante?« fragte Kitty.

Jennifer warf zornig ihren Kopf zurück.

»Ich habe sie noch nicht besucht. Eine Gouvernante besucht keine Dame von Stand.«

Die Kutsche rollte weiter, und Kitty schloß die Augen. Sie dachte nicht an ihre unmittelbare Zukunft, sie dachte an später, an ihre Ehe mit Darrell.

»Ihr müßt müde sein«, sagte Jennifer. »Schließt Eure Augen und schlaft ein wenig.«

Kitty lächelte mit geschlossenen Augen; sie war froh, sich nicht weiter mit Jennifer unterhalten zu müssen. Diese Frau hatte etwas Geheimnisvolles, Unergründliches an sich, und Kitty hatte noch nie den Wunsch gehegt, irgend etwas zu ergründen. Sie dachte an Darrell, an den feinen Flaum auf seinen Wangen und an seinen plötzlichen, stürmischen Kuß.

Harriet hörte die Kutsche und ging hinaus, um ihre Nichte zu empfangen.

Bei Kittys Anblick mußte sie schlucken. Diese junge, feine Dame aus London, deren Kleider viel zu elegant fürs Land waren, sah Bess so ähnlich, daß Harriet den alten Neid, den sie immer ihrer hübschen Schwester gegenüber empfunden hatte, wieder in sich aufsteigen fühlte. Und in ihrer Begleitung war dieses Flittchen aus Haredon, die in ihrem dunklen Umhang so sittsam wirkte; aber immer, wenn Harriet sie sah, schossen ihr die Gerüchte durch den Kopf, die man über sie verbreitete.

Kitty stieg aus, und der Kutscher trug ihr Gepäck ins Haus. Auf keinen Fall schien es Harriet angebracht, dieses Flittchen auf ein Glas Wein hereinzubitten. Es war wirklich sehr gedankenlos von George, diese Person zu schicken, um eine Nichte von Harriet Ramsdale abzuholen. George selbst konnte sie seine Unkeuschheit vergeben, weil Gott die Männer nun einmal so erschaffen hatte; aber die Frauen, ohne die die Unkeuschheit der Männer ja gar nicht möglich war, schienen ihr verachtenswerte Ausgestoßene zu sein, von denen man sich abwenden mußte. Sie haßte es, an so etwas zu denken. Lieber hätte sie an ihren kühlen Vorratsraum oder an ihren selbst angelegten Garten gedacht. Aber wenn sie in der Nähe einer solchen Frau war, dann bildeten sich Vorstellungen in ihrem Kopf, die sich nicht so leicht vertreiben ließen.

»Kitty!« sagte sie und nahm die Hand des Mädchens. Die Augen und der Mund von Bess! Ihre Haut war gerötet, und ihr Kleid war zu tief ausgeschnitten. Harriet dachte sorgenvoll: Ist dies die zweite Bess?

»Ich habe eine Mahlzeit für dich vorbereitet.« Dann schaute sie durch das Fenster der Kutsche. »Ich bedanke mich beim Squire.« Jennifer hielt ihren Kopf noch höher, und ihr Blick war wirklich unverschämt. Sobald sie mit dem Squire verheiratet war, würde sie dieses Weibsbild entlassen, dachte Harriet.

Als sie von Harriet durch den kühlen Flur geführt wurde, sah Kitty zwei aufgeregte junge Mädchen, die oben von der Treppe aus neugierig nach unten schauten. Sie nahm ihren Hut ab und legte ihn auf eine Eichentruhe. Harriet sah den lächerlichen Hut an, der nun dort lag und die Ordnung ihres Hauses störte. »Ich dulde keinerlei Unordnung, meine Liebe. Nimm deinen Hut, du kannst ihn in dem Schrank verwahren, den ich in deinem Zimmer für dich freigemacht habe.«

Kitty fröstelte bei all der Sauberkeit um sich herum. Tränen stiegen ihr in die Augen, und sie dachte an die Wohnung ihrer Mutter, mit all den Kosmetika vor dem Spiegel und dem Puderstaub auf ihrer Frisierkommode, mit all den duftigen Gewändern, die überall herumlagen. Oh, wenn sie doch dorthin zurück könnte! Aber dann hätte sie Darrell nicht getroffen, und Darrell zu lieben und von ihm geliebt zu werden, das würde wundervoll sein!

Sie lächelte strahlend. Harriet war ein wenig schockiert von diesem Lächeln. Es drückte großes Selbstvertrauen aus, das sie, die so gut und tugendhaft war, niemals gespürt hatte. Auch Bess hatte dieses Selbstvertrauen ausgestrahlt.

»Komm und iß«, sagte sie.

Alles war makellos sauber. Auf dem Tisch standen kaltes Schaffleisch und Obstkuchen. Kitty setzte sich ihren Hut auf, da sie nicht wußte, wohin sie ihn legen sollte, und nahm am Tisch Platz.

»Peg!« rief Harriet. »Bring ein Glas Ale.«

»Peg?« fragte Kitty. »Wer ist Peg?«

»Mein Dienstmädchen. Sie ist faul und zu nichts nütze. Und dasselbe gilt auch für Dolly, mein anderes Dienstmädchen. Ich hoffe, du hast ein paar Rezepte aus London mitgebracht.«

»Kochrezepte?« Kitty fand das so lustig, daß sie begann zu lachen, und weil sie kurz zuvor den Tränen so nah gewesen war, konnte sie nicht aufhören. Peg kam herein und starrte den Neuankömmling an, dann fing auch sie an zu lachen.

»Also bitte!« schrie Harriet. »Ich kann es nicht … Ich werde es nicht …«

Aber sie lachten immer weiter, und schließlich kam auch Dolly und spähte durch die Tür herein.

Harriets Gesicht war wutverzerrt, und als Kitty das sah, hörte sie auf zu lachen.

»Es tut mir leid. Ich versuchte mir nur gerade vorzustellen, wie Mama Marmelade zubereitet. Sie hat nie welche gekocht, um so etwas hat sie sich nicht gekümmert. Wenn sie Marmelade wollte, hat sie sie einfach aus dem Glas genommen, sie hat nie daran gedacht, wie die Marmelade ins Glas hineingekommen sein könnte.«

Peg und Dolly starrten diese junge Dame, die aus einer anderen Welt zu stammen schien, voller Bewunderung an. Dolly hatte es sogar gewagt, den Stoff ihres Kleides zu berühren.

»Dolly! Peg! Verlaßt augenblicklich den Raum!« befahl Harriet. »Und wagt es ja nicht, unaufgefordert wiederzukommen, es sei denn, Ihr wollt eine ordentliche Tracht Prügel!«

Als sie gegangen waren, sagte Kitty: »Es tut mir leid. Das war wohl mein Fehler ... Es war nur so lustig, mir Mama beim Einkochen vorzustellen!«

»Du bist offensichtlich leicht zu erheitern!«

Kitty begann zu essen. Arme alte Tante Harriet, ihr Leben schien nicht gerade besonders glücklich gewesen zu sein. Es mußte schrecklich sein, hier zu wohnen und an nichts anderes zu denken als an Rezepte und saubere Fußböden. Welch düstere Aussichten, hätte sie nicht Darrell getroffen! Alles war anders, weil sie ihm begegnet war. Wäre sie ihm nicht begegnet, würde sie nicht arme Tante Harriet sagen, sondern sie statt dessen einfach hassen. Aber man konnte wirklich niemanden hassen, wenn man verliebt war; Menschen wie Tante Harriet – die taten einem da nur leid.

Sie aß den Obstkuchen und trank ihr Ale, und die ganze Zeit redete Tante Harriet ununterbrochen über das, was sie von Kitty erwartete. Im Haus und im Garten gab es unzählige Dinge für sie zu tun, und es war Tante Harriets ganzer Stolz, alles blitzend sauber und ordentlich zu halten. Kannte Kitty sich mit Handarbeiten aus? Nein? Nun, das mußte sie lernen. Spielte sie Spinett? Du liebe Güte! Ihre Erziehung war schändlich vernachlässigt worden. Aber auf so etwas war sie ja vorbereitet gewesen.

Kitty sah, wie eine verzweifelte Biene immer wieder ans Fensterglas flog. Sie dachte an diese Biene und nicht an das, was Tante Harriet alles sagte. Und von der Biene wanderten ihre Gedanken zu Darrell ... Einen ganzen Tag mußte sie darauf warten, ihn endlich wiederzusehen. Sie fragte sich, ob sie sich wohl unbemerkt aus dem Haus schleichen könnte. Tante Harriet schien eine wachsame Person zu sein, die nicht so leicht zu täuschen war. Der Gedanke belebte sie förmlich. Vielleicht würde sie mit Darrell weglaufen? Sie war sicher, daß Tante Harriet mit ihrer Heirat nicht einverstanden wäre.

»Ich werde dir jetzt dein Zimmer zeigen«, sagte Tante Harriet. »Du kannst deine Sachen auspacken. Und dann gehen wir zusammen in den Garten, und ich werde dir zeigen, was dort zu tun ist. Ist ein Garten nicht eine wunderbare Sache? Ich genieße es förmlich, in meinem Garten arbeiten zu dürfen ...«

Sie gingen die Treppe hinauf; alles roch nach Seife.

»Dein Zimmer!« sagte Tante Harriet. Es war ein recht schönes Zimmer, aber ein wenig kahl, verglichen mit Kittys Wohnung in London. Aber Kitty war froh, wenigstens ein eigenes Zimmer zu haben. »Ich erwarte von dir, daß du es selbst sauberhältst.«

Kitty öffnete ihren Koffer. Tante Harriet kniete neben ihr und ließ die feinen Stoffe der Kleider durch ihre Finger gleiten.

»Wie elegant!« sagte sie grimmig. »So etwas brauchst du hier auf dem Land nicht. Wir könnten die Sachen allerdings ändern. Bist du geschickt mit der Nadel? Deine Mutter war als Erzieherin äußerst ungeeignet; es sieht so aus, als habe sie dich sträflich vernachlässigt.«

»Das hat sie niemals!« rief Kitty. »Ich war immer gern mit ihr zusammen. Sie war so liebevoll – sie war die beste Mutter der Welt!« Kitty zog ein Porträt ihrer Mutter aus dem Koffer und betrachtete es liebevoll. Voller Neugierde, die sie sich selbst nicht erklären konnte, schaute Harriet auf das

Bild. Ihr Blick fiel auf das hübsche Dekolleté und die nackten Schultern.

»Ein Künstler, der sie liebte, hat es gemalt«, sagte Kitty.

Harriet holte tief Luft, und die Eifersucht, die sie immer auf Bess empfunden hatte, war so stark wie vor zwanzig Jahren.

»Das ist … unmoralisch! Ein Mann, der sie liebte! Oh, ich kann mir das Leben, das sie führte, schon vorstellen. Sie war von Geburt an schlecht. Eine verderbte Kreatur!« Bilder stürmten auf Harriet ein. Der Squire und sein Kindermädchen … Bess und Männer … schemenhafte Männer. Sie hielt sich die Hände vor die Augen, aber die Bilder wollten nicht verschwinden.

»Wie kannst du es wagen!« schrie Kitty wutentbrannt und begann zu weinen. »Du wagst es, solche Dinge über meine Mutter zu sagen! Sie war gut … gut, besser als alle anderen auf der Welt, und ich habe sie geliebt …«

Kitty warf sich aufs Bett und begann herzzerreißend zu schluchzen, wie sie es seit dem Tod ihrer Mutter nicht getan hatte. Harriet stand hilflos daneben. Sie wollte protestieren, sie wollte das Mädchen auspeitschen – aber sie tat nichts dergleichen; sie eilte einfach aus dem Zimmer. Auf dem Flur hielt sie inne. Was für ein Mädchen! Genauso eine wie Bess. Aber sie würde dieses Mädchen bezwingen. Sie würde die Verderbtheit aus ihr herausprügeln, wie sie es bei Bess getan hätte, wäre sie damals alt genug gewesen.

Kitty überkam in diesem Haus immer mehr ein beklemmendes Gefühl. Nichts, was sie tat, schien ihrer Tante zu passen. Zunächst bemühte sie sich sehr, alles richtig zu machen. Sie saß mit Harriet im Salon und stickte, bis ihr der Kopf schmerzte; sie stand über die Gartenbeete gebückt, bis ihr der Rücken weh tat, sie half beim Einmachen, aber auch bei dieser Arbeit erwies sie sich als ziemlich ungeschickt.

Wie kann sie nur so dumm sein! dachte Harriet.

Wie kann sie all diesen unwichtigen Dingen nur solch eine Bedeutung zumessen? fragte sich Kitty. Und sie träumte von Darrell und dachte an ihre Treffen im Wald und an den Tag, an dem sie zusammen nach London gehen würden. Sein Onkel Gregory hatte zwar gemeint, er sei noch zu jung zum Heiraten, doch nun hoffte Darrell auf die Unterstützung seines anderen Onkels in London.

»Hirngespinste! Rosinen im Kopf! Was ist meine Nichte doch für eine Närrin!« klagte Harriet.

Kitty lächelte bei solchen Äußerungen nur und behielt ihr Geheimnis für sich.

Wie unverschämt sie doch ist, dachte Harriet. Sie schämt sich nicht einmal. Ich glaube, sie macht sich über mich lustig. Aber Kitty machte sich nicht über sie lustig; ihre Tante tat ihr nur leid, weil sie keinen Liebhaber hatte, der im Wald auf sie wartete, und weil ihr ganzer Stolz statt dessen dem Eingemachten und dem Gemüsegarten galt.

Jeden Abend schlich sie sich in der Dämmerung aus dem Haus. Darrell wartete im Wald auf sie. Er küßte und liebkoste sie, und sie sah bewundernd zu ihm auf.

»Warum nur legen sie uns so viele Hindernisse in den Weg? Onkel Gregory sagt, wir sollen warten. Wie können wir noch länger warten, wie können wir?«

Es war nicht leicht für ihn. Sie war so jung und begehrenswert, und auch sie – ganz die Tochter von Bess – begehrte ihn. Sie war so zärtlich und zur Hingabe bereit. Wie sie zitterte, wenn er seine Hand auf ihre Schulter legte. Er liebte sie zärtlich und auch voller Leidenschaft. Er hatte an seinen Onkel Simon in London geschrieben, der ganz anders war als sein Onkel Gregory. Onkel Simon war verständnisvoller und menschlicher. Er war ein Freidenker und liebte es, den Gesprächen in den Londoner Kaffeehäusern zu lauschen, und er liebte die Frauen. Außerdem neigte er dazu, alles gutzuheißen, was Onkel Gregory ablehnte. Also hatte Darrell an Onkel Simon geschrieben:

»Sie ist wunderschön, und wir wollen heiraten. Onkel Simon, wir müssen einfach heiraten! Jetzt können wir uns nur ab und zu im Wald treffen. Sie hat eine strenge alte Tante, und ich habe Onkel Gregory …«

Mit diesem Brief wollte er Onkel Simon einerseits zum Lachen bringen und andererseits seine Sympathie wecken.

Er setzte große Hoffnungen auf ihn. Dennoch hielt er Kitty nicht zu lange im Arm und küßte nicht zu lange ihre roten, weichen Lippen. Er versuchte, nicht daran zu denken, wie weich und einladend das Moos war. Wie gern hätte er seiner Begierde nachgegeben, aber er liebte sie zu sehr. Außerhalb des Waldes mit seinem weichen Grasteppich und seinen schützenden Bäumen wartete die grausame Welt.

Die beiden Mädchen Peg und Dolly wußten von den Treffen mit Darrell, aber von dieser Seite war nichts zu befürchten. Kitty hatte Peg einen Seidengürtel und Dolly ein Spitzentaschentuch geschenkt, und davor hatten sie nie etwas anderes als Ermahnungen und Schläge bekommen. Die Kleider, die sie im Arbeitshaus getragen hatten, waren die Bezahlung für harte Arbeit; Kost und Logis bei Harriet waren der Lohn für noch mehr harte Arbeit. Aber der Gürtel und das Taschentuch waren einfach nur Geschenke, denn sie hatte sie den Mädchen gegeben, ohne etwas dafür zu verlangen. Aber auch ohne die Geschenke wären sie auf ihrer Seite gewesen. Sie war hübsch und sie war freundlich; die Mädchen waren völlig ungebildet, aber sie hielten die Liebe für etwas ganz Natürliches und Selbstverständliches. So erledigten sie Botengänge für sie, tuschelten miteinander über sie und versuchten ein wenig zu sein wie sie. Sie wuschen Kittys Kleider und taten alles für sie. Peg trug den Seidengürtel um ihren Flanellrock; Dolly hatte das Taschentuch stets in ihr Mieder gesteckt.

Zwei Wochen vergingen. Der Squire war ein häufiger Gast. Er saß im Garten und lobte Harriets Blumen und ihr Gemüse mit lebhaftem Interesse. Dies konnte nur eines bedeuten, dachte Harriet und konnte des Nachts nicht mehr schlafen.

Wie schade war es doch, daß sie sich gerade jetzt um die Tochter ihrer Schwester kümmern mußte. Sie konnte Kitty einfach nicht verstehen. Sie verhielt sich dem Squire gegenüber fast unhöflich, doch das störte ihn nicht, er schien es nicht einmal zu bemerken. Manchmal sah er sie an und wirkte verwirrt und so, als wäre er an ihr interessiert – aber wenn man plant, eine Dame zu heiraten, dann ist man schließlich auch an ihrer Verwandtschaft interessiert! Einmal sagte sie zu Kitty: »Ich verstehe dich nicht, du benimmst dich Squire Haredon gegenüber vollkommen unmöglich!«

Und Kitty schrie mit blitzenden Augen: »Ich hasse diesen Mann!«

Haß! Wie konnte eine Lady bloß ein solches Wort in den Mund nehmen! Der Squire war doch immer sanftmütig zu ihr gewesen und hatte über ihr rüdes Benehmen hinweggesehen. »Wenn du dir keine besseren Manieren angewöhnst, dann wirst du nie einen Ehemann finden, mein Fräulein!« sagte sie höhnisch. Doch Kitty antwortete verächtlich: »Deine exzellenten Manieren haben dir anscheinend in dieser Beziehung wenig genutzt!« Im nächsten Moment tat es ihr schon wieder leid. »Entschuldigung, Tante Harriet. Ich habe es nicht so gemeint. Es wird bestimmt Männer gegeben haben, die dich gern geheiratet hätten, wenn du es gewollt hättest … aber ich hasse Squire Haredon. Ich kann dir nicht erklären, warum, aber ich hasse ihn.«

»Ja, das kannst du nicht erklären, du törichtes Mädchen; aber ich erwarte, daß du dich in Zukunft meinen Gästen gegenüber freundlicher verhältst.«

An einem wunderschönen Nachmittag, als die Rosen in voller Blüte standen und der Lavendel betörend seinen Duft verströmte, hörte Harriet von ihrem Nähzimmer aus eine Kutsche. Gleich würde Peg kommen und die Ankunft des Squire melden, und vielleicht würde er ja an diesem Nachmittag jene Frage stellen, die ihm seit Wochen, vielleicht sogar seit Jahren auf der Zunge lag.

Aber sie wartete vergeblich auf Pegs Klopfen. Es mußte wohl die Kutsche von jemand anders gewesen sein, dachte sie. Da es furchtbar heiß war, mußte sie plötzlich an ihre Dahlien denken, die am Morgen so vertrocknet ausgesehen hatten. So ging sie nach unten und holte ihre Gießkanne.

Als sie sich der Laube näherte, wo ihre Dahlien wuchsen, hörte sie Stimmen. Kittys Stimme! Und die Stimme des Squire! Es war also doch seine Kutsche gewesen, die sie gehört hatte. Sie beeilte sich, denn sie wußte ja, wie schlecht sich Kitty oft benahm. Plötzlich blieb sie stehen und lehnte sich an den Goldregenbaum, dessen gelbe Blüten sich über das Dach der Laube ergossen. Stimmen drangen an ihr Ohr. Die des Squire klang belegt, und die Kittys war schrill.

»Ich bitte dich«, sagte der Squire, »sei doch vernünftig, Kitty. Ich war weiß Gott geduldig. Warum glaubst du, daß ich fast täglich hierhergekommen bin? Um dich zu sehen! Und das wußtest du auch, du kleine Teufelin! Denk bloß nicht, ich hätte diesen Blick in deinen Augen nicht bemerkt! Hör zu, Kitty, ich will dich heiraten …«

Kitty schrie: »Wagt nicht, mich anzufassen! Ich hasse Euch! Ich würde Euch niemals heiraten …«

Harriet bemerkte plötzlich, daß ihre Stirn, die sie an die rauhe Rinde des Baumes gepreßt hatte, schmerzte. Sie bückte sich, um die Gießkanne, die aus ihren schlaffen Fingern gefallen war, aufzuheben.

»Ich hasse Euch, seitdem ich Euch in Dorchester zum erstenmal sah«, sagte Kitty. »Ich hasse es, wie Ihr sprecht, wie Ihr eßt, und am meisten hasse ich es, wie Ihr mich anstarrt. Wagt es nicht, mich anzufassen … Ich schreie … ich rufe meine Tante …«

Er lachte sein grobes, schreckliches Lachen … Harriet konnte es nicht länger ertragen. Sie rannte zurück ins Haus und schloß sich in ihrem Zimmer ein. Er war eine Bestie! Warum war sie bloß nicht darauf gekommen? Die ganze Zeit hatte er sich über sie lustig gemacht und sie in dem Glauben gelassen, daß er eine Heirat mit ihr plante. Gott sei Dank hatte sie ihre eigenen Gedanken nie preisgegeben. Die strenge Erziehung ihres Vaters hatte sie Zurückhaltung gelehrt! »Kleine Teufelin …«, das hatte so fürchterlich, so lüstern geklungen. Sie mußte sich nun zwingen, über all das Erleichterung zu empfinden; niemals würde sie die Frau des Squire sein und niemals würde sie das Bett mit ihm teilen müssen, wovor sie sich immer ein wenig gefürchtet hatte! Sie mußte ihre Wut unterdrücken und froh sein, daß ihr so etwas erspart geblieben war! Dieser Abend in Dorchester! Nun wußte sie, warum er seine Kutsche geschickt hatte! Und Kitty, diese verschlagene, verderbte Kreatur, war genau wie ihre Mutter. Harriet würde von nun an wie ein Wachhund auf sie aufpassen, um zu verhindern, daß sie in die Fußstapfen von Bess trat.

Es klopfte an der Tür. »Komm herein!« sagte sie ruhig, und Peg trat ein, um ihr die Ankunft des Squire mitzuteilen. Er wartete im Garten.

Sie ging hinaus, um ihn zu begrüßen. Wie dankbar konnte sie doch ihrem Vater sein! Sie hatte zwar nichts von der betörenden Schönheit ihrer Mutter geerbt, aber sie mußte dankbar sein für den ernsten und vernünftigen Charakter, den sie ihrem Vater verdankte.

»Guten Tag! Wie geht es dir?«

Sein Gesicht war gerötet und wütend; er wirkte verwirrt und jünger als zuvor.

»Wie nett, daß du mich besuchen kommst, George! Möchtest du eine Tasse Tee?«

»Du bist zu gut zu mir, Harriet!«

»So ein Unsinn, ich biete dir doch nur eine Tasse Tee an!«

Ihr Blick fiel auf seine dicken Oberschenkel, und sie schauderte. Er war grobschlächtiger geworden seit seiner Jugend, als sie sich ein Idealbild von ihm geschaffen hatte. Jetzt glaubte sie die Geschichten über ihn. Sie war wütend, sie war verletzt, aber gleichzeitig war sie auch erleichtert.

»Ich werde nach meiner Nichte schicken lassen. Was ist das bloß für ein Mädchen? Sie ist fast ebenso nichtsnutzig wie Peg und Dolly. Bestimmt dreht sie sich wieder die Haare auf. Ach, diese strohköpfigen jungen Dinger ...«

Irgendwie versuchte sie sogar, ihn zu trösten. Er tat ihr fast genauso leid, wie sie sich selbst. Es war Kitty, der sie die Schuld gab, genau wie sie Bess damals die Schuld gegeben hatte.

Kitty kam in den Garten. Sie trug einen Hut, der ihre Augen verdeckte. Kalt begrüßte sie den Squire. Harriet war erstaunt über sein fast unterwürfiges Benehmen Kitty gegenüber. Nie zuvor hatte sie George Haredon demütig erlebt, außer vielleicht damals, als er so verliebt in Bess gewesen war. Kitty wirkte hochmütig. Was sie sich wohl einbildete? Am liebsten hätte sie Kitty blutig geschlagen! Früher einmal hatte sie eins ihrer Dienstmädchen fast zu Tode geprügelt. Ein fünfzehnjähriger Tolpatsch. Sie wurde schwanger von einem Stallburschen. Und Harriet hatte sie geschlagen und geschlagen, und als sie dick wurde, hatte sie sie aus dem Haus gejagt. Niemand wußte, was aus ihr geworden war. Genauso hätte Harriet am liebsten Kitty verprügelt. Leider war Kitty kein fünfzehnjähriges Kind mehr, sondern eine kräftige junge Frau, die sich so etwas nicht gefallen lassen würde.

Der Squire, der seinen Tee kaum angerührt hatte, verabschiedete sich bald. Kitty trug das Tablett ins Haus und zerbrach in ihrer Erregung eine Teetasse.

»Du faules, unachtsames Weibsbild!« schrie Harriet. »Ich wünschte, ich hätte dich nie gesehen! Schade, daß du nicht in London geblieben bist, wo du hingehörst. Zweifellos hättest du irgendeinen feinen Gentleman gefunden, der für deinen Lebensunterhalt sorgen würde, genauso wie deine Mutter es immer gemacht hat!«

Früher hätte Kitty darüber gelacht und wäre kein bißchen verletzt gewesen. Aber nun traf sie diese Beleidigung ihrer Tugend. Ihre Tante hatte angedeutet, daß sie ihre Liebe, die ja ausschließlich Darrell galt, jedem beliebigen Gentleman schenken würde, nur um versorgt zu sein.

»Du bist eine bösartige Frau!« schrie sie wutentbrannt. »Dabei denkst du auch noch, daß du gut bist, und das macht dich noch schlechter. Ich werde nicht hierbleiben; ich werde fortgehen!«

»Und wohin willst du gehen, mein Fräulein?«

Um ein Haar hätte Kitty alle ihre Pläne herausposaunt, aber sie konnte sich gerade noch zurückhalten.

»Ich werde gehen ... eines Tages!«

Harriet lachte. Doch plötzlich wurde ihr bewußt, daß sich ihre Fantasien viel mehr um das Bett des Squire gedreht hatten als darum, seinem Haushalt vorzustehen. Sie war eine enttäuschte Frau, und sie überkam eine wahnsinnige Lust, in ihren Vorratsraum zu gehen und all die ordentlichen Flaschen und Einkochgläser auf dem Boden zu zerschmettern. Krampfhaft versuchte sie, sich zu beruhigen, aber es gelang ihr nicht. Sie fühlte Tränen in ihren Augen aufsteigen. Wütend ging sie zur Wand, wo die Peitsche hing, mit der sie damals das fünfzehnjährige schwangere Mädchen verprügelt hatte. Sie ergriff die Peitsche so fest, daß die Knöchel ihrer Hand weiß hervortraten.

»Du ... du!« schrie sie. »Ich kenne dich und deinesgleichen! Glaubst du etwa, ich hätte nicht bemerkt, wie du George Haredon schöne Augen machst? Ich bin sicher, du läßt ihn nachts in dein Zimmer ... vielleicht auch noch andere. Ich glaube ...«

Doch Kitty unterbrach sie. Sie ging mit blitzenden Augen auf Harriet zu, holte wie zum Schlag aus, ließ die Hand aber im letzten Moment sinken und sagte mit kalter, leiser Stimme: »Du bösartige, widerwärtige Frau! Du und George Haredon, ihr paßt hervorragend zusammen, ihr wärt ein schönes Paar!« Sie warf lachend den Kopf zurück und verließ schnell das Zimmer.

Bis acht Uhr blieb sie dort, dann verließ sie leise das Haus ihrer Tante und lief in den Wald.

Darrell wartete schon auf sie. Weinend warf sie sich in seine Arme.

»Meine Liebste! Was ist geschehen?«

»Ich kann nicht hierbleiben!« rief sie. »Es ist entsetzlich! Meine Tante denkt schreckliche Dinge über mich. Darrell, sie ist eine grausame Frau, trotz all ihrer Frömmigkeit. Ich wünschte, wir wären in London, und meine Mutter wäre noch am Leben. Sie hätte uns bestimmt geholfen!«

»Hör zu, meine süße, meine geliebte Kitty! Du wirst nicht dort bleiben müssen. Heute habe ich von Onkel Simon gehört.«

»Du hast von ihm gehört?« fragte sie weinend und lachend zugleich.

»Er sagt, wir müssen heiraten und nach London gehen.«

»Wann ... oh, wann?«

Darrell zögerte ein wenig. »Es müssen gewisse Vorbereitungen getroffen werden. Kitty, kannst du es noch einen Monat bei deiner Tante aushalten?«

»Einen Monat! Das ist eine lange Zeit. Die drei Wochen

im Haus meiner Tante kamen mir schon wie drei Jahre vor. Können wir nicht jetzt sofort gehen ... in dieser Minute?«

Er mußte über ihre Ungeduld lachen. Sie saßen im weichen, kühlen Gras unter einem Dach aus Blättern.

»Wenn wir das nur könnten! Aber, meine Liebste, wir müssen tun, was Onkel Simon sagt. Er will mich in sein Geschäft aufnehmen. Er sucht ein Haus für uns, das dauert eine Weile. Dann, mein Schatz, nehmen wir die Postkutsche und fahren nach London, und dort wird ein Pfarrer uns trauen, und wir werden glücklich sein und nicht mehr an diesen Alptraum denken.«

»Darrell! Das ist ja wunderbar! Ich liebe deinen Onkel Simon!«

»Du darfst aber nur mich lieben!«

»Und die Kinder, die wir haben werden, Darrell.«

»Unsere Kinder«, sagte er versonnen.

Sie hatte sich ins Gras zurückgelegt. Im Vergleich zu ihren Augen erschien ihm der Himmel, den er durch die Blätter sehen konnte, grau zu sein. Wunderschön war sie mit ihrem weißen Busenansatz und ihrem schlanken Hals. Ihr Haar war ein wenig zerwühlt. Verlangend streckte sie die Hände nach ihm aus.

Sie war verführerisch und unwiderstehlich, und sie schien sich über seine Vorsicht lustig zu machen. Da konnte er es einfach nicht länger ertragen, warf sich neben sie ins Gras und vergrub sein Gesicht an ihrer weißen Schulter.

Sie sagte: »Dieser gräßliche Tag hat ein wunderschönes Ende! Darrell, dieser furchtbare Squire Haredon hat mich heute gebeten, seine Frau zu werden.«

Darrell setzte sich auf und sah sie entsetzt an.

»Nun schau doch nicht so entsetzt drein, mein Liebster! Ich habe ihm gesagt, daß ich ihn hasse. Er hat mich in der Laube überrascht und wollte mir seine Liebe aufzwingen. Er ist eine Bestie! Ich habe ihm gesagt, daß ich alles an ihm verabscheue!«

Er stützte sich auf seinen Ellbogen. Hier im Wald herrschten Friede und Glückseligkeit, aber draußen konnten schlimme Dinge passieren. Er würde noch einmal an Onkel

Simon schreiben und ihn wissen lassen, daß ein Monat zu lang wäre. Oder vielleicht sollten sie sofort nach London fahren, ohne zu zögern.

»Der Squire hat große Macht in dieser Gegend. Er könnte mich irgendeines Vergehens beschuldigen, wenn er wüßte, daß du mich liebst … wir leben in einer grausamen Welt, Kitty!«

»Aber du bist liebevoll und sanft, Darrell. Deshalb liebe ich dich auch so sehr. Immer denkst du nur an mich und niemals an dich selbst. Das spüre ich, Darrell, und deshalb liebe ich dich. Du würdest für mich sterben, das weiß ich; und ich würde mein Leben für dich geben.«

»Ich will nicht, daß wir füreinander sterben, sondern daß wir füreinander leben«, sagte er.

»Laß uns jetzt nicht mehr an Squire Haredon, Tante Harriet und Onkel Gregory denken – und auch nicht an die grausame Welt, in der wir leben. Wie schön es hier doch ist! Wie still! Als ob wir ganz allein auf der Welt wären, fühlst du das auch, Darrell?«

Ihre Lippen waren leicht geöffnet. Sie war wie ihre Mutter und wie die Tochter des Schmieds. Wenn sie liebte, liebte sie leidenschaftlich und rückhaltlos; sie war eine vollkommene Geliebte, denn für sie war die Liebe das Wichtigste auf der Welt. Sie dachte nicht an das, was kam, sollten sich doch die anderen den Kopf darüber zerbrechen.

Er hörte sie ein wenig spöttisch lachen, einladend und unwiderstehlich, und fühlte sein Blut heiß in seinen Adern pulsieren. Der Brief seines Onkels knisterte in seiner Tasche, als er sich bewegte.

Er küßte sie auf den Mund; sie hatte ihre Arme um ihn gelegt. Nur noch einen Monat, dachte er verzweifelt, dann würde alles geregelt sein.

Im Wald war der Himmel. Draußen war die grausame Welt. Aber dachte man etwa an diese grausame Welt, wenn man im Himmel war?

Die Treffen im Wald hatten einen ganz neuen Reiz erhalten. Kitty lebte nur noch für diese Treffen, die Tage verträumte sie. Harriet beobachtete sie argwöhnisch, sah das Entzükken in ihren Augen, und dachte: Ich glaube, sie wird am Ende doch noch den Squire heiraten. Sie haßt ihn nicht wirklich, sondern kokettiert nur mit ihm.

Außerdem hatte sie große Angst, daß ihre Absicht, den Squire zu heiraten, jemals herauskommen könnte. Deshalb redete sie mit ihm über Kitty.

»Du mochtest sie bestimmt vom ersten Augenblick an, weil sie dich so sehr an Bess erinnert.«

»Du hast wirklich eine rege Fantasie, Harry!«

»Ich bin eine Frau, die sieht, was sich vor ihren Augen abspielt. Nun, selbst mir kam es manchmal so vor, als stünde Bess dort vor dem Spiegel und drehte ihre Haare auf, statt im Haus zu helfen! Doch wenn du wirklich an ihr interessiert bist, dann rate ich dir, sie nicht allzu ernst zu nehmen. Sie tut nur so, als ob sie dich nicht mag, in Wahrheit kokettiert sie doch nur. Sie hat eben Spaß daran, einen Mann an der Nase herumzuführen.«

Damit hatte sie ihn geködert! Er war sichtlich verwirrt. Ihre Worte hatten ihn sehr aufgeregt, und er griff nach jedem Hoffnungsstrohhalm, so sehr begehrte er dieses Mädchen.

Seine Besuche hörten nicht auf, Kitty schien ihn jedoch überhaupt nicht wahrzunehmen. Sie verbrachte die Tage wie eine Schlafwandlerin und sehnte voller Leidenschaft die Abende herbei. Die Treffen fanden nun etwas früher statt, denn die Tage waren bereits kürzer geworden. Peg und Dolly waren wirklich gute Verbündete! Manchmal blieb sie fast bis Mitternacht im Wald, aber Peg und Dolly warteten immer auf ihre Rückkehr und ließen sie ins Haus.

Die Tage vergingen. Darrell hörte wieder von Onkel Simon, der schon sehr gespannt darauf war, die hübsche Kitty endlich kennenzulernen; außerdem wollte er Onkel Gregory eins auswischen. Er hatte schon fast alles für sie vorbereitet.

»Am nächsten Montag«, sagte Darrell, »nehmen wir die Postkutsche. Wir treffen uns hier um Mitternacht und gehen dann zu Fuß nach Exeter. Dort steigen wir dann in die allererste Kutsche, damit wir nicht gesehen werden.«

»Am Montag!« rief Kitty glücklich.

»An einem Tag dieser Woche muß ich für meinen Onkel nach Exeter; dann werde ich unsere Plätze in der Montagskutsche reservieren lassen.«

»Das ist wunderbar! Wunderbar!«

»Es muß absolut geheim bleiben, du darfst es niemandem sagen, nicht einmal Peg und Dolly. Wenn das schiefgehen sollte ...«

»Warum sollte es schiefgehen?« fragte Kitty lachend.

Alle sollten an ihrer Freude teilhaben. Sie arbeitete hart im Garten; sie versuchte, Tante Harriet zufriedenzustellen; sie hatte sogar ein kurzes Lächeln für den Squire übrig. Peg schenkte sie ein Halstuch und Dolly einen Petticoat. Sie wollte alle, die um sie waren, glücklich machen.

Am Mittwoch abend traf sie Darrell wie gewöhnlich. Es war ein wunderschöner Abend. Die Luft war weich und duftete, kein Windhauch war zu spüren.

Darrell sagte: »Morgen auf dem Weg nach Exeter werde ich die ganze Zeit an das hier denken. Wenn unsere Plätze erst reserviert sind, ist es, als wären wir schon in London. Kitty! Du kannst nicht ins Haus zurück und so glücklich aussehen, man wird etwas bemerken.«

Sie lachte, und sie umarmten sich; und dann lagen sie dort und redeten über London und über ihre Zukunft.

Mitternacht war schon vorüber, als sie ins Haus ihrer Tante zurückkehrte. Peg ließ sie herein.

Den ganzen nächsten Tag war sie sehr geistesabwesend.

Harriet, der dies nicht entging, fragte: »Was ist bloß mit dir los, Mädchen? Du bist ja noch unachtsamer als sonst.«

Kitty schenkte ihr ein süßes Lächeln; es machte ihr nichts aus, freundlich zu Tante Harriet zu sein. Ihre Gedanken waren bei Darrell, der auf seiner braunen Stute nach Exeter unterwegs war.

Auch an diesem Abend ging sie in den Wald. Er kam nicht, und ein wenig bedrückt schlich sie wieder nach Hause. Nun, er war noch nicht zurück, er hatte ja gesagt, daß er vielleicht in Exeter übernachten müßte. Am Samstag würde er aber bestimmt wieder hier sein.

Am Samstag wartete sie auf ihn. Wie still es doch im Wald war! Das hatte sie noch nie so empfunden. Es gab nun schon nicht mehr so viele Vögel, und die Blätter waren dunkelgrün. Einige begannen sich an den Rändern schon braun zu färben. Der Wald war ein düsterer Ort, wenn man auf einen Liebhaber wartete, der nicht kam.

Sie fürchtete sich jetzt. Wodurch wurde er zurückgehalten? Geschäfte? Wenn er nun am Montag nicht zurück war? Für diesen Fall hatten sie keine Pläne gemacht. Was sollte sie tun? Allein nach Exeter gehen? Aber wie konnte sie denn allein die Kutsche nach London nehmen? Sie wußte ja nicht, wo sie hingehen sollte, wenn sie dort ankam. Sie hatte noch nicht einmal das Geld für die Reise. Sie lief zwischen den Bäumen hin und her und sah den Weg hinunter. Einmal hörte sie Hufgeklapper, und als es sich wieder entfernte, war ihre Enttäuschung groß. Einsam und verzweifelt ging sie zu ihrem Treffpunkt zurück; er war nicht dort. Es wurde schon dunkel. Warum war er nicht gekommen? Es war doch schon Samstag, und er war nicht gekommen.

Sonntag erlebte sie wie einen Alptraum, aus dem sie nicht erwachen konnte. Vielleicht würde er ihr eine Botschaft senden? Er mußte doch wissen, wie beunruhigt sie war.

Am Sonntag abend ging sie in den Wald, und er kam noch immer nicht.

Peg und Dolly schlichen sich in ihr Zimmer und fanden sie schluchzend auf ihrem Bett liegend. Sie sahen sich traurig an und weinten mit ihr.

Montag, der eigentlich ein Freudentag werden sollte, begann mit strömendem Regen. Selbst der Himmel schien mit Kitty zu weinen.

Peg hörte die Nachricht zuerst. Sie erzählte es Dolly, und die beiden weinten zusammen; sie wußten nicht, was sie tun sollten, sie würde es so oder so bald erfahren, also beschlossen sie, ihr alles zu sagen.

Kitty war allein in ihrem Zimmer und saß am Fenster, als die beiden hereinkamen. Ihr hübsches Gesicht war vom

Weinen ganz verquollen, und ihr schönes Haar war zerzaust.

»Etwas Furchtbares ist geschehen«, sagte Peg. »Mit dem Neffen von Rechtsanwalt Grey, der nach Exeter geritten ist.«

»Es kann aber auch nur ein Gerücht sein …«, warf Dolly ein.

Peg schüttelte traurig den Kopf. »Jemand hat gesehen, wie man ihn gefangennahm!«

Kitty schaute entsetzt von einer zur anderen.

»Es war in einem Gasthof … mitten am Tag! Diese bösen Kerle, einfach einen Mann gefangenzunehmen!«

»Was sagt ihr da?« schrie sie.

»Er ging hinein und wollte ein Glas Ale und vielleicht ein Butterbrot. Sie haben nicht nur ihn mitgenommen.«

»Sagt mir alles, was ihr darüber wißt«, sagte Kitty, plötzlich ganz ruhig.

»Solche Nachrichten sprechen sich schnell herum«, erwiderte Peg traurig. »Ein paar Leute haben es gesehen. Diese Schurken sind hereingestürmt … er war nicht der einzige, den sie mitgenommen haben.«

Kitty stand auf und hielt sich an der Stuhllehne fest.

»Es waren diese Teufel. Man nennt sie die Preßpatrouille. Sie treiben sich überall herum, fangen unsere Männer ein und bringen sie dann auf ihre Schiffe.«

Kitty starrte ausdruckslos vor sich hin.

Während der folgenden Tage war Kitty wie betäubt und völlig teilnahmslos, jeglicher Lebensmut schien sie verlassen zu haben.

Harriet sagte: »Du bekommst doch wohl nicht die Pokken, Mädchen?«

Kitty ging durchs Haus und tat nur, was man von ihr verlangte. Harriet dachte, ich habe sie schon ein bißchen erzogen, sie bessert sich. Und wenn sie sich für ihr Abendgebet auf die Kokosmatte vor ihrem Bett kniete, dankte sie ihrem Herrn für die Veränderungen, die mit ihrer ungeratenen Nichte vor sich gegangen waren.

Der Squire kam nun häufiger als jemals zuvor. Kitty rückte nicht mehr zur Seite, wenn er sich neben sie auf die Gartenbank setzte. Sie hörte ihm zu und antwortete teilnahmslos mit ja oder nein.

»Es ist sehr ruhig für dich hier, Kitty«, sagte der Squire. »Jeden Tag verbringst du mit deiner Tante im Haus und im Garten. Das ist doch kein Leben für ein junges Mädchen. Wie wäre es ab und zu mit ein wenig Unterhaltung auf Haredon? Manchmal habe ich das Haus voller Gäste. Möchtest du dann nicht auch einmal kommen, Kitty?«

»Es geht mir gut hier, vielen Dank. Ich brauche nicht viele Leute um mich herum.«

»Gut, dann eben eine kleine Gesellschaft! Nur du und deine Tante ... ich will, daß du meine Kinder kennenlernst.«

Sie lächelte. »Sie sind ganz reizend. Ich habe sie mit ihrer Gouvernante gesehen.«

Er sah sie mißtrauisch an. Was wollte sie damit sagen? Wußte sie von seinem Verhältnis mit Jennifer? Sie war natürlich klug, so wie Bess es gewesen war. Bei Bess hatte er auch nie gewußt, was sie dachte. Bis sie mit ihrem Schauspieler davongerannt war, hatte er immer geglaubt, sie würde ihn heiraten.

Frauen wußten jedoch eine Menge über andere Frauen. Harriet hatte gesagt, das Mädchen würde nur kokettieren, ihn an der Nase herumführen. Diese Vorstellung gefiel ihm. Kühl und tugendhaft hatte sie ihn hingehalten und ihm gesagt, sie könne ihn nicht ertragen, mit dem Ziel, ihn zu einer Heirat zu bewegen. Dieses Ziel hatte sie doch schon erreicht, er hatte ihr doch schon einen Heiratsantrag gemacht. Und trotzdem hielt sie ihn noch weiter hin. Kitty, die in London aufgewachsen war, unterschied sich von all den Dorfmädchen, die sich ihm an den Hals warfen. Kitty war wie Bess, die sein Leben verpfuscht hatte. Jetzt würde er entschädigt werden – zwar konnte er Bess nicht mehr bekommen, aber nun würde er Kitty besitzen.

Wie er so neben ihr saß, bemerkte er, daß sie sich verändert hatte. Sie war nicht mehr so kratzbürstig; sie schien ruhiger, traurig, nachdenklich ... viel weiblicher.

»Ich will diese Frau loswerden!« sagte er, weil er annahm, Kitty könnte vielleicht eifersüchtig auf Jennifer sein. »Sie war nie eine besonders gute Gouvernante.«

»Oh, mir schien, daß sie an ihrer Arbeit sehr interessiert ist.«

Wie hochmütig sie doch war! Es ist mir gleich, ob sie deine Geliebte ist, das wollte sie damit sagen. Zum Teufel mit ihr! Er hätte sich totlachen können. Sie war in Wahrheit doch eifersüchtig! Bald würde sie seinem Drängen nachgeben!

»Warum sollten wir an einem so schönen Nachmittag über irgendwelche Dienstboten reden? Kitty, was ist nun mit deinem Besuch auf Haredon?«

»Das müßtet Ihr schon mit meiner Tante besprechen, nicht wahr?«

»Ja, natürlich, Kitty, das werde ich«, sagte er hocherfreut.

Harriet kam mit dem Teetablett.

»Was für ein wunderschöner Tag, George!«

Sie servierte den Tee. George mußte über sich selbst lachen. Hier saß er nun mit zwei Damen, trank Tee und tat auch noch, als ob ihm das gefiele, obwohl er viel lieber ein Glas Ale getrunken hätte. Er blickte auf Harriets steifen Körper – die Ärmste! Wie begehrenswert doch Kitty dagegen war! Bald würde sie wie eine reife Frucht in seinen Schoß fallen! Er mußte jedoch vorsichtig sein, denn sie war voller Launen. Deshalb redete er auch nicht von dem geplanten Besuch auf Haredon; noch könnte sie es sich anders überlegen!

Um die Unterhaltung fortzusetzen, sagte er: »Rechtsanwalt Grey macht sich große Sorgen um seinen Neffen!«

Kitty wurde plötzlich hellhörig, aber Harriet und der Squire bemerkten es nicht.

»Ach, ein paar Jahre auf See werden dem Jungen guttun. So etwas hat noch keinem geschadet.«

»Da stimme ich dir zu, aber wird Anwalt Grey denn gar nichts unternehmen?«

»Was könnte er schon tun?« entgegnete der Squire lachend. »Gegen die Preßpatrouille kämpfen? Nein! Ich wette, der Junge ist schon längst auf See!«

»Er wird als Mann zurückkehren«, meinte Harriet.

»Falls er überhaupt zurückkommt. Auf hoher See gibt es so mancherlei Gefahren.«

Kitty lag in ihrem Bett und starrte hilflos zur Decke. Sie dachte nicht an Darrell; sie mußte an das Mädchen denken, das ihre Tante einmal fast zu Tode geprügelt hatte.

Es konnte einfach nicht wahr sein ... es war doch schon so schrecklich genug! Als sie die beiden unten im Garten so grob hatte daherreden hören, hatte sie sich gesagt: Ich werde auf ihn warten! Ich werde warten, und wenn es viele Jahre dauert! Aber diese Jahre mußten durchlebt werden, und wie sollte sie das jetzt tun, ohne einen Pfennig Geld und mit einem Baby, für das sie sorgen mußte?

Das Leben war grausam! Darrell war immer so besorgt um ihr Wohlergehen gewesen, und nur weil sie fest vorhatten, zusammen nach London zu fahren und dort zu heiraten, hatte er seiner Leidenschaft nachgegeben. Sie zitterte, aber als Peg und Dolly hereinkamen, um nach ihr zu sehen, war ihr Gesicht unnatürlich gerötet.

»Du meine Güte, Miß Kitty, Ihr habt Fieber!« sagte Peg.

Voller Angst schrie sie: »Sagt bloß nichts davon zu meiner Tante!«

Sie stand auf und wusch ihr Gesicht. Wie gut, daß Harriet, die nie in ihrem Leben krank gewesen war, nicht an Krankheiten glaubte. Außer bei Beinbrüchen oder offenen Wunden, die sie sehen konnte, war Krankheit für sie nichts als Anstellerei.

Äußerlich ruhig ging Kitty ihrer Arbeit nach, innerlich war sie jedoch völlig durcheinander. Sie vergaß ihre Liebe zu Darrell vor lauter Sorge um ihr eigenes Leben. Etwas Schreckliches war mit Darrell passiert; aber das, was ihr selbst widerfahren war, erschien ihr weitaus schrecklicher zu sein.

Wenn nur ihre Mutter jetzt da wäre, sie wüßte bestimmt einen Rat. In Gedanken redete sie mit ihrer Mutter: Siehst du Mutter, wir haben einander so sehr geliebt, wir wollten doch nach London, um zu heiraten. Wäre er doch bloß nicht nach

Exeter geritten! Dann wären wir schon in London und verheiratet, und er würde sich auf sein Kind freuen. Aber jetzt gibt es niemanden, der mir beisteht, Mutter. Tante Harriet ist kalt und abweisend, genau wie du es gesagt hast. Sie hätte nie getan, was ich getan habe, deshalb würde sie mich auch für schlecht halten. Da war ein kleines Mädchen aus dem Arbeitshaus ... sie hat es beinahe totgeschlagen. Aber was ist später aus ihr geworden, nachdem Tante Harriet sie hinausgeworfen hat? Daran muß ich immer denken, Mutter.

Es tröstete sie ein wenig, so mit ihrer Mutter zu reden. Sie hätte alles verstanden; aber sie hätte auch praktisch gedacht. Bestimmt hätte sie gesagt: »Jetzt müssen wir einen Ehemann für dich finden, mein Schatz.«

»Mutter, tu etwas für mich!« betete Kitty. »Hilf mir! Gib mir irgendein Zeichen, damit ich weiß, was ich tun soll!«

Sie fragte Peg und Dolly nach dem Mädchen, das einen Stallburschen geliebt hatte.

»Das ist das Schrecklichste, was einem Mädchen passieren kann«, sagte Peg.

Kitty hätte am liebsten gerufen: »Es ist auch mir passiert!« Aber irgend etwas hielt sie davon ab, vielleicht war es ihre Mutter, die ihr sagen wollte: Keiner darf es wissen ... kein Mensch!

Einige Tage später fuhr sie mit ihrer Tante nach Haredon.

Es war ein wundervolles Haus, das während der Regierungszeit von Königin Anne von einem Haredon erbaut worden war.

Als sie die Ulmenallee entlang auf das Haus zufuhren, kam der Squire ihnen schon entgegen, um sie zu begrüßen. Von einem Fenster aus beobachtete Jennifer Jay alles.

Kittys Wangen waren gerötet, und ihre Augen leuchteten. Niemals war sie dem Squire schöner erschienen als vor diesem Haus, das bald ihr gehören würde. Das Haus gefiel ihr offensichtlich, vielleicht würde ja auch sein Besitzer ihr sehr bald gefallen.

Warte nur, meine Schöne! Es juckte ihm in den Fingern, sie zu berühren, und als sie ins Haus gingen, legte er seine

Hand fest auf ihre Schulter. Sie wandte sich ihm zu und lächelte mit leicht geöffneten Lippen. Ihre Augen blickten verheißend. Seine Hand glitt zu ihrer Taille hinab und berührte für einen kurzen Moment ihren warmen Busen. Sie wich nicht zurück, und als sie eintraten, lächelte sie.

Dolman, der Butler, servierte Getränke in der Bibliothek. Der Squire stieß mit ihr an. Zum erstenmal, seit sie Darrell verloren hatte, fühlte sie sich ein wenig getröstet. Dieser Besuch schien die Antwort auf ihre Gebete zu ihrer Mutter zu sein.

»Ich möchte Kitty das Haus zeigen«, sagte der Squire. »Ich bin stolz auf Haredon, Kitty.«

»Und mit vollem Recht, dies ist ein Zuhause, auf das man stolz sein kann, George«, sagte Harriet und versuchte ihre Wehmut zu verbergen.

»Vielen Dank, Harry. Komm jetzt, Kitty!«

Harriet blieb mit dem ältesten Cousin des Squire in der Bibliothek zurück. Es war wirklich ein wunderschönes Haus und so groß, daß man sich darin verlaufen konnte. Es hatte riesige Fenster und mit Stuck verzierte Decken. Ab und zu hörte Kitty das Geräusch von eiligen Schritten. Ein Dienstmädchen, das nicht schnell genug fliehen konnte, errötete und machte einen tiefen Knicks vor ihnen. Der Squire stellte das Mädchen vor, als ob sie schon zugestimmt hätte, sein Zuhause mit ihm zu teilen. Er wirkte nun jünger, und plötzlich schien er ihr annehmbarer. Dies war sein Schloß, und er war der König.

»Gefällt es dir, Kitty?«

»Es ist wirklich großartig!«

»Es ist tatsächlich groß. Zu groß für einen Mann, der ganz allein darin wohnt.«

Sie lachte. »Soweit ich sehen kann, lebt Ihr hier alles andere als allein.«

Sie befanden sich jetzt in der Galerie, wo aufgereiht die Ahnenporträts der Haredons hingen.

»Meinst du, ich sehe ihnen ähnlich, Kitty?« fragte er und trat dabei ganz dicht an sie heran.

»Ich kann Euch besser sehen, wenn ihr mir nicht so nahe

kommt.« Er wich lachend zurück. So etwas hätte auch Bess sagen können! Es war, als ob er sie zurückbekommen hätte. Er wollte das Mädchen an sich ziehen und sie küssen, und er wollte ihr auch weh tun – für all die Jahre, in denen er nicht fähig gewesen war, Bess zu vergessen. »Ja«, fuhr sie fort, »da gibt's eine gewisse Ähnlichkeit.«

»Ja, so ist das bei Familien; du bist deiner Mutter wie aus dem Gesicht geschnitten. Es gab eine Zeit, da hatte ich deine Mutter sehr gern.«

»Die meisten Leute hatten sie gern.«

»Und das war das Problem, Kitty.« Seine Augen verengten sich. Er dachte: Bei Gott, wenn du versuchst, mich an der Nase herumzuführen, dann werde ich dich umbringen. Bess hat mich hereingelegt – so eine Behandlung kann ich kein zweites Mal ertragen.

»Ich möchte die Kinder sehen«, sagte Kitty.

Jennifer stand auf, als sie hereinkamen. Sie hatte am Fenster gesessen und irgend etwas genäht. Er sah, wie wild ihr Herz unter ihrem engen Mieder schlug. Sie mußte lernen, sich zu benehmen. Noch ein paar Wutanfälle, und er würde sie hinauswerfen. Sie schien sich etwas darauf einzubilden, daß er sie eine Zeitlang amüsant gefunden hatte.

»Wo sind die Kinder?« fragte er knapp. Am liebsten hätte er sie in ihr unverschämtes Gesicht geschlagen.

Sie deutete mit einer Kopfbewegung auf das Spielzimmer. Er sah ihr kalt und verächtlich direkt in die Augen. Kitty ging voran, und Jennifer stellte sich ihm in den Weg. Er stieß sie zur Seite, ohne sie anzusehen.

Die Kinder saßen nebeneinander am Fenster. Der Junge hatte ein Bilderbuch auf seinem Schoß, und das Mädchen sah ihm über die Schulter. Sie war ein süßes kleines Ding, nicht einmal drei Jahre alt. Ihre großen Augen ähnelten denen des Squire ein wenig, waren aber blau, süß und unschuldig. Sie lächelte Kitty an, und Kitty beugte sich hinab, um sie zu küssen. Ihre Augen füllten sich plötzlich mit Tränen. Zum erstenmal verspürte sie keine Furcht mehr vor dem, was mit ihr geschehen war. Wie wunderbar mußte es sein, eine eigene Tochter zu haben, dachte sie.

Der Squire schaute erstaunt zu. Sie hatte echte Tränen in den Augen, nur wegen der kleinen Margaret! Er fühlte tiefes Glück in sich aufsteigen. Nach all diesen unglücklichen Jahren würde alles gut für ihn werden. Er hatte Bess verloren – aber nun konnte er über sie lachen. Wäre sie jetzt hier, würde sie mittlerweile schon ziemlich gealtert sein – zu dick, die Blüte ihrer Jahre längst vorüber. Statt Bess hatte er jetzt ihre Tochter. Er hatte eine junge Bess zurückerhalten! Sie würden Kinder haben. Er würde nicht länger gezwungen sein, jeder attraktiven Frau hinterherzulaufen. Nein, dieses Mädchen würde ihn vollkommen zufriedenstellen. Bald würde er sie heiraten und endlich der Squire werden, der er immer hatte sein wollen. Alle würden ihn respektieren und lieben. Kitty würde es gelingen, seine Wildheit zu bezwingen, so wie es Bess damals gelungen wäre. Seit dem Tag, als Bess zum Schein eingewilligt hatte, seine Frau zu werden, war er nie wieder so glücklich gewesen wie in diesem Augenblick.

Sie verließen die Kinder und setzten ihren Rundgang durchs Haus fort.

Am nächsten Tag bat er Kitty, ihn zu heiraten, und sie sagte ja.

In dem großen Haus eilten Diener und Dienstmädchen hin und her. Man mußte so viele Vorbereitungen treffen, denn die Hochzeit sollte in Haredon stattfinden. Der Squire kümmerte sich nicht um Konventionen, und das Haus der Braut taugte nicht als Hintergrund für seine Hochzeit. Wo sollte man dort die Gäste unterbringen, wo das Essen vorbereiten? Er wollte ein großartiges Fest. Seine Nachbarn sollten sich bis ans Ende ihrer Tage daran erinnern. Und für ihn war es der schönste Tag in seinem Leben. Er selbst plante die Mahlzeiten mit seinem Koch; er sprach über Rindfleisch, Lamm und Wild, Kuchen und Torten, Wein, Met und Ale. Immer besser wurde seine Laune in diesen Tagen vor seiner Hochzeit. Sogar die Diener mochten ihn plötzlich; schon war er ihr Squire, ihr Vater, ihr Freund. Nur Jennifer hegte keine freundlichen Gefühle für ihn; sie gingen sich aus dem

Weg. Die Hausangestellten sagten, sie säße grübelnd in ihrem Zimmer und führe Böses im Schilde, denn Jennifer Jay hatte etwas von einer Hexe an sich.

Sie saß wirklich allein in ihrem Zimmer, verfluchte ihr Schicksal und studierte die Fältchen um ihre Augen im Spiegel. Sie verfluchte den Squire, verfluchte sich selbst wegen ihrer Dummheit, verfluchte Kitty und sann auf einen Weg, diese Heirat zu verhindern. Es erschien ihr nun wie die Ironie des Schicksals, daß die Heirat des Squire immer ihr Wunschtraum gewesen war. Nun war aus diesem Traum ein Alptraum geworden, denn er heiratete die falsche Braut. Sobald er diese Kitty zum erstenmal gesehen hatte, wollte er sie zur Frau; durch sie wurde dieser sentimentale Trottel an deren Mutter erinnert. Einmal hatte sie selbst davon geträumt, seine Sentimentalität zu ihrem eigene Vorteil auszunutzen, doch nun hatte das Blatt sich gewendet. Sie lebte als sein Kindermädchen unter seinem Dach. Einst wurde sie zu seiner Geliebten befördert, um nun wieder zur Gouvernante degradiert zu werden. Und sogar um diese Stellung mußte sie bangen, denn der Squire und seine junge Braut würden sie bestimmt gern loswerden. Alle Dienstboten im Haus wußten das, und ihr war klar, daß man über sie lachte. Ihre Zukunft war äußerst unsicher, und sie beneidete Kitty glühend, weil deren Leben so gesichert erschien.

Doch ihr Neid war unberechtigt, denn Kitty war keineswegs glücklich. Als sie am Tag vor ihrer Hochzeit zusammen mit ihrer Tante und Peg und Dolly die Ulmenallee, die zum Haredon-Anwesen führte, entlangfuhr, war es Kitty, als ob sie in ein Gefängnis eingeliefert würde, aus dem sie nie wieder entfliehen konnte. Die Erleichterung, die sie gefühlt hatte, als sie den Antrag des Squire angenommen hatte, war einer melancholischen Stimmung gewichen. Denn was würde geschehen, wenn er die Wahrheit entdeckte? Der Squire würde seine Ehefrau zwar nicht aus dem Haus werfen, was auch immer sie getan hatte; aber seine Rache würde furchtbar sein. Ununterbrochen dachte sie an ihre Mutter. Sie war abergläubisch und glaubte fest daran, daß ihre

Mutter ihr diesen Weg nur deshalb gezeigt hatte, um ihren Sorgen ein Ende zu bereiten.

Der Tag der Hochzeit kam. Es war ein besonders heißer Septembertag. Peg und Dolly kleideten sie an. Die ganze Zeit versicherten sie ihr, wie schön sie sei. Dabei mußten sie sich ständig die Tränen aus den Augen wischen, denn sie wußten, daß Kitty den Squire nicht liebte. Aber da Kitty der erste Mensch war, der jemals freundlich zu ihnen gewesen war, wünschten sie sich, daß alles gut für sie ausgehen würde. Als es Zeit war, nach unten zu gehen, warf Peg sich plötzlich aufs Bett und begann bitterlich zu weinen.

Kitty war ganz verzweifelt. Sie solle damit aufhören, es sei ein böses Omen, sagte sie. Warum weinte sie nur so? Peg murmelte, daß Hochzeiten, so schön sie auch waren, immer auch etwas Trauriges an sich hätten. Aber als Kitty ihr in die Augen sah, wußte sie, daß Peg nur wegen dieser einen, wegen ihrer Hochzeit weinte.

Sie weiß alles! dachte Kitty in heller Panik. Wann würden es andere erfahren?

Die Hitze in der Kirche war erdrückend. Der schwere Duft der Herbstblumen raubte ihr fast die Sinne. Während der Zeremonie blickte sie die ganze Zeit auf die Hände des Squire, mächtige Hände, die ihr angst machten. Sie dachte an Darrells lange, schlanke Hände, zärtliche, weiche Hände. Ob sie wohl schon rauher geworden waren durch die Arbeit auf See? Was geschah wohl mit Darrell? Schreckliche Dinge? Grausame Dinge? Aber er erlebte bestimmt nichts Schlimmeres als das, was sie durchmachte.

Wenn er nun zurückkam, was dann?

»Wo immer du bist, Darrell«, murmelte sie, »was immer auch geschieht, wenn du mich brauchst, werde ich zu dir kommen.«

Die Trauung war beendet. Menschen drängten sich um sie. Der Squire platzte fast vor Freude und scherzte mit jedem. Ein ganz neues Gefühl war in ihm aufgekommen. Vorübergehend war seine Grobschlächtigkeit einem ganz neuen, zärtlichen Gefühl gewichen. Er, der doch immer nur an sein eigenes Wohl gedacht hatte, verspürte plötzlich den Wunsch, einen anderen Menschen zu beschützen und zu verwöhnen.

Wenn sie ihm nun alles gestehen würde, könnte es nicht sein, daß er Verständnis hätte und verspräche, sich bis zu Darrells Rückkehr um sie zu kümmern, fragte sie sich. Dann mußte sie über sich selbst lachen. Seine Zärtlichkeit war eine empfindliche Pflanze, die bald von seinen normalen Gefühlen überwuchert würde.

Er flüsterte ihr ins Ohr: »Sei fröhlich, mein Schatz! Denkst du etwa, du gehst zum Galgen?«

Sie zwang sich, zu lachen. »Nein, warum sollte ich? Oder ist es hier in Devon Brauch, die Braut aufzuhängen?«

»Vielleicht«, sagte er amüsiert, »aber wenn du mir gefällst, dann lasse ich dich leben.«

»Ergebensten Dank, Sir! Ihr seid in der Tat ein großzügiger Squire und Ehemann.«

»Squire bin ich schon seit vielen Jahren, aber bis zu diesem Augenblick habe ich mich nie wirklich wie ein Ehemann gefühlt.«

Sein Gesicht war ihr ganz nah gekommen, seine Lippen waren feucht. Die Vorstellung, er könnte ihr erlauben, bis zu Darrells Rückkehr in seinem Haus zu leben, ohne von ihm belästigt zu werden, erschien ihr jetzt völlig absurd.

Sie saß neben ihm am Tisch. Der Geruch der Speisen machte sie krank, und die Hitze seines Körpers so dicht neben ihr war übelkeiterregend. Er trank sehr viel und füllte auch ihr Glas. Manchmal küßte er ihr Ohr, und sie spürte seine Zähne auf ihrer Haut.

Langsam wurde es Abend. Der Squire eröffnete den Tanz mit ihr. Den ganzen Abend wich er nicht von ihrer Seite. Aber der Abend konnte nicht ewig dauern. Voller Verzweiflung dachte sie an die Nacht, während der Squire sie ungeduldig herbeisehnte.

»Die Braut sieht ängstlich aus«, murmelten die Gäste und tuschelten über die Hochzeitsnacht. Der Squire lachte mit ihnen, aber seine Augen waren voller Zärtlichkeit.

Peg und Dolly halfen ihr beim Auskleiden und machten

sie bereit für ihren Bräutigam. Pegs Augen waren noch immer gerötet vom vielen Weinen.

Sie lag zitternd in dem großen Bett, rief innerlich nach Darrell und betete zu ihrer Mutter. Geschah ein Wunder? Aber dann hörte sie die Schritte des Squire. Schwer atmend stand er dicht vor ihrem Bett.

Es folgten merkwürdige Tage für Kitty, warme Tage, an denen es immer früher dunkel wurde. Der Herbst kündigte sich mit gelben Blättern und Morgennebeln an. Es war die Zeit des Wartens.

Ihre Gefühle zu George waren nicht leicht zu erklären, und sie bemühte sich auch nicht, sie zu verstehen. Seine Umarmungen erfüllten sie mit Abscheu – und erregten sie gleichzeitig; manchmal nahm er sie mit brutaler Leidenschaft, um sich dann plötzlich in einen zärtlichen Liebhaber zu verwandeln. In solchen Momenten empfand sie sogar eine gewisse Zuneigung zu ihm. Ihr Bedürfnis, begehrt und besessen zu werden, wurde befriedigt, ihr Bedürfnis zu lieben jedoch nicht. Aber es fiel ihr schwer, zwischen Begierde und Liebe zu unterscheiden, und sie konnte sich selbst nicht verstehen.

George dagegen war mit seiner Ehe in höchstem Maße zufrieden. Er fand sie äußerst begehrenswert; manchmal fürchtete sie sich vor ihm – aber er mochte es, wenn seine Geliebten Angst vor ihm hatten. Bisweilen jedoch konnte sie ihre Leidenschaft nicht ganz verbergen. Er war fasziniert davon, diese Leidenschaft in ihr zu entfachen, und fühlte sich dabei immer noch wie ein Jäger, und die Jagd machte ihm großen Spaß. Manchmal stellte er sich vor, sie sei Bess, die auf wunderbare Weise für ihn jung geblieben war. Sein Leben gefiel ihm. Sie war ein wundervolles Spielzeug, und da er noch nicht genau wußte, wie es funktionierte, ließ seine Leidenschaft nicht nach, sondern wurde durch ihre rätselhafte Art noch geschürt. Er war glücklich. Oft ging er sehr sanft mit ihr um, um ihr zu zeigen, wie zärtlich er sein konnte, wenn er liebte. Zu anderen Zeiten mußte er ihr seine Stärke beweisen. Dann lauerte er ihr auf und nahm sie mit Gewalt. Sie war zuerst ablehnend, doch dann brach ihre

Leidenschaft durch. Vielleicht war ihre Ablehnung ja auch nur gespielt, um ihn zu erregen? Er liebte es, sich vorzustellen, er sei der Mittelpunkt ihres Lebens, und all ihre Gedanken drehten sich um seine Zufriedenheit.

Die Tage wurden zu Wochen, und Kitty begann das Haus zu mögen. Es war so groß, daß sie sich darin vor ihrem Ehemann verstecken konnte, und manchmal tat sie das auch. Aber man konnte nicht immer in seinem Versteck bleiben, genauso wenig wie man nichts für immer geheimhalten konnte. Glücklicherweise hatte sie die Gabe ihrer Mutter, für den Augenblick zu leben; vielleicht würde ihr Geheimnis ja niemals herauskommen, daran klammerte sie sich.

Es machte Spaß, die Hausherrin auf Haredon zu spielen. Die Dienerschaft war sehr von ihr angetan, und die Haushälterin besprach alles mit ihr. »Dieses süße Ding!« sagte sie. »Sie ist nicht so eine, die neugierig überall herumschnüffelt.« Nein, so eine war sie tatsächlich nicht; sie konnte Interesse zeigen, ohne sich großartig einzumischen. Peg und Dolly, die sie mitgebracht hatte, gaben ihr die besten Referenzen im Dienstbotenraum. »Einen, netteren, lieberen Menschen gibt es auf der ganzen Welt nicht«, erklärte Dolly und zeigte die Geschenke, die sie von Kitty erhalten hatte.

Dolly und Peg wären nie auf die Idee gekommen, etwas von Kittys Treffen mit Darrell zu verraten, es gab jedoch eine Person, die nicht über Kittys Anwesenheit im Haus erfreut war; und das war natürlich Jennifer Jay. Kitty wußte von Jennifers Verhältnis mit dem Squire, und Jennifer tat ihr leid. Auch sie war von einem typischen, traurigen Frauenschicksal ereilt worden, und deshalb versuchte Kitty, freundlich zu ihr zu sein, aber Jennifers stechende, dunkle Augen jagten ihr Angst ein. Sie hatte außerdem den Verdacht, daß Jennifer die kleine Margaret verprügelte, weil sie so freigiebig mit ihren Küssen für ihre neue Mama war.

Es war Zeit, ihrem Ehemann von dem Baby zu erzählen. Sicher war es besser, alles zu gestehen, bevor er selbst dahinterkam, dachte sie. Sie mußte ihrem Ehemann die Wahrheit sagen.

Es war Oktober. Er war den ganzen Tag auf der Jagd gewesen, und sie war in ihrem Zimmer geblieben und hatte überlegt, wie sie es ihm beibringen sollte. »Ich hätte es dir vor unsere Hochzeit sagen sollen, das weiß ich, George. Aber ich hatte solche Angst, so furchtbare Angst …«, würde sie beginnen.

Inzwischen wußte sie, wie sie ihn umschmeicheln konnte, also war sie guter Laune, beinahe furchtlos … bis sie unten seine Stimme hörte. Da dachte sie daran, wie schrecklich wütend er werden konnte. Vielleicht würde er sie aus dem Haus werfen! Dann würde es ihr so ergehen wie dem armen Mädchen, das den Stallburschen geliebt hatte.

Schnell kam er nach oben gerannt.

»Kitty!« rief er mit seiner lüsternen Stimme, und sie zitterte.

Als er hereinkam, stellte sie sich mit dem Rücken zum Fenster, damit er ihr Gesicht nicht sehen konnte.

»Hier hältst du dich also auf! Warum, zum Teufel, bist du nicht nach unten gekommen, um mich zu empfangen?!«

Er nahm sie in seine Arme und küßte sie ungestüm auf den Mund.

»Nun, was ist los mit dir?« fragte er besorgt. »Du bist so weiß wie ein Gespenst!«

Sie konnte ihr Zittern nicht unterdrücken.

»George, es gibt etwas, das ich dir gestehen muß, ich weiß nicht, was du dazu sagen wirst … Ich wollte es dir schon so lange mitteilen …«

Seine Hände hielten ihre Schultern fest umklammert und taten ihr weh; immer war er so grob mit seinen großen Händen.

Mit schwacher Stimme sagte sie: »George, ich werde ein Baby bekommen.«

Ängstlich sah sie zu ihm auf. Jetzt war der Augenblick gekommen! Tonlos bewegten sich seine Lippen. Waren das etwa Tränen in seinen Augen? Es war unglaublich. Sie hatte eine rüde Bemerkung erwartet, dann hätte sie ihn von ganzem Herzen hassen können. Dann hätte sie ihm sagen können, worauf sie sich den ganzen Tag vorbereitet hatte.

Er murmelte: »Kitty ... das sind ja großartige Neuigkeiten. Wir werden eine richtige Familie sein!«

Überschwenglich hob er sie hoch in die Luft und gab ihr einen schmatzenden Kuß auf den Mund.

Unter den Porträts seiner Vorfahren ließ er seine Dienerschaft auf die Gesundheit des Kindes, das seine Frau erwartete, anstoßen.

Die Kinder riefen sie ins Kinderzimmer.

»Jennifer ist heute nachmittag ausgegangen«, flüsterte Charles.

»Deshalb mußt du kommen und uns eine Geschichte erzählen«, fügte Margaret hinzu.

Sie berührte ihre neue Brosche, die ihr George gerade geschenkt hatte. In den letzten Wochen, seit er von Kittys Schwangerschaft wußte, hatte er sich verändert. Er ließ sie ein wenig teilhaben an seinen Gedanken und Gefühlen; er erzählte ihr, wie sehr er Bess geliebt habe und wie sehr er gelitten hatte, nachdem sie fortgegangen war. Eigentlich war es nicht seine Art, Schwächen zuzugeben, aber er war so glücklich in seinem neuen Leben, so begeistert, daß sie bald ein gemeinsames Kind haben würden, daß er Kitty ab und zu hinter seine Maske blicken ließ. Er war also doch kein Monster; nur ein Mann, sehr menschlich, voller Hoffnungen und Wünsche.

»Du bist unsere neue Mama«, erklärte Margaret. Beide Kinder mußten lachen.

»Du mußt verstehen«, erklärte Charles, »bis jetzt hatte Margaret noch nie eine Mama, und ich hatte nur für ganz kurze Zeit eine.«

»Jennifer sagt, du bist nicht unsere richtige Mama.«

»Sie sagt, du bist unsere Stiefmutter!«

Sie beobachteten Kitty ein wenig argwöhnisch. Jennifer hatte ihnen erzählt, daß Stiefmütter ihre Stiefkinder haßten und schlügen und ihnen im Dunkeln angst machten.

Sie konnten diese Dinge nicht aussprechen, aber sie standen immer zwischen ihnen und Kitty. Für kurze Zeit konnten sie ihre heimliche Furcht jedoch vergessen, sie zeigten

Kitty ihre Bilderbücher und ihre Spielsachen und hatten gerade Jennifers Schrank geöffnet, als die Gouvernante hereinkam. Kitty hielt gerade eine Flasche mit einem Liebestrank in der Hand, als sich die Tür öffnete.

Jennifers Gesicht färbte sich dunkelrot vor Haß.

»Guten Tag, Jennifer … die Kinder wollten mir alles zeigen …«

»Und Ihr wolltet gern alles sehen, Madam. Das kann ich gut verstehen.« Sie starrte auf die Flasche. »Ihr wolltet gern in meinen Privatsachen herumschnüffeln, und deshalb …«

»Nein, keineswegs«, entgegnete Kitty würdevoll. »Ich hatte keine Ahnung, daß dies Ihr Schrank ist. Die Kinder haben ihn einfach geöffnet …«

Die Kinder waren still und hörten diesem Streit gebannt zu.

»Madam, ich muß Euch bitten, nicht noch einmal in meinen Privatsachen herumzuschnüffeln!«

»Ich werde Eure Unverschämtheit nicht länger dulden!« rief Kitty wütend. »Verlaßt augenblicklich das Haus!«

»Darüber solltet Ihr wohl zuerst mit dem Squire sprechen … Ich werde selbst mit ihm reden.«

»Ihr werdet jetzt packen und dann sofort dieses Haus verlassen. Ich werde dann dem Squire sagen, daß ich Euch entlassen habe.«

Wie unverschämt diese Frau dreinblickte. Wußte sie etwas?

Kitty bekam Angst, und es wurde ihr ganz schwindelig. Das Zimmer begann zu schwanken; sie hielt sich an einer Kommode fest. Eines der Kinder begann zu weinen. Kitty sah Jennifers Gesicht dicht vor dem ihren, und Jennifer lächelte. Ihre listigen Augen wirkten wie die eines Affen.

Als Kitty die Augen öffnete, lag sie auf dem Sofa. Jennifer kniete neben ihr und hielt ihr Riechsalz unter die Nase. Die Kinder waren nicht mehr da.

Jennifer sagte: »Madam sollten ein wenig vorsichtiger sein … in Eurem Zustand … Ich bin überrascht, daß die Schwangerschaft von Madam schon so weit fortgeschritten ist!«

Kitty rappelte sich mühsam hoch.

»Es geht mir schon wieder gut.«

»O ja, Madam, jetzt geht es Euch wieder besser. Es war ja auch nur eine kleine Ohnmacht ... ganz natürlich. Aber, Madam, Ihr müßt Euch in acht nehmen ...«

»So, das reicht jetzt. Habt Ihr vergessen, daß Ihr sofort Eure Koffer packen solltet?«

Jennifer schlug die Augen nieder, aber ihr Mund war spöttisch. Kitty wankte zur Tür. In ihrem Schlafzimmer wusch sie ihr Gesicht; ihre Hände waren heiß und feucht, denn sie wußte, der Moment war gekommen. Stumm betete sie zu ihrer Mutter: »Mutter, was soll ich jetzt tun?«

Sie dachte an die neue Zärtlichkeit des Squire. Worte schossen ihr durch den Kopf. »Wir haben einander geliebt; wir wollten heiraten. Es schien so sicher zu sein, so richtig. Er war immer so gut zu mir, so besorgt um mein Wohlergehen. Sei jetzt nicht grausam zu mir! Wenn du mir hilfst, werde ich versuchen, dich zu lieben.«

Das Warten erschien ihr wie eine Ewigkeit.

Sie hörte Hufgeklapper im Hof. Es dauerte eine gewisse Zeit, bis er in ihr Zimmer kam, und sobald sie ihn sah, wußte sie, daß Jennifer ihm aufgelauert und mit ihm gesprochen hatte. Seine großen Augen schienen hervorzuquellen, und die Adern auf seiner Stirn waren angeschwollen. Sie zitterte vor Angst, einerseits wirkte er wie ein geprügelter Hund und andererseits wie ein wütender Bulle.

Er schrie: »Was habe ich da gehört? Was sagt dieses Mädchen? Bei Gott ...!«

Und er wollte, daß sie alles abstritt, er wollte Jennifer aus dem Haus werfen; er wollte, daß sie ihn belog ... Alles war ihm recht, nur damit er Jennifers Andeutungen keinen Glauben schenken mußte. Er hatte noch ihre Stimme im Ohr, leise und schmeichlerisch: »Ich dachte, Ihr solltet es wissen. Heute nachmittag fiel Madam im Kinderzimmer einfach in Ohnmacht. Sie muß sich mehr schonen. Ihre Schwangerschaft scheint viel weiter fortgeschritten zu sein, als man es für möglich halten könnte ...« Wutentbrannt hatte er das Mädchen bei den Schultern gepackt und in ihr unverschämtes Gesicht gestarrt. »Auf mich dürft Ihr nicht wütend sein. Ist es etwa mein Fehler, daß sie Euch so listig benutzte, weil ihr Geliebter sie verlassen hat?« Jennifers Augen waren kampflustig. Die Hausherrin hatte sie aufgefordert, das Haus zu verlassen, und wenn sie das tun müßte, würde sie alles verlieren, wofür sie bisher gekämpft hatte. Dies hier war ihre ganz große Chance. Deshalb war sie so mutig und lachte auch noch, als er sie so fest ins Gesicht schlug, daß sie zu Boden fiel.

Und sie hatte wirklich Grund zum Lachen, denn er war ein Dummkopf! Er brauchte nur in Kittys Augen zu sehen, um zu erkennen, daß er ein Trottel gewesen war. Ihre Augen wirkten schuldbewußt, und sie machte auch keinerlei Versuch, dies zu verbergen. Was sagte sie da? »Wir liebten uns. Es schien so richtig ... Und dann hat das Schicksal ihn mir weggenommen ... Wir wären so glücklich geworden ...«

Er brüllte sie an: »Dafür werde ich dich umbringen!«

Und er hätte sie auch umgebracht, wenn er nicht so furchtbar verzweifelt gewesen wäre.

Sie sagte: »Bitte, George ... ich habe einen großen Fehler gemacht ... ich habe schlecht gehandelt. Aber ich werde versuchen, wenn du nur ... Wir müssen an das Baby denken ...«

Er stieß sie von sich, und sie fiel aufs Bett und starrte auf seinen grausam verzerrten Mund.

»Deshalb also wolltest du meine Frau werden, Madam!« Er lachte, und sein Gelächter klang fürchterlich.

Sie haßte ihn; und sie haßte sich selbst, weil sie ihn mehr oder weniger willig als Liebhaber akzeptiert hatte. Trotzdem fand sie eine gewitzte Antwort, die auch von Bess hätte stammen können: »Warum hätte ich dich denn sonst heiraten sollen?«

Er hielt jetzt seine Reitpeitsche in der Hand; am liebsten hätte er sie zu Tode geprügelt, denn sie und Bess hatten ihm alles genommen, was ihm etwas bedeutete.

Was war er doch für ein selbstgefälliger Trottel gewesen; und später würden alle es erfahren, und sie würden miteinander tuscheln und über ihn lachen: »Armer Squire! Da ist er ja schön hereingelegt worden!« Seine eigenen Leute würden ihn auslachen! Er wollte sie umbringen, sie zu Tode peitschen!

Er brüllte die unflätigsten Beleidigungen, aber plötzlich schwieg er. Was hatte es für einen Sinn, sich wie ein Schuljunge zu benehmen. Es gab nichts anderes zu tun, als das Zimmer schnell zu verlassen.

Kitty lag wie betäubt da. Der Sturm war ausgebrochen. Sie vergrub ihr Gesicht im Kopfkissen und begann kraftlos zu weinen.

CAROLAN HAREDON

Alle wollten heute einen Besuch im Pfarrhaus machen. Charles sagte: »Jennifer, müssen wir die dumme kleine Carolan unbedingt mitnehmen?«

Hinter Charles' Rücken schnitt Carolan eine Grimasse. Charles war elf – fast schon ein Mann; Carolan war erst fünf – fast noch ein Baby in Charles' Augen; sogar Margaret fand, daß sie sehr klein war.

Carolan kämpfte mit der Schleife ihrer Schärpe. Jennifer half ihr nie beim Anziehen; vielleicht machte sie ihr hinterher noch einen Knopf zu und sagte: »Du bist wirklich eine kleine Schlampe!« Es schien ihr Spaß zu machen, dieses Wort auszusprechen. Dann trat Carolan ein paar Schritte zurück und schnitt Jennifer eine Fratze, es war ihre einzige Möglichkeit, sich gegen die Großen zu wehren. Manchmal lachte Jennifer nur und sagte: »Nur weiter so! Mach dich noch häßlicher, als du sowieso schon bist!« Es kam jedoch auch vor, daß sie wütend wurde und Carolan ohrfeigte oder mit ihrem Pantoffel schlug.

Margaret und Charles redeten über Everard, der schon zwölf war und den sie bewunderten. Everard mußte wohl ein sehr guter Mensch sein, dachte Carolan, denn eines Tages würde er Pfarrer werden wie sein Vater. Er war größer als Charles, und er hatte freundliche Augen; obwohl er Carolan kaum beachtete, hatte er sie doch niemals Dummkopf oder Baby genannt; er hatte sie noch nie herumgeschubst oder an ihren Haaren gezerrt. Er hatte sie auch nie geärgert, weil sie sich im Dunkeln fürchtete. Carolan wurde soviel geärgert, daß sie Menschen schon dann mochte, wenn diese sie ignorierten. Mama war der einzige Mensch, dem sie wirklich trauen konnte. Auch Margaret konnte manchmal nett zu ihr sein, aber man wußte nie, ob sie nicht im nächsten Augenblick sagen würde: »Hau doch ab, du bist ja noch ein Baby!« Und sie haßte es, Baby genannt zu werden. Mama sagte manchmal zu ihr: »Mein Baby!«

Aber das hieß nur, daß sie einmal Mamas Baby gewesen war. Und wer weiß, vielleicht nannte sogar die ehrwürdige Mrs. Orland ihren Everard manchmal Baby. Bei dieser Vorstellung mußte sie lachen.

»Lachst du etwa über mich?« fragte Charles.

Er packte ihren Arm und grub einen Fingernagel in ihre Haut. Charles war immer so grob. Jedesmal wenn er an ihr vorbeiging, schubste er sie zur Seite. Er hat richtige Schweineaugen! dachte sie.

»Nein«, sagte sie würdevoll, »ich habe nicht über dich gelacht.«

»Da hast du aber Glück gehabt! Weißt du, was ich sonst mit dir machen würde? Ich würde dich schlagen, bis du blutest. Dann würde ich dich in kleine Stücke schneiden, dich in ein Paket packen und dich dann an unsere Stiefmutter schicken.«

»Wenn du das tätest, würden sie dich am Galgen aufhängen!« rief Carolan.

Er zog an ihrer Schleife, und ihre Schärpe fiel zu Boden.

Jennifer kam dazu. »Du meine Güte! Was hast du nur wieder mit deiner Schärpe gemacht? Und dann sprichst du in deinem Alter auch schon vom Galgen!« Verächtlich gab sie Carolan einen Klaps auf den Kopf. »Komm mal her … du kleines Baby!«

Charles zog sich grinsend zurück und überließ sein Opfer einer schlimmeren Peinigerin.

»Steh still! Oder ich sag' dem Squire, er soll dir eine Tracht Prügel verpassen!«

Warum sagte Jennifer immer »euer Papa« zu Charles und Margaret, und »der Squire« zu ihr? Das mußte etwas mit dem Geheimnis zu tun haben, das sie noch nicht hatte lösen können.

»Jennifer, warum ist Charles mein Stiefbruder und Margaret meine Stiefschwester?«

Jennifer liebte es, solche Fragen zu beantworten.

»Stiefbrüder und Stiefschwestern haben nicht denselben Papa oder dieselbe Mama.«

»Meine Mama ist nicht ihre Mama!« sagte sie und zeigte auf Charles und Margaret.

»Dummkopf!« sagte Margaret. »Das wußtest du doch, daß deine Mama nicht unsere Mama ist!«

»Aber ist Papa denn mein Papa?« Carolan schaute Jennifer fragend an.

»Wie oft muß ich dir noch sagen, daß du stillhalten sollst! Ich glaube, der Squire sollte erfahren, daß ich mit dir nicht fertig werde. Und dann gehe ich fort.«

Ein Hoffnungsschimmer glitt über Carolans Gesicht, doch Jennifer kam ihr ganz nah: »Und dann wirst du ein neues Kindermädchen bekommen, das dich nicht in Margarets Zimmer schlafen läßt. Dann mußt du ganz allein in einem dunklen Zimmer schlafen.«

Carolan war stumm vor Angst. Niemand konnte ihr mit wenigen, anscheinend harmlosen Worten solche Furcht einjagen wie Jennifer.

»Sie hat Angst vor Geistern und Kobolden!« rief Charles.

Jennifer tat so, als wolle sie Carolan verteidigen. »Nun, in einem Hause wie diesem hier, in dem so viele Menschen gestorben sind, da mag es wohl den einen oder anderen Geist geben.«

Die Tür ging auf, und Mama kam herein. Carolan rannte auf sie zu und warf sich in ihre Arme.

»Carolan … Miß!« rief ihr Jennifer ärgerlich hinterher.

Aber Jennifer hatte jetzt nichts mehr zu sagen. Mama war weich und warm und roch wundervoll.

»Heute wollt ihr also Everard besuchen, mein Schatz?«

»Ja, Mama, wie gut du riechst! Du mußt auch mitkommen!«

»Nein, das geht nicht. Aber du wirst mir alles erzählen, wenn du zurückkommst.«

Carolan hielt ihre Mutter eng umschlungen und lachte vor Vergnügen. Über die rotbraunen Haare ihrer Tochter hinweg blickte Kitty argwöhnisch zu Jennifer Jay hinüber.

War sie gemein zu Carolan? fragte Kitty sich. Es war

nicht einfach zu sagen. Gewisse Strafen mußten natürlich sein bei der Erziehung. Aber war sie manchmal vielleicht auch grausam zu ihrer Tochter?

»Komm jetzt, Miß!« sagte Jennifer. »Die Kutsche ist gleich da.«

»Ja, Carolan, du mußt jetzt gehen.«

Ich wünschte, ich könnte diese Frau endlich loswerden, dachte Kitty. Vor Jahren hätte ich sie schon loswerden müssen, bevor George erfahren hatte, daß Carolan unterwegs war. Damals wäre es einfach gewesen. Aber nun hatte Jennifer wieder dieselbe Position inne wie zu Amelias Lebzeiten. Es machte George Spaß, Jennifer einen gewissen Einfluß im Haus zu überlassen. So wollte er Kitty demütigen, so wie sie ihn gedemütigt und zum Gespött der ganzen Nachbarschaft gemacht hatte.

Wenn sie im Kinderzimmer war, dann liebte Kitty die kleine Carolan von ganzem Herzen. Solch ein wundervolles Wesen mit ihrem braunen Haar, das in der Sonne rot leuchtete, mit ihren grünen Augen, die so interessiert alle Dinge verfolgten, die um sie herum vorgingen. Sie hatte ein herzförmiges Gesicht und einen süßen Mund, der dem Kittys einmal sehr ähneln würde. Dabei verfügte sie über Charme und Ausstrahlung, die Charles und Margaret trotz ihres guten Aussehens fehlten.

Die Jahre hatten Kitty verändert. Ihre Kleider waren modisch, beinahe ein wenig zu auffällig und pompös, wie viele Leute dachten, darunter ihre Tante Harriet. Aber dem Squire gefiel sie so, und deshalb durfte sie stets eine Menge Geld für ihre Garderobe ausgeben. Sie hatte eine französische Zofe, Thérèse, und einen kleinen schwarzen Diener, Sambo, den sie verwöhnte. Sie verbrachte viel Zeit vor ihrem Spiegel, während Thérèse neue Frisuren ausprobierte oder mit ihr über die neueste Mode diskutierte, und Sambo zu ihren Füßen Süßigkeiten naschte. In einem solchen Augenblick war der Squire einmal ins Zimmer geplatzt und hatte gesagt: »Du wurdest schon als Hure geboren, Kitty!« Damit schickte er Thérèse und den Jungen hinaus und fiel über sie her. Sie war so wütend, daß sie gegen ihn ankämpfte, und das schien ihm sogar sehr zu gefallen; doch nun waren ihr seine Demütigungen gleichgültig. Er tat eben solche Dinge und empfand dabei große Befriedigung. Mit Jennifer lebte er offen zusammen, und er stellte auch immer noch den hübschesten Dorfmädchen nach, denn er hatte seinen Traum, ein guter Squire zu sein, aufgegeben. Wofür er nur Kitty verantwortlich machte, die er deshalb immer wieder verletzte. Sie wurde nie wieder schwanger. Zuerst hatte sie Carolan geboren, und Carolan war ihr ein und alles gewesen. Wie sehr liebte sie dieses kleine Mädchen mit diesen zierlichen Händchen und Füßchen! Sie badete und puderte es und lebte ausschließlich für sie. Aber für Kitty konnte die Mutterliebe immer nur ein zweitrangiges Gefühl bleiben, und bald gab es Liebhaber. Zuerst war es der junge Sohn eines benachbarten Squire, der sie an Darrell erinnerte. Es sollten noch viele andere folgen. Thérèse half ihr, diese Affären vor dem Squire geheimzuhalten. Wenn sie im Kinderzimmer war, liebte Kitty ihre Tochter sehr, aber wenn sie nicht dort war, konnte sie Carolan viele Stunden lang vollkommen vergessen.

Carolan wußte das nicht. Sie verehrte ihre Mutter, und sie träumte davon, mit ihr zusammen irgendwohin zu gehen, wo sie Charles, Jennifer und den Squire nie wiederzusehen brauchte. Vielleicht könnten Margaret und ein paar Diener, die Carolan gern mochte, manchmal zu Besuch kommen.

Diesen Traum träumte Carolan fast immer, wenn sie mit ihrer Mutter zusammen war. Vielleicht könnten ja auch Charles und Jennifer sie in ihrem Traumzuhause einmal besuchen. Dann wollte sie ihnen all die Dinge sagen, die sie ihnen schon immer hatte sagen wollen. Sie würde Jennifer sagen, daß sie häßlich war, und Charles, daß sie ihn für dumm hielt. Sie würden nichts dagegen tun können, denn das Haus, in dem sie mit ihrer Mutter lebte, wäre ein magischer Ort. Sie brauchte nur mit dem Finger zu schnippen, und zwei große, feuerspeiende Hunde würden Jennifer und Charles fortjagen. In diesem Traumhaus würde es auch nie dunkel werden. Nur sehr selten sollte der Squire zu Besuch kommen, denn vor ihm hatte sie fast ebensoviel Angst wie vor der Dunkelheit. Diese Furcht war unerklärlich, denn sie wollte nicht immer vor ihm fliehen. Obwohl er sie abschreckte, wurde sie auch von ihm angezogen. Auch in ihren Gedanken nannte sie George Haredon immer ›den Squire‹. Er war ein Koloß von einem Mann, er trug die größten Reitstiefel der Welt, und seine Hände schienen nicht die eines Menschen zu sein. Sie waren wie sein Gesicht mit schwarzen Haaren bedeckt. Das Weiße seiner Augen war immer gerötet. Manchmal nahm er sie auf seinen Schoß und streichelte sie, als ob er sie gern hätte. Mit seiner heiseren Stimme sagte er dann: »Bei Gott, du scheinst mir ja so eine zu werden wie deine Mutter!« Sein Gesicht sah sehr häßlich aus, wenn er das sagte, und er hielt es so nah an das ihre, daß sie jedes einzelne schwarze Haar seiner Augenbrauen erkennen konnte; die roten Adern in seinen Augen sahen aus wie Flüsse auf einer Landkarte. Dann sagte er oft: »Und wenn du bist wie sie, Mädchen, breche ich dir jeden einzelnen Knochen im Leibe, bevor ich mit dir fertig bin.« Das hörte sich zwar furchterregend an, vielleicht war es aber nicht so gemeint, denn er lachte immer, wenn er das sagte. Manchmal küßte er sie auf den Hals und sagte scherzend, wie dünn und häßlich sie doch wäre. Und manchmal küßte er sie mit seinem riesigen Mund aufs Auge. Er war eine furchterregende Person, dieser Squire. Sie haßte seinen Geruch. Einmal hatte sie ihre Nase verzogen und gesagt: »Ihr habt einen furchtbaren Geruch.« Wie um diese Beleidigung ein wenig zu mildern, fügte sie hinzu: »Squire.« Sie hatte ihn schon öfter so genannt, als ob Squire sein Name sei, und er hatte darüber gelacht. Doch diesmal fand er es nicht lustig. Wütend stieß er sie von sich und eilte davon, und sie versteckte sich, weil sie fürchtete, jetzt werde er ihr wirklich alle Knochen im Leibe brechen. Als er sie das nächstemal auf seinen Schoß hob, bemühte sie sich, ihm nicht zu zeigen, wie sehr sie sein Geruch abstieß. Aber trotz allem faszinierte er sie. Manchmal lief sie ihm sogar freiwillig über den Weg, nur um zu sehen, ob er wieder wütend war oder ob er zärtlich zu ihr sein wollte, doch beides jagte ihr gleich viel Angst ein. Auch Tante Harriet sollte sie in ihrem Traumhaus besuchen. Und wenn Tante Harriet unfreundlich wäre, dann würde sie ganz schnell die beiden feuerspeienden Hunde holen.

Tante Harriet konnte sehr unfreundlich sein. Sie war schnell mit Ohrfeigen bei der Hand, aber das störte Carolan nicht einmal so sehr. Sie haßte vor allem Tante Harriets kalte Augen und ihren grimmigen Mund. Diese Augen und dieser Mund schienen ein Geheimnis zu bewahren – ein gräßliches Geheimnis, das Carolan betraf.

Aber jetzt war der Traum von ihrem Traumhaus, seinen Besuchern und seinen feuerspeienden Hunden zu Ende, denn Kitty löste sanft ihre Hände, und Jennifer packte sie an der Schulter.

»Es ist Zeit, daß die Kinder jetzt gehen, Madam.«

Kitty dachte, wie verzweifelt Carolan doch aussieht, so viel kleiner als die anderen ... Und ob Jennifer wirklich freundlich zu ihr ist? Es war gut, daß das ältere Mädchen ein wenig auf sie achten konnte, und Carolan hatte Margaret immer gern gehabt. Nun sah Carolan sich nach ihrer Mutter um, und ihr Gesicht zuckte etwas; sie wirkte so klein und zerbrechlich, fast noch jünger, als sie war, obwohl man sie sonst oft für älter halten konnte. Kitty fragte sich, ob sie sich an diesem Nachmittag ganz ihrer kleinen Tochter widmen, sie bei sich behalten sollte. Aber nein! Sie hatte ein Rendezvous. Außerdem waren Kinder launisch. Im nächsten Augenblick konnte sie vielleicht schon wieder lachen. Außerdem waren schließlich alle Kinder ins Pfarrhaus eingeladen, da wäre es unhöflich, wenn eines nicht käme. Damit beruhigte Kitty ihr Gewissen. Und wenn Jennifer gemein zu ihr wäre, dann würde es Carolan doch sagen!

Die Kutsche rumpelte über die steinige Straße. Vor Freude über den Ausflug begann Carolan auf und ab zu hüpfen.

Jennifer gab ihr eine Ohrfeige. »Sitz still, Fräulein!«

Sie ähnelt ihrer Mutter immer mehr, dachte Jennifer; vielleicht wird sie nicht ganz so schön – zumindest würde sie dunkler sein und ihre Augen waren grün –, aber diese geschwungenen rötlichen Wimpern und ihr charmantes Gesicht! Sie hatte das, was ihre Mutter hatte, und wenn man all die Geschichten glaubte, die so erzählt wurden, auch das, was ihre Großmutter und ihre Urgroßmutter gehabt hatten. Jennifer hätte dieses kleine, unruhige Mädchen am liebsten verprügelt, aber was nützte das schon? Sie würde selbst Ärger bekommen, denn dieser hinterlistige kleine Kobold hatte sich schon ins Herz des Squire geschlichen. Jennifer glaubte, daß er an ihr mehr Interesse hatte als an seinen eigenen Kindern. Manchmal mußte er lächeln, wenn er sie erwähnte. Was für eine Hexengabe hatte sie da bloß geerbt, daß sie im Alter von fünf Jahren das Herz des Squire erobern konnte, wo doch ihr bloßer Anblick ihn an jene Schande erinnern mußte?

»Ihr müßt gleich ganz artig sein im Pfarrhaus«, sagte Jennifer. »Ihr dürft keine Krümel auf den Boden fallen lassen. Und wenn Mr. oder Mrs. Orland mit euch sprechen, müßt ihr sofort eine respektvolle Antwort geben. Falls Everard dann so freundlich ist, euch auf den Friedhof mitzunehmen, müßt ihr sehr ruhig sein.« Sie packte Carolans Arm, denn beim Wort Friedhof war das Kind plötzlich hellhörig und ängstlich geworden. »Schnüffelt nicht zu viel auf dem Friedhof herum!«

Margaret, die sehr praktisch veranlagt war und über wenig Fantasie verfügte, fragte: »Warum dürfen wir nicht auf dem Friedhof herumstöbern? Das ist doch wohl egal, alle dort sind schließlich tot.«

»Sei still!« sagte Jennifer und deutete auf Carolan.

»Die Grabgewölbe sind interessant«, sagte Charles. »Voll von toten Menschen!«

»Sie stellen die Särge in Regale«, fügte Margaret hinzu.

»Damit eine Familie zusammenbleiben kann«, sagte Jennifer. »Was sich nachts auf dem Friedhof so abspielen soll – ihr würdet eine Gänsehaut kriegen, wenn ihr das hörtet.«

»Es sind kleine Häuser«, sagte Charles.

»Häuser, in denen die Toten liegen«, erklärte Jennifer. »Carolan, du brauchst dich gar nicht so zu fürchten. Niemand wird dich da hineinstecken. Denn wenn du nicht dorthin gehst, wo du nicht hingehen sollst, dann wirst du auch nicht mit den Toten zusammen eingesperrt. Das wäre nämlich schrecklich.«

Bei diesem Gedanken wurde Carolan schneeweiß im Gesicht.

»Baby!« sagte Margaret verächtlich.

Carolan schloß die Augen und versuchte sich vorzustellen, daß sie nicht in der Kutsche war, sondern in ihrem Traumhaus, zusammen mit ihrer Mutter. »Sparks! Rover ...«, murmelte sie, denn so hießen die beiden feuerspeienden Hunde.

Die Kutsche war beim Pfarrhaus angekommen, und Mr. und Mrs. Orland kamen heraus, um sie zu begrüßen. Mrs. Orland war sehr freundlich. Sie meinte, daß Jennifer sich gern mit ihrer Freundin Mrs. Privett unterhalten würde. Mrs. Privett war die Haushälterin des Pfarrhauses, und Jennifer haßte sie. Dies war eine der Demütigungen, die sie so verärgerten. Sie könnte in ihrer eigenen Kutsche fahren und selbst einen Besuch abstatten, wären ihre Pläne nicht schiefgegangen. Nun war sie hier in ihrer Rolle als Gouvernante, deshalb blieb ihr der Salon von Mrs. Orland verschlossen. Statt dessen mußte sie sich mit dieser törichten Mrs. Privett unterhalten, die nichts anderes als Apfelgelee und Klatschgeschichten über irgendwelche Dienstboten im Kopf hatte.

»Nun«, sagte Mrs. Orland, »Wie geht es unserer kleinen Carolan?« Carolan war mit Abstand das charmanteste der Haredon-Kinder, obwohl ihr Eintritt in diese Welt so überaus ungünstig gewesen war. Trotz allem mußte man dieses Kind einfach gern haben.

An Mrs. Orlands Hand ging Carolan in den Salon.

Everard sah sehr gut aus, er war viel größer, als Carolan ihn in Erinnerung hatte. Margaret starrte Everard bewundernd an. Das tat sie immer, und es schien ihm nicht besonders angenehm zu sein, aber sie konnte einfach nicht anders. Auch Carolan schaute ihn neugierig an, aber hier gab es so viele andere Dinge zu bestaunen. Außerdem hatte ihre Großmutter einmal hier gelebt, was das Haus noch aufregender für Carolan machte.

Nachdem sie Tee getrunken hatten, fragte Margaret schüchtern: »Everard, bitte zeig mir doch deine Bücher; ich möchte so gern deine Bücher sehen!«

Mrs. Orland mischte sich ein: »Nimm Margaret mit in dein Arbeitszimmer, Everard, und zeige ihr die Bücher.«

»Ich möchte nicht, Mutter«, murmelte er. »Ich ...«

»Everard, Margaret ist dein Gast!«

Everard wurde sehr rot und führte Margaret mürrisch zur Tür.

»Und wenn ihr sie angeschaut habt, könnt ihr zu den anderen in den Garten gehen. Und denkt daran … macht nicht zu viel Lärm. Papa schreibt seine Predigt.«

»Schreibt er immer Predigten?« fragte Carolan, weil sie im Pfarrhaus meist zur Ruhe ermahnt wurden. Aber sie erhielt keine Antwort.

»Charles, ich schlage vor, du nimmst deine kleine Schwester mit in den Garten und zeigst ihr die Blumen, bis die anderen nach unten kommen. Du möchtest doch bestimmt die schönen Blumen sehen, Carolan?«

Carolan wäre lieber im Salon geblieben, aber Charles konnte es kaum erwarten, der Aufsicht von Mrs. Orland zu entkommen.

»Komm schon, Carolan!« rief er, als ob er ihr wirklich gern die Blumen zeigen würde. Fast dachte sie, daß er sie schließlich doch mögen würde.

Im Garten war es wunderschön.

»Wer will schon ihre blöden Blumen sehen!« sagte Charles in freundlichem Ton, und Carolan lachte mit ihm, um ihm eine Freude zu machen. »Willst du etwa ihre alten Blumen sehen, Carolan?«

»Nein«, sagte Carolan.

»Ich auch nicht!«

Er lachte, als ob er gerade einen guten Witz gemacht hätte, und Carolan lachte aus Sympathie mit.

Er führte sie zum Ende des Gartens. Dort war eine Steinmauer, und hinter dieser Mauer lag der Friedhof.

Charles war sehr nett an diesem Nachmittag.

»Paß auf, wie ich über die Mauer springe!« rief er und sprang. »Ich wette, du könntest das nicht!«

Sie wußte, daß sie es nicht konnte, aber sie versuchte es trotzdem. Er stand auf der anderen Seite der Mauer und lachte, aber es klang nicht unfreundlich.

»Du bist zu klein, Carolan; du wirst es können, wenn du größer bist.«

»Oh, ich wünschte, ich wäre schon groß!«

»Eines Tages wirst du groß sein … Gib mir deine Hand, dann helfe ich dir.«

Beim Hinüberklettern schürfte sie sich die Knie auf, aber es war aufregend, auf der anderen Seite der Mauer zu stehen. Die Grabsteine sahen aus wie Damen mit grauen Umhängen, aber sie machten ihr keine Angst; sie glitzerten in der Sonne. Wie sehr sie doch die helle Sonne liebte! Wenn die Sonne schien, brauchte man sich fast überhaupt nicht zu fürchten!

»Versuch mich zu fangen!« sagte Charles. »Ich gehe, und du darfst laufen. Oh …« Beinahe hatte sie ihn gefangen. Carolan kreischte vor Vergnügen; sie vergaß den gemeinen Charles, der sie immer ärgerte, und liebte diesen neuen, freundlichen Charles, der ihr über die Mauer geholfen hatte und nun zwischen den Grabsteinen mit ihr Fangen spielte. Jetzt hatte sie ihn gepackt, und sie blieben neben einem kleinen, mit Efeu bewachsenen Häuschen stehen.

»Gefällt es dir?«

Sie schüttelte mit dem Kopf. »Es sieht aus wie ein kleines Haus, aber es hat keine Fenster, und ich mag Fenster.«

»Weißt du denn nicht, was es ist? Es ist das, wovon wir vorher gesprochen haben … Weißt du noch? Ein Grabgewölbe … eine Familiengruft … Es ist unsere Familie, die darin wohnt – unsere toten Großväter und Großmütter und Onkel und Tanten …«

»Ach, laß uns doch weiter Fangen spielen!«

»Vielleicht später. Jetzt gehe ich zuerst da hinein und sehe mich um.«

»Aber das darfst du nicht!«

»Ich kann es tun, wenn ich will, und ich will!«

Er versuchte, die Tür zu öffnen, aber sie war abgeschlossen. Carolan war erleichtert.

»Du kannst es nicht«, sagte sie glücklich.

»Carolan, du hättest bestimmt Angst.«

Dies konnte sie nun beruhigt abstreiten, denn es war ja doch nicht möglich, durch eine abgeschlossene Tür zu gehen!

Er sagte: »Carolan, wenn diese Tür offen wäre, würdest du dann hineingehen? Ich würde es tun.«

»Ich auch.«

Er zog einen Schlüssel aus der Tasche. Sie starrte ihn entsetzt an.

»Aber Charles, woher hast du den Schlüssel?«

Er nahm freundlich ihre Hand, dann öffnete er die Tür; eine kurze Treppe führte hinab in die Dunkelheit.

»Papa verwahrt den Schlüssel«, sagte er. »Er liegt immer in einer Schublade in der Bibliothek, zusammen mit den anderen Schlüsseln. Ich habe ihn mitgenommen, weil ich sehen wollte, wie es hier drinnen aussieht. Du willst es doch auch sehen, Carolan. Du hast es gesagt!«

Sie war still. Dies schien eine andere Welt im Gewölbe zu sein, es war feucht und dunkel, kein einziger Sonnenstrahl drang herein.

»Komm schon!« sagte Charles. Er war aufgeregt. Eigentlich hatte er vorgehabt, dieses Abenteuer mit Everard zu teilen, deshalb hatte er auch den Schlüssel mitgenommen. Er war fast sicher, daß Jennifer der Schlüssel in seiner Tasche aufgefallen war, aber sie hatte nichts gesagt, vielleicht wußte sie ja doch nichts davon. Ihre Worte in der Kutsche hatten ihn dann auf die Idee gebracht, Carolan anstelle von Everard in sein Abenteuer einzubeziehen.

Er nahm Carolans Hand, und sie stieg zögernd die Stufen mit ihm hinab.

»Was für ein merkwürdiger, häßlicher Geruch!« sagte sie mit klappernden Zähnen.

»Erde und Würmer und tote Menschen, das ist es, was du riechst.« Charles' Stimme klang schrill. Nun hatten sich Carolans Augen an die Dunkelheit gewöhnt; sie standen jetzt in einer Art Kammer, es war sehr still und sehr kühl.

»Auf den Simsen stehen die Särge«, flüsterte Charles. »Bekommst du da keine Gänsehaut, Carolan?«

»Nein!« log sie. »Aber mir gefällt es draußen besser.«

»Aber du wolltest doch hier hereinkommen, Carolan. Das hast du gesagt.«

»Ja, aber jetzt sind wir doch hier gewesen. Ich kann dich

wieder fangen; du kannst ja nicht schneller gehen, als ich laufe.«

»Hättest du Angst, die ganze Nacht hier drinnen zu bleiben, Carolan?«

»Ich würde nicht die ganze Nacht hier bleiben wollen.«

»Aber wenn du es müßtest ...«

Ihr zur Schau getragener Mut verließ sie, und sie ging zu den Stufen.

»Hör mal!« sagte Charles. »Was war das?«

Sie blieb stehen; nichts war zu hören als das schnelle Schlagen ihres Herzens und der Atem von Charles. Plötzlich packte er sie an der Schulter und stieß sie zurück; ihre Finger berührten die klamme Wand. Sie schrie auf, denn Charles lief die Stufen hinauf und verschloß die Tür. So schnell wie sie konnte, kletterte sie die Treppe hinauf, aber die Tür war schon zu. Nun fiel kein tröstlicher Lichtschimmer mehr herein ... um sie herum war nichts als feuchte Dunkelheit. Sie schlug mit den Fäusten gegen die Tür.

»Laß mich raus! Laß mich raus! Bitte ... bitte laß mich raus!«

Es kam keine Antwort. Ihre kleinen Hände schlugen weiter gegen die schwere Tür. Sie fand den Türgriff, sie stieß und trat. Aber Charles hatte die Tür abgeschlossen und den Schlüssel mitgenommen.

Carolan hielt die Augen fest geschlossen und preßte ihr Gesicht fest gegen die Tür. Sie erwartete, daß etwas Schreckliches geschehen würde.

Trotzdem konnte sie ihre Augen nicht für immer geschlossen halten; sie mußte sie wieder öffnen. Ängstlich blickte sie sich um und konnte vage den Eingang zu jenem Raum ausmachen. Die Gefahr würde aus dieser Richtung kommen, das wußte sie. Geschichten, die von der Dienerschaft weitergeflüstert wurden, kamen ihr in den Sinn. Auch Jennifer hatte ihr entsetzliche Dinge über tote Menschen berichtet. Ob sie wohl verärgert waren, weil sie in ihr Zuhause eingedrungen war? Sie hatte gelogen; sie hatte gesagt, sie hätte keine Angst, weil sie sicher gewesen war, ihren Mut nicht unter Beweis stellen zu müssen. Jennifer sagte immer, daß Lügner in die Hölle kämen; aber was war schon die Hölle im Vergleich zu diesem dunklen Totenhaus?

»Charles!« schrie sie, konnte aber nur den Widerhall ihrer eigenen Stimme hören, vor dem sie so sehr zurückschrak, daß sie ihre Lippen fest zusammenpreßte, damit ihnen kein weiterer Schrei entwich.

Sie wußte nicht, was sie tun sollte. Ein trockenes Schluchzen schüttelte ihren Körper. »Mama! Mama!« Sie schloß die Augen und begann ein stummes Gebet: »Ich wollte nicht hierherkommen. Ich habe gestern nur ein ganz kleines Stückchen Zucker genommen. Ich habe nicht vom Apfelgelee genascht! Ich war es nicht! Wenn ich jemals wieder hier herauskomme, werde ich nie wieder etwas Böses tun. Ich werde niemandem mehr Grimassen schneiden … nicht einmal Jennifer …«

Was war das? Nur ein kleines Tier, das in der Dunkelheit über den Boden kroch. Sie begann zu zittern. Würden sie aus ihren Särgen kommen? Wie sie wohl aussahen? Sie würde sie nicht ansehen, dachte sie und schloß die Augen. Vielleicht würden sie sie zwingen, die Augen zu öffnen. Sie waren bestimmt ganz entsetzlich … und wütend auf sie, weil sie in ihr Haus eingedrungen war.

»Oh, laß mich raus, laß mich raus!« schluchzte sie.

Sie lag jetzt auf dem feuchten Boden, ihr Kopf war an die Tür gepreßt, und sie hielt sich die Ohren zu. Bald würde etwas geschehen. Sie nahm die Hände von den Ohren, denn sie mußte etwas hören. Vielleicht war es ja doch besser, nichts zu hören oder zu sehen …

Eine geisterhafte Stimme flüsterte: »Carolan?«

Sie zitterte.

»Carolan?« sagte die Stimme noch einmal. »Carolan, bist du da drin?«

Es war Everards Stimme, die durch die Tür drang. Die Freude, seine Stimme zu hören, raubte ihr fast die Sinne, aber sie konnte nicht sprechen, obwohl ihre Lippen sich bewegten. Verzweifelt versuchte sie, etwas zu sagen; er würde wieder weggehen; er würde sie verlassen. Er war da, aber sie hatte ihre Stimme verloren und konnte ihn nicht rufen.

Sie versuchte aufzustehen, aber es gelang ihr nicht.

»Bitte ...«, stammelte sie leise mit klappernden Zähnen.

Sie versuchte es immer wieder, und dann hörte sie, wie Everards Schritte sich entfernten.

Sie war völlig verzweifelt. Jetzt konnte sie schreien.

»Everard! Ich bin hier. Hol mich bitte hier heraus, Everard!«

Aber es war zu spät, denn er war schon fort, und sie würde die ganze Nacht hier verbringen müssen.

»Everard, komm zurück!« betete sie. Bestimmt würde er zurückkommen! Warum hätte er sonst ihren Namen gerufen?

»Carolan!« Der Schlüssel wurde im Schloß gedreht, und Everard stolperte fast über sie, weil sie noch immer vor der Tür lag. Er hob sie auf. Sie starrte ihn völlig verstört an und fragte sich, ob jetzt wohl einer der Toten zu ihr gekommen war und Everards Gestalt angenommen hatte, um sie noch mehr zu quälen.

Everard setzte sich auf die oberste Stufe und hielt sie in seinen Armen. Es schien ihr, als sehe auch er verängstigt aus, aber sie konnte alles nur wie durch einen Schleier wahrnehmen.

Er sagte: »Jetzt ist alles gut, Carolan. Ich bringe dich fort von hier.«

Sie zitterte so sehr, daß es ihr nicht möglich war, ihm zu antworten.

Er war sehr sanft. Jennifer sagte, er sei ein Weichling, weil er keine wilden Spiele spielte; er liebte seine Bücher; eines Tages würde er Pfarrer sein wie sein Vater und den ganzen Tag Predigten schreiben. Eines spürte Carolan jedoch instinktiv: Everard würde niemals furchtsame kleine Mädchen mit den Toten einschließen; und Carolan, die gerade aus der Hölle gerettet worden war, erschien er wie der wundervollste Mensch auf der ganzen Welt.

Er redete unentwegt weiter, während sie in seinen Armen lag, und sie genoß es.

»Es gibt nichts, wovor du hier Angst haben müßtest, Carolan. Die Toten können niemandem weh tun; außerdem sind es die Toten deiner eigenen Familie, die hier unten liegen. Wären sie am Leben, so würden sie dich lieben, so wie dich die Menschen bei dir zu Hause lieben.«

Wie die Menschen zu Hause sie liebten? Charles? Jennifer? Der Squire? Aber es war ihr egal, was Everard sagte! Sie wollte nur seine schützenden Arme um sich spüren und seiner beruhigenden Stimme lauschen.

»Siehst du!« sagte Everard leise und wie eine Mutter. »Jetzt geht es dir schon viel besser.«

Da begannen ihre Tränen zu fließen, die sie plötzlich nicht mehr zurückhalten konnte.

»Es ist doch alles in Ordnung, es ist alles gut!« rief Everard verschreckt.

Aber sie konnte ihre Tränen nicht zum Versiegen bringen. Um ihm zu zeigen, daß es keine wirklich traurigen Tränen waren, begann sie gleichzeitig zu lachen, was Everard noch mehr beunruhigte. Er rief immer wieder ihren Namen: »Carolan! Carolan!« Und wiegte sie dabei wie ein Baby. Schließlich hörte sie auf zu lachen und weinte nur noch. Everard sagte: »Ich hoffe, ich habe ihm ordentlich weh getan!« Schluchzend fragte sie: »Wem, Everard?«

»Charles!« entgegnete Everard. »Laß uns diesen Ort verlassen, es ist ein schreckliches Loch.«

Sie gingen hinaus, und er schloß die Tür hinter sich zu. Sie starrte auf den Schlüssel.

Er sagte: »Deine Augen sind rot! Ich muß zugeben, auch mir hätte es nicht sehr gefallen, dort drinnen eingesperrt zu sein.«

Daß er dies sagte, war beinahe genauso schön, wie sie aus dem Mausoleum zu befreien. Er war zwölf Jahre alt und sie erst fünf, und doch fühlte sie, daß eine wunderbare Freundschaft zwischen ihnen zu wachsen begann. Glücklich sprang sie hoch, um ihn zu küssen, was ihm nicht besonders behagte. Von einem fünfjährigen Mädchen geküßt zu werden! Aber er war auch ein wenig verzaubert von Carolans Charme, von ihrem süßen Kindermund und von ihren grünen Augen, die zwischen den geschwollenen Lidern glänzten. Lachend wischte er sich den Mund nach Carolans Kuß ab.

»Du solltest deine Augen kühlen«, sagte er. »Ich gehe mit dir zur Pumpe im Hof, soll ich?«

Sie nickte. Willig wäre sie Everard bis ans Ende der Welt gefolgt.

Fröhlich gingen sie zur Pumpe. Everard zog ein Spitzentaschentuch aus der Tasche, hielt es unter den Wasserstrahl, wusch ihr das Gesicht und kühlte ihre Augen.

»Everard, wie bist du an den Schlüssel gekommen?«

»Ich wußte, daß er ihn hatte.« Nein, Everard sagte nicht wie die anderen. »Sei still, du Baby, das verstehst du nicht!« Er fuhr fort: »Er hat ihn mir heute nachmittag gezeigt. Dann habe ich ihn ohne dich gesehen und ihn nach dir gefragt, aber er grinste nur verschlagen, und da konnte ich mir denken, wo du warst. Deshalb nahm ich ihm den Schlüssel ab, bin hergekommen und habe nach dir gerufen; als du nicht geantwortet hast, fürchtete ich, du wärest ohnmächtig geworden.«

»Ich wurde nicht ohnmächtig«, sagte Carolan stolz. »Aber als ich versuchte, zu sprechen, hatte ich einfach keine Stimme.«

»Nun, jetzt bist du jedenfalls wieder in Ordnung.«

Sie hüpfte herum, um ihm zu zeigen, daß es ihr wirklich wieder gut ging, und tatsächlich war sie glücklicher, als sie seit Tagen gewesen war; sie war eine lebhafte kleine Person, die oft sehr traurig und oft sehr glücklich war, aber fast noch nie war sie so glücklich gewesen wie gerade jetzt. Vielleicht lag es daran, daß der zwölfjährige Everard, der von allen Kindern respektiert und bewundert wurde, so nett zu ihr war.

Während sie noch bei der Pumpe standen, kamen Charles und Margaret aus dem Haus. Auf Charles' Stirn sah man eine blutende Schramme. Charles und Everard blickten einander finster an, und Margaret sah verängstigt aus.

»Du kannst sagen, du wärst über einen Grabstein gefallen und hättest dich am Kopf gestoßen«, meinte Everard verächtlich. »Carolan kann sagen, daß sie bei dir war und zuerst gefallen ist und du wärst dann über sie gestolpert. Das wird genügen.«

Er fuhr fort, Carolans Augen zu kühlen, und alle schwiegen. Nach einer Weile gingen sie ins Haus.

Mrs. Orland tat es sehr leid, daß die Kinder bei ihr zu Schaden gekommen waren. Sie wusch Charles' Stirnwunde aus und sah Carolan, die verwirrt wirkte, bestürzt an. Dann schrieb sie einen kurzen Brief an Kitty, den Jennifer überbringen sollte.

Everard sagte: »Es ist doch nichts passiert, Mama!« und Mrs. Orlane entgegnete: »Schäm dich, Everard, es sind schließlich deine Gäste!« Mr. Orland kam aus seinem Arbeitszimmer, um sich von den Kindern zu verabschieden, aber er bemerkte nichts Ungewöhnliches. Margaret hatte einmal gesagt, es würde ihm bestimmt nicht einmal auffallen, wenn jemand auf allen vieren liefe. Alles in allem war es ein äußerst aufregender Nachmittag für Carolan gewesen, bis sie in der Kutsche wieder nach Hause fuhren; da schmolz ihre gehobene Stimmung wieder dahin.

»Nun, was sollte dieses ganze Theater?« fragte Jennifer.

Sie erzählten ihr die Geschichte, die sie auch Mrs. Orland erzählt hatten.

»Es war ihre Schuld!« rief Charles und zeigte auf Carolan. Margaret verteidigte sie nicht. Sie mochte Carolan fast genauso wenig wie die anderen. Dieses törichte Baby! Nun, Margaret hatte sich Everards Bücher angesehen, und dann hatte er sie plötzlich dort allein stehen lassen. Das hatte sie sehr verletzt, denn sie stellte sich immer vor, er wäre ebenso gern mit ihr zusammen wie sie mit ihm. Als sie ihn dann endlich gefunden hatte, wusch er gerade Carolans Gesicht, weil dieses dumme Baby wieder einmal geweint hatte. Er hatte sie verlassen, um Carolan zu helfen. Deshalb war sie wütend auf Carolan und sagte nichts zu Charles' Anschuldigungen.

»Ich wette, es war tatsächlich Carolans Schuld«, sagte Jennifer, ohne nach weiteren Einzelheiten zu fragen. »Sie wird bestraft werden; sie muß lernen, daß es sehr ungezogen ist, bei anderen Leuten ein solches Theater aufzuführen.«

Carolan war verzweifelt. Ob Jennifer sie wohl verprügeln würde, wenn sie zurückkamen? Vielleicht würde sie ja wieder damit drohen, sie nicht mehr mit Margaret im gleichen Zimmer schlafen zu lassen, sondern allein in einem anderen, dunklen Zimmer. Davor fürchtete sich Carolan mehr als vor allem anderen. Carolan betete flehentlich darum, daß sie nur Schläge bekommen würde, aber Jennifers böses Lächeln ließ ihr wenig Hoffnung. Sie könnte es nicht ertragen, allein in einem dunklen Zimmer schlafen zu müssen. Es wäre fast so schlimm wie heute nachmittag, als sie im Dunkeln eingesperrt war, und diesmal käme ihr nicht der freundliche Everard zu Hilfe, sondern es würde Nacht für Nacht so weitergehen.

Diese Vorstellung versetzte sie in Panik, und sie beschloß, ihre Mutter um Hilfe zu bitten. Sie brauchte ja nicht die ganze Geschichte zu erfahren. Ihre Mutter sollte nur verhindern, daß man ihr Bett aus Margarets Zimmer entfernte. Sie mußte sie vor der Dunkelheit retten.

Sobald sie zu Hause waren, lief sie zum Zimmer ihrer Mutter und klopfte. Thérèse öffnete die Tür und sagte: »Oh! Die Kleine. Wir haben jetzt keine Zeit für unsere Kleine.«

Aber Carolan rannte an Thérèse vorbei, denn sie sah ihre Mutter vor dem Spiegel sitzen. Sie trug einen seidenen Petticoat, und ihr Haar fiel auf ihre Schultern herab. Bewundernd blickte sie ihre wunderschöne Mutter an. Gleich würde sie sich ihr zuwenden und sagen: »Hallo, mein Schatz, erzähl mir, wie's heute nachmittag war.« Dann würde sie bemerken, daß Carolans Augen noch immer ganz rot waren, und sie würde sie in den Arm nehmen, sie küssen und fragen: »Was ist mit meiner kleinen Carolan passiert?« Von den gräßlichen Ereignissen des Nachmittags, über die sie mit niemandem sprechen wollte, würde sie kein Sterbenswörtchen erwähnen, doch würde sie ihre Mutter anflehen, daß man ihr Bett niemals, niemals aus Margarets Zimmer entfernen durfte. So hatte sie es geplant.

Aber es kam anders. Kitty sah nur auf ihr eigenes wunderschönes Gesicht im Spiegel; in diesem Moment war Carolan nur ein unbedeutender Schatten neben ihr.

»Hallo, mein Schätzchen«, sagte sie. »Thérèse, ich glaube ich möchte malvenfarbige Bänder in meinem Haar.«

Sie hielt sich die Bänder ans Haar. »Gefallen sie dir, Carolan? Sie passen zu meinem Kleid. Siehst du, da liegt es, auf dem Bett. Du darfst es dir ruhig anschauen. Fühlst du, wie weich und seidig es ist? Ich hoffe, deine Hände sind sauber.«

Carolan berührte den Stoff des Kleides. Es war wirklich herrlich, und sie vergaß ihre Angst. Dunkle Zimmer und Jennifers Wut schienen nicht zu existieren, wenn sie in diesem Zimmer war, in dem ihre Mutter und Thérèse so eine Geschäftigkeit verbreiteten. Carolan, die sich immer schnell von den Stimmungen anderer anstecken ließ, hörte den beiden fasziniert zu, wie sie über die Farbe der Haarschleifen diskutierten, und vergaß ihr eigenes Anliegen.

»Und nun«, sagte Thérèse, »muß unser kleines Vögelchen fortfliegen. Es gibt noch so viel zu tun, und wir haben nur noch wenig Zeit.«

»Hast du das gehört, Carolan? Thérèse ist die Herrin in diesem Zimmer!«

Thérèse und Kitty lächelten, und deshalb mußte auch Carolan lächeln. Erst als sie wieder draußen vor der Tür stand, erinnerte sie sich, weshalb sie eigentlich zu ihrer Mutter gekommen war. Sie ging zurück ins Kinderzimmer und versteckte sich in einer stillen Ecke. Es redete sie auch niemand an, und so konnte sie sich das Abenteuer des heutigen Nachmittags noch einmal ins Gedächtnis rufen. Sie dachte daran, wie Everard die Tür aufgeschlossen und den Sonnenschein hereingelassen hatte. Everard war ihr ganz besonderer Freund, sagte sie sich. Er hatte mit ihr geredet, als sei sie schon älter als fünf. Bestimmt mochte er sie lieber als Margaret und Charles, und das war ein Triumph für sie.

Sie ging zu Bett, und ihr Bett stand noch immer in Margarets Zimmer. Nachdem die Kerze gelöscht worden war, als Margaret bereits schlief und Carolan schon wieder Angst bekam, da war es nicht wie sonst immer ihre Mutter, mit der sie sich flüsternd unterhielt, sondern Everard.

Carolans neunter Geburtstag fiel in das ereignisreichste Jahr jenes Jahrhunderts. Frankreich erklärte England den Krieg, und Charlotte Corday ließ Marat in seinem Bad ermorden; Louis XVI. wurde im Januar hingerichtet, und seine Königin folgte ihm im Oktober. In jenem Jahr begann die Schreckensherrschaft in Frankreich und löste auch in England eine Welle der Unruhe aus. Aber Carolan spürte kaum etwas von den Ereignissen, die sich außerhalb ihrer kleinen Welt abspielten. An ihrem neunten Geburtstag erwachte sie schon frühmorgens. Sie hatte jetzt ihr eigenes Zimmer, aber sie hatte längst nicht mehr so viel Angst vor der Dunkelheit wie früher. Zuweilen, wenn sie eine unheimliche Geschichte gehört hatte, wurde sie von Alpträumen gequält. Dies geschah jedoch selten. Sie träumte dann immer, mit den Toten zusammen eingesperrt zu sein. Dieser Traum wiederholte sich häufig, aber es war ein Traum mit einem glücklichen Ende. Wenn sie schreiend erwachte, dann dachte sie an Everard, wie er durch die Tür gekommen war und sie in seine Arme genommen und getröstet hatte. In Gedanken führte sie oft lange Gespräche mit Everard. Dabei konnte sie sein Gesicht so klar vor sich sehen und seine Stimme so deutlich hören, daß all ihre Angst von ihr abfiel. Sie und Everard waren Freunde, und es war so aufregend, einen Freund zu haben, der so viel älter war als man selbst. Es spielte keine Rolle, daß sie häßlich war. Ihr Haar behielt seinen rötlichen Schimmer, und ihre Augen blieben grün. Jennifer sagte immer: »Nur Gierhälse wie du haben so grüne Augen! Du wirst wirklich jeden Tag häßlicher!« Charles wiederholte: »Gierhals! Gierhals!« Das war ein schrecklicher Name. Aber wenn sie zu Everard sagte: »Everard, wie häßlich bin ich? So häßlich wie die alte Hexe Hethers?« Dann lachte Everard immer. »Du Dummkopf! Du bist überhaupt nicht häßlich; du bist so hübsch wie jede andere.« – »So hübsch wie Margaret?« – »Oh, viel hübscher als Margaret!« Und Margaret mit ihrem blonden Haar und ihren blauen Augen war die hübscheste Person, die Carolan jemals gesehen hatte – bis auf ihre Mutter natürlich, die so schön wie ein Bild war. Aber Everard haßte Margaret, weil sie ihm immer hinterherlief, deshalb fand er sie auch häßlich. Und Jennifer fand Carolan häßlich, weil sie sie nicht ausstehen konnte.

Wie aufregend doch Geburtstage immer waren! Sie malte sich aus, was sie wohl von allen bekommen würde; ein Kleid mit Spitze und Seidenbändern von Mama, denn man mußte einfach an Spitze und Seidenbänder denken, wenn man an Mama dachte. Everard würde ihr vielleicht eine Reitpeitsche schenken, die sie benutzen konnte, wenn sie Margarets Pony ritt. Von Margaret könnte sie einen Sattel aus himmlisch duftendem Leder bekommen. Sie konnte nicht länger im Bett bleiben, wenn so viele wunderbare Geschenke auf sie warteten, sie sprang auf und hüpfte zum Fenster. Was für ein wundervoller Morgen! Die Aprilsonne schien auf die erwachende Natur. Die Apfelbäume begannen bereits zu blühen, und unter den Eichen leuchteten schon die Narzissen. Selbst die Vögel waren ganz aufgeregt, weil Carolan heute Geburtstag hatte!

Sie stand am Fenster und lauschte. »Carolan!« sangen die Vögel. »Car-o-lan!«

»Hier bin ich!« rief sie. »Wußtet ihr, daß ich heute Geburtstag habe?«

Fröhlich wusch sie sich und zog sich an. Dann öffnete sie die Tür und sah hinaus auf den Flur. Weder aus Jennifers noch aus Margarets Zimmer war ein Laut zu hören. Unsicher stand sie im Flur. Wenn Jennifer merkte, daß sie so früh auf war, würde es Ärger geben. Sie schnitt eine Grimasse vor Jennifers Tür, schlich auf Zehenspitzen daran vorbei und lief die Treppe hinunter zu Mamas Zimmer. Wie prächtig es hier unten doch war im Vergleich zu den schäbigen Kinderzimmern. Hier war Mamas Tür. Sie drückte die Klinke herunter, stand auf der Schwelle und schaute hinein. Mama schlief, und ihr offenes blondes Haar war auf dem Kopfkissen ausgebreitet. Auch Mamas Wimpern waren lang und golden, die vollen Lippen hatte sie leicht geöffnet. Carolan flüsterte: »Mama, ich bin da.«

Kitty öffnete die Augen. In den letzten vier Jahren hatte sie sich kaum verändert. Sorgfältig bewahrte sie ihre Schönheit, und Thérèse mit ihren Lotionen und Cremes bewirkte tatsächlich Wunder. Zwar war sie ein wenig fülliger geworden, aber an den richtigen Stellen, wie ihr Thérèse versicherte.

»Carolan …«, murmelte Kitty schläfrig.

»Mama, weißt du, was für ein Tag heute ist?«

»Sag es mir, mein Schatz.«

»Oh, Mama, weißt du es denn nicht?«

»Ich bin noch so müde, Carolan. Zieh deine Schuhe aus und komm ins Bett.«

Carolan stieg ins Bett und kuschelte sich an ihre Mutter.

»Soll ich es dir sagen?«

»Ja, sag es mir.«

»Heute ist mein Geburtstag! Heute werde ich neun Jahre alt.«

Kitty zog den kleinen Körper näher an sich heran. Vor neun Jahren hatte sie so schrecklich gelitten. Neun Jahre lang mußte sie die Demütigungen von George Haredon ertragen. Sie drückte ihre Lippen an Carolans Wange, und Carolan lag ganz still, sie war zufrieden. Kitty lag ebenfalls still und dachte an das Wunder ihrer ersten Liebe. Hätte ich Darrell geheiratet, dachte sie, dann wäre ich ihm eine liebevolle und treue Ehefrau gewesen. Immer habe ich nach jemandem wie Darrell gesucht … Nun wünschte sie, sie wäre dem kleinen Mädchen, das neben ihr lag, eine bessere Mutter gewesen. Von nun an wollte sie sich mehr um sie kümmern. War Jennifer Jay böse zu ihr? Sie hatte Carolan niemals diese Frage gestellt, denn wenn Carolan ja sagen würde, was könnte sie schon daran ändern? George bezahlte die Erzieherin seiner Kinder; er war derjenige, der entschied, ob sie gehen mußte oder bleiben durfte. Wie sie George Haredon doch haßte!

Wenn Darrell nicht nach Exeter gereist wäre, hätten sie in London geheiratet. Wie sehr wäre ihnen beiden die liebe kleine Carolan am Herzen gelegen.

Ist es meine Schuld? fragte Kitty sich.

Carolans kleiner Körper zitterte vor Aufregung. Ihr Geburtstag, dachte Kitty voller Panik, und ich habe es vergessen. Peg hatte sie immer an Carolans Geburtstag erinnert, doch Peg hatte vor zwei Jahren geheiratet und war aus Haredon fortgezogen. Dann hatte Dolly diese Aufgabe übernommen, aber sie war vor sechs Monaten mit einem

Zigeuner davongelaufen. Und sie konnte doch nicht zu ihrer kleinen Tochter sagen, daß sie, ihre Mutter, sich auf zwei Dienerinnen verlassen hatte, die sie an diesen großen und wichtigen Tag erinnern mußten.

Kitty flüchtete sich in eine Ausrede, denn um Ausreden war sie nie verlegen.

»Carolan, es tut mir sehr leid wegen deines Geschenks. Es ist noch nicht fertig, mein Schatz. Die Schneiderin hat mich sehr enttäuscht.«

»Mama, wann wird es fertig sein? Morgen?«

»Das hoffe ich, Schatz.«

Carolan kreischte: »Dann werde ich morgen noch einmal Geburtstag haben, Mama!«

Was war sie doch für ein süßes Kind! Kittys Augen füllten sich mit Tränen. Sie streichelte das störrische rötliche Haar und küßte die sanften kindlichen Augenbrauen.

»Ich hatte solche Angst, du würdest enttäuscht sein und dein Geburtstag wäre verdorben.«

Carolans Arme waren so fest um ihren Hals geschlungen, daß es ihr fast den Atem nahm.

»Nein, Mama, mein Geburtstag ist überhaupt kein bißchen verdorben. Sag mir, ist es blau ... oder rosa?«

»Das kann ich dir doch nicht verraten.«

»Es ist rosa! Ich weiß, es ist rosa!« Dann sagte Carolan hoffnungsvoll: »Es könnte vielleicht auch grün sein! Mama, ist es grün?«

Sie wollte also ein grünes!

»Eigentlich sollte ich dir das wirklich nicht erzählen ...«

»Flüstre es mir doch ins Ohr, Mama!«

»Es ist grün«, flüsterte Kitty.

»Ist es aus Seide oder aus Satin?«

Sie war also schon in dem Alter, sich ein Kleid zu wünschen. Und ein Kleid sollte sie bekommen. Sie durfte auf keinen Fall vergessen, Thérèse heute morgen wegzuschikken, damit sie eins kaufte. Ein weißes Kleid sollte es sein mit grünen Bändern.

»Mehr werde ich dir nicht verraten!« sagte Kitty zu Carolan, die aufgeregt auf dem Bett herumhüpfte.

Vielleicht würde sie nicht Thérèse schicken, sondern selbst das Kleid aussuchen, dachte Kitty.

»Meine kleine Tochter!« sagte sie. »Meine geliebte kleine Tochter!«

Und Carolan, die vor Liebe dahinschmolz, schlang noch einmal ihre Arme um Kittys Hals.

Bald schon, dachte Kitty, kommt der nächste Geburtstag, und dann noch einer und noch einer. Bald wird sie fünfzehn, sechzehn, siebzehn sein. Ich war siebzehn, als ich Darrell begegnete.

Kitty drückte ihr Kind fest an sich. Was hatte Carolan über ihre Geburt gehört? Gar nichts? War es möglich, daß es keinen Hinweis, kein Getuschel gegeben hatte über das, was geschehen war? Das war sehr unwahrscheinlich. Die bösartige Jennifer Jay könnte etwas gesagt haben. Oder Tante Harriets Mißbilligung? Georges ordinäres Gerede? Hatte das Kind wohl irgend etwas bemerkt?

Kitty erhob sich und sah auf das Gesicht ihrer Tochter herunter. Es war ein sehr empfindsames Gesicht, das ihrem eigenen stark ähnelte. Eines Tages würde es sehr attraktiv werden – schon jetzt war es schön. Vielleicht würde ihre Schönheit später anders sein als die ihrer Mutter, nicht so auffällig, aber man konnte es jetzt noch nicht wissen. Ihre Augen erinnerten Kitty an Darrells Augen. Kitty dachte, sie muß es von mir erfahren und von niemand anderem. Impulsiv, wie sie nun einmal war, beschloß sie, Carolan auf der Stelle alles zu sagen.

»Carolan, leg dich ganz ruhig neben mich. Ich möchte mit dir reden. Hat irgend jemand etwas über mich … und über deine Geburt zu dir gesagt?«

Carolan antwortete prompt: »Ja, Charles sagt, ich wäre ein Bastard, und nicht einmal ein Bastard des Squire. Er sagt, ein Squire könnte so viele Bastarde haben wie er will, aber ich wäre nicht einmal ein Squirebastard.«

Kitty unterbrach sie und rief: »Oh, dieser bösartige Junge! Ich hasse ihn! Er ist wie sein Vater!«

»Ich hasse ihn auch«, sagte Carolan glücklich.

»Aber jetzt, mein Schatz, will ich dir erzählen, wie du

geboren wurdest. Es wird nicht einfach für dich sein, alles zu verstehen, aber willst du es versuchen?«

Carolan nickte. Wie wundervoll war es doch im Bett ihrer Mutter. Es roch angenehm nach Puder und Cremes. Am liebsten hätte sie die Bettvorhänge fest zugezogen, um sich noch geborgener zu fühlen.

»Schatz, hör mir jetzt ganz genau zu. Vor vielen Jahren liebte ich deinen Vater …«

»Nicht den Squire? Er ist also nicht mein Vater, stimmt das, Mutter?«

»Nein, nicht den Squire. Ich liebte deinen Vater sehr, und wir wollten nach London, um dort zu heiraten. Wir wollten mit der Kutsche fahren. Vorher mußte er noch einmal nach Exeter, aber dort ging er in einen Gasthof, und in dem hat ihn die Preßpatrouille gefangengenommen und entführt.«

Kitty mußte bei dieser Erinnerung weinen, denn mit siebenundzwanzig weinte sie immer noch so schnell wie mit siebzehn.

»Mama, was ist die Preßpatrouille?«

Kitty antwortete mit geballten Fäusten: »Das ist eine bösartige Bande von grausamen Männern, die andere Männer gefangennehmen und sie in die Marine zwingen.«

»Aber warum, Mama?«

»Weil sie Matrosen für die Marine brauchen.«

»Vielleicht kommen sie ja und nehmen Charles mit!«

Kitty schluchzte. »Wie anders wäre mein Leben ohne diese schreckliche Preßpatrouille verlaufen! Wir wären zusammen gewesen, dein Vater und ich. Wie du deinen Vater geliebt hättest, mein Schatz!«

Carolans Augen wurden vor Staunen ganz rund. Sie konnte all dies nicht genau verstehen. Ihr Vater – nicht der Squire – war in einem Gasthof und traf dort auf diese merkwürdige Gruppe von Männern, die sich Preßpatrouille nannten. Sie hatten grausame Gesichter. Sie zerrten ihn fort, während er sie um seine Freilassung anflehte.

»Oh, Carolan«, rief Kitty, »mach mir keine Vorwürfe! Hör nicht auf die schlimmen Geschichten, die man dir über mich erzählt. Denk immer daran, daß ich deinen Vater geliebt habe; ich habe ihn zu sehr geliebt.«

»Mama, gibt es die Preßpatrouille noch immer?«

»Ja, es gibt sie noch! Es hat sie immer gegeben, und es wird sie immer geben! Oh, mein Schatz, es geht schlimm zu auf dieser Welt! Du hättest bei deiner Geburt keinen Vater gehabt, mein geliebtes Kind, deshalb habe ich den Squire geheiratet, um dir einen zu geben.«

»Aber wie konntest du das tun, wenn ich einen hatte, Mama?«

»Carolan, meine Tochter, versuch, mir keine Schuld zu geben!«

Carolan, der während ihrer ganzen Kindheit immer die Schuld an irgendwelchen Dingen gegeben worden war, verstand nicht, warum sie ihrer Mutter nun Vorwürfe machen sollte. Es war doch so schön im Bett, und sie war richtig enttäuscht, als Thérèse hereinkam und mit ihrem lustigen Akzent sagte: »Was ist denn das hier?«

»Das ist ein Geburtstagskind!« sagte Kitty lächelnd.

»Ein böses Geburtstagskind, das den Schönheitsschlaf seiner Mutter stört.«

»Aber es war lieb von ihr zu kommen. Carolan, komm wieder, und dann unterhalten wir uns weiter ... du weißt schon worüber. Es ist unser Geheimnis.«

Carolan nickte. Was für ein wundervoller Geburtstagsmorgen! Sie war gekommen, weil sie auf ein Geschenk gehofft hatte, und hatte statt dessen ein Geheimnis erfahren.

»Ich werde kommen«, sagte sie.

»Und jetzt«, sagte Thérèse und hob sie aus dem Bett, »wirst du gehen, nicht wahr?«

Sie lächelte ihrer Mutter noch einmal verschwörerisch zu, dann rannte sie zu den Kinderzimmern, wo Margaret und Charles schon frühstückten. Charles starrte auf seinen Teller und aß hastig. Im Kinderzimmer aß er immer hastig. Er war schon fünfzehn und würde bald von zu Hause fortgehen, um eine Schule zu besuchen. Deshalb erschien es ihm unter seiner Würde, im Kinderzimmer zu essen. Margaret blickte gespannt auf das Päckchen, das sie neben

Carolans Teller gelegt hatte. Jennifer saß am Ende des Tisches.

»Wo bist du denn gewesen, mein Fräulein? Ich habe schon in deinem Zimmer nach dir gesucht.«

»Das geht dich überhaupt nichts an, liebe Jennifer.«

»Nach dem Frühstück versohle ich dir dein Hinterteil!« drohte Jennifer. Morgens fühlte sie sich immer schlecht und müde.

»Vielleicht ... Du kannst doch gar niemand das Hinterteil versohlen, Jennifer Jay. Du wirst zu alt, Jennifer Jay!« rief Carolan tapfer.

Jennifer stand auf. Charles streckte sein Bein aus, damit Carolan nicht so leicht fortrennen konnte. Carolan, die sich jetzt doch ein wenig fürchtete, schrie: »Du wirst alt, Jennifer Jay! In der Küche sagen sie, daß du alt wirst!«

Die Farbe war aus Jennifers Gesicht gewichen. »Ja!« rief sie. »Das war zu erwarten, daß du dich mit diesen Küchenschlampen abgibst. Da gehörst du selbst hin – zu denen da unten. Ich kann dir sagen, was mit dir passieren wird, Miß Carolan!«

»Was denn?« fragte Carolan, die es wirklich wissen wollte.

»Am Galgen wirst du enden, oder in Australien, in der Botany Bay!«

Margaret sah Carolan erstaunt an. Charles lachte zustimmend. Carolans Mut sank; manche sagten, daß Jennifer Jay beinahe so etwas wie eine Hexe war.

»Nein!« schrie Carolan ängstlich. »Du selbst wirst am Galgen enden, Jennifer Jay!«

Charles schob sein Gesicht ganz dicht an das Carolans heran.

»Vergiß nicht, heute ist dein Geburtstag, kleine Carolan!«

»Ich habe es nicht vergessen. Heute bin ich neun Jahre alt geworden!«

»Neun Jahre, das ist noch nicht besonders alt«, sagte Margaret. »Aber hier ist ein Geschenk, Carolan. Von mir für dich. Herzlichen Glückwunsch zum Geburtstag!«

»Oh, danke, danke, vielen Dank!«

»Mach es auf«, sagte Margaret ungeduldig. Carolans Finger zitterten vor Aufregung, während sie das Päckchen öffnete. Es war ein seidenes Lesezeichen. Margaret hatte »Carolan Haredon, 19. April 1793« darauf gestickt und die Schrift noch mit roten und blauen Blumen verziert. Carolan hatte augenblicklich den Sattel, von dem sie geträumt hatte, vergessen und freute sich unsäglich über das schöne Lesezeichen.

»Margaret, es ist wunderhübsch!«

»Gefällt es dir wirklich? Auch die Blumen? Da habe ich ein paar falsche Stiche gemacht.«

»Sie sind wunderschön! Und ich kann keinen einzigen Fehler entdecken!«

»Margaret ist übrigens nicht die einzige, die ein Geschenk für dich hat, du Baby«, warf Charles ein.

Carolan starrte Charles ungläubig an, denn er zog tatsächlich ein braunes Päckchen aus seiner Jackentasche.

»Oh, Charles! Dankeschön!«

»Herzlichen Glückwunsch«, sagte Charles.

»Vielen Dank!« Carolan lächelte ihn an und schämte sich dafür, daß sie ihn noch vor ein paar Minuten gehaßt hatte. Sie nahm das Päckchen, es war weich. Im Kinderzimmer war jetzt nichts als das Rascheln von Papier zu hören. Unter der Verpackung war noch eine Lage Papier.

»Na, mach schon!« sagte Charles. »Du bist so langsam.«

»Ich frage mich, was es ist«, sagte Margaret. »Du hast mir gar nichts davon erzählt, Charles.«

»Oh, dies hier wird ihr viel besser gefallen als dein blödes Lesezeichen. Sie wird es mit ins Bett nehmen. Sie wird es unter ihr Kopfkissen legen. Sie wird es immer bei sich tragen. Sie wird es bestimmt gern haben!«

»Margaret, das Lesezeichen gefällt mir wirklich sehr gut«, sagte Carolan. Und sie dachte: Was würde ich denn wohl mit in mein Bett nehmen und unter mein Kopfkissen legen? Was würde ich wohl immer bei mir tragen? Dies war wirklich ein wunderbarer Geburtstag! Sogar Charles hatte daran gedacht!

Das Päckchen war jetzt geöffnet – und Carolan stieß einen schrillen Schrei aus und ließ es fallen. Ihr Gesicht war aschfahl. Das Päckchen enthielt eine winzige Spitzmaus, die schon seit einigen Tagen tot sein mußte.

Jennifer begann schallend zu lachen.

»Sie wird es mit ins Bett nehmen und unter ihr Kissen legen! Sie wird es überallhin mitnehmen!«

Carolan sah Charles mit einer derartigen Verachtung an, daß ihm das Lachen im Halse steckenblieb.

Margaret schüttelte den Kopf. »Das war wirklich gemein – zu sagen es wäre ein Geschenk!«

»Halts Maul!« rief Charles.

»Pah!« sagte Jennifer. »Sie versteht keinen Spaß. Seht euch nur den kleinen Gierhals an. Gleich bricht sie in Tränen aus!«

Carolan haßte den Tod. Wenn sie im Dorf ein Begräbnis sah, dann konnte sie die ganze Nacht kein Auge zutun, und wenn sie doch einschlief, dann hatte sie gräßliche Alpträume. Vögel, Tiere, Menschen ... wenn sie tot waren, dann veränderten sie sich. Sie waren dann nicht mehr länger Vögel, Tiere und Menschen. Immer fühlte sie sich unglücklich, wenn sie an den Tod dachte. Und jetzt, an ihrem Geburtstag, bekam sie den Tod geschenkt, in Form einer kleinen, toten Spitzmaus.

Aber für Charles hatte der Spaß erst begonnen.

»So, du wirfst also mein Geschenk einfach auf den Boden, stimmt's? Du undankbares kleines Biest! Heb es auf ... Heb es auf, sage ich! Hat das Mäuschen nicht einen seidenweichen Körper? Streichle es, Baby. Sein Name ist Carrie, nach seiner neuen Herrin. Heb es auf, sage ich! Gib ihm einen Kuß!«

»Ich werde es nicht anrühren«, keuchte Carolan.

Er hatte sie mit eisernem Griff gepackt, und sie fing an, um sich zu treten.

»Neun Jahre ist sie alt geworden«, sagte er verächtlich. »Und benimmt sich, als sei sie neun Monate alt!« Seine Augen verengten sich zu Schlitzen. »Carolan, hebst du jetzt mein hübsches Geschenk auf? Wirst du es in deiner Tasche tragen und es mit ins Bett nehmen, mein Kind?«

»Niemals!« schrie Carolan. »Niemals!«

Margaret blickte unglücklich drein. Sie haßte es, zuzusehen, wie Carolan gepeinigt wurde; aber was konnte sie schon dagegen tun? Sie selbst war noch nicht einmal dreizehn, was konnte sie also gegen Charles und Jennifer ausrichten?

Charles ließ Carolan los. Seine braunen Augen hatten gelbliche Flecken. Für Carolan waren es die grausamsten Augen der Welt, besonders dann, wenn er sie so hinterhältig ansah.

Er hob die Maus beim Schwanz auf und packte Carolan wieder mit festem Griff. Sie kniff die Augen zusammen, um ihm nicht ins Gesicht sehen zu müssen.

»Mach die Augen auf«, befahl Charles.

»Nein, ich mache sie nicht auf!«

»Du wirst es tun! Glaubst du vielleicht, ich mache dir Geschenke, nur damit du hochmütig deine Augen vor ihnen verschließt und sie nicht ansiehst?«

»Ich hasse dich!« schluchzte Carolan.

»Hör auf damit«, warf Margaret ein. »Das ist doch blödsinnig!«

Jennifer sagte nichts. Sie saß bloß da und schaute zu.

»Carolan muß eben lernen, nicht mehr so ein dummes Baby zu sein!« rief Charles.

Mit Auferbietung all ihrer Kräfte hatte Carolan sich freigekämpft und rannte zur Tür.

»Mama!« schrie sie. »Mama!« Aber Charles jagte ihr nach, brachte sie zu Fall und setzte sich auf sie. Carolan boxte mit ihren Fäusten auf ihn ein, doch Charles hörte nicht auf zu lachen, und Carolan schluchzte hilflos vor sich hin.

In diesem Moment öffnete sich die Tür, und George Haredon starrte verwundert auf das Schauspiel, das sich ihm bot.

»Was soll denn das?« fragte er, und plötzlich war es mucksmäuschenstill im Kinderzimmer.

Charles und Carolan rappelten sich wieder hoch. Der Squire würdigte Jennifer keines Blickes; er war ihrer gründlich überdrüssig geworden. Er sah von Charles zu Carolan.

»Was soll dieses Theater?« fragte er, legte seine schwere Hand auf Carolans Schulter und sah ihr ins Gesicht. »Tränen?«

»Sie ist noch ein solches Baby, mein Gebieter«, sagte Jennifer.

Carolan stampfte mit dem Fuß auf. »Ich bin kein Baby!« Wütend sah sie dem Squire ins Gesicht. »Ich weine nicht, weil ich noch ein Baby bin. Ich weine, weil ich ihn hasse.«

»Das ist ja schlimm!« sagte der Squire und ließ sich auf einen Stuhl fallen, der unter seinem Gewicht fast zusammenbrach. Jennifer verfluchte ihr Pech. Auf ihrem Kleid waren Fettflecken; ihr Haar hing in schlaffen Strähnen herab. Wie hätte sie auch ahnen sollen, daß der Squire so früh am Morgen ins Kinderzimmer kommen würde? War er etwa erschienen, weil diese Göre heute Geburtstag hatte?

»Jetzt will ich wissen, was all dieses Geschrei und Getrampel um diese Uhrzeit soll.«

»Miß Carolan führt sich auf wie ein dummes kleines Baby ...«, begann Jennifer. »Sie braucht eine ordentliche Tracht Prügel ...«

George Haredon sagte, ohne sie anzusehen: »Ich spreche nicht mit dir.«

Jennifer wurde feuerrot. Wie konnte er nach allem, was zwischen ihnen gewesen war, so mit ihr reden?!

»Charles, warum findest du es so amüsant, ein kleines Mädchen zum Weinen zu bringen?«

»Sie ist wirklich ein kleines Baby! Es war nur ein Scherz, und sie versteht einfach keinen Spaß.«

»Ich will gern wissen, was für ein Scherz das war«, sagte George.

»Es war doch nur ein dummer Witz, Sir.«

»Daran habe ich keinen Zweifel, aber ich will trotzdem Genaueres hören. Und dann, mein Junge, werde ich darüber urteilen, ob es ein dummer Witz war oder nicht. Carolan, komm her. Du auch, Margaret.«

Die drei standen vor ihm, Carolan in der Mitte. Der Squire betrachtete seine eigenen zwei Kinder und Kittys Kind. Warum müssen diese beiden bloß meine eigenen Kinder sein und *sie* nicht? fragte er sich wütend. Weiß Gott, er hatte versucht, sie nicht zu mögen, sie nicht zu beachten. Aber sie ließ sich einfach nicht übersehen. Er mußte in den unmöglichsten Augenblicken an sie denken. Ihre Haut hatte die Farbe von Schlagsahne, und ihre Wangen waren wie reife Pfirsiche. Im Moment waren sie vor Wut rosenrot geworden. Und die Augen, in denen Tränen glitzerten, waren leuchtend grün. Er mochte den rötlichen Schimmer ihrer Haare. Was war es nur, das sie an sich hatte, das Kitty an sich hatte und davor Bess, das niemand sonst auf der Welt an sich zu haben schien? Warum war nicht *sie* sein Kind statt der beiden anderen? Was war er doch für ein merkwürdiger Vater! Aber auch in anderer Hinsicht fühlte er sich merkwürdig in der letzten Zeit. Wenn ein Mann älter wird, denkt er mehr über sich nach als in seiner Jugend. Es gab Tage, an denen er keine Lust zum Jagen hatte – weder Fuchs noch Otter noch die Frauen konnten dann seine Jagdlust wecken. Manchmal saß er in der Sonne oder beim Feuer und dachte über sich selbst nach … nicht über das, was er tun oder essen wollte, sondern über das, was er *war*. Er suchte und suchte nach irgend etwas, das diesen George Haredon ausmachte. Und das Schlimme daran war, daß er nicht einmal genau wußte, was er eigentlich finden wollte. Zuerst hatte er es bei Bess gesucht. Oh, wenn er Bess doch nur geheiratet hätte! Aber Bess war mit einem Schauspieler davongelaufen. Darauf hatte er es bei Kitty gesucht, aber Kitty war eine Hure. Und nun suchte er es in dem Kind. Die kleine Carolan, die beinahe seine Tochter war, mit ihren grünen Augen und ihrem rötlichem Haar … Sie hatte jene schwer faßbare, geheimnisvolle Ausstrahlung, die auch Bess besessen hatte und die Kitty noch immer besaß.

»Nun?« fragte er.

»Es ist ihr Geburtstag«, sagte Charles, »und ich dachte, sie hätte Spaß an einem kleinen Witz, und so …«

Margaret unterbrach ihn: »Er gab ihr eine tote Spitzmaus, schön in Papier verpackt.«

»Ist das alles?« fragte der Squire und sah Carolan an. Es machte ihm Freude zu sehen, wie sie abwechselnd blaß und rot wurde, wie ihre Augen blitzten und wie sie ihren Kopf zurückwarf.

»Sie ist ein dummes Baby!« schrie Charles. »Mamas verhätscheltes kleines Baby!«

Carolan stampfte ärgerlich mit dem Fuß auf und rief: »Das bin ich nicht! Ich bin neun. Ich bin kein Baby.«

Der Squire zog sie an sich und klemmte ihren kleinen Körper zwischen seinen Knien ein.

»Das tut mir weh«, sagte sie und versuchte, seine Knie auseinanderzudrücken, um sich zu befreien. Er lachte; sie amüsierte ihn, dieses lustige kleine Mädchen. Vielleicht war es ja sicherer, ein Kind zu lieben als eine Frau, dachte er. Er lockerte seine Klammer.

»Verdammt, Carrie, du kommst mir vor wie meine Fuchsstute, und nicht wie ein kleines Mädchen!«

»Ich bin überhaupt nicht wie die Fuchsstute!«

»Etwa nicht? Mit diesem karottenroten Haar?« Er zupfte sie wohlwollend am Haar. »Nun, warum hast du am Boden gelegen und dermaßen geschrien?«

Everard hatte immer gesagt, daß man niemals petzen dürfe, deshalb konnte sie nicht über die grausamen Dinge reden, die Charles mit ihr gemacht hatte. Sie sagte überhaupt nichts.

Aber Margaret antwortete. Margaret haßte Ärger, und sie wollte der Geschichte mit der Spitzmaus ein für allemal ein Ende setzen. Margaret war ein anmutiges Mädchen; sie liebte feine Stickereien und gute Manieren und verabscheute den Anblick der toten Maus ebenso sehr wie Carolan, jedoch aus anderen Gründen. Sie fürchtete sich nicht vor toten Dingen; sie fand sie häßlich, und sie haßte alles Häßliche.

Deshalb sagte Margaret: »Vater, Charles hat Carolan eine Spitzmaus zum Geburtstag geschenkt, und sie war tot und in ein Päckchen verpackt. Carolan haßt tote Spitzmäuse, und sie dachte, es wäre ein richtiges Geschenk. Und dann wollte er sie zwingen, die tote Maus zu küssen.«

Die Augen des Squire verengten sich, als er seinen Sohn ansah. Bisweilen verabscheute er den Jungen. Er erinnerte ihn zu sehr daran, wie er selbst in diesem Alter gewesen war. Charles würde durchs Leben stolpern und dieselben Fehler machen, die er selbst gemacht hatte.

»Du schikanierst sie also?« sagte er, indem er aufstand und den Jungen am Ohr zog. »Wie alt bist du eigentlich? Fünfzehn, nicht wahr? Und da findest du es lustig, kleine neunjährige Mädchen zu ärgern?«

»Es sollte doch nur ein Witz sein, Vater.«

»Dann, mein lieber, wird es wohl Zeit, dir beizubringen, wie ein guter Witz aussieht. Dies jedenfalls war ein verdammt schlechter.«

Nun tat Carolan der Junge schrecklich leid. Es war wirklich erstaunlich, wie schnell ihre Stimmung umschlagen konnte. Vor einer Sekunde hätte sie Charles noch umbringen können, so sehr haßte sie ihn. Aber als sie ihn jetzt so sah, mit vor Scham gerötetem Gesicht, da tat er ihr schon wieder leid, denn für ihn war es das Schrecklichste auf der Welt, vor ihr und Margaret dermaßen gedemütigt zu werden.

Der Squire wandte sich an Jennifer.

»Mach das Mädchen fertig. Ich möchte sie mit zum Reiten nehmen.«

Jennifer antwortete mürrisch: »Ja, Sir ... Margaret, du hast gehört, was dein Vater gesagt hat. Am besten, du ziehst dir sofort dein Reitkostüm an.«

»Ich meinte nicht Margaret!« brüllte der Squire. »Ich meinte Carolan!«

Jennifer senkte den Kopf und schwieg; hätte sie versucht zu sprechen, wäre sie in Tränen ausgebrochen.

Der Squire wandte sich an seinen Sohn. »Und du wirst jetzt mit in mein Zimmer gehen. Dort werde ich dir eine Lektion erteilen, mein Junge! Mach, daß du fortkommst!« Dann sagte er zu Jennifer: »Du hast gehört, was ich sagte. Mach das Kind fertig.« Seine Augen ruhten einen Moment lang auf Carolan, und er bemühte sich, keine Sanftheit in seine Rede fließen zu lassen. »Wag bloß nicht, mich warten zu lassen!«

Damit stampfte er aus dem Zimmer.

Jennifer stand auf und riß Carolan am Arm.

»Komm, du kleine Petze! Du mußt dich fertigmachen, um mit dem Squire auszureiten. Ich hoffe, dein Pferd wird dich abwerfen, ja, das hoffe ich!«

Jennifer zerrte Carolan in ihr Zimmer, stieß sie hinein und schloß die Tür. Dann lehnte sie sich dagegen. Unter ihren funkelnden Augen lagen schwarze Schatten.

»Zieh dich aus!« schrie Jennifer. »Hast du nicht gehört, daß der Squire mit dir ausreiten will?«

Carolan gab keine Antwort. Sie holte das rehbraune Reitkostüm, aus dem Margaret herausgewachsen war, aus dem Schrank. Für Carolan war es immer noch ein wenig zu groß.

»Jämmerliches Knochengestell!« spottete Jennifer und haßte diese grünen Augen und die roten Haare, die der Squire so gerne mochte. Das sah ihm ähnlich, so eingenommen von einem Mädchen zu sein, das nicht einmal seine eigene Tochter war. Sie beobachtete, wie Carolan sich bemühte, das Kostüm anzuziehen. Da stand sie, armselig und doch auffällig attraktiv. Neun Jahre alt! Sie hatte denselben Ausdruck in den Augen wie ihre Mutter. Wußte diese kleine Hure etwa, daß sie so aussah? Konnte sie es mit ihren neun Jahren schon wissen? Oh, wenn man noch einmal neun sein könnte! dachte Jennifer. Nichts ahnen würde von den Schwierigkeiten, die das Leben für einen bereithielt!

»Du kämmst wohl besser dein Haar. Es sieht aus wie ein Vogelnest ...! Weißt du eigentlich, was der Squire jetzt gerade mit Charles macht?«

»Er verprügelt ihn«, sagte Carolan.

»Ja. Wegen dir, du kleine Hure!«

Carolan hörte auf, sich zu kämmen. »Was ist eine Hure?«

»Das weißt du sehr gut«, flüsterte Jennifer giftig. »Eine Hure, das ist eine wie du und deine damenhafte Mutter!«

»Wie ich und meine Mutter?«

»Ich habe dich beobachtet«, sagte Jennifer. »Wie du den Squire angelächelt und ihm schöne Augen gemacht hast!«

»Was?« fragte Carolan verwirrt.

»Und es würde mich nicht wundern, wenn Charles' arme tote Mutter dich verfolgen würde!«

Carolan streckte ihr die Zunge heraus. Am hellen Tag

war es nicht besonders furchterregend, an Charles' tote Mutter zu denken.

»Jetzt bist du frech, Miß. Aber wenn sie heute nacht in dein Zimmer käme …« Jennifer schnitt furchterregende Grimassen.

»Everard sagt, daß es keine Geister gibt.«

»Er wollte nur einem kleinen Mädchen keine Angst einjagen. Denn die Geister sind unter uns!«

Jennifer war zu müde und verdrossen, um Carolan noch weiter zu quälen. Sehnsüchtig dachte sie an die Ginflasche, die sie in ihrem Zimmer versteckt hatte.

»Du läßt den Squire besser nicht zu lange warten, es sei denn, du möchtest eine Tracht Prügel.«

Carolan ging hinunter zu den Stallungen. Lieber wäre sie allein ausgeritten und nicht mit dem Squire; nie zuvor waren sie zusammen geritten. Er stand in dem Ruf, ein ausgezeichneter Reiter zu sein. Carolan zitterte ein wenig vor Angst und Aufregung.

Einer der Stallburschen kam zu ihr und zog seine Mütze.

»Morgen, Miß Carolan.«

»Guten Morgen, Jake!«

Jake schien äußerst guter Laune zu sein.

»Herzlichen Glückwunsch zum Geburtstag, Miß Carolan!«

Carolan lächelte strahlend. Sogar Jake dachte an ihren Geburtstag.

»Vielen Dank, Jake. Ist das Pony fertig?«

»Nun, Missie, das Pony is' noch nicht so weit … Ich sollte gar kein Pony fertigmachen, Miß Carolan.«

»Dann sattle es jetzt schnell …«

»Nein, nein, Missie, da darfst du nicht 'rein!«

»Was ist denn da drin, Jake?« fragte sie neugierig.

»Das darf ich nicht sagen.«

Schon kam der Squire fröhlich pfeifend auf den Hof. Es hatte ihm richtig Spaß gemacht, diesen arroganten Burschen zu verprügeln. Jetzt fühlte er sich wieder richtig jung.

»Da seid ihr ja, Mistreß Carolan und Jake. Heute ist ein sehr wichtiger Tag, Jake, wußtest du das?«

Jake konnte nur mit Mühe das Lachen unterdrücken.

»Sicher weiß ich, was für ein Tag das ist!«

»So, Jake, steh da nicht länger herum wie ein störrischer Maulesel und geh voran!«

Sie betraten einen der Ställe, und dort stand, bereits gesattelt, eine kleine Rotschimmelstute. Es war ein hübsches kleines Pferd, temperamentvoll mit einem eigenwilligen Charakter. Als sie hereinkamen, spitzte es die Ohren und wieherte.

»Nun, da ist die Stute also! Ein hübsches kleines Ding, stimmt's Jake?«

»Ja, das ist sie, das muß man schon sagen.«

»Und was sagst du, Miß Carolan?«

»Sie ist wunderschön«, sagte Carolan und konnte ihre Neugierde nicht länger unterdrücken. »Wem gehört sie?«

Der Squire sagte lachend: »Hast *du* heute Geburtstag, Jake?«

»Nein, Herr, *ich* hab' nicht Geburtstag.«

»Nun, auch ich habe heute nicht Geburtstag.« Der Squire schlug sich auf die Schenkel.

»Meint Ihr etwa ... daß sie *mir* gehören soll?« fragte Carolan ungläubig.

»Ja, das könnte man so sagen«, entgegnete der Squire.

»Ein Geburtstagsgeschenk!« rief Carolan.

Und als sie nach oben blickte, sah sie, daß in den Augen des Squire Tränen glänzten.

»Dankeschön!« sagte sie leise. »Vielen Dank!« Dann fiel alle Angst von ihr ab, weil sie so glücklich war. Sie vergaß alles andere und dachte nur noch an die Rotschimmelstute, die jetzt ihr gehörte – sie brauchte von nun an kein Pony mehr zu reiten. Charles hatte ein Pferd; Margaret hatte ein Pony; und sie, Carolan, hatte nun diese wunderschöne Rotschimmelstute! Sie konnte es kaum glauben. Sie sprang hoch in die Luft und vergaß jegliche Zurückhaltung, trotz der Gegenwart des Squire. »Ich habe mir ein Pony gewünscht ... von einem Pferd wagte ich nicht einmal zu träumen!«

Der Squire sagte fröhlich: »Es nutzt nicht besonders viel, ein Pferd zu haben, wenn man nicht reiten kann. Glaubst du, du kannst es?«

»Laß uns reiten!« rief Carolan.

»Ich bin gespannt, ob du es wirklich kannst!«

Es war ein merkwürdiges Gefühl, neben dem Squire herzureiten. Bisher war sie immer mit einem der Stallburschen ausgeritten; oft auch mit Charles und Margaret. Vielleicht war das der Grund dafür, daß sie nun so sicher im Sattel saß. Vor Jahren hatte sie immer ein wenig Angst gehabt, denn Charles hatte seinem Pferd oft die Sporen gegeben, bis auch Margarets und Carolans Pferde wild hinterher galoppierten. Er fand es äußerst amüsant, wenn Carolan sich bleich und verzweifelt an ihren Sattel klammerte.

Der Squire betrachtete sie, wie sie neben ihm her ritt. Der Anblick ihres geraden, schmalen Rückens bereitete ihm Freude. Was für eine tüchtige kleine Reiterin! Auch Charles war gut zu Pferde und kannte keine Angst, aber er hatte Charles nie wirklich gemocht. Wie sehr hatte das Kind sich doch über die Stute gefreut! Schon lange hatte der Squire nichts mehr so sehr genossen. Sie hatte auch gar kein Geschenk von ihm erwartet. Auf dem Gesicht des Squire lag ein geheimnisvolles Lächeln; es war angenehm, in die Zukunft zu blicken. Eine Tochter, die ihren alten Vater verehrte! Er malte sich aus, wie sie zusammen durch seine Ländereien reiten würden. Warum sollten sie nicht die besten Freunde werden? Der Squire und seine Tochter – endlich ein guter Squire, weil er nicht länger jeder Dorfschlampe nachstellte, sondern nur noch Augen für seine Tochter hatte, die nun bald zu einer jungen Dame heranwuchs und schöner sein würde als alle anderen.

Er fiel in einen leichten Trab und begann dann zu galoppieren. Carolan blieb an seiner Seite, ihr rotes Haar flog im Wind. Gut sah sie aus, wie sie ihre Rotschimmelstute so gekonnt antrieb. Warum sollte ich sie eigentlich nicht mit auf die Jagd nehmen? Sie sitzt so sicher im Sattel wie die besten Reiter.

»Komm schon, Carrie!« rief er. »Warum trödelst du so herum?« Und er mußte innerlich darüber lachen, wie sie entschlossen voranpreschte.

Er war richtig stolz auf sie. Er wollte sie herumzeigen,

jedoch nicht in Margarets abgetragenen Kleidern. Sie sollte ein neues Reitkostüm bekommen, sie sollte ihm dankbar sein. Er würde sagen: »Komm, Carrie, mein Mädchen, gib deinem alten Vater einen Kuß!« Als sie noch ein kleines Kind war, hatte sie ihn »Squire« genannt. Nun umging sie seine Anrede. Sie mußte endlich anfangen, ihn Vater zu nennen; sie mußte ihn für ihren wirklichen Vater halten. Niemand sollte es wagen, ihr zu sagen, er sei nicht ihr richtiger Vater. Schließlich könnte er ja tatsächlich ihr Vater sein, wenn man bedachte, daß es schließlich häufiger Siebenmonatskinder gab. Bei ihrer Geburt war sie ein winziges Ding gewesen; vielleicht war sie ja tatsächlich eine Frühgeburt. Es war nicht ausgeschlossen. Wie gern wollte er das glauben! Der Squire ... und seine Tochter!

Das Pfarrhaus lag an der Straße, an der sie nun entlangritten. Warum sollten sie nicht dem Herrn Pfarrer und seiner Frau einen Besuch abstatten? Das wäre ein guter Anfang. Die Leute sollten wissen, daß er Carolan als seine Tochter anerkannte. An ihrem Geburtstag ritt er mit ihr aus; er hatte ihr ein Pferd geschenkt. Charles hatte zu seinem neunten Geburtstag ein Pferd bekommen und Margaret ein Pony.

Als er zum Pfarrhaus abbog, sagte Carolan: »Besuchen wir Everard?«

Er hatte natürlich nicht an den Jungen gedacht. Er dachte hauptsächlich an die Pfarrersfrau; der alte Orland zählte nicht viel. Das Wichtigste war, daß Mrs. Orland sie empfing und später über den Besuch reden würde.

Vor dem Pfarrhaus saßen sie ab und machten ihre Pferde am Tor fest.

Mrs. Orland versuchte, ihre Überraschung über diesen Besuch zu verbergen.

»Guten Morgen, Squire. Welch unerwartete Freude!«

»Wenn es eine Freude ist, dann macht es ja wohl nichts, daß wir unangemeldet kommen. Carrie und ich machen heute zusammen einen Ausritt, und als wir hier vorbeikamen, wollten wir nicht einfach weiterreiten, ohne unsere Aufwartung zu machen.«

»Natürlich nicht. Darf ich Euch ein Glas von meinem Schlehenwein anbieten, Squire?«

Schlehenwein! Holunderwein! Diese alten Damen! In seiner jetzigen Hochstimmung hätte er Champagner vorgezogen.

»Nichts würde ich lieber trinken«, sagte er und sah sie mit seinen blutunterlaufenen Augen von oben bis unten an. Zu dünn, war sein Urteil. Eine richtige Pfarrersfrau. Armer Orland! Mit der hier hatte er wohl nicht besonders viel Spaß. Sie errötete bei seinem frechen Blick. Diese ältlichen Frauen machten sich selbst etwas vor. Sie glaubten, solch lüsterne Blicke zu hassen, in Wahrheit haßten sie es, einen so mageren und unattraktiven Körper zu haben. Wenn sie auch nur das Geringste anzubieten hätten, würden sie dahinschmelzen wie jedes ordinäre Küchenmädchen.

Aber er wollte seine neue Rolle nicht vergessen; heute war er der Vater und nicht der Schürzenjäger.

»Das kleine Mädchen hier hat heute Geburtstag«, sagte er, als sie beim Schlehenwein saßen.

»Das weiß ich«, sagte Mrs. Orland lächelnd. »Carolan, meine Liebe, wenn du in die Bibliothek gehst, dann wirst du ein Päckchen finden, auf dem dein Name steht. Du darfst es öffnen.«

»Vielen Dank, Mrs. Orland.«

»Nun lauf schon und hol es.«

Gerade als sie das Päckchen gefunden hatte, kam Everard in die Bibliothek.

»Ich habe deine Stimme gehört«, sagte er.

Ihre Augen leuchteten, ihre Wangen waren rot wie Kirschen, ihr Haar glitzerte wie die Bronzefiguren auf dem Kaminsims.

»Was ist los?« fragte Everard.

»Ich habe heute Geburtstag. Der Squire hat mir ein Pferd geschenkt. Und jetzt habe ich das Päckchen von deiner Mutter gefunden.« Auf dem braunen Papier stand geschrieben: »Für Carolan zum Geburtstag von Sophia, Edward und Everard Orland.«

Everard betrachtete das Päckchen, er wußte nicht, was

darin war. Er wußte nicht einmal, daß sie heute Geburtstag hatte. Bis zu diesem Augenblick war Everard nicht besonders interessiert an Carolan gewesen. Für ihn war sie nur ein kleines Mädchen, das von ihrem Halbbruder, den er nicht ausstehen konnte, schrecklich schikaniert wurde.

Das Päckchen enthielt eine Schachtel aus Zedernholz.

»Oh, was für eine wunderschöne Schachtel!« rief Carolan. »Oh, Everard, ist es nicht wunderbar, Geburtstag zu haben?«

Sie sprang plötzlich hoch, schlang ihre Arme um seinen Hals und küßte ihn.

»Ist ja gut, ist ja gut!« sagte Everard, aber er wurde rot, vielleicht wegen des Kusses oder weil er nichts von der Schachtel gewußt hatte.

»Es ist so nett ... so lieb von dir, Everard, daß du an meinen Geburtstag gedacht hast.«

Er schämte sich unsagbar und wünschte von ganzem Herzen, ihren Geburtstag nicht vergessen zu haben. Er hätte es ihr am liebsten erklärt, doch dann hätte er die kleine Schwindelei seiner Mutter aufgedeckt. Das ging nicht. Und genauso wenig konnte er es zulassen, daß dieser gräßliche Charles Carolan schikanierte.

»Ich möchte mich bei deiner Mutter bedanken«, sagte sie, und sie gingen zusammen in den Salon. Der Squire machte sich auf dem Sofa breit.

»Da kommt sie, die Heldin des Tages!«

Carolan drückte die Zedernholzschachtel an sich. »Danke, Mrs. Orland. Es ist ein wunderschönes Kästchen!«

»Zeig mir die Schachtel«, sagte der Squire, und Carolan ging zu ihm hinüber. Sie hörte, wie er geräuschvoll seinen Atem durch seine riesigen Nasenlöcher ausstieß. Die Haare in seinen Nasenlöchern faszinierten sie; als sie noch jünger war, hatten sie ihr angst gemacht.

»Eine hübsche kleine Schachtel, stimmt's Tochter?« Jedoch ziemlich billig, dachte er, bestimmt von einem elenden Hausierer gekauft. Lächelnd fiel ihm der Rotschimmel ein, der ungeduldig draußen wartete.

Carolan spürte irgendwie, daß er es gern haben würde,

wenn sie sich nochmals bei ihm bedankte. Und weil sie wirklich dankbar war und ihre Freude zeigen wollte, und weil er ihr auf unerklärliche Weise ein wenig leid tat, sagte sie: »Darf ich Everard mein wundervolles Pferd zeigen?«

»Aber natürlich darfst du das, mein Kind«, sagte er wohlwollend. Zusammen mit Everard ging sie hinaus. Es war schön neben ihm. Everard war schon groß, fast siebzehn. Sie mußte sich bemühen, nicht zu albern und zu kindisch zu wirken.

Everard streichelte die Stute und lobte ihre Statur. Plötzlich sagte er: »Carolan, wir müssen einmal zusammen ausreiten.«

»Oh, Everard, das wäre wundervoll!«

Er fragte sich, warum er diesen Vorschlag gemacht hatte. Schließlich war er beinahe siebzehn und für den Kirchendienst bestimmt. Da schien es schon ein wenig albern, daß er mit einem neunjährigen Mädchen ausreiten wollte. Er hatte es ohne nachzudenken gesagt, und nun mußte er sein Versprechen halten.

»Carolan, warte einen Augenblick hier. Geh nicht ins Haus. Ich komme sofort zurück.«

»Ja, Everard, ich warte auf dich.«

Sie streichelte zärtlich das samtige Maul der Stute, während sie wartete. Schnell kam Everard zurück. Er gab ihr einen hölzernen Brieföffner, den er selbst geschnitzt hatte.

»Die Schachtel war von uns allen«, sagte er schüchtern. »Aber ich wollte dir etwas Besonderes geben.«

»Noch ein Geburtstagsgeschenk! Aber du hast mir doch schon die Schachtel geschenkt ...«

»Aber dies ist etwas anderes, es ist von mir allein.«

»Von dir allein«, sagte Carolan ernst. »Ich finde es wunderschön. Es ist mein schönstes Geburtstagsgeschenk!«

»Die Schnitzerei ist nicht besonders gut«, sagte Everard und zeigte ihr ein Astloch auf dem Griff.

»Das Astloch gefällt mir am besten«, beharrte sie, und er mußte lachen. Wie der Squire bemerkte er, daß ihre Augen dunkelgrün waren, wie die See an manchen Stellen.

»Wenn Charles dir jemals weh tut«, sagte er langsam,

»dann mußt du zu mir kommen und es mir sagen. Hast du das verstanden?«

Sie nickte. »Das werde ich Charles wissen lassen. Ich glaube, wenn er das hört, dann wird er sehr vorsichtig sein.«

»Das sollte er auch!« prahlte Everard. Gern hätte sie ihm die Geschichte mit der Spitzmaus erzählt. Wie zornig er darüber sein würde, und wie schön wäre es, seine Wut zu sehen! Aber sie hatte Mitgefühl mit ihrem Feind, der heute schon für seine Grausamkeit bestraft worden war. Deshalb sagte sie nichts.

Mrs. Orland und der Squire sahen die beiden über den Rasen kommen. Carolan tanzte um Everard herum. Sie war ein anmutiges Wesen mit fliegenden Haaren und ungezähmtem Charakter. Wirklich, sie ist die hübscheste von den Haredon-Kindern, dachte Mrs. Orland, und Everard mochte sie offenbar sehr, schien sie mehr zu mögen als Margaret. Aber was machte das schon, sie waren noch so jung! Sie und Edward hatten längst beschlossen, daß Everard Margaret heiraten sollte, denn Margaret würde eine ideale Pfarrersfrau abgeben. Sie war ein liebes Mädchen, sanftmütig und fügsam. Mrs. Orland sah ein glückliches Leben für ihren Sohn voraus. Ein geruhsames Leben sollte es werden. Natürlich war Margaret die beste Frau für ihn, deshalb durfte er dieses kleine Mädchen nicht zu sehr mögen. Allein ihre Geburt sprach gegen sie; die Leute im Dorf würden das niemals vergessen. Darüber hinaus paßten ihr übermütiges Wesen und ihr Mangel an Etikette nicht zu einer Pfarrersfrau. Man hatte von einer bestimmten Schmiedtochter gehört, die einen Pfarrer geheiratet hatte. So etwas sollte sich nicht wiederholen.

Auch der Squire beobachtete die beiden und fragte sich, wie ein so temperamentvolles Mädchen wie Carolan einen so blassen Bücherwurm wie diesen Jungen bewundern konnte. Würde das später einmal Ärger geben?

»Wir müssen jetzt gehen«, sagte er und rief: »Carolan! Komm her und verabschiede dich von Mrs. Orland, wir wollen weiter!«

Mrs. Orland und Everard begleiteten sie zum Tor und winkten zum Abschied.

»Was ist dieser Junge doch für ein blasser Schlappschwanz!« sagte der Squire, lachte verächtlich und beobachtete sie dabei verstohlen.

»Das ist er nicht!« sagte sie errötend. »Er ist sehr mutig. Als …« Beinahe hätte sie die Geschichte von der Familiengruft erzählt, aber dann hätte sie Charles verraten müssen. So wiederholte sie nur: »Er ist sehr mutig.«

Der Squire räusperte sich unbehaglich.

»Du scheinst mir ja sehr beeindruckt von seinem hübschen Gesicht zu sein! Ich hab' gesehen, wie du ihm auf dem Rasen schöne Augen gemacht hast!«

Sie blickte ihn so eiskalt an, daß er erschrak. Er hatte ihr ein traumhaftes Geschenk gemacht; sie war seine Tochter; sie sollte ihn gern haben. Er würde sie grün und blau schlagen, wenn sie ihn nicht gern haben wollte! Jetzt war sie ein wenig vorausgeritten und drückte so ihr Mißfallen aus. Du meine Güte, auch sie zeigt mir hochmütig die kalte Schulter, dachte er und gab seinem Pferd die Sporen, bis er sie eingeholt hatte. Doch beim Anblick ihres hübschen, feinen Profils war seine Wut plötzlich verflogen. Mit Härte und Strenge konnte man solche Wesen nicht gewinnen; er mußte lernen, sanftmütiger zu werden. Denn Carolan war ein Ebenbild von Bess und Kitty. Lieber würde sie auf das Pferd verzichten, als auch nur ein böses Wort über ihren Freund Everard zu akzeptieren. So waren sie nun einmal, diese weiblichen Wesen, die ihn so sehr faszinierten. Dies war seine dritte Chance, und er mußte vorsichtig sein. Wenn er ihre Zuneigung wollte, dann mußte er sie gewinnen. Er konnte sie nicht zwingen, ihn zu lieben. Sie mußte ihm aus freien Stücken ihre Liebe schenken.

»Carrie, du denkst bestimmt, daß du einen törichten alten Vater hast, stimmt's?« sagte er mit sanfter Stimme.

»Ich halte Euch selbstverständlich nicht für töricht!«

»Vater!« sagte er. »Du redest mit mir, als sei ich ein Holzpfahl. Kannst du mich nicht mit Namen nennen?«

Jetzt errötete sie. Sie wußte es also! Diese hinterhältige Jennifer hatte es ihr bestimmt verraten; bei Gott, er wollte sie so gern zum Teufel jagen: Er wünschte, er wäre dieser Frau nie begegnet.

»Carrie, warum solltest du mich nicht Vater nennen?«

»Wenn Ihr es so wünscht, werde ich es tun.« Da war er sich schon nicht mehr so sicher, ob sie es wußte.

»Dann fang sofort damit an! Mach schon!«

»Ja ... Vater.«

»Paß auf, Carrie, wir sind Freunde. Ich mag dich, Carrie.« Sein Pferd war jetzt ganz dicht neben dem ihren, und sie konnte seinen Atem auf ihrer Wange spüren. »Wenn im Kinderzimmer irgend etwas los ist, dann komm zu mir und sag es mir, hast du gehört?«

Sie nickte. »Danke ... Vater.«

Er lachte brüllend und schlug sich auf die Schenkel. Sie wünschte, er würde das nicht tun, es stieß sie irgendwie ab. Aber er tat es andauernd, immer dann, wenn er sich auf eine ganz besondere Weise freute.

»Carrie!« rief er. »Weißt du, was wir jetzt tun? Wir statten deiner Tante Harriet einen Besuch ab!«

Er war voller Übermut. Welch ein Spaß, die alte Harry wiederzusehen! Außerdem hatte sie geschrieben, daß sie ein Geschenk für das Kind hätte.

»Sie hat ein Geschenk für dich.«

»Noch ein Geschenk?«

»Mädchen, es wird nicht gerade ein Rotschimmel sein, was sie für dich hat! Was denkst du, was es ist?«

»Ein Gesangbuch, zum Beispiel.«

»Oder eine Bibel!«

Es machte Spaß, mit seiner Tochter über einen Scherz zu lachen. Verdammt, sie war seine Tochter; sie war ein Siebenmonatskind. Seine Tochter! Niemand sollte es wagen, das Gegenteil zu behaupten!

Oaklands war wie immer sauber und ordentlich. Emm aus dem Arbeitshaus öffnete die Tür. Sie war nicht gerade häßlich, vielleicht ließe sich da ja etwas machen, dachte er, jedoch nicht heute morgen. Schließlich war er hier auf Besuch mit seiner Tochter.

Harriet kam in den Salon.

»George, das ist aber nett, daß du mich einmal besuchen kommst!«

»Ich bin nicht allein. Ich habe jemanden mitgebracht, der heute Geburtstag hat.«

Harriet lächelte gequält. Sie sah fast genauso aus wie damals, als Kitty zu ihr gekommen war; ihr Haar war vielleicht ein wenig grauer geworden. Nie hatte sie sich von der Enttäuschung mit dem Squire erholt, obwohl sie sich selbst einredete, daß es so am besten für sie war. George hatte sich in all den Jahren nicht gebessert. Er war noch grobschlächtiger geworden. Einmal hatte sie ihn erwischt, wie er Janet, die sich mit Emm die Hausarbeit teilte, geküßt hatte. Ein widerwärtiger Anblick!

»Carolan«, brüllte George, »komm und sag deiner Tante guten Tag!«

»Du liebe Güte!« rief Tante Harriet. »Was hat das Kind bloß wieder gemacht! Schau dir mal deine Haare an, Mädchen! Und deine Hände! In diesem Zustand kann ich dich nicht in meinen Salon lassen.«

Der Squire zog Carolan an sich und zerzauste ihr rotes Haar noch mehr. »Dieses Kind«, sagte er liebevoll und verlegen lächelnd, »konnte noch nie ordentlich sein. Das liegt ihr eben nicht!«

»Geh, Kind, und laß dir von Emm oder Janet Wasser geben. Dann wasch dir die Hände. Und tu mir den Gefallen, und kämm deine Haare!«

Die Kleine hat viel von ihrer Großmutter, dachte Harriet, dieselbe Keckheit. Und auch sie konnte einen Mann wie George Haredon um den kleinen Finger wickeln.

»Und«, rief sie Carolan nach, »sag Emm, sie soll zwei Gläser und den Schlehenwein bringen.«

»Oh, Harry«, meinte George, »an deinen Schlehenwein kommt keine heran!«

Sie wurde ganz verlegen, und er ließ sich schwer auf einen Sessel fallen.

»Ich hoffe doch sehr, daß dieses Kind nicht zu sehr verwöhnt wird«, sagte Harriet ernsthaft.

»Wer, die kleine Carrie?«

Harriet seufzte erbittert, aber noch immer hegte sie eine gewisse Zärtlichkeit für George. War es nicht typisch für ihn,

Carolan Carrie zu nennen, so wie er sie Harry nannte? Noch immer hielt sie George für einen großherzigen, tolpatschigen und irregeleiteten Jungen. Die richtige Frau hätte einen ganz anderen Mann aus ihm gemacht, und sie wußte, wer diese Frau war, obwohl sie das keiner Menschenseele sagen würde.

»Ja, ich meine Carolan«, entgegnete sie.

George wurde plötzlich ernst. »Ich glaube, in unserem Kinderzimmer wird niemand sonderlich verwöhnt. Jennifer Jay ist nicht der Typ, der ein Kind verwöhnen würde, und Charles ist, so ungern ich das sage, ein ganz schön brutaler Kerl.«

»Sie scheint mir ein ganz schön keckes Ding zu sein.«

»Aus ihr wird mal eine richtige kleine Schönheit, was, Harry?«

»Ich hoffe aus ganzem Herzen, daß sie das nicht wird.«

»Meinst du das wirklich?«

»Ich glaube, es ist besser für eine Frau, wenn sie ... keine richtige kleine Schönheit ist.«

»Darüber weißt du sicherlich mehr als ich, Harry«, erwiderte er boshaft.

Emm brachte den Schlehenwein und schenkte ihn ein. Abwesend, jedoch nicht uninteressiert ruhten die Augen des Squire auf Emms jungem Körper unter dem altmodischen Musselinkleid, das einmal Harriet gehört hatte. Harriet bemerkte seinen Blick und seufzte.

»Danke, Emm«, sagte der Squire und trank geräuschvoll. »Der Wein ist gut, Harry, wirklich gut!«

Er war bester Laune und wollte sich ein wenig Spaß mit der alten Harriet gönnen! Das entsprach seiner neuen Rolle. Heute war er der Vater; deshalb wollte er sich auch mit Harry einen Spaß erlauben, denn sie konnte ihn unter keinen Umständen in Versuchung führen.

»Oh, es ist wirklich schade, daß du nie geheiratet hast«, murmelte er. »Du hättest wirklich eine verdammt gute Ehefrau abgegeben!«

Ihre Lippen zitterten ein wenig.

»Ja«, sagte er und senkte seine Lider, um seine Belustigung zu verbergen, »eine verdammt gute Ehefrau. Ich verstehe nicht, warum du nie geheiratet hast, Harry. Bei meiner Seele, ich verstehe es einfach nicht!«

»Nun, George, das Leben hält schließlich noch andere Dinge als die Ehe bereit. Und wenn eine Frau eine Jungfer bleibt, muß es nicht daran liegen, daß sie nie gefragt wurde.«

»Er wäre ein glücklicher Mann gewesen, Harry!« sagte er leise und gefühlvoll.

»Danke, George«, entgegnete sie ruhig und sanft.

»Aber Männer«, fuhr der Squire fort, »sind manchmal Dummköpfe, Harry, verdammte Dummköpfe!«

Sie hob den Kopf, und er sah, wie ihre Augen leuchteten. Ihre Haut war blaß, aber innerlich schien sie zu glühen, und er konnte sehen, wie ihr Herz unter ihrem züchtigen Mieder klopfte.

»Ich muß es wissen«, fuhr George fort, »schließlich bin ich selbst einer.«

Harriet stand auf und ging schwankend zu dem Tablett mit Wein.

»Noch ein Glas, George?«

»Bei deinem köstlichen Schlehenwein könnte ich doch niemals nein sagen, Harry!«

Oh, was für ein Spaß war das! Sie stand vor ihm mit niedergeschlagenen Augen und zitternden Händen. Sie war so bereit und so willig wie jedes beliebige Küchenmädchen, trotz all ihrer Prüderie. Was war schon Tugend? Wo war sie? Tugend gab es in Wahrheit überhaupt nicht. Nur Frauen wie Harriet brüsteten sich damit, weil sie genau wußten, daß niemand jemals ihre Tugend antasten würde. Oh, du törichte alte Frau! Es wäre der größte Spaß seines Lebens, sie hier und jetzt zu nehmen, wo jeden Moment eines dieser Arbeitshausmädchen hereinplatzen konnte. Noch besser wäre es, mit ihr in ihren Vorratsraum zu gehen und ihrer Jungfräulichkeit dort den Garaus zu machen. Das wäre der beste Witz, den er sich vorstellen konnte! Sie hatte ihre Jungfräulichkeit stets so sorgfältig konserviert wie ihr Eingemachtes, und nur weil sie sicher war, daß niemand sie haben wollte. Mit Kitty zusammen hätte er sich dann darüber totlachen können, wenn Kitty so wäre, wie er es sich immer gewünscht hatte. Aber Kitty und er waren weit voneinander entfernt – so weit wie er und Bess auf gewisse Weise.

Er nahm das Glas, das Harriet ihm reichte, und berührte dabei leicht ihre Finger. Dann kam Carolan ins Zimmer, ihre Haare waren jetzt halbwegs ordentlich gekämmt.

»Komm her, Kind«, sagte Harriet, »zeig mir deine Hände ... nicht allzu sauber.«

»Sie werden nie richtig sauber«, sagte Carolan und lächelte entwaffnend.

Diese beiden nebeneinander ... Was für ein Unterschied, dachte er. Sogar jetzt wirkte das Kind schon weiblicher, als Harriet es jemals sein könnte.

»Heute bist du also neun Jahre alt geworden«, sagte Harriet. »Bald wirst du schon kein Kind mehr sein; du müßtest dir also ohne Aufforderung deine Hände waschen.«

Carolan blickte zu Tante Harriet auf und sah gleichzeitig den Squire an, der direkt hinter ihr stand. Er kniff ein Auge zu, und Carolan fing an zu lachen.

»Also bitte!« sagte Harriet. »Was gibt es da zu lachen?«

»Ich weiß es nicht«, sagte Carolan, denn sie konnte doch nicht verraten, daß der Squire ihr zugezwinkert hatte. »Ich habe einfach nur gelacht.«

»Das war sehr ungezogen. In meiner Jugend hätte man mich für eine solche Frechheit geschlagen. Aber heutzutage wird ja über alles hinweggesehen.« Harriet wandte sich an George. »Du weißt doch, George, wenn man zu sparsam mit Prügeln umgeht, dann verwöhnt man ein Kind.«

George hob Carolan mit seinen starken Armen hoch.

»Wir sparen nicht an Schlägen und verwöhnen das Kind auch nicht«, sagte er und kniff Carolan ins Ohr, um ihr zu zeigen, daß auch dies ein Witz war.

»Ich habe ein Geschenk für dich«, sagte Harriet, als überlege sie, ob Carolan jetzt noch ein Geschenk verdiente.

»Oh, danke, Tante Harriet. Vielen Dank!«

Harriet ging zu einem kleinen Tisch hinüber und öffnete eine Schublade.

George beugte sich hinunter und flüsterte Carolan ins Ohr: »Jede Wette, daß es eine Bibel ist, Carrie!«

Und so war es auch. Carolan mußte so sehr lachen, daß ihr der Bauch weh tat und sie sich kaum bedanken konnte.

»Wenn alle Leute täglich in ihren Bibeln lesen würden, dann gäbe es viel weniger Schlimmes auf der Welt«, sagte Harriet, wobei sie George ansah. Er und Carolan standen nebeneinander wie zwei Kinder. Er genoß dieses Spiel; seit Jahren war er nicht mehr so guter Stimmung gewesen.

»Das stimmt«, sagte er. »Denk immer daran, kleine Carolan.« Und jetzt hatte er genug von diesem Besuch und sagte, daß sie gehen müßten. »Vielen Dank für den Wein, Harriet. Vielen Dank für alles.« Er küßte ihre Hand. Ein äußerst interessanter Morgen.

Sie ritten langsam nach Hause. Er stieg zuerst ab und ging hinüber zu Carolan.

»Nun, was hältst du von dem Geburtstagsgeschenk deines Vaters?«

»Es ist ein wunderbares Geschenk, vielen Dank!«

»Bei wem bedankst du dich?«

»Vielen Dank, Vater.«

Er drohte ihr mit dem Finger und versuchte, sehr böse auszusehen. »Vergiß es bloß nicht, sonst ...«

Sie wich vor ihm zurück.

»Ich werde es nicht vergessen, Vater. Und ich liebe mein Geschenk ... es ist ein wundervolles Geschenk!«

Damit war er zufrieden.

»Mit der Bibel hatte ich recht, stimmt's Carolan?«

Sie krümmte sich vor Lachen. Oh, sie war charmant. Sie war nicht einmal richtig hübsch, obwohl sie es später vielleicht einmal werden würde. Trotzdem war sie schon jetzt so charmant wie Bess und wie Kitty, jedoch ohne deren Schönheit.

»Vergiß nicht, es war eine Wette ... Ich sagte, wetten, daß es eine Bibel ist.«

»Ja, das sagtest du.«

»Ich habe diese Wette gewonnen, und deshalb schuldest du mir jetzt etwas!« Sie war verwirrt und wußte nicht, worauf er hinauswollte.

»Was sollte ich dir denn schulden?«

»Da wir es vorher nicht abgemacht haben ... Sollen wir einfach sagen ... einen Kuß?«

»Einen Kuß!« Sie war ein wenig schockiert. Er bemerkte das und wurde plötzlich wütend. Verdammt noch mal, sie waren alle gleich. Er hatte ihr eine wertvolle Stute geschenkt, und sie wollte ihm zum Dank nicht einmal einen Kuß geben. Das war ja wohl das mindeste, was sie tun konnte! Er hob sie aus dem Sattel, zog sie nah an sich heran und küßte sie auf den Mund. Es war noch ein so weicher Babymund. Sie schrie leise auf, denn er hatte ihr mit seiner Grobheit weh getan.

»Bei Gott, du nimmst alles und willst selbst gar nichts geben«, schimpfte er. »Genau wie deine Mutter. Küß mich jetzt, oder ich gebe dir die schlimmste Tracht Prügel deines Lebens.«

Ihr kleiner Mund zitterte, und sie schloß ihre Augen ganz fest, so daß er nur die Spitzen ihrer rötlichen Wimpern erkennen konnte; sie schloß die Augen, um sein Gesicht nicht sehen zu müssen, das wußte er. Dann küßte sie ihn, und sein Herz wurde schwer.

Wütend ließ er sie los.

»Mach daß du reinkommst, bevor ich die Peitsche auf deinen Schultern tanzen lasse!«

Sie ging, und er sah ihr nach. Es war ihm bewußt, daß dieser Morgen keinen Erfolg, sondern eine miserable Niederlage mit sich gebracht hatte. Sie war genauso wenig seine Tochter, wie er jener Mann war, der er eigentlich gern sein würde.

»Jake!« donnerte er. »Du fauler Hund, wo bist du?«

Jake beeilte sich, die Anweisungen seines Herrn entgegenzunehmen und auszuführen. Zu gut kannte er solche Stimmungen.

»Kümmre dich um diese verdammten Pferde!« schrie der Squire und stampfte wütend ins Haus.

Carolan ging recht zufrieden in das Kinderzimmer hinauf. Sie war zwar etwas abrupt vom Squire weggeschickt worden, aber das war nicht so wichtig für sie. Es war ein angenehmer Morgen gewesen, bis sie den Squire hatte küssen müssen. Das war ihr ziemlich widerwärtig vorgekommen, aber Carolans Leben war nie für längere Zeit glatt verlaufen, deshalb war sie immer auf plötzlichen Ärger vorbereitet.

Auf ihrem Weg hinauf dachte sie daran, was für ein außergewöhnlicher Morgen es doch gewesen war. Zuerst das Gespräch mit ihrer Mutter, dann die gräßliche Sache mit der Spitzmaus, dann das Pferd, dann Everard, der mit ihr ausreiten wollte, dann der gräßliche Kuß des Squire. Doch jetzt mußte sie zurück ins Kinderzimmer … und wußte nicht, was sie dort erwartete. Charles und Jennifer hatten sich vielleicht wieder etwas Schreckliches als Bestrafung für sie ausgedacht.

Vorsichtig ging sie hinein. Niemand war zu sehen. Sie atmete erleichtert auf und ging zu Margarets Zimmer, weil sie ihr von ihren Geschenken berichten wollte.

»Margaret!« rief sie und klopfte an die Tür. Als niemand antwortete, öffnete sie die Tür. Margaret mußte an ihrem Tisch beim Fenster gesessen haben, denn ihr Schreibfederkiel und Schreibpapier lagen noch dort.

Sie glaubte, Margaret unten im Garten zu hören und ging zum Fenster, um hinauszusehen. Dabei fiel ihr Blick auf ein Blatt Papier, das auf den Boden gefallen war. Darauf stand geschrieben: »Margaret Haredon. Margaret Orland.«

Carolan hob es auf. Margaret Haredon war natürlich Margaret, das war klar. Aber wer war Margaret Orland? Es gab keine Margaret Orland! Auf der Rückseite des Papiers sah sie, daß Margaret viele Male »Margaret Orland, Margaret Orland« geschrieben hatte.

Aber natürlich! Margaret konnte nur dann Margaret Orland werden, wenn sie Everard heiraten würde!

Was für ein merkwürdiger Morgen! So vieles hatte sie herausgefunden, und so vieles schien noch verborgen zu sein. Margaret wollte Everard heiraten! Dies war ihre letzte Entdeckung, die sie sehr beunruhigte. Es mochte zwar töricht erscheinen, über solche Dinge nachzudenken, wenn man erst neun Jahre alt war, aber sie hatte davon geträumt, irgendwann in der fernen Zukunft mit Everard verheiratet zu sein.

Margaret kam die Treppe herauf, und Carolan legte das Papier schnell auf den Tisch. Als Margaret hereinkam, erzählte Carolan ihr von ihrem Rotschimmel, der Zedernholzschachtel und der Bibel, den Brieföffner jedoch erwähnte sie nicht.

Als Carolan dreizehn Jahre alt war, erlebte sie einen Sommertag, den sie niemals vergessen sollte. Es war ein heißer Tag, an dem sich kein Lüftchen regte. Mittlerweile war sie alt genug geworden, um die unruhige Stimmung, die um sie herum herrschte, zu spüren. Sie wußte, daß Napoleon auf dem Kontinent einen Sieg nach dem anderen errang. Der Squire schimpfte viel herum in jenen Tagen und bestrafte auch die geringfügigsten Ungehorsamkeiten seiner Dörfler aufs härteste. Beim Aufwachen fragte man sich immer, ob etwas Schlimmes passieren würde, aber an diesem Sommernachmittag verlief alles in seinen gewohnten Bahnen.

Charles war fort. Er wohnte bei einem Schulkameraden in einem anderen Teil des Landes. Margaret und Carolan frühstückten wie immer zusammen. Und nach dem Frühstück erhielten sie Unterricht von einer Gouvernante, die im letzten Jahr für sie eingestellt worden war. Miß Scanlane war an diesem Tag ein wenig schläfrig, genau wie Margaret und Carolan. Carolan sehnte sich nach draußen, aber als sie am Nachmittag endlich frei hatte, war es zu heiß zum Reiten, zu heiß, um zum Pfarrhaus zu gehen und nach Everard zu suchen. Es war so heiß, daß sie nichts tun wollte, als im Park im Schatten der alten Eiche zu liegen. Margaret war fortgegangen in Richtung des Pfarrhauses. Die arme Margaret war jetzt sechzehn und erlebte alles sehr intensiv und sehr tragisch! Jede Nacht las sie in ihrem Zimmer Gedichte. Carolan wußte, daß sie alle von Liebe handelten, von unglücklicher Liebe. Margaret schrieb sogar selbst Gedichte. Sie hatte Carolan einige davon gezeigt. Alle berichteten sie von der Traurigkeit der Liebe, von Melancholie und von Mädchen, die an gebrochenem Herzen gestorben waren. Und Everard war immer irgendwie zwischen den Zeilen kenntlich. Arme Margaret! Sie trieb sich beim Pfarrhaus herum in der Hoffnung, ihn zu sehen, anstatt hinzugehen und zu fragen ob er zu Hause war, wie Carolan es getan hätte. Auch Carolan mochte Everard, jedoch ohne jegliche Melancholie.

Von Margaret wanderten Carolans Gedanken zu ihrer Mutter. Wie seltsam sie gestern ausgesehen hatte. Ihre Augen waren noch größer als sonst und schienen durch Carolan hindurchzusehen, weit in die Ferne. Als Thérèse mit ihr sprach, hatte sie abwesend mit »Ja!« und »Nein!« geantwortet. Sie lag auf der Couch, und schien doch ganz woanders zu sein.

Wie kompliziert waren doch die Angelegenheiten der Erwachsenen!

Sie hörte Schritte, und kurze Zeit später stand Thérèse vor ihr.

»Ich habe dich vom Fenster aus gesehen, Mademoiselle. Deine Mama wünscht dich zu sprechen! Mach schnell. Sie wartet auf dich!« sagte Thérèse.

Schnell folgte Carolan der Zofe durch den Park ins Haus.

Kitty lag auf der Couch. Sie sieht wunderschön aus, dachte Carolan. Ihre Mutter trug ein Kleid aus blauer Seide, das zu ihren Augen paßte. Sie streckte die Hand aus.

»Ah, da bist du ja, Carolan. Komm her, mein Schatz!«

Carolan ging zu ihr, und Kitty nahm das Gesicht des Mädchens zwischen ihre Hände.

»Mama, ist alles in Ordnung?« fragte Carolan.

»Aber natürlich! Thérèse geht in die Stadt, um ein paar Besorgungen für mich zu machen, und ich dachte, es wäre nett, wenn wir zusammen Tee trinken könnten. Was sagst du dazu?«

Carolan war wie immer ganz verzaubert von dem Charme ihrer faszinierenden, aufregenden Mama. Sie freute sich, daß sie ein bißchen Zeit für sie übrig hatte. In den letzten Monaten war das sehr selten vorgekommen. Charles und Jennifer erzählten ihr immer brühwarm die neuesten Affären ihrer Mutter, doch sie beharrte darauf, nichts von alledem zu glauben. Aber manches war eben doch so offensichtlich, daß sie ihre Augen nicht davor verschließen konnte.

Nach einer Weile wurde der Tee gebracht, und Thérèse nahm ihren Umhang und ging fort.

Kittys Hände zitterten, als sie nach ihrer Tasse griff. Sie lag auf der Couch wie eine müde Göttin mit geheimnisvollen Augen. Als sie den Tee ausgetrunken hatten, sagte sie: »Carolan, mein Liebling, dir kann ich vertrauen. Du bist die einzige hier im Haus, der ich trauen kann.«

»Ja, Mama!«

»Du mußt schwören, niemandem auch nur ein Sterbenswörtchen von dem zu sagen, was ich dir jetzt erzähle!«

»Das schwöre ich, Mama!«

Kitty nahm Carolan in die Arme und drückte sie an ihren weichen, üppigen Busen.

»Geh jetzt in dein Zimmer und hole deinen Umhang. Wir gehen aus. Nur wir beide. Wenn du jemanden triffst, sag bloß nicht, daß du mit mir ausgehst. Zieh deinen Umhang nicht an, sondern geh hinunter zum Gebüsch beim Haupttor und sieh zu, daß du dich dort gut versteckst. Warte, bis ich komme. So, und jetzt geh. Sei vorsichtig und mach schnell. Und vergiß nicht, niemand darf etwas davon wissen!«

Carolan rannte in ihr Zimmer, nahm ihren Umhang, eilte die Hintertreppe hinunter und lief schnell zum Gebüsch beim Tor. Kurze Zeit später traf auch Kitty dort ein.

»Von hier aus«, sagte Kitty, »können wir die Straße überschauen, und wir können uns schnell vor neugierigen Blikken verstecken. Wir werden zum Wald gehen, Liebling. Zieh jetzt deinen Umhang an. Setz auch die Kapuze auf und zieh sie ins Gesicht. So, jetzt kann man uns nicht mehr erkennen. Wir brauchen nur ein kurzes Stück die Straße entlangzugehen, dann gehen wir über das Feld da hinten in den Wald. Das ist sicherer.«

»Mama, was passiert, wenn man uns erwischt?«

»Schreckliche Dinge! Wir dürfen nicht erwischt werden.« Mit einer Entschlossenheit, wie sie ihrem Charakter sonst fremd war, fuhr sie fort: »Gräßliche Dinge sind mir einst zugestoßen, sie sollen sich nicht wiederholen. Eines Tages, mein Liebling, werde ich dir genauer von diesen schrecklichen Dingen erzählen, die mir passiert sind.«

»Aber Mama, heute bist du doch glücklich, nicht wahr?«

»Das Glück ist zurückgekehrt, Liebling. Ich hatte es nicht einmal mehr zu träumen gewagt.«

Kitty war beim Gehen etwas atemlos geworden; in den letzten Jahren hatte sie noch mehr zugenommen, und sie war es nicht gewohnt, sich viel zu bewegen. Sie konnte nicht reden und sich gleichzeitig beeilen, so ergriff sie Carolans kleine, heiße Hand und ging schweigend mit ihr über das Feld auf den Wald zu.

Carolan, die wegen der Atemlosigkeit ihrer Mutter besorgt war, fragte: »Mama, warum bist du nicht mit der Kutsche gefahren?«

»Meine Liebe«, sagte Kitty in schärferem Ton, »wie könnte ich? Verstehst du denn nicht, daß dies ein Geheimnis ist? Habe ich das nicht ausreichend klargemacht?«

»O doch«, sagte Carolan und errötete wegen ihrer Dummheit.

Sie hatten den Wald erreicht. Das erste, was Carolan bemerkte, war ein gesatteltes Pferd, das an einen Baum gebunden war. Im Wald war es sehr still. Das Unterholz knackte unter ihren Schritten. Carolan fühlte, daß gleich etwas Aufregendes passieren würde.

Ein Mann trat hinter einem Baum hervor. Carolan konnte flüchtig ein Paar graue Augen, dunkles Haar und gebräunte Haut wahrnehmen. Er rief: »Kitty!« und Mama ließ Carolans Hand los und rannte zu ihm. Er legte seine Arme um Mama, und sie lachte und weinte an seiner Brust. Carolan stand unsicher daneben und wartete darauf, daß sie Notiz von ihr nehmen würden.

Kitty umschloß das Gesicht des Mannes mit den Händen und sah ihn prüfend an. »Mein Liebling, hätte ich doch nur gewußt, daß du zurückkommst!« sagte sie.

Er antwortete: »Mein letztes bißchen Kraft würde ich darauf verwenden, zu dir zurückzukommen.«

»Die Jahre …«, sagte Kitty. »Die langen Jahre! Dreizehn Jahre, Darrell, und was hätte ich tun können? Ich hätte ja gewartet; ich hätte zwanzig Jahre lang gewartet. Aber da war das Kind …«

Dabei erinnerte sie sich wieder an Carolan und streckte die Hand nach ihr aus.

Der Mann sagte: »Wir konnten nichts für das, was uns geschehen ist, Kitty. Die Vergangenheit lag nicht in unserer Hand, aber die Gegenwart und die Zukunft werden in unseren Händen liegen.«

Kitty weinte, als sie neben Carolan niederkniete.

»Dies ist unser Kind, Darrell. Schau nur, sie sieht dir ähnlich.«

Er kniete nieder, und so knieten sie beide vor Carolan.

Carolan betrachtete ihn genau. Sie war zu jung, um zu verstehen, daß die harten Linien in seinem Gesicht durch Unglück und Leid, das er durchgemacht hatte, entstanden waren.

»Jetzt sind wir zusammen … die ganze Familie … meine Familie!« sagte Kitty lachend und weinend.

Der Mann berührte sanft Carolans Wange mit seinen rauhen Fingern.

»Ich liebe unsere Tochter«, sagte er.

»Heute nacht also …«, flüsterte Kitty.

Er nickte und strich mit den Händen über den Stoff von Carolans Umhang, als ob er seinen Wert prüfen wollte. »Es wird schwer sein in der ersten Zeit, meine geliebte Kitty.«

»Was kümmert uns das?« murmelte Kitty.

»Aber was ist mit dem Kind?«

Kitty entgegnete ernsthaft: »Sie ist unser Kind, Darrell.«

Er streichelte ihre Wange. »Wir lassen sie zu uns kommen, wenn wir soweit sind.«

»Mama! Mama, du gehst fort!« schrie Carolan auf. »Mit … mit meinem Vater.«

»Beruhige dich, mein Kind«, sagte Kitty. »Du hast doch gesagt, du könntest ein Geheimnis für dich behalten.«

Darrell Grey ergriff Carolans Hand und blickte lächelnd auf die kleinen Finger.

»Hast du ihr erzählt, wie wir uns in diesem Wald hier trafen und Pläne für die Zukunft schmiedeten? Hast du ihr erzählt, daß ich dann nach Exeter gegangen bin und bis jetzt nicht zurückkehren konnte?«

Sein Gesicht verhärtete sich, als er das sagte, und Carolan wußte nun, daß sowohl ihm als auch ihrer Mutter schreckliche Dinge zugestoßen waren.

»Ich habe ihr ein wenig davon erzählt«, murmelte Kitty.

»Carolan«, seufzte er, »ich muß dir etwas sagen. Es ist grausam, auf dieser Welt arm zu sein, denn wenn du arm bist, dann bist du auch hilflos ... und es ist eine grausame Welt, Carolan ... zu grausam, um darin hilflos zu sein. Carolan, meine Tochter, hast du jemals den schwächsten Welpen in einem Wurf junger Hunde beobachtet? Hast du gesehen, wie seine starken Brüder ihn fortdrängen und nicht saugen lassen, bis er verhungert? Ein armer Mensch gleicht genau diesem schwächsten Welpen, Tochter. Deshalb würde ich dich niemals der Armut aussetzen.«

Er machte ihr angst; er hatte mit solcher Inbrunst gesprochen. Aber sein braungebranntes Gesicht und seine Augen, die schon so vieles gesehen hatten, faszinierten sie. Außerdem war er schließlich ihr Vater.

»Du wirst tapfer sein, Carolan. Das weiß ich«, sagte er. »Du hast mutige Augen. Hör zu, ich werde deine Mutter mitnehmen ...«

»Aber wir werden dich so schnell wie möglich zu uns holen, mein Liebling!« unterbrach ihn Kitty. »Das werden wir doch, nicht wahr, Darrell?«

»Ja, so bald wie möglich. Verstehst du, Carolan? Ich bin ein gebrochener Mann. Einst träumte ich von einer glücklichen Zukunft. Nun muß ich noch einmal von vorn anfangen. Ich bin nicht mehr besonders jung, aber auch noch nicht besonders alt. Und ich habe viel, für das es sich lohnt zu arbeiten. Es wird so schön sein, meine Familie um mich zu haben.«

»Heute nacht fahren dein Vater und ich nach London. Keiner darf etwas davon wissen, bevor wir ein gutes Stück weit gekommen sind. Verstehst du das, Carolan? Wirst du es also niemandem erzählen?«

»Ich werde nichts sagen.«

»Alles wird gutgehen«, sagte Kitty, »weil bis zum Morgen niemand merken wird, daß ich fort bin. Und dann werden wir schon zu weit weg sein. Carolan, ich werde auf diesem Pferd hier mit deinem Vater fortreiten, wir nehmen nicht die Kutsche. Auf den Ruinen unserer unglücklichen Vergangenheit werden wir ein neues Leben aufbauen, und du wirst bei uns sein. Du kommst zu uns, mein Liebling, sobald wir alles bereit haben!«

Carolan nickte.

»Ich werde einen Brief an die Haushälterin, mit der ich gut befreundet bin, schicken. Er wird eine Nachricht für dich enthalten, Carolan. Ich werde dir sagen, was du zu tun hast. Auf gar keinen Fall darfst du dem Squire etwas sagen. Er ist ein so böser Mensch. Oh, wie ich gelitten habe in diesen letzten Jahren … während ich auf die Rückkehr meiner großen Liebe wartete!«

Carolan mußte flüchtig daran denken, wie ihre Mutter immer auf der Couch gelegen hatte, während der kleine Negerjunge Sambo sie mit Süßigkeiten fütterte und Thérèse über das Kleid sprach, das sie auf der nächsten Feier tragen sollte. Carolan dachte auch an die Geschichten, die sie über die Liebhaber ihrer Mutter gehört hatte … Aber diese Gedanken verflogen schnell; genau wie ihre Mutter glaubte sie nun, daß es dreizehn Jahre des Wartens und des Leidens gewesen waren.

Kitty schaute sich argwöhnisch um. »Man darf uns hier auf keinen Fall sehen. Ich könnte es nicht ertragen, wenn noch einmal irgend etwas schiefgehen sollte.«

»Nein, es darf nichts schiefgehen«, sagte Darrell. »Verlaß mich jetzt, Kitty. Und heute nacht, eine Stunde vor Mitternacht – wirst du dann hier an dieser Stelle sein?«

»Eine Stunde vor Mitternacht«, wiederholte sie, und sie küßten sich. Carolan sah befremdet zu. Dann war sie an der Reihe, geküßt zu werden. Darrell hob sie hoch und sah ihr ins Gesicht.

»Dies ist gar kein richtiger Abschied, kleine Tochter. Ich werde dich bald wiedersehen. Bald können wir dich nachkommen lassen, und dann werden wir zusammen sein wie eine glückliche Familie, nicht wahr?«

Carolan nickte, ließ sich von ihm küssen und wurde wieder auf die Erde gestellt. Kitty nahm sie bei der Hand, und sie gingen zusammen fort. Immer wieder blickten sie sich um nach Carolans Vater, der dort stand und ihnen nachsah.

»Jetzt weißt du also Bescheid, Carolan«, sagte Kitty. »Und du siehst, wie sehr ich dir vertraue.«

Carolan entgegnete würdevoll: »Selbstverständlich kannst du mir vertrauen, Mama. Hat er nicht gesagt, daß wir jetzt eine Familie sind?«

Kitty drückte die Hand ihrer Tochter. »Liebste Carolan, in all diesen Jahren bist du mein Trost gewesen, mein einziger Trost.«

Carolans Augen füllten sich mit Tränen; es war wunderbar, während dieser langen Jahre Mamas Trost gewesen zu sein.

»Und sehr bald werden wir wieder zusammen sein in einem schönen Haus in London, mein Liebling. Wird das nicht wunderbar, Carolan?«

»Ja, Mama.«

»Oh, mein Schatz, ich bin ja so froh, daß ich dir vertraut habe und daß du jetzt Gelegenheit hattest, deinen Vater endlich kennenzulernen.«

»Darüber bin ich auch froh, Mama.«

Als sie das Gebüsch erreichten, sagte Kitty: »Laß uns jetzt unsere Umhänge ablegen. Man würde es merkwürdig finden, wenn wir in dieser Hitze so warm gekleidet herumgehen.«

Während sie die Umhänge ablegten, kam plötzlich der Squire auf sie zu.

»Meine liebe Frau macht also einen kleinen Spaziergang mit ihrer Tochter«, sagte der Squire.

Kittys Herz begann unter ihrem Seidenkleid zu rasen; Carolan sah zu Boden.

»Und aus welchem Grund sollte ich das wohl nicht tun?« fragte Kitty.

»Ja, warum eigentlich nicht? Es fällt mir nur auf, weil es so selten vorkommt. Ich habe den Eindruck, daß es meist nicht deine Tochter ist, mit der du dich amüsierst.«

In seiner Stimme schwang ein beleidigender Ton mit,

der Kitty erröten ließ. Sie lebte wie immer nur für den Augenblick; gerade war sie mit Darrell zusammen gewesen und hatte ihm und sich selbst weisgemacht, daß sie dreizehn Jahre lang nur auf ihn gewartet und sich während dieser Zeit nur mit Mühe den unvermeidlichen Umarmungen des Squire unterworfen habe. Auf rüde Weise hatte der Squire nun diese schöne Vorstellung zerstört und Kitty ihr wirkliches Verhalten vor Augen geführt. Die anderen? Sie zählten eigentlich überhaupt nicht. Sie war eben leidenschaftlich und wollte bewundert werden; außerdem war sie selten fähig, einem Mann etwas abzuschlagen. Die armen Jungen hatten sie auch so sehr gebraucht. Es bedeutete ihr nichts. Mit Darrell war es etwas ganz anderes. Hätte sie Darrell geheiratet, dann wäre sie bis ans Ende ihrer Tage eine tugendhafte, treue Matrone geblieben. Dessen war sie sich ganz sicher.

Der Squire nahm Carolan den Umhang aus der Hand.

»Wie gut warst du doch an einem so heißen Tag verpackt! Deine Mutter auch? Sie hielt es wohl für besser, ihre Reize zu verstecken. Das ist sie wohl ihrer übergroßen Tugend schuldig!«

Mutig nahm Carolan ihm den Umhang wieder aus der Hand, aber er schien es nicht zu bemerken – er sah Kitty an. Sie wirkte ein wenig aufgelöst, war dadurch aber nicht weniger attraktiv. Noch immer hatte sie eine ansehnliche Figur; es gefiel ihm sogar, daß sie zugenommen hatte. Magere Frauen waren ihm von jeher zuwider gewesen.

Carolan nutzte die Gelegenheit, sich unbemerkt davonzustehlen. Leise schlich sie durch die Büsche und rannte über den Rasen ins Haus und in ihr Zimmer, wo sie sich aufs Bett warf, um über all das Seltsame, das ihr an diesem Nachmittag widerfahren war, nachzudenken.

In der Zwischenzeit sah Kitty ihrem Ehemann ins Gesicht. Wie abstoßend er doch ist, dachte sie. Er atmete mit offenem Mund, und die Haare, die aus seinen Nasenlöchern hingen, waren lang und schwarz. Sie haßte ihn, und er haßte sie – jedoch auf andere Weise, denn sein Haß war noch immer gemischt mit Begierde und mit den Träumen, die er von einem Leben mit Bess und dann mit ihr gehegt hatte.

Er nährte sich ihr und legte seine schweren Hände auf ihre Schultern. Sie errötete aufs neue, und ihre Augen schienen noch mehr zu glänzen. Fast glich sie einem verliebten Mädchen.

Grinsend sah er sie an. »Wenn das Kind nicht bei dir gewesen wäre, würde ich sagen, du kämst von einem Schäferstündchen im Gras mit deiner neuesten Eroberung! Nun, Kitty, ist es wirklich so?«

Sie trat einen Schritt zurück, aber er ließ sie nicht los. Sie hatte schreckliche Angst, weil sie fürchtete, er könnte ihr und Carolan gefolgt sein und ihr Treffen mit Darrell beobachtet haben. Was er dann wohl tun würde …? Dieser brutale Kerl, der, so redete sie sich ein, ihr Leben ruiniert hatte. Ihr war bereits nicht mehr klar, daß sie selbst beschlossen hatte, ihn zu heiraten, um nicht in Schwierigkeiten zu geraten. Es gab so vieles, das er tun könnte. Er war mächtig, er war der König in seinem kleinen Königreich.

George dagegen dachte, ihre Augen waren so ängstlich, weil sie fürchtete, er wolle mit ihr schlafen; das hatte er seit Monaten nicht mehr getan. Und warum, zum Teufel, sollte ich mich zurückhalten, ging ihm durch den Kopf. Ich habe sie schließlich geheiratet!

»Wenn ich so darüber nachdenke«, sagte er, »dann spricht eigentlich nicht das geringste gegen ein kleines Schäferstündchen im Gras.«

Sie begann zu zittern, und er fühlte sich plötzlich schwach. Vergeblich versuchte er, sich zusammenzureißen, versuchte wieder der ruchlose Squire zu sein, für den ihn viele hielten. Es gelang ihm nicht.

Sie sagte kalt: »Spar dir deine Grobheiten für die Dienstmädchen auf!«

Er wollte sie schütteln. Wer hatte ihn denn zu den Dienstmädchen getrieben? Das war sie gewesen, zusammen mit Bess. Unvermittelt begann er zu pfeifen, um ihr zu zeigen, wie gleichgültig ihm das war, was sie gesagt hatte. Wenn er wollte, dann konnte er auch sie haben, so wie jedes beliebige Dienstmädchen, wenn ihm danach zumute war. Aber sie sollte wissen, daß ihm nicht danach zumute war … nicht in diesem Augenblick.

»Glaube nicht, daß ich verrückt nach dir bin«, sagte er überheblich. »Ich nicht! Du hast zu viele gehabt, das schmälert deinen Reiz, glaub es mir!«

Er ließ sie vorbeigehen und beobachtete, wie sie über den Rasen ins Haus eilte. Es hätte Bessie sein können, so ähnlich sah sie ihr.

Zum Teufel mit Kitty und mit Bess! Er fragte sich, was er jetzt tun sollte. Immer noch unentschlossen ging er zu den Stallungen und befahl Jake, sein Lieblingspferd zu satteln. Dann ritt er in halsbrecherischem Galopp über sein Grundstück und hinaus auf die Straße. Das Hufgeklapper und der schwitzende Pferdekörper zwischen seinen Beinen trösteten ihn irgendwie. Er konnte mit dem Tier machen, was er wollte. Fast wünschte er, es wäre nicht so fügsam. Es hätte ihm Spaß bereitet, die Peitsche zu benutzen, aber er war ein zu guter Reiter, um das Pferd ohne Grund zu schlagen. Irgend jemanden mußte er jedoch verletzen, und so ritt er zu Harriet.

Hier konnte er lachen und brutal sein auf seine ganz persönliche subtile Art und Weise. Merkwürdig, daß er bei dieser vertrockneten alten Jungfer jenen Trost zu finden hoffte, den er bei der üppigen Kitty vergeblich suchte.

»Du bist eine wunderbare Frau, Harry!« sagte er zu ihr. Innerlich lachte er, und wäre ihre Haut nicht so gelblich gewesen, hätte er sie auf der Stelle geküßt. Aber das könnte er niemals über sich bringen. Außerdem hätte es den Spaß verdorben. Und es machte ihm großen Spaß, die arme alte Harriet zu reizen.

Er blieb lange bei Harriet; er blieb sogar zum Essen. Wie sie um ihn herumturtelte und wie sie fürchtete, er würde allen Anstand vergessen und den ganzen Abend bleiben; welche Angst sie davor hatte und wie sehr sie gleichzeitig hoffte, er würde es tun!

Emm bediente sie bei Tisch und brachte nach dem Essen Kaffee. Emm war braungebrannt, eine richtige Dorfdirne. Er beobachtete sie, wenn Harriet nicht hinsah, und wie zufällig berührte er ab und zu ihren Busen, wenn sie sich über den Tisch beugte. Sie erschauerte jedesmal. Sie ist bereit und willig, dachte er. Er hatte nur Emm im Kopf, wenn er Harriet ansah, und Harriet ahnte die lüsternen Gedanken hinter seiner Stirn und erschauderte, weil sie dachte, sie wäre gemeint.

Später flegelte er sich in ihrem Salon herum und tröstete sich über die Demütigungen hinweg, die er von Bess und Kitty hatte einstecken müssen, indem er Harriet immer mehr reizte. So saß er da und trank Schlehenwein, bis es zehn Uhr schlug.

»Du lieber Himmel!« sagte Harriet. »Hast du das gehört, George? Es ist schon zehn Uhr, und du hast noch einen langen Heimweg vor dir!«

»Der Ritt macht mir nichts aus, Harry.«

»Aber was könnte dir unterwegs nicht alles zustoßen, George. Die Straßen werden immer unsicherer heutzutage.«

»Den Mann möchte ich sehen, der es wagen würde, mir an die Brieftasche zu gehen! Er würde weder mit der Brieftasche noch mit seinem Leben davonkommen.«

Sie warf ihm einen sanften, versonnenen Blick zu.

»Zweifellos bist du mutig, George«, sagte sie leise, »aber das beruhigt mich auch nicht gerade.«

»Du meine Güte!« rief der Squire. »Willst du mir etwa ein Bett anbieten?«

Er mußte sich sehr anstrengen, nicht laut loszulachen. Das war wirklich ein guter Witz; aber sie schien ihn nicht als Witz aufgefaßt zu haben.

»In diesem Haus gibt es genug freie Betten und Zimmer«, sagte Harriet. »Emm soll dir ein Zimmer herrichten. Emm!« rief sie.

»Meine gute Harriet«, lachte der Squire, »du wirst dir diesen Unsinn sofort aus dem Kopf schlagen. Es macht mir nichts aus, durch die Nacht zu reiten, im Gegenteil, es macht mir sogar Spaß!«

»Ich weiß, George. Ich weiß.«

Ihre Bewunderung tat ihm gut. Er war froh, daß er hierhergekommen war. Warum sollte er sich von Kitty erniedrigen lassen? Warum von Bess? Auf dieser Welt gab es schließlich genug Frauen, die sehr viel von ihm hielten.

Emm trat ins Zimmer. Das Kerzenlicht ließ ihre Züge weicher erscheinen. Ihre Augen waren groß und sanft, wie die eines Rehs.

Der Squire rief: »Hol eine Laterne, Mädchen, und leuchte mir den Weg zu den Ställen!«

»Das will ich gern tun, Sir«, sagte Emm und verließ das Zimmer, um die Laterne zu holen.

»Gute Nacht, meine liebe Harriet«, sagte der Squire zufrieden.

»Gute Nacht, George, es war mir eine Freude.«

»Wir werden darauf zurückkommen, Harry ... Nein, nein, du sollst mich nicht hinaus in die kalte, ungesunde Nachtluft begleiten. Das erlaube ich nicht!«

Emm erschien mit einer Laterne in der Hand im Flur.

»Komm, Mädchen, es wird spät«, sagte er. »Auf Wiedersehen, Harriet.«

Harriet stand in der Tür. Das Licht der Laterne tanzte bereits in Richtung der Ställe.

»Ich gehe keinen Schritt, bevor du nicht hineingehst, um dich vor der unheilbringenden Nachtluft zu schützen.«

»George, das ist wirklich lächerlich.«

»Ist es denn lächerlich, wenn man sich um das Wohlergehen seiner besten Freunde sorgt?«

Sie ging hinein, schloß die Tür hinter sich und dachte dabei, wie charmant er doch in der richtigen Gesellschaft sein konnte. Was hätte die richtige Frau nicht alles bei ihm bewirken können!

Die Laterne flackerte vor den dunklen Ställen. Es war eine wundervolle Nacht. Der Mond war zwar nicht zu sehen, jedoch Tausende von Sternen. Sie wirkten größer als sonst, wie Juwelen, die man auf schwarzen Samt gelegt hatte. Er eilte über den Rasen.

»Emm«, sagte er leise. »Emm, warte auf mich!«

Er war jetzt neben ihr, und als er seine Hand auf ihre Schulter legte, trat sie einen Schritt zurück. Gerissenes, törichtes Mädchen, dachte er. Aber er hatte keine Eile. Eine kleine Verzögerung machte die Sache nur noch erregender.

»Zeig mir den Weg«, flüsterte er, »zeig mir den Weg!«

Und sie ging vor ihm her und hielt die Laterne hoch. Er sah sie bewundernd an, aber waren nicht alle jungen Mädchen beim Sternenlicht wunderschön anzusehen?

»Du bist ein nettes Mädchen, Emmie«, sagte er. »Das ist mir schon seit einiger Zeit aufgefallen.«

Sie sagte nichts, und er brüllte los: »Hast du mich nicht gehört?«

»Doch, Sir, vielen Dank, Sir«, entgegnete sie mit zitternder Stimme.

»Du magst mich doch auch, Emmie, oder etwa nicht?«

»O doch, Sir.«

Dieses Mädchen war wirklich sehr anmutig. Sie erschien ihm immer mehr wie ein Reh, bereit zu einer schnellen und plötzlichen Flucht.

Verdammt, dachte er, und seine Adern schwollen an. Sie war willig. Saftig und reif wie eine Pflaume im September. Er würde viel Spaß mit ihr haben, direkt unter Harriets prüder Nase.

»Emm! Leg doch die elende Laterne hin und komm her.«

Sie stand ängstlich vor ihm. Er legte seine Arme um sie und fühlte, wie sie unter seiner Berührung erschauerte.

»Emmie, mein Mädchen, du brauchst keine Angst zu haben, gar keine Angst!«

Er sprach beruhigend auf sie ein, wie er auch mit seinen Pferden redete.

Dann küßte er sie und fühlte, wie sein Blut heiß durch seine Adern schoß, obwohl sie nicht besonders sauber war und nach dem Essen roch, das sie für ihn und Harriet gekocht hatte.

Trotzdem – jetzt triumphierte er über Kitty und Bess, da er auch ohne sie so viel Spaß haben konnte.

Aber Emm wehrte sich und riß sich plötzlich von ihm los. Sie war so gelenkig wie ein kleiner Affe.

Zum Teufel mit ihr, dachte er. Sie wollte wohl gejagt werden? Diese Arbeitshausmädchen bildeten sich heutzutage eine ganze Menge ein! Hatte sie etwa vergessen, daß er der Squire war, der ihr eine Ehre erwies? Hatte sie etwa auf diese Janet gehört, die ihre Jungfräulichkeit für irgendeinen dummen Bauernjungen aufsparen wollte? Nein, nein, das war es nicht! Sie wollte eine Jagd – einige von ihnen mochten so etwas; genossen es, wenn der Mann ihnen hinterherrannte. Aber das waren eher die feinen Damen. Was diese Arbeitshausmädchen sich so einbildeten! Sie würde ihn an der Nase herumführen, damit er ihr durch den ganzen Garten nachlief. Sie würde jedoch achtgeben, daß sie ihm nicht entkam, und irgendwann, wenn sie beide keine Lust mehr zu diesem Spiel hatten, würde sie sich fangen lassen. Lachend und um sich schlagend und vielleicht beißend und kratzend würde sie sich ihm schließlich hingeben. Na ja, er war gut gelaunt, und die Nacht lag noch vor ihm. Deshalb setzte er ihr nach. Sie war jedoch flink – verschwand im Haus und schloß die Tür ab! Zum Teufel mit dem Mädchen! Er konnte nichts anderes tun, als leise an die Tür zu klopfen, damit Harriet ihn nicht hörte. Und dann, als Emm sagte: »Bitte, geht weg!« mußte er betteln. »Emmie, was ist nur mit dir los, mein Mädchen? Komm heraus, sage ich dir! Komm endlich heraus!« Aber sie kam nicht. Und wie sah es aus, wenn er als Squire an der Hintertür stand und ein Arbeitshausmädchen anflehte?

Rasend vor Wut mußte er sich beherrschen, die Tür nicht einzutreten. Das wäre natürlich der reine Wahnsinn. Er mußte sich etwas Besseres einfallen lassen. Wußte dieses dumme Mädchen denn nicht, wie mächtig er war? Er könnte sie öffentlich auspeitschen lassen, er könnte sie mit einem Gefangenenschiff fortbringen lassen … und wenn ihm daran lag, könnte er sogar dafür sorgen, daß man sie aufhängte! Schließlich war er der Squire, oder etwa nicht? Ein hoher Beamter! Ein Richter! Vor Wut schwollen ihm die Adern im Kopf an, daß er glaubte, sie würden platzen. Seine Augen brannten. Zweifellos hatte diese Schlampe so manches Verbrechen begangen, das man nur noch nicht herausgefunden hatte. Er würde es ihr schon zeigen! Aber in dieser Nacht konnte er nicht das Geringste unternehmen. Er zwang sich dazu, langsam zu den Ställen zurückzugehen, und versuchte, das wütende Rasen seines Herzens zu unterdrücken. Er wollte nicht schon wieder zur Ader gelassen werden ... er durfte sich wegen dieser dummen Schlampe aus dem Arbeitshaus nicht in eine derartige Wut hineinsteigern. Aber es war nicht wegen der Schlampe aus dem Arbeitshaus – das wußte er selbst am besten –, es war wieder Bess, die ihn zu verspotten schien ... Bess und Kitty, zum Teufel mit ihnen!

Es beruhigte ihn ein wenig, das Pferd zwischen seinen Knien zu spüren, das auf jedes Zeichen sofort reagierte – eine edle Kreatur, die ihren Herrn kannte. Er verspürte nicht den Wunsch, nach Hause zu reiten, deshalb ritt er meilenweit dahin, galoppierte und trabte über die Felder und Straßen. Als er endlich genug hatte, war es schon nach Mitternacht. Und als er sein Haus erreichte, war es beinahe ein Uhr.

Sorgfältig rieb er sein Pferd ab, denn er war ein erfahrener und guter Reiter. Dann ging er ins Haus und schenkte sich ein Glas Whisky ein.

»Ich muß den Geschmack von Harriets Gebräu aus meinem Mund kriegen«, sagte er und lachte von neuem über Harriets Gefühle für ihn. Dann trank er noch mehr Whisky, denn es gab nichts Besseres, um einen Mann ein bißchen aufzuheitern – und schließlich entschloß er sich, zu Kitty zu gehen. Lange genug hatte er sich zurückgehalten. Jetzt wollte er sich entschädigen für das mißglückte Abenteuer mit dieser kleinen Schlampe.

Er ging hinauf. Die Tür ihres Zimmers war nicht verschlossen, wie er es erwartet hatte. Wäre das der Fall gewesen, dann hätte er sie mit Gewalt geöffnet, er war heute in Stimmung für so etwas.

»Kitty!« rief er. »Kitty! Du brauchst nicht so zu tun, als ob du schläfst, Mädchen!« Er ließ sich auf dem Stuhl neben ihrem Frisiertisch nieder. »Verflucht sei diese verdammte Dunkelheit! Wo hast du deine Kerzen, Mädchen? Steh auf und zünde eine an. Schluß mit deinem gezierten Getue ... Heute nacht werde ich dir schon zeigen, daß ich es satt habe. Von jetzt an wird sich in diesem Hause einiges ändern.«

Seine Stimme zitterte ein wenig. Er wurde wieder von seiner sentimentalen Stimmung eingeholt. Bald würde er sagen: »Kitty, laß uns noch einmal von vorne anfangen ... Ich werde vergessen, was du getan hast, und du wirst vergessen, was ich getan habe ...«

Er brauchte Kitty. Verdammt, er kam in die Jahre. Er hatte genug davon, ein Schürzenjäger zu sein; er wollte seine Ruhe und sich um seine Kinder kümmern. Und vielleicht noch mehr Kinder bekommen. Drei Kinder, das war doch keine Familie für einen richtigen Mann. Noch mehr Kinder, die aussahen wie die kleine Carolan. Kittys Kinder – die wollte er – Kittys und seine Kinder.

»Kitty«, sagte er mit sanfter und bittender Stimme. »Kitty, mein Mädchen!« Er fand seinen Weg zum Bett und tastete nach ihr. Dann merkte er, daß das Bett leer war.

Brüllend weckte er das ganze Haus.

»Wo, zum Teufel, seid ihr alle? Kommt auf der Stelle her!«

Und dann dachte er: Sie macht wahrscheinlich einen Mitternachtsbesuch bei einem ihrer Liebhaber! Was für ein Dummkopf war ich doch, hier nach ihr zu suchen! Bei Gott, für das hier soll sie mir büßen.«

Was für ein Idiot war er doch! Er hatte ohne jegliche Überlegung gehandelt. Er konnte sich das Getratsche der Dienerschaft nach diesem Vorfall lebhaft vorstellen. Würde er irgendwelches Geschwätz hören, irgendwelche vielsagenden Blicke sehen, dann würde er sie alle auspeitschen lassen.

Mrs. West, die Haushälterin, kam als erste, im Morgenrock und mit klappernden Zähnen, ihre Kerze zitterte in ihrer Hand.

»Wo ist deine Herrin?« bellte er.

»Sie liegt nicht im Bett, Herr!«

»Das sehe ich auch, ich bin doch nicht blind!«

Er sah ihr direkt ins Gesicht; sie war immer Kittys Freundin gewesen. Verbarg sie etwas?

»Hör zu, Weib, wenn du auch nur das Geringste über den Aufenthaltsort deiner Herrin weißt, dann solltest du es mir besser gleich sagen, sonst wird es um so schlimmer für dich! Hast du mich verstanden?«

»Ich habe nicht die leiseste Ahnung, Herr!«

Er fühlte, daß die Frau die Wahrheit sagte. Andere Gesichter erschienen in der Tür, darunter auch das von Jennifer. Jennifer lächelte verstohlen. Genau wie er dachte sie, Kitty wäre bei einem Liebhaber. Gleich würde er Jennifer in ihr hinterlistiges Gesicht schlagen.

»Holt ihre Zofe!« schrie er. Und Jennifer ging und brachte Thérèse mit. Thérèses schwarzes Haar war zu zwei Zöpfen geflochten. Ihre dunklen Augen funkelten.

»Wo ist deine Herrin?« wollte der Squire wissen.

»Das kann ich Euch nicht sagen, Monsieur.«

»Na komm schon, ich bin sicher, du weißt es doch.«

»Aber nein, Monsieur!«

»Hast du sie nicht für einen Spaziergang angekleidet?«

»Aber nein, Monsieur! Sie hat sich heute abend früh zur Ruhe begeben. Sie hatte Kopfschmerzen.« Thérèse hielt sich den Kopf und schloß die Augen, dann öffnete sie sie wieder und sah zur Decke. Jennifer lachte. Der Squire sagte: »Hinaus mit euch ... alle! Nur du bleibst hier, Thérèse!«

Er sah nicht hin, wie sie alle das Zimmer verließen. Was war er doch für ein Tölpel, das ganze Haus aufzuwecken!

»Nun, Thérèse, Schluß mit der Geheimniskrämerei. Ich weiß genau, daß du in alle Geheimnisse deiner Herrin eingeweiht warst und bei ihren Betrügereien mitgespielt hast.«

»Nein, nein, Monsieur! Was bedeutet das Wort Betrügereien?«

Diese elenden Ausländer! Sie verstanden nichts, wenn sie es nicht wollten. Niedlich war sie und frech mit ihren blitzenden schwarzen Augen; zu alt war sie auch nicht. Ihre gestikulierenden Hände waren wunderhübsch geformt.

»Verdammt!« sagte er. »Geh jetzt, morgen früh sprechen wir uns wieder.«

Anmutig verließ sie das Zimmer, und er blieb allein im Schlafzimmer sitzen. Er wollte auf Kittys Rückkehr warten, dann sollte sie seine Reitpeitsche zu spüren kriegen! Er war zu sanft gewesen. Man durfte Frauen aber nicht zu sanft behandeln. Er würde sie schlagen und ihr richtig weh tun. Er würde auf ihre weiße Haut einschlagen, bis sie blutete. Das konnte sie dann ihrem Liebhaber zeigen. Sie würden dann zwar sagen, daß er ein brutaler Kerl wäre, aber sie wüßten wenigstens, wer der Herr im Haus war. Er würde sie schlagen für das, was sie ihm angetan hatte, und für das, was Bess ihm angetan hatte. Er würde sie für die zahllosen Beleidigungen schlagen, und sogar für die Beleidigung, die ihm dieses Arbeitshausbiest heute abend zugefügt hatte.

Jennifer kam leise ins Zimmer. Sie stand dicht neben ihm, groß und dünn; das Kerzenlicht auf ihren schrägstehenden Augen und ihr spitzes Gesicht ließen sie wie eine Hexe aussehen.

»George ...«, sagte sie demütig.

»Raus mit dir!«

Sie kniete sich vor ihn hin und sah zu ihm auf. »Ich bin dir immer treu gewesen ... Wir waren einmal sehr glücklich.«

Ja, sie war mir verdammt treu, dachte er. Und ich glaube, wir waren auch irgendwie glücklich zusammen.

»Ist ja schon gut, Jenny, ist ja gut.«

»George, warum könnten wir nicht versuchen, wieder zusammen glücklich zu werden?«

Er war unsagbar müde und berührte unwillkürlich ihr Haar. Sie schmiegte sich eng an ihn. Er dachte an früher. Sie war ein leidenschaftliches, seltsames Wesen, diese Jennifer; er hatte sie einmal ziemlich gern gemocht. Sie war ein starker Kontrast zu Amelia gewesen. Es hatte Zeiten mit Jennifer gegeben, in denen er kaum noch an Bess gedacht hatte.

»Ist ja schon gut, Jenny«, sagte er noch einmal.

Sie kam näher, und er konnte ihren Ginatem riechen.

»Du hast getrunken, Jenny!«

»Nein!« log sie. Und er dachte: Nicht einmal Jennifer kann ich noch trauen!

Sie war betrunken, zu betrunken, um klar zu denken. Zu übereilt versuchte sie, ihren Vorteil zu nutzen.

»O George«, sagte sie, »wenn du alles wüßtest, was in diesem Zimmer vor sich gegangen ist! Wenn ich dir das erzählen würde!«

»Und warum, zum Teufel, hast du es mir nie erzählt?«

»Wie hätte ich schlecht über die Herrin reden können? Es gab nicht nur einen Liebhaber, George. Sie hatte unzählige!« Sie tratschte. Er haßte tratschende Frauen. »Da gibt es Sachen, die ich dir erzählen könnte, wenn du mich fragen würdest.«

Lebhafte Bilder von Kittys Affären malte er sich in seiner Fantasie aus. Roter Nebel verschwamm vor seinen Augen. Er fühlte sich so elend und einsam, aber Jennifer war zu töricht, um ihm zu helfen. Eine betrunkene Schlampe war aus ihr geworden. Plötzlich stand er auf, und sie taumelte zurück. Er lachte sie aus und trat mit dem Fuß nach ihr, nicht besonders fest, aber verächtlich.

»Hinaus mit dir, Säuferin«, sagte er. Jennifer rappelte sich hoch und stand mit flehend erhobenen Händen vor ihm.

»Raus mit dir! Und laß dich nicht noch einmal in diesem Zustand von mir erwischen. Es ist schon schlimm genug, daß ich eine Hure in meinem Kinderzimmer habe – eine betrunkene Hure werde ich auf keinen Fall dort dulden, hast du das verstanden?«

Sie schleppte sich aus dem Zimmer hinaus.

Die Kerze flackerte. Die Uhr tickte vor sich hin. Und als er so dort saß, wußte er plötzlich, daß Kitty nicht nach Hause kommen würde.

Es dämmerte bereits, als er sich daran erinnerte, wie er sie am Nachmittag mit ihrer Tochter gesehen hatte. Es schauderte ihn. Hatte sie Carolan mitgenommen? Schnell lief er in Carolans Zimmer, und sah erleichtert, daß sie noch dort war.

Er ließ sich schwer auf ihrer Bettkante nieder. Nur ihr Gesicht konnte er im Licht der frühen Dämmerung ausmachen – es war ein Kindergesicht, sehr süß und sehr unschuldig.

Er schüttelte sie.

»Wach auf, Mädchen, wach auf!«

»Oh«, sagte sie erschreckt, »der Squire!«

Er runzelte die Stirn. Hatte er ihr nicht Schläge angedroht, wenn sie ihn nicht Vater nennen würde? Nun, in unbedachten Momenten rutschte ihr wohl noch die Anrede Squire heraus.

»Carrie!« sagte er ernst. »Wo ist deine Mutter?«

»Mutter ...«, murmelte sie, und die Ereignisse des vergangenen Tages kamen ihr wieder in den Sinn.

»Du hast mich gehört! Wo ist deine Mutter? Du weißt es doch!«

Sie war nicht in der Lage, sich unwissend zu stellen.

»Bei Gott, du machst also tatsächlich bei dieser Verschwörung gegen mich mit! Wohin ist deine Mutter gegangen?«

»Ich ... ich kann es nicht sagen«, stammelte sie.

»Du kannst es nicht sagen, und warum kannst du das nicht? Warum?«

Sie schwieg.

»Du hast geschworen, es nicht zu verraten, stimmt's?«

Sie nickte.

»Es wäre besser für dich, du würdest mir jetzt alles berichten.«

»Ich kann es nicht.« Er blickte auf sie hinab, rasend vor Wut; nicht mehr, weil Kitty ihn verlassen hatte, sondern weil Carolan ihre Verbündete war. Heftig packte er sie an der Schulter und zerriß ihr Nachthemd. Sie war noch sehr klein, fiel ihm auf, noch ein Kind.

»Hör zu, Carrie, ich dulde in diesem Hause keinen Ungehorsam. Du wirst mir jetzt sagen, wohin deine Mutter gegangen ist, oder ich werde dich höchstpersönlich auspeitschen. Wirst du nun reden?«

Aber sie wußte, sie durfte nicht reden ... noch nicht. Sie würden noch nicht weit genug gekommen sein. Sie mußte noch eine weile warten, mindestens noch einen Tag. Dann konnte er sie nicht mehr finden und sie zurückbringen. Mama hatte den Squire wegen ihr, Carolan, geheiratet. Soviel hatte sie verstanden. Nun war es ihre schmerzliche Pflicht, Mama vor dem Squire zu retten. So preßte sie die Lippen zusammen und schüttelte den Kopf.

»Du gibst also zu, es zu wissen?« fragte er, und sie bemerkte einen flehenden Unterton in seiner Stimme; er wollte, daß sie sagte, sie wüßte von nichts; er wollte sein großes Gesicht dicht an ihres bringen, sie küssen und sagen: »Du bist von jetzt ab nur noch ganz allein meine Tochter, kleine Carrie.« Aber sie kniete auf ihrem Bett, die Hände auf dem Rücken gefaltet; mit blassem und furchtsamem Gesicht, die Lippen krampfhaft zusammengepreßt. Sie würde für Kitty schweigen, und sie würde nicht sagen, was er gerne hören wollte.

»Nun gut«, knurrte er grausam. »Wir werden ja sehen, ob du reden wirst oder nicht. Margaret!« brüllte er, und Margaret, die von dem Streit schon längst erwacht war, kam herein. »Geh in mein Zimmer, Margaret, und bring mir meine Reitpeitsche. Ich dulde keinen Ungehorsam bei meinen Kindern.«

Margaret zögerte und wünschte, sie hätte vorgegeben, noch zu schlafen. Aber er brüllte sie erneut an: »Geh, oder du wirst die nächste sein! Mein Gott, werde ich in meinem eigenen Haus hintergangen?«

Margaret lief weg, und er stieß Carolan zurück aufs Bett.

»Nun, Carrie«, sagte er beinahe schmeichlerisch, »wirst du deinem Vater erzählen, was gestern nachmittag los war. Wohin hat sie dich gebracht, Carrie?«

Carolan sagte nichts. Er schlug sie hart auf die Wange und zog sie an den Haaren hoch. Ihre Lippen bebten.

»Kommst du endlich zur Vernunft, Carrie? Wirst du jetzt reden?«

Carolan schüttelte nur stumm den Kopf.

Er warf sie mit dem Gesicht nach unten aufs Bett und fing an, mit seinen riesigen Pranken auf sie einzuschlagen. Carolan schrie auf, und er lachte.

»Ich werde dich lehren, mein Mädchen!«

Margaret war zurückgekommen und stand mit der Peitsche zitternd auf der Türschwelle. Er riß sie ihr aus der Hand, stand da und starrte hinab auf den bebenden Körper des Kindes.

»Verdammt!« schrie er. »Wozu brauche ich dieses Ding? Ich habe Kraft genug in meinen Händen, um mit dem Balg fertig zu werden.« Während er sie hochriß und schüttelte, sah er, daß die Tränen, die sie mit aller Kraft unterdrücken wollte, durch die zusammengepreßten Lider quollen. Plötzlich war er sich seiner Empfindungen nicht mehr so sicher.

Dann entdeckte er Jennifer. Sie schaute durch die Tür herein; offensichtlich hatte sie sich schon wieder an der Ginflasche bedient. Und jetzt lachte sie, weil er das Kind geschlagen hatte.

Er nahm die Peitsche und ging auf sie zu. Sie rannte so schnell sie konnte in ihr Zimmer. Er stand in der Tür und lachte sie aus. Dann blickte er sich zu Carolan um, die immer noch auf ihrem Bett lag. Ihr Nachthemd hing in Fetzen um ihren geschundenen Körper, ab und zu wurde sie von einem Schluchzer geschüttelt.

Wie anständig dieses Mädchen doch war, und das bei einer solchen Hure von Mutter. Und für ihn hatte sie nichts als Mißachtung übrig.

»Carrie«, sagte er. »Wir werden uns morgen früh wiedersehen. Dann werden wir hören, ob du weiterhin auf deinen Dummheiten beharrst.«

Er würde sie nicht noch einmal schlagen. Er war der Geschlagene, nicht sie. Wäre er nicht schnell hinausgegangen, hätte er sie gestreichelt und ihr gesagt, wie leid es ihm täte. Und daß er sie liebte, was auch immer sie getan hatte.

Er ging in sein Schlafzimmer, aber er konnte nicht schlafen.

Am Morgen ließ er Mrs. West zu sich kommen. »Das Kind mußte gestern nacht geschlagen werden … Es tut mir selbst schon ein wenig leid. Vielleicht habe ich zu fest zugeschlagen. Aber ich kann keinen Ungehorsam in diesem Hause dulden. Gehen Sie zu ihr und bringen Sie ihr etwas Gutes zum Essen … Sehen Sie zu, daß es ihr bald wieder besser geht.«

Am Abend dieses Tages ließ er Carolan zu sich rufen. Sie kam stolz erhobenen Hauptes.

Du meine Güte, dachte er, will sie etwa noch mehr Schläge? Aber wie sehr bewunderte er sie! Sie hatte etwas an sich, das weder Kitty noch Bess eigen war.

»Nun, Madam Carolan«, sagte er scherzhaft. »Habe ich dir nicht gesagt, daß du mich respektvoll behandeln, daß du mich Vater nennen sollst? Das würde ich an deiner Stelle von jetzt ab immer tun, es sei denn, du magst es, von mir verprügelt zu werden, so wie letzte Nacht.«

Zufrieden sah er, daß sie sich fürchtete.

»Du bist nicht mein Vater«, entgegnete sie ziemlich tapfer. »Also warum sollte ich dich so nennen?«

»Und ich bin doch dein Vater, Carrie. Sag mir sofort, wer dir erzählt hat, daß ich es nicht bin.«

»Meine Mutter hat es gesagt. Und jetzt will ich dir erzählen, was ich letzte Nacht noch nicht verraten konnte ... Sie ist fortgegangen mit meinem Vater.«

Zuerst wurde er ganz blaß, und dann färbte sein Gesicht sich beinahe violett.

»Ah, Madam Carolan wußte es und wollte es mir nicht sagen?« meinte er gedehnt. »Aus Angst, ich würde sie verfolgen?«

Sie nickte. Was für ein mutiges kleines Mädchen! Tapfer, trotzig und ungehorsam. Seine Augen füllten sich mit Tränen der Rührung. Warum war sie nicht seine Tochter? Er hätte alles darum gegeben.

»Davor brauchtest du dich nicht zu fürchten, Mädchen. Und vielleicht hättest du dir die Prügel erspart. Carrie, komm her zu mir. Es hat mir keinen Spaß gemacht, dich so zu verprügeln. Wie geht es dir denn?« Er blickte auf seine Hände. »Sie sind groß und klobig, stimmt's, Carrie?« Er nahm ihre Hand und mußte bei diesem Vergleich lachen.

»Es war nicht so schlimm«, sagte sie. »Und jetzt ist ja alles vorbei.«

Seltsam, jetzt entschuldige ich mich schon bei Kittys Bastard, dachte er.

»Dann wollen wir die letzte Nacht also vergessen, Carrie? Ich hatte eine furchtbare Wut.«

»Ja, natürlich«, sagte sie, »ich weiß.« Und sie lächelte und sah dabei aus wie Bessie. »Es tut jetzt auch nicht mehr sehr weh. Mrs. West war sehr nett zu mir.«

»Das wollte ich ihr auch geraten haben! Wir beide wollen morgen früh ausreiten. Wir beide, Carrie, der Squire und seine Tochter! Was hältst du davon?«

Das Kind war kein bißchen mürrisch und nachtragend. Sie war einfach unglaublich. Kitty hatte sie verlassen, also gehörte sie jetzt ganz allein ihm.

Nach diesem Vorfall verlief Carolans Leben ziemlich glatt. Sie sah den Squire häufiger als sonst. Fast täglich ritten sie zusammen aus, und auf seine unbeholfene Art war er rührend darum bemüht, sie seine Prügel vergessen zu machen. Er war nachsichtig und sanft wie ein Vater zu ihr, konnte jedoch sehr jähzornig werden, wenn er sich hintergangen fühlte, wofür er sich hinterher fast demütig bei ihr entschuldigte. Sie war sehr bemüht, ihm aus dem Weg zu gehen, aber wenn ihr dies nicht gelang, dann strengte sie sich an, ihn zu mögen. Und nach einer Weile fand sie seine Gesellschaft erträglich, manchmal sogar amüsant.

Oft träumte sie davon, zu ihren Eltern nach London zu fahren und wartete wochenlang sehnsüchtig auf den versprochenen Brief, den Kitty für sie an Mrs. West schicken wollte. Eines Tages kam er endlich an.

Sie nahm ihn mit auf ihr Zimmer und las ihn viele Male. Ihre Mutter teilte ihr ihre Adresse in London mit, aber sie schrieb, Carolan könnte vorläufig noch nicht zu ihnen kommen. Sie müßten erst Fuß fassen und die Aussichten seien im Moment nicht besonders rosig. Es wäre ihnen lieber, ihre Tochter würde warten, bis sie ihr ein Heim anbieten könnten, das so luxuriös wäre wie das Haus, das sie verlassen müßte.

Als ob Luxus mir etwas bedeutete! dachte Carolan, aber wenn sie zu ihren Eltern nach London ging, bedeutete das gleichzeitig, daß sie Everard aus den Augen verlieren würde, und das wollte sie auf gar keinen Fall.

Carolans erstes Ballkleid war aus grünem Brokat, verziert mit kaffeefarbener Spitze. Es hatte ein eng anliegendes, raffiniertes Mieder und einen weit schwingenden Rock, der bis zum Boden reichte. Die Farbe des Kleides paßte zu ihren Augen. Ihr Haar, das in der Mitte gescheitelt war, fiel in sanften Locken auf ihre Schultern; es sah sehr natürlich und modern aus, denn das Pudern der Haare war, seit vor vier Jahren die Pudersteuer eingeführt wurde, aus der Mode gekommen.

Der Squire hatte ihr das Kleid geschenkt, was ihm selbst große Freude gemacht hatte. Er wollte einen Ball geben, und es sollte Carolans erster Ball sein. Im alten Jahrhundert war sie noch ein Kind gewesen, mit Beginn des neuen Jahrhunderts wurde sie erwachsen. Ihre alten, abgetragenen Kleider, mit denen sie herumlief, mochten vielleicht passend für ein Kind sein, jedoch nicht für eine junge Dame. Es mußten also ein neues Kleid und neue Schuhe her, und weil das Geld dafür aus der Börse des Squire kam, hoffte er, daß seine kleine Carrie ihm auch entsprechend dankbar sein würde. Und das war sie auch; sie gab ihm ohne vorherige Aufforderung einen Kuß, was ihn außerordentlich zu freuen schien.

Während Carolan sich im Spiegel betrachtete, dachte sie an den Kuß, den sie dem Squire gegeben hatte. Noch immer fühlte sie sich wie früher als Kind in seiner Nähe ein wenig unbehaglich. Sie hätte ihn viel gerner gehabt, wenn er auf seine derben Zärtlichkeiten verzichten würde. Er war sehr nett zu ihr, viel netter als zu Charles und Margaret, worüber sie sich sehr wunderte. Gern ritt er mit ihr über seine Besitzungen, damit die Dörfler sich vor ihr verneigten. Wirklich, er war ein seltsamer Mann, aber sehr nett.

Carolan konnte den Beginn ihres ersten Balles kaum erwarten. Auch Everard würde kommen. Er hatte gesagt: »Carolan, ich erwarte, daß du viele Tänze für mich reservierst.«

Wie gut Everard doch aussah. Mit seinem feingeschnittenen Gesicht und seinen höflichen Manieren wirkte er aristokratisch und sanftmütig, elegant, jedoch nicht geckenhaft. Er wurde niemals wütend, es sei denn, jemand anders wurde ungerecht behandelt. Er war so ruhig, so zurückhaltend, und niemals benahm er sich so stürmisch wie sie. Aber sie liebte es auch, auf der Mauer zwischen dem Haus der Orlands und dem Friedhof zu sitzen und Everards Zukunftsplänen zu lauschen; und wie gern er doch redete! Carolan tanzte durchs Zimmer und stellte sich vor, mit Everard zu tanzen. Dabei stolperte sie plötzlich über eine alte Kommode, die in der Ecke stand, und mußte über sich selbst lachen. War jedes Mädchen bei ihrem ersten Ball viel zu früh fertig?

Sie war so glücklich, sie mußte einfach tanzen. Das vergangene Jahr war wirklich das glücklichste ihres Lebens gewesen. In der Kommode lagen viele Briefe, die ihre Mutter über Mrs. West geschickt hatte. Mama war sehr glücklich in London; bald sollte Carolan ihr folgen, aber vorerst noch nicht; sie waren noch nicht ganz so weit.

Sollen sie doch ihr Glück ohne einen störenden Dritten genießen, dachte Carolan.

Aber in Wahrheit wollte sie gar nicht zu ihnen; sie war einfach zu glücklich hier. Die groben Zärtlichkeiten des Squire stießen sie zwar manchmal ab, und sie verstand ihn genauso wenig wie damals als Kind, aber das war nur eine Kleinigkeit inmitten all der Glückseligkeit, die sie empfand. Und Everard war die Ursache dieser Glückseligkeit. Wenn sie nach London ging, dann würde sie Everard verlieren. Deshalb war sie froh darüber, daß ihre Eltern noch immer nicht »ganz so weit« waren, sie zu sich zu nehmen.

Ihr Leben hatte sich in jeder Beziehung zum Besseren gewendet. Charles, der jetzt in Oxford lebte und nur noch ab und zu nach Hause kam, quälte sie nicht länger. Er schien sie kaum noch zu bemerken. Jennifer Jay hatte letztes Jahr nachts zu viel Gin getrunken und war eine lange Treppe hinuntergestürzt; das war das Ende von Jennifer Jay. Carolan war der Liebling von Mrs. West und der gesamten Dienerschaft. Alle schienen sie lieber zu mögen als Margaret, was Carolan überraschte, denn Margaret war wunderhübsch anzusehen und die rechtmäßige Tochter des Squire. Am meisten jedoch freute Carolan sich darüber, daß sich Margarets Gefühle für Everard verändert hatten. Margaret hatte Everard vor kurzer Zeit noch geliebt; jetzt schien er ihr beinahe gleichgültig zu sein. Wenn Carolan von ihm redete, hörte sie kaum zu, und das freute Carolan sehr, denn Everard hatte niemals gewollt, daß Margaret ihn so schrecklich anhimmelte. Jetzt, wo sie sich ihm gegenüber fast gleichgültig verhielt, schien er sie mehr zu mögen.

Margaret kam ins Zimmer und sah hübsch aus in ihrem blauen Kleid. Ihr helles Haar hatte sie kunstvoll aufgesteckt.

»Wunderschön siehst du aus!« rief Carolan begeistert.

»Du übertreibst mal wieder maßlos!«

»Und wie sehe ich aus?« fragte Carolan gespannt.

»Ganz nett«, erwiderte Margaret.

Carolan schnitt eine Grimasse, und Margaret fragte sich, warum ein Kleid, das im Schrank einfach nur hübsch aussah, an Carolan plötzlich provozierend und verführerisch wirkte. Und das sollte ein Kleid nach Margarets Auffassung auf gar keinen Fall tun.

»Sollten wir nicht nach unten gehen …? Wir müssen ja schließlich die Gäste empfangen«, meinte Carolan aufgeregt.

»Du brauchst noch nicht zu kommen, aber ich muß jetzt gehen.«

»Natürlich komme ich mit«, kicherte Carolan. »Bitte denk dran, daß ich schon seit einer halben Stunde fertig bin und warte. Wenn ich noch länger warten muß, werde ich vor Ungeduld platzen!«

»Du bist ein albernes Mädchen, immer sagst du so alberne Dinge!«

Der Squire sah, wie die beiden Mädchen zusammen die Treppe herunter kamen. Bei Gott, dachte er, sie wird erwachsen! Sie ist schon eine Frau. Und sie ist doch anders als Bess und Kitty – viel kleiner, klüger, lebhafter. Und doch hat sie auch das, was die beiden hatten. Carolan … meine Tochter Carolan!

Seine Augen wanderten zu Margaret. Ganz hübsch – genau die richtige Ehefrau für den jungen Orland. Margarets Platz war in einem Landpfarrhaus. Amelias Tochter, daran konnte niemand zweifeln! Und heute abend würde dieses Muttersöhnchen endlich zur Sache kommen, so hoffte er. Der Junge ließ sich verflucht lange Zeit, endlich mit dem Mädchen ins Bett zu gehen. Dieser Ball sollte ihn endlich dazu bringen, Farbe zu bekennen, ihm zeigen, daß Margarets Familie wußte, wie man feierte. Er sollte sehen, in was für eine Familie er da einheiraten würde. Sie war bald zwanzig! Er wollte sie endlich los sein. Wie schnell die Kinder doch groß wurden! Carolan war die nächste. Nein, nicht Carolan – sie war sein Mädchen, seine kleine Tochter. Im vergangenen Jahr war er so glücklich gewesen wie schon lange nicht mehr. Immer mehr wurde er zu dem, der er eigentlich sein wollte. Nur noch ganz selten hatte er einen seiner schrecklichen Wutanfälle, von denen er früher so häufig heimgesucht worden war. Die Leute mochten denken, daß er alt wurde, aber es war nicht nur das. Gottlob hatte er seine kleine Carolan. Warum blitzten Margarets Augen nicht wie Carolans Augen? Warum glänzte ihr Haar nicht mit der gleichen Intensität?

Er legte seine Hand auf Carolans Schulter.

»Du meine Güte«, rief er, »wen haben wir denn hier? Ich dachte, es wäre ein Kind, aber es ist eine junge Dame!«

»Kindern schenkt man auch keine Ballkleider, oder?« fragte sie.

»Verwöhnte Kinder können von ihren alten Vätern alles bekommen, was sie wollen.«

Sie konnte neckisch sein, und das mit sechzehn! Es beunruhigte ihn ein wenig, sie so zu sehen. Er wollte lieber, daß sie ein Kind blieb.

»Nun, Sir«, sagte Carolan und machte einen tiefen Knicks, »dieses Kind hier ist nicht länger ein Kind.«

Er bot ihr einen Arm und Margaret den anderen. Nun war er stolz und glücklich, wie er dort mit Margaret und Carolan stand und seine Gäste in Empfang nahm. Jetzt war er der gute Squire. Vor Zeiten war er ein wenig wild gewesen, nun ja, aber welcher junge Mann ist schließlich nicht wild? Seine Dörfler konnten jetzt mit ihren Sorgen zu ihm kommen. Manchmal brüllte er sie an und verlor die Fassung, aber er tat für sie, was er konnte. Er war ein guter Squire.

Ein Stubenmädchen eilte durch den Raum. Seine Augen folgten ihr. Es war Emm. Wieder war er sehr zufrieden mit sich selbst. Er war wirklich kein schlechter Squire … er war großherzig und tolerant. Der gute Squire, würden die Leute sagen, wenn er mit seiner Tochter vorbeiritt. Wild in seinen jüngeren Jahren, aber ein guter Herr! Kein Mensch wollte Emm bei sich aufnehmen, nachdem Harriet sie hinausgeworfen hatte. Emm! Jetzt konnte er über jene sternenklare Nacht lachen, in der sie vor ihm davongelaufen war und ihm dann die Tür vor der Nase zugesperrt hatte. Sie hatte ihre Jungfräulichkeit für einen jungen Farmarbeiter aufgespart, der ihr die Ehe versprochen und sie dann sitzengelassen hatte. So war die tugendhafte Emm plötzlich schwanger und wußte nicht, wohin sie sollte. Aber der Squire war ein so guter Herr, daß Emm ihn bis ans Ende ihrer Tage stets in den höchsten Tönen preisen würde. Er hatte nicht gesagt: »Statt diesem Farmarbeiter hättest du doch wohl besser einem Squire vertraut!« Er selbst hatte noch nie eine Frau im Stich gelassen. Kam ein Kind, sorgte er stets dafür, daß es irgendwo untergebracht wurde und gab ihm noch eine ordentliche Summe Geldes mit. Arme kleine Emm! Was wäre bloß mit ihr geschehen, hätte sie nicht einen so guten Squire gehabt? Aber so bekam Emm im Häuschen von Jane Lever, der Hebamme, eine Bleibe, und ein kinderloses Ehepaar sorgte nun für das Kind. Emm zog nach Haredon und arbeitete als Stubenmädchen unter Mrs. West. Sie war eine hübsche und ansehnliche junge Frau – und sie war dem Squire sehr dankbar. Nie wieder hatte er sie belästigt. Ein solcher Mann war aus ihm geworden! Er beugte sich über Mrs. Orlands Hand und war äußerst zufrieden mit sich selbst und seinem Leben.

Carolan sah zu, wie die Gäste eintrafen. Wie wunderschön der alte Saal jetzt aussah! Alles war hübsch geschmückt. Die Damen trugen traumhafte Ballkleider, und die Männer elegante Anzüge. Und hier kam Everard, eleganter und schöner als alle anderen.

Er stand mit leuchtenden Augen vor ihr.

»Carolan, du bist anscheinend über Nacht erwachsen geworden!«

»Alle sagen das. Gefällt dir die neue Carolan?«

»Sie gefällt mir sogar sehr.«

Sie lächelte glücklich.

Mrs. Orland kam schnell zu ihnen herüber. »Hallo, Carolan! Dies wird ein wunderschöner Abend, da bin ich ganz sicher. Everard, der Squire wollte eigentlich mit Margaret den Ball eröffnen, aber er fühlt sich nicht ganz wohl und möchte, daß du es für ihn tust. Geh jetzt schnell zu Margaret. Es ist Zeit anzufangen, und die Musikanten warten schon. Ich werde mich um Carolan kümmern.«

Everard lächelte Carolan zu, und wie immer gehorchte er seiner Mutter.

»Carolan, da kommt gerade Geoffrey Langley«, sagte Mrs. Orland. »Ich weiß, er möchte mit dir tanzen ... Geoffrey, mein lieber Junge, Ihr seid sicherlich gekommen, um Carolan zum Tanzen aufzufordern, nicht wahr?«

Der ziemlich behäbige und beleibte Geoffrey Langley sagte, daß er mit eben dieser Absicht gekommen wäre.

»Schön, Geoffrey. Ihr werdet Euch jetzt gut um unsere kleine Carolan kümmern, denn es ist ihr erster Ball«, sagte Mrs. Orland zufrieden.

Nun tanzten Margaret und Everard zusammen durch die Mitte des Saals, und die anderen Paare folgten ihnen. Der Spaß hatte begonnen.

Es tat Geoffrey Langley nicht besonders leid, Carolan bald an einen anderen Tanzpartner abzutreten. Zwar war sie ein bezauberndes Kind, aber ihre Füße schienen Flügel zu haben, und sein schlaffer Körper konnte nicht mit ihrer Ausgelassenheit mithalten. Ihr nächster Partner war ein junger Mann, der ihr sagte, sie sei wunderschön. Er versuchte, sie nach draußen zu locken, um den Mondschein zu genießen, aber Carolan zog es vor, im Ballsaal zu bleiben, bis Everard sie zum Tanzen auffordern würde. Sie hatte jedoch ihren Spaß, während sie auf Everard wartete. Die Bewunderung ihres Tanzpartners erheiterte sie, denn er hatte sie bei der Jagd in der vergangenen Woche kaum beachtet. Was so ein Ballkleid doch ausmachte! Sie kokettierte und flirtete auf so selbstsichere und natürliche Weise wie ihre Mutter. Man sah bereits in ihre Richtung und bemerkte ihr bezauberndes, leicht gerötetes Gesicht. Das könnte Ärger geben! Was war es bloß, das Frauen wie sie so anziehend machte? Der Squire mußte gut aufpassen.

Doch Carolan besaß außerdem etwas, das weder ihre Mutter noch ihre Großmutter besessen hatten. Sie war geistreicher und etwas weniger sinnlich und auch ein wenig feiner.

Der Abend war schon fortgeschritten, als Everard sie endlich fand. Sein Gesicht war leicht gerötet, und er sah ein wenig erbost aus.

»Oh, Everard«, sagte sie. »Wie schön, daß du kommst! Ich hoffte sehr, du würdest mich zum Tanzen auffordern, bevor der Ball zu Ende ist!«

Ihre Stimme klang andeutungsweise vorwurfsvoll. Dieser Abend hatte sie gelehrt, daß sie kein Kind mehr war. Sie war jetzt eine Frau, die darauf wartete, von den Erwachsenen beachtet zu werden; eine Frau, um die man sich bemühte. Das hatte sie gelernt, und es war eine berauschende Erkenntnis.

Everard sagte: »Ich habe den ganzen Abend versucht, zu dir zu kommen«, entschuldigte sich Everard. »Aber es gab so vieles, das ich zu tun hatte. Meine Mutter meinte, ich müßte viele Male mit Margaret tanzen, da ich den Ball mit ihr eröffnet habe. Und immer wenn ich Zeit für dich hatte, schienst du anderweitig beschäftigt zu sein.«

Seine Eifersucht schmeichelte ihr sehr.

»Hätte ich etwa den ganzen Abend in der Ecke sitzen sollen und auf dich warten?«

»Nein … Komm, laß uns jetzt tanzen«, sagte Everard.

Sie tanzten, und ihre Arroganz fiel von ihr ab. Sie betete Everard an, und dies war für sie der schönste Moment des ganzen Abends.

»Wie hübsch du bist, Carolan! Bis heute wußte ich gar nicht, wie schön du bist!«

»Dann ist es also mein Kleid, das du so schön findest?« fragte sie herausfordernd.

»Dein Kleid! Meine liebe Carolan, ich habe es nicht einmal angesehen.«

»Schließ sofort deine Augen, Everard, und sag mir, welche Farbe es hat.«

Er schloß seine Augen, und sie sah zu ihm auf. Er war so

wunderbar! Noch nie war sie so glücklich gewesen wie in diesem Augenblick.

»Blau«, sagte er.

»Du denkst wohl an Margaret?«

»Nein«, entgegnete er so ernsthaft, daß ihr Herz schneller schlug. »Ich denke an keine andere als an dich, Carolan. Und als ich dich so heftig mit diesem jungen Mann flirten sah ...«

»Everard ... ich soll geflirtet haben?«

»Ganz genau! Schöne Augen hast du ihm gemacht! Oh, Carolan, was ist los mit dir? Du bist so anders heute abend.«

»Ich bin eine junge Dame auf ihrem ersten Ball, Everard. Gestern war ich noch ein Kind im Kinderzimmer.«

»Carolan, du beunruhigst mich. Fast kommst du mir heute abend ein wenig albern vor.«

»Laß mich doch albern sein, Everard. Ich bin so glücklich! Dies ist mein allererstes Ballkleid. Und ich war noch nie auf einem Ball. Kannst du mir ein paar kleine Albernheiten denn nicht verzeihen?«

»Vielleicht kann ich sie dir verzeihen, aber sie machen mich traurig.«

»Dann werde ich jetzt nicht länger albern sein, denn ich hasse es, dich traurig zu machen, Everard.«

»Carolan ... wie du das wieder sagst!«

»Everard, auch du bist heute abend so anders.«

»Nein, das bin ich nicht, und wenn, dann liegt es nur an dir. Ich mag dich seit langer Zeit sehr, sehr gerne.«

»Und ich dich auch, Everard.«

»Du bist noch sehr jung, Carolan.«

»Du vergißt, ich bin über Nacht erwachsen geworden.«

»Ich wünschte, das wärest du wirklich.«

»Aber du hast gesagt, du magst mich so, wie ich bin.«

»Carolan, manchmal machst du mir richtig angst. Du bist so impulsiv.«

»Und du, lieber Everard, bist alles andere als impulsiv. Deshalb magst du diese Eigenschaft auch nicht an mir.«

»Wer sagt denn das? Vielleicht mag ich gerade das am meisten an dir. Carolan, ich hatte eigentlich nicht vor, heute abend mit dir darüber zu reden ... aber ich muß. Ich habe Angst, Carolan.«

»Angst wovor?« Sie sah sich um, als ob sie erwartete, etwas Unheimliches hinter sich zu sehen.

»Du Baby!«

»Ich mag es nicht, wenn man mich Baby nennt«, meinte sie würdevoll.

»Aber du bist noch eins. Und ich nenne dich so, wenn mir danach ist.«

»Everard, du bist wirklich anders als sonst.«

»Also hier drinnen kann ich nicht darüber reden. Laß uns hinausgehen – zum Pavillon vielleicht; dort können wir uns ungestört unterhalten. Kommst du mit?«

Ob sie mitkommen würde? Sie wäre ihm bis ans Ende der Welt gefolgt, wenn er sie darum gebeten hätte.

Anmutig schritt sie durchs Gras und hob ihren grünen Brokatrock ein wenig hoch. Sie fühlte sich nicht länger wie ein Kind, sondern wie eine Frau, die das Leben fesselnd und abenteuerlich findet.

Everard schloß die Tür des Pavillons. Als er dann sprach, klang seine sanfte Stimme ein wenig heiser.

»Carolan, eben habe ich gesagt, daß ich Angst hatte, als ich dich heute abend so sah ... Carolan, liebe kleine Carolan, weißt du noch, wie Charles dich in die Gruft eingesperrt hat?«

»Ja, Everard.«

»Und ich fand dich dort. Du lagst vor mir und warst so verängstigt. Oh, Carolan, in dem Augenblick hat es angefangen ... Da habe ich angefangen, dich zu lieben.«

»Hast du das wirklich, Everard?«

»Ja, aber nur wie man ein Kind liebt, eine kleine Schwester. Du warst so verstört, und ich war so wütend wie noch nie in meinem Leben.«

»Du hast Charles ein blaues Auge verpaßt!«

Er nahm ihre Hände, und sie lachten.

»Was fühlst du für mich, Carolan?« fragte er.

»Wie sollte ich den Menschen, der mich aus dieser gräßlichen Gruft befreite, nicht lieben?«

»Aber Liebe ist mehr als das ...«

»Oh, das war der Anfang. Ich liebte und liebe dich, Everard. Du hast mir nie gezeigt, daß du mich liebst.«

»Habe ich das wirklich nicht?« fragte er überrascht. Sie lachte fröhlich und dachte an jene Zeit. Wie froh war sie jetzt doch, daß Margaret mittlerweile offensichtlich aufgehört hatte, Everard anzubeten.

»Nicht mal ein kleines bißchen!« entgegnete sie lachend und rückte ein wenig näher an ihn heran. »Und liebst du mich jetzt, Everard? Ich bin mir nicht ganz sicher.«

Das war eine Aufforderung, und Everard kam ihr nach. Er nahm sie in die Arme und wollte sie sanft auf den Mund küssen. Aber Carolan war alles andere als sanft. Everard war ein wenig schockiert und gleichzeitig bezaubert von ihr. Er hatte vorgehabt, ihr vorsichtig zu erklären, daß er sie liebte und sie eines Tages heiraten wollte – vielleicht in einem Jahr oder in zwei Jahren; es war Carolan, die den Ton angab, obwohl sie erst sechzehn war und er schon vierundzwanzig. Carolan war kein Kind; sie war eine Frau.

»So lange schon habe ich mir gewünscht, du würdest mich endlich küssen, Liebster«, flüsterte sie.

Er wich ein wenig zurück, immer noch geschockt und trotzdem unsagbar fasziniert. Dies hier war so anders, als er es sich vorgestellt hatte; er hatte kleine Reden einstudiert ... »Hab keine Angst, Carolan. Du bist noch zu jung, um es zu verstehen ... Du bist ganz sicher bei mir. Ich werde warten, bis du soweit bist ...« Doch sie drückte ihre Lippen auf seine, und ein leidenschaftliches Beben ging durch ihren Körper, als sie sagte: »So lange schon habe ich mir gewünscht, du würdest mich endlich küssen, Liebster.«

»Carolan, komm, wir setzen uns hin«, sagte er zögernd. Als sie auf der Bank saßen, legte er seine Arme um sie; sie ergriff seine Hand und drückte sie fest an ihre Brust. Er dachte, sie ist so unschuldig, diese kleine Carolan! Und er beschloß, sie bald zu heiraten, um sich um sie zu kümmern. Ungestüm mochte sie zwar sein, wie es ihre Mutter offensichtlich gewesen war, außerdem war sie süß und impulsiv und liebevoll und leidenschaftlich. Sie brauchte eine führende Hand; und es sollte seine sanfte Hand sein. »Du weißt, ich werde bald von hier fortgehen, Carolan. Ich werde meinen Lebensunterhalt selbst verdienen ... und ich möchte, daß du mit mir kommst ... als meine Ehefrau.«

Durch ihre halbgeschlossenen Augen sah sie den vom Mondlicht erhellten Garten, die Umrisse von Bäumen und Hecken. Dies war nun wirklich der glücklichste Augenblick ihres Lebens.

»Everard, ich werde mit dir kommen. Wann immer du es willst, ich werde mitkommen. Schon morgen, wenn nötig.«

Er lachte sanft und drückte seine Lippen auf ihren Mund, denn er sehnte sich danach, ihre Begierde zu spüren, die ihn bezauberte und ihm gleichzeitig angst machte.

»Mein Liebling«, sagte er, »ich bitte dich nicht, morgen mit mir zu kommen. Diese Dinge müssen gut vorbereitet werden, weißt du.«

Sie lehnte sich ein wenig zurück, und er sah ihre großen Augen, ihre leicht geöffneten Lippen. »Oh, ich würde schon heute mit dir gehen!«

»Meine süße Carolan! Denk doch an unsere Familien!«

»Aber Everard – was kümmern sie uns? Nur du und ich zählen!«

Sie glich einem wilden Vogel, dachte er. Sie war bezaubernd; sie war wunderschön. Am liebsten hätte er sie an sich gepreßt, hätte sie geküßt und den Rest der Welt vergessen. Das wäre ihr recht gewesen. Doch dann erinnerte er sich daran, daß er viel älter war als sie. Ich bin ein Mann; und sie ist nur ein Kind, trotz ihres aufreizenden Wesens, trotz ihres Ballkleides und ihrer leidenschaftlichen Liebe. Die aufregenden Dinge waren eben meistens verboten. Von den Dingen, die die Sinne ansprachen, mußte man sich fernhalten. Das hatte er immer geglaubt. Während seiner Kindheit hatte er vorgehabt, in ein Kloster zu gehen, und für seinen Glauben war er bereit, viel Leid zu ertragen. Er hatte sich Selbstzüchtigungen ausgedacht, so wie andere Jungen sich neue Spiele ausdachten. In jenen Tagen hatte er sich geschworen, niemals zu heiraten – bis dann Carolan kam und er durch ihren Zauber nicht mehr allein an religiöse Dinge, sondern auch an sinnliche Liebe zu denken begann. Er versuchte dann, einen Kompromiß zu finden. Ein Pfarrer darf sich schließlich eine Frau nehmen. Er war kein Katholik, kein Mönch. Jetzt war er froh, daß seine Mutter ihn damals nicht in ein Kloster hatte gehen lassen.

Und nun war Carolan bei ihm. Carolan! Jeder Mann, sogar ein Pfarrer, durfte sich schließlich mit seiner Frau vergnügen.

»Everard, ich möchte dir eine gute Frau sein. Ich werde viel zu tun haben, stimmt's? Eine Pfarrersfrau hat doch eine Menge Verpflichtungen. Glaubst du, daß ich dazu tauge, Everard?«

Er packte sie hart an den Schultern und versuchte verzweifelt, seine neu entfachte Erregung zu unterdrücken.

»Du wirst ganz hervorragend dazu taugen, Everards Frau zu sein«, sagte er, und sie lachte fröhlich.

»Ich muß mir wohl abgewöhnen, auf Bäume zu klettern?«

»Das mußt du in der Tat.«

»Ich werde mich äußerst gesittet benehmen. Sollen wir die Hochzeit groß feiern, Everard ... und wann?«

»Bald, es muß bald sein.«

»Ja, das denke ich auch. Bald ... und ich werde ein weißes Kleid tragen. Dein Vater wird uns trauen. Everard, meinst du, sie haben etwas gegen unsere Heirat?«

»Wieso sollten sie? Unsere Familien waren doch immer befreundet.«

»Ja natürlich, natürlich!«

Sie schwiegen; er fühlte ihre Finger, die seinen Arm fest umklammert hielten. Im Mondlicht wirkte ihr Gesicht ganz weiß.

»Ist das Leben nicht wundervoll?« seufzte sie. »Solch ein Glück, wie ich es jetzt erlebe, habe ich mir niemals träumen lassen! Wie dumm sind doch manche Leute, die das Glück nicht einfach beim Schopf packen, wenn es sich ihnen anbietet.«

»Wir dürfen uns aber jetzt nicht nehmen, was noch nicht für uns bestimmt ist, Liebling«, sagte er sanft.

»Wieso dürfen wir das nicht? Ich würde es tun. Ich greife einfach zu, wenn gerade keiner hinsieht.«

»Du bist wirklich noch ein Baby, Carolan.«

»Nein, in Wahrheit bin ich sehr klug. Aber ich bin nicht so gut wie du, Everard. Du würdest dir niemals nehmen, was nicht für dich bestimmt ist. Und gerade weil du so anders bist als ich, liebe ich dich so sehr.«

Schweigend hielt er sie im Arm. Sie nahm seine Hand und küßte sie und legte sie auf die kühle Haut ihrer Schulter, provozierte sie auf ihre unschuldige Weise. Er hatte Angst um sie und um sich selbst, und er war es, der sagte, sie sollten zurück in den Ballsaal gehen. Sie waren eine ganze Weile im Pavillon gewesen, und die Leute würden darüber reden. Carolan dagegen hatte jedes Zeitgefühl verloren; sie hatte die Existenz anderer Menschen fast völlig vergessen.

Aber wenn Everard es wünschte, dann mußten sie hineingehen. Während sie über den Rasen schritten, sagte sie entschlossen: »Ich werde dir eine gute Ehefrau sein, Everard. Ich werde alles tun, was du mir sagst ... immer. Oh, du wirst noch über mich staunen! So gut werde ich sein, so ernst und umsichtig – alles, was du willst.«

»Aber vielleicht würde ich gar nicht wollen, daß du anders bist als jetzt?«

»Dann, mein lieber Everard, wird es sehr einfach sein, wirklich sehr einfach.«

Sie waren eine lange Zeit fortgewesen, und als sie zurück in den Ballsaal kamen, wurden sie neugierig angestarrt. Ihre Wangen waren verräterisch gerötet. Damen lächelten hinter ihren Fächern; die Augen der Männer leuchteten amüsiert auf. Mrs. Orlands Gesicht drückte Mißfallen und Ungläubigkeit aus; das des Squire war dunkelrot. Wenn er einen Wutanfall hatte, kümmerte er sich wenig um Konventionen. Er kam quer durch den Ballsaal auf Carolan zu und sprach so laut mit ihr, daß die Umstehenden jedes Wort verstehen konnten. Mrs. Orland zog Everard beiseite.

»Du wirst augenblicklich auf dein Zimmer gehen«, sagte der Squire. »Ich erwarte eine Erklärung für dein unmögliches Benehmen.«

Carolans grüne Augen waren vor Staunen weit geöffnet. »Ja, aber ...«

Der Squire senkte seine Stimme ein wenig, aber sie klang weiterhin wütend. »Geh sofort, oder ich mache dir Beine.«

»Ich verstehe dich nicht«, sagte Carolan. »Der Ball ist doch noch nicht vorüber, und es ist doch mein erster Ball ...«

»Offensichtlich muß man dir erst beibringen, wie man sich auf einem Ball zu benehmen hat. Du führst dich auf wie ein Küchenmädchen. Geh jetzt augenblicklich auf dein Zimmer.«

Sie starrte die blau angeschwollenen Adern auf seiner Stirn an.

Und dann sagte Everard: »Erlaubt mir eine Erklärung, Squire. Es war ganz allein meine Schuld ...«

»Und du solltest mir erlauben, mich selbst um die Angelegenheiten meiner Familie zu kümmern!« unterbrach ihn der Squire mit haßerfüllten Augen. Mrs. Orland, die nichts so sehr fürchtete wie Gerede, zupfte an Everards Ärmel.

»Everard, komm jetzt schnell mit mir. Der Squire weiß am besten, was gut für seine Tochter ist.«

Neugierige Augen sahen herüber; die Musik spielte, die tanzenden Paare blickten sie amüsiert an und fragten sich, was aus dieser Sache wohl werden könnte. Dieses freche Ding und der Pfarrerssohn! Das war wirklich ein guter Witz.

»Wenn du nicht sofort auf dein Zimmer gehst«, stieß der Squire hervor, »dann werde ich dir dein Kleid und deine Bänder vom Körper reißen und dich hier eigenhändig vor allen Leuten verprügeln. Ich meine es ernst, Madam! Geh jetzt!«

Mrs. Orlands Augen blickten flehend drein; Everard war unentschlossen.

»Ich werde gehen«, sagte Carolan. Auch die Wut des Squire konnte ihr Glücksgefühl nicht ersticken.

Sie ging auf ihr Zimmer und betrachtete sich im Spiegel. Das war also das Ende ihres ersten Balls. Sie hatte sich verändert – war erwachsen geworden. Sie liebte, und sie wurde geliebt, was ihre Augen noch leuchtender und ihr Gesicht noch strahlender machte. Everard ... der wunderbare, schöne, kluge, freundliche und gute Everard liebte sie, und sie würden heiraten.

Ich werde ihm eine gute Ehefrau sein, dachte sie.

Beinahe hatte sie schon ihren entwürdigenden Abgang und die Wut des Squire vergessen, als sie seine Schritte vor ihrer Tür hörte. Wütend stürmte er herein.

»Oh, du bewunderst dich wohl im Spiegel?«

Und noch niemals, niemals während ihres ganzen Lebens in Haredon hatte sie ihn so wütend gesehen.

»Du hast dich für mehr als zwei Stunden zusammen mit diesem Schwächling aus dem Ballsaal entfernt. Was habt ihr die ganze Zeit getrieben?«

Drohend kam er auf sie zu.

»Es ist besser, wenn du mir gleich die Wahrheit sagst!« fügte er hinzu. Sein Blick ruhte auf ihren nackten Schultern, als ob er sich schon die Striemen, die seine Peitsche hinterlassen würde, vorstellte.

Aber ihr Glück machte sie mutig. Sogar in diesem Moment vergaß sie nicht die plötzliche Erregung in Everards Stimme und seine bebenden Lippen, als er sie küßte. Dies hier bedeutete nichts. Bald würde sie Everards Frau sein, und dieser brutale Mensch, den sie versucht hatte gernzuhaben und von dem sie jetzt wußte, daß sie ihn immer nur gehaßt und gefürchtet hatte, konnte ihr nichts mehr antun.

»Ich werde dir die Wahrheit sagen!« schrie sie. »Es gibt keinen Grund, sie zu verbergen. Bald werde ich fortgehen von hier. Bald wirst du kein Recht mehr haben, mich so herumzukommandieren, wie du es eben getan hast. Dafür hasse ich dich! Everard und ich werden heiraten ...«

»Was?« Sein Lachen klang grausam. »So ein junges Ding, wie du bist, und dann ohne meine Einwilligung! Das wollte er dir also weismachen?« Er kam ganz dicht an sie heran. »Das ist ein alter Trick, mein Mädchen ...« Schreckliche Worte kamen über seine Lippen; er sagte gemeine Dinge über Everard, über Pfarrer und törichte Mädchen. Er war so häßlich, hassenswert, teuflisch. Sie konnte sich nicht mehr beherrschen und schlug ihn ins Gesicht. Er brüllte vor Lachen und wollte sie packen, aber sie war schnell und geschickt; das Bett war zwischen ihnen.

»Oh, was für ein schlechter Mensch du doch bist! Ich habe es immer geahnt. Nur ein böser Mensch wie du bringt es fertig, so etwas über Everard zu denken. Du lügst! Warum erstickst du bloß nicht an deinen Lügen? Dann würde ich lachen! Ich hasse dich … ich habe dich immer gehaßt. Ich hasse dich, wenn du mich küßt. Dir haftet etwas Schreckliches an!«

Er unterbrach sie: »Du vergißt dich, Mädchen. Weißt du denn nicht, daß du mir alles zu verdanken hast?«

»Dir?«

»Ja, mir!« schrie er, und sein Kopf war so feuerrot, daß sie dachte, er würde gleich platzen. »Wäre ich nicht gewesen, hättest du im Arbeitshaus gelebt. Du bist ein Bastard! Ich habe dich erzogen wie eine Dame. Du hattest alles, was du dir wünschen konntest …« Das Selbstmitleid übermannte ihn, und er konnte nicht weiterreden, aber Carolan brachte kein Mitgefühl für ihn auf; sie haßte genauso leidenschaftlich, wie sie liebte. Und sie verabscheute ihn wegen all der gräßlichen Dinge, die er über Everard gesagt hatte!

»Alles, was ich mir wünschte?« höhnte sie. »Glaubst du etwa, ich hätte die Nacht, in der meine Mutter fortging, vergessen? Du hast mich beinahe totgeschlagen!«

»Du vergißt all die Sachen, die ich dir geschenkt habe. War das Kleid, das du jetzt trägst, etwa kein Geschenk von mir? Du hast mir einen Kuß dafür gegeben; das war doch nicht teuer. Solch ein Kleid, und du mußtest mir nichts weiter dafür geben als einen lumpigen Kuß!«

»Ich wünschte, ich hätte es nie bekommen.«

Er zitterte. Sie war kein Kind mehr – das war ihm jetzt klar, und er hätte darüber weinen können. Er war dabei, sie zu verlieren, genau wie er Bess und Kitty verloren hatte. Warum verlor er nur immer? Er hatte doch so sehr gekämpft … zuerst um Bess und dann um die anderen.

»Was ist im Pavillon passiert? Sag es mir!« Seine Stimme klang ein wenig ruhiger. Er hoffte, daß er wie ein Vater klang, der sich um seine Tochter sorgte.

»Everard hat mich gefragt, ob ich seine Frau werden wollte, und ich habe ja gesagt.«

»Du ... ihn heiraten! Mein liebes Kind, er wird Margaret heiraten.«

»Wie kann das sein, wenn er selbst nichts davon weiß?«

»Es wurde schon vor langer Zeit von unseren Familien so beschlossen.«

»Er wird sie nicht heiraten. Er liebt mich.«

»Hör zu, Carrie, Gott weiß, daß ich dich sehr gern habe ... Carrie – oder zweifelst du daran?«

Sie schwieg.

Er machte ein paar Schritte auf sie zu, blieb aber stehen, als sie zurückwich.

»Wenn es so wäre, wie konntest du mich dann so behandeln wie heute abend?« fragte sie.

»Gerade weil ich dich liebe. Ich dachte, er hätte dich in den Pavillon gelockt ... du weißt, was ich dachte – und du bist doch noch ein Kind! Ich war wütend auf ihn und wütend auf dich. Ich war dir ein Vater, Carrie, weißt du das denn gar nicht zu würdigen?«

Sie wünschte, er würde nicht mit so tränenerstickter Stimme reden. Gern wäre sie wieder wütend auf ihn gewesen, konnte es aber nicht.

»Ein Vater, Carrie«, fuhr er fort, »der sich um dich sorgt, der nur das Beste für dich will. Ich kann mir nicht vorstellen, daß er dich ernsthaft heiraten will. Wie könnte er? Alle wissen, daß du nicht meine richtige Tochter bist; niemand weiß, wer dein Vater ist. Deine Mutter hat mich hintergangen. Es wäre nicht gut für einen Pfarrer, ein Mädchen wie dich zu heiraten, Carrie. Und außerdem ist er mit Margaret so gut wie verlobt.«

»Es gibt nichts, das uns daran hindern wird zu heiraten«, sagte Carolan.

»Wir müssen ruhig bleiben Carrie«, murmelte der Squire. »Wir müssen über all das reden. Ich muß mit Pfarrer Orland sprechen. Verdammt, ich weiß es nicht, ich weiß es nicht ...«

Sie lächelte jetzt. Diese Szene bedeutete gar nicht so viel. Der Squire hatte zuviel getrunken, das war alles. Er hatte ihr nur noch einmal seinen gewalttätigen Charakter vorgeführt.

»Einer Sache kannst du dir ganz sicher sein, Carrie. Ich werde alles tun, was in meiner Macht steht, um dich glücklich zu machen.«

Er sah sie flehend an, aber sie war nicht geneigt, ihm zu vergeben. Zu deutlich hatte sie noch seine gräßlichen Worte im Ohr.

»Sieh mal, Carrie, ich habe die Nerven verloren. Verdammt, das hast du doch nicht zum erstenmal erlebt!«

Sie lachte. Es lag ihr einfach nicht, ihren Feinden Salz in die Wunden zu streuen. Sie würde immer großzügig sein, zu großzügig vielleicht.

»Nein, es war wirklich nicht das erstemal!« sagte sie schelmisch.

»Und ich wette, es wird auch nicht das letztemal gewesen sein!« Er schlug sich auf die Schenkel; man sollte seinen Worten wirklich keine Beachtung schenken – er war nur ein grobschlächtiger alter Mann.

»Das denke ich auch.«

»Du kannst mir also vergeben?« fragte er und dachte, jetzt bittet Squire Haredon also tatsächlich ein Mädchen um Verzeihung. »Dann sind wir also wieder Freunde?« fragte er.

Er sah so alt aus, wie er da stand. Sie brachte es einfach nicht übers Herz, ihm zu sagen, daß sie ihn nie als Freund betrachtet hatte.

»O ja, Freunde«, sagte sie. »Aber du darfst nie wieder so gräßliche Dinge über Everard sagen.«

»Dann komm her und küß mich. Zeige mir, daß wir wieder Freunde sind.«

Sie zögerte. Wie sie diese Umarmungen haßte! Seine grobschlächtigen Bewegungen, ihn zu fühlen, sein Geruch – das alles stieß sie ab.

»Komm schon, Carrie! Ich verspreche, dir zu helfen. Und diese Sache wird nicht gerade einfach mit den Orlands zu besprechen sein.«

Sie ging langsam auf ihn zu und wollte ihm einen flüchtigen Kuß auf die Wange geben. Aber er riß sie plötzlich an sich, und seine Arme hielten sie wie ein Schraubstock umklammert. Dann küßte er sie direkt auf den Mund und ließ lange nicht von ihr ab. Sie spürte sein heißes Gesicht, roch seinen keuchenden Schnapsatem.

Vergeblich versuchte sie, sich freizukämpfen; er hielt sie lachend fest. Sie schlug um sich, von Panik ergriffen.

»Laß mich los!« sagte sie mit eiskalter Stimme. »Laß mich sofort los!«

Er ließ von ihr ab und lachte heiser; seine Stimme klang trunken und undeutlich. »Bei Gott, Carrie, du hast vielleicht ein Temperament! Man könnte fast glauben, daß du doch meine Tochter bist.«

Damit ging er hinaus, und sie rannte zur Tür und lehnte sich davor.

Warum nicht? dachte er draußen. Sie ist nicht meine Tochter – wir sind noch nicht einmal verwandt. Carrie, kleine Carrie … wunderbarer als die anderen beiden zusammen.

In diesem Moment wußte er, daß er sie niemals als Tochter hatte haben wollen, sondern als Frau.

Carolan verließ das Haus, in dem sie aufgewachsen war, heimlich. Niemand wußte etwas davon; Margaret nicht, der Squire nicht, weder Mrs. West noch Mrs. Orland, nicht einmal Everard – noch nicht.

Wer hätte sich vorstellen können, daß die strahlende Glückseligkeit, die sie im Pavillon erlebt hatte, so schnell verblassen würde? Everard war fortgegangen, für drei Monate war er fortgegangen.

Wie konnte er das tun, wie konnte er? fragte sie sich, als er es ihr gesagt hatte. Würde ich etwa fortgehen?

Everard hatte zu erklären versucht: »Denk immer daran, Carolan, ich liebe dich. Ich werde zu dir zurückkommen. Was immer auch die Leute sagen mögen, ich werde dich heiraten; aber dieses eine Mal muß ich tun, was meine Eltern wünschen. Und was sind denn schließlich drei Monate, Carolan?«

Drei Monate, hätte Carolan ihm sagen können, sind eine Ewigkeit, wenn man liebt. Aber als er sagte: »Was sind schon drei Monate?«, als ob es für ihn nur eine bestimmte Anzahl von Tagen und Nächten wären, hatte er sie tief verletzt. Sie begriff nur: Er hatte seinen Eltern nachgegeben.

Ihr wäre alles recht gewesen, eine mitternächtliche Flucht, eine eilige Hochzeit, wo auch immer, wie auch immer.

»Meine süße Carolan!« hatte er gesagt. »Du hast keine Geduld, aber du bist ja auch noch ein Kind. Was weißt du schon von der Welt? Ich ziehe es vor, daß wir unser gemeinsames Leben auf schickliche Weise beginnen.«

Und sie stampfte mit dem Fuß auf und lachte und weinte.

»Schicklich! Die Liebe soll also eine schickliche Angelegenheit sein?«

»Für uns schon, Carolan; denn Liebe ist Ehe, und die Ehe ist in der Tat eine heilige Sache.«

Da stand sie vor ihm, ihre Lippen leicht geöffnet, mit blitzenden Augen. Und er wandte sich von ihr ab, denn es war etwas Heidnisches an ihr, das seine heidnischen Wesenszüge anzusprechen schien, und ein Mann, der sein Leben der Kirche widmen will, darf kein Heide sein.

Aber die erste überschwengliche Glückseligkeit hatte sogar schon vorher einen Riß bekommen. Es war nicht geschehen, als der Squire in ihr Zimmer gekommen war, denn was bedeutete ihr schon der Squire! Es war, als Margaret zu ihr kam und mit aschfahlem Gesicht am Fußende ihres Bettes stand.

»So!« sagte Margaret langsam. »Du hast dir also Everard genommen!« Und da wurde Carolan plötzlich bewußt, daß sie tatsächlich noch ein Kind war. Denn sie hatte nicht verstanden, daß Margarets scheinbare Gleichgültigkeit Everard gegenüber in Wahrheit bedeutete, daß sie ihn mehr liebte als jemals zuvor.

Margaret platzte leidenschaftlich heraus: »Wie konntest du nur, Carolan! Es war mein Ball, es sollte die Nacht meiner Verlobung werden. Und du hast ihn genommen, und ihr seid hinausgegangen, und jeder hat es bemerkt, und als ihr zurückgekommen seid ... haben die Leute gesagt ›arme Margaret‹!«

Es war entsetzlich! Alle waren sie gegen Carolan – Margaret, Mrs. Orland, Mr. Orland. Nur der Squire nicht. Er beobachtete sie mit einem seltsamen, verhaltenen Lächeln, und sie begann, sich vor ihm zu ängstigen.

Wie furchtbar! Sie hatte Margaret so schrecklich weh getan – Margaret, die fast immer nett zu ihr gewesen war. Es machte sie so traurig zu sehen, wie Margaret immer dünner und blasser wurde, und das alles wegen ihr.

Mrs. Orland sagte: »Meine liebe Carolan, ich muß jetzt ein ernstes Gespräch mit dir führen. Es wäre nicht richtig, wenn du Everard heiraten würdest. Du bist alt genug zu wissen, daß der Squire nicht dein Vater ist. Wie könnte ein Orland, dazu einer, der sich der Kirche versprochen hat, eine Frau heiraten, die so geboren wurde wie du? Das wäre ja, als ob er die Unmoral entschuldigen würde! Seine Karriere wäre von vornherein zerstört. Eines Tages würde er dir deswegen Vorwürfe machen.«

Konnte das sein? Sie wußte es nicht und fragte Everard. »Ich würde dir niemals Vorwürfe machen«, sagte Everard. Er war jung und sehr ernsthaft – sehr ernsthaft verliebt, aber auch sehr ernsthaft, was seine Karriere anbetraf. Er würde sie, so lange er lebte, niemals vergessen, doch nur durch die Ehe und Kinder aus dieser Ehe konnte er ein Christ bleiben. So war es nun einmal ... Warum nur war sie auf eine so traurige, unmoralische Weise auf die Welt gekommen? Warum nun hatte sie eine so lasterhafte Frau als Mutter? Wäre sie dieselbe Carolan, wenn es anders wäre? Würde sie dann auch dieses Wilde an sich haben, diese rätselhafte Faszination, der er nicht entfliehen konnte?

Seine Mutter sagte: »Denk doch nach, Everard!«

Und er entgegnete: »Mutter, ich liebe Carolan. Ich muß sie heiraten, denn ich könnte nie eine andere lieben.«

Sein Vater sagte: »Du hast eine Verpflichtung, mein Sohn, gegenüber Gott und der Kirche. Eine solche Ehe wäre eine Schande. Ist dieses Mädchen etwa dazu geeignet, die Frau eines Pfarrers zu werden?«

»Sie ist dazu geeignet, meine Frau zu werden«, erklärte Everard.

»Oh, dieser jugendliche Starrsinn!« klagte Mr. Orland. »Nach allem, was wir für dich getan haben!«

Doch Everard wußte, daß er sich nicht in Carolan verliebt hätte, wenn er nicht von ihr verhext worden wäre. Sie hatten recht, wenn sie sagten, Margaret sei die richtige Ehefrau für ihn. Fügsam, fromm, sanft und liebevoll war Margaret. Sie war hübsch, jedoch ohne diese wilde Schönheit, die Carolan ausstrahlte. Er wußte es, denn er war von kluger und ernster Gesinnung, außer wenn er verliebt war. Und wie konnte ein Mann klug und ernst sein, wenn er Carolan liebte!

»Ich muß Carolan heiraten, Mutter, ich muß!«

Mrs. Orland liebte ihren Sohn von ganzem Herzen; er bedeutete ihr mehr als alles andere, denn ihren Ehemann hatte sie nie wirklich geliebt. Deshalb setzte sie jetzt alles daran, Everard vor der Katastrophe, die er durch eine Ehe mit diesem Mädchen heraufbeschwören würde, zu bewahren. Sie ging dabei äußerst klug zu Werke.

»Ich möchte auf keinen Fall dein Glück zerstören, mein lieber Junge. Ich möchte nur, daß du dir ganz sicher bist. Du bist sehr jung; Carolan ist sogar noch jünger. Ich mag Carolan wirklich sehr gern; sie ist ein wildes, süßes Kind. Aber es ist niemals ratsam, die Dinge zu überstürzen, das gilt ganz besonders für die Ehe. Wirst du mir einen kleinen Gefallen tun, mein Schatz?«

Everard küßte die Hand seiner Mutter. Er liebte sie sehr und war immer ritterlich um ihr Wohlergehen und ihre Zufriedenheit besorgt. Es tat ihm weh, sie durch seine leidenschaftlichen Gefühle für Carolan zu verletzen und unglücklich zu machen.

»Ich werde alles für dich tun, es sei denn, du willst, daß ich Carolan aufgebe – denn das kann ich einfach nicht!«

»Darum würde ich dich auch nie bitten. Ich fange gerade an zu verstehen, wie sehr du dieses Kind liebst. Es ist nur dein Glück, an das ich denke.«

»Du bist ein Engel, Mutter.« Er war glücklich und sah beinahe wieder aus wie ein kleiner Junge.

»Hör zu, mein Liebling«, sagte sie. »Man hat dir doch eine Pfarrstelle angeboten; geh hin und nimm das Angebot an. Dort wird es viel Arbeit für dich geben. Geh zumindest für drei Monate dorthin. Während dieser Zeit darfst du Carolan nicht sehen.«

»Sie nicht sehen ...«

»Du kannst ihr schreiben. Glaube mir, es wäre das Klügste.«

Schließlich hatte er zugestimmt.

»Drei Monate? Was sind schon drei Monate, Carolan?«

Eine Ewigkeit, dachte Carolan.

Sie ließ ihn gehen. Und er war fünfzig Meilen weit fortgegangen zu der neuen Stelle, schrieb ihr häufig und berichtete von seinen Erfahrungen.

Everard war fort. Margaret war völlig verhärmt, und der Squire war merkwürdig und geheimnisvoll still. Das war in der Tat ein graues und eintöniges Dasein für Carolan.

Charles kam nach Hause. Er war jetzt ein großer Mann von einundzwanzig Jahren und sah seinem Vater ziemlich ähnlich, was eine beträchtliche Aufregung unter den Dorfmädchen verursachte. Auch er beobachtete Carolan geheimnisvoll schweigend, beinahe wie der Squire. Durch halbgeschlossene Lider betrachtete er sie, und um seinen Mund konnte man Spuren seiner kindlichen Grausamkeit sehen.

Einmal hatte er ihr im Stall aufgelauert, wo sie ihr Pferd striegelte. Er stand an die Tür gelehnt und beobachtete sie.

»Verdammt, Carolan«, sagte er und benutzte bereits dieselben Flüche wie sein Vater. »Du bist ja schnell groß geworden!«

»Ich bin ja auch älter geworden in der Zwischenzeit.«

»Gut siehst du aus.«

Sie schwieg und wünschte sich, er würde endlich gehen.

»Everard fand das offensichtlich auch«, fuhr er fort.

Als sie immer noch schwieg, meinte er: »Wie mürrisch und wortkarg du doch bist, Carolan! Willst du mich nicht willkommen heißen? Ich bin doch schließlich ... dein ... was bin ich denn eigentlich, Carolan? Ich bin nicht dein Bruder, das stört mich aber nicht. Stört es dich?«

»Nicht im geringsten«, entgegnete sie kalt.

»Warum solltest du es auch bedauern, daß ich nicht dein Bruder bin? Du hattest früher schließlich genug unter mir zu leiden.«

»Ich hege keinerlei Sympathien für dich, genau wie früher.«

»Die Dame bildet sich ja ganz schön was ein! Ich könnte dich dazu bringen, mich zu mögen, Carolan.«

»Das könntest du ganz bestimmt nicht.«

»Tatsächlich nicht?« Er schob sie durch die Tür. »Sag niemals nie, Miß Carolan. Bei Gott, du hast ein verdammt hübsches Gesicht!«

»Laß mich in Ruhe!« befahl Carolan. »Ich bin kein fünfjähriges Kind mehr, das du nach Belieben ärgern kannst.«

»Oh, nein, du bist nicht mehr fünf. Und bald bist du schon eine Ehefrau, Miß Carolan! Bald schon eine Pfarrersfrau! Aber du könntest dir doch trotzdem ab und zu einen kleinen Spaß gönnen ...«

»Spaß? Glaubst du etwa, es könnte mir jemals Spaß machen, mit dir herumzuschäkern? Das wäre in der Tat das Unangenehmste, das ich mir vorstellen kann.«

»Guter Gott, Carolan, glaubst du, das lasse ich auf mir sitzen?«

»Deine Annäherungsversuche kannst du dir für andere aufheben. Ich will rein gar nichts von dir.«

Er packte sie plötzlich.

»Wie züchtig! Ich frage mich nur, ob du bei Everard auch so zurückhaltend bist.«

Wütend trat sie mit den Füßen nach ihm, und er ließ sie los.

»Was für ein Wirbelwind!« Er schnitt eine Grimasse, denn sie hatte ihm weh getan. Gern hätte er sie verprügelt, aber das hätte den Squire sehr wütend gemacht. Und da er Geld von seinem Vater brauchte, beschloß er, keinen Ärger zu riskieren.

»Glaubst du etwa, du bist so schön, daß du mich treten kannst und dann trotzdem von mir geküßt wirst?« fragte er.

»Wie lächerlich! Du bist und bleibst ein eingebildeter Dummkopf.«

»Bei Gott, es gibt eine ganze Menge Mädchen, die mich nur allzu gern küssen würden.«

»Ja, solche wird es zweifellos geben, aber du wirst sie wahrscheinlich gut bezahlen müssen.«

Sie ging hocherhobenen Hauptes an ihm vorbei und warf ihm noch einen verächtlichen Blick zu. Nur seine Augen machten ihr angst; sie ähnelten den Augen des Squire.

Jetzt war Charles also wieder da, um sie zu quälen und ihr nachzustellen. Der Vorfall im Stall hatte ihr außerdem zu einer schrecklichen Erkenntnis verholfen. Lange Zeit hatte sie es nicht wahrhaben wollen. Einmal hatte sie geträumt, der Squire hätte ihr ein Pferd zum Geburtstag geschenkt, was er vor vielen Jahren wirklich getan hatte. Im Traum ritten sie zusammen aus, und er sagte: »Küß mich zum Dank für mein Geschenk, Carrie!« Dabei zog er sie an sich, doch er hatte zwei Köpfe, der eine war sein eigener, und der andere war der von Charles. Sie erwachte schreiend aus diesem Traum, und danach konnte sie die Wahrheit nicht länger vor sich selbst verleugnen.

Manchmal erwachte sie mitten in der Nacht, weil sie glaubte, Schritte vor ihrer Tür zu hören. Einmal meinte sie zu bemerken, daß jemand den Türknauf herumdrehte. Ihre Tür war abgeschlossen. Vor langer Zeit schon hatte sie sich angewöhnt, ihre Tür immer zu verschließen.

Langsam wurde sie von Panik ergriffen. Sie hatte Angst, allein zu sein, Angst zu schlafen, Angst davor, nicht genug auf der Hut zu sein, Angst davor auszureiten, weil er ihr ja folgen könnte. Der Squire lag wie ein großer Schatten über ihrem Dasein, und daneben war der etwas kleinere Schatten von Charles. Sie war außer sich vor Angst. Nervös und bleich. Etwas Gräßliches würde geschehen, wenn sie hier bliebe … etwas Unvermeidliches, dem sie nicht entgehen konnte.

Sie hätte an Everard schreiben können, aber erst vor drei Wochen hatte er seiner Mutter versprochen, sie drei Monate lang nicht zu sehen. Vollkommen verängstigt, einsam und unerfahren, überlegte sie hin und her. Die Leidenschaft, die sie bei den Männern um sich herum entfachte, befremdete sie.

Sie suchte nach einem Ausweg. Es gab nur einen einzigen – sie würde zu ihrem Vater und ihrer Mutter nach London gehen. Von London aus wollte sie Everard schreiben und ihm alles erklären. Es war die einzige Lösung. Sie brauchte nur ein wenig Mut. Spät in der Nacht packte sie eine kleine Tasche und stahl sich aus dem Haus. Sie wanderte die ganze Nacht hindurch, erreichte früh am nächsten Morgen Exeter und stieg in die Postkutsche nach London.

»Fahrt Ihr den weiten Weg nach London ganz allein?« fragte die Kaufmannsfrau.

»Ich fahre zu meinen Eltern«, sagte Carolan.

»Oh, dann habt Ihr einen Besuch auf dem Land gemacht?«

»Ja, ich war bei meiner Tante.«

»Und jetzt freut Ihr Euch, Eure Eltern wiederzusehen?«

»Ja, das tue ich.«

Die Kaufmannsfrau beschloß, ein wachsames Auge auf das Mädchen zu haben, denn der melancholische junge Mann, der beim Mittagessen ein wenig zu viel getrunken hatte, warf ihr bereits vielsagende Blicke zu.

»Es überrascht mich, Euch allein reisen zu sehen«, fuhr die Frau mißbilligend fort.

»Es ging nicht anders«, sagte Carolan, die sich vorsorglich eine Geschichte zurechtgelegt hatte. »Meine Tante ist krank geworden und konnte mich nicht begleiten. Ich kann schon auf mich aufpassen.«

»Das mögt Ihr vielleicht glauben«, erwiderte die Kaufmannsfrau, die bemerkte, daß auch ihr Mann sich für das Kind zu interessieren schien. Sie würde wirklich gut auf das Mädchen achtgeben müssen.

So verging der erste Tag, doch als sie Honiton hinter sich gelassen hatten, fragte sich Carolan, ob sie nicht doch ein wenig übereilt vorgegangen war. Ihre Eltern würden natürlich hoch erfreut sein, sie wiederzusehen, aber vielleicht hätten sie sich lieber auf ihre Ankunft vorbereitet. Hätte sie doch nur zu Everard gehen können! Er würde sie bestimmt vor dem, was sie von Charles und dem Squire zu befürchten hatte, beschützen. Aber wie konnte ein junger Pfarrer ein Mädchen bei sich aufnehmen? Er müßte sie eilends wieder loswerden. Und wohin, außer zu seiner Mutter, könnte er sie schon schicken? Und würde seine Mutter wirklich hilfreich sein?

Es war das einzig richtige, zu ihrer Mutter zu fahren; von dort aus wollte sie Everard schreiben und ihm alles erklären, und nach einiger Zeit würde er sie dann abholen, und sie könnten heiraten. Ja, sie hatte eine kluge Entscheidung getroffen und war durchaus in der Lage, ihre Angelegenheiten selbst zu regeln. Als sie Dorchester erreicht hatten, war sie hervorragender Laune und steckte ihre Reisegefährten mit ihrer Fröhlichkeit an. Sie war sich jetzt ganz sicher, daß all ihre Schwierigkeiten sich in nichts auflösen würden.

Allmählich genoß sie die Reise. Wie aufregend war es doch, die Heide von Bagshot zu durchqueren … selbst am frühen Morgen! Beinahe wünschte sie, es wäre dunkel und die Heide voller Schrecken. Sie wußte genau, daß sie selbst mit einem Posträuber fertig werden könnte, so stark fühlte sie sich. Aber um acht Uhr morgens im hellen Sonnenschein war es nicht nötig, sich den Kopf über Räuber zu zerbrechen. Am Nachmittag würden sie in Oxford Arms ankommen, wo die Reise endete. Dann konnte sie all diesen Leuten, die für ein paar Tage ihre Weggefährten gewesen waren, auf Wiedersehen sagen. Diese Nacht würde sie unter dem Dach ihrer Eltern verbringen. Als erstes wollte sie einen Brief an Everard schicken und ihm berichten, was geschehen war. Und wer weiß, vielleicht würde Everard dann sofort zu ihr kommen, ohne die verabredeten drei Monate abzuwarten. Dann könnten sie sich in London trauen lassen.

»Wir kommen jetzt durch Turnham Green«, sagte einer der Mitreisenden und riß Carolan aus ihren Träumen.

Es war schon später Nachmittag, als die Kutsche in Oxford Arms ankam. Am Ende dieser langen Reise schienen

Carolans Reisegefährten förmlich aufzuleben. Fröhlich winkten sie ihren Freunden zu, die gekommen waren, um sie abzuholen. Der melancholische junge Mann, der während der ganzen Fahrt kaum ein Wort gesagt hatte, gab sich plötzlich redselig, als er einen Freund begrüßte, und beschwerte sich über schlechte Betten, zugige Gastwirtschaften und die langsame Postkutsche. Die Kaufmannsfrau wurde aufs herzlichste von ihrer Schwester empfangen und schien Carolan vollkommen vergessen zu haben, die von niemandem abgeholt wurde und verloren, hungrig und allein neben der Kutsche stand.

Als die Kaufmannsfrau dann doch in Carolans Richtung blickte, hörte sie auf zu schwatzen. Carolan sagte schnell: »Mein Vater ist noch nicht da. Er wird wohl aufgehalten worden sein.«

Die Kaufmannsfrau wirkte ein wenig beunruhigt, war aber froh, daß die lange Reise zu Ende war, und wollte jetzt endlich ungestört mit ihrer Schwester und ihrem Mann zusammen sein.

»Ich werde eine Kleinigkeit essen, während ich warte«, sagte Carolan. »Vielleicht hat er in der Gastwirtschaft eine Nachricht für mich hinterlassen.«

Die Kaufmannsfrau küßte sie herzlich.

»Paßt gut auf Euch auf, mein Kind! Und redet auf keinen Fall mit Fremden, während Ihr auf Euren Vater wartet. In London kann das schnell gefährlich werden.«

»Ihr seid so freundlich!« sagte Carolan.

Im Gasthaus war es angenehm kühl. Carolan saß am Fenster und blickte auf die blanken Kupferkessel, die über dem offenen Kamin hingen. Ihre freudige Erregung und ihr Mut kehrten zurück. Sie konnte sich eine Droschke nehmen, die sie zum Haus ihrer Eltern bringen würde. Es war alles ganz einfach. Dies war ein richtiges Abenteuer! Sie wünschte, sie könnte es zusammen mit Everard genießen.

Eine hübsche Kellnerin kam, und Carolan bestellte etwas zu essen.

Als die Kellnerin wieder gegangen war, betrat eine Frau die Gaststube und ließ sich in Carolans Nähe auf einem

Stuhl nieder. Carolan bemerkte sie kaum, so sehr war sie in ihre Gedanken versunken. Und als die Kellnerin mit ihrer Bestellung zurückkam, holte sie eine kleine Samtbörse aus der Tasche ihres Umhangs, bezahlte und wollte gerade nach dem einfachsten Weg zum Hause ihrer Mutter fragen, als die neu angekommene Dame die Kellnerin zu sich rief und ein Glas Ale bestellte.

Ich habe noch viel Zeit, dachte Carolan, aß hungrig ihr Käsebrot und trank ihr Ale.

»Wie heiß es heute wieder ist«, sagte die Frau, mit der Carolan jetzt allein im Raum war.

»Ja, sehr heiß«, stimmte Carolan zu, »aber das Ale ist schön kühl.«

Die Dame war sehr groß, hatte weiße Haare und sehr dunkle Augen und ein angenehmes Lächeln. Carolan freute sich, daß es in dieser riesigen Stadt auch freundliche Menschen gab.

»Ihr seid mit der Postkutsche gekommen, nicht wahr, mein liebes Kind? Von woher kommt Ihr denn?«

»Aus Exeter.«

Die Frau lächelte.

»Das ist eine weite Reise für ein Mädchen, das noch so jung ist ... und, verzeiht mir, so wunderschön.«

»Oh, Ihr schmeichelt mir!«

»Nein, durchaus nicht! Habt Ihr in letzter Zeit denn nicht in den Spiegel geschaut? Dort drüben hängt einer.«

Die Kellnerin kam mit dem Ale. Die Frau bezahlte und lehnte sich an ihrem Ale nippend in ihrem Stuhl zurück.

»Wie Ihr schon sagtet, es ist schön kühl!«

Die Kellnerin ließ sie allein. Die Standuhr in der Ecke tickte laut, und ab und zu konnte Carolan entfernte Stimmen hören, Leute, die irgendwelche Waren anpriesen. Es war wirklich angenehm, in diesem kühlen Zimmer zu sitzen, jetzt wo das Abenteuer schon fast erfolgreich bestanden war. Im Spiegel über der Anrichte konnte Carolan sehen, daß die Frau mit ihrem Kompliment nicht so ganz unrecht hatte.

»Besucht Ihr Verwandte?« fragte die Dame lächelnd.

»Ich gehe nach Hause, zu meinen Eltern.«

»Oh, dann kennt Ihr Euch bestimmt gut aus in London?«

»Nein, ich habe auf dem Land gelebt … nicht bei meinen Eltern. Jetzt erst bin ich zu ihnen zurückgekommen.«

»Ich nehme an, sie werden Euch abholen?«

»O nein, es ist eine Überraschung, deshalb werden sie mich auch nicht abholen.«

Die Frau blickte sie abschätzend an.

»In Eurem Gesicht kann ich sehen, daß Ihr viel Glück im Leben haben werdet«, sagte sie.

»Wie könnt Ihr so etwas wissen?«

»Einige von uns haben die Fähigkeit, solche Dinge wahrzunehmen.«

»Ihr meint … Ihr seid eine Wahrsagerin?

»Findet Ihr etwa, daß ich wie eine Wahrsagerin aussehe? Ich bin doch keine Zigeunerin, die mit so etwas ihr Geld verdienen muß.«

»Es tut mir leid … ich hätte wissen sollen …«, meinte Carolan errötend.

Die Frau warf ihren Kopf zurück und lachte. Ihre Zähne blitzten. Carolan bemerkte ihre goldenen Ohrringe.

»Ich wollte Euch nicht in Verlegenheit bringen, meine Liebe. Ihr habt in gewisser Weise sogar recht. Ich kann in die Zukunft sehen, benutze diese Gabe jedoch nicht, um meinen Lebensunterhalt zu verdienen.«

»Ich verstehe …«

»Ich sehe eine wunderbare Zukunft für Euch voraus!«

Carolan war neugierig geworden und fragte gespannt: »Das könnt Ihr mir also prophezeien?«

»Um Euch ist irgendein Geheimnis.«

Carolan errötete; die Frau wußte sicher, daß sie fortgelaufen war.

»Wollt Ihr vielleicht zu Eurem Geliebten?«

Carolan schwieg. Sehr bald würde sie wieder mit Everard zusammen sein; vielleicht sogar früher, als sie es erwartete.

»Ihr seid von zu Hause fortgelaufen«, fuhr die Frau fort, und ihre dunklen Augen schienen in weite Fernen zu blikken. »Ich sehe, daß Ihr sehr geliebt werdet.«

»Ihr seid in der Tat weise!«

»Ich werde Euch jetzt aus der Hand lesen, dann werden wir noch mehr erfahren. Kommt, setzt Euch zu mir, meine Liebe.«

Wunderbare Dinge konnten geschehen, wenn man nur mutig genug war, dachte Carolan. Sie fühlte sich viel älter und reifer als das Mädchen, das erst vor ein paar Tagen Haredon verlassen hatte. Viel erfahrener als Margaret, die sich niemals auf ein solches Abenteuer einlassen würde. Wie freundlich die Menschen doch waren! Zuerst die Kaufmannsfrau, die sich um sie gekümmert hatte, und jetzt diese Dame, die ihr ohne jegliche Bezahlung die Zukunft aus der Hand lesen wollte!

Sie saßen jetzt zusammen am Tisch. Die Dame roch nach Moschus.

»Zeigt mir Eure Handfläche, meine Liebe. Was für kleine, hübsche Hände Ihr doch habt! Sie sehen nicht aus, als hätten sie harte Arbeit verrichten müssen. Vielleicht haben sie schon Zügel gehalten? Ihr habt ruhig auf dem Lande gelebt, nicht wahr? Von allen um Euch herum geliebt, stimmt's? In Eurem Leben hat es viel Liebe gegeben, mein Kind! Und dort auf dem Land habt Ihr auch Euren Liebsten gefunden.« Ein sehr langer Finger fuhr an Carolans Handlinien entlang. »Und da gab es irgendwelche Mißverständnisse, irgendwelchen Ärger? Deine Leute, die dich lieben, wollten dich wohl noch ein bißchen länger bei sich behalten und waren gegen Eure Verbindung, wie?«

Carolan wurde abwechselnd rot und bleich, sie war sicher, daß die Frau das zweite Gesicht besaß. Alles war also in ihrer Hand aufgezeichnet, all das, was sie erlebt hatte!

Die Finger der Frau schlossen sich um ihre Hand.

»Hab keine Angst, alles wird gutwerden. Sehr bald wirst du eine Ehefrau sein. Du scheinst mir ein ganz schön willensstarkes Mädchen zu sein, du willst wohl immer deinen Kopf durchsetzen ... habe ich recht? Der Zauber, der von deinen grünen Augen ausgeht, wird dir so langsam bewußt. Das ist nur natürlich. Eines muß ich dir noch sagen, du darfst den Menschen, denen du begegnest, nicht so viel Vertrauen schenken. Kann es sein, daß du zu vertrauensselig bist?«

Carolan fühlte sich seltsam schläfrig. Es stimmte, es stimmte wirklich! Wie bereitwillig hatte sie Charles immer wieder vertraut, wenn er nur einmal etwas freundlicher zu ihr gewesen war. Wie unschuldig hatte sie an die rein väterliche Zuneigung des Squire geglaubt! London war wirklich ein ganz bezaubernder Ort; wie froh sie war, hierhergekommen zu sein! Wie klug sie doch gewesen war!

»Danke!« murmelte sie. »Ich danke Euch!«

»Mir mußt du nicht danken, mein Kind. Danke dem Schicksal, daß es dir soviel Schönheit und Charme gegeben hat.«

»So etwas solltet Ihr wirklich nicht sagen«, protestierte Carolan, obwohl sie in Wahrheit noch mehr Komplimente hören wollte. »Denn es stimmt einfach nicht.«

»Ihr zweifelt also an meinem Wort?«

»Oh ... nein ... nein! Ich weiß, Ihr sprecht die Wahrheit ... über das, was passieren wird, aber ...«

»Ach, so bescheiden? Oder vielleicht doch nicht so bescheiden?«

Die wissenden schwarzen Augen schienen Carolan direkt in die Seele zu blicken und trieben ihr die Schamröte ins Gesicht.

»Aber mein Kind, du darfst nicht denken, daß ich dich auslache. Wenn ich lache, dann nur, weil Jugend und Unschuld etwas so Schönes sind. Wie sehr hoffe ich, daß dein größter Wunsch in Erfüllung geht! Ich werde sehen, was ich tun kann, damit er dir gewährt wird. Gib mir deine Hand, ich werde sie festhalten. Nun schließe deine Augen. Halte sie fest geschlossen, bis ich dir sage, daß du sie wieder öffnen darfst. Wünsche dir jetzt etwas. Wiederhole den Wunsch leise in Gedanken – nicht laut. Es darf niemand deinen größten Wunsch hören. So! Hast du dir etwas gewünscht? Dann wiederhole deinen Wunsch. Öffne jetzt die Augen. Vielleicht wird dein Wunsch in Erfüllung gehen.«

Carolan öffnete ihre Augen. Immer noch sagte sie in Gedanken: »Laß Everard sofort zu mir nach London kommen. Er soll alles hinter sich lassen und zu mir kommen.«

»Dein Wunsch wird sich erfüllen«, sagte die nette Frau. »Ich spüre es.«

»Ihr seid so freundlich zu mir, ich weiß nicht, wie ich Euch danken soll!«

»Nicht ich bin freundlich – das Schicksal ist es. Und ich mag keinen Dank.« Sie leerte ihr Bierglas.

»Ihr wollt schon gehen?« fragte Carolan enttäuscht.

»Ich habe noch etwas zu erledigen. Auf Wiedersehen, mein Kind ... Und noch ein Wort, bevor ich gehe. Sei nicht so impulsiv und vertraue nicht gleich jedem. Denk immer daran, dann wird dir alles gelingen, denn du hast einen mutigen und aufrichtigen Charakter, und es sind Menschen wie du, die das Leben liebt. Aber denk daran – sei nicht zu vertrauensselig!«

»Ich werde es beherzigen«, sagte Carolan. »Und Ihr habt in allem recht, auf wunderbare Weise recht. Ich werde Euch niemals vergessen.«

»Sicher, meine Liebe, das glaube ich auch. Unser Treffen war vom Schicksal vorherbestimmt. Ich fühle es hier.« Sie berührte ihre Brust und lächelte plötzlich merkwürdig, fast ein wenig boshaft.

Dann ging sie hinaus, und Carolan sah sie gemessenen Schrittes am Fenster vorbeigehen. Carolan kam wieder in den Sinn, wie hungrig sie war, und sie machte sich erneut über ihr Käsebrot her.

Das Leben war wundervoll. Sehr bald schon würde sie mit Everard verheiratet sein. Sie hatte es sich doch eben ganz fest gewünscht, und die Frau hatte ihr versprochen, daß ihr Wunsch in Erfüllung gehen würde. In der Zwischenzeit wollte sie zu ihrer lieben Mama und ihrem Vater fahren, den sie sicherlich gern haben würde. War es wohl möglich, eine Droschke zu mieten, die sie zu dem Haus ihrer Eltern brachte? Sie fragte sich, was das wohl kosten mochte. Sicher konnten ihr der Wirt oder die Kellnerin raten, was wohl das Beste sei. Sie konnte es kaum noch erwarten, zu ihren Eltern zu gelangen.

Sie ging zum Spiegel über der Anrichte und brachte ihr Haar in Ordnung.

Aufgeregt wie sie jetzt war, sah sie wirklich hübsch aus, vielleicht so hübsch wie Margaret, jedoch auf andere Weise. Plötzlich starrte sie auf ihr Kleid, denn ihre mit Türkisen und Perlen besetzte Brosche, die der Squire ihr zu ihrem letzten Geburtstag geschenkt hatte, war verschwunden. Sie faßte verzweifelt an die Stelle, wo die Brosche gesessen hatte, und konnte einfach nicht glauben, was sie im Spiegel sah. Die Brosche war weg. Sie fragte sich, ob sie sie morgens tatsächlich angesteckt hatte. Oder lag sie vielleicht noch im Gasthof an der Bagshot-Heide? Nein! Sie erinnerte sich ganz genau daran, daß die Brosche noch an ihrem Kleid gesteckt hatte, als sie in die Gaststube gekommen war.

Sie hatte sie eben verloren, damit mußte sie sich abfinden. Was machte das schon? Die Brosche hatte sie sowieso immer nur an den Squire erinnert. Aber obwohl sie jung war, so war sie doch kein Dummkopf. Die Dame war ihr sehr nahe gekommen, als sie sich etwas gewünscht hatte. Sie hatte ihre Nähe regelrecht gefühlt, während sie den Wunsch in Gedanken vor sich hin gesagt hatte. Oh, wie gemein war es doch, so etwas Böses über jemanden zu denken, der so freundlich zu ihr gewesen war! Aber trotzdem fühlte sie in ihrer Manteltasche nach ihrer Börse.

Die Börse war verschwunden … genau wie die Brosche.

Carolans Wangen begannen vor Wut zu brennen, nicht weil sie die Brosche und ihre Börse verloren hatte … das war zwar ein großer Verlust, aber etwas anderes ging viel tiefer. Es war diese Schlechtigkeit! Solche Dinge zu sagen! Dieser Betrug! Diese Täuschung! Diese Scheinheiligkeit!

Ich werde dafür sorgen, daß sie ausgepeitscht wird! schwor sich Carolan wütend. Ich lasse sie ins Gefängnis stecken, nach Newgate bringen! Sie soll aufgehängt werden, diese boshafte alte Diebin!

Carolan packte ihre Tasche und lief hinaus auf den Hof. Sie war jung und flink, im Gegensatz zu der Frau, und blickte um sich, aber von der Diebin war nichts zu sehen. Ich muß sie fangen … ich muß sie fangen, dachte Carolan. Sie dachte schon, sie hätte sie von weitem gesehen, und begann zu rennen, aber es war nur eine alte Frau, die Lavendel verkaufte.

»Riecht nur, wie lieblich mein Lavendel duftet!« sagte die alte Frau. »Wollt Ihr ein Sträußchen kaufen?«

Carolan sah in das häßliche, faltige, pockennarbige Gesicht der Frau.

»Ich habe kein Geld«, sagte Carolan. »Man hat mir gerade meine Börse gestohlen.«

Die Alte sah in Carolans unschuldiges hübsches Gesicht mit den wunderschönen grünen Augen, die vor Wut und Schmerz blitzten. Nein, der bebende süße Mund des Mädchens hatte noch nicht gelernt zu lügen, um eine lästige Straßenhändlerin abzuwimmeln.

»Da habt Ihr aber großes Pech gehabt, meine Dame«, sagte die Alte.

»Und meine Brosche«, sagte Carolan. »Meine Brosche und meine Börse ... von einer Kreatur, die mir die Zukunft voraussagen wollte und die dafür keine Bezahlung verlangte.«

»Aber, meine Dame, auf dieser Welt geben nur wenige etwas, ohne dafür etwas zu verlangen.«

»Ja, das scheint wohl so zu sein«, stimmte Carolan zu, und ihr Haß auf die Wahrsagerin entflammte von neuem, da sie der armen alten Frau jetzt gern eine Münze gegeben hätte.

»Ich bin auf dem Weg zu dem Haus meiner Eltern. Da ich lange Zeit auf dem Land gelebt habe, kenne ich das Haus nicht, in dem sie wohnen. Ich muß zu Fuß dort hingehen. Könnt Ihr mir wohl den Weg sagen? Das Haus ist in der Grape Street.«

Die Frau schwieg einen Augenblick, während sie an ihrem Lavendel schnupperte. Dann ruhten ihre Augen auf Carolans Kleid, ihrem Umhang und ihren guten Schuhen.

»Grape Street? Sagtet Ihr Grape Street? Es ist nicht sehr weit dorthin, aber seid Ihr sicher, daß sie in der Grape Street wohnen?«

»Ganz sicher«, sagte Carolan.

»Nun gut, geht geradeaus bis zur Holborn Street. Dann solltet Ihr Euch noch einmal erkundigen. Es ist dort in der

Nähe. Darf ich fragen – seid Ihr gerade erst in London angekommen?«

Carolan sagte verzagt, daß sie noch nie im Leben in London gewesen sei.

»In einer halben Stunde kann man in London mehr Gaunern begegnen, als man in Euren Dörfern im ganzen Jahr trifft. Überlegt euch gut, wen Ihr nach dem Weg fragt, meine Dame.«

»Danke, vielen Dank«, sagte Carolan.

Die Frau blickte ihr kopfschüttelnd nach, als sie die Straße entlangging.

Carolan eilte weiter. Um sie herum herrschte ein lebhaftes Gedränge. Es wimmelte von Menschen. Einige waren fröhlich, andere traurig, einige redeten ununterbrochen, andere schwiegen, einige kreischten vor Lachen, andere führten Selbstgespräche. An den Straßenecken saßen wehklagende Bettler in zerlumpten Kleidern. Straßenhändler wollten Carolan Äpfel, Gebäck oder Lavendelzweige verkaufen. Sie hörte das schrille Geschrei des billigen Jakobs an der Ecke. Kutschen ratterten über das Pflaster – darin saßen hochmütige, elegante Passagiere! Nie zuvor hatte Carolan solche Kleider gesehen, solch leuchtende Farben, solch teure Stoffe. Ein Herr, der in seiner Kutsche vorüberfuhr, warf ihr einen bewundernden Blick durch sein Monokel zu. Es sah aus, als ob er seine Kutsche anhalten lassen wollte, und Carolan eilte ängstlich weiter. Aber dann war es dem Herrn wohl doch zu mühsam, ihr nachzujagen. Als Carolan sich umdrehte, sah sie seine Kutsche im Gewühl der Straße verschwinden. Damen, die sich Fächer vors Gesicht hielten, fuhren in ihren Kutschen vorbei; eingebildet und sehr elegant waren sie. Einige etwas weniger elegante Damen, meist in Begleitung, gingen auf der Straße, wobei sie ihre Röcke anhoben, damit sie nicht durch den Schmutz schleiften; auch bemühten sie sich, nicht mit den anderen Passanten in Berührung zu kommen. Ein aufregendes und amüsantes Schauspiel! Carolan hatte noch niemals etwas Vergleichbares gesehen. Sie war umgeben von Lärm; Gespräche vermischten sich mit den Rufen der Händler und dem Geräusch der Kutschenräder. So kam sie schließlich in die Holborn Street, wo sie nach der Grape Street fragen sollte. Vorsichtig betrachtete sie die Menschen um sich herum. Wer sah vertrauenswürdig aus? Schließlich ging sie auf eine alte, ehrlich wirkende Frau zu, die Haarnadeln verkaufte.

Eilig erklärte Carolan: »Ich will nichts kaufen; ich habe kein Geld. Meine Börse wurde mir gerade gestohlen ... Könntet Ihr mir sagen, wie ich zur Grape Street komme?«

»Schert Euch fort!« rief die alte Frau. »Schert Euch fort!«

»Aber ich bitte Euch ... ich wollte doch nur wissen ...«

Die Frau wandte sich ab und murmelte etwas über besser gestellte Leute, die sich über eine alte, hungrige Frau lustig machten.

Carolan wäre beinahe in Tränen ausgebrochen. Sie ergriff den zerlumpten Ärmel der Frau, wurde jedoch so heftig fortgestoßen, daß sie es aufgab und weiterging. Jetzt fürchtete sie sich, sie war eine Fremde in einer fremden Stadt. Es war schwierig, die Sprache dieser Menschen zu verstehen; alle schienen sie in Eile zu sein, außer denen, die ihr neugierige Blicke zuwarfen, und die jagten ihr mehr Angst ein als jene, die sie ignorierten. Sie mußte endlich die Grape Street und ihre Eltern finden!

Irgendwo hörte sie eine Uhr vier schlagen. Aus dem Hatton Garden kam ihr ein Kuchenverkäufer entgegen. In seinem Korb lagen nur noch einige wenige Stückchen Kuchen.

»Das Stück Kuchen für nur einen Penny!« rief er, als er vorübereilte. »Kauft, kauft, kauft!«

Carolan sah, daß er ein gütiges Gesicht hatte, und verzweifelt, wie sie mittlerweile war, rannte sie ihm nach.

»Bitte«, keuchte sie, »ich kann nichts kaufen, aber könntet Ihr mir bitte sagen, wie ich zur Grape Street komme?«

Abrupt blieb er stehen. Er hatte braune, lustige Augen, die jetzt genauso verwundert dreinschauten wie die der Lavendelverkäuferin.

»Nun, Lady, die Grape Street ist nicht weit von hier«, sagte er. »Aber seid Ihr sicher, daß Ihr dorthin wollt?«

»Ganz sicher«, sagte Carolan.

»Gut, dann geht geradeaus bis zur nächsten Kreuzung,

dann die erste Straße links und danach die zweite Straße rechts. Und dann seid Ihr auch schon in der Grape Street – wenn Ihr wirklich dorthin wollt.«

»Danke!« sagte sie. »Vielen Dank!«

Er blickte ihr verwundert nach, als sie davoneilte. Jetzt befand sie sich in einer engen Straße, die von großen, heruntergekommenen Häusern gesäumt war. Dann bog sie links ab in eine noch schmalere Straße. Der Gestank der Gosse war abstoßend; sie lief weiter. Sie mußte jetzt schon ganz in der Nähe ihrer Eltern sein, aber alles war so anders, als sie es sich vorgestellt hatte. Sie hatte sich ein hübsches Haus am Fluß ausgemalt, mit einem Garten, der bis ans Ufer reichte und von dem aus man die vorüberfahrenden Schiffe und Barkassen beobachten konnte. Statt dessen eilte sie jetzt durch ärmliche Gassen, in denen dunkle Gestalten zu lauern schienen, während unfreundliche Gesichter hinter blinden Fensterscheiben argwöhnisch auf sie herabblickten.

Irgend jemand ging ganz dicht hinter ihr her. Als sie sich umdrehte, sah sie einen jungen Mann, der nicht viel größer als sie selbst war. Sein Gesicht war anziehend, obwohl es nicht gerade gutaussehend zu nennen war. Er hatte die strahlendsten, fröhlichsten blauen Augen, die sie jemals gesehen hatte. Sie fielen richtig auf in seinem braungebrannten Gesicht.

»Habt Ihr vielleicht einen Penny übrig, Lady?« fragte er.

Seine Stimme überraschte sie am meisten. Sie klang kultiviert und charmant. Es tat ihr leid, daß ein solcher Mann dazu gezwungen war, bettelnd durch die Straßen von London zu ziehen.

Jetzt sah er ihr direkt ins Gesicht, und seine Augen blickten plötzlich nicht mehr so fröhlich drein.

»Es tut mir leid, daß ich Euch nichts geben kann, denn meine Börse wurde mir gestohlen«, sagte sie.

»Eure Börse? Das ist schlimm. Und habt Ihr den Dieb gesehen?«

»Ja, ich habe *sie* gesehen. Ich wußte nicht, daß es sich um eine Diebin handelte, bevor es zu spät war.«

»Ihr seid wohl ganz neu in der Stadt, Lady?« Seine Augen wanderten von der feinen Spitze ihres Kragens zu dem guten Leder ihrer Schuhe. »Wo wollt Ihr hin?«

»Zu meiner Familie in der Grape Street. Ist das nicht ganz in der Nähe?«

»Grape Street? Das kann doch nicht möglich sein … ansonsten müßtet Ihr nur um die Ecke dort gehen.«

Er lehnte sich ein wenig vor und berührte ihren Ärmel, als er ihr den Weg zeigte.

»Danke«, sagte sie.

»Zu welcher Hausnummer müßt Ihr?«

»Nummer sechzig.«

»Oh, zu Nummer sechzig also!« sagte er, und seine Augen wirkten wieder etwas fröhlicher. »Das könnt Ihr nicht verfehlen – die Nummer steht groß über der Tür.« Ein wenig belustigt fuhr er fort: »Ich wünsche Euch einen guten Tag, Lady.«

Er machte eine leicht spöttische Verbeugung, dann schlenderte er weiter und war bald außer Sichtweite.

Als sie weitergehen wollte, kam ein Mann auf sie zu. Er war groß und dünn, und als er näher kam, verlangsamte er seine Schritte. Sie bekam plötzlich Angst und blickte die verlassene Straße entlang, doch der Mann mit den fröhlichen Augen war bereits verschwunden.

»Verzeiht mir«, sagte der Mann, während er sie eingehend betrachtete, »aber habt Ihr nicht bemerkt, daß der Kerl, mit dem Ihr gerade gesprochen habt, Euer Taschentuch gestohlen hat?«

Sie starrte den Mann an. Sein Gesicht war sehr blaß, und seine Haut spannte sich straff über seinen vorstehenden Wangenknochen. Er hatte ein Gesicht wie eine Leiche, dachte Carolan. Nur seine Augen waren dunkel und lebhaft. Es waren seltsame, neugierige Augen. Ängstlich fragte sie sich, was als nächstes geschehen würde.

»Ihr habt kein Taschentuch mehr«, beharrte er.

Sie trat einen Schritt zurück, vermutete irgendeine Falle und griff in die Tasche ihres Umhangs.

»Ich habe es verloren«, sagte sie.

»Er hat es gestohlen.«

»Habt Ihr es gesehen?«

»In diesem Teil der Stadt achtet man eben auf solche Dinge.«

»Warum habt Ihr dann erst etwas gesagt, als es schon zu spät war?« Ohne es zu merken wich sie, während sie mit ihm sprach, immer weiter zurück.

»Es wäre nicht klug gewesen, Euer Tuch zurückzufordern. Seid froh, daß es nur ein Taschentuch war. In diesen Straßen wimmelt es nur so von Dieben. Sie arbeiten alle zusammen. Es ist nicht unbedingt ratsam, hier großes Aufsehen zu erregen. Ihr seid noch gut davongekommen. Würdet Ihr mir jetzt erlauben, Euch zu helfen?«

Sie war plötzlich wütend. Der Mann mit den fröhlichen blauen Augen hatte ihr so leid getan. Er hatte es bemerkt und sie deswegen ausgelacht. Gab es denn nichts als Diebe und Räuber in dieser Stadt? Demütigung und Wut ließen sie ihre Angst vor dem anderen Mann vergessen, der ihr jetzt in seinem schwarzen, etwas abgewetzten Anzug irgendwie aufrichtig erschien.

»Ich suche die Grape Street«, sagte sie. »Meine Eltern wohnen dort, und ich will sie aufsuchen.«

»Eure Eltern wohnen in der Grape Street?« fragte der Mann verdutzt.

»Ja, und ich frage mich, ob mir dieser Halunke den richtigen Weg beschrieben hat. Ich muß zur Hausnummer sechzig.«

»Sechzig! Ich glaube, das ist ein Gebrauchtwarenladen, stimmt's?«

Seine dunklen Augen blickten forschend in ihr Gesicht. Seltsame Augen – schöne Augen in einem häßlichen Gesicht, deshalb wirkten sie so merkwürdig.

»Ein Gebrauchtwarenladen! Davon hat meine Mutter nichts gesagt …«

Langsam und nachdenklich meinte er: »Ihr seid nie zuvor in London gewesen, nicht wahr? Ihr habt auf dem Land gelebt und wollt jetzt Eure Eltern besuchen. Und Eure Mutter lebt in dem Gebrauchtwarenladen in der Grape Street Nummer sechzig.«

Er war zwar sehr nett von ihm, ein solches Interesse an ihr zu zeigen, aber sie war gerade zweimal bestohlen worden und nicht bereit, einem fremden Menschen Vertrauen zu schenken.

»Als ich Euch sah, dachte ich, Ihr wäret durch irgendeinen dummen Scherz hier gelandet. Ihr seid nicht richtig gekleidet für diese Gegend, wenn ich das sagen darf. Dadurch fallt Ihr sehr auf.«

»Es war beileibe kein Scherz«, sagte Carolan. »Ich bin seit einer guten Stunde in dieser üblen Gegend, und man hat mir bereits meine Börse, meine Brosche und mein Taschentuch gestohlen.«

»Das geschah nur, weil Ihr unvorsichtig wart. Darf ich Euch zur Grape Street Nummer sechzig begleiten? Ich bin sicher, ich kann Euch vor weiteren Belästigungen schützen.«

Sie zögerte.

»Wenn es Euch beruhigen würde, kann ich ja vor Euch hergehen. Es wundert mich nicht, daß Ihr Fremden nur noch wenig Vertrauen entgegenbringt. In der letzten Stunde habt Ihr also doch schon etwas gelernt.«

Es tat ihr leid, daß sie so mißtrauisch wirkte; sie war sich ganz sicher, daß dieser Mann kein Taschendieb war.

»Wenn Ihr mir den Weg zeigen würdet, wäre ich Euch sehr dankbar«, sagte sie. »Und Ihr braucht nicht vor mir herzugehen.«

Er ging neben ihr, war aber bemüht, einen gewissen Abstand zu wahren, damit sie ihm auch weiterhin vertraute.

»Haltet Ihr mich für sehr unverschämt, wenn ich Euch nach Eurem Namen frage?«

»Nein, durchaus nicht. Ich heiße Carolan Haredon.«

In Gedanken schien er eine Namensliste durchzugehen.

»Carolan Haredon«, wiederholte er. »Ich glaube, die Leute, die den Gebrauchtwarenladen führen, heißen Grey.«

»Meine … Mutter ist Mrs. Grey«, sagte Carolan schnell.

»Ach so … ich verstehe.« Er schien sich alle Informationen in Gedanken zu notieren.

Aber Carolan war zu verwirrt, um darüber nachzudenken. Ihre Mutter in einem Gebrauchtwarenladen! Sie dachte an Kitty … in ihrem Boudoir mit Thérèse, die ihr beim Ankleiden half, und der kleine Sambo zu ihren Füßen … Dieselbe Kitty … in einem Gebrauchtwarenladen!

»Mein Name ist Jonathan Crew«, sagte der Mann neben ihr, »zu Euren Diensten. Und hier ist die Grape Street … und seht, dort ist Nummer sechzig.«

Nummer sechzig war ein kleiner dunkler Laden mit Kleidungsstücken aller Art im Schaufenster und vor der Tür. Alles wirkte heruntergekommen und deprimierend auf Carolan. Ihr Herz wurde schwer, denn mit einem Schlag waren all die schönen Bilder ihrer Fantasie zerstört. Sie ging hinein in den dunklen Laden, und Mr. Jonathan Crew folgte ihr.

Im selben Augenblick öffnete sich eine Tür, und ein Mann erschien. Es war der Mann, den sie im Wald kennengelernt hatte.

»Vater!« rief sie.

Er starrte sie an, ohne sie zu erkennen.

»Ich bin es doch, Carolan, deine Tochter. Ist Mutter hier?«

»Carolan!« Ein Lächeln erhellte das Gesicht des Mannes. »Meine kleine Carolan! Du bist es!«

Er umschloß ihr Gesicht mit seinen Händen; ihre Kapuze fiel zurück, und ihr rotes Haar leuchtete sogar im dämmrigen Licht des Ladens. In den Augen des Mannes glänzten Tränen. Er drückte sie fest an sich und murmelte: »Kleine Tochter … kleine Tochter …« Dann rief er: »Kitty!«

Die ganze Zeit hatte Jonathan Crew neben einem Stapel alter Kleider gestanden und sie beobachtet.

Kitty kam herein. Sie hatte noch mehr zugenommen und schien ein wenig verändert. Zwar war sie noch dieselbe wunderschöne Kitty, aber ihr Haar wirkte ohne Thérèses Kunstfertigkeit unordentlich und ungepflegt. Sie trug ein rosa Gewand mit feiner Spitze, doch der rosa Stoff und die Spitze waren nicht besonders sauber. Sie sah Carolan und stieß einen Freudenschrei aus.

»Mein geliebtes Kind! Mein Schatz!«

Carolan lief auf Kitty zu, und sie fielen sich in die Arme.

»Mama, ich konnte einfach nicht länger bleiben.«

»Oh, mein Liebes, natürlich konntest du das nicht.«

»Mama, freust du dich auch wirklich, mich zu sehen?«

Kitty lachte; es war dasselbe spontane Lachen, an das Carolan sich so gut erinnern konnte.

»Du bist ja gewachsen, mein Schatz!«

»Findest du, Mama?«

»Als ich fortging, da warst du noch ein kleines Mädchen.«

Kitty streckte die Hand aus und bezog Darrell in die Umarmung mit ein. »Jetzt sind meine beiden Lieblinge bei mir.«

Carolan sah von einem zum anderen.

»Ist unsere Tochter nicht eine richtige kleine Schönheit?« fragte Kitty.

»Sie ist ein süßes Wesen, und ich bin stolz auf sie«, sagte Darrell schüchtern.

»Aber warum hast du uns denn nicht wissen lassen, daß du kommst, Liebling?« fragte Kitty.

»Ich hatte keine Zeit dazu.« Carolans Gesicht verdüsterte sich ein wenig. »Ich kann dir das nicht mit ein paar Worten erklären, Mama. Später erzähle ich dir alles. Aber es gibt etwas, das muß ich euch beiden sofort sagen. Ich werde nicht lange bei euch bleiben, denn ich werde heiraten.«

Kitty wischte sich die Augen.

»Meine süße kleine Tochter will heiraten. Aber du bist doch noch ein Kind!«

»Fast siebzehn!«

»Kannst du das glauben, Darrell? Und wen haben sie für dich ausgesucht, mein Schatz?«

»Sie haben niemanden für mich ausgesucht. Und mit meiner Wahl sind sie keineswegs zufrieden. Everard und ich haben zueinander gefunden.«

»Everard Orland! Der Sohn des Pfarrers?« Kitty lachte fröhlich. »Nun, er ist ein netter Junge, und ich freue mich. Er wird einen guten Ehemann abgeben.«

»Das glaube ich auch«, sagte Carolan. Und sie mußten alle lachen. Wobei Carolan auffiel, daß das Lachen ihres Vaters irgendwie merkwürdig klang, als hätte er es nicht richtig gelernt.

»Ich bin bestohlen worden … zweimal!« rief Carolan und erinnerte sich plötzlich an Jonathan Crew. »Oh!« rief sie und drehte sich nach ihm um. Er trat hinter einem Kleiderstapel hervor und kam langsam auf sie zu.

Darrell eilte ihm entgegen. »Womit kann ich Euch helfen, Sir?«

Aber Carolan unterbrach ihn: »Dieser Herr war so freundlich, mich hierher zu bringen. Ich war gerade das Opfer des zweiten Taschendiebs geworden, und er sagte, die Straßen wären unsicher. Dann bot er an, mir den Weg zu zeigen.«

»Dann müssen wir uns bei Euch bedanken, Sir«, sagte Darrell.

»Carolan, mein liebes Kind, du wirst sicher hungrig sein!« sagte Kitty. »Komm, wir werden etwas essen.«

Darrell wandte sich an Jonathan Crew.

»Und Ihr, Sir, müßt uns die Ehre erweisen und ein Glas mit uns trinken. Wir sind Euch sehr dankbar, daß Ihr unsere Tochter durch diese gefährlichen Straßen begleitet habt.«

»Sie brauchen mir nicht zu danken, es war mir eine Freude«, sagte Mr. Crew, und alle vier gingen durch den Laden in die Wohnung.

Eine blasse Sonne schien durchs Fenster und weckte Carolan am nächsten Morgen. Im ersten Augenblick wußte sie gar nicht, wo sie war. Das Zimmer, in dem sie erwachte, war vollgestopft mit schäbigen Möbeln, die einmal bessere Zeiten gesehen hatten. Die beiden Sessel mit ihren Brokatbezügen mußten einmal wunderschön gewesen sein. Der mit Einlegearbeiten verzierte Tisch war ein Meisterwerk. Die Gardinen wirkten sehr aufwendig, waren jedoch an verschiedenen Stellen zerrissen und nicht besonders sauber.

Die Ereignisse des vergangenen Tages kamen ihr wieder in den Sinn. Sie erinnerte sich, wie sie durch die Straßen von London zum Laden ihres Vaters gegangen war; sie dachte daran, wie sie ein Glas Ale mit ihrem neuen Freund Mr. Crew getrunken hatten. Er hatte dabei ein wenig über sich erzählt. Er war Buchhalter bei einer Reederei drüben am Fluß und lebte in der Nähe der Grape Street, weil es billig war und weil er die Gegend interessant fand. Da er nicht genug Geld für irgendwelche Vergnügungen hatte, studierte er zu seinem Zeitvertreib die menschliche Natur. Er konnte sich nichts Interessanteres vorstellen, abgesehen davon, daß seine »Studien« ihn keinen Pfennig Geld kosteten.

Nachdem er gegangen war, redeten sie noch ein wenig über ihn.

»Ein ehrlicher Mann«, sagte Darrell, »ohne große Ansprüche.«

Kitty fügte hinzu: »Ein bißchen langweilig ist er schon. Es hätte mir besser gefallen, wenn Kitty von einem Edelmann hergebracht worden wäre.«

»Ein Edelmann in der Grape Street!« Darrell mußte herzhaft lachen. »Da könnte man genauso gut eine Birne auf einem Apfelbaum suchen, meine Liebe.«

»So ungewöhnlich wäre das gar nicht«, beharrte Kitty. »Ich habe schon oft gehört, daß Adlige in die Armenviertel von London kommen, verkleidet als Buchhalter, Kesselflikker oder was auch immer. Das soll ein ganz neuer Zeitvertreib in Adelskreisen sein.«

Sie war immer noch dieselbe Kitty, die das Leben, das sie führte, durch eine rosa Brille betrachtete und die Augen vor der Wirklichkeit verschloß.

Carolan räkelte sich im Bett und dachte, Mama wolle doch tatsächlich eine Romanze zwischen ihrer Tochter und diesem Mr. Crew heraufbeschwören, weil sie sich selbst weismachte, er sei ein als Buchhalter verkleideter Prinz. Und dies, obwohl ich ihr von Everard erzählt habe! Liebe, unbeständige Mama, für dich ist Treue ein dehnbarer Begriff, den man je nach Bedarf oder Stimmung auslegen kann.

Letzte Nacht hatte sie Carolan in dieses Zimmer gebracht. Sie hatte sich vor die Frisierkommode gesetzt und sich eine Haarsträhne um den Finger gewickelt, während das Kerzenlicht ihr Gesicht sanft beschien.

»Natürlich ist dies nicht unser endgültiges Zuhause, mein Schatz«, hatte sie gesagt. »Es ist nur eine Art Sprungbrett für etwas Besseres. Dein Vater hat es mir so erklärt, und er ist keiner, der Lügen erzählt, wie du weißt. Er hat gesagt: ›Kitty, eines Tages werde ich ein Vermögen machen, und dann wirst du ein prachtvolles Haus haben, einen passenden Rahmen für deine Schönheit.‹ Carolan, findest du mich noch immer schön? Bin ich sehr gealtert, seit wir uns verabschiedet haben?«

Sie hatte wirklich hübsch ausgesehen im Kerzenschein, der ihre Züge weicher erscheinen ließ.

Carolan hatte über ihre Eitelkeit gelacht, aber sie konnte ihrer charmanten, unlogischen Mutter einfach nicht widerstehen.

Dann hatte Kitty ein wenig geweint und viel gelacht und beteuert, wie glücklich es sie mache, daß ihre liebe Tochter endlich wieder bei ihr wäre. Sie hatte sie zärtlich geküßt, gewartet, bis sie im Bett lag, und sie dann zugedeckt wie ein kleines Kind. Carolan wußte genau, daß Kitty sie niemals zugedeckt hatte, als sie tatsächlich noch ein Kind gewesen war. Aber wie immer schob sie solche Gedanken rasch beiseite, denn wie früher machte es sie einfach glücklich, mit ihrer Mutter zusammenzusein.

Carolan ging auf nackten Füßen zu dem kleinen Fenster in ihrem Zimmer und sah auf die enge Straße hinunter, die so früh am Morgen noch verlassen dalag. Ohne Gardinen hätte man in die gegenüberliegenden Fenster hineinsehen können.

Sie dachte an die Worte von Jonathan Crew: »Diese Straßen wimmeln nur so von Dieben.« Warum nur hatte ihr Vater sein Geschäft in einer solchen Gegend und nicht in einer der betriebsamen Straßen, durch die sie gestern gekommen war? Dort hätte er bestimmt mehr Kunden gefunden als hier.

Sie trat vom Fenster weg und wusch Gesicht und Hände in der Waschschüssel. Das Wasser war kalt und erfrischend.

Als sie sich angezogen hatte, öffnete sie ihre Tür und lauschte gespannt. Im ganzen Haus war kein einziger Laut zu hören. Ihre Eltern waren offensichtlich Langschläfer. Sie würde ihnen das Frühstück zubereiten und ans Bett bringen. Zumindest ihrer Mutter würde das sehr gefallen. Auf

Zehenspitzen schlich sie nach unten und dann den Flur entlang in das kleine Wohnzimmer hinter dem Laden. Es roch säuerlich, wahrscheinlich kam das von all den alten, gebrauchten Kleidern.

Eine Uhr schlug siebenmal. Sie öffnete die Tür und sah in den Verkaufsraum. Licht flimmerte durch Fensterläden und fiel auf einen Kerzenhalter aus Messing, der in dem bunten Sammelsurium von Waren hell blitzte. Sie sah Stühle und Teppiche, Porzellan und Silber, kleine, meist defekte Möbelstücke; und überall lagen alte Kleider herum. Dann fiel ihr Blick auf die große Standuhr, die gerade geschlagen hatte.

Carolan dachte über ihre Eltern nach. Mittlerweile nahm sie an, daß ihr Vater kein besonders cleverer Geschäftsmann war. Warum präsentierte er seine Waren nicht ein wenig ansprechender? Ihr altes Selbstvertrauen, das sie durch die Begegnung mit den beiden Dieben verloren hatte, kehrte jetzt plötzlich zurück. Während sie auf Everard wartete, würde sie ihren lieben, unbekümmerten Eltern zur Seite stehen. Oh, sie konnte sich schon vorstellen, wie die beiden ihr Geschäft führten! Ihre Mutter würde die hübschesten Dinge für sich selbst behalten, und ihr armer, trauriger Vater konnte ihr bestimmt nichts abschlagen. Kein Zweifel, ihre Eltern brauchten wirklich jemand, der sich um sie kümmerte! Mama war oft wie ein kleines Kind ... Und Vater? Schlimme Dinge waren ihm zugestoßen. Sein sanfter Gesichtsausdruck und sein Lächeln wirkten wie eine Maske, hinter der er seine wahren Gedanken und Gefühle verbarg. Kitty sah sowieso nur das, was sie sehen wollte, aber Carolan würde bald in der Lage sein, hinter diese Maske zu blicken. Und davor hatte er Angst.

Sie sah zu der Türglocke, die ihrem Vater die Ankunft eines Kunden meldete; das war eine gute Sache. Aber warum hängte er Kleidungsstücke draußen vor die Tür, und das in einer Gegend, in der es vor Dieben nur so wimmelte? Carolan schüttelte den Kopf. Wahrscheinlich waren ihm dort schon viele Dinge gestohlen worden, ohne daß er es überhaupt bemerkt hatte.

Sie hörte ein Geräusch im Verkaufsraum, drehte sich um und sah ihren Vater hereinkommen.

»Guten Morgen!« sagte sie.

»Guten Morgen, Carolan. Gehst du auf Entdeckungsreise?«

»Ja. Ich wollte eigentlich für dich und Mama das Frühstück herrichten.«

»Das ist sehr freundlich von dir, aber deine Mutter wacht nie vor Mittag auf. Ich werde jetzt frühstücken, weil ich heute morgen noch wichtige Geschäfte zu erledigen habe.«

»Du machst dir dein Frühstück selbst?«

Er lächelte. »Oh, dein Vater ist ein geschickter Mann, Tochter.« Er sah auf seine Hände, und sie folgte seinem Blick. Es waren knorrige, geschundene Hände, und an der rechten Hand fehlte ein Finger. Sie schienen ihr so viel zu erzählen, diese Hände; sie brachten sie beinahe zum Weinen.

Zärtlich sagte sie: »Heute morgen kannst du dich bedienen lassen. Ich richte dir dein Frühstück.«

»Es ist nicht so einfach, in einer fremden Küche zu werkeln. Sollen wir es nicht zusammen machen, Carolan?«

»Ja, das wäre schön!«

Er ging voran. Die Küche hatte einen Steinfußboden und wirkte unordentlich. Er bemerkte ihren mißbilligenden Blick.

»Carolan, du bist wie deine Mutter … und doch ein wenig anders. Ich wünschte …«

»Nun, was wünschst du denn, Vater?«

»Daß ich dir Reichtum und Luxus bieten könnte. Und glaub mir, wenn mir diese schlimme Sache nicht passiert wäre, dann könnte ich euch beiden alles geben, woran ihr gewöhnt seid. Sieh mich an, Carolan, ich bin ein Mann, der nichts als Pech hatte!«

Sie legte ihre Hände auf seine Schultern.

»Wir sind jetzt hier … alle drei sind wir jetzt zusammen. Und das ist gut so.«

»Ja, das ist gut; aber es wird nicht lange dauern, Carolan, denn dein Bräutigam wird dich bald abholen.«

»Ja, er wird mich holen, aber wenn wir verheiratet sind, werden wir euch oft besuchen.«

»Oh, das wäre schön. Hier ist kalter Speck und Brot; ein paar saure Gurken und Ale. Hast du darauf Appetit?«

»O ja, ich bin hungrig. Die Stadtluft tut mir offenbar gut.«

Er schnitt den Speck in Scheiben, und sie schnitt das Brot; als sie zusammen am Tisch saßen, sagte sie: »Es ist irgendwie aufregend, seinen Vater kennenzulernen, wenn man schon erwachsen ist. Bei den meisten Leuten ist das ja nicht so.«

»Glücklicherweise.«

»Bei uns könnte es aber auch ein Glück gewesen sein. Hättest du mich schon gekannt, als ich drei oder vier oder fünf war, dann hättest du mich vielleicht ab und zu bestrafen müssen.«

»Ich kann mir nicht vorstellen, dich zu bestrafen.«

»Ich war ein sehr wildes Kind.«

»Oh, ich hätte bestimmt Verständnis für deine Wildheit aufgebracht.« Er sah wieder auf seine Hände. »Weißt du, Carolan, ich glaube, es war gut, daß du deine Kindheit auf einem schönen, alten Herrensitz wie Haredon verbracht hast. Ich hätte dir niemals so viel Luxus bieten können.«

»Ich war dort nicht sehr glücklich. Mit dir und meiner Mutter wäre ich bestimmt glücklicher gewesen.«

Sie sah, wie er errötete.

»Oh, hast du wirklich lieber mich zum Vater als Squire Haredon?«

Nun errötete sie ihrerseits. Sie dachte an all die Geschenke und an die schmeichelnde Stimme: »Jetzt gib mir schon einen Kuß, Carrie. Bei Gott, du bist genau wie deine Mutter, du nimmst alles und gibst nichts!« Das waren nicht die Worte eines Vaters gewesen! Es war gräßlich!

»Ich habe Squire Haredon gehaßt. Dich hätte ich lieben können.«

Er sagte: »Ich werde immer daran denken, Carolan!« Sein Herz klopfte heftig; wie gut würde es tun, ihr alles zu erzählen, nicht alles auf einmal natürlich, aber nach und nach. Wie sehnlich hatte er sich gewünscht, mit jemanden zu reden! Er hatte versucht, mit Kitty zu sprechen. Er hatte ihr ein bißchen erzählt, aber sie hatte geweint und gesagt, es wäre zu schrecklich. Er konnte es nicht ertragen, sie zum Weinen zu bringen, obwohl er wußte, daß sie am nächsten Tag schon alles vergessen haben würde. Mit Carolan würde es anders sein. Sie könnte alles durch seine Augen sehen, sie könnte mit ihm fühlen – die Demütigungen, den Hunger, die Folter, die Verzweiflung. Er konnte nicht vergessen, was ihm geschehen war, und oft überkam ihn ein verzweifelter Drang, darüber zu reden. Jetzt saß sie vor ihm mit ihrem kleinen, hübschen Gesicht, das so lebhaft wirkte – so lebhaft, wie Kittys Gesicht niemals gewesen war. Sie hatte wundervolle grüne Augen, die gleichzeitig Wut und Mitgefühl ausdrücken konnten. Wie wütend würde sie auf seine Peiniger sein, wieviel Mitgefühl würde sie für ihn empfinden ... Aber nein! Die Wonne, mit Carolan über alles zu sprechen, mußte er sich versagen.

Er fragte: »Hast du schon an deinen Liebsten geschrieben?«

»Nein, ich will es heute tun.«

»Mach es doch jetzt, dann nehme ich den Brief mit und schicke ihn sofort ab.«

Er holte ihr Schreibzeug und ließ sie allein.

Carolan saß am Tisch, rief sich Everards Gesicht ins Gedächtnis und begann:

Lieber Everard,

Du wirst ohne Zweifel überrascht sein, von mir zu hören, daß ich Haredon verlassen habe. Ich konnte dort unmöglich länger bleiben. Charles und der Squire haben mir das Leben zur Hölle gemacht. Bitte versuch, mich zu verstehen. Das einzige, das ich tun konnte, war, von dort fortzugehen. Und der einzige Ort, zu dem ich gehen konnte, war das Haus meiner Eltern. Deshalb bin ich jetzt hier, liebster Everard, in der Grape Street Nummer sechzig. Mein Vater ist sehr, sehr nett, und meine Mutter freut sich, daß ich da bin. Sie haben einen etwas seltsamen Laden, und ich hoffe, daß ich ihnen helfen kann, aber ich hoffe auch, daß du mich bald abholen kommst. Ich denke ständig an dich, Everard. Falls du der Meinung sein solltest, es war falsch von mir, Haredon so übereilt zu verlassen, versuch bitte zu verstehen, daß ich dort auf keinen Fall länger bleiben konnte. Ich werde dir alles erklären, wenn wir uns wiedersehen. Mein Vater wird diesen Brief gleich für mich abschicken. Liebster Everard, es ist nur ein Monat vergangen, seit wir uns Ade gesagt haben, doch mir scheint es wie ein ganzes Jahr. Zwei Monate kommen mir vor wie eine Ewigkeit. Ich sehne mich nach dir, Liebster.

Deine Dich ewig liebende Carolan.

Sie hatte lange für diesen Brief gebraucht, weil sie ihm klarmachen wollte, ohne ihn direkt darum zu bitten, daß er das Versprechen seiner Mutter gegenüber brechen mußte. Sie brauchte ihn doch sehr.

Als sie den Brief noch einmal durchlas, klang er kalt, und sie hätte am liebsten einen anderen geschrieben. Aber ihr Vater wartete schon.

Er nahm den Brief und steckte ihn in seine Westentasche.

»Glaubst du, er wird zu dir kommen, bevor die zwei Monate vorüber sind?«, fragte er.

»Ich weiß es nicht. Er hat versprochen ...«

»Ich kann nicht verstehen, wie er versprechen konnte, dich drei Monate lang nicht zu sehen. Ich finde das unglaublich.«

»Du kennst Everard nicht. Er ist nicht so impulsiv wie ich. Er denkt immer logisch und handelt mit Überlegung. Ganz bestimmt liebt er mich; ja das tut er wohl wirklich, obwohl ich nicht so ganz die passende Frau für ihn bin. Er weiß das, aber er will mich trotzdem heiraten. Er liebt seine Eltern ... Aber er liebt mich noch mehr, und das will er sie auf keinen Fall spüren lassen, um sie nicht zu verletzen. Deshalb hat er sein Versprechen gegeben, so schwer es ihm auch fiel. Verstehst du das, Vater?«

Er nickte. »Mein Kind, ich hoffe, du wirst sehr, sehr

glücklich. Du sollst das Glück erleben, das deiner Mutter und mir versagt war.«

Ihre Augen füllten sich mit Tränen. Sie konnte seine Bitterkeit verstehen, da sie jetzt wußte, wie es war, wenn man liebte. Drei Monate von seinem Geliebten getrennt zu sein, war traurig – aber für Jahre getrennt zu sein, das war eine Qual. Aus diesem Gefühl heraus nahm sie seine armen, gepeinigten Hände und bedeckte sie mit Küssen.

»Meine süße Carolan«, sagte er. »Meine süße Tochter!« Er klopfte auf den Brief in seiner Tasche. »Ich werde ihn sofort abschicken. Carolan, hast du ihn gebeten, gleich zu kommen?«

Sie schüttelte den Kopf.

»Ich konnte ihn doch nicht bitten, sein Versprechen zu brechen.«

»Liebe Tochter, das Leben kann grausam sein; ein Aufschub ist gefährlich. Du weißt, wie es mir und deiner Mutter ergangen ist. Ich könnte es nicht ertragen, wenn auch du dein Glück verlieren würdest. Die Liebe ist das Wichtigste. Was ist schon ein dummes Versprechen im Vergleich zur Liebe zweier junger Menschen? Nimm den Brief. Füge einen Satz hinzu. Schreib: ›Komm sofort zu mir ohne Aufschub! Ich brauche dich!‹ Das mußt du tun, Carolan!«

Seine funkelnden Augen sahen sie beinahe gebieterisch an. Sie öffnete den Brief und schrieb: »Everard, bitte, bitte komm zu mir. Bitte Everard … warte nicht länger!« Etwas Verzweifeltes lag in diesen Worten, denn die blitzenden Augen ihres Vaters jagten ihr Angst ein.

Dann versiegelte sie den Brief erneut und reichte ihn ihrem Vater.

»Er wird kommen«, sagte er zuversichtlich. Dann fuhr er fort: »Carolan, was hast du heute vor?«

»Langeweile werde ich bestimmt nicht haben. Ich bin ja zum erstenmal hier in London, und es scheint mir eine äußerst aufregende Stadt zu sein!«

»Geh nicht aus, Kind. Warte, bis ich Zeit habe, dir London zu zeigen. Aber geh nicht ohne Begleitung aus. Leider habe ich heute dringende Geschäfte zu erledigen, aber so wird es nicht immer sein. Ich werde dich mitnehmen nach Ranelagh, mein Kind. Du wirst den Gesprächen in den Kaffeehäusern lauschen. Wir werden am Fluß sitzen und den Barkassen nachschauen. Wir werden ins Theater gehen.«

»Ich glaube, ich werde meinen Aufenthalt hier in London genießen, Vater.«

»Ja, und ich werde das meinige dazu beitragen. Aber heute mußt du mir versprechen, zu Hause zu bleiben. In dieser Gegend ist es für eine Dame nicht gerade ratsam, allein auszugehen. Gib mir dein Wort, daß du nicht ohne mich in die Stadt gehst.«

»Natürlich, ich verspreche es dir ... Es ist schön, einen besorgten Vater zu haben. Früher kümmerte sich niemand darum, ob ich im Haus war oder nicht.«

»In London ist das etwas anderes als auf dem Lande. Übrigens wird unser Mädchen Millie gegen neun Uhr hier sein.«

»Oh, und ich habe mich schon gefragt, wer die Arbeit hier macht. Ich konnte mir nicht so ganz vorstellen, daß Mama ...«

Beide mußten lächeln.

»Nein, ich möchte nicht, daß deine Mutter sich die Hände schmutzig macht, deshalb haben wir Millie.«

»Wohnt sie nicht hier im Haus?«

»Nein, sie wohnt am Ende der Straße. Sie kommt um neun und geht um vier. Wir finden es besser, wenn sie die Nacht nicht hier verbringt; wir ziehen es vor, allein zu sein. Sie ist ein wenig einfältig, die arme Millie ... Gleich wird sie kommen und den Laden öffnen.«

»Aber kann sie denn mit den Kunden umgehen?«

»Es kommen nicht viele Kunden.«

Sie sah ihn besorgt an. Daher rührten also die Sorgenfalten auf seiner Stirn. Er war sicher kaum in der Lage, die anfallenden Kosten aufzubringen. Und war das vielleicht ein Wunder? Erstens lag der Laden in der falschen Gegend, und zweitens hatte er niemanden, der sich richtig um die Kundschaft kümmerte, wenn er ausgehen mußte, nur ein Mädchen, das ein wenig »einfältig« war.

Sofort erriet er ihre Gedanken und tätschelte ihre Hände.

»Mach nicht so ein Gesicht, kleine Tochter. Es geht mir gut; dies hier ist ein gutes Geschäft, und ich werde mich bald zur Ruhe setzen können. Dann kaufe ich ein schönes Haus auf dem Land, damit meine Tochter, ihr Ehemann und ihre Kinder sich nicht schämen müssen, wenn sie mich besuchen.«

»Deine Tochter mitsamt ihrer zukünftigen Familie wird sich auch nicht schämen, wenn sie dich hier besucht.«

»Ich weiß, ich weiß. Aber warte nur, bis du das schöne Haus auf dem Land siehst, das ich kaufen werde.«

»Es freut mich, daß deine Geschäfte gut gehen, Vater.«

»Du brauchst dir um uns wirklich keine Sorgen zu machen, Carolan. Wenn Millie kommt, wird der Laden geöffnet. Du und deine Mutter, ihr braucht euch nicht darum zu kümmern. Ich glaube, ich höre Millie schon; ich werde sie hereinlassen.«

Millie hatte sandfarbene Haare und war ungefähr so alt wie Carolan. Ihr Gesicht war blaß, mit eng zusammenstehenden Augen, ihre Haut war übersät mit Pockennarben; ihr Mund stand immer ein wenig offen, und sie wirkte abwesend.

»Millie«, sagte Darrell, »das ist Miß Carolan, meine Tochter.«

Millie nickte, ohne Carolan auch nur anzusehen.

»Und jetzt muß ich gehen, Carolan. Vergiß nicht, was du mir versprochen hast!«

»Ich halte mein Versprechen. Ich warte, bis du Zeit hast, mich zu begleiten.« Carolan küßte ihn zum Abschied.

Millie hatte mittlerweile die Fensterläden geöffnet, aber es sah immer noch düster aus. Merkwürdig, dachte Carolan, tätigte ihr Vater hier wirklich so gute Geschäfte? Er hatte ihren Blick gemieden, als er das sagte, und sie überkam ein ungutes Gefühl. Sicher standen die Dinge nicht so gut, wie er sie glauben machen wollte. Wenn sie erst mit Everard verheiratet wäre, würde sie ihre Eltern zu sich nehmen, oder ihnen ein kleines Häuschen in der Nähe kaufen. Ihr Vater wäre bestimmt zufrieden, wenn er einen Garten hätte, um Blumen und Gemüse anzupflanzen, da war sie ganz sicher. Aber bis dahin wollte sie hier alles ein bißchen schöner für die beiden machen. Sie ging in die Küche, wo Millie an der Spüle stand.

»Laß uns heute mal so richtig saubermachen«, sagte sie. »Hier ist alles sehr schmutzig.«

Millie strich sich anstelle einer Antwort nur eine Haarsträhne aus der Stirn.

»Findest du nicht, daß es hier schmutzig ist?« fragte Carolan leicht verärgert.

»Ich weiß nich'«, sagte Millie.

»Nun, ich kann dir versichern, daß es so ist. Diese Regale sind voller Staub. Der Boden muß geschrubbt werden. Wann hast du ihn zuletzt geschrubbt, Millie?«

»Weiß nich'«, sagte Millie. »Hab's vergessen.«

Voller Entschlossenheit machte sich Carolan an die Arbeit. Aus diesem schmutzigen Stall wollte sie ein angemessenes Zuhause für ihre Eltern machen. Sie kamen ihr vor wie Kinder, alle beide – und Millie war ein hoffnungsloser Fall. Äußerst langsam wusch sie gerade das Frühstücksgeschirr ab. Carolan hatte sich eigentlich niemals um hausfrauliche Tugenden bemüht, ganz im Gegensatz zu Margaret. Wie sehr wünschte sie sich jetzt Margarets Rat! Nun, Carolan würde diese Küche so in Ordnung bringen, daß sogar Margaret damit zufrieden wäre!

»Du meine Güte!« sagte sie. »Brauchst du etwa den ganzen Morgen, um diese paar Teller zu spülen? Kein Wunder, daß alles hier so dreckig ist! Ich werde das ändern. Ich werde dir beim Abwasch helfen, dann kannst du den Fußboden schrubben, und wir können alles aufräumen.«

Millie war weder beleidigt, noch versuchte sie sich zu verteidigen; Carolans Klagen schienen von ihr abzuprallen. Gleichgültig und genauso langsam wie zuvor machte sie mit ihrem Abwasch weiter.

»Millie!« sagte Carolan in scharfem Ton und faßte das Mädchen am Ärmel. Mit einem Schrei ließ Millie einen Teller fallen. Ihr Kittel war so alt und zerschlissen, daß der Ärmel gleich einen langen Riß bekam, obwohl Carolan nur ganz leicht zugefaßt hatte. Carolan starrte entsetzt auf die Striemen, die unter dem zerrissenen Ärmel zum Vorschein kamen.

»Was ist denn das? Wer hat das getan?«

Millie blickte auf ihren Arm. Ihr bis dahin ausdrucksloses Gesicht wirkte plötzlich ängstlich.

»Mein Vater«, sagte Millie.

»Dein Vater hat das getan! Du meinst, er hat dich geschlagen? Dann hast du also Schmerzen und arbeitest deshalb so langsam! Warum hast du mir das nicht gesagt? Die Wunden müssen behandelt werden!«

Aus Carolans Wut auf das Mädchen war plötzlich Mitgefühl geworden. Gleichzeitig verachtete sie diesen grausamen Vater.

»Es ist nichts«, sagte Millie, »er macht das immer.«

»Das nennst du nichts! Tut es weh? Wir müssen die Wunden säubern.«

Anstatt das Haus ihrer Eltern zu putzen, wie sie es beabsichtigt hatte, verbrachte Carolan den ganzen Morgen damit, Millies Arm zu waschen und zu verbinden. Sie kochte ihr heiße Schokolade und versuchte ohne viel Erfolg, etwas über ihr Leben herauszufinden. Sie erfuhr lediglich, daß Millie mit ihren zehn Geschwistern und ihren Eltern in einem einzigen Raum am Ende der Grape Street wohnte und daß Millies Vater zu viel Gin trank, was dann zur Folge hatte, daß er seine Frau und seine Kinder verprügelte.

»Wenn er dich angreift«, sagte Carolan, »solltest du zurückschlagen. Betrunkene Leute sind nicht besonders stark.«

Millie starrte Carolan teilnahmslos an.

»Du darfst nicht dort bleiben. Läßt sich denn keine Stellung finden, wo du auch wohnen kannst?«

»Weiß nich'«, sagte Millie.

»Dann solltest du es herausfinden!«

»Und wie?« fragte Millie. Darauf wußte Carolan auch keine Antwort, aber sie beschloß, daß von jetzt ab auch Millie zu den Menschen gehörte, denen sie helfen mußte.

Der Morgen verging, ohne daß die Ladenglocke auch nur einmal geläutet hätte.

Gegen zwölf Uhr mittags brachte sie ihrer Mutter das Frühstück.

»Komm herein!« rief Kitty schläfrig.

Es war ein kleiner Schock, wenn sie an das Zimmer dachte, das ihre Mutter in Haredon bewohnt hatte. Damals war natürlich Thérèse zur Hand gewesen, die ihre Sachen aufgeräumt hatte. Jetzt dagegen lag das Kleid, das Kitty am gestrigen Abend getragen hatte, auf dem Boden, und die Unterwäsche daneben. Im Zimmer roch es muffig.

Carolan sagte: »Ich will zuerst das Fenster öffnen und die Sonne hereinlassen.«

»Laß das Fenster bitte zu, Liebling«, meinte Kitty ängstlich. »Der Morgenluft ist nicht zu trauen.«

»Der Morgen ist längst vorbei, Mama! Hast du die Uhr nicht zwölf schlagen hören?«

»Dann bin ich wohl eine ganz schöne Langschläferin. Und du bringst mir ein Tablett, wie nett von dir. Es sieht auch viel besser aus als das, was mir die dumme Millie sonst immer vorsetzt!«

»Hier ist eine Tasse Kakao für den Anfang. Magst du Kakao?«

»Und wie! Bring mir die Tasse. Aber gib mir zuerst einmal meinen Spiegel ... Du meine Güte, ich sehe ja schrecklich aus, oder?«

Sie sieht alt aus, dachte Carolan, ungepflegt; und sie hat sehr zugenommen. Die Spitze ihres Nachthemds war zerschlissen und fleckig, aber ihr üppiger Busen, den man durch die Spitze sehen konnte, war noch immer so weiß wie früher. Sie sah träge und faul aus, eine alternde Schönheit, die im Leben zu viele süße Sachen genossen hatte.

»Wie sehe ich aus, mein Schatz? Bin ich stark gealtert?«

»Fast überhaupt nicht, Mama«, log Carolan. »Aber du bist fülliger geworden.«

»Oh, aber wenigstens an den richtigen Stellen, wie Thérèse zu sagen pflegte. Wie geht es Thérèse?«

»Ich weiß es nicht. Sie verschwand einfach.«

»Und der arme Sambo?«

»Er ist auch gegangen.«

»Und dieses Biest Jennifer Jay?«

»Eines Nachts ist sie betrunken die Treppe heruntergefallen und hat sich das Genick gebrochen.«

»Das geschieht ihr ganz recht! Carolan, es gibt etwas, das ich dich schon immer fragen wollte. Hat sie dich geschlagen?«

»Manchmal.«

»Warum hast du es mir nie gesagt?«

»Ich weiß nicht.«

»Nun, sie wird dich niemals wieder schlagen, Carolan. Gib mir jetzt meinen Kakao, Kind. Sonst wird er kalt.« Sie trank gierig. »Oh, dein Kakao schmeckt viel besser als der Millies.«

»Mama, tut es dir nicht leid, daß du fortgelaufen bist?«

»Fort von Haredon? Mein Kind, wie kannst du nur so etwas fragen? Natürlich nicht. Ich würde deinem Vater bis ans Ende der Welt folgen!«

Sie saß sorglos an ihre Kissen gelehnt und dachte an nichts anderes, als daß Carolans Kakao besser schmeckte als der Millies.

»Aber Mama, dies hier ist nicht zu vergleichen mit Haredon!«

»Ich möchte trotzdem niemals dorthin zurückkehren. Obwohl ich natürlich Thérèse vermisse. Sie konnte wirklich wahre Wunder bewirken! Ja, sie vermisse ich sicherlich. Aber ich haßte den Squire, mein Liebling. Dein Vater ist mein wahrer Ehemann.«

»Er ist wirklich ein Schatz.«

»Du hast ihn also schon lieben gelernt?«

»Er ist so sanft, er ist einfach so, wie man sich einen Vater nur wünschen kann. Aber Mama, dieses Haus hier ... Mir scheint, daß seine Lage nicht gut fürs Geschäft ist.«

Kitty lachte. »Du erwartest doch wohl nicht im Ernst, daß ich weiß, was eine gute Geschäftslage ist und was nicht. Solche Dinge überlasse ich lieber deinem Vater.«

»Er scheint mir ein wenig besorgt zu sein.«

»Besorgt? Ich wüßte nicht weswegen. Er ist hier glücklich mit mir ... und ich bin es auch. All die langen, einsamen

Jahre, die ich auf ihn gewartet habe, bis er endlich kam, um mich zu holen. Ach, es waren schreckliche Jahre, in denen ich nur auf ihn gewartet habe!«

Carolan lächelte sie nachsichtig an. Es mußte schön sein, nur das zu glauben, was man glauben wollte!

Dann machte sie einen weiteren Versuch. »Alles dort unten ist so unordentlich und unansehnlich. Die Läden, an denen ich gestern vorbeigekommen bin, sahen viel hübscher und ansprechender aus. Unser Laden ist nicht sehr schön, noch nicht einmal besonders sauber.«

Kitty sagte lachend: »Was bist du doch für eine kleine Besserwisserin geworden, Carolan! Und so ernsthaft! Aber ich weigere mich strikt, mir ebenfalls Sorgen zu machen. Was wäre wohl aus mir geworden, wenn ich mich durch alle möglichen Dinge hätte beunruhigen lassen! Ich wäre jetzt alt, hager und faltig!« Sie nahm den Handspiegel und lächelte sich selbst zu. »Statt dessen bin ich, obwohl ich jetzt schon ... Nein, Carolan, ich sage dir nicht, wie alt ich bin. Und du solltest mich auch nicht danach fragen. Wenn ich an all das denke, was ich durchgemacht habe! Dieses ewig lange Warten auf deinen Vater ... und dann, nachdem wir wieder zusammen waren ... Das waren schreckliche Zeiten, die ich da erleben mußte. Armut! Mein Kind, dir hat es ja noch nie an etwas gefehlt, du hast keine Vorstellung davon, unter welch schrecklicher Armut ich gelitten habe! Sogar bei Tante Harriet – und ich sage dir, es war gräßlich bei diesem Satansbraten –, sogar dort hatte ich genug zu essen.«

»Mama, mußtet ihr denn etwa hungern?«

»Oh, es war schlimm! Diese schmuddeligen Logierhäuser! Dieses furchtbare Essen ... und dann hatten wir überhaupt nichts mehr zu essen. Dein armer Vater sagte immer: ›Kitty, es wäre besser gewesen, du wärst in Haredon geblieben.‹ Ich antwortete dann: ›Nein, keineswegs. Mein Platz ist an deiner Seite. Ich gehöre zu dir, was auch geschieht.‹«

Sprach sie wirklich die Wahrheit? fragte sich Carolan, oder spielte sie nur wieder eine Rolle – die Rolle der treuen

Frau? Nein, ein Körnchen Wahrheit mußte in all dem enthalten sein.

»Hat er denn damals nicht gearbeitet, Mama?«

»Er arbeitete für einen Kaufmann unten am Hafen.« Sie zitterte und verbarg ihr Gesicht in ihren Händen. Dann nahm sie sie weg und lächelte plötzlich strahlend. »Aber warum reden wir nur darüber? Jetzt ist ja alles gut!«

»Mama, bist du auch sicher, daß alles in Ordnung ist?«

»Mein Kind! Mein ernsthafter kleiner Schatz! Natürlich ist alles gut. Wir haben doch jetzt den Laden. Dein Vater sagt, der Laden wird uns ein kleines Vermögen einbringen. Nur eine kurze Zeit noch müssen wir in diesem gefährlichen Viertel leben – und ich sage dir, hier ist es tatsächlich sehr gefährlich, niemals dürfen wir vergessen, des Nachts alle Türen und Fenster zu verriegeln …«

»Es gibt so vieles, das ich nicht verstehe. Es ist so ein seltsamer Laden … es kommen überhaupt keine Kunden.«

»Über solche Dinge darfst du dir einfach nicht deinen hübschen Kopf zerbrechen – ich tue es doch auch nicht. Ich vertraue deinem Vater. Er hat mir ein Haus auf dem Land versprochen, mit Personal, das mich bedient. Und er ist nicht der Typ Mann, der leichtfertig irgendwelche Versprechen macht. Oh, das wird ein glücklicher Tag, wenn wir von hier fortziehen. Ich sehe unser neues Haus schon ganz deutlich vor mir …« Ihre Gebärden änderten sich plötzlich. Sie war die würdevolle Gastgeberin, die eine breite Treppe hinunterschritt, um ihre Gäste zu begrüßen; und dieses Bild war realer für sie als das schäbige Schlafzimmer und ihre Tochter, die bei ihr am Bett saß.

Kitty hörte plötzlich auf zu träumen und sagte: »Reich mir doch jetzt das Tablett, meine Liebe. Ich möchte etwas mehr von diesem köstlichen Speck.«

Sie aß mit herzhaftem Appetit.

»Ich bin froh, daß du nicht bereut hast, von Haredon fortgegangen zu sein«, sagte Carolan.

Kitty lachte. »Dieses Haus! Und dieses Ungeheuer dort! Wie er mich gequält hat! Sollte ich etwa diesem langweiligen Dorfleben hinterhertrauern? O nein! Leider habe ich keine Kutsche, sonst könnte ich herumfahren, wohin ich will. Aber Darrell sagt immer, wir können uns keine leisten, weil wir sparen müssen, damit wir von hier fort können. Nun, wenn ich erst mein eigenes Haus habe und Diener, die mir aufwarten! Dann wirst du schon sehen. Vielleicht könnte ich Thérèse wieder einstellen? Mit all ihren Cremes und Lotionen … sie würde mich wieder herrichten! Ja, auf dem Lande werde ich wieder aufblühen! Auch du bist charmant, meine Liebe, obwohl du niemals so aussehen wirst wie ich. Aber du hast Ähnlichkeit mit mir, Carolan. Schade, daß deine Augen so grün sind, blaue Augen sind viel hübscher. Wenn doch dein Haar nur so blond wäre wie meines … Immerhin, du hast meine Nase und mein Kinn, und auch dein Mund ist dem meinen etwas ähnlich. Du hast viel von mir, Carolan.«

Carolan knickste. »Ich danke dir vielmals, Mama.« Sie beugte sich hinunter und küßte ihre Mutter. »Ich lasse dich jetzt allein, damit du dich anziehen kannst; vielleicht kommt Vater bald zurück und macht einen Spaziergang mit mir.«

»Erwarte mich nur nicht zu früh, mein Kind … Ohne meine liebe Thérèse brauche ich immer sehr lange.«

Am Nachmittag saß Kitty im Wohnzimmer und blätterte müßig in einem Magazin. Ab und zu wechselte sie ein paar Worte mit Carolan. Millie wischte in den oberen Räumen Staub.

»Mama«, sagte Carolan, »ich habe eine Idee. Ich werde jetzt in den Laden gehen und dort etwas aufräumen. Es ist dort so düster und ungemütlich, und den ganzen Tag über ist noch kein einziger Kunde dagewesen. Ich will Vater überraschen.«

»Du kannst wohl niemals stillsitzen«, meinte Kitty lachend. »So rastlos war ich nie. Aber wenn du es so gern möchtest …«

»Glaubst du, Vater würde sich freuen?«

»Natürlich wird er das, der Gute.«

»Dann fange ich gleich an. Laß die Wohnzimmertür offen, dann kann ich mich mit dir unterhalten, während ich arbeite.«

Als Carolan in dem dämmrigen Laden stand, wußte sie gar nicht, wo sie anfangen sollte. Solch ein Tohuwabohu! Überall hingen dreckige, alte Kleidungsstücke herum und verdeckten die Sicht auf die hübscheren Waren.

Zuerst einmal wollte sie all die alten Mäntel, die am Eingang hingen, fortschaffen. Dann würde sie das Schaufenster aufräumen. Fröhlich machte sie sich an die Arbeit, und kurze Zeit später lag schon ein Haufen unbrauchbarer Kleidungsstücke auf dem Boden. Nun war das Schaufenster leer, jedoch sehr schmutzig. Heute wollte sie nur staubwischen, um morgen mit Millies Hilfe alles gründlich zu säubern.

»Mein Schatz, der ganze Staub fliegt mir hier ins Zimmer!« jammerte Kitty.

»Da kannst du sehen, wie dringend hier geputzt werden muß!« rief Carolan munter.

Ihre Nase war staubverschmiert; ihre Augen leuchteten. Ab und zu schnalzte sie mit der Zunge, wenn sie ein neues Beispiel für die Nachlässigkeit ihres Vaters entdeckte. Sie fand ein Stück schwarzen Samt, auf dem sie ein paar hübsche Schmuckstücke dekorativ arrangierte. Der Laden sollte geschmackvoll werden, genauso schön wie die Läden, an denen sie gestern vorbeigekommen war. Ihr Vater würde seine Freude daran haben.

Jetzt störten sie noch all die alten Mäntel, die an der Wand hinter der Kasse hingen. Sobald sie sie berührte, flogen ihr die Motten entgegen. Als sie die schweren Mäntel mühselig heruntergenommen und auf den Boden gelegt hatte, kam dahinter eine Tür zum Vorschein. Carolan versuchte sie zu öffnen, doch sie war abgeschlossen.

»Mama!« rief sie. »Was für eine Tür ist das hier? Ich habe sie hinter den Mänteln entdeckt, aber sie ist abgeschlossen.«

»Eine Tür ...? Oh, ich erinnere mich. Wir benutzen sie kaum; sie ist immer verschlossen. Ich glaube dein Vater öffnet sie manchmal, weiß es aber nicht genau.«

»Wohin führt sie, Mama?«

»Vielleicht in den Keller; ich bin mir nicht sicher.«

Carolan ging ins Wohnzimmer und sah ihre Mutter ungläubig an.

»Mama, willst du mir etwa sagen, daß du noch nie durch diese Tür gegangen bist?«

»Warum sollte ich denn?«

»Aber als ihr hier eingezogen seid ...«

Kitty gähnte gelangweilt. »Mach die Tür zu, mein Schatz. Der Staub kitzelt mich im Hals. Ich bin da schon immer sehr empfindlich gewesen. Sonst hätte mir meine Mutter vielleicht Gesangsstunden geben lassen. Sie sagte immer, meine Stimme wäre wie die von Elizabeth Sheridan.« Sie lächelte und sonnte sich in einem imaginären Applaus.

Aber Carolan ließ nicht locker. »Als ihr euch das Haus angesehen habt, wolltest du denn da nicht sehen, was hinter dieser Tür ist?«

»Ich bin eben nicht so neugierig wie du, mein Schatz. Ich mache mir keine Gedanken darüber, was hinter irgendwelchen Türen verborgen sein könnte. Man sollte sich nicht über unwichtige Dinge den Kopf zerbrechen.«

»Mama, erzähl mir doch, wie ihr zu diesem Laden hier gekommen seid. Woher habt ihr all diese Möbel? Sie sind ja wohl alles andere als neu. Habt ihr sie für den Laden besorgt?«

»Als wir in dieses Haus einzogen ... Nun, es war alles so, wie es jetzt ist, als wir hierherkamen. Es hat alles immer so ausgesehen.«

»Aha! Ich kann mir schon vorstellen, wie es war; Vater hat einfach das Ganze so gekauft, wie er es vorgefunden hat – die Möbel und alles. Dann hat er wohl eine unverhoffte Geldsumme erhalten, wenn ihr vorher so arm wart, daß ihr nicht einmal etwas zu essen kaufen konntet.«

»Ja, so war es wohl«, sagte Kitty.

Carolan nahm ihre Mutter in die Arme und gab ihr einen Kuß. Es wäre wohl eine vergebliche Liebesmüh gewesen, wollte Darrell versuchen, seine Geschäftsangelegenheiten mit diesem zauberhaften, flatterhaften Wesen zu besprechen!

Arme, zauberhafte Mama, und armer, zauberhafter Vater! dachte sie. Dann ging sie zurück in den Laden.

Sie hatte gerade damit begonnen, alle alten, unbrauchbaren Kleider in einer Ecke aufzustapeln, um ihren Vater später darüber entscheiden zu lassen, als die Türglocke läutete und ein Mann hereinkam. Ein Kunde! dachte sie fröhlich. Aber dann erkannte sie Jonathan Crew.

»Guten Tag«, sagte er.

»Guten Tag, Mr. Crew.«

Seine Augen wanderten im ganzen Laden umher, vom Fenster bis zu der freigeräumten Tür.

»Ihr seid wohl sehr beschäftigt ...«

»Das bin ich in der Tat. Und Ihr? Heute nachmittag müßt Ihr wohl nicht arbeiten?«

»Manchmal muß ich während meiner Arbeitszeit gewisse Botengänge erledigen. Und wenn ich schnell damit fertig bin, warum sollte ich dann nicht eine kleine Pause einlegen? Geht es Euch gut, nach all dem, was Ihr gestern erlebt habt?« fragte er lächelnd und entblößte dabei seine großen weißen Zähne.

»Es geht mir ausgezeichnet, danke.«

»Und offensichtlich wißt Ihr Eure Zeit gut zu nutzen.«

»Findet Ihr, daß es hier schon ein wenig anders aussieht? Wahrscheinlich nicht, gestern war es ja schon dämmerig, als Ihr den Laden gesehen habt.«

»Doch, ich kann einige Veränderungen feststellen; man hat mir schon immer gesagt, daß ich ein aufmerksamer Beobachter bin. Und ich muß sagen, der Laden sieht bereits besser aus.«

»Wer ist es, Carolan?« rief Kitty vom Wohnzimmer aus.

»Es ist Mr. Crew. Er wollte wissen, wie es mir nach meinen gestrigen Abenteuern geht.«

»Kommt herein!« rief Kitty. »Kommt herein, Mr. Crew.«

Carolan führte ihn ins Wohnzimmer, und Kitty, die in ihrem Sessel sitzengeblieben war, streckte ihm ihre Hand entgegen. Sie benahm sich wie eine Königin, die einen geschätzten Untertan empfängt.

»Das ist wirklich sehr freundlich, Mr. Crew.«

Er machte eine galante Verbeugung, als er Kitty die Hand gab.

»Ich wollte gern wissen, ob Eure Tochter heute wohlauf

ist, Madam. Gestern hat sie in London ja einen ziemlich unfreundlichen Empfang erlebt.«

»Nun, nicht alle hier waren unfreundlich«, sagte Kitty. »Und wir sind Euch zu großem Dank verpflichtet.«

»Es war mir eine große Freude, Ihrer Tochter behilflich zu sein.«

Carolan sagte: »Ich muß noch ein paar Dinge wegräumen, bevor mein Vater zurückkehrt. Wenn Ihr mich jetzt entschuldigen wollt, Mr. Crew … Du kannst dich ja mit Mr. Crew unterhalten, Mama, während ich weiter aufräume.«

Kitty sah mißbilligend drein. So konnte man doch keinen Herrenbesuch behandeln. Carolan hatte wirklich noch viel zu lernen. Ihre Nase war dreckverschmiert, und ihr hübsches Haar ganz zerzaust.

»Lauf in dein Zimmer, Liebes, wasch dich und zieh dir ein anderes Kleid an«, sagte Kitty streng.

»Nein, nein!« wehrte Mr. Crew ab. »Ich will nicht stören. Miß Carolan ist eine fleißige junge Dame, die ihre angefangene Arbeit gern zu Ende bringen möchte. Sie verdient unsere Bewunderung, und ich würde ihr gern helfen.«

»Das braucht Ihr nicht«, sagte Carolan. »Es ist nicht mehr viel zu tun.«

»Trotzdem bestehe ich darauf, Euch zu helfen!«

Und er half ihr tüchtig dabei, die alten Kleider in eine Ecke des Ladens zu schaffen. »Diese Art Laden interessiert mich außerordentlich, man weiß nie, was man alles findet!«

Als sie fertig waren, sagte Carolan: »Ich bin gespannt, was mein Vater dazu meint, wenn er nach Hause kommt.«

»Er wird sich bestimmt freuen. Wie lange werdet Ihr hierbleiben, Miß Carolan?«

»Ich weiß es nicht genau. Zwei Monate oder vielleicht auch kürzer.«

»Zwei Monate können sich hinziehen. Habt Ihr vor, den Laden in dieser Zeit in ein Schmuckstück zu verwandeln?«

»Ja, das will ich versuchen.«

»Ich hoffe sehr, es wird Euch gelingen.«

»Meine Mutter ruft uns; wir wollen zu ihr gehen.«

Kitty war immer noch ein wenig schockiert von dem

unkonventionellen Benehmen ihrer Tochter, aber sie sagte nachsichtig lächelnd: »Jetzt gehst du aber sofort in dein Zimmer und wäschst dir Gesicht und Hände, tu mir den Gefallen!«

Als Carolan zurückkam, redete Mr. Crew über London. Wie lebhaft er doch erzählen konnte! Carolan hörte genauso gespannt zu wie ihre Mutter. Er redete über die Kaffeehäuser, die Parks und das Theater. Vor Jahren hatte er »Die Skandalschule« von Sheridan gesehen und sogar die große Schauspielerin Mrs. Siddons. Des öfteren hatte er einen Blick auf den Prinzen und die Prinzessin von Wales erhascht; und als er noch ein kleiner Junge war, hatte er einmal den Prinzen zusammen mit Mrs. Perdita Robinson gesehen. Das war in jenen Tagen, als der Prinz noch jung und hübsch war und noch nicht so schrecklich viel an Gewicht zugenommen hatte, also vor seiner Ehe mit Maria Fitzherbert. Und Mr. Crew hatte tatsächlich auch die schöne Maria zu Gesicht bekommen. Er schien über alles Bescheid zu wissen und überall gewesen zu sein. Kitty liebte solche Unterhaltungen und saugte jedes Wort gierig auf.

»Meine kleine Tochter ist ganz wild darauf, die Stadt kennenzulernen«, sagte Kitty.

»Ich hoffe sehr, daß ich ihr eines Tages ein bißchen von London zeigen darf ... und Euch natürlich auch.«

»Das ist äußerst freundlich. Mein armer Gatte ist immer so beschäftigt. Für Vergnügungen bleibt da wenig Zeit übrig.«

»Aber sicher ist Mr. Crew ebenfalls ein sehr beschäftigter Mann«, sagte Carolan.

»Ich habe manchmal schon ein wenig freie Zeit«, antwortete er.

»Und es ist wirklich ganz reizend von Euch, wenn Ihr ein paar Stunden davon mit uns verbringt«, meinte Kitty.

»Ihr seid es, die reizend ist.«

»Charmeur!« lachte Kitty.

Oh, Mama! dachte Carolan, hör damit auf! Er ist ganz anders, als du denkst. Siehst du das denn nicht?

Aber Kitty sah es nicht. Sie blickte ihren Besucher bewundernd an. Carolan fühlte sich unbehaglich, sie war sehr still und fast ein wenig unhöflich.

Kitty dagegen dachte: Ich bin also doch noch attraktiv! Dieser junge Mann, der gekommen ist, um meine Tochter zu besuchen, scheint mich interessanter zu finden. Eine Frau wird anscheinend immer anziehender, je älter sie ist – natürlich darf sie nicht zu alt sein. Das, was sie an Gewicht zunimmt, verliert sie an Ungeschicklichkeit. Wir wissen schließlich nicht, ob dieser Mann ein großer Herr ist – ein reicher Kaufmann –, vielleicht sogar ein Lord! Ich wünschte, ich hätte das schwarze Samtkleid angezogen! Schwarz ist so vorteilhaft zu heller Haut. Aber vielleicht ist Blau doch hübscher … Thérèse hat immer gesagt, daß Blau meine Farbe ist.

»Ich muß jetzt gehen«, sagte Mr. Crew. »Aber ich hoffe, daß ich wiederkommen darf.«

Er verbeugte sich vor Kitty, und Carolan begleitete ihn zur Tür.

»Ich würde gern mehr von den interessanten Dingen in Eurem Laden sehen«, sagte er.

»Bitte kommt doch, wann immer Ihr wollt. Mein Vater hat unzählige Dinge in seinen Schränken, da bin ich sicher. Ich wette, das Beste von allem hat er in seinem Keller versteckt.«

»Ja, das kann ich mir gut vorstellen. Ihr werdet ihm eine große Hilfe sein, Miß Carolan. Dann darf ich also wiederkommen?«

»Aber gerne!«

»Vielen Dank! Auf Wiedersehen!«

Kitty lächelte, als Carolan zurück ins Wohnzimmer kam. »So schnell hast du schon einen Verehrer, meine Liebe!«

»Er ist keineswegs ein Verehrer!«

»Ach Kind! Du bist wirklich noch ein Baby!«

»Es sah aus, als hätte er dich mehr bewundert als mich«, sagte Carolan.

»Unsinn!« entgegnete Kitty lächelnd. »Ich bin doch schon eine ältere Dame, obwohl ich natürlich sehr sehr jung war, als du geboren wurdest.«

Etwa eine Stunde später kam Darrell zurück in den Laden. Carolan wartete im Wohnzimmer und war gespannt, was er sagen würde. Sie beobachtete ihn durch den Türspalt. Er blickte erstaunt um sich und schien den Laden kaum wiederzuerkennen.

Sie rannte zu ihm.

»Ist dies nicht eine große Verbesserung?« fragte sie bescheiden.

»Was ist denn hier passiert?« fragte er.

»Du hattest so viele hübsche Dinge versteckt, und nur deine häßlichsten Sachen gezeigt. So kann man doch kein Geschäft führen, Vater!«

Er schwieg lange; Carolan hätte zu gern gewußt, was er dachte, aber er verbarg seine Gefühle hinter einer starren Maske.

»Vater ... Vater ... es gefällt dir also nicht? Du hältst mich für eine dumme Gans, die sich in alles einmischt? Du findest es nicht gut?«

Er nahm sie in die Arme und gab ihr einen zärtlichen Kuß. »Du bist die liebste Tochter, die sich ein Vater nur wünschen kann.«

»Dann gefällt es dir also doch?«

»Wir müssen uns unterhalten. Ich sehe, du hast das Zeug zu einer Geschäftsfrau!«

Er schloß die Ladentür ab.

»Aber Vater ...«

»Heute werden keine Kunden mehr kommen.«

»Ich glaube, du bist sehr müde.«

»Ja, ich würde jetzt gern etwas trinken und mich ausruhen.«

Sie gingen ins Wohnzimmer.

»Da bist du ja, mein Liebling!« sagte Kitty. »Hast du gute Geschäfte gemacht? Und möchtest du etwas trinken? Wir hatten heute Besuch, Carolan und ich. Einen sehr netten jungen Mann. Carolan, ich möchte auch etwas trinken. Mein Hals ist ganz ausgetrocknet.«

»Ein Besucher?« fragte Darrell gedehnt.

»Ja, ein Mr. Crew. Er wollte nur wissen, wie es mir nach all den Aufregungen gestern geht.«

Kitty lächelte, und Carolan wären am liebsten fortgelaufen von ihrem Vater und ihrer Mutter, die so vielsagend mit dem Kopf nickte.

»Carolan«, sagte Darrell nachdenklich, »mein Geschäft ist ein wenig kompliziert. Es mag dir vielleicht merkwürdig erscheinen, aber diese alten Kleider sind für den Laden wichtiger als der Schmuck. Meine wichtigsten Geschäfte wickle ich nicht hier im Laden ab. Ich treffe mich in der Stadt mit jemandem, der etwas kaufen will, und ich versuche dann, es ihm zu besorgen. Verstehst du das? Dies hier ist eher ein Lagerraum als ein Laden. Die Tür, die du entdeckt hast – ich möchte lieber, daß sie verdeckt bleibt. Wir wohnen hier in einer sehr armen Gegend, Carolan. In einer gefährlichen Gegend. Hinter dieser Tür ist eine Treppe, die in einen Kellerraum führt. Und in diesem Raum bewahre ich meine wertvolleren Waren auf. Verstehst du das? Ein Mann kommt vielleicht einmal in den Laden und fragt nach dem Preis eines gebrauchten Mantels, aber er könnte ein Dieb sein, der hier etwas auskundschaften will. Ich möchte nicht, daß jemand etwas von dieser Tür weiß. Deshalb verdecke ich sie mit alten Mänteln.«

»Ich verstehe«, sagte Carolan verblüfft. »Da bin ich wohl ziemlich dumm gewesen. O Vater, ich bin nur ein dummes Mädchen vom Lande, das sich für besonders schlau hält!«

»Du bist sehr lieb, und ich bewundere deinen Eifer. Aber dieses Geschäft hier ist zu kompliziert, als daß du es in ein paar Wochen begreifen könntest. Während du hier bist, solltest du dir mit deiner Mutter eine schöne Zeit machen. Ich habe auch schon ein paar Ausflüge geplant. Du brauchst dich doch nicht mit langweiligen Geschäften herumzuärgern.«

»Es tut mir sehr leid.«

»Gott segne dich, mein Kind. Er möge dich vor allen bösen Dingen bewahren, so lange du lebst.«

Eine Woche ging dahin, und Carolan wußte sich zu beschäftigen. Wenn ihr Vater ausging, um irgendwelche Verhandlungen zu führen, kümmerte sie sich weiterhin um den Laden, der aussah wie zuvor. Im Eingang hingen alte Kleider, und die Kellertür war wieder von abgetragenen Mänteln zugehängt. Carolan versuchte jetzt nicht mehr, etwas zu verändern. Sie hatte verstanden, daß ihr Vater kein normaler Ladenbesitzer war. In den Kaffeehäusern der Stadt war er als guter Kaufmann bekannt. Wenn ein reicher Mann ein Schmuckstück für seine Frau oder seine Tochter kaufen wollte, dann setzte er sich mit Darrell in Verbindung, der ihm das Gewünschte besorgte. Er hatte Carolan erklärt, daß er sich mit seinem armseligen Laden begnügen würde, damit sie sich so schnell wie möglich aufs Land zurückziehen könnten. Deshalb wollte er unnötige Ausgaben vermeiden.

»Eines Tages«, sagte er, »nehme ich dich vielleicht einmal mit ins Kaffeehaus.« Dann fügte er jedoch schnell hinzu: »Nein, das wäre dumm! Obwohl ich einigen Leuten wirklich gern meine Tochter vorgestellt hätte.«

Zusammen mit Kitty ging Carolan deren Garderobe durch. Einige Kleider mußten weiter gemacht werden. Stundenlang saßen sie im Wohnzimmer, und Kitty redete fast nur von ihrem zukünftigen Hause auf dem Land. Sie würde kein Hausmütterchen sein wie Tante Harriet und ihren ganzen Stolz auf ihr Eingemachtes verwenden. Sie würde Gäste empfangen und viele Diener haben. Die Tische sollten sich unter den köstlichsten Speisen biegen. Thérèse mußte zurückkommen und sich um ihr gutes Aussehen kümmern.

Einmal hatte Darrell eine offene Kutsche gemietet, und sie waren zusammen ausgefahren. In Hampstead Heath hatten sie ein Picknick gemacht, danach waren sie noch in den Wald von Epping kutschiert. Wie viele interessante Dinge es dabei zu sehen gab!

»Du bist sehr gut zu mir«, sagte Carolan zu Darrell. »Aber ist das alles nicht furchtbar teuer?«

»Das kann schon sein. Aber es ist ja auch etwas ganz Besonderes, wenn eine Tochter bei ihren Eltern auf Besuch ist. Ich plane auch einen Theaterbesuch, und dann müssen wir natürlich noch nach Ranelagh ... oder würdest du lieber in die Vauxhall Gardens fahren?«

Carolan legte die Arme um seinen Hals und küßte ihn, worauf er vor Freude errötete. Zurückhaltend, wie er war, machten ihn solche Gesten von seiten seiner Frau oder seiner Tochter doch sehr glücklich.

Jonathan Crew kam häufig in den Laden, saß dann im Wohnzimmer und unterhielt sich mit Kitty und Carolan. Er war ein äußerst interessanter Mann und kannte London wie seine Westentasche. Auf seine ruhige, gelassene Art erwies er sich doch stets als lebhafter Erzähler.

»Ist dir auch schon aufgefallen«, sagte Kitty eines Tages zu Carolan, »daß unser Mr. Crew erstaunlich viel Freizeit hat?«

»Ja, jetzt wo du es sagst, Mama ... Du siehst so wissend aus?«

»Eben aus diesem Grund. Ein Buchhalter muß jeden Tag lange arbeiten und hat nicht viel Zeit, Damen zu besuchen.«

»Er hat doch gesagt, daß er zu uns kommt, wenn er irgendwelche Botengänge zu erledigen hat.«

»Das kann er mir nicht erzählen. Ich bin doch nicht von gestern!«

»O Mama! Warum mußt du nur immer hinter allem irgendwelche Intrigen wittern?«

»Ich soll also Intrigen wittern! Meine Liebe, du darfst nicht vergessen, daß ich ein paar Jährchen länger auf der Welt bin als du. Ich habe Dinge gesehen ... und könnte dir Sachen erzählen ... Auch wenn du dir nichts dabei denkst, mir erscheint es eben ungewöhnlich, daß Mr. Crew so viel Freizeit hat. Wirkt er etwa wie ein *Buchhalter* auf dich? Seine Augen, sehen sie etwa so aus, als ob sie den ganzen Tag lang nur auf Zahlenreihen starren? Wirkt er etwa auf dich, als ob er jeden Tag stundenlang in einer Schreibstube sitzt?«

»Seine Jacke glänzt an den Ellbogen, das habe ich bemerkt.«

»Wie naiv du doch bist! Es ist doch ein leichtes, sich eine gebrauchte Jacke zu besorgen, die aussieht, als hätte ein Schreiber sie getragen! Ich habe da so eine Ahnung – nehmen wir einmal an, er ist hergekommen, um dieses Viertel ein bißchen zu erforschen. Er könnte doch eine bedeutende

Persönlichkeit sein. Du lachst, Carolan! Aber wer hat denn wohl mehr von der Welt gesehen, du oder ich?«

»Trotzdem träume ich nicht, wie du es tust, Mama.«

»Es könnte doch sein, daß er zur besseren Gesellschaft gehört und hier den armen Mr. Crew spielt, um unsere Bekanntschaft zu machen.«

»Warum um alles in der Welt sollte jemand so etwas tun?«

»Weil er all die Speichellecker um sich herum vielleicht leid ist. Er möchte lieber Freunde haben, die ihn um seiner selbst willen mögen. Du bist schließlich nicht gerade unattraktiv, mein Kind.«

Carolan lachte, aber Kitty lächelte nur. Sie hatte in dieser Angelegenheit ihre eigene Ansicht, und die würde sie ganz bestimmt niemand verraten.

Eines Morgens, als Carolan gerade im Wohnzimmer war, läutete die Ladenglocke. Ihre Mutter lag noch im Bett, und Darrell war ausgegangen. Millie arbeitete in der Küche.

Carolan ging in den Laden. Ein Mann stand dort, mit dem Rücken zu ihr gewandt. Als sie »Guten Morgen« sagte, drehte er sich um, und sie sah in ein Paar blaue Augen, die fröhlich aufblitzten. Sie hatte sie schon einmal gesehen, und sie mußten einen starken Eindruck auf sie gemacht haben, denn sie erkannte sie sofort als die Augen des Mannes, der ihr Taschentuch gestohlen hatte.

»Guten Morgen«, sagte er, und sie wußte, daß auch er sie erkannt hatte, denn für einen Moment lang sah er beschämt aus. Er fügte schnell hinzu: »Ich bin gekommen, um mit Mr. Grey zu sprechen.«

»Er ist ausgegangen«, antwortete sie. »Ich werde Euch bedienen. Was wünscht Ihr?«

Er blickte schelmisch drein.

»Das ist sehr freundlich von Euch.«

»Wieso freundlich? Ich bin hier, um die Kunden meines Vaters zu bedienen. Was wünscht Ihr also?«

Suchend sah er sich im Laden um, dann fiel sein Blick auf einige Schmuckstücke, die in einem Regal lagen.

»Ich suche einen Ring«, sagte er, »einen Ring für eine Dame.«

Er ging auf das Regal zu, aber sie stellte sich schnell davor.

»Bitte rührt nichts an! Ich habe Euch wiedererkannt. Vor ein paar Tagen erst habt Ihr mir mein Taschentuch gestohlen.«

Er lachte. Seine Zähne waren blendend weiß, und obwohl man sein Gesicht nicht gerade schön nennen konnte, so war es doch attraktiv.

»Ihr scheint das ja äußerst lustig zu finden«, sagte sie kalt.

»Ich finde es sehr erfreulich, daß Ihr mich wiedererkennt.«

»Meiner Meinung nach müßte das für Euch eher beschämend sein ... für einen Dieb.«

»Werdet Ihr mir glauben, daß dies mein erster und einziger Ausrutscher war?«

»Nein!«

»Wie grausam Ihr seid!«

»Nun, ich bin nicht dumm.«

»Sehe ich denn aus wie ein gewöhnlicher Dieb?«

»Ich weiß nicht, wie ein gewöhnlicher Dieb aussehen sollte. Ich weiß nur, daß Ihr einer seid.«

»Ihr seid also tatsächlich grausam ...«

»Ein ehrlicher Mann würde einem Mädchen doch niemals das Taschentuch stehlen, nur weil er es so hübsch und reizend findet.«

»Er könnte es stehlen, weil er *sie* so hübsch und reizend findet.«

Sie wurde rot vor Wut.

»Sir, Ihr Benehmen ist anstößig!«

»Meine Manieren sind schlecht, aber mein Herz ist gut«, entgegnete er. »Ich versichere Euch, der Diebstahl Eures Taschentuchs war mein einziger Ausrutscher.«

»Dann solltet Ihr es jetzt besser zurückgeben.«

Er sah sie traurig an.

»Nein? Sicher seid Ihr es schon an einen anderen Dieb losgeworden! Ich wünsche jetzt, daß Ihr diesen Laden verlaßt, aber vorher müßt Ihr mir noch Eure Taschen zeigen, damit ich sicher sein kann, daß Ihr meines Vaters Waren nicht angerührt habt.«

»Was seid Ihr doch für ein Drachen! Aber Euer Vater kann sich glücklich schätzen, Euch als Tochter zu haben.«

»Ich kann doch nicht zulassen, daß er vor meiner Nase bestohlen wird.«

»Und es ist eine so niedliche Nase!«

»Zeigt mir den Inhalt Eurer Taschen, Sir!«

»Und wenn ich es nicht tue, was dann, mein Dame?« Er streckte seinen Arm aus. »Fühlt diese Muskeln, diesen Bizeps! Ich wette, daß Ihr es damit nicht aufnehmen könnt.«

»Wagt nicht, mich anzurühren.«

»Ich würde es niemals wagen, Eure Ladyschaft anzurühren ...«

»Dann leert Eure Taschen.«

»Ohne daß Ihr mich zwingt?«

»Ich mache keine Witze. Ich warne Euch, früher oder später werdet Ihr in Newgate enden.«

»Oh, niemand kann wissen, ob ihn dieses schlimme Schicksal ereilt.«

»Ein ehrlicher Mensch hat nichts zu befürchten. Nun, Sir, leert Eure Taschen und macht, daß Ihr fortkommt.«

Er begann den Inhalt seiner Taschen auf einen kleinen Tisch zu legen; ein Taschenmesser, eine Lederbörse, ein buntes Taschentuch. Dabei sah er sie die ganze Zeit verschmitzt an und wirkte äußerst belustigt.

»Ihr meint, ein ehrlicher Mensch müßte den Schrecken von Newgate nicht fürchten«, sagte er. »Seid Euch da nicht zu sicher! Newgate ist wie ein großer Polyp, der mit seinen Fangarmen die Unbedachtsamen an sich zieht.«

»Nur die Unehrlichen«, sagte sie. »Beeilt Euch!«

»Ich würde gern über diese eine Verfehlung reden.«

»Aber es interessiert mich nicht, was Ihr zu sagen habt.«

»Es ist ein Fehler, sich nicht für seine Mitmenschen zu interessieren.«

»Es ist ein Fehler, wenn man sich Geschichten von Dieben anhört.«

»Wie streng Ihr doch seid. Es ist traurig, daß sich hinter Eurem hübschen Gesicht eine solche Hartherzigkeit verbirgt.«

»Glaubt bloß nicht, daß Ihr mich mit Euren dummen Schmeicheleien umstimmen könnt.«

»Ich sollte Euch schmeicheln wollen? Aber seht Ihr denn niemals in den Spiegel?«

Sie begann plötzlich zu lachen.

»Ihr amüsiert Euch?«

»Ja, in der Tat. Ihr sprecht die Sprache eines Diebes; genau die gleichen Worte benutzte eine Diebin, bevor sie mir meine Börse stahl.«

»Aber ein Taschentuch zu stehlen, ist doch etwas ganz anderes.«

»Ich kann da keinen Unterschied feststellen.«

»Würdet Ihr mir glauben, wenn ich Euch sage, daß ich dieses Taschentuch aufbewahrt habe und daß ich es oft anschaue und an Euch denke?«

»Nein«, sagte Carolan. »Nehmt jetzt endlich Eure Sachen und verschwindet.«

»Wenn wir uns das nächstemal sehen, werde ich Euch überzeugen.«

»Es wird kein nächstes Mal geben.«

»Seid Euch dessen nicht so sicher.«

»Ich bin mir dessen aber ganz sicher.«

»Auf dieser Welt kann man sich niemals einer Sache ganz sicher sein. Wie alt seid Ihr?«

»Eine äußerst indiskrete Frage, die ich auf keinen Fall beantworten werde.«

»Noch nicht einmal siebzehn, würde ich sagen. Wißt Ihr, wie alt ich bin?«

Sie sah ihm jetzt ins Gesicht, denn er hatte einen unwiderstehlichen Charme, dem sie trotz ihres Mißtrauens nicht widerstehen konnte. Sein Gesicht war braungebrannt und voller Fältchen; sein Lächeln und seine fröhlichen Augen verliehen seinem durchaus nicht häßlichen Gesicht eine sympathische Ausstrahlung.

»Etwa dreißig Jahre alt, würde ich sagen«, antwortete sie. »Alt genug, um die gut trainierten Finger eines Taschendiebs zu haben.«

»Vierundzwanzig. Das ist keine Lüge, und es scheint

Euch zu überraschen. Das wundert mich nicht, denn nicht die Zahl der Jahre hat diese Spuren auf meinem Gesicht hinterlassen, sondern das, was ich in diesen Jahren erlebt habe.«

Die Ladentür ging auf, und Darrell trat ein. Er starrte die beiden einen Augenblick lang an, dann kam er auf sie zu.

»Marcus!«

»Darrell ... mein alter Freund!«

»Ich habe dich nicht erwartet.«

»Ich bin auf gut Glück vorbeigekommen. Deine charmante Tochter und ich haben uns schon miteinander bekanntgemacht. Aber jetzt möchte ich ihr gern in aller Form vorgestellt werden.«

»Aber ja, natürlich«, sagte Darrell erstaunt. »Meine Tochter Carolan, Mr. Marcus Markham.«

»Ihr habt mir nicht gesagt, daß Ihr meinen Vater kennt«, sagte Carolan, und ihre Augen blitzten wütend auf.

»Ich hatte ja vor, es Euch zu sagen, Ihr habt mir allerdings kaum Gelegenheit dazu gegeben.«

»So, komm jetzt herein!« sagte Darrell.

»Ich hatte wirklich vor, diesen Ring da zu kaufen. Er ist aus Gold, nicht wahr? Vielleicht kann Miß Carolan mich bedienen.«

»Ja, sicher kann ich das«, sagte Carolan.

»Du wirst doch mit uns essen?« fragte Darrell. »Was gibt es denn, Carolan?«

»Gekochtes Rindfleisch mit Kapernsoße ... aber es wird erst in einer halben Stunde fertig sein.«

»Du wirst also bleiben, Marcus?«

Marcus' Augen ruhten auf Carolan.

»Keine zehn Pferde könnten mich davon abhalten, mein lieber Freund! Aber bitte, mach dir jetzt keine Mühe wegen des Rings. Geh hinein, zieh deine Stiefel aus und ruhe ein wenig. Miß Carolan und ich, wir werden uns schon wegen des Rings einigen.«

»Wie du meinst«, sagte Darrell und ging hinein.

Carolan sah dem Mann ins Gesicht. »Warum habt Ihr mir nicht gesagt, daß Ihr ein Freund meines Vaters seid?«

»Ich dachte, Ihr würdet mir das sowieso nicht glauben.«

»Sagt mir, seid Ihr ein Dieb?«

»Der Diebstahl Eures Taschentuchs war, wie gesagt, mein einziger Ausrutscher.«

»Aber dadurch seid Ihr doch zum Dieb geworden.«

»Ja, so ist es wohl. Werdet Ihr mich anzeigen?«

»Wie könnte ich das … wegen einer so geringfügigen Sache.« Sie begann zu lachen. »Ich nehme an, Ihr haltet mich für ein dummes Ding.«

»Ich finde, Ihr seid ein zauberhaftes Wesen.«

»Und ein Drachen! Das habt Ihr gesagt.«

»Aber ein ehrlicher kleiner Drachen! Nein, meine Liebe, Ihr hattet einen guten Grund, wütend zu sein … deswegen mag ich Euch auch.«

»Wollen wir also diese dumme Sache vergessen?«

»Vergessen! Ich werde nie vergessen, wie ich Euch zum erstenmal gesehen habe. Wir können ja einfach sagen, daß der etwas stürmische Beginn unserer Freundschaft beendet ist.«

»Seid ehrlich – was dachtet Ihr, als ich Euch aufforderte, Eure Taschen zu leeren? Wo Ihr doch ein Gast und Freund meines Vaters seid!«

»Ich fand es lustig.«

»Fandet Ihr es auch lustig, mein Taschentuch zu stehlen?«

»Natürlich hat mir das Spaß gemacht. Ein kleiner Nervenkitzel. Leute sind wegen so etwas schon aufgehängt worden.«

»Ich verstehe. Wie Ihr sicherlich bemerkt habt, komme ich vom Lande. Die Lebensart hier in London ist mir nicht vertraut.«

»Das macht Euch nur um so liebenswerter.«

»Ihr wolltet Euch einen Ring ansehen … War es dieser hier?«

»Ja, den meinte ich. Steckt ihn auf Euren Finger, so daß ich sehen kann, wie er wirkt.«

»So! Er sieht hübsch aus, stimmt's?«

Sie betrachtete den Ring und fragte sich, für wen er wohl bestimmt war, für seine Frau oder seine Liebste? Ich möchte weder das eine noch das andere sein, dachte Carolan und sah in seine warmen, fröhlichen Augen. Ein lustiger, gutgelaunter Mann, der die angenehmen Seiten des Daseins schätzte ... und doch war er ganz anders als der Squire. Nicht hinterhältig und verschlagen; nicht lüstern; nur fröhlich und sehr galant. Sie mochte ihn, obwohl sie sich ihm gegenüber ein wenig dumm vorkam.

Er nahm den Ring und steckte ihn in die Tasche.

»Ich werde das mit Eurem Vater regeln.«

»Sollen wir nun hineingehen?« fragte sie.

»Ich würde mich lieber mit Euch noch ein wenig umsehen. Wer weiß, vielleicht finde ich noch etwas anderes, das mir gefällt.«

»Dann muß ich meinen Vater rufen, denn ich muß mich jetzt um das Essen kümmern.«

»Gut, suchen wir Euren Vater.«

Sie gingen ins Wohnzimmer. Darrell saß in einem Sessel und hatte seine Stiefel mit bequemen Hausschuhen getauscht. Seine Füße wie seine Hände waren seltsam knorrig – Carolan wußte, daß sie während jener unglücklichen Periode, die er so gerne vergessen wollte, so verunstaltet worden waren.

»Vater, ich bringe dir deinen Freund«, sagte Carolan. »Jetzt muß ich sehen, wie weit Millie mit dem Essen ist.«

In der Küche hob sie abwesend den Deckel des Bratentopfes hoch, aus dem es verführerisch duftete. Sie dachte an den Mann im Wohnzimmer. Er hatte Sehnsucht in ihr wachgerufen – nicht nach ihm, sondern nach Everard.

Kitty, die mitbekommen hatte, daß ein Besucher da war, kam herunter ins Wohnzimmer. Sie trug ein schwarzes Samtkleid, das ein wenig zu tief ausgeschnitten war. Während Carolan den Tisch deckte, unterhielt sie sich mit Marcus Markham.

»Meine kleine Tochter habt Ihr also bereits kennengelernt. Sie dachte, Ihr wäret ein ganz gewöhnlicher Kunde. Sagt mir, findet Ihr, daß sie mir ähnlich sieht?«

»Nein, nicht besonders, obwohl es schon eine gewisse Ähnlichkeit gibt.«

»Freu dich, Carolan, du siehst mir nur ein kleines bißchen ähnlich.«

»O nein, versteht mich nicht falsch! Ich wollte nur sagen, daß Eure Tochter eine andere Art von Schönheit als Ihr besitzt.«

»Marcus! Sie Schmeichler!«

Es wirkt ein wenig albern, dachte Carolan. Warum konnte Mama sich nicht einfach damit abfinden, daß sie alt wurde? Warum war sie bloß immer auf der Jagd nach törichten Komplimenten? Fast war sie ein wenig wütend, nicht nur auf ihre Mutter, sondern auch auf Mr. Markham. Everard würde niemals solch alberne Komplimente machen. Aber Everard war eben auch anders als alle anderen. Es mußte bald ein Brief von ihm kommen.

Sie saßen um den Tisch herum, und Darrell schnitt das Fleisch.

»Wie still Miß Carolan doch ist«, sagte Marcus.

»Ich wette, sie träumt gerade von Everard, stimmt's, Tochter?«

»Everard?« fragte Marcus. »Darf ich erfahren, wer der Glückliche ist, der die Gedanken von Miß Carolan so zu beherrschen scheint?«

»Es ist der Mann, den sie sehr bald schon heiraten will!« sagte Darrell.

»Das hätte ich mir denken sollen, daß solch ein zauberhaftes Mädchen längst vergeben ist.«

»Er ist Pfarrer«, sagte Kitty.

»Und die Hochzeit wird in ein paar Wochen stattfinden«, erklärte Darrell. »Wir erwarten Everard sehr bald … Vielleicht schon in einer Woche.«

»Oh, das macht mich neidisch!« seufzte Marcus.

»Aber Sir!« warf Kitty ein. »Für Euch dürfte es doch kaum schwierig sein, ein Mädchen zu finden, das Euch heiraten will.«

»Ihr versteht mich falsch. Ich beneide nicht irgendeinen Bräutigam, sei es Tom, Dick oder Harry, nein, ich beneide ausschließlich den Bräutigam Everard.«

Kitty lehnte sich behaglich in ihrem Stuhl zurück. »Nun,

zu meiner Zeit waren die Männer noch anders. Sie verschwendeten keine Zeit damit, jemanden zu beneiden; sie nahmen sich einfach, was sie wollten.«

Carolans Herz begann schneller zu schlagen. Die Zornesröte stieg ihr ins Gesicht. Manchmal konnte ihre Mutter sie wirklich wahnsinnig machen.

»Dann ist es ja gut, daß die Männer sich geändert haben«, sagte sie trocken. »Heutzutage kann man uns nicht mehr einfach nehmen; wir entscheiden selbst!«

»Bravo!« rief Marcus und erhob sein Glas. »Auf die moderne Generation! Langsam aber sicher werden wir immer zivilisierter. Jede neue Generation ist etwas weniger wild als die vorherige.«

»Ich mag die Wilden«, sagte Kitty.

»Oh, Ihr seid ja eine Heidin«, meinte Marcus freundlich.

»Ich mag Heiden, und ich muß zugeben, daß mir Pfarrer nicht übermäßig sympathisch sind. Außerdem glaube ich nicht, daß aus Carolan eine ideale Pfarrersfrau wird. Sie hat zu viel von mir.«

»Du weißt ja nicht, wovon du redest, Kitty«, sagte Darrell ernst.

Kitty schmollte, weil er so mit ihr sprach. Sie sollte nicht Bescheid wissen! Sie, die von so vielen geliebt worden war, verheiratet mit einem lüsternen, brutalen Kerl, der ihr jedoch ein luxuriöses Heim geboten hatte; sie, die dieses Zuhause verlassen hatte, um mit Darrell zusammenzuleben, dem sie erst beibringen mußte, wie man sich liebt und wie man glücklich ist! Er war die Liebe ihres Lebens, aber manchmal trieb er sie mit seiner Weltfremdheit fast zum Wahnsinn. Und dann diese attraktive Tochter, die sich übereilt mit einem Pfarrer verlobt hatte. Carolan könnte doch wirklich eine bessere Partie machen! Ein Mann, der wegen irgendwelcher Geschäfte in den Laden kam, konnte sehr wohl reich sein – vielleicht ein Kaufmann oder ein Adliger. Wer war eigentlich Marcus Markham? Sie hatte ihm nie viel Beachtung geschenkt, wußte nicht einmal, wann sie ihn eigentlich kennengelernt hatten. Darrell hatte nicht viel über ihn erzählt, und er hatte sie auch nie sonderlich interessiert.

Aber jetzt brannte sie darauf zu erfahren, wer er wirklich war.

»Mr. Markham, stimmt Ihr meinem Mann zu? Meint Ihr auch, daß ich ein Dummkopf bin?«

»Nein, durchaus nicht! Ihr strahlt Weisheit aus. Aber eines weiß ich mit Sicherheit: Egal, welcher Generation sie auch angehören mag, Miß Carolan würde immer ein Mädchen sein, das sich ihren Ehemann selbst wählt.«

»Vielen Dank für dieses Kompliment!« sagte Carolan.

Kitty hob die Schultern.

»Und was habt Ihr in der letzten Zeit gemacht, Mr. Markham? Seid Ihr bei den Rennen gewesen?«

Darrell wurde ein wenig unsicher.

»Ich muß dir sagen«, wandte sich Kitty an Carolan, »ich vermute, daß Mr. Markham ein richtiger Lebemann ist. Er möchte zwar nicht, daß wir es merken, aber er kann es einfach nicht verbergen. Er scheint überall herumzukommen.«

»Auch mir scheint Mr. Markham ein ziemlich rätselhafter Gentleman zu sein«, meinte Carolan.

»An mir ist nichts Rätselhaftes«, sagte Marcus.

»Darüber bin ich froh«, erwiderte Carolan.

»Also, ich glaube das einfach nicht«, warf Kitty ein. »Ich glaube eher, Mr. Markham ist ein feiner Herr ... wenn er nicht gerade in der Grape Street herumläuft.«

»Verschwendet Ihr etwa Eure Zeit damit, Euch in der Grape Street herumzutreiben?« wollte Carolan wissen.

»Wieso nicht? Es ist doch eine interessante Gegend.«

»Ja, wenn man Elend und Armut interessant findet«, gab sie zurück.

Es war merkwürdig, dachte sie, daß sowohl Jonathan Crew als auch Marcus Markham behaupteten, sie fänden diese Gegend interessant.

»Marcus kam her, um einen Ring zu kaufen«, warf Darrell ein.

»Oh, ich wette, er ist für eine Freundin bestimmt!« sagte Kitty.

»Wenn sie ihn annimmt.«

»Siehst du, Carolan, er ist ein Lebemann.«

Carolan bemühte sich, ihn nicht zu mögen. Er war einfach zu forsch. Die ganze Zeit versuchte er, mit ihr zu flirten, und zeigte ihr überdeutlich, wie begehrenswert er sie fand.

»Marcus, komm jetzt mit mir in den Lagerraum«, sagte Darrell. »Ich muß dir etwas zeigen.«

Die beiden Männer gingen hinaus, und Carolan begann den Tisch abzuräumen. Plötzlich hielt sie inne und sagte: »Mama, wer ist dieser Mann?«

»Das würde ich auch gern wissen. Er hat eine gewisse Ausstrahlung, nicht wahr?«

»Ich bin mir nicht sicher, ob mir seine Ausstrahlung gefällt.«

»Nein? Nun, das kann man bei dir auch schließlich nicht erwarten, wo du doch eine Vorliebe für Pfarrer hegst.«

»Was ich wissen wollte – warum kommt er hierher? Ist er einer der reichen Kaufleute, denen Vater Waren beschafft?«

»Das ist sehr wahrscheinlich.«

Carolan ging in die Küche und wusch mit Millie das Geschirr ab. Dann ging sie nach oben und zog ein graues Kleid aus Merinowolle an, das mit grüner Seide abgesetzt war. Ihr Haar glänzte wunderschön.

»Mein Schatz«, sagte Kitty, als sie ins Wohnzimmer zurückkehrte, »ich sterbe vor Durst. Wie wäre es, wenn du uns Tee kochen würdest? Die Männer werden bestimmt gleich wieder zu uns kommen.«

»Reden sie noch immer über Geschäfte?«

»Wahrscheinlich. Sie sind schon seit einer Ewigkeit dort unten im Keller. Ja, die Männer sind eben nicht mehr so galant wie früher. Eine Dame so lange warten zu lassen!«

»Mama, du bist wirklich eine selbstsüchtige Frau. Warum arbeitet Vater denn wohl so hart in seinem Geschäft? Deinetwegen natürlich! Damit du so schnell wie möglich von hier fort kannst, damit du den Luxus bekommst, den du gewohnt bist! Und du hast nichts Besseres zu tun, als ihn wegen seiner schlechten Manieren zu beschuldigen, nur weil er geschäftliche Angelegenheiten mit einem Kunden bespricht. Ist sein Versuch, dir alles zu geben, was du dir wünschst, nicht galanter und liebevoller, als dir zu schmeicheln und dir Komplimente zu machen?«

»Du weist mich also zurecht! Du denkst, ich bin eine törichte alte Frau, die man in ihre Schranken weisen muß ... Und leider muß ich dir sagen, daß du recht hast. Ich bin eine dumme alte Frau, aber so alt nun auch wieder nicht. Und, mein Schatz, ich muß dir etwas sagen – du siehst zauberhaft aus. Du hast mich bei Marcus ausgestochen. Ich war ein bißchen eifersüchtig. Aber jetzt habe ich dir längst verziehen. Du magst Marcus, nicht wahr, mein Kind? Du brauchst es nicht abzustreiten. Ich habe doch schließlich Augen im Kopf! Und auch er ist ganz bezaubert von dir!«

»Mama, bitte. Er ist der Typ Mann, der von jeder Frau bezaubert ist.«

»Aber von dir schien er ganz besonders angetan. Und wer weiß, wer er wirklich ist ...«

»Mama, hast du schon wieder einen Edelmann gefunden, der all die Speichellecker leid ist und wahre Freunde in der Grape Street sucht?«

»Du hast eine scharfe Zunge, Carolan.«

»Und du hast eine lebhafte Fantasie. Hör jetzt auf mit diesem dummen Gerede, Mama. Mr. Markham ist ein Kunde von Vater, weiter nichts. Und mehr könnte er auch niemals für mich sein, wenn er mir noch so schöne Augen machte. Vergiß nicht, daß ich mit Everard verlobt bin!«

»Aber ... ein Pfarrer!«

Carolan stampfte wütend mit dem Fuß auf.

»Ja, ein Pfarrer. Und sag jetzt bitte nichts mehr darüber. Es ist ein ehrenwerter Beruf.«

»So frech wie du wäre ich zu meiner Mutter niemals gewesen, Carolan!«

Carolan beugte sich hinunter und küßte die weiche Wange ihrer Mutter.

»Wir leben eben in einer anderen Zeit, Mama. Die Konventionen deiner Generation sind mir egal!«

»Du ärgerst mich. Warum tust du das?«

»Weil du ein lieber Schatz bist und kein alter Brummbär. Und jetzt werde ich Tee kochen.«

Kitty rief ihr durch die Tür nach: »Carolan, du liebst diesen Pfarrer, nicht wahr?«

»Ja, das tue ich.«

»Dann sollst du ihn auch heiraten!«

»Wie großzügig du bist, Mama«, kicherte Carolan. »Aber hat dein Freund Marcus dir nicht gesagt, daß ich selbst entscheiden werde? In diesem Punkt hatte er zufällig einmal recht.«

»Du bist ein freches Kind! Was soll ich bloß mit dir anfangen?«

Carolan kam mit dem Tablett herein. »Ich werde jetzt die Männer rufen«, sagte sie und ging in den Laden. Die Tür hinter den Mänteln stand offen, und dahinter war eine Steintreppe, die Carolan jetzt hinunterging.

»Vater!« rief sie.

Unten an der Treppe befand sich eine weitere Tür, die nun schnell geöffnet wurde. Ihr Vater trat heraus und machte die Tür so schnell hinter sich zu, als ob sich ein gefährliches wildes Tier darin befände und nicht der gute Marcus.

»Der Tee ist fertig, Vater«, sagte sie.

»Nicht für uns, Carolan; wir müssen noch einmal ausgehen«, entgegnete Darrell lächelnd.

Er blieb an der Tür stehen und sah ihr nach, wie sie die Treppe wieder hinaufging.

»Sie kommen nicht«, sagte Carolan oben zu Kitty. »Es hat mit Geschäften zu tun.«

»Es hat immer mit Geschäften zu tun!« rief Kitty und warf ihren Kopf zurück. »Aber keine Sorge, wir kommen auch gut ohne sie zurecht.«

Kitty redete. Sie beschrieb das Haus, das sie einst haben würde, in den schillerndsten Farben. Sie beschrieb die Kleider, die sie dann besitzen würde, und redete über die Kleider, die sie jetzt im Schrank hatte. Fand Carolan, daß ihr schwarzes Samtkleid ruhig etwas tiefer ausgeschnitten sein sollte? War ihr braunes Kleid nicht ein bißchen zu lang?

Dann hörten sie, wie die Männer den Laden verließen.

»Marcus hätte sich zumindest von uns verabschieden können«, meinte Kitty schmollend.

»Er ist ein merkwürdiger Mann«, sagte Carolan nachdenklich.

»Er ist in der Tat merkwürdig. Er gehört nicht in diese Gegend, das steht fest; er ist hier, um sich zu amüsieren.«

»Was sollte er hier denn amüsant finden?« Carolan schüttelte den Kopf.

»Ein Gentleman wird eben die üblichen Amüsements irgendwann leid. Der Spieltisch, die Rennen und sogar die Liebesaffären werden ihm über. Zumindest sucht er dann nach einem neuen Schauplatz.«

»Natürlich sucht er hier bei uns einen neuen Schauplatz für eine Liebesaffäre, das denkst du doch?«

»Carolan, du ziehst mich schon wieder auf. Ich habe nichts dergleichen gesagt. Er ist hier, weil er Abwechslung sucht, das könnte ich schwören. Er gehört genauso wenig in die Welt der armseligen Straßen und der Hausierer wie ... wie ich. Es würde mich nicht überraschen, wenn er mit dem Prinzen befreundet wäre!«

Carolan lachte, aber Kitty wandte sich von ihr ab und träumte vor sich hin; Der Prinz war in ihrem Hause zu Gast, und er schenkte ihr so viel Beachtung, daß alle darüber tuschelten. Warum nicht? Seine Vorliebe für reifere Frauen war schließlich bekannt.

Die Ladenglocke läutete.

»Sie sind zurückgekommen, weil sie jetzt doch ihren Tee wollen«, sagte Kitty. »In dieser Zeit können sie noch nicht weiter als bis zum Ende der Straße gekommen sein.«

Carolan öffnete die Tür zum Laden. Dort stand Jonathan Crew.

»Guten Tag, Miß Carolan!«

Kitty, die seine Stimme erkannt hatte, strich sich schnell das Haar glatt.

»Kommt herein, Mr. Crew! Kommt herein!«

Er machte eine tiefe Verbeugung über Kittys Hand.

»Wie strahlend Ihr heute wieder ausseht, Madam!«

»Oh, mir geht es auch ziemlich gut.«

Carolan schenkte ihm eine Tasse Tee ein, und er lächelte dankbar. Wie kalt doch seine Augen wirkten, nach der warmen Bewunderung, die sie zuvor in Marcus' Augen gesehen hatte.

»Ich war gerade in der Nachbarschaft und wollte die Gelegenheit nutzen, meinen lieben Freunden guten Tag zu sagen.«

»Wir freuen uns, daß Ihr just in diesem Moment gekommen seid, denn gerade sind wir von meinem Mann und seinem Geschäftsfreund im Stich gelassen worden.«

Carolan betrachtete seine Hände, während er sich Zukker in den Tee streute. Seine Finger waren kurz und gedrungen; nicht wie die Finger von Marcus, die, wie sie bemerkt hatte, lang und feingliedrig waren.

Kitty saß zurückgelehnt in ihrem Sessel. Sie schwebte immer noch in ihren rosaroten Träumen, mit dem Unterschied, daß sie Marcus durch Jonathan Crew ersetzte. Jonathan benahm sich zwar nicht so geschliffen wie Marcus, aber er schmeichelte ihr mehr. Jonathan würde bestimmt um Carolans Hand anhalten, wenn er sich in sie verliebt hatte, Marcus vielleicht nicht. Jonathan war sicherer. Er paßte hervorragend in ihren rosigen Zukunftstraum, wenn er sie auch nicht mit dem Prinzen von Wales bekanntmachen würde.

»Wie gemütlich ihr es hier doch habt«, sagte Jonathan. »Wie oft denke ich an dieses hübsche kleine Wohnzimmer hinter dem Laden.«

»Darf ich Euch fragen, ob Ihr auch manchmal an die Bewohner dieses Zimmers denkt?« erkundigte sich Kitty.

Er wandte sich ihr zu und lächelte. Seine Augen glitzerten seltsam.

»Die Antwort auf diese Frage kennt Ihr selbst am besten, Madam«, sagte er langsam. Und irgendwie kalt, fand Carolan, die seine Augen nicht sehen konnte. Nicht nur dem Prinzen scheinen die etwas reiferen Damen zu gefallen, dachte Kitty.

»Dies ist wirklich ein sehr interessantes Haus«, sagte er jetzt zu Carolan.

Vielleicht ist er ja eine Art Makler, der mit Häusern handelt, dachte Kitty. Solche Leute sind oft sehr reich, auch wenn sie sich nicht so geschliffen benehmen können wie ein Gentleman.

»Sir, es mag sein, daß Ihr über derartige Dinge mehr wißt als zwei unbedarfte Damen«, sagte Kitty.

»Ihr und Eure Tochter seid keineswegs unbedarft, Madam. Aber diese Häuser hier müssen alle so um die zweihundert Jahre alt sein. Das müßt Ihr Euch vorstellen! Solche alten Häuser interessieren mich ungemein; vielleicht könntet Ihr eines Tages so freundlich sein, mir Eures hier zu zeigen.«

»Ach, mein Schatz«, sagte Kitty zu Carolan, »ich sehe schon, er hat mehr Interesse an unserem elenden alten Haus als an uns! Nun, wir werden es ihm zeigen.«

»Nicht mehr Interesse als an Euch ... nicht mehr!«

»Kommt schon«, sagte Kitty. »Jetzt gleich.«

Carolan stellte das Geschirr auf ein Tablett und brachte es in die Küche. Während sie abwusch, hörte sie, wie ihre Mutter und Mr. Crew zusammen die Treppe hinaufgingen. Dann dachte sie nicht länger an sie, denn sie grübelte darüber nach, warum Everard ihren Brief immer noch nicht beantwortet hatte.

Als sie mit dem Abwasch fertig war, traf sie noch einige Vorbereitungen für das Abendessen, bevor sie ins Wohnzimmer zurückging. Sie hatte noch nicht lange dort gesessen, als ihr plötzlich auffiel, wie still es im ganzen Hause war. Was um alles in der Welt machten ihre Mutter und Mr. Crew bloß die ganze Zeit? Wahrscheinlich waren sie auf dem Dachboden, dachte sie und ging hinauf, um sie zu suchen. Sie waren nicht dort, und sie lief wieder nach unten. Als sie in den Laden kam, erschrak sie, denn sie sah sofort, daß die Tür, die ihr Vater immer hinter den alten Mänteln versteckte, offenstand; der Schlüssel steckte im Schloß. Ihr Vater mußte ihn dort vergessen haben, als er wegging.

Sie lief schnell durch den Laden, ging durch die Tür und machte sie hinter sich zu.

»Mama!« rief sie. »Mama!«

Die Tür des Kellerraums war offen, und sie schaute hinein. Der Raum war klein und dunkel; es gab kein Fenster, aber oben in der Wand befand sich ein Gitter. Viele Schachteln lagen auf dem Boden; daneben standen Truhen, und über eine von diesen beugten sich ihre Mutter und Mr. Crew.

Kitty drehte sich um und sagte lachend: »Die Tür war offen, Carolan!«

»Oh ...«, stammelte Carolan, »aber dies ist doch Vaters Lagerraum. Er hält ihn immer verschlossen. Er ...«

Kitty drohte ihr mit dem Finger. »Vor kurzem hast du dich noch darüber beklagt, daß ich nicht neugierig genug bin, und jetzt schimpfst du mit mir, weil ich zu neugierig bin. Da seht Ihr, was ich für eine strenge Tochter habe, Mr. Crew.«

Jonathan Crew wandte sich um, und in dem dämmrigen Raum konnte Carolan seine auffällig weißen Zähne blitzen sehen. Er hielt eine silberne Kette in seiner Hand.

»Mama!« sagte Carolan. »Du hast also doch einen Schlüssel?«

»O nein. Dein Vater hat diesen Raum nicht abgeschlossen, und oben in der Tür steckte der Schlüssel. Er muß sehr in Eile gewesen sein.«

»Miß Carolan, Ihr wirkt verstört. Ich wollte hier nicht unerlaubt eindringen ...«

»Nein, nein!« rief Carolan. »Das spielt doch keine Rolle. Es ist nur so, daß meine Mutter und ich noch niemals hier unten waren und daß mein Vater die Türen sonst immer abschließt ...«

»Oh, das kann ich gut verstehen, wenn man solche Kostbarkeiten aufbewahrt ...«

Carolan ging auf die beiden zu. Sie sah, wie er die polierte Oberfläche einer wertvollen Brosche streichelte. Er hatte häßliche rote Hände, die irgendwie abstoßend wirkten.

»O ja«, fuhr er fort, »wenn man solche Schmuckstücke in diesem Stadtviertel lagert, dann muß man schon äußerst vorsichtig sein. Er hat die Türen bestimmt unabsichtlich offen gelassen.«

»Beide Schlüssel steckten in den Türen«, sagte Kitty. »Ich werde ihn damit ärgern.«

»Und fandet Ihr das Haus interessant, Mr. Crew?« fragte Carolan.

»Über alle Maßen! Es übertraf meine Erwartungen in jeder Beziehung.«

Sie gingen zurück ins Wohnzimmer, und kurze Zeit später verabschiedete sich Jonathan Crew.

»Liebling«, sagte Kitty, »bitte schnür mein Mieder noch etwas enger. Ich glaube, ich habe schon wieder zugenommen, aber wenigstens an den richtigen Stellen, findest du nicht auch, Carolan? Und du bist so furchtbar dünn, Kind. Ich wollte, ich könnte dir ein paar Pfund abgeben.«

Kitty beobachtete ihre Tochter nachdenklich. Fragte sie sich mittlerweile schon selbst, ob sie nichts Besseres zu erwarten hätte als das Leben einer Pfarrersfrau? London veränderte die Menschen – es hatte Kitty verändert, warum nicht auch Carolan? Vom ersten Augenblick an war Kitty von London fasziniert gewesen, obwohl hier vieles so abstoßend war. Diese elenden Logierhäuser, in denen sie mit Darrell übernachtet hatte, die Menschen in ihren Lumpen, der Gestank des Flusses und der Hinterstraßen, und dieses leere Gefühl, das vom Hunger kam, durch das man sich aber auch so leicht im Kopf fühlte. In dieser Zeit hatte sie sich als eine Art Prophetin erwiesen und gesagt: »Darrell, man kann nie wissen, was das Leben noch für uns bereithält!« Und wie recht sie gehabt hatte! Sie, die von allen nur für eine frivole Frau gehalten wurde. Denn eines Tages war er nach Hause gekommen und hatte erzählt, daß er einen Freund getroffen habe. Sie wußte damals nicht, wer dieser Freund war, aber jetzt war sie der Überzeugung, daß es Marcus gewesen sein mußte, denn von diesem Augenblick an war er ein häufiger Gast bei ihnen. Man hätte ihm ein gutes geschäftliches Angebot gemacht, sagte Darrell, und das wolle er gern annehmen. Sie würden zuerst zwar sparen und mit einem sehr einfachen Leben zufrieden sein müssen, aber dann würden sie eine menge Geld verdienen, so daß sie sich aufs Land zurückziehen könnten und für den Rest ihres Lebens ausgesorgt hätten.

Wie seltsam das Leben doch war! Es versprach einem

oft so vieles und versagte einem dann doch wieder alles! Wie hatte sie immer von Darrells Rückkehr geträumt und sich nach ihm gesehnt! Und er war zu ihr zurückgekehrt. Aber er war ein anderer geworden, seit sie damals in der Postkutsche mit ihm geflirtet hatte. Er war nicht mehr der Liebhaber, dem sie im Wald begegnet war. All die schrecklichen Erfahrungen hatten einen anderen Menschen aus ihm gemacht. Er war launisch und konnte aus heiterem Himmel in eine tiefe Depression verfallen. Kitty wünschte sich immer nur Fröhlichkeit; sie wollte bewundert werden und hübsche Kleider tragen. Sie brauchte Männer um sich herum, die ihr versicherten, wie schön sie sei. Seit Carolans Ankunft war das Leben irgendwie aufregender geworden. Da waren die Ausflüge mit Darrell, die er mit ihr allein nie gemacht hatte; und da waren die Besuche. Was für ein Mann dieser Marcus doch war! Seine Augen schienen Carolan fast aufzufressen. Wer weiß, vielleicht würde er sie eines Tages entführen. Er war der Typ für so etwas. Seine Augen blitzten voller Abenteuerlust, und seine langen schlanken Finger schienen sich danach zu sehnen, Carolan zu berühren. Einer erfahrenen Frau wie Kitty konnte so etwas einfach nicht entgehen. Es war furchtbar aufregend! Für gewöhnlich lief Marcus herum wie irgendein Kerl aus dem Viertel um die Grape Street, aber eines Tages hatte sie ihn heimlich bei einer Unterredung mit Darrell beobachtet, und da war er gekleidet wie ein eleganter Gentleman. Welch ein Spaß! Wie aufregend war es doch, eine attraktive Frau mit einer fast ebenso attraktiven Tochter zu sein! Welch anregende Rivalität! Und Jonathan Crew, dieser seltsame, stille Mann, der immer so merkwürdig dreinblickte, daß sie sich fragte, ob er wisse, daß sie darüber nachsann, ob er wohl gern mit ihr ins Bett ginge. Jonathan Crew, der ihr Komplimente ins Ohr flüsterte, von denen sie dann nie wußte, ob sie auch ehrlich gemeint waren, und der Carolan bisweilen mit merkwürdig flackernden Augen ansah, so daß sie sich fragte, ob er nicht in Wahrheit doch an ihrer Tochter interessiert sei. Er vermied es jedoch stets zu kommen, wenn Darrell zu Hause war, da konnte man doch wohl eher davon ausgehen, daß er ein Auge auf dessen Frau geworfen hatte.

»Dieses Mieder ist so stramm, daß ich bestimmt in Ohnmacht fallen werde, Carolan.«

»Es ist wirklich viel zu stramm«, meinte Carolan lachend. »Du wirst damit vielleicht ohnmächtig in Mr. Jonathans oder in Marcus' Arme sinken!«

»Mach es etwas lockerer ... nur ein kleines bißchen. Und glaubst du, daß ich sie dadurch aus der Fassung bringen würde?«

»Marcus bestimmt nicht«, sagte Carolan, während sie das Mieder lockerte. »Bei Mr. Crew bin ich mir da nicht so sicher.«

»Du meinst also, es würde ihn verstimmen?«

»Ich weiß es wirklich nicht. So, wie ist es jetzt?«

»Ja, so ist es viel besser! Glaubst du, Mr. Crew mag mich nicht?«

»Mama, ich kann es dir nicht sagen. Vielleicht hat er uns sehr gern, aber vielleicht mag er uns auch überhaupt nicht. Das läßt sich schlecht feststellen.«

»Komm schon, warum sollte jemand eine Familie besuchen, die er nicht ausstehen kann?«

»Ja, das stimmt schon. Und wenn man bedenkt, wie häufig er uns besucht, dann müßte er uns eigentlich sehr gern mögen.«

»Hast du schon bemerkt, daß er fast immer nur kommt, wenn er ziemlich sicher sein kann, daß Darrell nicht zu Hause ist?«

Carolan lächelte das rundliche Gesicht ihrer Mutter an. Was war sie doch für eine eitle Frau! Ihre Augen waren himmelblau, und ihr Gesicht glich einer Blume, die noch schön war, die aber bald verblühen würde.

»Ja, das habe ich bemerkt«, sagte Carolan.

»Für dich bin ich wahrscheinlich schon eine alte Frau!«

Carolan beugte sich hinunter und küßte ihre Mutter auf die Stirn. »Nein, nur eine faszinierende Frau – ganz alterslos.«

Als Carolan sich vorbeugte, konnte Kitty den Brief sehen,

den sie in ihr Mieder gesteckt hatte. Er war heute angekommen. Wenn mich auch alle für eine dumme und leichtfertige Frau halten, dachte sie, so gibt es doch ein paar Dinge, die ich sofort verstehe. Carolan schien über diesen Brief nicht besonders erfreut zu sein. Vielleicht gab es ja eine gewisse Entfremdung zwischen den beiden? Könnte das nicht am Ende das beste sein?

»Als ob ein Mann Augen für eine alte Frau hätte, wenn so ein junges, hübsches Ding im Hause ist!«

»Aber was redest du da, Mama! Du weißt so gut wie ich, daß sich die Männer selbst in vielen Jahren noch nach dir umdrehen werden!«

»Schmeichlerin!« sagte Kitty selig. Nun ja, es stimmte, Mr. Crew kam wirklich immer nur, wenn Darrell nicht daheim war.

»Und Marcus! Was denkst du über Marcus?« fragte Kitty, um von Jonathan Crew abzulenken.

Carolan schwieg und betrachtete ihre beiden Gesichter im Spiegel. Was hielt sie von Marcus? Sie wußte es nicht.

»Der Bursche hat irgend etwas Geheimnisvolles an sich«, fuhr Kitty fort. »Manchmal wirkt er wie ein Tölpel … und dann wieder wie ein Mann von Welt.«

»Bisweilen habe ich auch den Eindruck, er ist nicht das, was er uns glauben machen will.«

»Na also, du fängst so langsam an, das Leben hier interessant zu finden, mein Schatz!«

»Sehr interessant, Mama.«

»Interessanter als Haredon auf alle Fälle.«

Warum schauderte das Mädchen? Was war in Haredon vorgefallen? Ging es um Charles? Er war eine kleine Bestie, dieser Junge. Könnte es vielleicht sein …? Irgend etwas war dort geschehen, das Carolan zur Flucht gezwungen hatte, und dieser Pastor war nicht dagewesen, um ihr zu helfen. Zum Teufel mit dem Pastor! Warum sollte sich ein fröhliches, temperamentvolles Mädchen wie Carolan an einen Pfarrer binden? Warum wartete sie auf seine Briefe, die sie dann doch nur traurig zu machen schienen. Mußte Carolan sich denn auch ausgerechnet in ein solch schwächliches

Muttersöhnchen, in einen solchen Waschlappen verlieben! Kitty wünschte sich, sie könnte diese Verbindung irgendwie verhindern.

Marcus dagegen, der würde einen wunderbaren Liebhaber abgeben! Wenn Kitty doch nur noch so jung wie Carolan wäre …

Der Brief lugte aus Carolans Mieder hervor. Ich würde allzu gern wissen, was dieser Weichling ihr mitzuteilen hat, dachte Kitty.

»Marcus ist wirklich ein amüsanter Mann«, sagte sie laut.

Carolan lächelte sie amüsiert an.

»Und du scheinst dich über mich lustig zu machen, Carolan.«

»Ich muß lachen, weil du dich so außerordentlich für diese beiden Männer interessierst.«

»Warum sollte ich mich denn nicht für unsere Freunde interessieren?«

»Aber Mama, was weißt du zum Beispiel über Millie?«

»Warum um Gottes willen sollte ich mich denn um Millie kümmern?«

»Wenn du an deinen Mitmenschen wirklich interessiert wärst …«

»Aber das bin ich doch!«

»Ja, aber nur wenn sie männlichen Geschlechts sind!«

»Nun, was weißt du über Millie?«

»Mehr als über Marcus und Jonathan.«

»Warum verschwendest du nur deine Gedanken an ein Hausmädchen?«

»Mama, du führst dich auf wie eine Königin!«

»Und du bist so neugierig wie ein Dienstmädchen. Ist die dusselige Millie etwa deine Busenfreundin und deine Vertraute?«

Carolan kam zu ihrer Mutter herüber und streichelte ihre Wange. Jetzt konnte Kitty den Brief und die Schrift darauf besser sehen. Eine große, schwungvolle Handschrift, als ob der Schreiber sich seiner selbst sehr sicher wäre.

»Nein, Mama, das ist sie nicht. Aber ich weiß, daß sie mit ihrer großen Familie in einem einzigen Zimmer am Ende der

Grape Street wohnt. Oft haben sie nicht einmal Kohlen für den Ofen und nichts zu essen.«

»Hat sie dir das erzählt?«

»Nicht direkt, aber ich weiß, daß es so ist. Mama, kann Millie nicht hier bei uns wohnen?«

»Dein Vater ist dagegen. Er sagt, wir könnten es uns nicht leisten ...«

»Es würde bestimmt nicht mehr kosten; und unter diesen Umständen ...«

»Dein Vater sagt nein, obwohl ich es begrüßen würde, das Mädchen immer hier im Haus zu haben.«

»Ich verstehe Vater nicht; es wird gut sein, ich rede mit ihm.«

»Da kann man es mal wieder sehen. Du interessierst dich mehr für ein Dienstmädchen als für Freunde, die deinem eigenen Stand angehören.«

»Nein, Mama, da verstehst du mich falsch. Ich habe auch Interesse an diesen beiden Männern. Aber, Mama, spürst du es nicht auch ...? Beide haben irgend etwas an sich ... irgend etwas Befremdliches ... irgend etwas ... ich kann es einfach nicht richtig ausdrücken. Aber hast du denn nicht auch den Eindruck, daß sie etwas verbergen?«

»Ja, sie haben etwas in der Hinterhand! Mein Liebling, du mußt dich vor Marcus in acht nehmen, er ist ein sehr leidenschaftlicher Mann, und ich habe bemerkt, wie seine Augen leuchten, wenn er dich ansieht. Es gibt da Geschichten über Entführungen ...«

Carolan lachte, dabei fiel der Brief, ohne daß sie es bemerkte, auf den Boden. Kitty gelang es, schnell ein Spitzentaschentuch darüber zu werfen. Dann hob sie beides unbemerkt wieder auf.

»Du lachst, meine Liebe«, sagte Kitty und legte den Brief und das Taschentuch auf ein Glastischchen. »Aber sei vorsichtig! Vermeide es, mit Marcus allein zu sein. Ich könnte dir da einiges erzählen ...«

»Das könntest du zweifellos.« Carolan lehnte sich über die Frisierkommode und zeichnete die Gesichter von Jonathan und Marcus auf den staubigen Spiegel.

»So, Mama, da hast du sie. Du kannst sie betrachten und versuchen, ihr Geheimnis zu ergründen, so lange du willst.«

»Du hast sie wirklich gut getroffen, besonders Jonathan.«

»Er eignet sich als Vorlage zu einer Karikatur. Er ist so sehnig, irgendwie erinnert er mich an einen Bluthund.«

»Also, das kann ich nun keineswegs finden!«

Carolan schnitt eine Grimasse, wobei sie ziemlich erfolgreich den Gesichtsausdruck von Jonathan Crew nachahmte. Dabei schnüffelte sie wie ein Hund. »Und was haben wir hier? Dies ist ein überaus faszinierendes Haus ... Und dann sieht er dich an, als ob er dich fast genauso faszinierend findet wie das Haus. Fast ... aber nicht ganz!«

»Unsinn!« rief Kitty.

»Und ich finde es unsinnig, ein düsteres altes Haus interessanter zu finden als dich. Der Mann muß verrückt sein!«

»Aber einem Bluthund ähnelt er nun wirklich nicht!«

»Nun, auf mich wirkt er eben so. Und Marcus ... seine Augen sehen manchmal aus wie die eines Cockerspaniels, so traurig und bittend. Aber manchmal sind sie auch so schelmisch wie die eines Terriers – und oft auch so nichtssagend wie die eines Pekinesen.«

»Wie kritisch du doch bist, mein Schatz! Jetzt aber hinaus mit dir! Lauf nach unten und sag der dussligen Millie, sie soll den Kessel aufsetzen.«

Als Carolan das Zimmer verlassen hatte, rannte Kitty zum Tisch, zog den Brief unter dem Taschentuch hervor und begann ihn hastig zu überfliegen.

> »Ich werde kommen und dich holen«, hatte er geschrieben, »sobald die drei Monate vorüber sind. Ich habe hier sehr viel Arbeit und mache Pläne, wie alles werden soll, wenn du bei mir bist. Bestimmt ist es schön für dich, bei deinen Eltern zu sein. Ich hoffe, das Stadtleben gefällt dir nicht zu gut, denn sonst könntest du das Leben auf dem Lande als langweilig empfinden. Oh, ich wünschte, die drei Monate wären schon vorbei! Müßte ich nicht mein Versprechen halten, dann würde ich jetzt bei dir sein ...«

Carolan kam zurück. Wie schnell ihr der Verlust des Briefes aufgefallen war! Fluchend warf Kitty ihn auf den Boden. Als Carolan hereinkam, war Kitty dabei, sich anzuziehen.

»Was gibt es, meine Liebe?«

»Ich glaube, mir ist etwas heruntergefallen. Ja, hier liegt es …«

Schnell hob sie den Brief auf und steckte ihn wieder in ihr Mieder. »Kann ich dir behilflich sein, Mama?«

»Nein, mein Schatz, ich komme schon zurecht.« Kitty hatte ein schlechtes Gewissen und war erleichtert, als Carolan wieder nach unten ging.

»Pah!« sagte Kitty laut. »Ein Muttersöhnchen! Er wünscht sich ja so sehr, daß die drei Monate schon vorbei wären, aber er muß sein dummes Versprechen halten! Ich an Carolans Stelle würde ihm den Laufpaß geben, da ihm seine Mutter anscheinend wichtiger ist als sie!«

Wenig später stand unten im Wohnzimmer hinter dem Laden die Teekanne auf dem Tisch.

»Darrell, hier ist eine Tasse Tee für dich, mein Lieber!« rief Kitty.

Er kam herauf aus dem Keller. Die Sorgenfalten auf seiner Stirn ließen ihn müde aussehen.

»Carolan, reich deinem Vater seine Tasse.«

»Ich habe nicht viel Zeit«, sagte Darrell. »Ich muß mich um etwas Geschäftliches kümmern; in fünf Minuten muß ich los.«

»Vater, ich habe mit Mama über Millie gesprochen. Könnte sie nicht bei uns wohnen? Bei ihr zu Hause herrschen furchtbare Zustände.«

»Wir können es uns nicht leisten«, sagte Darrell.

»Aber Vater, es kostet uns doch nichts … Sie müssen alle in einem einzigen Zimmer leben. Ihr Vater ist dauernd betrunken und schlägt sie grün und blau. Wäre es denn wirklich unmöglich, sie hier wohnen zu lassen?«

Sie war zu ihm hinübergegangen, hatte sich auf die Lehne seines Sessels gesetzt und ihren Arm um ihn gelegt.

»Vater, kannst du dir vorstellen, wie es in dem Zimmer zugeht, in dem sie hausen?«

»Das kann ich mir lebhaft vorstellen«, sagte Darrell grimmig.

Er nahm ihre Hand. Immer wenn er seine Frau oder seine Tochter berührte, war er sehr sanft und vorsichtig, als fürchtete er, sie könnten vor seinen armen, verunstalteten Händen zurückschrecken.

»Du hast ein gutes Herz, Tochter«, sagte er langsam, »und das gefällt mir sehr. Millie soll zu uns kommen.«

Sie küßte ihn auf die Wange, und Kitty sah, wie er dabei errötete. Der gute Darrell! Wie schön war es, die beiden zu beobachten. Welche Qualen hatte sie doch erdulden müssen, um ihm seine Tochter zu bringen! Squire Haredon ... Dieser brutale Kerl! Dieser Lüstling! Was für ein Mann! Die Erinnerung an gewisse Erlebnisse mit ihm ließ sie wohlig erschauern. Wie ich gelitten habe! Sie lachte in sich hinein und streichelte die weiche Haut ihrer Arme.

»Ich werde es ihr heute noch mitteilen«, sagte Carolan.

»Also eines muß ich wirklich feststellen«, meinte Kitty schmollend, »du kannst deinen Vater um den kleinen Finger wickeln. Vorher hieß es immer nur sparen, sparen und noch einmal sparen. Aber wenn du ihn darum bittest, dann bekommen wir ein Dienstmädchen, das bei uns im Hause wohnt; wir fahren hierhin und dorthin. Sagtest du nicht, daß wir nach Vauxhall wollten, Darrell?«

Er lächelte sie liebevoll an.

»O ja, das habe ich gesagt. Wir müssen Carolan doch schließlich die Stadt zeigen!«

Alle drei lächelten, sie waren eine glückliche Familie. Wie sehr ich die beiden doch liebe! dachte Kitty.

»Fahren wir also am Samstag nachmittag nach Vauxhall, Darrell?«

»Wenn ihr das gern möchtet, dann werden wir hinfahren.«

»Oh, wie wunderbar, ich kann es kaum erwarten!« rief Carolan mit glitzernden Augen.

Eine Schande, solch glitzernde Augen an einen Pfarrer zu verschwenden! Ich werde mein schwarzes Samtkleid anziehen, dachte Kitty, und wir werden eine Kutsche mieten.

Sie lächelte die beiden liebevoll an, aber statt ihrer Gesichter sah sie nur sich selbst, wie sie in ihrem schwarzen Kleid unter den Bäumen sitzen würde. Ein eleganter Mann würde seinem Begleiter zuflüstern: »Wer ist diese Schönheit mit dem schwarzen Samtkleid?«

Darrell stellte seine Tasse zurück auf den Tisch und sagte, daß er jetzt gehen müsse.

»Bleib nicht so lange«, bat Kitty und lehnte sich in ihrem Sessel zurück. »Gib mir noch eine Tasse Tee, Carolan. Was wirst du anziehen, wenn wir nach Vauxhall fahren, mein Schatz? Wir müssen etwas Schickes für dich finden, denn es soll dort die reinste Modenschau stattfinden. Mein schwarzes Samtkleid steht mir ja recht gut zu meiner hellen Haut ...«

Die Ladenglocke läutete.

»Wer um alles in der Welt kann denn das nur wieder sein?« sagte Kitty, obwohl sie es sich natürlich denken konnte. Er scheint doch tatsächlich vor dem Laden zu warten, bis er gesehen hat, daß Darrell verschwunden ist. Schlimm, schlimm ...

Carolan war in den Laden gegangen, und Kitty hörte sie sagen: »Guten Tag, Mr. Crew, wie geht es Euch?«

Dann führte sie ihn ins Wohnzimmer. Er war blaß, und seine Haut schien sich straffer als je zuvor über seinen vorstehenden Wangenknochen zu spannen.

Schnell kam er zu ihr herüber. Anmutig hielt sie ihm die Hand entgegen, auf die er seine heißen Lippen preßte. Wie pikant, dachte Kitty, so heiße Lippen bei einem so merkwürdig kalten Gesicht. Unergründlich! Geheimnisvoll!

»Carolan, vielleicht möchte unser Gast gern eine Tasse Tee.«

»Ihr seid wirklich zu gütig, Madam.«

»Aber Sir, wie könnte ich denn einem durstigen Mann eine Tasse Tee verweigern?«

Carolan reichte ihm den Tee, und er schenkte jetzt ihr seine volle Aufmerksamkeit. Ja, sie war attraktiv mit ihren tiefgrünen Augen und ihrem rötlichen Haar. Aber warum sollte er warten, bis Darrell fort war, wenn er Carolan seine

Aufwartung machen wollte? Das wäre ja lächerlich! Nein, sein Interesse mußte ihr, der Mutter gelten, einer Frau, die älter war als er. Aber vielleicht war er sich dessen ja gar nicht bewußt, denn sie sah wirklich viel jünger aus, als sie war.

»Am Samstag fahren wir nach Vauxhall, Mr. Crew«, sagte sie. »Meine kleine Tochter freut sich schon sehr darauf.«

»Das wird sicher ein schöner Ausflug«, entgegnete Mr. Crew und sah Kitty ein wenig abschätzig an. »Ich bin schon viele Male dort gewesen.«

»Dann ist es für Euch natürlich nicht so aufregend wie für uns«, meinte Kitty schelmisch.

»Das käme ganz darauf an, Madam.«

Jetzt war Kitty so richtig in ihrem Element. Sie machte große, unschuldige Augen.

»Worauf würde es denn ankommen, Sir? Wenn ich fragen darf ...«

»Auf die Gesellschaft, die ich dabei genießen dürfte.«

»Mit der entsprechenden Begleitung würdet Ihr also sehr wohl einen Ausflug nach Vauxhall genießen?«

»O ja, das würde ich in der Tat.«

Kitty schwieg. Jeder andere würde jetzt direkt fragen, ob er mitfahren könne, nicht so Jonathan Crew. Er ließ einen im ungewissen. Wollte er nun am Samstag mitkommen oder nicht? Ein schrecklicher Mann! Aber auch ein aufregender Mann! Kitty fragte sich jedoch, was außer dieser geheimnisvollen Ausstrahlung noch an ihm war. Ohne die war er nur ein dünner, großer Mann mit gelbem Gesicht, spitzen Wangenknochen und einem leicht fliehenden Kinn, das seinem Aussehen etwas Fischartiges verlieh. Aber es war schon aufregend, daß er nur dann, wenn er sicher sein konnte, daß Darrell nicht zu Hause war, mit leisen Schritten den Laden betrat, um ihr seine Aufwartung zu machen. Vielleicht finde ich, weil ich so zurückgezogen leben muß, mittlerweile jeden Mann aufregend? dachte Kitty. Ja, Marcus ... das war schon ein anderer Mann. Er sah zwar auch nicht besonders gut aus, aber er war sehr charmant ... leider hatte er nur Augen für Carolan.

Sie redeten jetzt über Marcus. Jonathan hatte ihn vor ein paar Tagen den Laden verlassen sehen und fragte nach seinem Befinden.

»Oh, es geht ihm sehr gut«, sagte Kitty.

»Er scheint ein Mann zu sein, dessen Lebenszweck darin besteht, sich immer möglichst gut zu amüsieren«, meinte Jonathan ernst. »Diesen Eindruck hat er auf mich gemacht.«

»Ihr seid ein aufmerksamer Beobachter«, entgegnete Kitty. »Ich glaube, unser Freund Marcus stammt aus einer reichen Familie und treibt sich nur zum Spaß hier in unserer armen Gegend herum!«

Jonathan stellte weitere Fragen über Marcus, aber die Antworten, die er erhielt, schienen ihn nicht sonderlich zu interessieren. Kitty hatte vorher nie bemerkt, wie lang seine Arme waren und was für kräftige, häßliche Hände er besaß.

Carolan neben ihr am Tisch hörte kaum zu. Manchmal berührte sie den Brief in ihrem Mieder.

Am Abend des Tages, an dem sie Vauxhall besucht hatten, saß Carolan an ihrem Fenster und sah hinab auf die Straße. Es war beinahe Mitternacht, und ihre Mutter war schon zu Bett gegangen, aber Carolan konnte nicht schlafen. Sie war zu verstört. Ihre Augen brannten, und ihre Gefühle waren durcheinander geraten.

Es war wundervoll gewesen in den Gärten von Vauxhall. Alles war so wunderschön beleuchtet, die Wege, die Hekken, die Statuen, die Pavillons und Lusthäuser mit ihren verzierten Säulen. Es gab so viel zu sehen, daß die Augen davon ganz müde wurden. Und all die Leute, die in einem nie endenden Strom vorüberzogen, Frauen mit ihren Kavalieren, Geschäftsleute, Lehrlinge; alle waren sie hergekommen, um sich hier zu vergnügen.

Doch dann dieser häßliche kleine Zwischenfall, der alles verdorben hatte! Wer hatte es sonst noch gesehen? Kitty ganz bestimmt nicht! Sie war völlig verzaubert von dem aufregenden Schauspiel um sich herum. Darrell? Wohl kaum. Aber sie, Carolan, hatte es beobachtet ... und Jonathan Crew.

Nun ließ sie alles noch einmal Revue passieren. Sie hatten den Laden am Nachmittag verlassen und eine gemietete offene Kutsche bestiegen. Ausgelassen lachten sie über alles mögliche. Selbst Darrell war bester Stimmung.

Am späten Nachmittag trafen sie in Vauxhall ein.

»Wartet, bis erst die Lampen angezündet werden, dann ist es hier am schönsten«, sagte Darrell.

Carolan und Kitty waren von Anfang an wie verzaubert von allem. Die gute Mama fühlte sich mit den großen Straußenfedern auf ihrem Hut wie Mrs. Fitzherbert in ihren besten Jahren.

»Alle sagen, daß ich genauso aussehe wie sie! Und dieser Hut ... und mein Kleid ... Schaut nur, wie die Leute mich anstarren.«

»Wir müssen uns alles ansehen«, sagte Darrell.

»Wir dürfen nichts versäumen!« rief Carolan.

Es war herrlich, auf geschnitzten Holzstühlen unter den Bäumen zu sitzen, Schinken zu essen und Schaumwein zu trinken. Sie stellte sich vor, wie sie Everard später davon erzählen würde. Dieser Tag sollte für immer in ihrem Gedächtnis bleiben. Darrell war selig, seiner Familie ein solches Vergnügen zu bereiten. Und Mama war so stolz auf ihr Kleid und ihren großen Hut mit den langen Straußenfedern und vor allem auf ihre Ähnlichkeit mit Mrs. Fitzherbert. Und sie selbst hatte all das Aufregende, das um sie herum geschah, gierig aufgesogen.

Wie viele Leute Darrell doch kannten. Einige nickten ihm nur zu, andere wechselten ein paar Worte mit ihm, aber niemandem stellte er seine Frau und seine Tochter vor.

»Das sind alles nur geschäftliche Bekanntschaften, meine Liebe«, flüsterte er. »Es sind keine Leute, die ihr kennenlernen solltet.«

Sie saßen an einem Tisch unter den Bäumen, als sie Jonathan Crew auf sich zukommen sahen. Sogar er scheint heute irgendwie verändert, dachte Carolan. Er hatte sogar ein wenig Farbe im Gesicht, und seine Augen glitzerten noch mehr als sonst. Aber vielleicht lag das auch nur an der Beleuchtung, die gerade eingeschaltet worden war.

Darrell gegenüber benahm er sich fast ein wenig schüchtern, beinahe demütig. Kitty beobachtete die beiden durch ihre langen Wimpern. Carolan wußte, daß dies für Kitty eine äußerst pikante Szene sein mußte. Ihre arme, zauberhafte Mama, die in ihrer Jugend von allen begehrt worden war, sie glaubte immer noch, so reizvoll und anziehend zu sein wie früher.

»Was für ein Zufall, daß ich Euch hier treffe!« rief Jonathan. »Kommt Ihr öfter hierher?«

Darrell erklärte, sie wollten Carolan mit diesem Ausflug eine Freude machen, bevor sie aufs Land zurückgehen würde.

Kitty schlug bescheiden die Augen nieder. Sie hatte nichts davon verlauten lassen, daß sie Jonathan Crew von diesem Ausflug erzählt hatte. Kitty liebte solche Spielchen. Carolan schien es nicht groß zu kümmern, alles war ja auch ganz harmlos.

»Darf ich mich vielleicht zu Euch gesellen?« fragte Jonathan Crew demütig. Mit einem fragenden Blick zu Darrell schien Kitty um Erlaubnis zu bitten, dann bat sie Jonathan, Platz zu nehmen.

Sie redeten über das Wetter, die Gärten, den schlechten Champagner, den man hier servierte, und über die schöne Musik, die man von weitem hören konnte.

Vielleicht hatte Carolan nur wegen ihrer scharfen Augen etwas bemerkt. Es hatte ausgesehen wie ein ganz gewöhnlicher Vorfall. Kitty hatte nichts davon wahrgenommen, denn sie hatte nur auf die Kleider der Damen und die Blicke der Männer geachtet. Darrell war ein wenig kurzsichtig und hatte sich damit begnügt, seine Kitty mit ihrem Fitzherbert-Hut zu bewundern.

Auf der anderen Seite des Säulengangs saß eine Dame. Ihr Gesicht wurde von einem Schleier halb verdeckt. Carolan sah gleich, daß sie reich sein mußte, trotz des langen schwarzen Umhangs, den sie trug. Sie hatte einen Blick auf ihre feinen Lederschuhe und das reich bestickte Kleid unter dem Umhang erhascht. Sie redete mit einem Mann, der dicht neben ihr saß und ihren Worten begierig zu lauschen schien. Carolan erriet, daß die Dame sich heimlich mit ihrem Liebhaber traf. Der Schleier und der schwarze Umhang deuteten darauf hin, daß sie nicht erkannt werden wollte. Hier in Vauxhall konnte sie an einem Samstagabend ziemlich sicher sein, niemandem der feinen Gesellschaft zu begegnen. Carolan dachte über die beiden nach, als ein Mann vorbeischlenderte. Er war ziemlich untersetzt und trug einen äußerst eleganten Mantel. Als er direkt auf den Tisch zuging, an dem die Dame und ihr Begleiter saßen, stolperte er. Die Dame stieß einen kleinen Schrei aus, während der elegante Mann sich auf den Tisch lehnte, wie um sich abzustützen. Eine Sekunde lang sah Carolan seine Hände, und gleich darauf auch sein Gesicht. Sie wollte gerade etwas sagen, aber der Mann hatte sich entschuldigt und war weitergegangen. Dann bemerkte sie, daß Jonathan Crew sie beobachtete. Nein, kein Wort wollte sie über diese Sache erwähnen. Kitty würde sowieso nur sagen: »In einem eleganten Mantel hast du gesagt? Siehst du, ich wußte es! Dann ist Marcus Markham also wirklich ein gut betuchter Gentleman, der es amüsant findet, ab und zu eine Tasse Tee mit uns zu trinken.« Und dann würde sie nur weitere Spekulationen über den Mann anstellen.

Damit hätte dieser Zwischenfall beendet sein können, doch plötzlich sprang die Dame auf und rief: »Meine Handtasche! Ich kann schwören, daß ich sie noch vor einer Minute hatte. Wo ist sie nur?«

Carolan erstarrte vor Schreck, denn sie hatte diese langen, schlanken Hände gesehen, wie sie sich auf dem Tisch aufstützten. Sofort dachte sie an ihre erste Begegnung mit Marcus. Während er ihr den Weg beschrieben hatte, war ihr Taschentuch unbemerkt aus ihrer Tasche verschwunden. Jetzt hatte sie keinen Zweifel mehr; Marcus war ein geübter Taschendieb!

Wären wir doch schon weg gewesen, bevor die Dame den Diebstahl bemerkte, dachte sie, ich wollte, ich wüßte nichts davon. Das war töricht und unlogisch; Everard hatte einmal gesagt, sie sei unlogisch. Aber ich mochte Marcus, dachte sie, ich mochte ihn. Ich will einfach nicht wissen, daß er ein Dieb ist! Plötzlich hörte sie Everards kühle, beherrschte Stimme sagen: »Aber er ist ein Dieb, und es ist besser, daß du es weißt.«

Er verdiente sein Geld mit Diebereien, und sie hatte ihn für ihren Freund gehalten! Hinsichtlich ihres Taschentuchs hatte er gesagt: »Das war mein erster und einziger Ausrutscher.« Er war ein Lügner, er war ein Schurke! Aber er hatte so fröhliche Augen, und mit ihm hatte sie gelacht, wie sie es mit Everard nie getan hatte.

Everard war in ihren Augen vollkommen; Marcus war weit davon entfernt, vollkommen zu sein. Aber sie hatte ihn gemocht. Sie war vielleicht eitel und töricht, aber seine Schmeicheleien hatten ihr gefallen. Seine Stimme, seine leidenschaftlichen Blicke ... Nun, sie hatte zwar nie vorgehabt, ihm auch nur ein bißchen entgegenzukommen, aber es war doch schön zu wissen, daß er sie begehrenswert fand. Und nun war sie wütend; nicht so sehr, weil er ein Dieb war, sondern weil sie sich von ihm hintergangen fühlte. Er hatte sie wegen des Taschentuchs angelogen, und deshalb war es auch sehr wahrscheinlich, daß seine bewundernden Blicke und seine zärtliche Stimme nichts als Lüge waren. Er war ein Freibeuter, ein Dieb und ein Schurke – und er hatte sie an der Nase herumgeführt.

Wenn er jetzt vor ihr stünde, sie würde ihn verfluchen, sie würde ihm sagen, daß sie ihn verachtete.

Gleichzeitig trat ihr aber ein schreckliches Bild vor Augen: Marcus, wie er am Galgen hing, und eine grölende Menge, die zuschaute. Da schmolz ihr Ärger dahin, und sie hatte Angst um Marcus. Sie hätte um ihn weinen können, über seinen Leichtsinn und seine Dummheit.

Der Gentleman hatte gesagt: »Genevra, beruhige dich doch! Du kannst hier keine Szene machen. Vergiß deine Handtasche ...«

»Vergessen soll ich sie? Ich hatte meine Perlenkette abgenommen, weil der Verschluß defekt war, dann habe ich sie in die Tasche gesteckt!«

»Sei still, Genevra! Mach hier bloß keine Szene! Denk daran ...«

Als sie das hörte, war Carolan froh … froh darüber, daß die beiden in eine heimliche Liebesaffäre verwickelt waren und nichts zu tun wagten. Ja, sie freute sich darüber, nur weil dieser Schurke Marcus noch einmal davongekommen war!

Als sie ihren Tisch verließen, tippte Jonathan Crew Carolan auf die Schulter, um sie zurückzuhalten. Kitty und Darrell gingen voraus.

»Ich frage mich, ob Ihr gesehen habt, was ich sah«, sagte er.

»Und was sollte das sein?« erwiderte sie und versuchte, ihre Stimme möglichst gleichgültig klingen zu lassen.

»Der kleine Vorfall am Tisch neben uns. Habt Ihr ihn bemerkt? Habt Ihr nichts gehört?«

»Nun, man konnte es kaum überhören oder übersehen, es war ja ganz in unserer Nähe.«

»Die Handtasche der Dame wurde gestohlen. Habt Ihr gesehen, von wem?«

»Hätte ich es gesehen, dann hätte ich versucht, den Dieb an seiner Tat zu hindern. Ich würde doch nicht einfach zusehen, wie ein Dieb sich mit der Handtasche einer Dame davonmacht!«

»Wir sahen den Dieb«, sagte Jonathan Crew langsam, »aber den eigentlichen Diebstahl sahen wir nicht. Sie sind so schlau, diese Schurken, und überaus flink mit den Händen.«

Carolan zuckte die Schultern. »Solche Zwischenfälle kommen an einem Ort wie diesem hier wohl ab und zu vor.«

»Ja, da habt Ihr sicher recht, aber dieser bestimmte Zwischenfall verdient dennoch unser Interesse, weil … wir die Identität des Diebs kennen. Darf ich offen zu Euch sprechen?«

»Ja, natürlich«, sagte Carolan und konnte ihre Verwirrung kaum verbergen.

»Wir haben ihn erkannt, nicht wahr? Er ist der Mann, der Euer Taschentuch gestohlen hatte und der Euch seitdem seine Aufwartung macht; ich habe ihn gesehen, wie er Euer Haus verließ. Eure Mutter hat mir gegenüber erwähnt, er sei ein Freund Eures Vaters. Und nun haben wir herausgefunden, daß er ein Schuft ist, ein ganz gewöhnlicher Taschendieb.«

»Da bin ich mir gar nicht so sicher ...«, begann Carolan, aber er unterbrach sie.

»Kommt, laßt uns doch aufrichtig miteinander sein! Das müssen wir, wenn wir ihm helfen wollen. Ihr habt ihn doch auch erkannt. Als ich entdeckte, daß er Euer Haus besucht, da fühlte ich mich einfach verpflichtet, etwas über ihn herauszufinden. Ich habe ihn schon des öfteren beobachtet.«

Carolan erschauerte. Jonathan strahlte nun Selbstgerechtigkeit aus; seine Worte wurden leidenschaftlicher, er rückte näher an sie heran.

»Ihr dürft nicht denken, daß ich ihn anzeigen möchte. Ich will ihn nur daran hindern, seine Verbrecherlaufbahn fortzusetzen, versteht Ihr das? Eure Mutter hat mir erzählt, daß er gewisse Waren bei Euch lagert ...«

»Oh!« schrie Carolan ärgerlich. »Gibt es vielleicht irgend etwas, das meine Mutter Euch *nicht* erzählt hat?«

Er lächelte. »Sie kann von Natur aus nichts für sich behalten. Hört mir zu, junge Dame. Könntet Ihr mit ihm reden? Könntet Ihr ihn davon überzeugen, daß ihn seine Dieberelen eines Tages an den Galgen oder in eine australische Strafkolonie bringen? Ich glaube, auf Euch würde er vielleicht hören.«

Nun tat es ihr schon wieder leid, daß sie so wütend auf Jonathan gewesen war, wo es doch sein einziger Wunsch zu sein schien, Marcus zu helfen. Marcus war ein liebeswerter Dummkopf; aber Jonathan Crew war ein kluger und guter Mann.

»Sprecht mit ihm«, fuhr Jonathan fort. »Vielleicht gibt es ja für das, was er tut, irgendeinen Grund. Vielleicht wurde er ja irgendwie in Versuchung geführt und kann jetzt nicht mehr damit aufhören. Fragt ihn. Versucht, ihn zu verstehen, denn nur durch Verständnis kann ihm geholfen werden.«

»Ihr redet wie ein Prediger.«

»Ich wünsche mir nur, den Freunden meiner Freunde helfen zu dürfen.«

»Ihr seid ein guter Mensch. Ich werde darüber nachdenken. Vielleicht werde ich mit ihm sprechen.«

Er drückte ihre Hand; seine Finger waren kalt, und doch schienen sie zu brennen. Er ist ein sehr guter Mensch, dachte sie, weil er sich so um den armen Marcus sorgt.

Lebhaft erinnerte sie sich an all dies, während sie am Fenster saß und auf die Straße hinabblickte. Plötzlich tauchte Marcus auf.

Sie starrte zu ihm hinunter, wie er selbstzufrieden die Straße entlangschlenderte. Er trug nicht mehr seinen eleganten Mantel, sondern seine alten Sachen. Jetzt war sie wirklich wütend auf ihn! Dieser eingebildete Trottel! Sicherlich beglückwünschte er sich zu seinem gelungenen Gaunerstückchen. Wütend stand sie auf. Sie würde mit ihm reden, sie würde ihm sagen, daß er ein lächerlicher Dummkopf war – nein, ein Verbrecher und Schurke, und daß sie und ihre Familie mit ihm fertig wären.

Entschlossen rannte sie nach unten. Im Wohnzimmer war niemand. Ihre Mutter war schon zu Bett gegangen; ihr Vater würde wohl unten im Keller arbeiten und sie nicht hören. Darüber war sie froh.

Sie öffnete die Ladentür, vor der Marcus stand.

»Nanu … Miß Carolan!« rief er.

»Ja, ich bin es«, sagte sie ernst. »Kommt herein. Ich muß mit Euch sprechen.«

»Ich hoffe, ich habe Euch nicht beleidigt«, entgegnete er verstört.

»Beleidigt – das ist noch milde ausgedrückt.«

»Ihr erschreckt mich!«

»Das ist auch meine Absicht. Sprecht leise, ich möchte nicht, daß mein Vater Euch hört. Er würde Euch nicht in seinem Hause dulden, wenn er wüßte …« Sie stellte sich dicht vor ihn hin; fast war sie so groß wie er. Ihre Augen funkelten wütend. »Wir sind gerade aus Vauxhall zurückgekommen.«

»Ich wette, daß Ihr Euch dort gut amüsiert habt.«

»Danke, sehr gut, bis es zu einem Zwischenfall kam, der mir den ganzen Abend verdorben hat.«

»Ich bedaure, das zu hören.«

Mit grimmiger Zufriedenheit stellte sie fest, daß er sehr betroffen war.

»Ja, das könnt Ihr auch bedauern. Sprecht bitte leise. Kommt hier herüber, hinter diese alten Mäntel, sie werden unsere Stimmen dämpfen.«

»Ihr seid es, die laut spricht, Miß Carolan!« Er lächelte sie zärtlich an. »Wie bestürzt Ihr doch seid, meine Liebe!«

»Bestürzt!« Nur mit Mühe gelang es ihr, die Tränen zurückzuhalten. »Ich saß ganz in der Nähe einer Dame, deren Handtasche abhanden kam.«

»Aber warum sollte Euch der Verlust dieser Dame so bekümmern?«

»Weil ich Euch sah. Oh, wie elegant Ihr doch wart, wie ein richtiger Gentleman, aber ich erkannte Euch trotz dieser Verkleidung! Kein noch so feiner Mantel kann mir verbergen, daß Ihr nichts seid als ein Dieb! Wenn mein Vater dies wüßte, er würde Euch nie erlauben, dieses Haus noch einmal zu betreten.«

Er starrte auf seine Hände. Offensichtlich fühlte er sich schuldig, schien aber nicht reuig; er wirkte nur verstört, weil man ihn erwischt hatte.

»Ihr seid nicht bei Trost, Marcus«, zischte sie.

»Das weiß ich selbst am besten, Carolan.«

»Was glaubt Ihr, wohin Euch dieses Leben bringen wird?«

»Niemand kann wissen, wohin ihn seine irdischen Pfade führen.«

»Wir sollten aber zumindest versuchen, immer auf den sichersten Pfaden zu wandeln.«

»Eines Tages werde ich Schluß machen mit diesem Leben. Dann werde ich ein reicher Mann sein; und in Sicherheit kann man sich nur wiegen, wenn man reich ist. Wußtest du das, Carolan?«

»Ich weiß nur, daß die Wege, die Ihr geht, Euch in Gefahr bringen, Marcus! So etwas hätte ich niemals von Euch erwartet. Wenn Ihr behauptet hättet, die Handtasche nicht gestohlen zu haben, dann hätte ich es Euch geglaubt.«

»Aber Ihr sagtet, Ihr hättet es gesehen.«

»Ich habe nicht gesehen, wie Ihr sie gestohlen habt.«

»Ihr habt es also nicht bemerkt!« sagte er erleichtert. »Ich befürchtete schon, meine Hände wären nicht mehr so geschickt wie früher.«

Sie blickte auf seine langen, schlanken Finger.

»Es ist ein Jammer, daß Ihr Eure Hände nicht zu etwas Besserem verwendet.«

»Carolan, verachtet Ihr mich jetzt?«

»Ihr habt mich unsagbar enttäuscht.«

»Das ist sehr schade. Ich hatte bestimmte Träume ...«

»Was denn für Träume?«

»Ach, ich träumte von der Zeit, in der ich mich sicher fühlen würde ... Aber was soll's?«

Sie rang die Hände. »Oh, Marcus, müßt Ihr denn so etwas tun?«

»Ich lebe davon, Carolan.«

»Ihr lebt vom Diebstahl?«

»Ich habe auch andere Methoden ausprobiert.«

Sie dachte an Everards beherrschtes, ein wenig strenges Gesicht; sie konnte seine Stimme hören.

»Das Leben eines Mannes ist das, was er daraus macht«, zitierte sie ihn.

»Ja, in gewisser Weise kann man wohl sein Schicksal beeinflussen.«

»Das heißt also ...«

»Aber es gibt auch noch andere Faktoren. Es gibt Leute, die werden in Herrenhäusern geboren, und andere zum Beispiel in der Grape Street. Hier in der Grape Street ist es nicht einfach, ein ehrlicher Mensch zu sein, Carolan.«

Seine Augen wirkten ein wenig schelmisch, aber sie waren nicht mehr ganz so fröhlich wie zuvor.

»Carolan«, sagte er und rückte etwas näher an sie heran, »ich würde dir gern etwas erzählen, was ich noch nie jemandem erzählt habe. Willst du mir zuhören?«

»Ja, selbstverständlich.«

»Ich werde dir jetzt in kurzen Worten mein Schicksal schildern. Ich bin schlecht, ich bin ein Verbrecher, ich bin es nicht wert, dein Freund zu sein. Das ist die reine Wahrheit. Aber ich möchte, daß du weißt, warum ich so tief gesunken bin. Später einmal, wenn ich erst ein reicher Mann bin, werde ich dich und deinen Mann vielleicht einmal besuchen. Das würde ich wirklich gerne tun, Carolan. Ich würde so gern wissen, ob du glücklich geworden bist. Dein Pfarrer wird mich schon empfangen, denn er weiß ja nichts von den Geheimnissen meiner Vergangenheit. Und seine Frau wird mich auch empfangen, weil sie, so hoffe ich, Verständnis dafür aufbringt, daß ich auf Abwege geraten bin. Es wird mir ein großer Trost sein, wenn du mich verstehst, Carolan.«

Carolan schwieg mit klopfendem Herzen. Ihr wurde klar, wie sehr sie gehofft hatte, er würde den Diebstahl der Handtasche abstreiten.

»Ich muß mich kurz fassen, Carolan. Du mußt versuchen zu verstehen, was hinter meinen Worten verborgen ist. Du mußt dir eine glückliche Kindheit vorstellen. Ich hatte ein gutes Zuhause, liebevolle Eltern, eine exzellente Erziehung ... bis zu dem Zeitpunkt, als ich vierzehn Jahre alt war. Da starb mein Vater. Meine Mutter war eine liebe Frau, voller Zärtlichkeit, aber sie war nicht besonders klug. Ein Jahr nach dem Tod meines Vaters suchte sie sich einen Ersatz. Meinen Stiefvater! Was ich dir über diesen Mann alles erzählen könnte! Aber ich will meine Zeit nicht damit vergeuden. Nur soviel: Etwa ein Jahr nach dieser unglückseligen Heirat war meine Mutter tot. Ihr Geld gehörte ihm; mir blieb nichts. Er hatte es so arrangiert. Manchmal glaube ich, er hatte auch ihren Tod arrangiert. Das alles hört sich dramatisch an, aber es ist die Wahrheit. Ich war allein und besaß keinen Penny. Also stahl ich meinem Stiefvater etwas Geld und ging nach London. Damals hatte ich noch Träume. Ich wollte ein Vermögen am Spieltisch machen. Ich will dich nicht mit meinen Abenteuern beunruhigen ... Ich werde dir nicht erzählen, wie ich tiefer und tiefer sank. In dieser riesigen Stadt gibt es eine Welt, die du niemals kennenlernen darfst. Hast du schon einmal von einer Diebesschule gehört, Carolan? Dort wird einem beigebracht, wie man ein Taschendieb wird. Diese meine Hände, einst dafür bestimmt, ein Musikinstrument zu spielen, wurden dazu ausgebildet, Taschen zu plündern. Sie waren gelehrige Schüler. Aber dann hat man mich doch erwischt, Carolan.« Er lächelte sie an und legte seine Hände auf ihre Schultern. »Aber du zitterst ja, mein Kind! Ich bin doch jetzt nicht mehr in Gefahr! Ich bin nicht mehr so dumm, wie ich früher war, ich werde mich nicht noch einmal fangen lassen. Du dachtest, ich sei dreißig, Carolan, und in Wahrheit bin ich gerade erst vierundzwanzig. Du siehst die Linien in meinem Gesicht. So verändert man sich bei der Deportation, wenn man monatelang auf einem stinkenden Gefangenenschiff eingesperrt ist. Carolan, versuch dir vorzustellen, was aus mir geworden wäre, wenn mein Vater noch lebte. Ein fröhlicher junger Mann wäre ich, denn mit vierundzwanzig ist man ja noch nicht gerade alt. Ein reicher, gebildeter Mann, ein angemessener Freund für dich, Carolan. Sieh mich so, wie ich hätte sein sollen ... und nicht wie der, den das Leben aus mir gemacht hat!«

Ihre Augen waren voller Tränen.

»Du hast sehr viel gelitten, Marcus. Und ich habe dir weh getan; ich bin so unwissend, so naiv! Es gibt so vieles, das ich nicht weiß.«

»Das du auch niemals wissen sollst. Es tut mir leid, daß ich mit dir über diese Dinge gesprochen habe, Carolan. Für dich wäre es am besten, du hättest nie davon erfahren.«

»Das Leben kann so grausam sein, Marcus.«

»Es kann aber auch freundlich sein.«

»Wie kannst gerade du das sagen?«

»Ich kann es jetzt sagen, weil du, obwohl ich dir nur so wenig erzählt habe, fähig bist, mehr als nur meine Worte zu verstehen. Ich glaube jetzt, daß ich, wenn ich eines Tages in jenes glückliche Pfarrhaus komme, dort als Freund begrüßt werde.«

»Ja, das wirst du, Marcus! Darauf kannst du dich verlassen. Aber, Marcus, es ist doch Wahnsinn ... wenn du jetzt noch, nach all dem, genauso weitermachst ...«

Seine Augen funkelten.

»Das Risiko! Der Nervenkitzel! Und dann natürlich die

Hoffnung, daß ich mich eines Tages beruhigt irgendwo niederlassen kann; das wird sein, wenn meine Augen nicht mehr so scharf sind und meine Hände nicht mehr so flink. Heute nacht hast du mir angst gemacht, daß dieser Tag bald kommen könnte.«

»Marcus, ich wünschte, ich könnte etwas tun. Worte reichen nicht aus; man kann leicht sein Mitleid in Worte fassen ... aber ich fühle es, Marcus, ich fühle es.«

»Du hast recht, wenn du sagst, daß Worte nicht ausreichen; es kann so vieles dahinter verborgen sein ... oder auch gar nichts. Wenn! Was für ein Wort! *Wenn* mein Vater nicht gestorben wäre! *Wenn* ich ein ehrlicher Mann wäre, *wenn* du nicht mit einem Pfarrer verlobt wärest!«

Er hatte sich ihr noch mehr genähert.

»Ach, laß doch!« sagte sie abweisend, denn seine Leidenschaft machte ihr ein wenig angst. »Ich kenne dich genau, Marcus. Du hast schon alle Arten von Abenteuern erlebt. Überall suchst du das Abenteuer; in den Gärten von Vauxhall und hier im Laden meines Vaters zwischen den alten Mänteln. Denk nicht, ich würde dich nicht durchschauen.«

Er ließ hilflos seine Arme hängen, und ein Lächeln spielte um seine Lippen.

»Ein Abenteurer! Das denkst du also von mir?«

»Ich fürchte, ja, Marcus. Was würde geschehen, wenn sie die Tasche bei dir fänden?«

Er machte eine Geste, als ob er aufgehängt würde. »Oder«, fügte er hinzu, »sie schicken mich vielleicht zurück in die Botany Bay.«

»Marcus, du hast schon so viel gelitten. Würdest du es vorziehen, aufgehängt zu werden?«

»Niemals! Das Leben ist süß; nur diejenigen, die es fast einmal verloren hätten, wissen, wie süß es ist. Carolan, nun wo du alles weißt, was denkst du?«

»Ich kann es nicht sagen. Aber in einer Sache, da bin ich mir ganz sicher. Du mußt dieses Leben aufgeben, Marcus. Wenn man dich erwischt, Marcus, wenn man dich erwischt ...«

»Es würde dir so viel ausmachen?«

»Wer möchte schon, daß sein Freund mit einem Strick um den Hals endet?«

»Dann betrachtest du mich also immer noch als Freund?«

»Was redest du nur wieder für einen Unsinn!«

»Carolan, das werde ich niemals vergessen!«

»Und du wirst nicht länger diese Risiken eingehen?«

»Ich werde ernsthaft darüber nachdenken.«

»Du hast bestimmt ein bißchen Geld. Es ist billig, auf dem Land zu leben, du könntest arbeiten.«

Er blickte auf seine Hände und schnitt eine Grimasse.

»Vielleicht eine kleine Hütte im Schatten des Pfarrhauses. Eine hübsche Vorstellung. Deine Kinder könnten mir dann vielleicht bei der Gartenarbeit zusehen. Und eines wird dir bestimmt sehr ähnlich sehen, Carolan.«

»Mir scheint, du nimmst all dies nicht besonders ernst.«

»Es ist ein Fehler, das Leben allzu ernst zu nehmen. Wenn man darüber lacht, werden ernste Dinge oft lächerlich.«

»Ich wünschte, du hättest wegen des Taschentuchs, das du mir gestohlen hast, nicht gelogen.«

»Ich hätte gelogen?«

»Ja, du hast gesagt, es wäre das erstemal gewesen.«

»Das war es auch!«

»Und die Handtasche, und all die anderen Dinge?«

»Die habe ich der Gesellschaft gestohlen, einer Gesellschaft, die marode und korrupt ist, einer Gesellschaft, die mich zu dem gemacht hat, der ich heute bin. Das Taschentuch habe ich *dir* gestohlen.«

»Dann tut es dir also leid, daß du es gestohlen hast?«

»Ich wünschte, du hättest es mir gegeben.«

»Du machst mich wütend, Marcus. Du bist doch kein Dummkopf. Du wärst durchaus in der Lage, deinen Lebensunterhalt auf ehrliche Weise zu verdienen.«

»Ein Mann, der aus der Botany Bay zurückkehrt, hat nicht viele Chancen.«

»Aber du hast doch deine Strafe abgesessen ...«

Er lächelte vielsagend.

»Carolan, eines Tages werde ich dir die ganze Geschichte meines Lebens erzählen. Sie wird viele Kapitel haben.«

»Ich freue mich schon darauf, sie zu hören. Wie gerne würde ich dich verstehen. Aber in der Zwischenzeit mache ich mir Sorgen um dich ... Was ist, wenn man ...«

»Mach dir keine Sorgen, man wird mich nie wieder erwischen. Ich bin zu gerissen. Es sind nicht die skrupellosen Sünder, die am häufigsten geschnappt werden.«

Sie zitterte, und er fuhr leise fort: »Carolan, es ist lieb von dir, dich so um mich zu sorgen. Fast bin ich froh, so zu sein, wie ich bin, da mir so dein Mitgefühl zuteil wird.«

Sie stampfte mit dem Fuß auf.

»Wie töricht du bist! Wie lächerlich! Ich hasse dieses übertriebene Gerede, diese honigsüßen Komplimente. Du bist froh, ein Dieb zu sein, damit ich Mitleid mit dir habe! Ich versichere dir, du tust mir kein bißchen leid ... zumindest nicht, wenn du weiterhin solchen Unsinn redest!«

»Jetzt bete ich dich an! Warum sind wütende Frauen nur so zauberhaft ...? Hübsche Frauen, meine ich! Natürlich ist eine häßliche Frau fürchterlich anzusehen, wenn sie wütend ist, aber wenn sie hübsch ist ...«

Carolan wandte sich ab. Ihre Augen brannten. Sie fühlte sich müde und verzweifelt.

»Warum bist du heute nacht hergekommen?« fragte sie. »Wolltest du meinen Vater sprechen?«

»Wenn ich herkomme«, sagte er langsam, »dann immer in der Hoffnung, dich zu sehen.«

»Ich glaube, ich höre seine Schritte. Er kommt herauf.«

»Carolan ...«, er ergriff ihre Hand und blickte sie flehend an. »Laß mich dir alles ausführlicher erzählen. Laß mich alles erklären. Es gibt schreckliche Dinge, die ich dir erzählen könnte, Carolan.«

»Oh, Marcus!« Ihre Lippen bebten. »Ich werde alles tun, um dir zu helfen. Bitte, du mußt es mir glauben!«

»Ich glaube dir. Ich werde diesen Augenblick niemals vergessen.«

»Und du wirst mir versprechen ...«

»Ich werde alles erklären.«

»Aber du mußt es mir versprechen. Marcus, sei vorsichtig. Wenn sie dich nun noch einmal erwischen?«

»Ich werde dir alles erklären. Morgen müssen wir uns treffen, Carolan. Morgen nachmittag um drei, ich werde vor dem Laden warten. Wir gehen irgendwo hin, wo es ruhig ist, und wir werden reden, denn es gibt so vieles, das ich dir zu sagen habe ...«

»Da kommt mein Vater ... Marcus wollte dich sprechen, Vater.«

Sie rannte auf ihr Zimmer, zitternd am ganzen Körper, warf sich aufs Bett und schloß die Augen. Aber sie konnte Marcus' Gesicht nicht vergessen. Ich dürfte mich eigentlich nicht um ihn kümmern, sagte sie sich. Er ist ein Dieb, ein ehemaliger Sträfling. Er sollte sich nicht im Hause meines Vaters aufhalten. Aber ich muß ihm helfen, ich muß!

»Du würdest es auch so sehen, Everard«, murmelte sie in ihr Kopfkissen. »Du bist so gut. So wird unser gemeinsames Leben sein; anderen helfen. Das ist die wahre Religion ... nicht die wunderschönen Predigten, die du halten wirst, nicht die Gebete, die du sprichst. Das Wichtigste ist doch, anderen zu helfen, Everard.«

Wie sehnte sie sich nach dem Anblick seines ruhigen, freundlichen Gesichts! Wie gern hätte sie ihm die Geschichte von Marcus erzählt!

Es war ihr ein großer Trost, an Everard zu denken.

Sie schlief und träumte von einem Pfarrhaus auf dem Lande. Auch Marcus war dort, und sie lehnte sich über die Mauer eines Gartens. Deutlich sah sie seine langen, schlanken Finger, die einen Spaten hielten.

Die Ladenglocke läutete. Carolan sagte zu Millie: »Ich werde aufmachen.«

Sie hatte eine Ahnung, daß es Marcus sein könnte. Er wollte sie zwar erst um drei Uhr nachmittags treffen, und jetzt war es erst elf Uhr morgens, aber ihre Gedanken kreisten die ganze Zeit nur um ihn. Sie war froh, daß ihr Vater ausgegangen war. Kitty lag noch im Bett, und Millie zählte nicht. Sie summte ein Liedchen, während sie das Geschirr abwusch.

Carolan eilte durch den Laden. Nicht Marcus stand vor der Tür, sondern Jonathan Crew.

»Guten Morgen«, sagte er, »ich kam gerade vorbei …«

»Guten Morgen, nett von Euch, bei uns hereinzuschauen. Möchtet Ihr eine Tasse Kakao? Mama ist noch nicht aufgestanden.«

»Zu einer Tasse Kakao kann ich nicht nein sagen«, entgegnete er.

»Dann kommt herein. Ich werde welchen kochen.«

Millie warf einen ängstlichen Blick durch die Tür, aber als sie sah, wer gekommen war, lächelte sie erleichtert. Die arme Millie hatte noch immer Angst, ihr Vater würde auftauchen und sie zurückholen. Die Mansarde mit dem winzigen Fensterchen, die sie bewohnte, erschien ihr wie das Paradies auf Erden.

»Mr. Crew ist da, Millie«, sagte Carolan, »er möchte eine Tasse Kakao.«

»Ich werde welchen kochen, Miß Carolan.«

Es gab nichts, das sie nicht für Carolan getan hätte. Denn sie wußte, daß es Carolan war, der sie das Paradies auf dem Dachboden zu verdanken hatte.

»Ich kann ihn zubereiten«, sagte Carolan. Sie war enttäuscht, weil ihr nicht nach oberflächlicher Unterhaltung zumute war. Eigentlich hatte sie gehofft, von Marcus mehr über sein merkwürdiges Leben zu erfahren.

Durch die Küchentür konnte sie Jonathan Crew sehen. Er saß zurückgelehnt in seinem Stuhl, seine Augen waren geschlossen, und er wirkte sehr müde. Seine Arbeit als Buchhalter mußte sehr anstrengend sein. Er sah oft so müde aus … und außerdem bemerkte man eine gewisse Leblosigkeit, einen Mangel an Vitalität bei ihm. Aber vielleicht hatte sie diesen Eindruck auch nur, weil sie ihn unbewußt mit Marcus verglich. Marcus war voller Leben; er war der geborene Abenteurer. Was auch immer ihn zu diesem gefährlichen Leben, das er führte, getrieben hatte, er schien es in vollen Zügen zu genießen, da war sie ganz sicher. Warum nur war ihr Marcus so sympathisch? Ein Dieb, ein Verbrecher, ein Exsträfling! Jonathan dagegen, der ein ehrlicher, fleißiger Buchhalter war und dazu ein freundlicher, hilfsbereiter Mann, mochte sie nicht wirklich.

Sie trug das Tablett ins Wohnzimmer und stellte es auf den Tisch.

»Oh«, sagte Jonathan, »das sieht aber gut aus!«

Sie reichte ihm eine Tasse, und er sah zu ihr auf. Irgend etwas schien hinter diesen Augen verborgen zu sein ... irgend etwas, das versuchte, nach außen zu dringen. Sie hätte schwören können, daß er sehr erregt war.

»Soll ich Mama sagen, daß Ihr hier seid?«

»Nein, nein!« Er klang so aufgeregt, daß sie fast glaubte, er sei gekommen, um ihr einen Antrag zu machen. Warum sonst sollte er derartig versessen darauf sein, sie allein zu sprechen?

»Es wird ihr leid tun, Euch verpaßt zu haben. Es ist das erstemal, daß Ihr uns am Morgen besucht.«

»Normalerweise muß ich morgens immer arbeiten.«

»Es muß eine sehr anstrengende Arbeit sein und sehr schlecht für die Augen.«

»Ihr müßt wissen, daß ich in der letzten Nacht überhaupt nicht geschlafen habe.«

Jetzt war sie sicher, daß er ihr einen Antrag machen wollte. Nur mit Mühe konnte er seine Erregung in Zaum halten.

»Nein, ich konnte nicht schlafen«, fuhr er fort, »ich mußte immer an den armen jungen Mann denken.«

Sie seufzte erleichtert auf. Wie nett von ihm, solches Mitgefühl zu haben. »Ja, auch ich habe an ihn gedacht«, sagte sie.

»Ich kann ihn nicht verstehen; es scheint so töricht. Ist er sich der Risiken denn überhaupt nicht bewußt?«

»Er weiß um die Risiken.«

»Dann habt Ihr also mit ihm gesprochen?«

Sie hatte eigentlich nicht vorgehabt, darüber zu reden, aber jetzt, da Jonathan so voller Mitgefühl von Marcus sprach, da konnte sie einfach nicht anders.

»Ja, ich habe ihn getroffen.«

»Und ihn mit jener Begebenheit konfrontiert?«

»Nun ...«

Es war, als ob er nun mehr zu sich selbst spräche als zu Carolan. »Ich möchte ihm beistehen. Wenn er eine gute Stellung fände ... das würde ihm helfen ... ehrlich zu werden. In meiner Schreibstube gibt es eine freie Stelle. Vielleicht könnte ich ja ein Wort für ihn einlegen. Was meint Ihr dazu?«

»Oh, das wäre zu gütig von Euch! Ich bin sicher, er würde Euch dankbar sein. Glaubt Ihr denn wirklich, Ihr könntet etwas für ihn tun?«

Nachdenklich rührte Jonathan in seinem Kakao.

»Ich nehme an«, sagte er langsam, »daß er nicht in bestimmte Schwierigkeiten verwickelt war?« Er sah, wie sie feuerrot wurde und enttäuscht dreinblickte.

»Nun«, sagte sie zögernd, »es hat da etwas gegeben.«

»Newgate?« fragte er. »Dort enden derartige Schwierigkeiten für gewöhnlich.«

»Und noch mehr ...«, begann sie.

»Er ist doch nicht etwa deportiert worden? Ihr müßt es mir sagen, denn die Sache wird dadurch ein wenig komplizierter, aber vielleicht finden wir trotzdem eine Lösung.«

Sie nickte. »Ist es denn so schlimm?«

»Ja, es wird dadurch um einiges schwieriger werden.«

»Ihr glaubt also nicht, daß man ihn einstellen wird? Muß man es denn unbedingt sagen?«

»Es ist so eine Sache, einen Dieb in einem ehrenhaften Betrieb zu beschäftigen.«

»Ich glaube, wir können Marcus trauen.«

»Ich weiß nicht. Einmal ein Dieb ... Ich hatte geglaubt, es sei vielleicht sein erster Ausrutscher gewesen.«

»Aber könntet Ihr Eurem Dienstherrn nicht alles erklären? Vielleicht würde er ebenfalls gewillt sein zu helfen. Wüßtet Ihr die Lebensgeschichte von Marcus, dann wüßtet Ihr wie ich, daß man ihn noch retten kann.«

»Ihr kennt also seine Geschichte?«

»Er hat sie mir letzte Nacht in groben Umrissen erzählt. Ich habe ihm offen gesagt, was wir gesehen haben.«

»Habt Ihr mich dabei erwähnt?«

»Nein ... ich glaube nicht.«

»Das ist gut so. Es hätte uns beide beschämt.«

»Ich weiß nur, daß er praktisch mittellos nach London kam. Hier geriet er in die Hände von schrecklichen Menschen, wurde erwischt und nach Newgate und in die Botany Bay gebracht. Er will um drei Uhr vor dem Laden auf mich warten und mir dann noch mehr erzählen.«

»Wenn Ihr ihn trefft, dann sagt nichts über unsere Unterhaltung. Ich möchte mir gern sicher sein, daß ich ihm helfen kann, bevor er davon erfährt.«

Sie nahm seine Hand und sah ihm in die Augen. Warum waren sie ihr bloß immer so kalt erschienen?

»Ihr seid so gut.«

»Ich tue nur, was ich glaube, tun zu müssen, das ist alles.«

»Ich werde Euch immer dankbar sein.«

»Aber wenn ich nicht in der Lage bin, ihm zu helfen?«

»Dann werde ich immer daran denken, daß Ihr es wenigstens versucht habt.«

»Sagt ihm nichts davon, wenn Ihr ihn um drei Uhr trefft.«

»Selbstverständlich.«

Er stand auf und stellte die Tasse auf den Tisch.

»Nein«, sagte er langsam, »selbstverständlich werdet Ihr ihm nichts sagen.«

Er ging zur Tür.

»Danke«, sagte Carolan. Sie stand an der Tür und blickte ihm nach, wie er die Straße hinabging. Er sah sich nicht um, so sehr war er mit seinen Plänen beschäftigt. Ein guter Mensch! Sein Gang war lautlos, katzengleich, aber das lag wohl daran, daß er den ganzen Tag in einer Schreibstube arbeitete, wo er immer möglichst still sein mußte, um seine Vorgesetzten nicht zu stören.

»Ich habe ihn irgendwie falsch eingeschätzt«, sagte sich Carolan. Sie mußte aufpassen, daß sie Marcus nichts davon erzählte, denn es war ein Geheimnis. Sie mußte ihre Zunge in Zaum halten. Leider war sie viel zu impulsiv, das war einer ihrer größten Fehler. Wie gern hätte sie Marcus die gute Nachricht mitgeteilt!

Der arme Marcus! Wie schön wäre es, wenn sie ihn auf den richtigen Weg zurückbringen könnte, bevor Everard kam. Dann würde sie wissen, daß das Leben einen Sinn hatte. All das, was sie in Haredon ertragen mußte, hatte sie zu

Marcus geführt, um ihn zu retten. Dadurch hätte alles seine Richtigkeit bekommen.

Statt still und ernst zu sein, wartete sie ungeduldig darauf, daß es endlich drei Uhr werden sollte. Die Stunden schleppten sich langsam dahin. Als die große Standuhr im Laden endlich dreimal schlug, öffnete sie die Tür und sah auf die Straße hinaus. Marcus war nirgends zu sehen. Sie stand dort in der Tür, während die Uhr unaufhörlich weiter tickte. Zehn Minuten nach drei! Fünfzehn Minuten! Zwanzig Minuten! Und um halb vier war er immer noch nicht gekommen!

Kitty öffnete die Tür von Carolans Zimmer.

»Bist du etwa immer noch nicht fertig? Du scheinst ja noch länger zu brauchen als ich!«

Carolan wandte sich vom Spiegel ab, vor dem sie die letzten zehn Minuten gedankenverloren gesessen hatte. Ihre Mutter hatte sie aus ihren Gedanken gerissen.

»Ich bin fertig, Mama.«

»Das ist gut so. Es wäre schade, wenn wir zu spät kommen würden.« Kitty setzte sich aufs Bett und bewunderte ihre Tochter. »Du siehst bezaubernd aus, mein Kind. Und wie gefällt es dir, zum erstenmal in ein richtiges Theater zu gehen und ein Stück zu sehen?«

»Ich finde es sehr aufregend.«

»Wir haben gute Plätze, und die Kutsche wird jeden Moment hier sein. Ich wünschte, wir hätten noch einen weiteren Herrn als Begleitung. Nur Mama, Papa und die kleine Tochter! Das ist nicht besonders aufregend. Was meinst du?«

»Mir gefällt es so.«

»Und was ist wohl aus unserem guten Freund Marcus geworden? Das würde ich zu gern wissen.«

Carolan hätte es auch gern gewußt, aber sie schwieg, denn sie konnte sich vorstellen, was geschehen war. Er mußte wohl die Grape Street und ihre Umgebung verlassen haben. Sie war schließlich zu dem Logierhaus gegangen, in dem er gewohnt hatte, und hatte sich dort mutig nach ihm erkundigt. Eine Schlampe mit strähnigem schwarzem Haar hatte ihr zugeflüstert, daß sie nicht wüßte, was aus ihrem Mieter geworden sei. Er wäre einfach verschwunden und schuldete ihr noch die Miete für eine Woche. Er wäre in großer Eile fortgegangen. Ob Carolan vielleicht die restliche Miete bezahlen wollte? Da sie kein Geld dabei hatte, verabschiedete sie sich schnell.

Für Carolan war es nur allzu offensichtlich, was aus Marcus geworden war. Er hatte keinerlei Absicht, sein verbrecherisches Leben aufzugeben. Jemand hatte ihn wahrscheinlich verdächtigt, und er war in einen anderen Bezirk übergewechselt. Er war und blieb ein Dieb und ein Lügner. Vielleicht stimmte die Geschichte, die er ihr erzählt hatte, überhaupt nicht – und trotzdem war sie irgendwie bezaubert. Sie wollte ihn so schnell wie möglich vergessen.

Während der vergangenen Woche träumte sie jedoch häufig davon, daß er zu ihr käme, um sie um Hilfe zu bitten, weil er in Schwierigkeiten steckte. Und einmal träumte sie sogar, er stünde auf der Plattform vor dem Newgate-Gefängnis, und der Henker lege ihm gerade die Schlinge um den Hals.

Hätte sie ihn doch nur noch ein einziges Mal wiedergesehen! Dann hätte sie ihm sagen können, daß Jonathan Crew ihm eine Chance geben wollte. In der letzten Woche hatte sie Jonathan nur einmal gesehen; das war einen Tag, nachdem Marcus seine Verabredung nicht eingehalten hatte.

»Habt Ihr denn überhaupt keine Ahnung, was mit ihm geschehen ist, Miß Carolan?« fragte Jonathan.

»Ich kann es mir vorstellen.«

»Oh, jeder weiß, wie ein Verbrecher endet, Miß Carolan.«

Daraufhin hatte Carolan die Beherrschung verloren. »Für Euch ist es leicht, so zu reden! Ihr könnt ja nicht wissen, wie sehr er gelitten hat und welchen Versuchungen er ausgesetzt war.«

»Ihr hegt zu viel Sympathie für diesen Schurken, Miß Carolan.«

Sie war sehr wütend gewesen, bis ihr einfiel, was er alles

für Marcus hatte tun wollen; darauf war ihre Wut schnell verflogen.

»Vielleicht werdet Ihr ihn eines Tages wiedersehen«, sagte Jonathan.

Sie schüttelte den Kopf. »Ich gehe sehr bald von hier fort. Mein Verlobter kommt demnächst, um mich abzuholen.«

Dann war Kitty ins Zimmer gekommen und hatte fröhlich über das Theaterstück, das sie sich ansehen wollten, geplaudert. Und jetzt waren sie fertig angezogen und würden jeden Moment zum Theater losfahren.

»Nun mußt du mir sagen, wie ich aussehe«, sagte Kitty und drehte sich im Kreis.

»Du siehst wunderbar aus. Und was ist das für eine hübsche Brosche!«

»Paßt sie nicht gut zu meinem blauen Kleid?«

»Sie sieht wirklich wunderschön aus. Ich habe sie vorher noch nie gesehen.«

»Du kannst sie auch noch nicht gesehen haben, mein Kind. Und ich muß auch noch Vater um Erlaubnis bitten, sie zu tragen.«

»Du hast sie also bei seinen wertvollen Sachen im Keller gefunden!«

»Heute nachmittag, als er ausgegangen war, sah ich, daß er den Schlüssel zum Keller hatte liegen lassen. Meine Liebe, dieses Kleid brauchte einfach eine Brosche. Es paßt am Hals nicht ganz so, wie es sollte. Eine Brosche, die es am Ausschnitt zusammenhält, war einfach erforderlich. Ich bin also hinunter in den Lagerraum gegangen, und in einem Kasten habe ich diese hier gefunden. Nun sag mir, ist sie nicht überaus passend?«

»Ja, das ist sie in der Tat! Und wie sie glitzert! Es muß ein Saphir sein. Mama, du wirst eine große Dame sein heute abend! Hör doch! War das nicht die Ladenglocke?«

Sie schwiegen und lauschten. Carolan ging zur Tür, öffnete sie und blickte hinaus. Von unten her waren Stimmen zu hören.

»Dein Vater ist ja unten, wir brauchen uns also nicht darum zu kümmern. Komm, leg deinen Umhang an. Laß mich sehen, wie er dir steht. Wie schön, daß du dieses Grün tragen kannst. Die wenigsten sehen damit so hübsch aus wie du!«

Millie kam die Treppe herauf.

»Millie!« rief Carolan. »Komm einen Augenblick zu uns.«

Millie kam ins Zimmer und starrte bewundernd auf ihre vornehmen Kleider.

»Millie, wer ist unten?« fragte Carolan.

»Es ist Mr. Crew.«

Carolan blickte zu Kitty hinüber und sah ihre unschuldig gesenkten Lider.

»O Mama, hast du ihm etwa gesagt, daß wir ins Theater wollen?«

Kitty ging zur Frisierkommode und betrachtete lächelnd ihr Spiegelbild. »Ich habe es ihm gegenüber erwähnt.«

»Nun, er wird das als Einladung aufgefaßt haben, nehme ich an.«

»Hör mal!« rief Kitty. »Ist das die Kutsche? Den heutigen Abend werden wir wirklich stilvoll begehen. Millie, du solltest besser hinuntergehen und die Tür öffnen.«

Wortlos ging Millie hinaus.

Von unten hörten sie plötzlich einen Schrei, Millies Schrei.

»Ich kann nur hoffen, das Mädchen ist nicht hingefallen und hat sich ein Bein gebrochen. Das würde uns ganz schöne Unannehmlichkeiten bereiten«, meinte Kitty.

Carolan rannte nach unten. Von dort drangen laute Stimmen zu ihr, und es hörte sich an, als ob schwere Möbelstükke umgeworfen würden.

Sie rannte ins Wohnzimmer, von wo die Geräusche zu kommen schienen. Ihr Vater lag auf dem Boden, und Jonathan Crew kniete auf seiner Brust, seine Hände hatte er um Darrells Hals gelegt.

»Vater!« schrie Carolan und rannte zu ihm.

»Kommt mir nicht näher!« brüllte Jonathan Crew.

Carolan stürzte sich auf ihn; es war wie in einem wahnsinnigen Alptraum. Plötzlich wußte sie, daß sie Jonathan Crew haßte und daß sie ihm unbewußt immer schon mißtraut hatte.

Die Augen ihres Vater schauten sie an; sie sahen übernatürlich groß aus und schienen aus den Höhlen hervorzutreten. Seine Lippen murmelten: »Carolan ... Carolan ...«

Mit einer raschen Bewegung seines Arms schüttelte Jonathan Crew Carolan ab; sie fiel und stieß sich den Kopf an einem Tisch. Der Schlag machte sie ein wenig benommen, so daß sich der ganze Raum im Kreis zu drehen begann. Die Geräusche drangen nur noch verzerrt an ihre Ohren.

Darrell lag vollkommen still auf dem Boden. Jonathan Crew stand langsam wieder auf. Er blickte nun Kitty an, die zitternd und mit aschfahlem Gesicht in der Tür stand. An der Ladentür war ein lautes Pochen zu hören.

Jonathan ging zu Kitty und zerrte sie ins Zimmer. Grob packte er Carolan am Arm, und blitzschnell hatte er sie mit Handschellen aneinander gefesselt.

»Im Namen des Gesetzes«, sagte Jonathan Crew, »verhafte ich Euch wegen des Besitzes von gestohlenen Gütern.«

Kitty schrie: »Darrell ... Darrell ... mein Geliebter! Was hat er dir angetan?«

Jonathan Crew hatte nun auch die verängstigte Millie gepackt. Unsanft schubste er sie zu Carolan und Kitty hinüber. Dann stieß er Darrell mit dem Fuß an.

»Er ist tot, fürchte ich«, sagte er.

»Dann habt Ihr ihn getötet!« schrie Carolan außer sich. Und plötzlich wußte sie, daß er lange auf diesen Augenblick gewartet, daß er alles geplant und an nichts anderes gedacht hatte, seit er ihr damals auf der Straße begegnet war.

»Er hat versucht, sich der Festnahme zu widersetzen«, sagte er kalt.

Carolan starrte hinunter auf die verunstalteten Hände ihres Vaters. Er würde sie nie wieder anblicken; niemals würde er das friedliche Haus auf dem Lande sehen, nach dem er sich so gesehnt hatte.

»Es war also Kopfgeld, hinter dem du her warst?« sagte Kitty mit überraschend kühler Stimme. »Du Schurke! Du Schwein!« Große, heiße Tränen rannen ihre Wangen hinunter, Tränen der Trauer und der Demütigung. »Mein Liebster!« murmelte sie. »Was soll nun aus uns werden?«

Carolan dachte nicht an die Zukunft, sondern an die Vergangenheit. Worte kamen ihr in den Sinn, Worte, die dieser Schurke gesprochen hatte. Sie begann zu zittern, denn nun wurde ihr klar, was zu dieser Tragödie geführt hatte. Sie hatte ihren Eltern dies angetan. Sie war verantwortlich für den Tod ihres Vaters, für den Verrat an Marcus – denn nun wußte sie ohne jeden Zweifel, was aus Marcus geworden war. In diesem Augenblick wünschte sie sich nichts sehnlicher, als daß sie anstelle ihres Vaters dort tot am Boden liegen würde.

Jonathan Crew öffnete die Tür, und zwei Männer traten ein.

»Hier sind die Gefangenen«, sagte er, und man brachte sie hinaus in den wartenden Wagen.

Oh, warum hatte sie nicht mit ihm gekämpft, als er sich über ihren Vater beugte! Warum hatte sie nicht das Messer genommen, das auf dem Tisch lag, und es ihm in sein bösartiges Herz gestoßen?

Er saß ihr gegenüber, seine Augen wirkten lebhaft und amüsiert.

»Oh, wie gut Ihr doch mit mir zusammengearbeitet habt, Miß Carolan!« schien er zu sagen, und Carolans Herz brach beinahe, als der Wagen durch die Straßen von London zum Newgate-Gefängnis rumpelte.

Benommen, grün und blau geschlagen, mit dem Geschmack von Blut im Mund und dem penetrantesten und ekelhaftesten aller Gerüche in der Nase lag Carolan auf der harten Pritsche, die ihr als Bett diente. Um sie herum atmeten Frauen geräuschvoll im Schlaf, einige schnarchten, andere seufzten und stöhnten, wieder andere murmelten vor sich hin und fluchten. Carolan lag ganz still und versuchte sich unablässig einzureden: »All dies ist nicht wirklich geschehen; in einer Minute werde ich aufwachen. Lieber Gott, laß mich sofort aufwachen!«

Kitty lag neben ihr; ihr wunderschönes Haar hing ihr zottelig ums Gesicht; ihr üppiger Körper war unter dem zerrissenen Umhang nackt. Das Gesicht war blutig, tränenverschmiert und schmutzig. Sie war in diesem Augenblick nicht voll bei Bewußtsein. Carolan war darüber beinahe froh.

Auch Millie war da und schlief zu Carolans Füßen. Millies Kleider waren völlig zerfetzt, denn Millie hatte um sie gekämpft. Das hatte sie so erschöpft, daß sie augenblicklich eingeschlafen war, sobald sie sich auf den Boden gelegt hatte.

Carolan versuchte, sich ein wenig aufzurichten, aber ihre Arme waren voller Blutergüsse, so daß selbst die kleinste Bewegung ihr Schmerzen bereitete. Sie vergrub das Gesicht in ihren Händen, sie wollte die dunklen Schatten um sich herum nicht mehr sehen und den ekelerregenden Gestank nicht mehr riechen. Es war unmöglich! Man konnte zwar die Augen schließen, aber was immer man auch tat, der Gestank wollte nicht weichen: schmutzige menschliche Körper, faulige Luft, Toiletteneimer, der schlechte Atem von kranken Frauen.

Hoch oben in der Wand befanden sich zwei vergitterte Fenster, durch die nur sehr wenig Luft und Licht drang. Auf den Fensterbänken brannten Walöllampen. Ein kleines Kind kroch zu Carolan herüber. Ein kleines Mädchen? Ein kleiner Junge? Sie wußte es nicht. Es wirkte eher wie ein dunkles kleines Tier. Winzige, äußerst geschickte Händchen befühlten ihre Taschen.

»Scher dich fort!« zischte Carolan, und die kleine Gestalt glitt dahin zurück, woher sie gekommen war, um zwischen den schlafenden Körpern zu verschwinden.

Carolan, der jetzt langsam alles, was geschehen war, wieder in den Sinn kam, begann leise zu weinen. Wut und Bitterkeit schnürten ihr die Kehle zu und machten das Atmen schwer. In ihrer Verzweiflung hätte sie laut aufschluchzen mögen, aber sie wußte, daß sie die alleinige Schuld daran trug, daß sie alle hier geendet waren. Sie hatte Millie dazu bewegt, ihr Zuhause zu verlassen und im Laden zu wohnen. Wäre sie nicht gewesen, dann würde die arme, schwachsinnige Millie jetzt in dem überfüllten Zimmer zusammen mit ihrem betrunkenen Vater und ihrer Familie schlafen; so schrecklich das zuerst geklungen hatte, unter den jetzigen Umständen erschien es Carolan fast wie das Paradies.

Ich habe Jonathan Crew in den Laden gebracht! Ich verriet meinen eigenen Vater, meine eigene Mutter und die arme Millie. Ich ... in meiner grenzenlosen Torheit!

Das Leben war wirklich grausam. Dummheit wurde bestraft wie jedes andere Verbrechen!

Sie ließ alles noch einmal an ihrem geistigen Auge vorüberziehen von dem Moment an, als dieser bösartige, gemeine Kerl ihr die Handschellen angelegt und sie und ihre fast bewußtlose Mutter in den Gefangenenwagen gezerrt hatte, der sie ins Newgate-Gefängnis bringen sollte. Sie, Carolan, hatte sich gewehrt, wilde, sinnlose Fluchtgedanken waren ihr durch den Kopf geschossen. Einer der Männer hatte ihr daraufhin einen Schlag auf den Kopf versetzt, so daß sie eine Weile ganz benommen war, bis man sie grob schüttelte und ihr bedeutete, daß die Fahrt beendet wäre.

Es war ein beeindruckendes Gebäude, das vor ihr auftauchte. Sie trat in den Schmutz der Gosse und ärgerte sich sehr, daß ihre Schuhe bespritzt wurden. Es war absurd, sich über so etwas zu ärgern, wenn man auf dem Weg ins Newgate-Gefängnis war, doch im Augenblick der Verzweiflung können einem die merkwürdigsten Dinge auffallen. So erinnerte sie sich daran, das französische Symbol der Freiheit, die Jakobinermütze und Fortunas Füllhorn, gesehen zu haben. Seltsame Dinge an den Türen des Newgate-Gefängnisses! Spätestens das Relief über dem Portal jedoch, das Fußeisen und Fesseln darstellte, machte dem Gefangenen auf makabre Weise deutlich, daß der Spaß jetzt endgültig vorbei war. Newgate hatte keine Fenster zur Straße hin; durch die winzigen Fensteröffnungen konnte man nur in enge, verdreckte Hinterhöfe sehen. Begrüßt wurde man in erster Linie vom typischen unerträglichen Newgate-Gestank, der einen in der Kehle würgte.

Wie höflich sie doch von den Wachen behandelt worden waren! Und warum auch nicht? dachte Carolan in ihrer unschuldigen Art. Ihre Schuld war nicht bewiesen. Sie waren keine Verbrecher.

Eine rasende Wut war in Carolan aufgewallt. Jonathan Crew, dieser verschlagene Mörder, er sollte aufgehängt werden! Sie würde sich an den Squire und an Everard wenden. Dann sollten diese Leute schon sehen, daß man vornehme Leute nicht so einfach in Ketten legen durfte.

Aber die höfliche Behandlung durch die Wachen war zu Ende, als sich herausstellte, daß sie kein Geld hatten.

»Besitzer gestohlener Waren«, schrieb der Pförtner langsam in seine Strafliste. Carolan protestierte, aber ein Mann mit einem furchtbaren bläulichen Gesicht schielte lüstern zu ihr herüber und befahl ihr, stillzuhalten, während man ihr die Eisen anpaßte.

»Dreifache Eisen«, sagte der Wächter. »Vornehme Damen und Herren kaufen sich von ihren Fußeisen frei. Wenn man nur ein Fußeisen hat, dann ist das ganz bequem, im Gegensatz zu dreien.«

»Wir haben kein Geld für solchen Luxus«, sagte Carolan verzweifelt. Ungläubig und hoffnungsvoll murmelte der Wächter, daß es viele gebe, die zu Mutter Newgate kamen und beteuerten, arm zu sein. Aber die »alte Dame« verstünde es hervorragend, ihnen das Geld aus den Taschen zu ziehen.

Mit ihren Fußeisen gingen sie durch Korridore und dunkle Treppen hinunter. Carolan und Millie stützten Kitty.

Kitty stöhnte und weinte. Sie hatte immer noch nicht ganz verstanden, was geschehen war. Arme Mama! Carolan mußte daran denken, wie sie in Haredon vor ihrem Spiegel gesessen hatte, während Thérèse um sie herumscharwenzelt war. Es ist wahr, dachte Carolan, auf dieser Welt gibt es nichts Schlimmeres, als arm zu sein.

Doch der gräßlichste Moment in dieser Schreckensnacht stand ihnen noch bevor, als der Wächter eine Tür aufschloß und sie den Gefährtinnen, mit denen sie während ihres Aufenthalts im Newgate-Gefängnis auf engstem Raum zusammenleben würden, zum erstenmal von Angesicht zu Angesicht gegenüberstanden. Was waren das für Kreaturen? fragte sich Carolan bestürzt. Keine Menschen! Keine Frauen! Sie kreischten unverständlich wie ungezähmte Tiere. Es konnten einfach keine Frauen sein. Ihre Augen waren zu stumpf, zu bösartig, jegliche Intelligenz schien ihnen abhanden gekommen zu sein. Ihr Haar hing strähnig um ihre Gesichter. Es sah nicht aus wie menschliches Haar, sondern wie die Mähne von wilden Tieren. Das konnten einfach keine richtigen Menschen sein! So heruntergekommen, so verschlagen, so bösartig! All das, was den Menschen über das Tier erhebt, schien ihnen gänzlich zu fehlen!

Der Wärter lachte leise und gab allen dreien einen Schubs. Zuerst Kitty, dann Millie und zuletzt Carolan.

»Hier habe ich euch ein paar neue Freundinnen mitgebracht. Damit ihr Gesellschaft habt, meine Schönen!«

Wie sonderbar still es dann geworden war! Die Atmosphäre schien spannungsgeladen. Plötzlich war aus der Menge dieser entmenschten Kreaturen ein Schrei zu hören, der sich anhörte wie ein Schlachtruf. Eines dieser Wesen, das einen Kopf größer als die anderen war, kam auf die drei Neuankömmlinge zu. Die Frau war abscheulich, wie ein Alptraum … etwas, das in der Dunkelheit lauerte. Mit ihren schmutzigen Händen berührte sie Kitty.

»Lösegeld! Schutzgeld!« murmelte sie. »Bezahl schon, Lady, und sei fröhlich!«

»Hört zu!« rief Carolan. »Wir haben kein Geld!«

Die Frau zerrte an Kittys Umhang. Carolan erinnerte sich plötzlich daran, daß Jonathan Crew sich während der Fahrt nach Newgate einmal nach vorn gelehnt und die Saphirbrosche vom Kleid ihrer Mutter entfernt und an sich genommen hatte.

Kitty stieß einen schrillen Schrei aus. Stoff zerriß. Carolan versuchte, zu ihr zu gelangen, aber sie war umzingelt.

Ein Gesicht ganz nah an dem Carolans, ein Gesicht mit gelben Hauern in einem Mund, aus dem ekelerregender Atem strömte, rief: »Lösegeld! Schutzgeld!« Die anderen fielen ein. Der riesige Raum war erfüllt von barbarischem Geheul.

Carolan wollte erklären, daß sie kein Geld hätten, aber keiner hörte ihr zu. Sie sah, wie Kitty zu Boden ging, und kämpfte daraufhin noch verzweifelter. Weit ausholend schlug sie nach den gelben Hauern, und das Wesen taumelte und fiel vor ihre Füße. Sie drehte sich um und sah, wie Millie sich mit erstaunlicher Kraft wehrte. Gottlob hatten diese Kreaturen, diese häßlichen, schauerlichen Wesen, die diese scheußliche Unterwelt bewohnten, nicht mehr allzu viel Kraft in ihren ausgemergelten, geschundenen Körpern. Carolan und Millie dagegen waren jung und stark; nur Kitty war zusammengebrochen.

Gegen Carolan und Millie konnten sie nichts ausrichten. Jene große Frau, die das Spektakel begonnen hatte, stand jetzt Carolan gegenüber, doch sie kämpfte nur halbherzig, denn sie dachte an Kitty, die ein leichteres Opfer abgab und die auf dem Boden lag, während eine ganze Meute ihr die Kleider vom Leibe riß. Der Gedanke an ihre wehrlose Mutter ließ Carolans Kräfte wachsen. Sie versetzte der Frau einen Schlag, der sie hilflos gegen die Wand taumeln ließ.

Schnell war Carolan bei Kitty. »Schert euch fort!« schrie sie und packte eine Frau an der Schulter. Die Frau trug nichts als ein Unterhemd; ihre Haut war rauh und schmutzig, die Brüste waren voll; offensichtlich handelte es sich um eine stillende Mutter. Carolan wurde es schlecht.

Jemand schrie etwas, und von einer Sekunde auf die andere hatte die Meute sich aufgelöst. Kitty lag auf dem Boden, splitternackt, mit geschlossenen Augen. Aus ihrem Mundwinkel lief Blut.

Carolans Blick war von Zornestränen verschwommen. Sie fragte sich, was sie ausziehen könnte, um Kittys Blöße zu bedecken. Ihre eigenen Kleider hingen in Fetzen an ihr herunter. Millie zupfte sie am Arm und deutete in eine Ecke, wo eine große Frau in Kittys Umhang gehüllt hockte.

Carolan, die zu wütend war, um sich zu fürchten, ging sofort auf die Frau zu. Alle schauten gespannt in ihre Richtung.

»Ein Kampf!« rief jemand. »Ein Kampf zwischen Poll und der neuen Lady!«

Aber Poll wich vor Carolans Zorn zurück. Nach einem Jahr in Newgate wußte Poll, wie schwach ihr Körper geworden war. Mit einem gut genährten jungen Mädchen konnte sie es nicht aufnehmen. War das Mädchen erst einen Monat lang hier, dann würde sie sich den Umhang schon zurückholen. Sie würde sie halb totschlagen für das hier. Aber in diesem Moment war es besser, den Umhang zurückzugeben.

Sie zog ihn aus und warf ihn von sich. Carolan nahm ihn auf, eilte zurück zu Kitty und wickelte ihn um sie. Dann fühlte sie sich plötzlich hundeelend.

An all dies dachte sie, während sie dalag. Sie war jetzt hellwach und wußte genau, daß dies die Realität war und kein böser Traum. Noch gestern war dieser Ort nur ein Name für sie gewesen. Sie hatte Gerüchte über all das Schreckliche hier gehört, aber hatte sie wirklich daran geglaubt? Hatte sie sich jemals darum gekümmert, was mit Leuten geschah, die hierhergebracht wurden? Einige davon mußten so unschuldig sein wie sie selbst.

Sie schloß die Augen und sah Marcus' Gesicht deutlich vor sich. Irgendwann hatte er einmal zu ihr gesagt: »Es ist ein Fehler, wenn man seinen Mitmenschen kein Interesse entgegenbringt.« War es ein Fehler? überlegte sie. War es wirklich besser, nichts von all dem gewußt zu haben? Unglücklicherweise war sie jetzt selbst hier gelandet und fühlte sich befremdet und unvorbereitet auf all die Schrecken. Aber wenn ich davon gewußt hätte, dachte sie, dann hätte ich nie in Frieden leben können. Niemals wieder werde ich in Frieden leben können, denn selbst wenn ich hier jemals herauskommen sollte, so wird es mir nicht gelingen, diesen gräßlichen Gestank und das Newgate-Gefängnis zu vergessen.

Mit einiger Anstrengung beugte sie sich über Kitty. Im schwachen Licht der Walöllampe konnte sie das Profil ihrer Mutter undeutlich ausmachen.

»Mama!« flüsterte sie. »Mama!«

Es kam keine Antwort. Sie legte ihre Hand auf Kittys Herz, es schlug schwach und unregelmäßig.

Ganz in ihrer Nähe nahm sie plötzlich eine Bewegung wahr. Voller Argwohn drehte sie sich schnell um. Neue Feinde? Ungläubig starrte sie auf ein Mädchen. Es hatte nichts weiter auf dem Leib als einen Lumpen, den sie wie einen Lendenschurz um sich herumgewickelt trug. Das Licht war trübe, aber Carolan konnte ein jugendliches, anmutiges Profil und einen Schopf welliger Haare erkennen.

Mit einiger Anstrengung sprang Carolan auf und ballte die Fäuste; erneut stieg Wut in ihr auf.

»Bitte«, sagte eine Stimme, die weder schneidend noch grausam klang, sondern sanft und kultiviert. »Ich ... ich würde so gern mit dir sprechen.« Das Mädchen setzte sich. Es hatte etwas so Entwaffnendes an sich, daß Carolans Argwohn rasch zu Neugierde wurde.

»Was willst du?« fragte sie barsch.

»Nur mit dir reden. Ist sie deine Mutter?«

»Ja.«

»Die Ärmste! Sie ist von vornehmer Geburt, das kann ich sehen. Dies hier muß ganz schrecklich ... ganz entsetzlich für sie sein.«

»Ja«, sagte Carolan und rückte ein wenig näher an das Mädchen heran. »Hast du nichts zum Anziehen?«

»Nein, sie haben mir alles weggenommen. Ich konnte kein Schutzgeld bezahlen. Außerdem ...«

»Frierst du nicht?«

»Zuerst habe ich entsetzlich gefroren. Nach einer Weile merkt man es nicht mehr so sehr.«

»Wie lange bist du schon hier?«

»Ich bin mir nicht ganz sicher. Etwa einen Monat, glaube ich.«

Carolan zitterte: »Wie kannst du so etwas ertragen?«

»Gott hilft mir dabei«, sagte das Mädchen. »Er spendet mir wunderbaren Trost.«

»Trost?« fragte Carolan.

»Ja, geistigen Trost.«

Carolan lachte bitter. »Ich werde dir mehr geben als geistigen Beistand. Willst du mein Unterkleid?«

Das Mädchen gab keine Antwort, und Carolan rückte noch näher an sie heran.

»Hast du gehört, was ich gesagt habe? Ich will dir meinen Unterrock geben.«

Das Mädchen weinte leise.

Impulsiv und argwöhnisch fuhr Carolan sie barsch an: »Was soll denn das jetzt bedeuten? Du bist glücklich, wenn du Kälte, Hunger und andere schlimme Dinge erdulden mußt, aber wenn ich dir mein Unterkleid anbiete, dann weinst du!«

»Vergib mir!« flüsterte das Mädchen. »Es ist schon so lange her, daß jemand freundlich zu mir war.«

Nun schämte Carolan sich, denn ihr war klar geworden, wie zart und ängstlich das Mädchen war. Sie stand auf und streifte ihr zerfetztes Kleid und das Unterkleid ab.

»Hier«, sagte sie großzügig. »Du kannst den Unterrock haben, das Kleid wird mir schon reichen.«

»Das kann ich doch nicht annehmen …«

»Dummkopf! Willst du denn zu Tode frieren?«

»Ja«, sagte das Mädchen langsam. »Im Winter, wenn ich dann noch hier bin, werde ich erfrieren. Ich werde nicht die erste sein.«

»Vielleicht bist du dann ja auch nicht mehr hier«, entgegnete Carolan, deren Mut im Angesicht dieses schwachen unglücklichen Mädchens zurückkehrte. »Warum solltest du also vor dem Winter erfrieren?«

Die Finger des Mädchens strichen über das Unterkleid.

»Wenn ich es annähme, dann würden sie es mir morgen schon wieder ausziehen. Ich habe zugesehen, wie du dich gegen sie gewehrt hast. Du warst großartig. Ich kann dir gar nicht sagen, wie ich dich bewunderte. Gott hat dir Kraft gegeben.«

»Nein, ich hatte eine zuverlässigere Verbündete – die Wut!«

Das Mädchen hielt ihre Arme vor ihrer nackten Brust verschränkt. Sie sieht wie eine Heilige aus, dachte Carolan. Um ihre Beschämung zu verbergen, täuschte sie vor, ärgerlich zu sein.

»Jetzt sei nicht dumm! Zieh sofort das Unterkleid an! Und wenn sie morgen versuchen, es dir wegzunehmen, dann bekommen sie es mit mir zu tun!«

Das Mädchen blickte zu ihr auf, und Carolan sah, daß sie

wunderschön war. »Gerade heute habe ich um ein Wunder gebetet«, sagte sie. »Ich glaube, es ist gerade geschehen.«

»Unsinn!« sagte Carolan. »Und wenn du es als ein Wunder betrachten willst, daß ich mit meiner Mutter und unserem armen Dienstmädchen in diese Hölle gekommen bin, dann sei versichert: Wir sehen das ganz anders. So, ist es dir schon wärmer?«

Das Mädchen sah schüchtern zu ihr auf. Carolan war ein gutes Stück größer als sie.

»Wie gut du zu mir bist«, flüsterte sie. »Es ist nicht richtig, daß ich mich freue, daß ihr an diesen schrecklichen Ort gekommen seid. Aber ich kann nichts dafür, ich freue mich trotzdem.«

Carolan fühlte sich zum erstenmal, seit sie ihren Vater hatte am Boden liegen sehen, wieder ein wenig froher.

»Ich fürchte, das Unterkleid wird dich nicht allzu warm halten«, sagte sie.

»Oh, doch. Es hält mich sehr warm. Und darf ich es wirklich behalten? Und wirst du sie daran hindern, es mir fortzunehmen?«

»Ja, das werde ich! Komm, setz dich neben mich!«

»Können wir denn nichts für deine arme Mutter tun?«

»Was denn? Man bräuchte ein bißchen Schnaps, damit sie wieder zu sich kommt. Ich würde ihr gerne das Blut vom Gesicht abwaschen, aber es gibt hier kein Wasser.«

»Man kann diese Dinge nicht bekommen, wenn man kein Geld hat. Hast du Freunde … draußen?«

»Sicher habe ich Freunde«, sagte Carolan. »Freunde, die dafür sorgen werden, daß uns Gerechtigkeit widerfährt. Aber sie wohnen weit von hier entfernt auf dem Land. Ich muß ihnen eine Nachricht schicken.«

»Wie willst du ihnen ohne Geld eine Nachricht senden?«

»Laß uns nicht länger über so deprimierende Dinge reden. Erzähl mir etwas über dich! Wie heißt du?«

»Esther March. Und wie heißt du?«

»Carolan Haredon.«

»Warum bist du hier, Carolan?«

»Es war ein Irrtum, ich bin unschuldig«, seufzte Carolan.

»Niemals hätte ich geglaubt, daß es so viel Schlechtigkeit auf der Welt gibt!«

Esther berührte schüchtern Carolans Schulter. »Verzweifle nicht!«

»Verzweifeln!« rief Carolan wütend. »An einem Ort wie diesem muß man ja verzweifeln. Auf dem Land, da war alles ganz anders!« Sie hielt inne. War es wirklich so anders? Sie dachte an Jim Bennett. Er war ein Farmarbeiter, der ein Kaninchen im Wald von Squire Haredon gefangen hatte. Was war aus ihm geworden? Man hatte etwas von vierzehn Jahren geflüstert ... Deportation natürlich; daran schien nichts Ungewöhnliches gewesen zu sein, sie hatte nicht weiter darüber nachgedacht. Plötzlich schluchzte sie auf. »Ich war blind«, sagte sie. »Blind!« schrie sie. »Wir wollen nicht über mich reden! Später will ich dir alles erzählen; aber nun möchte ich deine Geschichte hören. Wie bist du hierhergekommen? Du hast doch bestimmt nichts gestohlen! Du hast doch kein Verbrechen begangen!«

»Wie gütig, daß du das glaubst, obwohl ich noch gar nichts erzählt habe.«

»Ich bin doch nicht dumm«, sagte Carolan. Innerlich lachte sie sich selbst aus. Schließlich war sie die größte Närrin aller Zeiten und hatte sich selbst und andere ins Verderben geführt!

»Gern will ich dir meine kleine Geschichte erzählen«, sagte Esther. »Mein Vater war Hilfspfarrer, und wir waren sehr, sehr arm. Wir waren sechs Kinder. Er hat mich unterrichtet, und mit sechzehn bekam ich eine Stelle als Gouvernante im Hause eines Squire ... und der Squire hatte einen älteren Sohn ...« Beschämt blickte sie nach unten. »Er ... machte Annäherungsversuche ... aber ich weigerte mich, ihm nachzugeben. Darüber war er dann sehr wütend. Ich wußte nicht, was ich tun sollte, und suchte bei seinen Eltern Schutz. Sie glaubten mir nicht ... und als die Frau des Squire einen wertvollen Ring vermißte, haben sie mich beschuldigt ... und der Ring wurde in meinem Zimmer gefunden. Dann wurde ich hierhergebracht. Aber ich schwöre, daß ich von dem Ring nichts wußte.«

»Konntest du den Irrtum denn nicht aufklären?«

»Der Ring wurde doch in meinem Zimmer gefunden!«

»Sie hat ihn bestimmt dorthin gelegt – diese bösartige Mutter eines bösartigen Sohnes. Oh, wie ich diese Welt hasse!«

»Wen der Herr liebt, den straft er. Wir müssen unsere Qualen mit Geduld ertragen. Das hat mein Vater immer gesagt. Wir müssen demütig sein, denn es sind die Demütigen, die ins Himmelreich gelangen.«

»Das könnte ich niemals für mich akzeptieren. Soll ich dir noch etwas erzählen? Ich werde einen Pfarrer heiraten.«

»Oh«, rief Esther erfreut. »Ich freue mich für dich, Carolan!«

»Aber in einigen Dingen stimmen wir nicht überein. Ich glaube nicht, daß wir unsere Leiden und die Leiden anderer klaglos hinnehmen sollten. Everard und ich haben uns deshalb einmal fast gestritten. Er sagte, ich sei starrsinnig und unlogisch. Er glaubt, daß die Menschen sich in ihr gottgegebenes Schicksal fügen sollen. Ich füge mich nicht! Ich werde mich niemals fügen!«

»Wer fromm sein will«, sagte Esther, »der muß Demut üben.«

»Dann will ich eben nicht fromm sein!« rief Carolan. »Wenn ich daran denke, was mir und meiner armen Mutter und Millie geschehen ist und was dir geschehen ist, dann würde ich hier am liebsten Scheiterhaufen errichten und Öl darüber gießen. Und dann soll dieses ganze elende Gebäude in Flammen aufgehen. Ja, ich würde Jonathan Crew, der meinen Vater auf dem Gewissen hat, in die Flammen stoßen … und mit ihm den bösartigen Squiresohn mitsamt seiner hinterhältigen Mutter …«

»Oh, Carolan, du darfst solche Dinge nicht sagen, denn es ist gewiß Gottes Wille, daß wir hier sind.«

»Da du offenbar eine Heilige bist, ist es besser, du gehst mir aus dem Weg«, sagte Carolan.

»Ach, ich liebe doch dieses Feuer in dir. Es wärmt mich. Und mir ist so kalt, ich bin so allein und habe solche Angst. Auch ich bin schlecht. Denn deine Gegenwart spendet mir mehr Trost als meine Gebete. Weinst du auch, Carolan? Wir dürfen nicht weinen. Dies hier ist unser Kreuz, das wir tragen müssen. Ich war so verzweifelt in den letzten Wochen, und dann wurden meine Gebete erhört. Jetzt habe ich eine Freundin, die mit mir redet, die mir zuhört, die mich nicht auslacht, die mich nicht kneift, tritt und kratzt, die mir etwas zum Anziehen gibt.«

»Warum haben sie dir deine Kleider genommen? Alle deine Kleider?« wollte Carolan wissen. »Die anderen haben wenigstens noch Lumpen, die sie sich umhängen können.«

»Als ich hereinkam«, sagte Esther, »haben sie gerufen, wie sie es immer tun, wenn eine Neue kommt, ›Schutzgeld! Lösegeld!‹ Ich konnte es nicht bezahlen. Ich hatte nichts … nur die Kleider, die ich trug. Was hätte ich tun sollen? Sie rissen mir die Kleider vom Leib, wie sie es bei deiner Mutter getan haben. Aber sie haben mir mein Unterhemd gelassen. Und in jener Nacht kniete ich wie immer nieder und betete, wie mein Vater es mich gelehrt hatte. Und während ich betete, krochen sie näher an mich heran. Carolan, ich bin so schwach, ich bin nicht so fromm wie mein Vater. Ich kniete dort drüben, neben dem Mauervorsprung. Ich habe mich so sehr bemüht, sie nicht zu beachten und wollte mit meinen Gebeten fortfahren … Aber ich hatte Angst, größere Angst als jemals zuvor. Ich spürte, wie sie immer dichter herankamen, und wußte nicht, was sie mit mir machen würden. Schon konnte ich ihren Atem riechen, so nah waren sie mir. Es war schauderhaft, Carolan. Du bist ja so mutig, du kannst dir das gar nicht vorstellen. Sie umzingelten mich, und eine von ihnen begann zu lachen; es war ein furchtbares Lachen. Ich zitterte, hörte auf zu beten und bedeckte mein Gesicht mit den Händen, denn ich wußte, daß gleich etwas ganz Entsetzliches geschehen würde. Wie mein Vater es mich gelehrt hatte, betete ich: ›Gib mir Kraft, o Herr, gib mir Kraft!‹ Dann fingen sie an.« Sie schluchzte auf und vergrub das Gesicht in ihren Händen.

»Ruhe da hinten!« schnarrte eine trunkene Stimme aus der Dunkelheit.

Carolan flüsterte: »Weine nicht, du darfst nicht mehr darüber reden!«

»Aber ich will mit dir reden. Seit Wochen habe ich mit niemandem gesprochen. Und ich kann dieses Schweigen nicht länger ertragen. Ich muß dir erzählen, was ich hier erdulden mußte; ich muß dir erklären, warum ich nicht tapfer sein konnte. Nach dieser Nacht habe ich mich nie wieder hingekniet. Ich betete immer still für mich. Ich verleugnete meinen Gott. Deshalb hat er mich vergessen.«

»Als ich klein war«, warf Carolan ein, »habe ich immer mit meiner Halbschwester zusammen Bibelunterricht bei einem Hilfspfarrer bekommen. Er war der Hilfsprediger meines zukünftigen Schwiegervaters. Ich habe nie zugehört bei diesem Unterricht, Margaret jedoch lauschte aufmerksam.«

»Arme Carolan, der Trost des Herrn wurde dir bisher also immer versagt!«

»Ich würde mich lieber darauf verlassen, daß ich selbst dazu in der Lage bin, mich gegen diese Bestien zu wehren. Erzähl mir noch mehr, wenn es dich nicht zu sehr schmerzt.«

»Sie verhöhnten mich, Carolan. Und das war noch nicht alles. Sie … haben mir mein Unterhemd weggenommen, und als ich dann nackt vor ihnen stand und mich entsetzlich schämte, da haben sie mich ausgelacht. Sie berührten mich, Carolan. Sie taten obszöne Dinge mit mir, Carolan. Sie sagten schreckliche, gemeine Sachen zu mir. Ich kann nicht darüber sprechen. Und in der Nacht darauf … da habe ich mich nicht mehr hingekniet, um zu beten. Sie gaben mir nichts, um mich zu bedecken. Finde ich ein paar Stoffetzen, die ich um meinen Körper wickeln kann, dann nehmen sie mir die schnell wieder weg …«

»Wenn du schon einen Monat lang hier bist, dann können sie dich nicht viel länger hierbehalten. Du wirst sicher bald vor Gericht gestellt.«

»Ja, eines Tages, nehme ich an; ich weiß nicht, wann es sein wird.«

»Wie können Menschen nur so grausam zueinander sein! Weißt du es?«

»Ich weiß es nicht, Carolan. Aber ich glaube, wenn das Leben einmal unerträglich wird, dann passiert immer irgend etwas, das einem weiterhilft. Heute war ich so verzweifelt, so erschöpft, so kalt und hungrig; und ich mußte an den Winter denken, der vor der Tür steht, und da habe ich mir überlegt: ›Ich kann es nicht länger ertragen. Wenn ich könnte, dann würde ich meinem Leben selbst ein Ende setzen.‹ Und gerade als ich diese sündigen Gedanken hatte, ging die Tür auf, und du kamst herein. Ich schämte mich meiner Gedanken, als ich sah, wie mutig und stark du warst.«

»Es muß doch irgendeinen Weg geben, meinen Freunden eine Nachricht zu schicken«, sagte Carolan nachdenklich.

»Du brauchst Geld. Hier in Newgate brauchst du für alles Geld. Man sagt, daß der Aufenthalt hier nicht besonders unangenehm ist, wenn man genügend Geld hat. Mit Geld kann man sich eine eigene Zelle kaufen, etwas zu essen, Kohlen, Kerzen. Ohne Geld bekommst du nur etwas Brot und Wasser.«

»Es wird etwas geschehen!« sagte Carolan. »Ich werde dafür sorgen. Irgendwie muß es mir gelingen, eine Nachricht nach draußen zu schicken. Schließlich habe ich doch noch Everard! Er wird sicher kommen und mich hier herausholen. Und der Squire! Wenn er hört, daß ich hier bin, wird er das auch nicht einen Tag länger dulden. Er hat Geld, er ist einflußreich, genau wie Everard. Sie werden kommen und mich holen. Ich weiß, daß sie kommen. Und, hör zu, Esther, eines schwöre ich dir. Ich werde diesen Ort hier nicht ohne dich verlassen. Du bist unschuldig, noch unschuldiger, als ich es bin, denn ich war ein Dummkopf, und für Dummheit muß man eben bezahlen. Ich werde dich nicht hier zurücklassen ...«

Carolan hielt inne. Esther kniete nun auf dem Boden, ihre Augen waren geschlossen, die Hände zusammengepreßt. Durch ihre geschlossenen Lider liefen Tränen ihre Wangen hinunter. Ihre Lippen bewegten sich: »Ich danke dir, o Herr!« Carolan wußte, daß sie diesen Augenblick niemals vergessen würde, die schlafenden Frauen um sich herum, das Wimmern eines hungrigen Kindes, der furchtbare Gestank … und dieses kniende Mädchen, das ihrem Gott dankte.

Kaum konnte Carolan ihre Gefühle noch verstehen; sie war wütend; sie war tief bewegt; sie war voller Eifer, denn sie wollte dieser Esther helfen, so wie sie vor kurzer Zeit noch ihren Eltern hatte helfen wollen; aber sie war auch traurig und voller Zweifel.

Esther ließ ihre Hände herunterhängen; ihr Gesicht sah im Schein der Lampe strahlend schön aus.

»Wie alt bist du, Esther?«

»Sechzehn.«

»Mein armes Kind, ich bin siebzehn.«

»Dann bist du ja auch noch ziemlich jung«, sagte Esther schüchtern.

»Ich bin immerhin älter als du. Und jetzt werde ich versuchen zu schlafen. Kannst du schlafen?«

»Darf ich bei dir bleiben?«

»Aber natürlich. Du bleibst jetzt bei uns, nicht wahr, Esther? Wir werden alle Freunde sein!«

Esther streckte sich neben ihr aus, und beide Mädchen lagen lange Zeit mit offenen Augen da und starrten auf die Mauern, hinter denen sie gefangengehalten wurden.

»Esther«, sagte Carolan, »du darfst nicht so viel weinen.«

»Nein, ich habe auch nie so viel geweint wie heute nacht.«

»Du darfst nicht weinen! Du darfst nicht weinen«, flüsterte Carolan, während die Tränen ihre Wangen herunterliefen.

Der Morgen kam und brachte neue Schrecken; nun waren die furchtbaren Gesichter der Gefangenen noch deutlicher zu erkennen. Ich werde gleich aufwachen, dachte Carolan. Dies ist nur ein Alptraum. Gestern abend waren wir im Theater … Gleich wache ich in meinem Bett auf.

Aber sie konnte sich nicht ständig einreden, daß alles nur ein Traum war. Bald würde ihr das andere Leben, das sorglose, fröhliche, freie Leben wie ein Traum erscheinen. Das Grauen um sie herum, das war jetzt ihre Wirklichkeit.

Kitty ging es sehr schlecht an diesem Morgen. Die Fußeisen schnitten ihr ins Fleisch, und sie weinte vor Schmerzen. Noch war ihr nicht klar, wo sie sich befand, und Carolan war froh darüber.

»Carolan, mein Rücken tut weh! Dieses Bett ist so hart. Carolan, wo sind wir? Es riecht hier so schrecklich nach Verwesung …«

Carolan bat Millie, Wasser zu holen. Und Millie brachte es … mit Esthers Hilfe. Kitty trank, und Carolan wusch ihr Gesicht. Dann fiel Kitty wieder in einen unruhigen Schlaf.

»Sie wird sich erholen«, sagte Esther. »Sie ist gesund … soviel kann ich sehen. Sie hatte immer genug zu essen; diejenigen, die abgemagert hierherkommen, verhungern am schnellsten. Ich wünschte, wir könnten ihre Fußeisen ein wenig lockern. Sie sind zu stramm. Der Fuß ist schon ganz geschwollen.«

»Was läßt sich dagegen tun?« fragte Carolan. »Können die Eisen nicht abgenommen werden? Es ist nicht zu befürchten, daß Mama davonläuft.«

»Man kann sich von den Eisen loskaufen – bis auf eines.«

Ein Wärter kam herein und brachte einer Gefangenen, der man etwas Geld geschickt hatte, Ale und Brot.

Carolan ging zu ihm.

»Man muß meiner Mutter die Fußeisen abnehmen. Sonst könnte etwas Schlimmes passieren, fürchte ich.«

Gierige Augen starrten sie an. Ihre Kleider sahen teuer aus. »Ich kann alle abnehmen bis auf eines«, sagte der Mann, »aber …«

»Ihr wollt Geld, nehme ich an«, sagte Carolan. »Ich habe aber keines. Dann werdet Ihr es eben anstandshalber tun.«

Er kicherte.

»Anstandshalber?« Er kratzte sich am Kopf. »Das hab' ich noch nie gehört! Hier in Newgate entfernen wir keine Fußeisen aus Anstand, man muß sich davon loskaufen, mit Geld. Und eins muß sowieso dranbleiben. Das ist nur fair, sagen wir in Newgate. Eins bleibt dran.«

»Ich werde mir schon Geld besorgen, irgendwoher!« sagte Carolan. Aber der Mann hatte schon das Interesse verloren und war weitergegangen.

»Was soll ich nur tun?« rief Carolan, als sie zu ihrer Mutter zurückkehrte.

»Sie schläft noch immer«, sagte Esther. »Und sieh nur! Sie lächelt im Schlaf. Sie muß also etwas Schönes träumen.«

»Ich werde nicht hierbleiben«, sagte Carolan wütend. »Ich werde hier herauskommen. Alles, was ich getan habe, seit ich in dieser verfluchten Stadt bin, hat mir und anderen nichts als Ärger eingebracht. Millie, warum klagst du mich nicht an? Ich habe dich hierhergebracht. Dich ... meine Mutter ... und mich selbst! Mein Vater ist tot, und alles durch meine Torheit. Ich glaube nicht, daß ich jemals hier herauskomme, ich werde hierbleiben bis ans Ende meiner Tage ... denn ich bin eine Närrin ... eine verrückte Närrin, die sich selbst und andere ins Unglück gestürzt hat!«

Millie starrte sie mit offenem Mund an, und Esther versuchte, sie zu trösten. Und sie tröstete sie wirklich, denn als Carolan durch ihre Tränen in das süße Gesicht des Mädchens blickte, so blaß und so abgehärmt, da fragte sie sich, wie sie ihr eigenes Unglück beklagen konnte, wo Esther doch viel Schlimmeres ertragen mußte.

Der Tag nahm seinen Lauf. Die Tür stand jetzt offen, und die Gefangenen durften hinaus auf den Hof. Bei Tageslicht war all das Schreckliche an diesem Ort noch deutlicher zu sehen. Aber Carolan hatte sich bereits ein wenig an die Scheußlichkeiten um sich herum gewöhnt, an das Ungeziefer, an die unflätigen Reden der anderen Gefangenen, an den entsetzlichen Gestank, der sie nun nicht mehr zum Würgen brachte. Sie hatte gelernt, daß zwei Menschen sich in kürzester Zeit sehr nahe kommen konnten, wenn sie gemeinsames Elend teilten. Esther, zu der sie sich sehr hingezogen fühlte, war so schwach und hilflos, daß Carolans Hilfsbereitschaft und Tatkraft wachgerufen wurden.

Carolan konnte das Brot, das man ihnen gab, einfach nicht herunterbekommen. Esther aß ihres gierig, genauso machte es Millie. Millie hatte sich schnell angepaßt, weil sie die Grausamkeiten des Lebens als ihr natürliches Schicksal betrachtete.

»Du mußt essen«, sagte Esther.

»Ich kann nicht!« rief Carolan. »Das Zeug schmeckt fürchterlich.«

»Es ist alles, was wir bekommen. Nur wer Geld hat, erhält besseres Essen.«

»Ich würde lieber verhungern, als das hier zu essen.«

»Bewahr es dir auf«, sagte Esther. »Später wirst du froh darüber sein.«

»Dann wird es vor Maden wimmeln. Du und Millie, ihr könnt es euch teilen.«

Millies Augen glitzerten gierig, und auch Esther konnte ihre Gier kaum unterdrücken. Carolan brach das Brot in zwei Stücke, und die beiden fielen darüber her.

Jetzt begann Kitty sich zu regen.

»Carolan, bist du es?« murmelte sie. »Laß die Vorhänge zu ... Mein Kopf tut mir so weh. Ich möchte gern meinen Kakao trinken.«

»Mama, du bist nicht zu Hause.«

Kitty riß die Augen auf. Ihre Erinnerung kehrte zurück, und sie versuchte, sich zu erheben.

»Carolan, was ist geschehen ...? Warum ...?« Sie hob den Kopf und sah sich um. »Oh, jetzt erinnere ich mich ...

»Wir sind in Newgate, Mama. Weißt du noch, was gestern geschehen ist?«

»Darrell ...«, flüsterte Kitty und fing an zu weinen.

»Mama, du darfst jetzt den Mut nicht sinken lassen. Wir werden hier wieder herauskommen. Wir werden Vater rächen. Wir werden eine Nachricht an Everard schicken ... und eine an den Squire ... Wir kommen schon heraus, hab keine Angst!«

»Mein Liebling«, seufzte Kitty, »natürlich kommen wir hier heraus. Aber ... dein Vater! Oh, Carolan, ich kann es nicht ertragen! Dieser Mann, diese hinterhältige Bestie ... und ich dachte ... es war meine Torheit ...«

»Hör zu, Mama! Wir haben uns alle dumm benommen. Für unsere Dummheit müssen wir jetzt bezahlen. Laß uns nicht zurückblicken. Mein Vater würde das auch nicht wollen.«

Kitty ließ sich nicht trösten. Sie weinte bitterlich, und ihre Trauer war so groß, daß sie nicht einmal bemerkte, wie zerfetzt ihre Kleider waren und daß sie überall blaue Flecken hatte. Nur ab und zu glitt ihre Hand unbewußt zu ihren Füßen, wo die Eisen ins Fleisch schnitten.

Esther flüsterte: »Die arme Frau! Wie unglücklich sie ist! Die Trauer um ihren Ehemann läßt sie alle anderen Schmerzen vergessen. Das ist der Beweis für die übergroße Güte Gottes.«

Carolan sagte in scharfem Ton: »Hör auf, von Gott zu reden! Was könnte unsereiner denn schon verbrochen haben, um das hier zu verdienen? Das würde ich wirklich gerne wissen.«

»Sei still!« sagte Esther. »So darfst du nicht sprechen!« Sie sah so ruhig und gütig aus, daß Carolan sich getröstet fühlte. Carolan verfügte über körperliche Kräfte, Esther dagegen über geistige.

Im Verlauf des Tages hob ihre Stimmung sich ein wenig. Kittys angeborener Optimismus kehrte zurück. So etwas durfte Leuten wie ihnen einfach nicht zustoßen. Was hatten sie denn getan, um das zu verdienen? Jetzt gab es nur eines: Sie mußten Squire Haredon und Everard eine Nachricht schicken.

Kitty versuchte, mit den jungen Mädchen über den Hof zu gehen, aber das Gehen bereitete ihr Schmerzen, und mit jedem Schritt schnitten die Fußeisen tiefer ins Fleisch. Die bläuliche Verfärbung ihres Beines machte ihr angst.

»Die Eisen müssen sofort weg«, jammerte sie.

»Sobald wir etwas Geld haben, lassen wir sie entfernen«, versicherte ihr Carolan.

Kitty wollte einem der Wachmänner ihren Kummer deutlich machen und zeigte ihm ihren geschwollenen Knöchel. Sonderbar, selbst jetzt kokettiert sie schon wieder, dachte Carolan. Aber der Mann blieb stur; er schüttelte den Kopf. Fußeisen konnte man nur loswerden, wenn man sich davon freikaufte. Es gäbe keine andere Möglichkeit. Kitty war schockiert, weil der Mann ihre Bitte ablehnte, aber gleichzeitig wirkte die Gleichgültigkeit des Mannes alarmierend auf sie. Sie wurde wieder wach. Ja, sie mußte fürchterlich aussehen. Ihr Umhang hing in Fetzen, ihre Haut war zerkratzt, ihr Haar ... oh, ihr wunderschönes Haar! Diese Dinge konnten behoben werden ... schließlich war es ihr immer gelungen, das von den Männern zu bekommen, was sie wollte. Carolan, die Kittys Gedanken ahnte, hatte Mitleid mit ihrer armen, närrischen Mutter.

Am zweiten Tag kam ein Wärter in den Gefängnisraum und rief: »Haredon! Wer ist Carolan Haredon?«

Carolan hob den Kopf.

»Bist du das? Wenn ja, dann komm mit.«

»Warum?«

»Ich habe nur Befehl, dich zu holen.«

»Und wenn ich mich weigere?«

Der Wärter kratzte sich am Kopf.

»Befehle müssen ausgeführt werden. Komm jetzt endlich!«

Kitty fing an zu weinen. Esther murmelte ein stummes Gebet. Was würden sie wohl mit ihr machen? Wollte man sie auspeitschen? Carolans Mut begann zu sinken.

»Komm schon, vorwärts!« befahl der Wärter. Alle sahen ihr nach, wie sie den Raum verließ.

Sie wurde durch lange Korridore geführt. In ihrer Fantasie malte sie sich aus, was gleich mit ihr geschehen würde. Sie konnte schon die Peitsche auf ihrem Rücken fühlen. Die Gefangenen hatten gesagt, daß es beim dritten Schlag zu bluten anfing ... Die Opfer wurden dann oft ohnmächtig. Erst wenn sie wieder bei Bewußtsein waren, setzte man die Bestrafung fort.

Der Wärter blieb vor einer Tür stehen und zögerte; nur mit Mühe konnte er das Lachen unterdrücken. Er wirkte amüsiert, als ahnte er, an was sie auf dem Weg durch die langen, dunklen Korridore gedacht hatte.

Schließlich öffnete er die Tür. Dahinter war ein kleines Zimmer, und darin stand ein Tisch, auf dem eine Mahlzeit hergerichtet war; Wein stand dort und kaltes Huhn. So viel konnte sie sehen, und der Anblick des Essens machte sie schwindlig. Aber jetzt war ein Mann vom Tisch aufgestanden und kam auf sie zu. Er nahm ihre Hände und sagte: »Carolan, meine Liebe! Was haben sie dir angetan?«

Der Wärter kicherte, als er die Tür verschloß. Sie war mit Marcus allein.

»Vor einer Stunde erst habe ich gehört, daß du hier bist«, sagte er. »Ich erfahre alles, wie du siehst. Dann habe ich dies hier bringen lassen, und jetzt sollst du mein Gast sein!«

»Marcus!« rief sie. »Marcus!«

»Nein, nicht mehr Marcus. William Henry Jedborough, der für vierzehn Jahre nach Botany Bay deportiert worden war und der nach drei Jahren als Marcus Markham zurückkehrte. Und jetzt ist er wieder William Henry ... dein Freund, der hofft, deinen Aufenthalt hier in Newgate etwas angenehmer zu gestalten als bisher.«

»Marcus ... Wer bist du?«

»Nicht Marcus, mein Schatz. Ich habe diesen Namen nie gemocht. William – William Henry, ein Dieb und ein Gauner, ein entflohener Sträfling. Hier bin ich also und warte auf die Todesstrafe.«

»Die Todesstrafe!«

»Oh, du wirst ja ganz blaß. Fast könnte ich mich freuen, daß man mich zum Tode verurteilt hat, denn ich sehe jetzt, wie sehr du dich um mich sorgst.«

»Du hast dich nicht verändert! Immer noch redest du dummes, schmeichlerisches Zeug!«

»Auch du hast dich nicht verändert. Du wirst noch genauso schnell wütend und versuchst nicht einmal, es zu verbergen ... nicht einmal vor einem armen Menschen, der bald am Galgen sterben wird!«

»Du machst auch noch Witze darüber!«

»Ist es etwa nicht witzig? Soll ich dir etwas verraten, Carolan? Ich werde nicht an den Galgen kommen!«

»Glaubst du, du kannst es verhindern? Du scheinst hier viel Einfluß zu haben, Marcus.«

»William, mein Schatz, William Henry.«

»Für mich bleibst du immer Marcus.«

»Gut, dann nenne mich weiter so. Es erinnert mich an unsere glücklichen Tage in der Grape Street – bis zu dem Tag, an dem ich so plötzlich aus deinem Leben verschwand …«

»Bitte erzähl mir, wie es dir ergangen ist.«

»Was gibt es da schon zu erzählen, mein Liebling? Ich wollte dich abholen, wie wir es verabredet hatten, doch Crew lauerte mir vorher an einer Straßenecke auf. Seine Helfer und der Gefangenenwagen standen schon bereit.«

»Dachtest du, ich hätte dich verraten?«

»Ich wußte, daß du mich verraten hast.«

»Wie sehr du mich hassen mußt.«

»Ganz im Gegenteil, meine süße Carolan, ich liebe dich.«

»Wie töricht ich war, ich habe uns alle ins Unglück gestürzt!«

»O nein, du hast dich immer bewunderungswürdig verhalten.«

»Bitte rede doch nicht so dumm daher. Als ich in London ankam, brachte ich ihn sogleich mit in den Laden. Ich habe meinen Vater verraten und dich … und mein Vater ist jetzt tot, und du wirst bald sterben …«

Sie begrub das Gesicht in ihren Händen, und er nahm sie hoch und trug sie hinüber zum Tisch. Dort setzte er sich auf einen Stuhl und hielt sie noch immer im Arm. Zärtlich wischte er ihre Tränen fort.

»Er hätte uns erwischt, Liebling, früher oder später. Schon lange lauerte er auf eine gute Gelegenheit. Er wußte, daß ich ein Dieb bin, aber er wollte das höchste Kopfgeld für mich kassieren und wartete ab, bis ich meine vierzig Pfund wert war. Auch deinen Vater hätte er irgendwann geschnappt. Nein! Du bist es, meine süße Carolan, der man so großes Unrecht angetan hat; du bist es, die nicht hierhergehört. Wir müssen jetzt besprechen, was zu tun ist. Aber laß uns zuerst etwas essen. Du bist ja schon seit zwei Tagen an diesem schmutzigen Ort, mußt also hungrig sein. Ich habe dieses Huhn bringen lassen, es schmeckt sehr gut. Komm, mein Kind, wir wollen jetzt etwas essen und über alles reden.«

»Ich muß mich sehr wundern«, sagte sie. »Du scheinst

hier sehr angesehen zu sein ... wo du doch ein verurteilter Mann bist.«

»Sicherlich habe ich Einfluß. Schließlich gehen meine Geschäfte draußen weiter. Ich habe Geld, und Geld bedeutet Macht. Damit kann ich dieses Zimmer hier bezahlen und dieses Essen, und nicht zuletzt deine Gesellschaft. Wenn man Geld hat, braucht man sich vor dem Gesetz nicht so sehr zu fürchten, Carolan.«

»Ich kann mich nicht hinsetzen und mit dir essen«, sagte sie und starrte auf das Huhn. Wie gut es aussah! Goldbraun gebraten! Und wie hungrig sie war ... schwach und krank vor Hunger! »Hast du nicht gehört, daß meine Mutter auch hier ist?«

»Doch, ich habe es gehört. Wir werden sie holen lassen.«

»Sie würde den Weg hierher nicht schaffen ... die Fußeisen ...«

»Man wird sie entfernen, meine Liebe. Deine auch. Alle bis auf eines, und das spürt man kaum, wenn man vorher drei hinter sich hergeschleppt hat. Deine Mutter wird also kommen und mit uns essen.«

»Ich weiß gar nicht, wie ich dir danken soll. Es ist so großherzig von dir; wo ich es doch war ...«

»Ich will nichts mehr davon hören. Ich bin überhaupt nicht großherzig, das weißt du doch! Ich werde nur dafür sorgen, daß man deiner Mutter die Fußeisen abnimmt und daß man sie sofort hierherbringt.«

»Da ist auch noch Millie. Und Esther ... Sie müssen alle kommen, oder du mußt mir das Hühnchen geben, dann nehme ich es mit zurück und teile es mit ihnen.«

»Ha! Sie würden dich in Stücke reißen, wenn du mit dem Huhn zurückkämst!«

»Nein, das würden sie nicht. Ich kann mich gut verteidigen!«

»Ja, das kannst du bestimmt, Carolan. Wie ich dich liebe meine kleine Carolan!«

»Es ist nicht der richtige Moment, um von Liebe zu reden! Außerdem gehst du mir ein wenig zu leichtfertig mit diesem Thema um!«

»Das sieht dir wieder ähnlich! Ich biete dir an, dein Leben hier erträglicher zu gestalten – und was bekomme ich von dir dafür? Nichts als strenge, kalte Worte!«

»Ich habe es nicht so gemeint, Marcus ... aber deine Leichtfertigkeit scheint wirklich fehl am Platz zu sein.«

»Noch nie in meinem Leben habe ich mich weniger leichtfertig gefühlt. Weißt du, der Gedanke, daß man dich hierhergebracht hat, macht mich rasend vor Wut. Glaubst du mir das, Carolan?«

»Ach vergiß nicht, daß meine eigene Dummheit dazu beigetragen hat. Bitte, laß doch die Fußeisen meiner Mutter entfernen ... und vielleicht auch die von Millie und Esther ...«

»Wer ist Esther?«

»Ein armes Mädchen, das jetzt meine Freundin geworden ist.«

»So schnell hast du hier Freunde gefunden?«

»Du würdest sie ganz bestimmt gern mögen. Sie ist wirklich unschuldig, und ihre Lage ist viel beklagenswerter als meine eigene.«

»Wie ich dich bewundere, Carolan, deine Wut und deinen Enthusiasmus, deine Strenge und deine Freundlichkeit.«

»Dann laß es schnell geschehen, denn jede Minute mit diesen Fußeisen ist eine Qual für meine arme Mutter ... und Millie und Esther haben solchen Hunger! Aber ... kannst du all das wirklich für uns tun?«

»Gleich wirst du die Macht des Geldes bezeugen können, meine Liebe. Aber zuerst will ich dir die Fußeisen abnehmen lassen, es macht mich nämlich sehr wütend, dich in Ketten zu sehen.«

Er ging zur Tür und klopfte. Sofort kam der Wärter. Er muß vor der Tür gewartet haben, dachte Carolan, vielleicht in der Hoffnung, noch mehr Geld zu verdienen.

In wenigen Sekunden hatte er Carolan die Fußeisen bis auf eines abgenommen.

»So!« sagte Marcus. »Da siehst du, wie mächtig ich bin, Miß Carolan! Ich bin ein Zauberer ... der Zauberer von

Newgate. Ich brauche nur meinen Zauberstock zu schwingen, das heißt mit meiner Geldbörse zu winken, und schon geschieht alles, was ich sage!«

»Aber Marcus …«

»Vielleicht solltest du mich doch besser William nennen, denn Marcus war ein leichtfertiger Bursche, der dir nicht viel bedeutet hat und der dich nicht davon abbringen konnte, an einen gewissen Pfarrer zu denken. Aber William ist aus anderem Holz geschnitzt. Er tritt in dein Leben, nachdem der Pfarrer dich verlassen hat …«

»Wie närrisch du redest!«

»Aber Carolan, wie kannst du nur glauben, daß ein Pfarrer eine Frau heiraten würde, die schon einmal in Newgate zu Gast war?«

»Was sollte das für einen Unterschied machen?«

»Einen gewaltigen Unterschied – für einen Pfarrer!«

»Unsinn!«

»Das ist nichts als gesunder Menschenverstand, Liebste.«

»Bitte sag nicht Liebste zu mir. Eines will ich noch wissen … ist es wahr, daß man dich zum Tode verurteilt hat?«

»Dieses Schicksal ereilt normalerweise alle, die von der Botany Bay zurückgekehrt sind und die dann noch einmal erwischt werden.«

»Du machst schon wieder Witze darüber!«

»Ich kann mir das leisten, Carolan. Mir wird das nicht passieren, das verspreche ich dir. Wenn es doch so wäre, dann würde mich das sehr überraschen. Siehst du, ich habe Geld, und mit Geld kann sich ein Mann fast alles kaufen, was er sich wünscht. Er kann sich damit Liebe kaufen und das Leben.«

»Da kann ich dir nicht zustimmen.«

»Natürlich nicht. Sonst wärst du ja auch nicht die Carolan, die ich so sehr liebe. Aber eines Tages wirst auch du lernen, daß ich recht habe …«

»Glaubst du, es wird lange dauern, bis meine Leidensgenossinnen zu uns kommen können?«

»Sie werden so schnell hier sein, wie man es mit Geld bezahlen kann.«

»Du redest ununterbrochen über Geld!« Nur mit Mühe konnte sie sich davon abhalten, über das Essen herzufallen, so hungrig war sie.

»Aber natürlich! Denn es geht auf der Welt nun mal immer nur ums Geld. Besonders hier in Newgate denkt man kaum an etwas anderes. Während meines letzten Besuchs hier hatte ich kein Geld. Das sollte mir nie wieder passieren, schwor ich mir damals. Hier, iß eins von diesen Brötchen, während wir auf die anderen warten.«

»Ich würde lieber warten, bis sie kommen. Wird es wohl noch lange dauern?« sagte sie schwach.

Wie seine Augen glänzen, dachte sie, wie zärtlich sie aussehen. Plötzlich wurde ihr bewußt, welch ungepflegten Anblick sie diesen Augen wahrscheinlich bot. Sie fuhr sich über ihr Haar.

»Was würde ich für ein warmes Bad und saubere Kleider geben!« seufzte sie. »Es wundert mich, daß du mich überhaupt erkannt hast.«

»Ich würde dich auch unter Tausenden erkennen, Carolan.«

Es klopfte an der Tür, aber es waren nicht Kitty und die anderen, sondern zwei Wärter, die noch mehr Essen brachten.

Carolan starrte auf den Tisch.

»Komm«, sagte Marcus, »die kleinen Roggenbrötchen sind ganz köstlich.«

Er bot ihr eines an, und sie verspeiste es gierig. Zufrieden sah er ihr zu. Dann ging er plötzlich zu ihr hinüber und zog sie an sich.

»Carolan, Carolan, verzweifle nicht ...«

»Wie meinst du das?« fragte sie mit vollem Munde.

»Du bist so süß, aber du steckst dir immer viel zu hohe Ziele. Und wie sehr ich dich liebe, wenn du versagst!«

»Du redest den haarsträubendsten Unsinn!«

»Tue ich das? Nun gut, dann will ich jetzt etwas Nützliches tun. Ich werde die Hähnchen tranchieren.«

Sie sah ihm zu, halb schwindelig vor Hunger. Schließlich konnte sie nicht mehr anders und rannte zu ihm. Er lächelte amüsiert, nahm ein Stück weißes Brustfleisch und steckte es ihr in den Mund. Nie zuvor hatte ihr etwas so gut geschmeckt.

»Noch mehr!« sagte er und fütterte sie weiter. Während sie aß, flüsterte er ihren Namen: »Carolan, meine süße Carolan! Hier ist Wein, damit kannst du es besser herunterspülen. Wir wollen beide etwas trinken, Carolan. Auf die Zukunft! Auf unsere Zukunft!«

Vom Wein wurde ihr Kopf merkwürdig leicht. Das ganze Zimmer schien sich im Kreis zu drehen. Lachend und weinend hielt sie Marcus' Arm umklammert.

»Marcus ... o Marcus«, seufzte sie.

Die Tür ging auf. Kitty, Millie und Esther kamen herein. Carolan schämte sich, weil sie schon etwas gegessen hatte. Schnell stellte sie ihr Glas ab und ging zu ihnen hinüber.

»Aber das ist ja Marcus!« rief Kitty.

Millie und Esther starrten auf das Essen.

»Nehmt Platz. Wir wollen keine Zeit mit höflichem Geplauder verschwenden. Wir können uns ja während des Essens unterhalten.«

Kitty erholte sich, sobald sie das erste Glas Wein getrunken hatte. Die Entfernung der beiden Fußeisen hatte ihr große Erleichterung verschafft, und sie sah wieder einen Hoffnungsschimmer am Horizont. Marcus benahm sich wie ein alter Freund der Familie. Wie angenehm es doch war, hier zu sitzen, zu essen und zu trinken, als Gast eines charmanten Mannes. Zwar war sie immer noch in Newgate, war immer noch eine Gefangene, aber die Dinge hatten sich zum Besseren gewandt.

Esther fühlte sich wie in einem Traum, der damit begonnen hatte, daß Carolan in ihr Leben getreten war. Welch wunderbare Dinge waren seitdem geschehen! Sie versuchte verzweifelt, nicht zu schnell und zu viel zu essen.

Millie dagegen benahm sich völlig ungezwungen und langte kräftig zu.

»Eines würde ich gern wissen«, sagte Kitty, »warum könnt Ihr als Gefangener Gäste empfangen und sie auf diese köstliche Weise bewirten?«

»Es liegt an der Macht des Geldes, damit kann man eben fast alles kaufen.«

»Ich habe Euch immer für einen außergewöhnlichen Mann gehalten, Marcus. Längst war mir klar, daß Ihr ein anderer wart, als Ihr zu sein vorgabt. Für einen gewöhnlichen Bewohner der Grape Street erschient Ihr mir einfach zu vornehm.«

»Ich war wohl zu vornehm, als daß ich etwas anderes als ein Dieb hätte werden können«, entgegnete er.

»Sag mir eines«, sagte Carolan. »Hast du meinen Vater dazu gebracht, ein Hehler zu werden?«

»Ja, das habe ich. Ich muß euch beiden sagen, daß er nur sehr widerwillig ein solches Leben angefangen hat. Es war der Hunger, der ihn dazu trieb … nicht sein eigener Hunger, sondern der seiner Frau.«

Kitty begann leise zu weinen. Marcus füllte ihr Glas.

»Du sollst nicht weinen, Mama!« sagte Carolan. »Ich kann es nicht ertragen. Laß uns versuchen, die Vergangenheit zu vergessen.«

»Es ist meine Schuld. Ich habe davon angefangen«, sagte Marcus. »Ich bin ein Tor und ein Schurke!«

»Er ist zum Verbrecher geworden«, sagte Kitty. »Ich kann das nicht verstehen – er schien mir immer so edelmütig. Doch dann … auch wenn er es für mich getan hat …«

»Er war auch edelmütig«, sagte Marcus. »Es gibt zwei Arten von Verbrechern, solche wie ihn und solche wie mich. Er wurde zum Kriminellen um seiner Familie willen, und ich um meiner selbst willen. Das dürft Ihr nie vergessen. Wir leben in einer grausamen Welt. Für einige ist es unmöglich, ein Auskommen zu finden, zu leben, zu essen. Solche Männer besitzen zwar das Recht, eine Familie zu gründen, aber was sollen sie dann tun? Es gibt zwei Arten von Stehlen, zwei Arten von Verbrechern. Eine Gesellschaft, der viele ihrer Mitglieder völlig gleichgültig sind, darf sich nicht wundern, wenn sie selbst diesen Menschen gleichgültig wird. Nach diesem Gesetz lebe ich. Es ist falsch; ich weiß. Aber so denke ich nun mal. Deshalb betrüge und stehle ich. Und wenn ich nach Newgate komme, sorge ich dafür, daß ich auch hier den größtmöglichen Luxus genießen kann. Und ich sorge dafür, daß es meinen Freunden bessergeht.«

Carolan sagte: »Ich stimme dir zu, glaube ich. Zwar bin ich mir nicht sicher, aber ich denke wie du.«

Zum erstenmal mischte sich Esther ein. »Es steht geschrieben ›Du sollst nicht stehlen‹. Deshalb darf man, unter welchen Umständen auch immer, niemals stehlen.«

Marcus sah sie an, und sie errötete bei seinem Blick. Für einen kurzen Moment konnte man sich vorstellen, wie schön sie wäre, wenn es ihr besserginge.

»Oh, Ihr seid ja eine Idealistin, Miß Esther. Ich denke da realistischer. Ich passe mein Leben den Umständen an, während Ihr von einer Gesellschaft träumt, die es niemals geben wird ... jedenfalls nicht zu unseren Lebzeiten.«

»Es könnte sein, daß wir trotz allem einer Meinung sind«, sagte Esther.

»Esther ist eine Heilige«, warf Carolan ein. »Wir anderen denken nicht so wie sie. Nein Esther, Marcus hat auf gewisse Weise recht. Bevor ich hierherkam, habe auch ich anders gedacht, aber ich habe gelernt umzudenken. Eine Gesellschaft, die so etwas wie das Newgate-Gefängnis beinhaltet ...«

»Die Menschen wissen ja kaum etwas davon!« protestierte Esther. »Haben wir etwas davon gewußt, bevor wir hierherkamen?«

»Unwissenheit ist keine Entschuldigung. Können wir denn sagen, daß wir noch nie etwas über Newgate gehört haben? Wir wußten davon, aber wir zogen es vor, nicht daran zu denken, denn es war uns zu unangenehm. Wir lebten einfach unser angenehmes, bequemes Leben. Es liegt an unserer Gleichgültigkeit, an der Gleichgültigkeit von Tausenden, daß so etwas existieren kann. Und deshalb werden unschuldige Menschen wie du und Mama und Millie und ich hierhergebracht, um hier zu hungern und zu frieren und vielleicht sogar zu sterben. Wir, die wir unschuldig sind, müssen leiden, weil wir arm sind und keine Freunde haben, während die wahren Verbrecher ...«

Marcus machte eine ironische Verbeugung.

»Ich werde deine kleine Rede beenden, Carolan. Ein richtiger Verbrecher kann sich alles leisten, was Newgate zu bieten hat. Das ist richtig. Das Leben gleicht einer bösen alten Hure, teuflisch, verschlagen und gnadenlos; aber wenn du mit ihr lachst, dann lacht sie mit dir, sogar hier in Newgate.«

»Du tust Esther weh mit deinen Worten«, sagte Carolan.

»Es tut mir leid, Esther«, sagte er beinahe zärtlich. »Aber man muß den Tatsachen eben ins Auge sehen. Wo würden wir bleiben, wenn wir das nicht täten? Carolan ist da ganz meiner Meinung. Carolan, ich glaube, wir stimmen in vielen Dingen überein. Dieser Gedanke erwärmt meine Seele. Carolan, du und ich …«

Carolan unterbrach ihn ungeduldig. »Wir sind gewiß nicht immer einer Meinung. Oder glaubst du etwa, ich bewundere deine Art zu leben? Du bist ein Dieb! Andererseits werden Leute einfach hier eingesperrt, ohne daß ihre Schuld erwiesen ist … Oh, wie ich diese Bestie, diesen Crew hasse!«

»Du solltest ihn nicht hassen. Er hat nur seinen Beruf ausgeübt. Wahrscheinlich verdient er seinen Lebensunterhalt mit derartigen Aktivitäten. Und es muß eine furchtbar mühselige Tätigkeit sein!«

»Du willst ihn entschuldigen?«

»Ihn und uns alle«, sagte Marcus.

»Das ist absurd!«

»Zweifellos.«

»Du entschuldigst einen Mann, der Mama so etwas angetan hat?« Ihre Augen füllten sich mit Tränen; ihre leidenschaftliche Empörung war einer tiefen Hoffnungslosigkeit gewichen.

»Carolan«, sagte er zärtlich.

Die Tür öffnete sich langsam, und ein zerzauster Kopf erschien. Er gehörte einer schwarzhaarigen, dunkeläugigen jungen Frau mit großen, klimpernden Ohrringen. Eine rote Seidenbluse spannte sich straff über ihrem vollen Busen. Erstaunt blickte sie die Frauen an.

»Hallo, Will!« sagte sie. »Hast du Besuch?«

»Das ist ja wohl eine ziemlich überflüssige Frage, Lucy. Oder stimmt etwas nicht mit deinen Augen?«

Er wirkte verstimmt, und sie war offensichtlich beleidigt. Instinktiv erriet Carolan, in welcher Beziehung die beiden zueinander standen.

»Nun, dann will ich nicht länger stören«, sagte Lucy. »Gute Nacht.«

»Gute Nacht, Lucy.«

Die Tür fiel mit lautem Knall ins Schloß.

»Das war eine Bekannte von mir, die mir einen Besuch abstatten wollte«, sagte er.

»Die Dame hat offensichtlich Geld«, entgegnete Carolan. »Genau wie du scheint sie hier alle möglichen Freiheiten zu genießen.«

»Ich glaube, sie war wütend auf uns«, sagte Esther. »Ich frage mich nur, warum.«

Carolan lächelte Esther zärtlich an. Wie unschuldig sie doch war! Es käme ihr nie in den Sinn, daß Marcus, der sich so nett und freigiebig zeigte, ein Lebemann und ein Freibeuter war. Arme Esther! Sie hatte noch vieles zu lernen.

»Mir hat sie nicht sonderlich gut gefallen«, sagte Kitty, die etwas zu viel Wein getrunken hatte und sich angenehm benebelt fühlte. Esther hatte zwar nur ein wenig getrunken, aber auch sie war sehr schläfrig. Carolan dagegen war hellwach. Die veränderten Umstände und vor allem die Gegenwart von Marcus, der sehr gemischte Gefühle in ihr hervorgerufen hatte, machten sie unruhig.

Er lehnte sich plötzlich zu ihr hinüber und sagte: »Komm schon, Carolan, raus mit der Sprache! Du scheinst meine Freundin Lucy nicht besonders zu schätzen.«

»Aus welchem Grund sollte ich sie nicht mögen?«

»Ich weiß es nicht – ich weiß nur eines, du kannst sie nicht ausstehen.«

»Warum sollte ich mich mit deinen Freundinnen befassen?«

»Du warst sehr wütend. Deine Augen schienen Funken zu sprühen! Du hast dir wohl ausgemalt, in welchem Verhältnis sie zu mir steht, und das hat dir anscheinend gar nicht gefallen.«

»So ein Unsinn!« fauchte sie wütend. »Das hast du dir nur eingebildet.«

»O nein ... ich bin ein guter Beobachter. Sieh nur, wie deine Mutter schläft. Und die arme kleine Esther nickt auch schon ein. Die Mahlzeit hat den beiden richtig gutgetan. Und vielleicht auch die Stille hier. Was meinst du?«

»Ich mache mir Sorgen um meine Mutter. Sie wirkt jetzt ein wenig fröhlicher, aber irgendwie ist sie verändert.«

»Ich will ehrlich zu dir sein, Carolan. Zwar bin ich ein Schurke und ein Dieb, aber trotzdem ist mir klar, daß man nicht versuchen darf, dir etwas vorzumachen. Lucy war meine Freundin ... eine gute Freundin. Sie ist ein großzügiger Mensch, und das Leben ist schlecht mit ihr umgesprungen, genau wie mit uns. Wir haben uns hier gegenseitig ein wenig zu trösten versucht, verstehst du das?«

»Ja, natürlich. Aber ist es unbedingt nötig, mir das zu erklären?«

»Ja, es ist notwendig. Carolan, schon als ich dich zum erstenmal sah, wußte ich, daß du etwas ganz Besonderes bist.«

»Deshalb also hast du mein Taschentuch gestohlen! Sonst hatte ich ja auch wenig zu bieten, da man mir vorher schon meine Börse entwendet hatte. Es muß sehr enttäuschend für dich gewesen sein!«

»Wie du dich schon wieder aufregst, mein Liebling! Sieh nur!« Er zog das Taschentuch aus der Innentasche seines Jacketts. »Ich trage es immer bei mir.«

»Warum?«

»Das weißt du doch ganz genau.«

»Du bist sentimental. Du solltest deine Gefühle nie über den gesunden Menschenverstand siegen lassen. Es ist doch dumm, ein wertloses Taschentuch mit sich herumzuschleppen.«

»Wie bissig du bist. Du haßt mich wohl?«

»Das ist absurd. Ich hasse dich nicht.«

»Wenn du mich nicht haßt, dann könntest du mich vielleicht lieben.«

»Ich finde, das ist eine Unterhaltung, die zu nichts führt. Sieh nur die arme kleine Esther!«

»Das arme Kind! Sie ist nicht stark, aber bevor sie herkam, ging es ihr bestimmt ganz gut; Newgate zehrt an den Kräften seiner Bewohner.«

»Es sei denn, man weiß, wie man auch hier gut leben kann.«

»Wie klug du bist, Carolan! Weißt du es denn?«

»Ich verstehe nicht, was du meinst.«

»Bleib bei mir«, sagte er. »Bleib hier bei mir. Nein, werde nicht schon wieder wütend. Hör zu! Sei vernünftig. Ich will dir ein Geschäft vorschlagen. Bleib hier bei mir und genieße all den Luxus, den man hier im Gefängnis für Geld kaufen kann. Deine Mutter, deine Freundin Esther und Millie sollen ein Zimmer wie dieses hier bekommen und werden immer genug zu essen haben. Und wir beiden … wir werden hier wohnen.«

Mit hochrotem Kopf sprang sie auf.

»Denkst du etwa, ich bin eine von deinen Lucys?«

»Nein, ganz und gar nicht.«

»Hast du vergessen, daß ich in kürzester Zeit heiraten werde?«

»Du wirst deinen Pfarrer niemals heiraten, Carolan.«

»Ich glaube, es ist Zeit für uns, zu gehen. Es tut mir leid, daß wir deine Gastfreundschaft in Anspruch genommen haben.«

»Hör zu, wie soll dein Verlobter denn wissen, was mit dir geschehen ist? Wenn es möglich wäre, ihm eine Nachricht zu senden, dann wüßte er Bescheid – aber ob er dann wirklich kommt, um dich abzuholen, das ist eine andere Sache. Für Geld könnte man ihm eine Nachricht schicken, Carolan. Angenommen, ich würde dir das als weitere Belohnung anbieten?«

»Wie gemein du bist!«

»Ja, so bin ich nun mal! Und ich bin nur so gemein, weil du so begehrenswert bist.«

»Mama!« rief Carolan. »Esther, Millie es wird Zeit, daß wir gehen! Millie, weck die beiden auf!«

»Denk an das schreckliche Massenquartier, Carolan«, flüsterte Marcus.

»Daran denken! Ich werde es nie vergessen, solange ich lebe.«

»Und trotzdem willst du dahin zurück?«

»Selbstverständlich gehe ich zurück.«

»Und du läßt es zu, daß auch sie dorthin zurück müssen?«

»Sie würden es nicht anders wollen.«

»Haßt du mich jetzt sehr, Carolan?«

»Hassen! So ein starkes Gefühl werde ich doch nicht an einen wie dich verschwenden! Ich verachte dich ... und möchte dich niemals wiedersehen. Ich wünschte von ganzem Herzen, daß ich niemals deine Wohltaten angenommen hätte.«

»So etwas kann man leicht sagen, wenn die Mahlzeit vorüber ist. Hättest du das auch gesagt, als ich dich mit den besten Bissen gefüttert habe?«

»Laß mich jetzt endlich gehen!«

»Du enttäuschst mich, Carolan. Du ziehst dieses stinkige Gefangenenquartier mit seinen übelriechenden Insassen diesem Raum und meiner Person vor?«

»Ja, ich ziehe es wirklich vor! Mama! Esther!« Sie schüttelte die beiden. »Zeit zu gehen!«

Kitty öffnete die Augen.

»Ich habe von unserem wunderschönen Haus auf dem Land geträumt ... Darrell und ich und du, Carolan.«

»Wach jetzt auf«, sagte Carolan. »Wir müssen zurück.«

»Carolan, müssen wir denn wirklich zurück an diesen schrecklichen Ort? Sie werden uns doch wohl die entsetzlichen Eisen nicht wieder anlegen. Das eine ist schon schlimm genug. Sie schneiden in meine Haut. Sie machen mir angst. Carolan, du erinnerst dich doch, wie weiß meine Haut immer war!«

»Esther, hilf mir mit Mama!«

Kitty erhob sich langsam mit Esthers und Carolans Hilfe. Plötzlich sagte sie würdevoll: »Vielen Dank, mein lieber Junge. Es war ein wundervolles Mahl. Ich hoffe, daß wir eines Tages die Gelegenheit haben, uns zu revanchieren.«

»Ihr müßt wiederkommen«, sagte er und sah Carolan an, doch sie wich seinem Blick aus. Dann ging er zur Tür. Ein Wärter kam und brachte sie zurück.

Wie schäbig, düster und elend ihnen das Massenquartier nach dieser kurzen Erholungspause erschien. Neugierige Augen starrten sie an. Was war mit ihnen geschehen? Auf ihren Körpern waren keinerlei Striemen zu sehen.

Kitty wirkte erfrischt und hatte ein wenig Hoffnung geschöpft. Ihre alte Redseligkeit kam wieder zum Vorschein. Eine Gruppe hatte sich um sie versammelt.

»Wir haben mit einem Freund gespeist. Er ist ein wohlhabender Mann, und es war ein wunderbares Essen ... Wir werden natürlich bald wieder eingeladen, und es wird auch nicht lange dauern, das versichere ich euch, dann können wir dieses Gefängnis verlassen. Es war nur ein Irrtum, daß wir hierherkamen.«

Carolan hörte ihrer Mutter zu und spürte eine entsetzliche Wut auf Marcus.

»Er ist ein charmanter Mann«, sagte Esther, »und ein guter Mensch. Er führt jedoch wilde Reden. Trotzdem ist er ein netter Mann. Ich glaube, es tat ihm leid, daß er es sich nicht leisten konnte, uns auch so ein schönes Zimmer zu mieten.«

»Glaubst du, er wollte das gern?« fragte Carolan.

»Ja, das glaube ich!«

»Wenn er das wirklich wollte, warum hat er es deiner Meinung nach nicht getan?«

»Er hatte wahrscheinlich nicht genug Geld, um uns all diesen Luxus zu ermöglichen.«

Millie schlief bereits tief und fest. Kitty erzählte immer noch aufgeregt von ihren Erlebnissen. Esthers Stimme klang verträumt.

»Ich glaube, ich war noch nie so selig wie bei meinem ersten Bissen«, sagte sie. »Ich hätte mein Leben für ein solches Brathuhn geben können. Es war das beste, das ich jemals aß. Es war so knusprig und zart!«

»Du redest doch immer von deinem Gott«, sagte Carolan. »Es scheint mir, als ob dein Bauch dein wahrer Gott ist!«

Esthers Augen füllten sich mit Tränen, und Carolan wandte sich ab. Wäre es nicht doch meine Pflicht gewesen, dachte sie, ihnen zu einem Zimmer zu verhelfen, zu gutem Essen? Vielleicht nehme ich mich selbst zu wichtig. Noch ist es nicht zu spät.

Ihr Herz begann schneller zu schlagen, sie konnte es im Halse spüren. Er berührte etwas in ihr, dieser Mann, obwohl sie ja wußte, daß er ein Schurke war. Sie liebte Everard; sie würde ein ganzes Leben lang auf ihn warten. Aber etwas an Marcus faszinierte sie, führte sie in Versuchung, sich einzureden: »Ich werde es um ihretwillen tun.« Gleichzeitig fragte sie sich, ob sie es nicht auch um ihrer selbst willen gern getan hätte.

Es war ein schlimmes Zeichen, dieses Rasen ihres Herzens; etwas rein Sinnliches. Wenn er sie berührte, gefiel ihr das; und sie war tatsächlich wütend gewesen, weil ihr klar war, welche Beziehung er zu Lucy hatte. Wenn er ihren Namen wieder und wieder sagte, mit leicht bebender Stimme, dann fühlte sie sich schwach und hingebungsvoll und sehr verderbt, und doch schwelgte sie in diesen Gefühlen. Everard war immer ein wenig schockiert gewesen, wenn sie ihm ihre Gefühle gezeigt hatte: »Meine liebe Carolan … wie stürmisch du wieder bist!« Er hatte es gemocht und versucht, es nicht zu mögen. Marcus würde niemals versuchen, Gefühle, die sie ihm entgegenbrachte, abzuwehren; er würde ihre Leidenschaft erwidern.

Ich bin wirklich verderbt! dachte Carolan und dachte an all die Liebhaber ihrer Mutter. Aber sie war anders als ihre Mutter. Kitty hätte dieses Opfer willig gebracht, um den anderen zu helfen … und hätte selbst daran geglaubt, daß es ein großes Opfer war. Carolan dagegen konnte sich nicht belügen. Dennoch versuchte sie es. Sie dachte – wie kann ich sie nur in dieser Hölle leiden lassen, wo es mir ein leichtes wäre, ihnen zu helfen? Wie kann ich nur?

Sie begann zu zittern.

Esther fragte sie: »Geht es dir nicht gut? Hast du Schmerzen oder Fieber? Du bist ganz heiß, und dennoch zitterst du.«

»Mir geht es gut«, entgegnete Carolan.

Einer der Wärter kam grinsend mit einem großen Schlüsselbund herein.

»Ihr vier müßt jetzt mit mir kommen«, sagte er.

Carolan sprang auf.

»Was soll das heißen? Wohin werden wir gebracht?«

»Befehl ist Befehl«, sagte der Wärter, und seine Stimme klang ein wenig respektvoll, was auch den anderen Gefangenen nicht entging. Carolan konnte den Neid in einigen Gesichtern deutlich erkennen. Sie mußten glauben, daß Kitty die Wahrheit gesagt hatte und daß sie tatsächlich vornehme Damen waren. Aber am meisten beneideten sie Esther, die nun ihr glückliches Schicksal teilte.

»Kommt«, sagte der Wächter, »wir müssen hier lang gehen.«

Wieder gingen sie durch Korridore und über Treppen. Dann wurden sie in ein Zimmer geführt, das dem von Marcus glich. Ein breites Bett stand darin, und auf dem Boden lagen Teppiche. Nach dem Massenquartier war es der reinste Luxus.

»Hier sollt ihr bleiben«, sagte der Wärter. »Auf Befehl des Gentleman.«

Er reichte Carolan einen Brief von Marcus:

»Natürlich habe ich gehofft, du würdest der Versuchung nachgeben. Aber du hast doch wohl nicht wirklich geglaubt, daß ich Euch alle an diesem furchtbaren Ort dahinvegetieren lassen würde! Nun sollst du sehen, was für ein gutes Herz so ein Schurke wie ich haben kann. Bitte den Wächter um Schreibpapier, und dann schreib deinem Pfarrer. Der Wärter wird den Brief abschicken.

William Henry.«

»Haben wir all dies Marcus zu verdanken?« fragte Kitty.

»William Henry, so nennt er sich jetzt«, entgegnete Carolan spöttisch. »Wie kann er von uns erwarten, daß wir uns an diesen ständigen Namenswechsel gewöhnen!«

»Meine Liebe, du klingst erbost; was ist nur mit dir los? Dies ist herrlich! Ein Bett! Wie ich mich nach einem Bett gesehnt habe!«

»Er sagt, daß ich an Everard schreiben kann ... Bringt mir bitte Papier und einen Federhalter.« Der Wärter nickte und verschwand augenblicklich.

»Was ist er doch für ein wundervoller Mann!« sagte Kitty, die es sich auf dem Bett bequem gemacht hatte. »Es ist himmlisch! Aber mein armes Bein ... es tut furchtbar weh!«

»Ich werde um Wasser und einen Verband bitten, Mama. Für Marcus' Geld scheint man von diesen Leuten hier ja wirklich alles zu bekommen.«

Esther sah sie befremdet an.

»Du redest ja, als ob du ihn haßt!«

»Aber warum sollte ich denn unseren Wohltäter hassen? Leg dich auch aufs Bett, Esther, und genieße den Luxus. Ich lege mich hin, sobald ich meinen Brief fertig geschrieben habe. Wenn wir dicht zusammenrücken, passen wir alle ins Bett. Esther, worauf wartest du?«

»Du siehst so sonderbar aus. Hast du bei unserem Freund vielleicht zu viel Wein getrunken? Dein Gesicht ist ganz rot. Carolan, ist alles in Ordnung?«

»Mir geht es ausgezeichnet. Ich bin auch nicht beschwipst. Ah, da kommt mein Schreibzeug. Jetzt werde ich um Wasser und einen Verband bitten. Ich kann hier befehlen, weil ich einen Freund namens William Henry habe ... und er hat Geld ...«

Es dauerte eine ganze Weile, bis auch Carolan sich ins Bett legte. Sie hatte an Everard geschrieben und hatte zusammen mit Esther Kittys Bein gebadet und verbunden. Esther hatte sich neben dem Bett niedergekniet und ihrem Gott für all das Gute, das er ihnen zuteil werden ließ, gedankt. Carolan lag ganz still. Es war sehr eng, und man konnte sich nicht bewegen, ohne die anderen zu wecken. Millie schnarchte, und Kitty atmete tief. Esther schien noch wach zu sein.

»Esther!« flüsterte sie. »Du schläfst ja gar nicht!«

»Ich wußte schon nicht mehr, wie es ist, in einem richtigen Bett zu liegen. Ich hatte mich schon an die harten Bretter gewöhnt ... das Bett ist so weich ...«

»Warum weinst du, Esther?«

»Weil alles so wundervoll ist. Weil ich immer gebetet habe, daß etwas so Schönes passieren würde ...«

Nach einer Weile fuhr Esther fort: »Dein Freund ist wirklich sehr lieb. Er ist ein guter Mensch, auch wenn er versucht, nicht so zu erscheinen.«

»Er ist ein Dieb«, sagte Carolan. »Er ist ein Schurke, vergiß das nicht. Man hat ihn rechtmäßig hierhergebracht.«

»Aber Carolan, du hast doch gesagt, daß man nicht einmal Verbrecher nach Newgate bringen sollte. Das hast du selbst gesagt!«

»Sei still«, flüsterte Carolan. »Du weckst sonst die anderen.«

Sie versuchte zu schlafen. Aber sie lag nur dort und konnte nicht aufhören, an Marcus zu denken.

* * *

Es war zum Ersticken heiß auf dem unteren Deck, wo die Frauen untergebracht waren. Als Carolan oben auf der Leiter stand und in die Dunkelheit starrte, fühlte sie sich krank und hoffnungslos. Im Frauenquartier standen die Kojen in Zweierreihen eng nebeneinander; Carolan teilte eine Koje mit ihrer Mutter, Esther, einem verkrüppelten zwölfjährigen Mädchen und einer Frau in den mittleren Jahren. Das kleine Mädchen hatte ununterbrochen geweint, seit sie an Bord gegangen waren. Sie weigerte sich, mit irgend jemandem zu sprechen, und versteckte ihr Gesicht voller Argwohn und Angst hinter ihren Händen. Während das Schiff noch vor Anker gelegen hatte, war die Frau die ganze Zeit betrunken gewesen, jemand hatte Gin für sie hereingeschmuggelt. Nun, da das Schiff Segel gesetzt hatte und ihr Gin alle war, benahm sie sich entweder streitsüchtig oder übertrieben freundlich. Stundenlang sang sie zotige Lieder, und Carolan wußte, daß sie die nächsten Monate in ihrer unmittelbaren Nähe würde ertragen müssen. Millie hatten sie nicht mehr gesehen, seit sie Newgate verlassen hatten. Sie war genau wie Carolan zu sieben Jahren Deportation verurteilt worden, aber man hatte sie auf ein anderes Schiff gebracht. Arme Millie! Man konnte nur hoffen, daß sie nicht zu sehr leiden mußte. Carolan dachte oft an sie und haßte sich selbst, weil sie sich ständig vorwarf, daß sie es gewesen war, die sie alle in dieses Unglück gestürzt hatte.

Aber auch im tiefsten Unglück hatten sie einen kleinen Trost. Sie waren zusammen – sie, ihre Mutter und Esther. Wie leicht hätte es geschehen können, daß auch sie voneinander getrennt worden wären. Sie war sich zwar nicht ganz sicher, aber sie glaubte, daß sich auch Marcus an Bord des Schiffes befand. Marcus, der für sie immer Marcus bleiben würde, war zu lebenslanger Deportation verurteilt worden, Kitty zu vierzehn Jahren und Esther zu sieben Jahren.

Die Gerichtsverhandlung war eine einzige Farce gewesen. Gedankenlos und sichtlich gelangweilt hatten die Richter das Strafmaß verhängt. Es war so einfach »Schuldig!« zu sagen. Es betraf ja nur arme Gefangene, um die sich sowieso niemand kümmerte.

Niemals würde sie die Fahrt nach Plymouth vergessen. In Ketten, schmutzig – sie hatte kaum noch Ähnlichkeit mit Carolan Haredon, deren rotes Haar einst so seidig und glänzend gewesen war; jetzt hing es ihr strähnig ins Gesicht. Jene Carolan, die in einem grünen Kleid auf ihrem ersten Ball getanzt hatte ... Nun sah sie aus wie eine Vogelscheuche, ihren dünnen Körper bedeckten lediglich Kleiderfetzen. Der Wagen war offen, und die Leute sahen zu, wie er vorbeifuhr. Sie lachten; sie zeigten mit den Fingern; sie verspotteten die unglückliche Fracht.

Da hatte sie gebetet – sie, die geschworen hatte, nie wieder zu beten: »Laß mich sterben. Ich kann das hier nicht ertragen.« Dann hatte jemand einen faulen Apfel nach ihr geworfen, und sie hatte aufgehört zu beten. Voller Wut nahm sie den Apfel und schleuderte ihn zurück in die Menge. Daraufhin war ein wahrer Hagel von verfaulten Früchten, Dreck und Kot auf die Gefangenen niedergegangen.

Ich werde das nie vergessen, dachte sie, und schon bei der Erinnerung an diese Szene begann ihr Herz zu rasen.

Im Gefängnis von Portsmouth, das wie Newgate Massenquartiere und Zimmer für bessergestellte Gefangene hatte, aßen sie zusammen mit Marcus. Seine Augen glänzten vor Aufregung, weil die Tage im Gefängnis bald vorbei waren. Sie mußten zwar noch warten, bis das Schiff endlich Segel setzte, und die gefährliche Reise bis zum anderen Ende der Welt lag vor ihnen, aber die Tage im Newgate-Gefängnis waren vorüber, und das allein schon war ein Grund zur Freude.

Marcus hatte gesagt: »Es hat mir so leid getan, daß ihr auf diese Weise hierhergebracht wurdet. Glaube mir, ich habe Himmel und Erde in Bewegung gesetzt, um euch in meiner geschlossenen Kutsche mitzunehmen. Aber es gibt eben doch einige Dinge, die man nicht für Geld kaufen kann ...«

Sie hatte versucht, ihm von der Fahrt zu erzählen, doch sie bekam kein Wort heraus. Nur ein Satz gelang ihr, der das schreckliche Erlebnis zusammenfaßte: »Ich wünschte mir, tot zu sein.«

»Meine süße Carolan, das darfst du dir niemals wünschen«, hatte er geantwortet. »Dadurch gibst du zu, daß das Leben dich besiegt hat. Warum sollte man sich nach dem Tod sehnen, wenn man nicht weiß, was er bringt? Ewigen Schlaf? Möchtest du das, Carolan? Du mit deiner Energie, deiner Liebe und deinem Haß! So ein Tod ist doch nichts für uns. Und die einzige Art von Leben, die wir kennen, ist eben dieses harte, schwierige Leben. Abgesehen davon – würden wir uns tatsächlich ein geordnetes, ruhiges Leben wünschen? Würde das Leben dann nicht seine ganze Würze verlieren?«

»Esther erzählt wunderbare Dinge über den Tod«, sagte Carolan.

Und beide hatten sie Esther angesehen. Das Mädchen war von überirdischer Schönheit. Ihre geistige Kraft spiegelte sich in ihren Augen, ihr Glaube war durch nichts zu erschüttern.

»Aber Esther, wie kannst du nur so sicher sein?« wollte Carolan wissen.

»Warum sollte ich mir nicht sicher sein, wo ich es doch ganz genau weiß?«

»Aber du weißt es doch gar nicht«, sagte Carolan ungeduldig. »Wer hat es dir denn erzählt? Dein Vater? Deine Mutter? Und woher wußten denn sie es?«

»Sie wußten es eben. Ich könnte es nicht ertragen, an nichts zu glauben.«

»Ja, zu glauben muß wohl wirklich tröstlich sein«, meinte Carolan.

Marcus legte seine Hände auf ihre Schultern.

»Aber Carolan, wollen wir denn getröstet werden, wollen wir denn Beistand? Ich glaube nicht. Es sei denn, wir wissen sicher, daß es die Wahrheit ist. Wir können nicht irgend etwas akzeptieren, nur weil es uns trösten würde.«

Esther schüttelte den Kopf.

»Ich wünschte, ich könnte euch überzeugen.«

»Ach Esther«, sagte Marcus. »Carolan und ich, wir sind eben keine Heiligen.«

»Nein!« rief Carolan. »Wir sind Sünder ... wütende Sünder. Wir können uns nicht mit Grausamkeiten abfinden, nur weil Gott will, daß wir sie ertragen. Wir werden gegen Gott kämpfen; wir kämpfen für uns selbst.«

Marcus lachte. Wie seine Augen leuchteten! Er plant bestimmt schon seine Flucht, dachte sie. Und sie erwärmte sich mehr und mehr für ihn; sie beide waren aus demselben Holz geschnitzt.

Everard dagegen war wie Esther. Everard, der nicht zu ihr gekommen war, der ein grausames Schicksal als den Willen Gottes ansah. Vielleicht hatte er ja kommen wollen; sie stellte sich vor, wie seine Mutter versucht hatte, ihn davon abzubringen ... und wie Everard mit sich selbst gekämpft haben mußte. Everard der Pfarrer, Everard der Geliebte. Immer schon hatte sie den Verdacht gehegt, daß der Pfarrer der Stärkere von beiden war. Vielleicht hatte sie deshalb auf der Fahrt nach Portsmouth so entsetzlich gelitten, da ihr nun endgültig klar war, daß er nicht kommen würde.

Deshalb war sie in dem offenen Wagen so verzweifelt und ohne Hoffnung gewesen.

Und als sie den faulen Apfel zurück in die Menge warf, da hatte sie ihn in Wahrheit Everard und seiner Mutter an den Kopf geschleudert. Wäre sie nicht gefesselt gewesen, sie wäre vom Wagen gesprungen und hätte mit bloßen Händen gegen die Menge gekämpft. Sie war nicht dazu geboren, still zu leiden, vor Gram zu vergehen und zu sterben. Sie war dazu geboren, zu kämpfen, sich selbst weh zu tun, zu hassen ...

Was für ein Trost war es gewesen, Marcus im Gefängnis von Portsmouth wiederzusehen! Seine Fröhlichkeit, seine leuchtenden Augen! Er war zwar ein Schurke, ein Dieb und ein Schürzenjäger, und doch paßte er besser zu ihr als der sanfte Everard.

Ihre Sorge um Kitty hatte sie von ihrem eigenen Kummer abgelenkt. Die Wochen hatten Kitty bis zur Unkenntlichkeit verändert. Sie war verwelkt wie eine Blume, die man im Gewächshaus gehegt und gepflegt und die man dann auf den Misthaufen geworfen hatte. Als sie an Bord gegangen waren und an Deck blieben, bis das Schiff ablegte, saß Kitty zwischen Gepäckstücken eingeklemmt an der Reling. Ihr Gesicht war grünlich verfärbt, ihre Augen blutunterlaufen, ihre Zunge belegt und ihre Lippen geschwollen. Carolan wußte, daß sie ihre Lage nicht bewußt wahrnahm, was vielleicht nicht einmal zu bedauern war. Sie waren umgeben von ihren Reisegefährten. Es waren Männer, Frauen, Jungen und Mädchen; Mörder und Straßenräuber; Leute, die ein Brot gestohlen hatten, Flußpiraten, Falschmünzer – Schuldige und Unschuldige. Der Gin floß in Strömen. Alte Lieder wurden gesungen. Einige waren froh, ihr Land hinter sich zu lassen, andere wurden sentimental. Männer und Frauen umarmten sich in aller Öffentlichkeit; junge Burschen und Mädchen, fast noch Kinder, folgten ihrem Beispiel. Einige tanzten, einige sangen, einige weinten, einige lachten. Und Kitty saß dort und sah nichts von all dem.

Als der Kapitän befahl, die Anker zu lichten und die Leinen loszumachen, gelang es Esther und Carolan, Kitty nach unten zu bringen. Dort waren sie seitdem geblieben, in der stinkenden Luft, zwischen den Ratten, die ihre Scheu vor den zerlumpten Gefangenen längst abgelegt hatten. Die Luken waren bis auf eine alle geschlossen worden, und des Nachts brannten ein paar Kerzen in Eisenlaternen. Manchmal jedoch wurden die Luken kurz geöffnet, denn der Kapitän wollte nicht mit zu vielen Toten in Sydney ankommen.

Tage und Nächte gingen unbemerkt ineinander über. Sie aßen ihre mageren Essensrationen, nur Kitty rührte ihre kaum an. Sie lag da mit weitgeöffneten Augen ..., aber die sahen schon nicht mehr aus wie Kittys Augen.

»Oh!« rief die Frau, die ihre Koje teilte und von der sie erfahren hatten, daß sie in den Kneipen an der Themse als Flash Jane bekannt war. »Wach schon auf, Lady, und laß dich anschauen!«

»Bitte, faßt sie nicht an«, sagte Carolan. »Sie ist sehr krank.«

Die Frau zuckte die Schultern und murmelte etwas über die Schrullen der feinen Damen. Sie sollten ruhig wissen, daß sie ein angesehener Gast hier auf dem Gefangenenschiff war. Verdammt, man hatte sie schließlich schon öfter verhaftet, das Newgate-Gefängnis war ihr keineswegs fremd. Sie hatte so manchen feinen Gentleman bestohlen und mit wer weiß wie vielen geschlafen. Straßenräuber und Lords, Flußpiraten und Adlige, für sie waren alle gleich. Sie konnte Dinge über Männer erzählen! Warum hatte man sie bloß mit diesen langweiligen Weibern, die sich für etwas Besseres hielten, zusammengesteckt? In Newgate und als das Schiff noch vor Anker lag, war es anders gewesen. Sie hatte draußen einen Freund, der sich um sie kümmerte, und er war auch an Bord gekommen, um von ihr Abschied zu nehmen. »›Komm zurück in sieben Jahren, Jane, ich werde dich nicht vergessen‹, hat er gesagt. Er war gut zu mir, mein Jem ... Und ich war gut zu ihm ... Jetzt hast du aber lange Ohren gekriegt, stimmt's?« Sie zog das zitternde Mädchen, das in einer Ecke kauerte, am Ohr. Das Kind war mißgebildet, entsetzlich häßlich ... es sah kaum wie ein Kind aus. Flash Jane begann, ihr von ihren

Abenteuern mit Straßenräubern, Lords, Gentlemen und anderen zu erzählen. Das Mädchen duckte sich in seine Ecke und hörte zu.

»Esther!« rief Carolan. »Wie sollen wir das bloß aushalten?«

»Wir müssen durchs Feuer gehen, und wenn wir es schaffen, dann sind wir gereinigt«, entgegnete Esther.

»Du machst mich wütend. Nennst du das hier einen Reinigungsprozeß?«

»Du leidest jetzt besonders heftig, Carolan. Ich habe das Schlimmste schon überstanden. Für mich war es am schrecklichsten, allein und ohne einen Freund in Newgate zu sein. Jetzt, wo ich deine Freundschaft habe, kann ich nie wieder so unglücklich sein.«

Carolan kämpfte mit den Tränen. »Ach, sei still, Esther!« fauchte sie. Aber plötzlich streichelte sie Esthers dünne Hand und sagte: »Verzeih mir! Ich bin dieses Leben so leid! Ich wünschte, das Schiff würde untergehen!«

»Ach du Ärmste, du hast auf deinen Liebsten gewartet, und er ist nicht gekommen.«

»Was für ein Liebster! Ich war in Newgate, und er hat mir nicht geholfen. Esther, ich will dir von ihm erzählen. Er ist groß, und seine Augen sind klar, und er redet so sanft, so verständnisvoll, so gütig. Ich liebte ihn schon, als ich noch ein kleines Mädchen war. Ich war nicht älter als fünf, da hat mich mein grausamer Halbbruder einmal in unserer dunklen Familiengruft eingesperrt. Ich hatte schreckliche Angst. Everard öffnete die Tür und holte mich heraus. Seitdem liebe ich ihn. Ich werde ihn bis zu meinem Tod lieben. Aber, Esther, ich werde ihn niemals wiedersehen. Ich bin für sieben lange Jahre aus England verbannt. Und wer weiß, was in diesen sieben Jahren geschieht. Warum ist er nicht gekommen? Ich habe schon gehört, daß Leute aus dem Newgate-Gefängnis geflohen sind, und träumte davon, er würde mich aus dem Gefängnis retten, wie er mich damals aus der dunklen Gruft rettete.«

»Aber es ist unmöglich, jemanden aus dem Newgate-Gefängnis zu befreien, Carolan.«

»Ein anderer hätte es vielleicht doch versucht!« Sie dachte an Marcus mit seinem fröhlichen Lächeln, seinen strahlendblauen Augen in seinem faltigen Gesicht und seiner Verwegenheit.

»Warum hätte er es versuchen sollen? Es hätte ja doch nicht geklappt, und du hättest noch mehr Schwierigkeiten bekommen.«

»Ach du mit deinen Grundsätzen! Du machst mich krank! Ich will nichts davon hören! Ich muß hier durch, und von jetzt an will ich nur noch an mich denken ... ich werde stehlen und betrügen, wenn es sein muß. Ich werde mich um niemanden mehr kümmern ...«

»Carolan, was redest du nur für einen Unsinn! Gerade du wirst nie damit aufhören, dich um andere zu sorgen. Du darfst nicht stehlen oder betrügen, denn dann wärest du nicht mehr du selbst. Ich werde niemals vergessen, wie du mit hocherhobenem Kopf nach Newgate kamst. Du wirktest sofort auf mich wie eine geborene Anführerin. Wie jemand, der kämpfen kann, aber nur für die gerechte Sache. Jemand, der uns den Weg weist ...«

Carolan lachte.

»Eine schöne Anführerin! Welch ehrwürdigen Eindruck mache ich doch in meinen dreckigen Lumpen!«

»Du willst mich nicht verstehen.«

»Und du hast ein völlig falsches Bild von mir. Ich bin schwach und töricht. Ich war es, die diese Tragödie über uns gebracht hat. Ich war nicht von edelmütigen Vorstellungen bewegt, als ich mit diesen Frauen kämpfte. Sie wollten meine Kleider, ich wollte sie behalten – so einfach war das. Marcus ist so wie ich. Die Umstände haben uns verändert. Wäre sein Leben ein wenig anders verlaufen, würde er jetzt vielleicht ein lebenslustiger Squire sein, dessen Leben am Spieltisch, auf der Jagd und in den Betten der verschiedensten Damen stattfindet. Ich bin genauso; wir sind sehr stark und gleichzeitig sehr schwach. Unsere Erfahrungen haben uns zu solchen Menschen gemacht. Du bist anders, Esther, du hast deinen Glauben.«

»Ach, wenn du doch auch glauben könntest!«

»Ich kann an nichts mehr glauben, für das ich keinen Beweis habe, Esther. Hoffst du etwa, mich und Marcus zu bekehren?«

Esther wurde feuerrot.

»Glaubst du, es könnte mir gelingen?«

»Wenn du so hübsch aussiehst wie jetzt, und das trotz deiner Lumpen, dann wird Marcus dir bestimmt zuhören ... In der Hoffnung, daß du ihn ebenfalls erhörst!«

»Wie hart du über ihn urteilst. Er meint es doch nicht böse.«

Carolan wandte sich ab. Die gute Esther, die Lucy nur für eine flüchtige Bekannte von Marcus gehalten hatte! Sie hatte auch gedacht, die Zigeunerin, die ihm zum Abschied um den Hals gefallen war, hätte sich bei ihm nur für irgendeinen Gefallen bedankt!

»Du bist süß«, sagte sie plötzlich. »Und du sollst so bleiben. Bleib bei mir, Esther. Hör mir zu, wenn ich jemanden zum Reden brauche. Und bitte, bitte bleib meine Freundin, auch wenn ich oft so böse und aufbrausend bin!«

Kitty begann zu stöhnen.

»Bist du das, George?« fragte Kitty.

»Sie träumt von Haredon, unserem früheren Zuhause.«

»Glaubst du, ihr Bein ist noch schlimmer geworden?« fragte Esther.

Carolan zog Kittys Lumpen hoch, um nach ihrem Bein zu sehen. Als sie es oben an Deck untersucht hatte, war sie entsetzt gewesen. Es war beinahe violett verfärbt und dick geschwollen. Man mußte schnell etwas tun; die Eisen entfernen, einen Arzt rufen. Carolan hatte einen Matrosen um Hilfe gebeten, aber die Besatzung hatte Anweisung, nicht mit den Gefangenen zu reden, deshalb hatte er ihre Bitte ignoriert.

»Es sieht nicht schlimmer aus als zuvor. Wenn sie nur das Eisen abnehmen würden, dann könnte die Wunde bestimmt heilen.« Carolan nahm Kittys Hand, die trotz der brütenden Hitze eiskalt war.

»Mama, geht es dir ein wenig besser?«

»Ja, mein Schatz, ich fühle mich etwas besser.«

Carolan berührte die Stirn ihrer Mutter, die so kalt wie ihre Hände war.

»Es geht ihr besser!« flüsterte Carolan. »Sie erkennt mich!«

Die Luft war erfüllt von schlechtem Atem und vom Dunst schwitzender Körper. Der Gestank nach Exkrementen, Schweiß und Krankheit war ekelerregend. Es war ziemlich laut hier unten. Die Gefangenen murmelten vor sich hin, kreischten und lachten. Es klang wie eine Horde Affen. Die oben an Deck hatten es aufgegeben, unten für Ruhe zu sorgen; selbst wilden Bestien muß man schließlich gewisse Privilegien einräumen. Hier unten stritt man sich, machte Fluchtpläne und brüstete sich mit gelungenen Verbrecherstreichen. Wer die zotigsten Reden führte, der galt unter den Gefangenen am meisten.

Carolan hielt die Hand ihr Mutter, hörte den Gesprächen zu und beobachtete, wie geisterhafte Gestalten im schwachen Licht herumkrochen. Eine hagere alte Frau mit hängenden Brüsten erzählte ihren Kojenachbarn von ihrem Hurendasein. Ab und zu brach jemand in unnatürliches Gelächter aus. Eine andere alte Frau, deren Rücken vom Rheumatismus ganz gekrümmt war, murmelte, daß sie sich an Leuten zu Hause in Wapping rächen wollte, wenn ihre sieben Jahre vorbei wären. Irgend jemand sang mit lauter, unmelodischer Stimme.

»Carolan ...«, sagte Kitty.

»Ja, Mama, willst du ein wenig sitzen?«

Mit Esthers Hilfe gelang es ihr, Kitty etwas aufzurichten.

»Kriech zu mir ins Bett«, sagte Kitty. »Was bist du nur für ein süßes kleines Mädchen!«

»Jetzt erinnert sie sich wieder an meine Kindheit«, erklärte Carolan.

»Carolan, bist du da, meine Tochter?« fragte Kitty. »Carolan, du lachst, aber kennst du vielleicht das Leben so gut, wie ich es kenne? Ich sage dir, er gehört nicht hierher. Er ist ein vornehmer Gentleman ... Hast du bemerkt, wie er dich anschaut? Carolan ... ein Pfarrer! Meine Tochter als Pfarrersfrau!«

Carolan begann zu weinen.

»Es regnet«, sagte Kitty. »Ich muß jetzt gehen, Darrell ... Peg wird mich hereinlassen. Tante Harriet schläft bestimmt.«

»Ich mag es nicht, wenn sie so redet«, sagte Carolan. »Hätte ich doch etwas Wasser. Wie lange sind wir schon unterwegs?«

»Vielleicht fünf, sechs Tage«, entgegnete Esther.

»Ich mag den Regen auf meinem Gesicht, Peg«, sagte Kitty. »Er ist so gut für die Haut ... genau wie deine Cremes, Thérèse ...«

Kitty versuchte zu lachen, aber ihre Zunge war so belegt und ihre Lippen waren so verquollen, daß sie nichts als ein Gurgeln hervorbringen konnte.

»Gut, daß sie nichts von allem hier mitbekommt.« Carolan seufzte. »Esther, ich frage mich, was uns am anderen Ende der Welt erwarten wird.«

»Schlimmer als auf diesem Schiff oder im Gefängnis kann es wohl kaum werden. Was meinst du, Carolan? Wir werden bestimmt arbeiten müssen, aber das ist immer noch besser als dies hier.«

»Wie wird es meiner Mutter dort wohl ergehen? Sie hatte eine Zofe, die ihr das Haar frisierte; ihre größte Sorge war oft die Farbe ihrer Haarbänder.«

Kitty bewegte sich in ihren Armen. Sie wiegte sich ein wenig, ihre Bewegungen wirkten fast kokett. Jetzt war sie wieder das junge Mädchen in der Postkutsche, das dem jungen Mann gegenüber schöne Augen machte. Dann war sie mit George Haredon verheiratet, diesem sinnlichen Mann, der sie so sehr begehrte. Selbst als er herausgefunden hatte, daß sie ihn hintergangen hatte, sehnte er sich danach, das Bett mit ihr zu teilen.

»George ...«, drang ihre Stimme durch die geschwollenen Lippen. »Ich hasse dich ... George. Faß mich nicht an ...« Sie schloß die Augen und begann zu lächeln. George war genauso grausam und aufregend in ihren Träumen, wie er es vor Jahren in Haredon gewesen war.

Ihre Träume veränderten sich schnell. Jetzt war sie die

würdevolle Gastgeberin, die in ihrem Landhaus den Prinzen empfing; gleich darauf ein faszinierendes Wesen, das der einzigen Liebe ihres Lebens zuliebe ihr Dasein im Hinterzimmer eines Gebrauchtwarenladens fristete. Dann ein junges Mädchen, das im Hause ihrer verschrobenen Tante unterdrückt wurde; und eine Ehefrau, die ihrem brutalen Ehemann davonlief, um mit ihrem Geliebten durchzubrennen.

»Ich glaube, es geht ihr schon besser«, sagte Carolan. »Ihr Geist ist aktiv. Aber sie ist so kalt! Ich wünschte, ich hätte etwas, womit ich sie zudecken könnte. Ihr Bein ist so geschwollen. O Esther, sie müssen doch etwas tun! Wir sind doch Menschen und keine Tiere! Wenn der Wärter kommt, dann sorge ich dafür, daß etwas geschieht.«

Flash Jane, die bis jetzt still dagesessen hatte, zeigte plötzlich Interesse. Als sie sich bewegte, verströmte sie einen unbeschreiblichen Gestank.

»Dafür sorgen, daß etwas geschieht!« kicherte sie.

»Glaubst du, ich ängstige mich vor denen?« rief Carolan, obwohl sie in Wahrheit furchtbare Angst hatte.

»Du wirst schon noch Angst vor ihnen kriegen, wenn du erst mal die Peitsche zu spüren bekommst. Sie prügeln dir den Rücken blutig … und dann kriechen Maden in deinen Wunden herum, die machen dich wahnsinnig. Ich habe das mit eigenen Augen gesehen, Lady.«

»Und doch habe ich keine Angst!« sagte Carolan grimmig. »Wir dürfen dies nicht einfach so hinnehmen, schließlich muß man uns behandeln wie Menschen.«

»Hier sind wir keine Menschen, Lady. Wir sind der Abschaum.« Die Augen der Frau waren pechschwarz, ihre Zähne sahen aus wie häßliche gelbe Stümpfe, ihr Atem roch faulig, und auf ihrem Kopf wimmelte es von Läusen.

»Aber Sir!« sagte Kitty. »Ihr seid ein Schmeichler! Glaubt Ihr etwa, ich bin von gestern?«

Flash Jane brüllte vor Lachen; sie schlug Carolan auf den Rücken.

»Was für eine Lady! Aber jetzt schmeichelt ihr keiner mehr!«

Carolan gab ihr einen kräftigen Stoß.

»Hau jetzt ab!«

»Ist ja schon gut! Wir sind hier eben nicht an vornehme Herrschaften gewöhnt ... Wenn ich nicht bald etwas Gin kriege, dann werde ich verrückt.«

Flash Jane stand nicht der Sinn nach einem Kampf, denn sie wußte, daß Carolan viel jünger und stärker war als sie. Deshalb zog sie sich knurrend und murrend zurück.

Im Mittelgang begannen zwei Frauen zu tanzen; nach und nach warfen sie alle Lumpen ab, bis sie splitternackt dastanden, und dann tanzten sie miteinander wie ein Liebespaar und machten unzüchtige Gebärden. Die anderen Frauen hatten ihren Spaß daran und feuerten die beiden an, weiterzumachen.

»Also, ich bin mir ganz sicher«, sagte Kitty, und inmitten all des Lärms fiel es Carolan schwer, sie zu verstehen, »ich hätte es mit Sarah Siddons aufnehmen können ... Hör nur ... der Applaus ...«

Plötzlich wurden die Luken geöffnet.

»Alle Mann an Deck!« rief eine Stimme.

»Was kann das bedeuten?« fragte Carolan, die so aufgeregt war wie alle anderen.

»Hundert Peitschenhiebe für jede von uns«, kicherte eine alte Frau. »Eure Rücken sehen aus wie Hackfleisch, wenn sie mit euch fertig sind!«

»Was weißt du denn schon?« warf eine große, schlanke Frau ein, die eine gewisse Autorität unter den Gefangenen zu besitzen schien. »Ich sage euch, was los ist. Wir sind jetzt schon eine Weile auf hoher See, und ›Alle Mann an Deck‹ bedeutet, daß sie uns die Fußeisen abnehmen wollen.«

Carolan begann hilflos zu weinen.

»Gott sei Dank! Gott sei Dank! Mama, Mama, sie nehmen uns die Eisen ab! Jetzt wirst du wieder gesund!«

Aber Kitty lag in sich zusammengesunken da, ihre Augen waren geschlossen, ihr Körper war eiskalt. Plötzlich hatte Carolan die schreckliche Gewißheit, daß es nichts mehr gab, das Kitty helfen konnte.

Gnadenlos schien die heiße Sonne auf das Schiff. Kein Lüftchen regte sich. Das Schiff bewegte sich kaum von der Stelle, die Segel hingen schlaff an den Masten. Vögel flogen vorüber, und im glitzernden Wasser glitt lautlos ein Hai dahin. Alle an Bord waren müde und überdrüssig, die Disziplin hatte sich ein wenig gelockert. Auf ihrem Teil des Decks, hinter einem Gitter, suchten die Gefangenen ein wenig Schutz vor der gnadenlosen Sonne. Die Hitze war so unerträglich, daß sie nur herumlagen, zu erschöpft, um sich viel zu unterhalten an diesem tropischen Nachmittag. Auf der anderen Seite des Gitters saß der Aufseher und gähnte. Bei diesem Wetter brauchte man die Gefangenen eigentlich gar nicht zu bewachen, dachte er. Die meisten wollten nur ein schattiges Plätzchen suchen und schlafen.

Aber nicht alle waren so matt und schläfrig. In einer Ecke lagen ein Mann und zwei junge Mädchen, die sich angeregt unterhielten. Es waren Marcus, Carolan und Esther. In all den Wochen, seit sie Portsmouth verlassen hatten, war dies das erstemal, daß sie miteinander reden konnten.

»Ich danke Gott für diese Flaute«, sagte Marcus. »Seht euch nur den Aufseher an! Er renkt sich gleich den Kiefer aus, wenn er weiter so gähnt! Ich wette, daß hier an Bord kein einziger Soldat ist, der nicht lieber ein Nickerchen machen würde, als diese elende Gefangenenfracht zu bewachen.«

»Marcus! Du denkst doch nicht etwa …«, sagte Carolan.

Esther warf ein: »Es wäre viel zu gefährlich. Meuterer sollen ganz entsetzlich bestraft werden, habe ich gehört.«

»Ach, ihr beiden, macht euch keine Sorgen. Ich will keine Meuterei vom Zaun brechen. Ich warte brav auf das Ende dieser Reise.«

Carolan betrachtete ihn. Er schien die Hoffnung niemals aufzugeben, dachte sie. Sein grauer Gefangenenanzug war schmutzig; er war ungewaschen, sein Haar war strähnig, sein Gesicht schmierig; aber seine auffallend blauen Augen wirkten hier in den Tropen noch blauer als in London. Das Blau des Meeres und des Himmels schien ihnen noch mehr Farbe zu geben.

Carolan wollte herausfinden, warum er so hoffnungsvoll und mutig sein konnte. Vielleicht überträgt sich ein bißchen von seiner Hoffnung und von seinem Mut ja auf mich.

Sie erzählte ihm von Kittys Tod.

»Oh, Marcus, sie ließen sie einfach neben uns liegen … in dieser gräßlichen, heißen Koje. Ach Marcus, ich kann kaum darüber reden, es war die Hölle. Meine Mama … meine wunderschöne Mama! Wenn du sie damals in Haredon hättest sehen können … vor ihrem Spiegel, während Thérèse die verschiedensten Haarbänder ausprobierte … und dann hier, im stinkenden Bauch eines Gefangenenschiffes … nicht mehr sie selbst, nur noch ein verwesender Körper …«

»Du darfst nicht mehr daran denken, mein Liebling, vielleicht war es ja besser so.«

»Das habe ich ihr auch schon gesagt«, fügte Esther hinzu.

»Esther hat mir von göttlicher Vorsehung und Erlösung erzählt, bis ich hätte schreien können. Marcus, fang du jetzt nicht auch noch damit an!«

»Nein, das werde ich nicht. Aber so hat sie einen Ausweg aus dieser Misere gefunden. Was, glaubst du, wäre wohl in Australien mit ihr geschehen?«

»Wie sollte ich das wissen? Was wird denn mit uns geschehen?«

»Wir können es aushalten«, sagte Marcus, »weil wir jung sind. Und wer jung ist, der sieht nach vorn; es sind die Älteren, die zurückblicken. Was haben wir drei denn schon, auf das wir zurückblicken könnten? Wir müssen deshalb nach vorn schauen. Wir haben mehr Glück als diejenigen, die vorher lange und gut gelebt haben und die dann ins Unglück gestürzt wurden. Die Hoffnung ist eine bessere Weggefährtin als die Trauer um das Verlorene.«

»Ja, da stimme ich zu!« rief Esther.

»Sag es uns, Marcus, was erwartet uns, wenn wir dort ankommen?« wollte Carolan wissen.

Er schwieg. Seine blauen Augen folgten dem Flug eines Albatrosses. Er nahm Carolans Hand.

»Wie kann ich das wissen?« sagte er.

»Aber du mußt es doch wissen«, beharrte Carolan. »Du warst schon einmal dort.«

»Aber die Behandlung von Frauen ist dort anders als die von Männern.«

»Und du hast die ganze Zeit, die du dort verbracht hast, natürlich mit keinem einzigen weiblichen Häftling gesprochen. Das sollen wir dir glauben?«

»O Carolan!« sagte Esther. »Wie kannst du nur … wo er doch immer so nett zu uns gewesen ist!«

»Carolan hat recht, ein bißchen weiß ich natürlich schon darüber, wie man Frauen behandelt. Eure Ankunft wird dort einige Wochen vorher bekanntgegeben. ›Eine Schiffsladung Frauen‹ – diejenigen, die Dienerinnen brauchen, kommen dann an Bord, um sich welche auszusuchen.«

»Sonst gibt es keine Alternativen?«

»O doch, es gibt auch andere Möglichkeiten.«

»Glaubst du, daß man versucht, uns zu trennen?«

»Vielleicht habt ihr Glück und könnt zusammenbleiben.«

»Und wenn uns niemand will?«

»Nun, dann wird man euch in eine Fabrik schicken, vielleicht in ein Sägewerk. Auf alle Fälle werdet ihr arbeiten müssen.«

»Sieben Jahre lang!« sagte Carolan. »Dann werde ich vierundzwanzig sein – es scheint eine Ewigkeit!«

»Pah, was sind denn schon sieben Jahre«, meinte Marcus.

»Wenn ich mir vorstelle, wie anders mein Leben hätte sein können, wenn ich nicht von Haredon fortgelaufen wäre!«

»Du darfst nicht verzweifeln, Carolan. Woher willst du wissen, was das Leben noch für dich bereithält?«

Sie schaute ihm in die Augen und spürte, wie sehr er sie begehrte. Schnell sah sie weg, war aber trotzdem entzückt. Nein! Sie würde nicht verzweifeln. Es war gut zu wissen, daß Marcus ihr Freund war.

»All das Schlechte hat aber auch ein Gutes«, sagte Esther. »Nur wegen dieser furchtbaren Hitze und der Flaute können wir drei wieder einmal zusammen sein.«

»Oh, Esther! Du bist so lieb! Im Gegensatz zu dieser hartherzigen Carolan bedeutet es dir also etwas, daß ich hier bei euch sitze und mit euch rede ...«

»Marcus, erzähl uns, wie es dir dort beim erstenmal ergangen ist«, unterbrach ihn Carolan.

»In jenen Tagen war ich ein Dummkopf. Ich war waghalsig, dachte nicht an Gefahren und habe mir selbst eine Menge Ärger eingehandelt. Drei Monate verbrachte ich auf einem abgetakelten Gefängnisschiff. Es war die Hölle. Hier hat man zumindest das Gefühl, irgendwohin zu gelangen, man spürt die Bewegung, man kommt an Deck, man sieht das Meer. Aber so ein vor Anker liegendes Gefängnisschiff ist etwas Furchtbares. Ich war ein Rebell in jenen Tagen, ein Gefangener, der immer Ärger machte. Eines Tages werde ich euch vielleicht die Narben auf meinem Rücken zeigen, wenn ihr diesen Anblick ertragen könnt. Ich kann nicht einmal sagen, wie oft ich ausgepeitscht wurde ... Einzelhaft, in absoluter Dunkelheit! Einige sind dabei wahnsinnig geworden. Ich habe es überlebt. Was war ich damals nur für ein Tölpel! Als ich dann schließlich doch in Australien ankam, plante ich, sofort zu fliehen. Oh, dieser jugendliche Leichtsinn! Carolan, du bist heute genauso impulsiv und hitzköpfig wie ich damals!«

»Wie kannst du so etwas sagen?«

»Sei nicht böse, gerade deine Schwächen sind es, die ich an dir liebe.«

»Du wolltest uns doch erzählen ...«, sagte Carolan.

»Ja, gut, ich will fortfahren. Ich floh also und wurde wieder gefangengenommen. Man hat mir hundert Peitschenhiebe verpaßt. Dann wurde ich auf eine Insel draußen im Meer gebracht. Ich war ganz allein dort. Und kein Gedanke an Flucht, denn im Wasser wimmelte es nur so von Haien. Einmal in der Woche hat man mir Wasser und Brot hinausgebracht. Tagsüber gab es dort keinen Schutz vor der sengenden Sonne und nachts keinen Schutz vor der Kälte. Auf diesem Eiland bin ich tausend Tode gestorben, meine Lieben. Aber in Wahrheit ist dort nur ein törichter Junge umgekommen. An seiner Stelle wurde ein kluger Mann geboren.

Man holte mich schließlich wieder ab, und ich habe dann in einer Straßenbaukolonne gearbeitet. Da ich fleißig war, wurde ich Aufseher. Ich habe sogar ein bißchen Geld verdient. Aber der Teufel hat mich noch einmal geritten, und ich versuchte erneut, zu fliehen. Als sie mich schnappten, steckten sie mich in einen Trupp aneinandergeketteter Sträflinge. Und das, meine Lieben, war wirklich die Hölle auf Erden. Die Ketten an meinen Beinen wurden niemals abgenommen; die Narben sind heute noch sichtbar. Und doch habe ich vieles gelernt, was mir nützlich war.«

»Und bei deinem nächsten Ausbruchsversuch hattest du Erfolg!«

»Ja, beim drittenmal hatte ich Glück! Aber jetzt bin ich wieder hier ... und dieses Mal lebenslänglich!«

»Würdest du es noch einmal versuchen?« fragte Esther besorgt.

Er lächelte sie zärtlich an.

»Ich weiß es nicht, Esther. Auf alle Fälle müßte ich schon sehr gute Erfolgsaussichten haben. Ich bin jetzt klüger.«

»Erzähl uns von dem Kettentrupp«, sagte Carolan.

»Nein, es war zu entsetzlich.«

Esther zitterte.

»Trotzdem möchte ich die Wahrheit wissen«, sagte Carolan. »Nie wieder will ich irgendwelche Beschönigungen hören. Erzähl es uns, Marcus!«

»Nein, nicht vor Esther.«

»Ach, Esther ist einfach zu zimperlich. Das liegt an ihrer Sichtweise. Gott ist gut sagt sie, wenn sie all das Schöne in der Welt sieht. Entdeckt sie Elend und Schlechtigkeit, dann wendet sie sich ab und vergißt, daß auch dabei Gott seine Hände im Spiel hatte.«

»Sei nicht zu streng mit Carolan, Esther; versuch, sie zu verstehen. Sie hat viel durchgemacht und ist sehr hart geworden ...«

»Sei still!« sagte Carolan grimmig.

»Oh, ich dachte, du wolltest etwas über den Kettentrupp hören.«

»Du willst doch nicht vor Esther davon erzählen.«

»Wie kann ich es euch nur beiden recht machen? Vielleicht sollten wir Esther hier ein wenig schlummern lassen, Carolan. Gehen wir doch dort hinüber, wo sie uns nicht hören kann, und dann werde ich dir berichten, was du gern wissen willst.«

Er hatte ihr Handgelenk umfaßt. Seine Hand war glühend heiß.

»Komm«, sagte er, »komm doch.«

»So wichtig ist es mir nun auch wieder nicht.«

»Carolan, bitte. Jeden Moment können sie uns in unsere Löcher zurückschicken ... Es ist besser, du erfährst alles, damit du weißt, was für ein Leben dich in diesem Land erwartet.«

Er zog sie mit sich. »Carolan, ich muß allein mit dir reden.«

»Über den Kettentrupp?«

»Nein, das ist vorbei. Ich will über uns reden.«

»Aber warum?«

»In all diesen Monaten auf See habe ich mich danach gesehnt, endlich mit dir zu sprechen. Vor Esther kann ich das nicht.«

»Aber wenn sie dabei ist, dann benimmst du dich, als wärest du bereit, deine Seele für sie herzugeben.«

»Du bist schon wieder eifersüchtig, mein liebes Kind.«

»Ich soll eifersüchtig sein? Jeder anderen kannst du meinetwegen den Kopf verdrehen, aber laß die Finger von Esther! Sie ist so gutgläubig und unschuldig und hat romantische Vorstellungen. Sie sieht uns beide nicht, wie wir wirklich sind. Für sie bist du eine Art Robin Hood, der die Reichen ausraubt, um den Armen zu helfen.«

»Der einzige arme Mann, dem ich jemals geholfen habe, ist William Henry Jedborough, alias Marcus Markham, und der war furchtbar arm.«

»Du spielst für jeden eine andere Rolle, nicht wahr? Für Esther spielst du den nachdenklichen Philosophen, und für mich den charmanten Schurken. Zumindest denkst du, daß du charmant bist.«

»Und findest du mich etwa nicht charmant?«

»Ich weiß nur, daß du ein Schurke bist! O Marcus … ich habe es nicht so gemeint … nicht ganz so. Es war so nett von dir, uns dieses Zimmer in Newgate zu verschaffen.«

»Und doch hast du jenen Handel nicht mit mir abgeschlossen.«

»Mir gegenüber gibst du vor, sehr, sehr schlecht zu sein. Und Esther willst du vormachen, daß du ein Sünder bist, der nach Rechtschaffenheit strebt. Ich glaube, du bist weder das eine noch das andere. Warum hast du versucht, diese dumme Abmachung mit mir zu treffen, wo du es doch in Wahrheit gar nicht so gemeint hast?«

»Ich hoffte, du hättest der Versuchung nicht widerstehen können.«

»Und welche Befriedigung hätte dir das verschafft?«

»Sehr große Befriedigung. Ich liebe dich, Carolan.«

»Du hast also geglaubt, daß dein elendes Geld …«

»… mir deine Hingabe gebracht hätte. Ach komm, Carolan, du weißt doch selbst, daß du überlegt hast.«

»Das habe ich nicht.«

»O doch, ich habe es in deinen Augen gesehen. Und wie sehr ich auf dein Einverständnis gehofft hatte!«

»Ich zöge es vor, wenn du über diese Sache nicht scherzen würdest.«

»Hinter einem Scherz sind oft unsere tiefsten Gefühle verborgen.«

»Rede nicht so salbungsvoll, ich bin nicht Esther.«

»Nein, Carolan. Die Zeit geht dahin, und wir verschwenden sie mit sinnlosen Streitereien. Ich liebe dich, Carolan. Eines Tages, dort auf der anderen Seite der Erdkugel, hoffe ich … daß du und ich …«

»Was hoffst du?«

»Sträflinge, die sich mustergültig betragen, bekommen oft die Erlaubnis, zu heiraten.«

»Du schlägst also vor, daß ich dich heiraten soll!«

»Tu doch nicht so, als ob dir dieser Gedanke so abwegig erscheint.«

»Deine Frau täte mir jetzt schon leid. Du könntest ihr nicht länger als eine Woche treu sein.«

»Wenn du meine Frau wärest, Carolan, dann würde ich dir ein Leben lang treu bleiben.«

»O Marcus, wie viele arme, gutgläubige Frauen hast du schon mit solchen Lügen hinters Licht geführt?«

»Die letzten Monate haben dich herzlos gemacht.«

»Hast du etwa erwartet, sie hätten mich milde gestimmt? Kinder, die unschuldig nach Newgate kommen, werden dort zu Verbrechern gemacht. Als ich eingeliefert wurde, war ich warmherzig und töricht; und jetzt bin ich hart und vielleicht herzlos. So hat das Leben mich verändert.«

»Carolan, Liebste ...«

Sie wandte ihm ihr Gesicht zu; Tränen strömten ihre Wangen hinunter. Sie konnte die Zärtlichkeit in seinen Augen nicht ertragen. »Du weißt, daß ich ihn geliebt habe«, sagte sie mit erstickter Stimme. »Du weißt, was es für mich bedeutete, daß er mich im Stich ließ. Du weißt, daß es mir weher tat als die Fußeisen und all die anderen Schrecken im Gefängnis. Und doch wagst du es ...«

Er legte ihr seine Hand auf die Schulter.

»Carolan, schau nicht zurück. Schau nach vorn. Du bist jung und schön. Dir ist es nicht in die Wiege gelegt, dein Leben lang um eine verlorene Liebe zu trauern.« Seine Hand glitt hinunter zu ihrer Brust. »Du bist wunderschön, Carolan. Du bist voller Leben; du zitterst jetzt, weil du mich genauso sehr brauchst wie ich dich. Mach keinen Fehler, wir beide sind füreinander bestimmt.«

Sie versuchte, das Zittern ihrer Lippen zu unterdrücken. Wie sehr sie sich danach sehnte, sich an ihn zu schmiegen. In seinen Augen war etwas, das sie vergeblich in Everards Augen gesucht hatte.

»Carolan«, sagte er. »Meine Liebste, das Gefängnis, die Deportation, die Ketten, was bedeutet das schon? All dies werden wir überwinden. Versprich mir, mein Schatz, versprich mir, zu mir zu kommen ...«

Sie fühlte sich magisch zu ihm hingezogen und hätte ihm so gern gezeigt, daß sie seine leidenschaftlichen Gefühle erwiderte. Aber als sie zu ihm aufsah, mußte sie an Everard denken, an sein junges Gesicht, das ganz anders war als das von Marcus, so wunderschön, wie das eines Heiligen. Was hatte Everard daran gehindert, zu ihr zu kommen? Angenommen, er käme noch? Angenommen, er würde dort auf der anderen Seite auf sie warten? Wunder konnten geschehen. In sieben Jahren würde sie frei sein. Mit vierundzwanzig wäre sie dann noch nicht so schrecklich alt. Sie kämpfte gegen die fast überwältigende Macht ihrer Sinne. Weil Marcus ihren Körper so stark anzog, mußte sie ihren Körper besiegen. Was hatte Tante Harriet noch angedeutet? Sie wäre wie ihre Mutter, wie ihre Großmutter? Sie hatte diese Schamlosigkeit in sich, diese sinnliche Begierde, die das ganze Leben ruinieren konnte, wenn man ihr in einem unbedachten Augenblick nachgab. Da saß er neben ihr, dieser Mann, von dem sie wußte, daß er ein Dieb war; er war ungepflegt; er war schmutzig; er war zu lebenslanger Deportation verurteilt. Trotzdem war sie wegen dieser unerklärlichen Anziehungskraft, die er auf sie hatte, beinahe bereit, sich selbst aufzugeben. Für einen Moment hatte sie davon geträumt, den Rest ihres Lebens mit ihm zu verbringen, ihn zu lieben, ihn zu hassen, sich ihm hinzugeben.

»Ich liebe Everard«, sagte sie schließlich. »Wer weiß, vielleicht kommt er ja zu mir. Ich kann nicht glauben, daß er mich im Stich gelassen hat. Zweifellos hat seine Mutter ihn davon abgehalten, mich aus Newgate herauszuholen ... Wir müssen jetzt zurück zu Esther; was soll sie bloß von uns denken?«

Sie stand auf und ging zu Esther hinüber.

»War es sehr schlimm?« fragte ihre Gefährtin.

»Was?«

»Der Kettentrupp. Du mußt mich wirklich für einen Feigling halten. Aber ich kann es nicht ertragen, mir so etwas anzuhören. Marcus, hältst du mich für feige?«

»Ich halte dich für eine sehr charmante junge Dame.«

Carolan warf ihm einen abfälligen Blick zu. Sie fühlte sich jetzt sicher. Er würde es kaum wagen, sie zu berühren, wenn Esther dabei war.

»Da war eine Lady, die durch das Gitter zu uns herüber sah«, sagte Esther. »Sie trug ein wunderschönes Kleid. Aber sie blickte sehr finster drein. Ihre dunklen Augen blitzten. Sie schien direkt in eure Richtung zu schauen. Ihr Petticoat war aus Satin; sie hatte schwarze Haare und schwarze Augen und war sehr schön. Trotz der Hitze ging sie auf und ab und schien gar nicht zu merken, wie heiß es ist.«

»Zweifellos eine von Marcus' Verehrerinnen«, sagte Carolan lachend. »Selbst in seinen Sträflingslumpen scheint er seine Wirkung auf das andere Geschlecht nicht eingebüßt zu haben!«

»Sei nicht eifersüchtig, mein Liebling; ich lasse mich schon nicht von einem Petticoat aus Satin beeindrucken.«

»Oh, aber Esther sagt, daß sie schön ist! Dunkle Augen sind doch ganz nach deinem Geschmack, stimmt's Marcus?«

»Ach, was soll's?« warf Esther ein. »Dies ist die glücklichste Stunde, die wir hier an Bord bisher erlebt haben. Man könnte fast meinen, wir reisten zu unserem Vergnügen!«

»Deine Vorstellungen von Vergnügen sind aber wirklich merkwürdig«, meinte Carolan.

»Aber sie hat recht«, sagte Marcus. »Ein großer Dichter hat gesagt: ›In allem Schlechten findet sich auch ein Körnchen Gutes, wenn die Menschen nur aufmerksam danach suchen würden.‹ Da ist etwas Wahres dran, findet ihr nicht auch?«

»Ja, das glaube ich auch«, sagte Esther. »Seht mal, da vorne ist die dunkle Lady schon wieder!«

Marcus blickte zu ihr hinüber und wandte sich dann schnell ab.

»Schau mal, Esther, wie kokett er ist! Schüchtern wie ein Mädchen!«

»Carolan, bitte hör auf, dich über mich lustig zu machen«, sagte er ernst.

»Wieso hast du immer so etwas Geheimnisvolles an dir, Marcus?« fragte sie.

»Habe ich das? Das war mir gar nicht bewußt.«

»Schon in der Grape Street waren wir uns nicht im klaren über dich. Und sogar hier auf diesem elenden Gefangenenschiff bist du so rätselhaft wie eh und je.«

»Aber was meinst du denn nur damit, Carolan?«

Sie stammelte: »Es war nur … du hast so … geheimnistuerisch ausgesehen.«

»Hört nur!« sagte Esther. »Diese Frau, jetzt spricht sie mit dem Aufseher über uns.«

Einige Wortfetzen der Frau drangen herüber. Ihre Stimme klang wütend und verächtlich.

»Also wirklich … diese Disziplinlosigkeit. Man kann sich hier ja nicht sicher fühlen … so in unserer Nähe … als ob sie ganz normale Leute wären.«

»Oh, du dunkeläugige Schönheit!« murmelte Carolan. »Ich würde dir schon zeigen, was wir für Leute sind. Ich würde dir deinen Satinpetticoat vom Leibe reißen!«

»Ja, meine Liebe«, sagte Marcus, »Newgate hat in dir eine gelehrige Schülerin gefunden!«

»Und du würdest sie zweifellos vor mir beschützen und ihr sagen, wie gut das Satingewand sie kleidet, und daß du schon immer eine Schwäche für dunkle Augen hattest!«

»Und wenn ich auch eine Schwäche für braune Augen hätte! Grüne Augen gefallen mir am allerbesten, besonders wenn sie vor Wut … oder vielleicht vor Eifersucht aufblitzen! Carolan, siehst du es denn immer noch nicht ein, daß wir füreinander wie geschaffen sind? Stampf nicht mit dem Fuß auf, sonst kann ich nicht widerstehen, dich in die Arme zu nehmen und dich vor allen anderen auf deinen zornigen Mund und auf deine zornigen Augen zu küssen …«

»Sei still!«

Die Frau war gegangen und hatte den Aufseher mit hochrotem Kopf stehen lassen.

»Ihr Hunde!« brüllte er. »Wo, zum Teufel, glaubt ihr, daß ihr seid? Auf einer Vergnügungsreise? Hinunter mit euch in eure Löcher, bevor ich euch wieder in Ketten legen lasse!«

Aus was für Gründen auch immer hatte die dunkeläugige Frau ihrer Freiheit ein abruptes Ende gesetzt.

Unten in den Quartieren der Frauen war die Hitze kaum noch zu ertragen. Die Gefangenen lagen matt in ihren Kojen. Einige waren wegen der stickigen Luft nur halb bei Bewußtsein. Vor einer halben Stunde hatte man zwei von ihnen hinausgebracht; sie waren am Tag zuvor gestorben. Niemand redete über sie, aber alle dachten: Wird man auch mich hier hinaustragen, bevor diese Reise zu Ende ist?

Sie hatten gerade den Hafen von Kapstadt verlassen. Die Wochen, die sie dort verbringen mußten, waren das Schlimmste, was sie bis dahin durchgemacht hatten. Die ganze Zeit über waren sie unten eingesperrt gewesen. Nach Luft schnappend, mit dem fauligen Geruch des stinkenden Kielwassers in der Nase, der selbst die Unempfindlichsten krank machte, hatten sich die meisten den Tod herbeigesehnt. Aber jetzt war das Schiff beladen; lebende Schafe, Schweine, Ziegen, frisches Obst und Gemüse waren an Bord gebracht worden, und man schien bereit, die Reise bald zu beenden. Dies war ein Grund zur Freude, aber der Tod der beiden Frauen hatte alle Gefangenen ernüchtert und für kurze Zeit einander nähergebracht.

Flash Jane war jetzt viel magerer als zu Beginn der Reise, nur noch ein Schatten ihrer selbst, mit schwarzen Ringen unter den Augen und gelblichgrünem Gesicht. In ihrem üblichen angriffslustigen Ton wandte sie sich an Carolan: »Du hast uns noch nie was über dich erzählt. Wie kommt's, daß eine Lady wie du hier bei diesem Pack gelandet ist?«

Wollte sie einen Streit vom Zaun brechen? fragte sich Carolan. Aber als sie den ausgemergelten Körper und das eingefallene Gesicht vor sich sah, bekam sie plötzlich Mitleid mit der Frau, die jetzt kaum noch an jene Flash Jane erinnerte, die sie zu Beginn der Fahrt kennengelernt hatte. All die Bitterkeit, die sich in den letzten Monaten in ihr Herz gefressen hatte, schien von ihr abzufallen.

»Warum kümmert dich das?« fragte sie sanft.

»Es kommt mir nur so komisch vor«, murmelte Flash Jane. »Du und die da, ihr paßt nicht hierher.«

Carolan sah hinauf in den blaugrauen Dunst, der ständig über den Kojen zu schweben schien. Dann erzählte sie der Frau, zu ihrer eigenen Überraschung, wieso sie jetzt hier war. Sie begann mit ihrem ersten Besuch im Laden ihres Vaters. Während sie redete, wurde es um sie herum ganz still, und viele Augenpaare blickten in ihre Richtung. Niemand lachte, niemand grölte, und viele hörten zu.

Als sie geendet hatte, kreischte eine Frau aus einer der oberen Kojen: »Auch bei mir war es ein Polizeispitzel! Der müßte jetzt hier sein! Ich würde ihn in Stücke reißen, ja, bei Gott. Er hätte es nicht mal verdient, wenn man ihn in Öl kochte, diesen Spitzel!«

Es war wieder still. Carolan spürte, daß dies ein bedeutungsvoller Augenblick war. Die Frauen fühlten sich auf einmal einander näher, vergaßen alle Gemeinheiten, vergaßen alle Grausamkeiten, vergaßen alles, außer daß sie menschliche Wesen waren, die das gleiche Schicksal teilten.

»Was ist mit ihr?« fragte Flash Jane und deutete mit dem Kopf auf Esther. »Warum ist sie hier?«

»Sag es ihnen, Esther«, bat Carolan.

»Glaubst du, sie wollen es wissen?«

»Fang schon an!« brummte Flash Jane, und Esther berichtete ihnen alles.

Es war eine schlichte Geschichte, aber alle glaubten sie. Und es machte sie wütend und traurig. Einige von ihnen waren dabei gewesen, als Esther nach Newgate gekommen war und man ihr alle Kleider weggenommen hatte. Aber auch wenn sie dabei mitgemacht hätten, dann würden sie es jetzt vergessen haben. Damals und heute hatten keinerlei Verbindung miteinander.

»Das Leben ist gemein, stimmt's?« sagte Flash Jane. »Ich weiß noch, wie ich nach London gekommen bin. Vorher war ich Dienstmädchen! Das hat meine Mutter gewollt. Ich als Dienstmädchen, habe ich mir gesagt, ich doch nicht! Und dann bin ich nach London gegangen. Aber da gab's keine Arbeit. Nur klauen konnte ich, und gut war ich darin auch nicht. Dann hab' ich ein Mädchen getroffen. Die hat mich mitgenommen zu Mutter Maybury.«

»Mutter Maybury!« schrie eine gellende Stimme. Sie gehörte zu einer Frau, deren größtes Vergnügen darin bestand, alle Kleider auszuziehen und schamlose, lüsterne

Tänze aufzuführen. »Du warst also auch bei der alten Maybury!«

»Vor fünfundzwanzig Jahren«, sagte Flash Jane ehrlich.

»Fünfundzwanzig! Bei mir müssen es schon achtundzwanzig sein, da habe ich die Dame zuletzt gesehen. Diese alte Schlampe! Hätte man sie doch schon aufgeknüpft, bevor sie mich getroffen hat!« schrie die Frau wieder.

»Ob du's glauben willst oder nicht, aber als sie starb, war sie reich. Im Federbett ist sie krepiert, von hinten und vorne bedient, das habe ich gehört«, sagte Flash Jane.

Die andere Frau begann plötzlich zu weinen; nicht hysterisch und überdreht, wie Carolan es in den letzten Monaten nur zu oft gehört hatte, sondern leise und voll ehrlicher Trauer. Ihr zitternder, häßlicher Körper hatte etwas Anrührendes.

Carolan sagte: »Ich habe meine Geschichte erzählt; erzähl du uns jetzt deine.«

Diese Worte schienen wie ein Signal auf die Frau zu wirken. Sie trocknete ihre Augen, lachte heiser und riß das zerlumpte Kleid, das sie trug, vorn auf. Carolan dachte, daß sie jetzt beginnen würde, sich für ihren Tanz auszuziehen. Dann wäre dieser Moment vorbei, der Carolan so wichtig schien, weil er den Blick freigab auf die Schicksale dieser Frauen, die sie sonst hinter zotigen Grobheiten verbargen.

Sie sagte: »Ich bin sicher, daß deine Geschichte interessant ist.«

Die Frau ließ die Hände schlaff herunterhängen. Ihre Finger begannen an ihren Lumpen herumzuzupfen, verzweifelt, nicht lüstern. Dann zog sie ihr Kleid enger um sich.

»Seltsam, wenn man zurückschaut«, sagte sie leise, als ob sie mit sich selbst spräche. »Daß ich das war! Aber ich war es. Was das Leben mit einem anstellt! Wir wohnten auf dem Land. Ich liebe das Land. Die Bäume ... wunderschön ...«, sie begann zu weinen. »Sieht es dort immer noch so aus? Es ist schon dreißig Jahre her. Aber Bäume verändern sich nicht, nur die Menschen ... Zehn Kinder waren wir bei uns. Vater hat auf dem Feld gearbeitet. Mutter hat geholfen, aber sie hatte dauernd ein neues Baby. Ich war die Älteste. Es ging gut.

Wir alle konnten arbeiten. Aber Charly – mein kleiner Bruder – war verkrüppelt. Kein Farmer wollte ihn haben. Ihn und mich. Ich hab' ihn überall auf dem Rücken mit rumgeschleppt. Aber Vater, er konnte ihn nicht sehen, weil er nichts tat für sein Brot. Er wollte Charly loswerden und hat ihn mit dem Gürtel verprügelt. Ich war zwölf und Charly war zehn. Da sind wir fortgelaufen. So was wie London hatten wir noch nie gesehen. Es war toll. Aber wir haben keine Arbeit gefunden und mußten auf der Straße und unter Brücken schlafen. Wir haben gefroren und hatten Hunger, aber wir waren froh. Hier gab es niemand, der Charly verprügelte. Dann hat Charly ein Brot geklaut. Einer hat ihn geschnappt und mitgenommen. Ich bin hinterhergelaufen. Aber mich haben sie nicht erwischt. Charly hab' ich nie wieder gesehen.«

Jeder hörte jetzt zu. Die Frau schien es nicht einmal zu bemerken. Die Tränen liefen ihr die Wangen herunter.

»Ich hungerte«, fuhr sie fort, »ich hab' ein bißchen geklaut. Und eines Tages traf ich dieses Mädchen. Die hat mich dann mitgenommen zu Mutter Maybury.« Sie fing an zu lachen.

»Mutter Maybury! Sie hatte ein rosiges Gesicht und eine blitzsaubere weiße Haube. Und sie saß an ihrem großen Feuer. Sie hat dir über den Kopf gestreichelt. Bei ihr brauchtest du keine Angst mehr haben. Du warst gleich eins von ihren Küken. ›Iß dies, mein Häschen! Möchtest du noch was, mein Zuckerpüppchen?‹ hat sie gesagt. Und du hast gegessen. Und du hast dich gefragt, ob du vielleicht schon tot wärst und im Himmel. Und dann, wenn du ein, zwei Tage an ihrem Feuer gesessen hattest, mit vollem Bauch, dann hat sie dir erklärt, daß du alles nur Mutter Maybury verdankst. Und was du ihr alles dafür schuldest. Und wie du es jetzt zurückzahlen mußt. Sie hat dir gezeigt, wie man feine Damen bestiehlt. Wie du mit Männern ins Bett gehen mußt und sie dann ausnimmst. Und wenn es dir nicht gefiel, nun, dann warteten draußen Kälte und Hunger auf dich. Drei Jahre blieb ich dort. Manche Mädchen haben ihr nicht alles gegeben, was sie verdienten. Die landeten dann komischerweise im Gefängnis ... Und ich hatte gedacht, ich wäre tot und im Himmel. Dabei war ich nur bei der guten, lieben Mutter Maybury!«

Es wurde still. Das mißgestaltete Mädchen, das die Koje mit ihnen teilte, setzte sich plötzlich auf, ihre Augen glänzten.

»Willst du uns auch erzählen, wie du hierherkamst?« fragte Carolan.

»Es waren die Schornsteine. Mein Bruder hat sie saubergemacht. Er und ich, wir waren die Ältesten. Das Baby war noch zu klein. Ich war fünf. Mein Bruder war vier und hat die Kamine gekehrt. Mein Vater hat ihn dazu gezwungen.«

»Was ist mit deinem Bruder passiert?« fragte Carolan.

»Er ist einen Kamin runtergerutscht. Er ist verbrannt. Mein Vater hat es uns erzählt. Er war wütend. Wer sollte jetzt die Kamine fegen?«

In den Worten des Kindes schwang Entsetzen mit. Alle hörten ihr zu.

»Sie zogen mir seine Kleider an. Damit sollte ich aussehen wie ein Junge. Ich müsse es tun, haben sie gesagt, aber ich konnte nicht ... Ich hatte solche Angst, weil ich wußte, daß ich dort verbrennen würde. Mein Bruder hatte auch immer Angst davor. Und dann ist er wirklich verbrannt. Ich wußte, ich würde verbrennen ... ich konnte einfach nicht ...!«

»Versuch es zu vergessen«, sagte Esther. »Es ist vorbei.«

Das Kind sah sie mit großen Augen an.

»Er hat mich gezwungen. Doch ich war zu groß für die engen Kamine. Mein Bruder war ja erst vier. Er war nicht zu groß. Aber ich war größer. Es tat immer so weh. Einmal, da konnte ich nicht wieder heraus. Ich schrie und schrie. Da haben sie mich herausgeholt ... und dann wollte ich nicht mehr. Vater hat mich geschlagen. Mutter hat mich geschlagen. Die Schläge machten mir nichts aus ... ich konnte einfach nicht ... ich wollte nie wieder in diese Kamine klettern. Es war so schwarz da drinnen ... so dunkel, man konnte nichts sehen. Mein Vater wollte mich umbringen, wenn ich es nicht tue«, schluchzte sie, »deshalb bin ich fortgelaufen.«

Die dunklen Kamine würden sie immer in ihren Träumen verfolgen. Wenn sie des Nachts aufschrie, dann war es wegen der Kamine. Hätten ihre Leidensgenossin das nur vorher gewußt, dann wären sie vielleicht bereit gewesen, sie zu trösten.

Flash Jane sagte ein wenig freundlicher als gewöhnlich: »Wobei haben sie dich erwischt?«

»Ich hab' etwas genommen.«

»Geklaut, meinst du wohl?«

»Es war mir egal. Alles ist besser als diese schrecklichen Kamine.«

»Ich hatte mal einen, der war Schornsteinfeger«, sagte Flash Jane. »Tom hieß er. Hinterher hat er dann Schiffe auf der Themse ausgeraubt. Ich frage mich, was aus ihm geworden ist.«

»Nichts ist so schrecklich wie ein schwarzer Kamin, wenn unten das Feuer brennt«, sagte das Kind. »Nichts ist so furchtbar.«

Esther strich ihr übers Haar und dachte: Ich werde ihr beibringen, zu beten.

Und Carolan nahm sich vor: Wer noch einmal versucht, sie zu quälen, der bekommt es mit mir zu tun.

Schnell änderte die Atmosphäre sich wieder. Flash Jane fuhr mit wüsten Geschichten über ihren Freund Tom fort, und alle hörten eine Weile zu. Jemand stimmte ein zotiges Lied an. Die Frau, die von Mutter Maybury erzählt hatte, arbeitete sich aus ihrer Koje heraus und begann sich auszuziehen.

Es war Januar, und der Sommerabend war still und warm. Esther und Carolan lagen nebeneinander an Deck und blickten auf die See. Es schien Carolan als seien Jahre vergangen, seit sie England verlassen hatten. Jetzt waren sie beinahe schon am anderen Ende der Welt angekommen.

»Esther, was haben wir doch bisher für ein Glück gehabt«, sagte sie.

»Ich könnte es nicht ertragen, wenn wir getrennt würden.«

»Esther, glaubst du an die Kraft des Willens?«

»Ich glaube an die Kraft des Gebets.«

»Ich will so gern mit dir zusammen bleiben, aber ich glaube nicht, daß Gebete allein uns helfen werden. Weißt du, damals im Gefängnis, da habe ich gebetet. Ich betete darum, daß Everard zu mir zurückkommen würde. Er ist nicht gekommen. Meine Gebete haben also nichts genützt.«

»Vielleicht wollte Gott nicht, daß er zu dir kam.«

»Vielleicht will er dann ja auch nicht, daß wir beide einander nahe sind. Es wäre grauenhaft, wenn wir jetzt getrennt würden, Esther. Wir müssen alles dagegen tun, was in unserer Macht steht. Esther, was soll dort bloß aus uns werden?«

»Das erfahren wir erst, wenn wir dort ankommen. Aber du sollst hier und jetzt erfahren, was mir unsere Freundschaft bedeutet. Ohne unsere Freundschaft wäre ich mit Sicherheit gestorben. Du bist anders als wir alle. Du bist stark und mutig. Ich glaube, du bist zur Anführerin geboren, das habe ich schon einmal gesagt.«

»Ich soll eine Anführerin sein! Esther, wie gern würde ich die Anführerin in einem Feldzug gegen all die Grausamkeiten und Ungerechtigkeiten, gegen all das Böse auf dieser Welt sein. Nicht gegen Flash Jane und ihresgleichen, sondern gegen diejenigen, die Flash Jane zu der gemacht haben, die sie ist. Ich möchte eine Kreuzfahrerin sein gegen diejenigen, die unsere Gesetze gemacht haben, auch gegen deine Kirche, die erlaubt, daß solche Dinge geschehen ... und sie auch noch gutheißt. Damit habe ich dich schon wieder verletzt, Esther. Immer tue ich dir weh. Gibt es nicht ein Gleichnis, in dem ein Mann auf der Straße von Räubern überfallen wird? Ein Levit ging auf der anderen Straßenseite einfach vorüber, wie unsere Kirchenmänner, unsere Politiker; diese Leute wissen, was gespielt wird, und doch gehen sie auf der anderen Straßenseite achtlos vorbei. Ich aber möchte gern ein Samariter sein ... ein Samariter, der nicht vorbeigeht. Doch was kann ich schon tun ... als Gefangene? Außerdem kenne ich mich. Ich bin nicht gut genug. Ich bin schlecht, viel schlechter, als du es dir vorstellen kannst, Esther. Trotzdem – das ist es, was ich gern sein würde, wenn es möglich wäre ... ein barmherziger Samariter.«

»Aber du kannst es sein! Du kannst es!«

»Nein, denn ich würde beim Vorübergehen nur an mich selbst denken. Ich würde den armen Mann, der um Hilfe ruft, nicht sehen und nicht hören. Es sei denn, man würde auch mich überfallen ..., und dann wäre es zu spät für ihn.«

Nach einer kurzen Pause fuhr Carolan fort: »Wie herrlich ist es, frische Luft einzuatmen. Hier ist man schon dankbar für eine solche Selbstverständlichkeit. Wir müssen ganz schön stark sein, Esther, daß wir bis jetzt überlebt haben.«

»Wir sind ja auch nicht so alt«, entgegnete Esther.

»Du bist ja noch ein Kind. Ich frage mich, wie es Marcus geht. Ob er immer noch so frohgemut ist?«

»Ich würde ihn gern wiedersehen. Er ist ein guter Mensch.«

»Er ist ein Dieb«, erklärte Carolan hart. »Wir sind hier, obwohl wir keine Verbrechen begangen haben; bei Marcus liegt die Sache anders.«

»Das Leben hat ihn schlecht behandelt.«

»Ja, das stimmt. Aber Marcus wird sich niemals besiegen lassen.« Ganz unbewußt sprach sie seinen Namen zärtlich aus, weil sie an seine blauen Augen und an die Begierde, die sich darin spiegelte, denken mußte.

»Erzähl mir noch einmal von eurem Ausflug in die Gärten von Vauxhall, wo ihr ihn gesehen habt.«

»Das habe ich dir doch schon so oft erzählt.«

»Trotzdem möchte ich es noch einmal hören.«

»Ich habe dir schon so viel von mir erzählt. Du kennst mein Leben fast ebenso gut wie ich.«

»Ich liege in meiner Koje und denke an all das. Manchmal hilft es mir beim Einschlafen; dann vergesse ich, wo ich bin. Ich kann den Stallgeruch riechen und das Hammelfleisch, das auf dem Herd deiner Tante Harriet brutzelt. Ich kann das Parfüm riechen, das Thérèse auf das Kleid deiner Mutter sprüht. Als du gekommen bist, da hast du mich wieder zum Leben erweckt, Carolan. Ich wünschte, es gäbe etwas, das ich für dich tun könnte.«

»Was würde ich ohne deine Freundschaft anfangen?«

»Du redest so, als ob wir Abschied nehmen müßten«, sagte Esther traurig.

Carolan sprang auf und rief aufgeregt: »Ich habe etwas gesehen! Ich bin mir ganz sicher! Jetzt ist es wieder fort ... aber schau nur, Esther, kannst du es nicht auch sehen?«

Sie blickte angestrengt zum Horizont. Weit in der Ferne konnte man weiße Klippen ausmachen.

An Bord wurde es unruhig. Alle Sträflinge mußten zurück in ihre Quartiere, und die Luken wurden geschlossen. Die Luft war wieder zum Ersticken.

Carolan und Esther lagen dicht nebeneinander. In der Dunkelheit hielten sie sich an den Händen. Esther betete: »Lieber Gott, nachdem du sie mir geschickt hast, bitte nimm sie mir nicht wieder fort!«

Carolan murmelte: »Ich darf sie nicht verlieren. Ich muß sie bei mir behalten. Sie weiß es nicht, aber ich brauche sie genauso sehr wie sie mich.«

Das Schiff lag vor Anker, und das neue Land lächelte in der Morgensonne. Eukalyptuswälder säumten die Küste. Auf den grasbewachsenen Hügeln standen Gummibäume und Zedern. Es schien ein fruchtbares Land zu sein, das die Neuankömmlinge willkommen hieß, aber sie verspürten in diesem Moment nichts als Heimweh. Die warme Sonne, die glitzernde See, das grüne Laub, die Kakadus und Wellensittiche standen in zu scharfem Kontrast zu den gewundenen Straßen von St. Giles, den grauweißen Gebäuden, die nur undeutlich im Londoner Nebel auszumachen waren, dem Geklapper von Pferdehufen auf dem Kopfsteinpflaster und der Themse, eingehüllt in geheimnisvollen Dunst – London, das ihr Zuhause gewesen war und das immer ihr Zuhause bleiben würde.

Die Frauen mußten sich an Deck aufstellen, in einiger Entfernung von ihnen gruppierten sich die Männer. Carolan suchte nach Marcus, konnte ihn aber nicht entdecken. Esther stand neben ihr, sie war völlig verängstigt. All die gelblichfahlen Gesichter schienen im krassen Widerspruch zur glitzernden See und dem farbenprächtigen Land zu stehen. So wunderschön und gerade waren diese Bäume; so entstellt und verkümmert waren diese bedauernswerten, elenden Menschen.

Flash Jane wußte von einem sehr komfortablen Bordell in Sydney zu berichten, dessen Besitzerin immer kam, um sich »Dienerinnen« für ihr Haus auszusuchen.

»Ha, ha!« lachte Flash Jane voller Vorfreude. »Wenn man es nur geschickt anstellt, soll das Sträflingsleben gar nicht so schlecht sein ... für uns Frauen.«

Das kleine Mädchen, deren Bruder verbrannt war, hielt Carolans Hand umklammert.

»Haben sie auch Kamine dort?« fragte sie ängstlich.

»Du bist schon viel zu groß geworden«, beruhigte sie Carolan. »Selbst wenn sie Kamine haben sollten, dann kämen sie nicht auf die Idee, sie von dir kehren zu lassen.«

Das Lächeln des Kindes erschreckte Carolan. Es war das Lächeln einer Schwachsinnigen. »Ich bin gewachsen. Ich bin gewachsen!« frohlockte das Kind.

Ein Matrose ging an ihnen vorbei.

»Still! Bleibt in der Reihe!« Er stieß mit dem Kolben seiner Muskete nach dem Fuß einer Frau, und sie schrie auf. Lachend ging er weiter.

Carolan fühlte sich unsagbar gedemütigt. Es war wie bei einer Viehauktion. Sie hätte weinen können, da man sie so entwürdigte, wagte es aber nicht und hielt ihren Kopf hoch. Esther rückte noch näher an sie heran. Ihre Finger berührten sich. Sie wußte, daß Esther die ganze Zeit stumme Gebete sprach.

Ruderboote fuhren zum Schiff herüber, während sie dort standen. Carolans Augen schmerzten von der ungewohnten Helligkeit. Am liebsten hätte sie sich auf den Boden geworfen und geschlafen. Sie blickte in Esthers Gesicht. Es sah merkwürdig gelb aus, wie das der anderen. Ihre Wangenknochen traten hervor. Aber selbst Hunger und Gefangenschaft hatten ihrem Haar nichts anhaben können. Es war schmutzig, aber in der Sonne glänzte es wie ein Feld reifen Weizens. Die Leute würden dieses Haar bemerken. Sie dachte an Flash Janes Worte und an ihr gemeines Grinsen. Eine Hurenhausbesitzerin, die nach Dienerinnen suchte … Bloß das nicht für Esther!

Ein Mann mit einem Monokel und einem sehr eleganten Mantel war an Bord gekommen. Er stand in ihrer Nähe und wechselte ein paar Worte mit einem Matrosen. Dann klemmte er sein Monokel vors Auge und inspizierte geringschätzig lachend die Reihen der weiblichen Gefangenen.

»Du liebe Güte«, sagte er. »Was für eine anmutige Versammlung! Das sind ja richtige Schönheiten.«

Er kam näher. Flash Jane tuschelte, und eine der Frauen begann zu singen, um auf sich aufmerksam zu machen.

»Halts Maul, du alte Hure!« schrie der Matrose.

Der Mann kam immer näher auf Esther und Carolan zu. Es war demütigend. Carolans Gesicht wurde rot vor Zorn. Das Monokel war jetzt direkt vor ihr.

Ein anderer Mann war erschienen. Er war sehr blond und groß und wirkte grobschlächtig. Der Kapitän begleitete ihn, daher mußte es sich um eine bedeutende Persönlichkeit handeln. Sein Mund war wie ein schmaler, gerader Strich. Carolan war auf der Hut. Weder sie noch Esther durften in die Hände des Mannes mit dem Monokel fallen. In plötzlicher Panik begann sie zu beten: »Bitte mach, daß der andere uns sieht. Der Mann mit dem Monokel darf uns nicht mitnehmen. Wenn du das für uns tust, dann werde ich versuchen, an dich zu glauben. Ich werde es versuchen …«

»Hier entlang, Mr. Masterman!« sagte der Kapitän. »Wenn sie erst gewaschen sind, dann werden sie nicht wiederzuerkennen sein! Nur wegen der langen Schiffsreise sehen sie jetzt so furchtbar aus.«

»Furchtbar ist für die ja noch eine schmeichelhafte Bezeichnung«, sagte Mr. Masterman. Seine Stimme klang kalt, seine Worte waren knapp.

Auch das Monokel war jetzt ganz nah gekommen. »Hallo Ladys!«

Das kleine Mädchen begann plötzlich zu schreien. »Ich werde nicht in den Kamin klettern! Ich springe lieber ins Meer! Ich will nicht verbrennen!«

Mr. Masterman und der Kapitän waren stehengeblieben. Sie starrten das Kind an, das sich auf den Boden geworfen hatte und wild schluchzte.

Der Matrose trat nach ihr. »Steh sofort auf, du häßlicher Zwerg!«

Sie rührte sich nicht, und er trat sie noch einmal.

»Was hat das Kind da eben gesagt?« fragte Mr. Masterman.

»Sie will bestimmt nur auf sich aufmerksam machen. Ein paar Peitschenhiebe werden ihr guttun.«

Der Mann mit dem Monokel starrte hinunter auf das Kind. »Was für ein häßlicher kleiner Teufel. Verkrüppelt ist sie auch noch.«

Ohne nachzudenken war Carolan aus der Reihe herausgetreten.

»Sie ist schrecklich verängstigt. Man hat sie gezwungen, Kamine zu reinigen, und sie wäre beinahe verbrannt.«

Alle blickten jetzt Carolan an. Der Mann mit dem Monokel betrachtete sie mit unverschämtem Interesse.

»Zurück in deine Reihe! Du hast nur zu reden, wenn du gefragt wirst!« Der Kapitän wandte sich an Mr. Masterman. »Diese Sträflinge würden wirklich alles tun, um Aufmerksamkeit zu erregen.«

»Was sehe ich denn da!« sagte der Mann mit dem Monokel. »Wenn mich nicht alles täuscht, dann ist das ein Rotschopf. Ein bißchen Wasser und Seife könnten eine Schönheit aus dem Mädchen machen.«

Carolan war vor Schreck wie gelähmt. In ihrer ungestümen Art hatte sie das Schlimmste getan, was sie hätte tun können. Die ganze Aufmerksamkeit der Männer galt jetzt ihr, und das Schicksal, das sie im Hause des Mannes mit dem Monokel zu erwarten hätte, konnte sie sich nur allzu lebhaft vorstellen.

Es war einer der wichtigsten Momente ihres Lebens, und sie war sich dessen voll bewußt. Sie nahm alles um sich herum überdeutlich wahr – das schwankende Schiff, die glitzernde See, der strahlenden Himmel, die bunten Vögel und das grüne, fruchtbare Land vor ihr. Vielleicht hatte sie in diesem Augenblick ihren Zynismus abgelegt und voller Demut gebetet; sie wußte es nicht. Das einzige, an das sie sich später erinnerte, war, daß irgendein Instinkt sie dazu getrieben hatte, sich an Mr. Masterman zu wenden und ihn mit flehenden, verzweifelten Augen anzusehen.

»Rettet mich!« sagten ihre Augen. Und dann hörte sie wie aus weiter Ferne seine Stimme: »Meine Frau braucht Küchenmädchen. Die da sieht ziemlich kräftig aus.«

Carolan dachte, sie würde ohnmächtig. Der Gestank nach schmutzigen menschlichen Körpern machte sie schwindlig. Verzweifelt kämpfte sie gegen ihre Schwäche an, machte einen Schritt nach vorn und zog Esther mit sich.

Er fuhr fort: »Die beiden da sehen nicht schlecht aus. Ich werde sie nehmen.«

Der Mann mit dem Monokel rief: »Aber Sir! Ich habe das Mädchen zuerst gesehen. Mr. Masterman ...« Doch seine Stimme verriet Carolan, daß er sich geschlagen gab. Mr. Masterman schien eine bedeutende Persönlichkeit in diesem neuen Land zu sein.

Als Carolan und Esther nach Sydney kamen, war es nicht viel mehr als eine Ansiedlung. Viele Jahre sollten noch vergehen, bevor Lachlan Macquarie mit Hilfe eines Architekten, der als Sträfling nach Australien gekommen war, all die Holz- und Lehmhäuser durch Ziegel und Steinhäuser ersetzte und die krummen Gassen in einigermaßen gerade Straßen verwandelte. Das Haus, in das Carolan und Esther gebracht wurden, zählte zu den großartigsten im damaligen Sydney. Es stand oben am Berg, und von seinem oberen Teil aus hatte man einen herrlichen Blick auf den wie es heißt wunderschönsten Hafen der Welt und auf die Bucht mit ihren Sand- und Kiesstränden. Als Carolan beim Saubermachen des Dachbodens die Bucht zum erstenmal aus dieser Perspektive gesehen hatte, nahm ihr die Schönheit der Aussicht beinahe den Atem. Aber auf einem gewundenen Pfad, der von den Bergen hinunter in die Stadt führte, hatte sie auch einen Kettentrupp gesehen, der sich nach getaner Arbeit zurückschleppte. Sie hatte sich schnell vom

Fenster abgewandt und sich gefragt, ob einer dieser unglücklichen Männer vielleicht Marcus sein könnte.

Carolan und Esther hatten großes Glück gehabt. Schreckliches hätte ihnen widerfahren können, aber ein glücklicher Stern hatte sie in das Haus von Gunnar Masterman geführt. Er war eine der führenden Persönlichkeiten in dieser noch jungen Stadt, ein kalter, berechnender Mann, aber klug und gut. Jeden Sonntag ging er zur Kirche. Er war gerecht und äußerst tugendhaft. Gouverneur Philip Gidley King zählte zu seinen engsten Freunden. Er hatte die Tochter von Major Gregory geheiratet, der ebenfalls ein sehr mächtiger und wohlhabender Mann gewesen war. Die Heirat erwies sich als äußerst gewinnbringend, wie alles, was Mr. Masterman tat.

Da sie im Keller eingesperrt war, geschah es sehr selten, daß Carolan den oberen Teil des Hauses zu Gesicht bekam. Die Dienerschaft mußte sich weitgehend im Keller aufhalten, denn alle waren sie Sträflinge, alle bis auf die Köchin Margery, denn sie hatte eine vorzeitige Strafentlassung erreicht. Ihr Schlafzimmer – ein riesiger Raum, in dem sie alle schliefen – befand sich ebenfalls im Keller. Der Fußboden war aus Lehm, und oben in der Wand befand sich ein kleines vergittertes Fenster. Dieser Raum wurde als eine angemessene, ja sogar luxuriöse Unterkunft für Sträflinge angesehen.

Als sie ankamen, war der Januar schon fast vorüber. In den folgenden Wochen wurde die Hitze unerträglich. Moskitos peinigten sie, und die feuchte, heiße Luft nahm einem fast den Atem. Am Tag war es zu heiß zum Arbeiten, und nachts war es zu heiß zum Schlafen.

Esther konnte sich gut anpassen und war beinahe glücklich. Aber Carolan lehnte sich gegen dieses neue Leben auf. Je mehr das Newgate-Gefängnis und das Sträflingsschiff in Vergessenheit gerieten, desto größer wurde ihre Unzufriedenheit.

Dabei mochte Margery, die Gebieterin über die Küche, Carolan lieber als Esther. Wegen Bigamie war Margery zu siebenjähriger Deportation verurteilt worden. Drei Jahre ihrer Strafe hatte sie bei Mr. Masterman verbracht, dann war sie vorzeitig entlassen worden, und man hatte ihr die Oberaufsicht über die Sträflinge, die im Hause arbeiteten, übertragen. Sie brüstete sich mit ihrer Freiheit und verachtete alle, die noch nicht frei waren. Meist trug sie ein blaues Kattunkleid mit einer weißen Schürze, worauf sie sehr stolz war, denn die anderen hatten nur ihre gelbe Sträflingstracht. Sie war nicht unfreundlich, aber faul und selbstsüchtig, sinnenfreudig und gehässig. Ihre wertvollsten Besitztümer waren ihre Erinnerungen und der Schlüsselbund, den sie an ihrem Gürtel trug, ein Symbol der Freiheit. Da sie unaufhörlich von ihrer Vergangenheit redete, erfuhr Carolan bald, daß sie zunächst mit einem kleinen Ladenbesitzer verheiratet gewesen war; er war ein guter Mann, aber er stellte sie nicht allzu lange zufrieden. Dann lief sie mit einem Schauspieler davon, der sie nach drei Monaten wieder verließ, worauf sie ein Verhältnis mit einem Hausierer anfing. Sie liebe die Männer eben, erzählte sie, sie könne nichts dagegen tun. Sie wären so stark und doch wie kleine Babys. Sie liebte sie alle, von Mr. Masterman bis zu James, dem »Mädchen für alles« im Haus. Und der Hausierer war ein guter Mann gewesen, mit dem sie das Leben genossen hatte. Überall war sie mit ihm herumgereist, und er hatte ihr Verkaufstalent bewundert. Sie konnte einfach alles verkaufen – vor allem dann, wenn die Kunden Männer waren. Leider war der Hausierer eifersüchtig. Einmal hatte er sie schließlich dabei erwischt, wie sie einem Farmer hinter einer Wassertonne ein Buch andrehen wollte; da war er so wütend geworden, der gute Mann, daß er sie verließ. Der Farmer hatte eine Frau und wollte weiter nichts von ihr, so war sie weiter gewandert bis sie zu einem kleinen Häuschen kam, das ein einsamer Hilfsprediger bewohnte. Bei dem war sie geblieben. Der Ärmste hatte nur ein Bett, das er ihr anbot, aber das wollte sie nicht haben, und so hatten sie das Bett geteilt. Der arme fromme Mensch meinte, sie nach dieser Sache unbedingt heiraten zu müssen, da er sonst um sein Seelenheil zu fürchten hätte. Sie konnte nicht umhin, seiner armen verängstigten Seele zu helfen, und so kam es, daß sie sich der Bigamie schuldig machte, nach Australien deportiert wurde und nun als vorzeitig Entlassene der Küche in Mr. Mastermans Haus vorstand. Sie hatte sich James zu ihrem Freund auserkoren, pflegte ihn in ihrer Küche mit Lekkereien zu verwöhnen und war stolz auf diese Freundschaft, denn James war ein freier Mann. Das heißt, daß auch er vorzeitig entlassen worden war, und das war schon etwas Besonderes in dieser Sträflingsstadt. Mr. Masterman vertraute James, der sich im Haus frei bewegen konnte. Manchmal ritt er hinaus auf eine von Mr. Mastermans Schafzuchtfarmen, um dort ein oder zwei Wochen zu arbeiten. Gegen Mitternacht klopfte er dann an die Tür zum Kellerschlafraum, und Margery ließ ihn herein. Sie flüsterten miteinander und taten so, als ob die anderen nichts von diesen Besuchen wüßten.

Margery war neugierig und tratschte gern.

»Warum seid ihr hier gelandet?« wollte sie von Carolan und Esther wissen.

Carolan erzählte es ihr.

»Ich weiß ja nicht«, sagte Margery, »ob es mir gefällt, daß ich jetzt Diebe in meiner Küche habe.«

»Wir wurden schuldlos verurteilt«, protestierte Carolan. »Wir sind keine Diebe!«

Margery und das Zimmermädchen Jin bogen sich vor Lachen.

»Alle Sträflinge sagen von sich, daß sie unschuldig sind«, erklärte Margery. »Was ist nur in Mr. Masterman gefahren, mir Diebinnen in meine Küche zu bringen!«

»Ich habe in meinem ganzen Leben noch nie etwas gestohlen, das schwöre ich!« rief Carolan wütend. »Wenn ihr denkt, ich bin nicht gut genug für euch, dann werde ich darum bitten, daß man mich in ein anderes Haus bringt.«

»Habt ihr alle vernommen, was sie gesagt hat? Was glaubst du denn, wer du bist, meine Liebe – die Königin von England? Die Prinzessin von Wales? Wie hochmütig sie ist!« Sie wandte sich an Esther. »Und was ist mit dir?«

»Ihr werdet es mir ja doch nicht glauben, aber ich bin auch unschuldig«, sagte Esther.

Margery hielt sich die Seiten vor Lachen. »So habe ich nicht mehr gelacht, seit mein Hilfspfarrer sich damals seine Brille aufsetzte und sagte: ›Nun, wenn du wirklich meinst, ich soll mich zu dir ins Bett legen ... dann tue ich es. Wir sollten aber vielleicht von ganzem Herzen darum beten, stark genug zu sein, der Versuchung zu widerstehen ...‹ Nein, seit damals habe ich nicht mehr so gelacht!«

Sie mochte jedoch Carolan und nicht Esther. Esther war zu zurückhaltend und schüchtern für ihren Geschmack. Carolan dagegen erinnerte sie daran, wie sie selbst in diesem Alter gewesen war.

»Diebstahl ist in meinen Augen das letzte«, sagte sie. »Ich hätte nicht gedacht, daß ihr deswegen deportiert wurdet, ihr seht nicht danach aus. Und doch seid ihr jetzt hier. Carolan, ich muß dir sagen, daß du genauso bist wie ich in deinem Alter. Ich war damals natürlich schon verheiratet. Wir haben uns immer hinter den Mehlsäcken geliebt. Es war lustig, wenn Kunden hereinkamen. Aber sieh mal da, siehst du die Peitsche am Haken über dem Sims? Die ist für diejenigen bestimmt, die nicht tun, was ich sage. Siehst du sie auch, Esther?«

Dabei sah sie Esther geringschätzig an. Dünn! Schöne Haare hatte sie ja wohl. Keine, die die Männer liebte. Und die Männer würden deswegen auch nicht hinter ihr her sein.

Jin, das Zimmermädchen, war ein hübsches Mädchen, das ein bißchen wie eine Zigeunerin aussah. Sie hatte kohlschwarze Augen, lockiges, pechschwarzes Haar und trug Messingohrringe. Um die Taille hatte sie einen Strick gebunden, dadurch wollte sie schlanker aussehen und ihren Busen betonen.

»Seht euch mal Jin an«, sagte Margery beinahe respektvoll, »Jin wurde wegen versuchten Mordes deportiert. Sie hat ihren Liebsten erstochen. Er hatte es wohl verdient, denn er hatte vor ihren Augen mit einer anderen etwas angefangen. Ich kann Jin verstehen.«

Jin warf Esther und Carolan einen finsteren Blick zu.

»Jin kann mächtig wütend werden«, kicherte Margery. »Ratet mal, was sie immer mit sich herumträgt! Wo hast du es heute, Jin?« Sie zog ein Messer aus Jins Tasche. »Na also, da ist es ja. Sie hat es immer bei sich, also nehmt euch in acht. Zigeunerblut, versteht ihr? Was Mr. Masterman wohl sagen würde, wenn er von dem Messer hört?«

»Ich tue niemandem damit weh«, murmelte Jin. »Es ist mein Messer.«

»Nein!« sagte Margery. »Das ist es nicht. Es gehört Mr. Masterman. Alles hier im Haus gehört ihm. Auch du und Poll und diese beiden hier. Nun, wenn er wollte ...«

»Ich wußte nicht«, sagte Carolan, »daß er uns mit Leib und Seele gekauft hat.«

»Wie sie schon wieder daherredet! Mit Leib und Seele!« sagte Margery lachend. »Jin, weißt du, an wen sie mich erinnert? An unsere Herrin! Sie redet ganz genauso. Jedesmal wenn ich mir die arme Lady anschaue, denke ich: ›Armer Mr. Masterman!‹ Nun, Miß, dann müssen wir es wohl auch hier unten Eurer Ladyschaft rechtmachen?«

»Oh«, entgegnete Carolan, »ihr habt mich nach meiner Meinung gefragt, und ich habe sie euch gesagt.«

»Jin, ich liebe es, wie sie spricht. Wie ein Politiker! Und du, warum sagst du nichts?«

»Was möchtet ihr denn von mir hören?« fragte Esther.

»Magst du uns leiden?«

»Ich ... ich glaube, es wird mir hier gefallen.«

»Das ist mir ja ein schönes Pärchen! Mein Hilfspfarrer, er sprach auch immer so sanft wie die da ..., aber ob sie nun sanft oder grob sind, zwischen den Laken sind sie alle gleich ... Wo ist Poll? Poll, komm her und sag guten Tag zu deinen neuen Freundinnen!«

Poll kam von der Spüle herüber und wischte sich die Hände ab. Sie war sehr dünn, blaß und häßlich; ihre Nase war groß und ihre Augen klein, der Mund war schief und ihre Zähne waren braun und vorstehend.

»Arme Poll«, sagte Margery. »Sie kommt aus dem Arbeitshaus. Einer hat sich an ihr vergangen. Sie hat ihr Baby umgebracht, deshalb ist sie hier.«

Poll fing an zu weinen.

»Hör schon auf zu heulen, Poll«, sagte Margery in scharfem Ton. »Du warst selbst schuld, daß einer sich an dir vergangen hat. Komm jetzt und lerne Ihre Ladyschaft kennen. Wie beliebt sich Eure Ladyschaft zu nennen?«

»Ich heiße Carolan Haredon.«

»Nicht etwa Lady Carolan Haredon?«

»Nein!«

»Wie schade! Ich wollte so gern eine Ladyschaft in meiner Küche haben.«

Als Margery die Geschichte Esthers gehört hatte, wurde sie ihr ein wenig sympathischer.

»Aber du hättest nicht so grausam zu dem jungen Gentleman sein sollen, meine Liebe! Deshalb bist du nach Newgate gekommen ... weil du herzlos warst. Und dafür mußt du jetzt in diesem Keller in Sydney schlafen.«

So war also das Leben unten im Keller. Es war nicht einfach, etwas über das Leben zu sagen, das sich im oberen Teil des Hauses abspielte. Mr. Masterman war in vielerlei Geschäfte verwickelt. Er besaß mehrere Schaf- und Rinderzuchtfarmen, aber der Streifen Land, der auf der einen Seite von der Gebirgskette der Blauen Berge und auf der anderen vom Ozean begrenzt wurde, erwies sich als nicht so fruchtbar, wie die ersten Siedler geglaubt hatten. Solange die Blauen Berge eine unüberwindliche Barriere darstellten, waren der Urbarmachung neuen Landes natürliche Grenzen gesetzt. Mr. Masterman fiel es allerdings schwer, sich mit derartigen Beschränkungen abzufinden. Einmal war er mit einem Schoner zu den Bass-Strait-Inseln hinausgefahren und war mit vielen Seehundfellen und Unmengen von Tran zurückgekehrt. Doch das Land erschien ihm nach wie vor Tran zurückgekehrt. Doch das Land erschien ihm nach wie vor wichtiger. Zwar handelte er weiter mit Seehundfellen, fuhr jedoch nicht noch einmal selbst mit hinaus. Er beteiligte sich am Bau von Geschäfts- und Regierungsgebäuden, mischte sich in die Politik der Stadt ein, war ein Freund des einflußreichen John MacArthur. Klug und aufmerksam verkörperte er das Bild eines Pioniers, der in dieses Land gekommen war, nicht weil das Gesetz ihn dazu verurteilt hätte, sondern aus freien Stücken, weil ihn sein Ehrgeiz antrieb. Ein neues Land war entdeckt worden, in dessen Geschichte er eine wichtige Rolle spielen wollte; Seite an Seite mit MacArthur und Philip, dem wahren Gründer der Kolonie, der mit den ersten Schiffen hierhergekommen war. In Mr. Mastermans Haus gab es selten körperliche Züchtigungen, die Peitsche wurde fast nie benutzt. Aber Carolan war sich sicher, daß die Gefangenen für ihn keine Menschen waren, sondern lediglich billige, bequeme Arbeitskräfte. Kostenlose Sträflingsarbeit spielte beim Aufbau seines Imperiums eine wichtige Rolle. Bei diesen Gedanken handelte es sich jedoch nur um Mutmaßungen, die sich hauptsächlich auf Margerys Tratsch gründeten. Sie pflegte dann immer zu sagen: »Der arme Mann, mit dieser kränklichen Frau! Nicht mal ein einziges Kind hat er! Und er sieht nicht aus, als ob er ins Bordell ging. Und sie, immer in ihrem eigenen Schlafzimmer … Der arme Mr. Masterman!«

»Ich glaube nicht, daß es ihn stört, daß sie in ihrem Zimmer bleibt«, sagte Carolan. »Er ist auch nicht traurig, daß er keine Kinder hat. Er ist kalt wie Eis. Das fühle ich.«

»Soso, Eure Ladyschaft fühlt das also! Eure Ladyschaft hat wohl ein Auge auf Mr. Masterman geworfen? Ja, Tom und Harry von den Weiden, sie haben den Stallgeruch in den Kleidern. So etwas gefällt unserer Ladyschaft natürlich nicht. Nur für Mr. Masterman hat sie Augen.«

»Wie kannst du es wagen, so etwas zu behaupten?« schrie Carolan. »Ich … hasse diesen Mann!«

»Deinen Herrn haßt du also? Denk an die Peitsche über dem Sims. Noch ein Wort gegen ihn, und du kriegst sie zu spüren. Das ist Meuterei!«

Margery würde die Peitsche niemals benutzen, obwohl sie oft damit drohte. Carolan lachte.

»Angenommen, ich würde dir von meinem Liebsten erzählen, wie würde dir das gefallen?«

»Oh, der alten Margery kannst du alles erzählen, sie versteht dich!«

Es war so einfach, Margery eine Freude zu machen. Sie liebte Carolans Geschichten über den Squire und über Everard.

Von Marcus erzählte Carolan jedoch kein Sterbenswörtchen, obwohl sie oft an ihn denken mußte.

Esther war beinahe glücklich. Jeden Abend kniete sie neben ihrem Bett nieder und sprach ihre Gebete. Die anderen machten sich zwar darüber lustig, ließen sie aber in Ruhe.

»Wenn wir doch nur etwas von Marcus hören würden«, sagte Esther, »wie froh wäre ich dann!«

»Du vielleicht«, sagte Carolan. »Ich kann nie wieder ganz glücklich sein. Du vergißt, daß ich Everard verloren habe, außerdem ist meine Mutter gestorben.«

»Wie selbstsüchtig ich bin! Ich denke nur an mich. Du arme, arme Carolan!«

Carolans Hände waren von der Hausarbeit ganz rauh geworden. Sie war nicht besonders folgsam, und wäre sie nicht Margerys Liebling gewesen, dann hätte sie vielleicht doch die Peitsche zu spüren bekommen.

Das Leben im Keller war Carolan bald leid. Sie haßte das schmutzige Wasser, in das sie ihre Hände tauchen mußte, wenn sie Geschirr abwusch oder Kartoffeln schälte, sie haßte auch die Kochdünste – und außerdem war es ihr langweilig. Sie sehnte sich nach den Feldern und Wiesen von Haredon und nach ihrem Pferd und stellte eine Menge Fragen über alles, was sich oben im Haus abspielte.

»Früher haben sie viele Feste gegeben«, sagte Margery, »aber in letzter Zeit hat die Herrin nur noch selten Lust dazu. Mit ihrer Gesundheit ist es nicht zum Besten bestellt. Es scheint sogar noch schlimmer zu werden. Nein, das kann man wohl nicht als eine glückliche Ehe bezeichnen. Die Hälfte der Zeit liegt sie in ihrem Zimmer im Bett. Meistens sind es Kopfschmerzen. Also ich – wenn ich so einen netten, starken Ehemann hätte ...«

»Glaubst du, sie ist wirklich krank?« fragte Carolan.

»Krankheit ist eine komische Sache. Manche Leute denken, sie sind krank, und dann werden sie tatsächlich krank. So eine Krankheit, die hat sie. Einmal gab es hier eine Fieberepidemie. Sie hat sich gleich ins Bett gelegt und war glühend heiß. Der Arzt kam. Es war nicht das Fieber, es war irgend etwas anderes. Wenn Dr. Martin nicht gewesen wäre, dann … Wer weiß, was dann geschehen wäre.«

Sie saßen alle um den Tisch – Esther, Jin, Polly, Margery, James und Carolan – und aßen ihr Abendbrot, das aus Brot, Käse und Ale bestand. In Margerys Küche herrschten lockere Sitten wie in einer Gesindestube in England. Wo sonst in Sydney wurden Sträflingsdiener so gut behandelt wie hier? Margery hatte natürlich die Verantwortung. Sie saß am Kopfende des Tisches, mit James zu ihrer Rechten und Carolan zu ihrer Linken, und war zufrieden mit sich, denn sie war immer noch attraktiv genug, um James jeden Abend in ihre Küche zu locken. Carolan mit ihren glühenden Augen und ihrem jugendlichen, knospenden Körper erinnerte Margery daran, wie sie selbst vor etwa zwanzig Jahren gewesen war.

Oben gab man eine Abendgesellschaft, und Jin trug eine weiße Schürze über ihrem gelben Kleid. Im Schein der Lampe sah sie attraktiv aus.

»Erzähl uns, wie der Tisch aussah, Jin«, bat Carolan.

»Er sah ganz gut aus«, sagte Jin.

»Der Tisch sieht wunderschön aus«, warf Margery ein. »Ich selbst habe ihn gedeckt. Das feine Tischtuch! Und die Gläser! Den Pudding habe ich selbst reingebracht. ›Ich wollte nachschauen, ob alles in Ordnung ist‹, hab' ich gesagt. Aber in Wirklichkeit wollte ich die Herrschaften sehen. Er saß am Ende des Tisches, sah gut aus wie immer und war, glaube ich, sehr zufrieden mit sich. Ein paar von den vornehmsten Leuten aus Sydney sind dort versammelt. Und sie … nun, sie saß am anderen Ende … ganz in Blau. Ihre Haare werden dünn, und sie war ganz blaß. Du liegst zu viel im Bett herum, Lady, hab' ich gedacht.«

»Faule alte Frau«, sagte Jin. »Wir müssen hier die Sklavenarbeit tun …«

»Jetzt reicht es mir aber. Du bist schließlich eine Mörderin, und sie ist eine vornehme Dame. Noch ein Wort, und ich lasse dich von James auspeitschen. Das ist Meuterei!«

Unter halbgeschlossenen Lidern blickte Jin hinüber zu

James. Es war das erstemal, daß sie ihn näher betrachtete. Die Zigeunerin strahlte Feuer und Leidenschaft aus, sie war stürmisch und faszinierend. James starrte sie an, und Margery wurde dunkelrot; ihr Unterkiefer begann zu zittern. Sie wirkt sehr alt, dachte Carolan.

»Ich habe sie gesehen«, sagte Esther. »Sie kam die Treppe herunter, und die Küchentür stand offen. Ihr Kleid war strahlend blau. Sie sah aus …«

»Ich weiß«, sagte Margery, »wie einer von den Engeln, die du anbetest.«

Esther errötete und senkte den Kopf.

»Poll, hol mir die Flasche aus dem Schrank«, befahl Margery.

»Ihr Kleid war blau, mit ein wenig Silber verziert. Und sie trug silberne Schuhe. Sie sah aus wie eine Fee …«, schwärmte Esther.

»Eine ziemlich kranke Fee!« meinte Margery immer noch wütend. »Und neben ihm am Tisch saß diese Miß Charters. Ein dickes, dreistes Mädchen, auf der Suche nach einem Ehemann, wenn ihr mich fragt. Es sah ganz so aus, als ob sie ihn gern zum Mann hätte, wenn er nicht schon verheiratet wäre.«

»Vielleicht versuchen sie ja, sie loszuwerden«, sagte Poll plötzlich aufgeregt. »Vielleicht …«

Sie kam zum Tisch und stellte die Ginflasche neben Margerys Teller.

Margery zog sie am Ohr. »Hör zu, Mädchen! Nur weil du Leute umbringst, heißt das noch lange nicht, daß andere Leute dasselbe tun! Anständige Menschen tun so etwas nicht.«

Polls Lippen fingen an zu zittern. Der Mord an ihrem Baby hatte sie aus dem Gleichgewicht gebracht. Carolan hatte beobachtet, wie sie nachts ein schmutziges Kissen im Arm hielt und im Schlaf zufrieden lächelte. Sie träumte natürlich, sie hielte ihr Baby im Arm. Die arme Poll, andauernd sprach sie über Mord; am Tag versuchte sie so zu tun, als ob es nichts Besonderes wäre, jemanden umzubringen. Nur so konnte sie sich ein wenig trösten.

Carolan hatte aus einem Stück Stoff eine Puppe genäht. Es war rührend gewesen, wie sehr Poll sich darüber gefreut hatte. Jede Nacht nahm sie die Puppe mit ins Bett. Wie gemein war es von Margery, so mit dem Mädchen zu sprechen! Aber Margery war nur außer sich, weil Jin immer noch James mit ihren Blicken fixierte. Carolan sehnte sich nach dem vergleichsweise friedlichen Schlafraum, wo sie in Ruhe in ihrem Bett liegen konnte.

Hier in der Küche konnte man spüren, wie ein Sturm sich ankündigte. Die Atmosphäre war schwül und bedrohlich. Selbst die sonst so träge, gleichgültige Margery wirkte angespannt und verärgert.

»So, jetzt laßt uns ein Gläschen Gin trinken. Bringt eure Gläser her!«

»Ich möchte nichts«, sagte Esther.

»Ach, du bist dir wohl zu gut dazu! Aber du warst dir nicht zu gut, deine Herrin zu bestehlen. Ich muß dich im Auge behalten!«

»Gib mir dein Glas, Esther«, sagte Carolan und warf Esther einen warnenden Blick zu. Gleichzeitig lächelte sie Margery an.

»Da!« sagte Margery. »Trink das aus, du falsche Katze. Glaub bloß nicht, du kannst mich mit deinen frommen Gebeten hinters Licht führen.«

Carolan wollte Margery ein wenig trösten; die arme Margery, die um den Verlust ihrer Jugend und ihrer Attraktivität trauerte.

Esther nahm das Glas mit zittrigen Fingern. Ihre Nerven waren in Newgate zu sehr strapaziert worden. Zeitweise fühlte sie sich zwar sicher, aber aus heiterem Himmel konnte sie in helle Panik versetzt werden. Alle Arbeiten, die man ihr auftrug, erledigte sie ordentlich; es machte ihr nicht viel aus, wie ein Sträfling behandelt zu werden, denn sie war von Natur aus demütig. Carolan nahm sie eine Menge Arbeit ab, und sie tat es gern, denn sie fühlte, daß sie tief in Carolans Schuld stand. Jeden Abend sagte sie ihre Dankgebete und schlief dann ruhigen Gewissens ein. Aber in ihrem Innersten konnte sie all das Gräßliche, das man ihr im Newgate-Gefängnis angetan hatte, nicht vergessen. Manchmal schrie sie mitten in der Nacht auf, weil sie von den Gesichtern der Frauen träumte, die sie immer dichter einkreisten und sie zu obszönen Dingen zwangen. Dann weckte Carolan sie vorsichtig auf, streichelte ihre Hände und sagte: »Es ist alles gut, Esther. Du bist nicht mehr dort. Du bist jetzt hier ...« Niemals war sie in der Lage, all das, was Carolan für sie getan hatte, wiedergutzumachen. Jetzt, als Margery sie so böse ansah und ihr befahl: »Trink das aus!« da spürte sie wieder den Geist von Newgate, die Tyrannei der Starken über die Schwachen, der Ungläubigen über die Gläubigen. Und Carolan, ihre Beschützerin, bat sie stumm, am Glas zu nippen, so zu tun, als ob sie trinken würde. Carolan hielt immer die Augen offen. Sie war klüger geworden, sie spürte Gefahr.

»Du sollst auch trinken, mein Schatz«, sagte Margery zärtlich zu Carolan.

»Schenk mir ein«, sagte Carolan.

»Kommt – Jin, Poll! Du auch, James!« rief Margery. Schnell war die Flasche geleert.

Die Lampe fing plötzlich zu flackern an. Das Öl ging zur Neige. Jin starrte zu James hinüber, aber er kicherte zusammen mit Margery über irgendeinen Scherz. Poll weinte leise um ihr totes Baby. Esther hatte zu viel Gin getrunken und sah aus, als fieberte sie; wie wunderschön sie heute abend ausschaut, dachte Carolan.

Plötzlich sagte Margery: »Hör schon auf zu heulen, Poll. Wenn Mr. Masterman jetzt herunterkäme, was würde er dann wohl denken. Und was ist mit dem Bad der gnädigen Frau? Sie geht immer um elf ins Bett. Und dann will sie vorher ein heißes Bad. Jin, woran denkst du, du faule Schlampe? Steh schon auf, du Miststück! Bring ihr die Kannen mit heißem Wasser. Es ist schon gleich elf. Wir kriegen noch den größten Ärger!«

Jin leerte ihr Glas und stand auf. Sie mußte sich am Tisch festhalten, weil sie schwankte.

»Du bist besoffen, stinkbesoffen!« schrie Margery und stieß Jin auf ihren Stuhl zurück.

»Soll ich vielleicht das heiße Wasser nach oben tragen?« fragte Carolan.

Margery nickte und ließ sich auf den Stuhl neben James fallen.

»Oder soll ich es tun?« bot sich Esther an.

»O nein, du hast viel zu viel Gin getrunken. Ich sehe es dir an, am besten, du legst dich gleich hin.« Müde und gehorsam erhob sich Esther und ging zu Bett.

Carolan fühlte sich beschwingt und aufgeregt. Endlich hatte sie die Gelegenheit, in die oberen Stockwerke zu gelangen. Sie wollte teilhaben an der Aufregung des Festes und sehnte sich danach, selbst zu einem Fest zu gehen und ein hübsches Kleid zu tragen. Mit Mißfallen betrachtete sie ihre Hände. Sie waren schmutzig, und unter den Nägeln sah man schwarze Ränder.

Hastig füllte sie die Kannen. Als sie sie durch die Küche trug, waren die anderen schon zu Bett gegangen. Vorsichtig stieg sie die Hintertreppe hoch.

Im ersten Stock des Hauses lagen die Zimmer, die Mr. und Mrs. Masterman bewohnten. Sie hatte sie einmal gesehen, als sie mit Jin dort saubergemacht hatte. Zum erstenmal durfte sie ganz allein durchs Haus gehen. Es war ein ungeschriebenes Gesetz, daß neu angekommene Sträflinge sich nicht ohne Aufsicht in den oberen Etagen aufhalten durften. Das war eigentlich auch ganz vernünftig, mußte sie zugeben und dachte dabei an Mr. Masterman. Wahrscheinlich führte er über sie alle Buch. »Carolan Haredon, Diebin« würde wohl über sie darin stehen.

Vor den Zimmern hielt sie inne. Mrs. Mastermans Zimmer war am Ende des Korridors. Zwischen ihrem Zimmer und dem von Mr. Masterman gab es einen Raum, in dem sie sich wuschen. Und auch dieser hatte eine Tür zum Korridor. Mr. Masterman hatte das Haus entworfen, hatte ihr Margery einmal erzählt. Seine Planung war wirklich perfekt.

Vor der Badezimmertür setzte Carolan die Kannen ab und klopfte. Als sie keine Antwort erhielt, trat sie ein. Es war ein ziemlich großer Raum, wie alle in diesem Haus. In der Ecke stand eine Badewanne, und an der Wand hing ein großer Spiegel. Es gab auch einige Schränke, und auf einem Tisch vor dem Spiegel standen Cremetöpfe und Parfümflakons. Es bereitete ihr schon Vergnügen, sich in so einem Raum aufzuhalten.

Aber sie durfte nicht herumstehen und das Wasser kalt werden lassen, denn sonst erlaubte man es ihr bestimmt nicht noch einmal, solche Dienste zu verrichten. Sie ging zu Mrs. Mastermans Zimmertür und klopfte an.

Sie hörte ein Seufzen, dann sagte eine erschöpfte Stimme: »Komm herein!«

Mrs. Masterman lag im Bett. Das blaue Kleid lag auf dem Fußboden, daneben die silbernen Schuhe. Mrs. Mastermans dünnes blondes Haar ergoß sich über das Kopfkissen. Sie sah sehr müde aus.

Ohne sich umzudrehen sagte sie: »Ach, mein Bad. Ich bin jetzt zu müde ...«

»Ich werde das Wasser wieder wegbringen«, entgegnete Carolan.

Als sie die kultivierte Stimme hörte, die so ganz anders klang als das heisere Gestotter Jins, drehte sich Mrs. Masterman langsam um.

»Oh ...«, sagte sie, »nimm doch bitte mein Kleid und hänge es in den Schrank im Badezimmer.«

Carolan ging zum Bett, um das Kleid und die Schuhe aufzuheben.

»Bin ich dir schon einmal begegnet?« fragte Mrs. Masterman.

»Das weiß ich nicht«, antwortete Carolan. »Ich habe Euch jedenfalls schon gesehen.«

Dies war nicht eine normale Unterhaltung zwischen einer Herrin und einer Sträflingsdienerin. Es war eher, als ob eine Dame einer anderen Dame ihre Aufwartung machte.

»Ich denke, ich würde mich an dich erinnern, wenn ich dich schon einmal gesehen hätte. Gib mir bitte eine von den Pillen auf dem Tisch. Und dazu brauche ich noch ein Glas Wasser.«

Carolan fielen Mrs. Mastermans schneeweiße Hände auf.

»Ich danke dir. Ich habe eine sehr schwache Gesundheit.«

»Das tut mir leid.«

»Manchmal mache ich die ganze Nacht kein Auge zu.«

»Das muß sehr unangenehm sein.«

»Ja, das ist es. Vielen Dank. Dr. Martin sagt, daß diese Pillen wahre Wunder wirken.«

»Und sie helfen Euch?«

»Oh, ja. Obwohl man sich natürlich daran gewöhnen kann, alles mögliche zu schlucken. Gute Nacht. Bitte häng doch das Kleid in den Schrank.«

»Das werde ich tun, gute Nacht.«

Lucille Masterman rief sie zurück, als sie schon an der Tür war.

»Schließ doch bitte die Tür ab. Und dann schieb den Schlüssel unter der Tür durch.«

»Ja«, sagte Carolan und tat wie befohlen.

Es war schon ein ziemlich außergewöhnliches Erlebnis, und ihr Erfolg machte sie schwindlig. Oder vielleicht lag das am Gin? Zum erstenmal seit sie ins Newgate-Gefängnis geworfen worden war, hatte sie jemand so behandelt, wie sie es in Haredon gewohnt war. Und dann auch noch die Hausherrin!

Sie öffnete eine Schranktür. Dahinter kamen unzählige Kleider zum Vorschein. Samt und Brokatstoffe, weiche Wollstoffe und Seide. Sie ließ ihre Hände darübergleiten, aber ihre rauhen Finger blieben an den feinen Stoffen hängen.

Vorsichtig hielt sie das blau-silberne Kleid vor den Körper und betrachtete sich in dem großen Spiegel. Carolan Haredon von Haredon! All die Leiden, all das Elend hatten sie kaum zu verändern vermocht. Dieses Kleid zu tragen … nur für einen Augenblick! Sich ihren ersten Ball in Erinnerung zu rufen! Aber zuerst wollte sie schnell baden.

Ihr Gesicht war brennend rot. Auf Zehenspitzen schlich sie zu Mr. Mastermans Zimmer. Seine Tür war verschlossen. Sie konnte sich sicher fühlen. Mrs. Masterman lag im Bett, Mr. Masterman mußte wohl noch bei seinen Gästen sein. Es würde nur zehn Minuten dauern. Zehn Minuten

Glück, und kein Risiko, erwischt zu werden ... zumindest war es ein sehr kleines Risiko, und sie war verwegen, sie war tollkühn. Sie wollte das warme Wasser auf ihrem Körper spüren und die weiche Seide auf ihrer Haut. Schnell streifte sie ihre Kleider ab. Im Spiegel sah sie, wie groß, wohlgeformt und anmutig sie wirkte. Wie herrlich war es, diese Sträflingslumpen loszusein!

Sie schrubbte ihren Körper voller Wonne. Die Angst, entdeckt zu werden, machte das Ganze nur noch aufregender.

Als sie nackt und sauber vor dem Spiegel stand, fühlte sie sich, als hätte sie all den Schmutz des Newgate-Gefängnisses und des Sträflingsschiffes abgewaschen.

Jetzt wollte sie sich noch schnell in Mrs. Mastermans Kleid betrachten, und dann nichts wie zurück nach unten.

Sie hatte vergessen, daß Mrs. Masterman viel zierlicher war als sie, sich in das Kleid zu zwängen und mit dem Kleid über dem Kopf dort stand, hörte sie Schritte ganz in ihrer Nähe. Sie war sich nicht sicher, ob sie aus Mr. Mastermans Zimmer kamen oder aus dem seiner Frau und wurde von Panik ergriffen. Schnell mußte sie ihr gelbes Kleid wieder anziehen; plötzlich war sie vollkommen nüchtern und begriff, was es bedeuten würde, wenn man sie erwischte. Eine Strafe ... die Peitsche. Sie begann zu zittern, und während sie so dastand, mit dem Kleid halb über ihrem Kopf, öffnete sich die Tür. Verzweifelt zerrte sie an dem Kleid, und es glitt über ihren Kopf. Im Spiegel sah sie Mr. Masterman, der in der Tür seines Zimmers stand. Er stand ganz still, wie aus Stein gemeißelt.

»Was ist denn hier los?« sagte er dann. Seine Stimme klang hart.

Sie fand keine Worte; sie war starr vor Schreck und konnte nur an das Geräusch der Peitsche denken, wie sie auf ihren Rücken niedersauste.

»Wer bist du?« fragte er und machte einen Schritt auf sie zu. »Ich erkenne dich nicht.«

Sie konnte immer noch nicht sprechen. Ihr Mund war trocken.

Ganz deutlich sah sie das helle Haar, das sich um sein

Gesicht legte; die blasse Haut darunter; die Augen, die graugrün waren wie die See an trüben Tagen. Jetzt hatten diese kalten Augen das Kleid neben der Badewanne entdeckt.

»Du bist eine aus der Küche«, sagte er.

»Ja.« Ihre Stimme war endlich zurückgekehrt, und sie fühlte sich erheblich besser. Wenn sie bestraft werden sollte, dann würde sie die Strafe klaglos akzeptieren. Er sollte auf keinen Fall sehen, wie verängstigt sie war.

»Und warum hast du das gemacht?« fragte er.

»Die Lady wollte nicht baden. Und ich sehnte mich so danach. Ich sollte ihr Kleid in den Schrank hängen und wollte mich darin sehen. Deshalb habe ich es angezogen.«

»Du bist ein keckes junges Ding«, sagte er. »Und sehr respektlos.«

»Ihr habt mich gefragt, ich habe geantwortet.«

Er sah sie von unten bis oben an, eiskalt, und das machte sie rasend. In diesem Zustand waren ihr die Konsequenzen ihres Tuns nicht mehr bewußt. Sie hatte einen Kloß im Hals; vor Wut und Selbstmitleid mußte sie würgen.

»Ich nehme an, Ihr laßt mich hierfür auspeitschen«, sagte sie. »Doch das macht mir nichts aus.«

»So, es macht dir also nichts aus! Hat man dich schon einmal ausgepeitscht? Nein? Ist es dann nicht ein wenig voreilig, so leichtfertig darüber zu reden?«

»Für Euch ist es einfach, so ruhig zu bleiben. Ihr seid nicht von Eurem Zuhause weggeschleppt worden. Ihr mußtet nicht mitansehen, wie Euer Vater ermordet wurde oder wie Eure Mutter sterben mußte, weil die Aufseher so grausam und gleichgültig waren. Ihr habt nicht im stinkenden Newgate-Gefängnis gelegen und seid nicht auf einem schmutzigen Gefangenenschiff um ein Haar gestorben. Euch hat man nicht in irgendein Haus geschleppt ... wo Ihr Sklavenarbeit verrichten müßt ...«

Sie konnte nicht weitersprechen; die Tränen strömten ihre Wangen hinunter. Er drehte ihr jetzt den Rücken zu.

»Zweifelsohne hast du dich keines Verbrechens schuldig gemacht?«

»Ich bin unschuldig!«

»Ja, selbstverständlich, wie jeder Sträfling, den ich getroffen habe. Sie rauben und morden, aber sonst sind sie völlig unschuldig. Nun, vielleicht könntest du jetzt so gut sein und das Kleid deiner Herrin ausziehen? Und in Zukunft bleibst du da, wo du hingehörst.«

Wäre er auch nur im geringsten wütend gewesen, dann hätte sie ihn lieber gemocht. Es war seine Kälte, die sie nicht ertragen konnte.

»Und bitte warte, bis ich fort bin. Du scheinst mir genauso schamlos zu sein wie alle deine Freunde aus dem Newgate-Gefängnis.«

Die Tür schloß sich hinter ihm, und der Schlüssel wurde im Schloß herumgedreht. Sie sah sich selbst im Spiegel. Ihre Wangen waren scharlachrot, ihre Augen voller Tränen. Wie lange hatte er schon dagestanden und zugesehen, wie sie versuchte, sich in das Kleid zu zwängen? Sie legte die Hände vors Gesicht, die Scham brannte in ihren Augen. Diese kaltblütige Bestie! Wie sie ihn haßte! Niemand war so abscheulich und so kaltblütig wie er. Wut konnte man ja noch verzeihen, aber nicht diesen gemeinen, kaltblütigen Sarkasmus ...

Schnell zog sie das Kleid aus. Nichts fürchtete sie mehr, als daß er zurückkommen würde. Sie versuchte, ihr Schluchzen zu unterdrücken. Er könnte es hören und selbstzufrieden grinsen, dieser widerliche, brutale Kerl. Bestimmt würde er auf den Hof kommen, um ihrer Strafe beizuwohnen. Man bekam Striemen davon auf dem Rücken, hatte Marcus gesagt, Striemen, deren Narben man ein Leben lang behielt, so daß man für immer gebrandmarkt war.

Sie schöpfte das Wasser zurück in die Kannen und hing das Kleid in den Schrank, die ganze Zeit fürchtete sie, er würde zurückkommen.

Als sie in die Küche kam, waren alle schon zu Bett gegangen. Sie goß das Wasser aus und ging in den Schlafraum.

Dort brannte noch eine Kerze. Sie sah, wie sich Margery und James eng umschlungen in den Armen hielten; Poll hatte ihre Puppe im Arm; Jin schnarchte leise.

Esther jedoch war noch wach. Sie flüsterte: »Warum kommst du erst jetzt?«

»Ich mußte noch ihre Kleider wegräumen.«

»Ich bin froh, daß du wieder da bist; ich hatte schon Angst.«

»Du machst dir immer zu viele Sorgen.«

»Ich weiß, ich bin eben nicht so stark und tapfer wie du.«

»So, jetzt laß uns schlafen.«

Tapfer war sie? Dabei zitterte sie am ganzen Körper. Sie meinte schon die Peitsche auf ihrem Rücken zu spüren. Wie sie ihn verachtete! Diese kalten Augen, die keinerlei Gefühl zeigten. Wie gern würde ich ihn selbst die Peitsche kosten lassen!

Plötzlich dachte sie an Marcus, an seine warmen, leidenschaftlichen Augen.

Ach Marcus! Marcus! Ich will dich! Du bist es, den ich will!

»Carolan, was ist los mit dir?« fragte Esther ängstlich. Als Margery sie an diesem Morgen geweckt hatte, schlief Carolan noch so fest, daß Esther sie schütteln mußte. Unter Carolans Augen lagen dunkle Schatten.

»Was soll schon mit mir los sein?« wehrte sich Carolan ärgerlich. »Ich bin unzufrieden, das ist alles. Kannst du etwa glücklich sein, wo wir hier wie Sklaven gehalten werden?«

»Aber Carolan, heute scheint es noch irgend etwas anderes zu sein. Willst du es mir nicht sagen?«

»Esther, glaub mir, es ist nichts!«

Sie standen an der Spüle und schälten Kartoffeln. Das dreckige Wasser rann in Carolans Ärmel. Jedesmal wenn die Küchentür sich öffnete, zitterte sie vor Angst.

Er würde unerwartet zuschlagen, da war sie sich ganz sicher. Bestimmt käme er nicht selbst in die Küche. Der gröbste seiner Männer würde sie auf den Hof schleppen, und dort würden sie ihre Hände und Füße an den Pfosten binden. Er würde sich nicht einmal die Mühe machen, zuzusehen. In ihm loderte kein Feuer. Kalt und überlegt würde er sich eine angemessene Strafe ausdenken. Das Badewasser der Herrin benutzen, ihr Kleid anziehen, das macht fünfzig Hiebe. Das würde er bestimmt in ein Notizbuch schreiben. Nicht einmal Jonathan Crew war so abscheulich wie dieses kalte, unmenschliche Scheusal.

Der Morgen schleppte sich dahin.

Margery sagte: »Du bist wohl verliebt, mein Schätzchen? Du läufst herum wie eine Schlafwandlerin!«

»Verliebt!« schrie Carolan mit zornig funkelnden Augen.

»Haha! Wohl eher das Gegenteil! Jemand hat Eurer Ladyschaft wohl nicht den nötigen Respekt erwiesen? Bist du deshalb so wütend?«

»Laß mich doch in Ruhe!«

»Bei den Männern kannst du dir meinetwegen etwas einbilden, aber nicht bei mir! Vergiß die Peitsche nicht, Mr. Masterman hat sie mir anvertraut!«

Die Peitsche! Mr. Masterman! Ihre Lippen begannen unwillkürlich zu zittern.

»Komm her und paß auf das Fleisch auf. Jin macht die Pasteten fertig. Und glotz mich nicht so verdrießlich an, Jin! Sonst kriegst gleich du die Peitsche zu spüren, so wahr ich Margery Green heiße.«

Diese Jin sollte schon sehen, was dabei herauskam, wenn man Margerys Männern schöne Augen machte. Am liebsten hätte sie Jin ins Gesicht geschlagen. Hübsch würde das aussehen! Ein roter Striemen auf ihrem Zigeunergesicht. Aber Mr. Masterman hätte bestimmt wissen wollen, was passiert war, wenn Jin mit einem Striemen im Gesicht am Tisch bediente. Und Margery hatte Angst vor Mr. Masterman. Schon der Gedanke an ihn hielt alle hier unten in Zaum. Auch Jin fürchtete ihn. Sie hatte schon versucht, ihm schöne Augen zu machen, aber ihre lüsternen Blicke schienen keine Wirkung auf ihn zu haben. »Er ist doch nur ein halber Mann!« sagte Margery verächtlich.

War Carolan verliebt? Und wenn, in wen? James, Tom, Charly? O nein, für die war sie viel zu hochmütig.

Die Küchentür öffnete sich, und Margery sah, wie Carolan aschfahl wurde. Was hatte das nur zu bedeuten?

James kam in die Küche.

»Eine Tasse Kaffee, aber schnell! Und Kuchen dazu! Wir haben Besuch!«

»Wie ich Besuch am frühen Morgen hasse!« brummte Margery. Sie berührte Carolans Arm.

»Mach zu, Mädchen. Du kannst den Kaffee nach oben bringen.«

»Oh, Margery!« Carolan konnte nur mit Mühe die Tränen zurückhalten.

»Jetzt geh schon mit dem Tablett nach oben! Mrs. Masterman sitzt mit einer anderen Lady im Salon. Gib dir Mühe. Vielleicht mag Mrs. Masterman dich ja lieber als die schmierige Zigeunerin. Hier ist der Kuchen. Ich komme mit und klopfe an die Tür.«

Sie gingen die Treppe hinauf. Würde er dort sein? fragte sich Carolan.

Margery klopfte an die Tür des Salons.

»Herein!« sagte Mrs. Masterman.

Carolan ging hinein. Mrs. Masterman saß zurückgelehnt auf einem Diwan und sah sehr schwach aus. Sie trug ein Bettjäckchen, in dem sie wie eine Invalidin wirkte.

Carolan war erleichtert, daß Mr. Masterman nicht da war, und schenkte den Kaffee ein.

Die Damen rührten in ihren Tassen. Die dunkelhaarige Besucherin kam Carolan irgendwie bekannt vor.

»Ihr scheint gute Dienstboten zu haben«, sagte die Besucherin. »Im Gegensatz zu mir.«

»Gunnar sucht sie sehr sorgfältig aus.«

»Ach ja, das ist es eben. Wenn man sich als Frau selbst um alles kümmern muß ...« Dunkle Augen schauten Carolan wohlwollend an. »All die jungen Verbrecher tun mir immer irgendwie leid.«

Carolan ging hinaus und fragte sich, wo sie diese Stimme schon einmal gehört hatte. Aber das war eher nebensächlich. Wo war der Hausherr, und wann würde er seine unverschämte Dienerin bestrafen? War es möglich, daß er es vergessen hatte? Er war schließlich ein vielbeschäftigter Mann. Konnte es sein, daß er den Vorfall vergessen hatte?

In der Küche war irgend etwas Besonderes los. Sie hörte Esther lachen. Niemals hatte sie Esther so fröhlich lachen hören. Margerys Stimme klang aufgeregt, sie kicherte. Und dann erklang eine andere Stimme, die ihr Herz schneller schlagen ließ. Die Stimme von Marcus!

Sie rannte die letzten Stufen zur Küche hinunter. Da stand er draußen vor dem Fenster, fröhlich wie eh und je. Er trug eine Reithose aus Leder.

An der Türschwelle hielt sie an, und er sah auf. Sofort vergaß sie ihre schreckliche Angst vor einer Strafe, denn der Blick seiner Augen löschte alles andere aus.

»Carolan!« rief er, seine Stimme klang bewegt.

»Marcus!«

Sie rannte zu ihm und warf sich in seine Arme. Er küßte sie auf beide Wangen und dann auf den Mund.

»Meine süße Carolan!«

»Marcus ... nach all der Zeit. Was ist geschehen? Wo bist du gewesen? Bist du frei? Bist du gekommen, um mich abzuholen?«

»Du stellst mir so viele Fragen«, entgegnete er lachend. »Und auch ich will so viel von dir wissen. Aber du weinst ja, meine Liebste. Bedeutet es dir denn so viel, daß dein alter Vagabund zurückgekehrt ist?«

Margery hielt sich den Bauch vor Lachen.

»Kommt herein! Mrs. Masterman möchte bestimmt, daß wir dem Diener ihrer Freundin unsere Gastfreundschaft erweisen!«

»Du bist ein Diener, Marcus?«

Er sprang über die Fensterbank. Auch Carolan lachte jetzt wie alle anderen.

»Ja, genau wie du, meine hochmütige Carolan.«

»Steh nicht so dumm herum, Poll. Bring uns Gläser! Ein bißchen Ale ist jetzt genau das Richtige.«

Carolan lachte, denn sie stand ganz unter dem Zauber von Marcus. Seine warmen Augen blickten sie alle liebevoll an; zuerst Carolan, seine Auserwählte, dann die süße Esther und die liebestolle Margery, die verdrießliche Jin und sogar Poll, die nervös an ihrem Kleid herumzupfte. Alle waren sie wie verzaubert.

Sie setzten sich an den Tisch. Er saß zwischen Carolan und Esther und legte um jede einen Arm.

»Marcus, du mußt großes Glück gehabt haben«, sagte Carolan. »Du siehst überhaupt nicht wie ein Sträfling aus. Du siehst aus wie …«

»… ein feiner Gentleman? Das Glück hat mich nicht verlassen, meine Lieben. Ich kam zu Miß Clementine Smith in den Dienst. Sie fand heraus, daß ich gut mit Pferden umgehen kann, so fahre ich ihre Kutsche. Sie steht jetzt draußen im Hof.«

»Du wußtest, daß wir hier sind?« fragte Carolan.

»Natürlich habe ich so schnell wie möglich herauszubekommen versucht, wo ihr seid!«

»Marcus, ich bin ja so glücklich. Wenn ich doch nur mit dir fortgehen könnte! Wenn doch Esther und ich …«

»Ja, wenn! Vergiß nicht, nur bei guter Führung werden wir belohnt. Eines Tages …«

»Ich kann warten«, sagte sie. »Jetzt kann ich alles ertragen. Kannst du es auch, Esther?«

»Ja, das kann ich!«

»Ihr seid zwei Engel!«

»Trinkt aus!« rief Margery. »Wir bekommen so selten Besuch hier.«

»Das ist ein Jammer, Madam, denn Ihr seid äußerst gastfreundlich.«

Margerys Augen glänzten. Was für ein Mann! Und er liebte das Mädchen. Wie sehr er das Mädchen liebte! Und außerdem war er viel aufmerksamer zur alten Margery als zu Jin. Dunkelhäutige Zigeunerinnen waren eben doch nicht jedermanns Geschmack.

Marcus erzählte ihnen, was ihm widerfahren war.

»Von Anfang an trat ich in den Dienst von Miß Clementine Smith. Sie war auch gerade erst in Sydney angekommen, suchte einen männlichen Diener und sagte, ich wäre genau der Richtige für sie. Ich hatte Glück. Ich bin gut behandelt worden.«

»Wie ein menschliches Wesen, nehme ich an«, meinte Carolan und dachte an ein paar blasse, grau-grüne Augen.

»Ja, genauso.«

»Du wohnst bei uns in der Nähe?«

»In Sydney.«

»Ach Marcus, wir sind doch schon über einen Monat hier.«

»Ich weiß, ich weiß. Aber vergiß nicht, ich kann nicht tun und lassen, was ich will. Ich mußte warten, bis meine Herrin Mrs. Masterman einen Besuch abstatten wollte. Erst heute hat sie sich dazu entschlossen. Ihr könnt euch vorstellen, daß mein Herz einen Freudensprung gemacht hat.«

»O Marcus, es ist wundervoll!«

»Carolan, du siehst viel besser aus als bei unserem letzten Abschied.«

Margery sagte: »Sie hatte Glück, in dieses Haus zu kommen. Mr. Masterman gehört das vornehmste Haus der Stadt.«

»Ich bin so froh, Carolan und Esther. Ich weiß nicht, wie ich den Göttern danken soll, daß sie meine lieben Freundinnen in solch gute Hände geführt haben, Madam.«

»Das war eine glückliche Fügung«, kicherte Margery.

»Euer Lächeln wärmt mir das Herz, Madam. Darf ich von nun an öfter in Eure Küche kommen?«

»Darf ich fragen, wofür Ihr das hier haltet? Für einen Sträflingsclub vielleicht?«

»Im Moment erscheint es mir hier wie das Paradies.«

Diese Stimme! Diese Worte! dachte Margery. Wie viele Männer ihr auch schon begegnet waren, so einer wie er war nicht dabei gewesen. Und das Mädchen liebte ihn auch, ebenso wie die zurückhaltende Esther ihn zu lieben schien. Aber neben Carolan hatte sie keine Chance! Diese weiße Haut und das rötliche Haar, diese hübsch geschwungenen Wimpern, deren Spitzen rötlich schimmerten! Allein die Vorstellung, daß die beiden sich liebten, konnte Margery in Ekstase versetzen. Wenn jemals zwei füreinander bestimmt waren, dann diese zwei, dachte sie. Natürlich durfte er in ihre Küche kommen; jederzeit würde sie ihnen erlauben, das Kellerschlafzimmer während des Tages zu benutzen. Und sie selbst würde ihnen ab und zu eine Kleinigkeit zu essen und zu trinken bringen. Die Liebe machte schließlich hungrig und durstig … Wer sollte das besser wissen als sie!

Jetzt flüsterte er mit den beiden.

»Ich werde euch ein Geheimnis verraten. Ich bleibe nicht mehr allzu lange bei Miß Clementine Smith. Tom Blake, ein alter Freund aus London, ist sehr an meinen Diensten interessiert. Carolan, Esther, habe ich euch nicht gesagt, daß ich es verstünde, selbst hier auf Rosen gebettet zu sein? Und genauso wird es auch kommen. Seit ein paar Tagen ist Tom hier. Er hat eine Menge Geld und will sich hier eine Existenz aufbauen. Ich glaube, man kann in diesem Land viel Geld verdienen, wenn man bereit ist, hart dafür zu arbeiten. Tom wird Land kaufen und Schafe züchten. Aber er braucht jemanden, der ihm tatkräftig zur Seite steht, einen guten Partner. Und das bin ich, sein alter Freund Marcus. Er wird mich bei Miß Clementine Smith abwerben. Auf dem Papier bin ich, William Henry Jedborough, zu lebenslänglicher Zwangsarbeit verurteilt, aber als Diener meines guten Freundes Tom Blake werde ich mich fühlen wie ein freier Mann. Und wenn man sich acht Jahre lang tadellos geführt hat, kann man vorzeitig entlassen werden, selbst wenn man lebenslänglich bekommen hat.«

»Ach Marcus!« rief Carolan. »Wie geschickt du bist!«

»Aber nein, das bin ich nicht!« lachte er. »Nur dank meiner Erfahrungen habe ich gelernt, mich geschickt zu verhalten. Und außerdem habe ich noch etwas gelernt, und das wird euch überraschen – es ist die Erkenntnis, daß man mit Ehrlichkeit am weitesten kommt.«

»Oh, Marcus! Wie froh ich bin«, sagte Esther. »Alle deine Erlebnisse und Erfahrungen hatten einen Sinn, wenn du am Ende zu dieser Einsicht gelangt bist!«

Marcus lächelte und streichelte Esthers Hand.

»Liebe Esther! Wie recht du hast! Sobald ich in Toms Diensten stehe, werde ich vollkommen ehrlich sein. Warum auch nicht? In diesem Land gibt es ungeahnte Möglichkeiten. Hier herrscht mehr Gleichheit unter den Menschen als in England. Wenn ich erst entlassen bin, dann werde ich ein ehrbarer Mann sein. Dies ist Gottes Land … denn er hat dieses Land geschaffen, damit die Menschen hier frei und glücklich sein können. Selbst der Sonnenschein ist hier viel schöner als zu Hause. Ich sehe ein großartiges Land vor mir ... später einmal. Jenseits der Berge wird es Gras für Millionen von Schafen geben, das fühle ich. Dieses Gras muß man nicht mühevoll für den Winter lagern, sondern es wächst das ganze Jahr lang unter der herrlichen Sonne.«

Jin, die Zigeunerin, sah ihn mit großen Augen und leicht geöffneten Lippen an. Hätte er sie gefragt, sie wäre auf der Stelle bis ans Ende der Welt mit ihm gegangen. Poll zupfte an ihrer Schürze, während sie seinen Worten lauschte. Sie verstand zwar nicht viel von dem, was er sagte, aber es machte ihr trotzdem Spaß, ihm zuzuhören. Mit seinen lebhaften Augen sah er sie einen Augenblick lang so freundlich an, wie es in ihrem ganzen Leben noch nie jemand getan hatte – weder Carolan, die ihr die Puppe gebastelt hatte, noch der Mann, der für kurze Zeit ihr Liebhaber gewesen war.

Carolan war sich seiner Wirkung auf die anderen bewußt. Marcus, der Freibeuter und Dieb, er war der charmanteste Mann der Welt. Während er sprach, liebkoste er die ganze Zeit ihren Arm. Seine Augen waren voller Liebe für sie. Mit seinem Gerede über Gras und Schafe ließ er ein Bild ihres gemeinsamen Zuhauses auf einer Farm in der Nähe von Sydney entstehen. In ihrer Fantasie ritten sie gemeinsam über die Weiden, lebten sie zusammen.

Und jetzt war sie damit einverstanden. Die Verheißung, mit ihm zusammen auf einer Farm zu leben, gab all dem Schrecklichen, das sie hatte erdulden müssen, einen Sinn.

»Du hast es geplant«, sagte sie. »Du hast es schon während der Überfahrt geplant!«

»Tom hat mich des öfteren in Newgate aufgesucht, da haben wir alles besprochen.«

»Er hat bestimmt das Geld geschickt, das dir deine Privilegien ermöglichte!«

»Ja, wer denn sonst? Außerdem war es mein Geld, mein Liebling.«

»Und es ist dein Geld, das er mitbringt!«

»Damit können wir uns einen Platz an der Sonne kaufen, im sonnigsten Land der Erde!«

»Wann wirst du zu Tom gehen?«

»Wir müssen ein wenig vorsichtig sein.«

»Du schaffst es bestimmt, Marcus. Du bist so klug.«

»Aber natürlich. Und wenn ich erst bei Tom bin, dann brauchen wir ein, zwei junge Frauen im Haus. Mit Küchenarbeit hatten wir beide nämlich nie etwas im Sinn.«

»O Marcus!« sagten Carolan und Esther wie aus einem Munde.

»Und was ist mit Mr. Masterman?« warf Margery ein.

»Was soll denn mit ihm sein?« fragte Carolan leichthin. Jetzt fürchtete und haßte sie ihn plötzlich fast überhaupt nicht mehr.

»Er hat viel Macht in der Stadt. Glaubt ihr denn, ihr könnt ihm etwas vormachen?«

»Er ist eine Bestie!« rief Carolan. »Eine kaltblütige Bestie!«

»Mir ist es lieber, du lebst im Hause einer kaltblütigen Bestie als bei einer heißblütigen!« Er wandte sich an Margery: »Glaubt Ihr, daß er die beiden nicht gehen läßt?«

»Ganz bestimmt läßt er sie nicht gehen. Das, was Ihr da vorhabt, junger Mann, ist ganz und gar nicht nach seinem Geschmack. Und eins müßt Ihr wissen – hier in der Stadt hat er eine ganze Menge zu sagen. Und außerdem ist er unser Herr.«

»Herr!« rief Carolan. »Herr!«

Marcus hielt ihre Hand fest umklammert.

»Wir müssen natürlich warten. Ich habe unbedacht dahergeredet, weil ich so froh bin, dich wiederzusehen.«

»Marcus, bist du sehr unglücklich gewesen, seit du hier bist?«

»Ich war nur unglücklich, weil ich dich so lange nicht gesehen habe.«

»Ich bin ja so froh. Diese Peitsche! Nie wieder will ich eine Peitsche sehen!«

»Auf unserer Farm werden wir keine haben!«

»Auf unserer Farm?«

»Ja, unserer, deiner und meiner und Esthers ... Sollen wir nicht auch gleich die gesamte Dienerschaft aus Mr. Mastermans Küche mitnehmen und sie für uns arbeiten lassen?«

Verschwörerisch sah er sie alle an, und sie zitterten vor Erregung. Auf diese Weise sicherte er sich ihre Verschwiegenheit; sie würden nicht über seine Pläne tratschen, denn sie hofften, an seinem Abenteuer teilzuhaben. Ob er tatsächlich meinte, was er sagte, wußte sie nicht. Bei Marcus konnte man sich da nie sicher sein. Wie klug er war! Es war ihr auch egal. Wichtig war nur, daß er zu ihr zurückgekommen war.

Plötzlich erhob er sich.

»Meine Clementine ruft nach mir. Ich darf sie nicht warten lassen. Au revoir! Ich komme bald wieder!«

Er küßte Carolan und dann Esther. Und mit einer Verwegenheit, mit der er Margerys Herz vollständig eroberte, küßte er auch Margery. Vor Jin und Poll machte er eine Verbeugung, dann sprang er durchs Fenster. Er lächelte ihnen noch einmal kurz zu und war verschwunden.

In der Küche blieb es still. Sie hörten eine weibliche Stimme sagen: »Wo warst du? Ich weiß, du mußtest lange auf mich warten; ich hatte wirklich nicht vor, so lange zu bleiben.«

Dann hörten sie seine Stimme, konnten aber nicht verstehen, was er sagte. Gleich damit fuhr die Kutsche davon.

»So, jetzt macht schon, wir können doch nicht den ganzen Tag vertrödeln!« rief Margery.

Als es Zeit wurde, das Essen zu servieren, kam Margery zu Carolan.

»Die Herrin will, daß du am Tisch bedienst. Sie mag dich lieber als Jin.«

Heute ist ein besonderer Tag, dachte Carolan. Veränderung liegt in der Luft.

In der Küche wurde das Tablett vorbereitet.

»Sie will in ihrem Zimmer essen«, sagte Margery. Der Herr ist nicht zu Hause; er ist zu einer der Farmen geritten. Jin, du mußt noch den Teller anwärmen!«

»Er ist weg?« fragte Carolan. »Wie lange wird er bleiben?«

»Woher soll ich das wissen? Meistens bleibt er ein paar Tage. Hast du die Soße fertig, Poll? Man könnte sich ja wer weiß was dabei denken ... aber er ist ja nur ein halber Mann. Das ist meine Meinung.«

Carolans Augen leuchteten. Ein paar Tage würde er fort sein! In der Zeit hätte er ihr Vergehen vielleicht vergessen. Dies schien wirklich ein Tag zu sein, an dem alles möglich war!

Sie trug das Tablett nach oben und klopfte an Mrs. Mastermans Tür.

»Komm herein«, sagte sie mit matter Stimme.

Sie lag auf dem Bett. »Ich habe wieder einmal Kopfschmerzen. Sie treten immer ganz plötzlich auf. Vor dem Essen nehme ich besser zuerst meine Medizin. Was hast du mir denn gebracht? Ich bekomme sowieso nichts herunter.«

Carolan fühlte sich ganz beschwingt von ihrem Erfolg. Es war, als ob etwas von Marcus' Lebensfreude auf sie übergegangen wäre. Sie fühlte sich klug genug, ihren eigenen Vorteil zu wahren.

»Aber Ihr müßt etwas essen, Madam.«

Sie fing an, das kränkliche Wesen auf dem Bett zu verstehen. Ihre Krankheiten waren der Mittelpunkt ihres Lebens. Auf dem Tisch neben dem Bett standen zahllose Medikamente. Sie verschloß ihre Tür, damit diese kaltblütige Bestie nicht zu ihr hereinkonnte. Vielleicht wollte er ja auch gar nicht zu ihr kommen. Sie waren nicht richtig lebendig, diese beiden. O Marcus, Marcus! dachte sie und konnte seine Lippen auf ihrer Haut spüren, voller Wärme und Leidenschaft.

»Gut, ich werde es versuchen. Wenn du nur wüßtest, wie ich mich fühle.«

»Ich kann es mir vorstellen, Madam.«

»In diesem Hause bringt man mir nicht viel Sympathie entgegen. Wie heißt du?«

»Carolan Haredon.«

»Du redest wie eine Lady.«

»Ich sollte auch einmal eine werden.«

»Deine Geschichte ist bestimmt sehr interessant ...«

Carolan spürte jedoch, daß Lucille Masterman eigentlich

lieber von sich selbst sprechen wollte, deshalb sagte sie nur kurz: »Es ist eine furchtbare Geschichte. Aber in einem Punkt hatte ich Glück – ich war immer kerngesund.«

»Die meisten Menschen wissen ihre Gesundheit in keiner Weise zu schätzen.«

»Bitte Madam«, sagte Carolan voller Mitgefühl, »könntet Ihr nicht versuchen, ein wenig zu essen?«

»Gut, ich werde es versuchen …«

Carolan legte ihr ein Bettjäckchen um die Schultern.

»Ihr dürft Euch auf keinen Fall erkälten, Madam.«

»Ach, ich erkälte mich ja so leicht. Nein! Geh noch nicht! Bleib noch ein bißchen. Du darfst dich setzen und etwas mit mir plaudern, während ich esse. Aber gib mir bitte zuerst meine Tabletten und ein Glas Wasser.«

»Ihr müßt wirklich sehr leidend sein, Madam, wenn Ihr so viele Arzneien braucht.«

»Ja, ich leide sehr. Ich mag diese Zigeunerin nicht. Sie macht mir angst. Und Poll sieht so schrecklich aus, daß ich sie nicht in meiner Nähe ertragen kann. Du und dieses andere neue Mädchen, ihr seht so viel netter aus. Aber mein Ehemann sagt immer, daß ihr Sträflinge erst eine ganze Weile hier sein müßt, bevor ihr euch frei im Hause bewegen dürft. Wie lange bist du nun schon bei uns?«

»Seit sechs Wochen.«

»Das ist keine lange Zeit, aber du siehst nicht böse aus.«

»Würdet Ihr mir glauben, wenn ich Euch sage, daß ich unschuldig bin?«

»Könntest du mir bitte die Kissen ein wenig aufschütteln? So ist es schon viel besser. Wo hast du in England gelebt?«

»Auf dem Land, in der Nähe von Exeter und dann in London.«

»London! Sprich nicht von London, sonst wird mein Heimweh noch unerträglicher. Diese Hitze hier bringt mich noch um. Welche Stücke hat man denn im Theater aufgeführt, als du dort warst? Erzähl mir, wie die Geschäfte aussahen. Wie gern würde ich in der Kutsche spazierenfahren und alles sehen und riechen! Sehnst du dich nicht dorthin zurück?«

»Nein! Wenn ich an London denke, kommen mir entsetzliche Dinge in den Sinn. Ich war dort nicht besonders glücklich.«

»Du kannst dich so gut ausdrücken. Ich möchte, daß du uns am Tisch bedienst. Alle werden mich beneiden, denn jeder hier hat Ärger mit den Dienstboten. Du bist mir sehr sympathisch; du wirst dich um meine Kleider kümmern und mir meine Medizin geben.«

»Vielen Dank, das ist sehr freundlich von Euch.«

»Ich mag dich wirklich gern. Dieses Zigeunermädchen spricht kein Sterbenswörtchen und ist immer so mürrisch. Ich habe meinem Gatten gesagt, daß sie mir angst macht; ihre Augen blitzen so böse. Aber er lacht nur darüber. So etwas kann er nicht nachvollziehen. Er ist noch nie in seinem Leben krank gewesen, und er versteht nicht, was es heißt, krank zu sein.«

»So sind die meisten gesunden Leute.«

»Ich werde Margery von dieser Veränderung unterrichten. Du kannst sie gleich zu mir heraufschicken. Nimm das Tablett wieder mit nach unten … Ich habe doch tatsächlich alles aufgegessen. Diese Tabletten wirken wahre Wunder. Was ich ohne den guten Dr. Martin tun würde, weiß ich wirklich nicht. Sag Margery, sie soll sofort nach oben kommen.«

Langsam ging Carolan die Treppe hinunter. War sie jemals zuvor so glücklich gewesen?

Margery saß auf ihrem Stuhl und konnte sich vor Lachen kaum halten. So etwas Lustiges hatte sie schon lange nicht mehr gehört. Sie war sich nicht sicher, ob sie es dem Mädchen sagen sollte oder nicht.

Wie hatte Carolan sich doch in dieser vergangenen Woche verändert. Sie war zu einer wahren Schönheit aufgeblüht, genau wie sie, Margery, damals. Und wie verliebt sie war! Immer wenn sie eine Kutsche hörte, wurde sie ganz aufgeregt. Sogar das gelbe Kleid stand ihr jetzt gut und brachte den schönen Rotton ihrer Haare und ihre grünen Augen richtig zur Geltung. Sie war auch ein wenig voller geworden und glich einer Blume – zur vollen Pracht erblüht und bereit, gepflückt zu werden. Aber was wäre, wenn sie ihr nun verraten würde, was sie gehört hatte?

Dem Mädchen ging es im oberen Stockwerk wunderbar. Die Herrin mochte sie richtig gern. Sie durfte sogar baden, nachdem die Herrin fertig war, und sollte keine schmutzigen Arbeiten in der Küche verrichten, denn die Herrin haßte es, unsaubere Hände bei Tisch zu sehen. Der Herr war nach Hause gekommen, und Margery hatte sich schon auf Ärger gefaßt gemacht, denn er haßte es, wenn seine Regeln gebrochen wurden. Aber seltsamerweise geschah überhaupt nichts. Wahrscheinlich war ihm der Anblick der dunkelhäutigen Zigeunerin bei Tisch genauso zuwider wie seiner Frau. Zum erstenmal, seit Margery in dieses Haus gekommen war, waren Regeln über Bord geworfen worden. Aufregung lag in der Luft, das konnte man spüren, und Margery wollte sich nichts davon entgehen lassen.

So etwas Lustiges hatte sie seit Ewigkeiten nicht gehört. Dieser Schuft! dachte sie. Wenn er das nächstemal zum Küchenfenster hereinschaute, um nach seiner Liebsten zu sehen, dann würde Carolan sich wie eine wütende Löwin auf ihn stürzen! Das wollte sie auf keinen Fall verpassen.

Aber sie war sich nicht sicher. Sollte sie vielleicht besser gar nichts sagen, damit sie am Liebesglück der beiden teilhaben konnte? Oder sollte sie es ihr gleich sagen, damit sie ihm vor Wut die Augen auskratzen konnte? Vielleicht wäre es ja auch noch aufregender, wenn sie es erst herausfinden würde, nachdem er sie gehabt hatte. Das würde ihr recht geschehen! Seit sie in den oberen Stockwerken ein und aus ging, bildete Carolan sich eine ganze Menge ein.

Gerade war Carolan in die Küche gekommen, und Margery versuchte, ihre Aufregung vor ihr zu verbergen.

Carolan betrachtete ihre Hände, die klein und wohlgeformt waren. Hübsch sahen sie aus, jetzt wo sie nicht mehr rauh und schmutzig waren. Auch der schwarze Rand unter ihren Fingernägeln war schon heller geworden.

»Du siehst wirklich aus, als ob du das große Los gezogen hättest«, sagte Margery.

»Als ich dabei war, ihre Kleider wegzuhängen, kam Mr. Masterman herein.«

»Ach, tatsächlich!«

War es möglich? Warum denn nicht? Sogar ein halber Mann konnte seine Augen vor so viel Schönheit nicht verschließen.

»Ich glaube, es gefällt ihm nicht, daß ich jetzt so oft oben bin«, sagte Carolan.

»Und warum sollte es ihm nicht gefallen?«

»Er kann es bestimmt nicht leiden, wenn seine Regeln gebrochen werden.«

»Und dazu hat er auch allen Grund. Regeln sind dazu da, befolgt zu werden.«

»Unsinnige Regeln sollte man sehr wohl brechen!« Carolan warf lachend ihren Kopf zurück. »Wie ich diesen Mann verachte!« Und sie dachte daran, wie er sie beobachtet hatte, als sie das Kleid der Herrin anprobiert hatte. Er war kalt wie Eis.

Jetzt wurde Margery plötzlich wütend. Mr. Masterman mochte in ihren Augen zwar nur ein halber Mann sein, aber sie hatte großen Respekt vor ihm. Er war der Herr im Haus, und er war ein guter Herr. Sie duldete keinen mangelnden Respekt vor ihm hier in ihrer Küche.

Wie selbstbewußt du doch bist, Miß Carolan, dachte sie. Gleich bekommst du aber einen gewaltigen Schock. Dann wirst du dich in Zukunft nicht mehr so leichtfertig über einen Ehrenmann lustig machen – und wirst dir wünschen, dein fröhlicher Marcus hätte etwas mehr Ähnlichkeit mit deinem Dienstherrn.

»Sehr bald wirst du deinen Liebsten wiedersehen!«

Carolan sprang auf.

»Du hast ihn gesehen?«

»Das nicht, aber ich habe etwas über ihn gehört.«

»Margery! Du weißt etwas! Du mußt es mir sagen!«

Margery mußte lachen. Sie zitterte vor Aufregung.

»Es ist so lustig! Auf den muß man wirklich aufpassen! Du darfst nicht zu streng mit ihm sein!«

»Margery, was willst du damit sagen?«

»Ja, ja, er kommt wirklich herum in der Welt! Der hat bestimmt immer alles gekriegt, was er wollte!«

»Wenn du es mir nicht sofort erzählst ...«

»Ach, du eingebildete Ziege! Demnächst machst du wohl auch noch unserem Herrn schöne Augen.«

»Wie kannst du etwas so Lächerliches behaupten.«

»Jetzt lachst du! Bald wirst du dir wünschen, daß dein Liebster genauso treu und rechtschaffen wie unser Herr wäre!«

»Was weißt du?«

»Dein feiner Liebster hat Clementine Smith verlassen. Er ist jetzt bei seinem neuen Freund und Partner und kommt dich bald besuchen. Vorher konnte er nicht; die Lady ist ein eifersüchtiges Weib.«

»Wovon redest du da?«

»Verstehst du mich immer noch nicht? Gut, ich sag' es dir. Weißt du noch, wie er hierherkam und seinen Charme versprühte? Da durfte er seine Clementine doch nicht warten lassen. Dann hat er dich auf den Mund geküßt, und dann ist er mit Clementine nach Hause gefahren, und dann ist er mit ihr ins Bett gegangen!«

»Das ist eine Lüge!«

»Ja, ja, eine Lüge. Ein Kuß für dich, ein Kuß für Esther, ein Kuß für die alte Margery. Eine Verbeugung für Jin und ein Lächeln für Poll. Ja, der kann viele Frauen glücklich machen!«

»Wo hast du diesen Klatsch gehört?«

»Du brauchst dich nicht so aufzuregen, mein Schatz. James hat es mir gesagt, und er hat es von ihren Dienstboten gehört. Er hat sich dort aufgeführt wie der Hausherr. Den ganzen Tag hieß es ›Liebste Clementine‹ und ›Liebster William‹. Er wechselt seine Namen wie seine Frauen.«

Margery war enttäuscht; Carolan bekam keinen Wutanfall. Ganz ruhig saß sie am Tisch. Ihre Wangen waren zwar feuerrot, aber sie blieb ruhig. Besorgt legte Margery ihre Hand auf Carolans Schulter. Plötzlich hatte sie Mitleid und erinnerte sich daran, wie ihr zumute gewesen war, als der Hausierer sie zum erstenmal betrogen hatte.

»Nimm es dir nicht so sehr zu Herzen, Schätzchen. Männer sind eben Männer. Sie sind alle gleich.«

»Jetzt weiß ich, wo ich die Dame schon gesehen habe.«

»Was meinst du, mein Liebes?«

»Nichts.«

»Ach komm, Poll macht uns gleich eine schöne Tasse Tee.«

»Wenn du mich trösten willst, kannst du dir die Mühe sparen. Ich habe immer gewußt, was er für ein Mann ist.«

Esther schaute zur Tür herein.

»Was ist los mit dir, Carolan?« fragte sie.

Margery lächelte. Esther schien ebenfalls in Marcus verliebt zu sein.

»Wir haben etwas über euren Freund erfahren. Er ist hierhergekommen und war sehr freigebig mit seinen Küssen. Ich meine den Diener von Miß Clementine.«

»Was ist mit Marcus?« fragte Esther erschrocken.

»Ach, es ist nichts«, sagte Carolan. »Erinnerst du dich an diese Dame auf dem Schiff? Diese dunkle Dame, die sich darüber aufregte, daß man uns so viele Freiheiten ließ und wegen der wir wieder unter Deck mußten, damals während der Flaute? Das war Clementine Smith. Entweder hat Marcus schon vor der Reise etwas mit ihr arrangiert, oder sie hat dort auf dem Schiff Gefallen an ihm gefunden.«

»Ja, er hat Glück gehabt. Sie hat ihn als Diener in ihren Haushalt aufgenommen und war sehr gut zu ihm, wie mir scheint.«

»Oh, Esther«, sagte Carolan ungeduldig. »Es wird Zeit, daß du die Augen aufmachst. Sie war verliebt in ihn. Sie hat ihn als ihren Geliebten in ihrem Haus aufgenommen.«

Esther wurde rot bis unter die Haarwurzeln. »Der arme Marcus!« rief sie.

»Ach ja, der Ärmste«, sagte Carolan ironisch und stand auf.

»Und wo willst du jetzt hin, mein Fräulein?« fragte Margery, die sich um ihren Spaß betrogen fühlte.

»Ich muß für Mrs. Masterman etwas erledigen.«

Hocherhobenen Hauptes verließ sie die Küche, wie die

Hausherrin persönlich. Nur ihr gerötetes Gesicht verriet, daß sie sich aufgeregt hatte.

Margery tröstete sich damit, Esther aufzuziehen. Aber es war nur ein schwacher Trost. Viel lieber hätte sie Carolan geärgert.

Was für ein Dummkopf ich doch war! dachte Carolan. Ich habe nichts aus meinen Erfahrungen gelernt. Ich wußte doch, was für ein Mensch er ist. Und ich habe geglaubt, daß er Glück hatte, bei einer freundlichen Frau aufgenommen zu werden, während die anderen wie Sklaven gehalten wurden. Wie töricht von mir! Und er wird zweifellos auch noch über meine Gutgläubigkeit lachen. Seine liebevollen Worte bedeuteten nichts. Wie schamlos und würdelos! Er ist hierhergekommen und hat mit mir von Heirat gesprochen, während er mit ihr zusammenlebte und es sich gutgehen ließ. Sein eigenes Wohlergehen ist ihm das Wichtigste auf der Welt. Dafür lügt, betrügt und stiehlt er. Wie dumm war ich! Ich kann Gott danken, daß ich es rechtzeitig herausgefunden habe.

Rechtzeitig? Wie könnte sie jemals ihr wildes Verlangen nach ihm unterdrücken? Aber er sollte niemals erfahren, was sie für ihn empfand.

Mrs. Masterman hatte etwas Medizin auf ihr Seidenkleid verschüttet, und Carolan stand im Badezimmer, um den Fleck auszuwaschen, als plötzlich Mr. Masterman hereinkam. Er blieb in der Tür stehen.

Carolan drehte sich nicht um, denn es war ihr egal, was mit ihr geschah. Nichts konnte so schlimm sein wie das, was sie gerade erfahren hatte.

»Wenn Ihr wollt, daß ich gehe, müßt Ihr es mir nur befehlen«, sagte sie.

Er schwieg, und sie fuhr damit fort, den Fleck auszuwaschen. Als sie über die Schulter blickte, sah sie, daß er ein paar Schritte näher gekommen war. Sie sah ihn mit kalten Augen an.

»Es ist nicht wichtig«, sagte er, stand einfach da und betrachtete sie. Darüber hätte sie sich sonst gewundert, aber im Moment konnte sie an nichts anderes denken als an Marcus zusammen mit Clementine Smith.

»Du … freust dich, daß du jetzt andere Arbeit machen darfst?« fragte er zögernd.

Sie hielt inne und sah ihn an. Seine Augen wirkten eine Spur wärmer. Sie mochte seine Blondheit nicht; seine Augenbrauen waren beinahe nicht auszumachen, wodurch er stets ein wenig erstaunt aussah.

»Ich habe die Küchenarbeit gehaßt«, sagte sie.

»Man sieht, daß du nicht daran gewöhnt bist. Auch nicht an irgendeine andere Arbeit.«

Sie schwieg und fuhr mit ihrer Arbeit fort, als wollte sie ihm zu verstehen geben, daß die Unterhaltung damit beendet sei. Eigentlich eine Unverschämtheit.

»Bei Sträflingsdienerinnen«, begann er ziemlich ärgerlich, »ist es normalerweise nicht üblich …«, aber dann hielt er plötzlich inne, denn er hatte gesehen, wie eine Träne auf das blaue Seidenkleid seiner Frau tropfte. Auch sie starrte auf die Träne. Dann blickte sie sich um, aber er war schon durch die Zwischentür verschwunden.

Marcus schaute ins Fenster herein. Carolan saß am Tisch und putzte das Silberbesteck. Margery war starr vor Schreck und wünschte, sie hätte nichts erzählt.

Esther, die an der Spüle stand, drehte sich um, ihr Gesicht sprach Bände.

»Carolan!« rief er. »Hier bin ich wieder!« Er lachte.

Carolan erhob sich nicht.

»Carolan …«, sagte er wieder mit leichtem Unbehagen in der Stimme. Dann sprang er in die Küche.

»Jin und Poll, geht sofort in den Schlafraum und macht die Betten!« befahl Margery.

Zögernd gingen sie hinaus. Aber Marcus hatte keinen Blick und kein Lächeln für sie übrig. Er starrte Carolans Profil an. Ihre hübschen Augen waren halb geschlossen.

»Carolan!« sagte er noch einmal und ging zwei Schritte auf sie zu. Sie hatte eine silberne Gabel in der Hand und machte sich ernsthaft daran, sie zu polieren.

»Freust du dich nicht, mich wiederzusehen?« fragte er und legte seine Hand auf ihre Schulter.

Wütend schüttelte sie seine Hand ab. »Faß mich bloß nicht an. Ich bin nicht eine von deinen Lucys und Clementines.«

Es war heraus. Kalt und hochmütig wäre sie gern gewesen, aber sie hatte nicht anders gekonnt. Was hatte er gehofft? Daß sie es nie herausfinden würde? Oder wollte er es ihr wohl selbst irgendwann einmal erzählen?

Ich hätte es ihr nicht sagen sollen, dachte Margery unglücklich. Er wird wissen wollen, von wem sie es erfahren hat, und sie wird es ihm sagen, und dann will er mit mir nichts mehr zu tun haben.

»Hast du den üblen Klatsch, den man über mich verbreitet, etwa geglaubt?«

»Es ist die Wahrheit.«

»Laß es mich doch erklären ...«

»Ich wünsche keine weiteren Erklärungen, Marcus. Bitte geh jetzt; ich muß das Silber putzen.«

Er saß auf dem Tisch. Oh, er würde sich herauswinden, Margery wußte das. Jeder anderen Frau hätte er nur einen Kuß geben und sagen müssen, daß er erst jetzt wisse, was er an ihr habe, und sie wäre schwach geworden. Aber nicht bei Miß Carolan! Starrköpfig und stolz wie sie war.

»Hör mir doch bitte zu«, sagte er mit honigsüßer Stimme.

»Ich ziehe es vor, nichts mehr von dir zu hören«, entgegnete sie in scharfem Ton.

»Esther!« sagte er. »Du wirst mich doch wenigstens anhören!«

Sie kam von der Spüle herüber und wischte sich die Hände an der Schürze ab. Ihre Liebe zu ihm brachte Farbe in ihr Gesicht. Wie jung und süß sie aussah, ihr Haar war wunderschön.

»O Carolan«, sagte Esther, »du solltest niemand ungehört verurteilen.«

»Du langweilst mich, Esther. Erinnerst du dich an Flash Jane, die Hure, die wir auf dem Schiff kennengelernt haben? Hier ist ihr männliches Gegenstück. Wie erschrocken er aussieht! Dabei haben wir doch so viele seiner Artgenossen getroffen, seit wir nach Newgate kamen!«

»Carolan ...«, flüsterte Esther, den Tränen nahe.

Er war verletzt und wütend und sah Carolan nicht mehr an. Zu Esther sagte er: »Du hast ein gutes Herz, Esther. Du kannst dir nicht vorstellen, wie ich gelitten habe, als ich das letztemal in diesem Land war. Viel hat sich seitdem nicht verändert. Die Peitschenhiebe werden genauso freigebig verteilt wie damals. In einem Kettentrupp zu arbeiten! Kaum etwas zu Essen zu bekommen! Einzelhaft! Wenn ich all dies noch einmal hätte durchmachen müssen, wäre ich seelisch und körperlich daran zugrunde gegangen. Alles war besser als das, Esther.«

»Ja, natürlich«, sagte Esther, »das kann ich verstehen. Wenn du jetzt bereust, werden dir alle Sünden vergeben.«

»Ja, jetzt bereut er«, warf Carolan ein. »Natürlich bereut er. Schon bevor wir England verließen, wußte er wahrscheinlich, daß er just in diesem Augenblick bereuen würde.«

»Ach bitte«, sagte Esther flehend, »hört doch auf zu streiten.«

»Wir streiten uns nicht. Wir sprechen ja nicht miteinander, wie könnten wir uns da streiten? Warum sollte ich mich dazu herablassen, ihm zu sagen, daß ich ihn verachte?«

»Und warum sollte ich ihr sagen«, entgegnete Marcus wütend, »daß sie kein Herz hat, kein Verständnis; nur ihre dummen Moralvorstellungen!«

Carolan lachte grausam.

»Ja, Esther, natürlich bin ich dumm, aber nicht so dumm, wie manche glauben, die mich hinters Licht führen wollen. Erinnerst du dich an jenen heißen Nachmittag, als wir während einer Flaute nicht weiterfahren konnten? Als sie vergaßen, daß wir Sträflingsbestien waren und uns an Deck ließen? Da haben wir beide dagelegen und uns mit ihm unterhalten. Eine dunkelhaarige Dame sorgte damals dafür, daß man uns wieder unter Deck einsperrte. Und weißt du auch warum, Esther? Sie war eifersüchtig, weil er bei uns war. Sie war zusammen mit ihm auf dem Sträflingsschiff nach Australien gefahren, weil sie ihn so sehr liebte. Und als wir ankamen, hat sie dafür gesorgt, daß er ihr als Diener zugeteilt wurde. Oh, er war ein sehr liebevoller Diener! So ist es gewesen.«

Esther sah Marcus fragend an.

»Es ist wahr, Esther. Jetzt, wo sie dir gesagt hat, was für ein Schurke ich bin, wirst du dich auch von mir abwenden.«

»Wie pathetisch er daherredet!« rief Carolan spöttisch.

In dem Moment verdunkelte ein Schatten das Fenster. Als sie hinschauten, sahen sie einen Mann in einer maulbeerfarbenen Jacke und Reithosen. Er grinste.

»Ah!« sagte Marcus. »Mein Freund und Dienstherr, Mr. Tom Blake.«

Der Mann lächelte breit. Seine Zähne waren klein und weiß, seine Augen schmal und schräg gestellt, sein Haar kraus und glänzend. Er schien etwa Anfang Dreißig zu sein.

»Tom, ich will dir meine Freunde vorstellen«, sagte Marcus mit gespielter Fröhlichkeit. »Carolan Haredon, Esther March – und ihr Schutzengel Mistreß Margery.«

»Ihr seid also die Freundin von Marcus«, sagte Tom Blake zu Carolan. »Marcus hat viel von Euch erzählt.«

Sie verbarg ihre Wut hinter übertriebener Liebenswürdigkeit und trat auf wie eine Dame, die ihre Gäste in Empfang nimmt. Der Mann war von niederer Abstammung. Er hatte nicht das geschliffene Benehmen von Marcus. Bei ihrem Anblick wurde er ganz aufgeregt und fragte sich, warum sie ihn anlächelte.

»Margery«, sagte sie würdevoll, »sollten wir nicht ein wenig feiern?«

Eigentlich wollte Margery sagen: »Dies ist das Haus von Mr. Masterman. Du bist nur ein Dienstmädchen und dazu ein Sträfling. Was bildest du dir eigentlich ein?« Aber sie sagte nichts dergleichen. Sollte Mr. Masterman sie doch erwischen und zur Rechenschaft ziehen. Außerdem tat es ihr leid, daß sie Carolan alles erzählt hatte, denn die beiden waren füreinander geschaffen.

»Ja, gut. Aber wir dürfen nicht zu viel Lärm machen.«

»Ihr müßt den Weg durchs Fenster nehmen«, sagte Carolan, und er sprang herein.

»Wie gastfreundlich du bist«, meinte Marcus und suchte ihren Blick.

Carolan lachte, sah ihn jedoch nicht an. »Wenn die da

oben wüßten, daß wir hier unten Freunde bewirten, dann gäbe es ein paar ernsthafte Zurechtweisungen.«

Tom Blake sagte zögernd: »Wir möchten auf keinen Fall, daß ihr wegen uns Schwierigkeiten bekommt.«

»Schwierigkeiten!« rief Carolan. »Wen kümmert das schon?« Sie war verwegen, wütend und verletzt.

Margery holte eine Flasche Gin. So etwas habe ich noch nie erlebt, dachte sie. Wenn jetzt jemand käme! Es könnte Mr. Masterman zu Ohren kommen. Sträflinge bewirten Sträflinge!

Sie saßen am Tisch, und Marcus redete mit Esther, aber es war allzu deutlich, daß er an Carolan dachte. Carolan unterhielt sich lebhaft mit dem Neuankömmling. Er war ganz bezaubert, während sie nur versuchte, sich von Marcus abzulenken. Ab und zu warf Margery einen Satz ein, aber die meiste Zeit begnügte sie sich damit, zuzuhören und zuzusehen. Dies war ebenso interessant wie ein Theaterstück. Und sie hatte dabei die Fäden in der Hand, wegen ihr hatte sich alles gewendet!

Tom Blake war ganz hingerissen von Carolan. Er erzählte, daß er Land von der Regierung gekauft habe, und daß er eines Tages vielleicht ein reicher Mann sein würde.

Marcus redete auf Esther ein. Er wäre das Verbrecherdasein leid. Jetzt habe er die Chance, diesem Leben für immer zu entfliehen. Bei guter Führung würde man ihn vorzeitig entlassen, dann wäre er so gut wie frei. Und wenn er hart arbeitete, dann könnte vielleicht noch ein ehrbarer Bürger aus ihm werden. Wenn er sich sehr bemühte, konnte er dann nicht auch von Gott Vergebung erlangen?

Und ob er das konnte! Das Mädchen betete ihn förmlich an. Margery lachte in sich hinein. Sie mochte zwar denken, daß sie ihn liebte, weil er danach strebte, ein besserer Mensch zu werden, aber in Wahrheit liebte sie ihn wegen seiner blauen Augen, seiner zärtlichen Stimme und seiner zärtlichen Hände. Aber er dachte die ganze Zeit nur an Carolan, so wie sie an ihn dachte. Sie waren füreinander bestimmt.

James steckte seinen Kopf zur Tür herein und deutete auf Carolan. »Sie soll sofort nach oben kommen.«

Carolan stand auf. Jetzt war sie nicht länger die Gastgeberin, sondern wieder Dienerin.

»Adieu«, sagte sie würdevoll zu Tom Blake. »Ich hoffe, Euch bald wiederzusehen.«

Flüchtig blickte sie zu Marcus hinüber und verließ stolz wie eine Königin die Küche.

Nachdem sie fort war, hatte niemand mehr Lust, die Party fortzusetzen. Die Männer verabschiedeten sich, und Esther ging zurück zu ihrer Spüle.

Carolan stieg traurig die Treppe hinauf. Zynisch dachte sie: Zuerst habe ich einen Feigling geliebt, und dann einen Schurken. Der arme Everard, er hatte eine Berufung und eine Familie, und beides war zu stark für ihn. Und Marcus? Er hatte Pech gehabt, und die Grausamkeit des Lebens war zu stark für ihn. So wurde er ein Verbrecher, ein Schuft, ein Freibeuter. Wirklich, mir sind die falschen Männer begegnet!

Sie klopfte an Mrs. Mastermans Tür. Niemand antwortete, und sie ging hinein. Das Zimmer war leer.

Eine Stimme rief: »Komm bitte hier herein!«

Es war Mr. Masterman im Badezimmer.

Er stand dort mit dem Rücken zur Tür und hielt etwas in der Hand, wandte sich aber nicht um.

»Hier meine Jacke«, sagte er. »Ich habe Wein darauf verschüttet. Meine Frau sagte mir, du könntest solche Flecken sehr gut beseitigen.«

Sie nahm die Jacke.

»Ich werde mein Bestes versuchen«, sagte sie, und es klang ein wenig herablassend.

»Ich danke dir.«

Sie sah ihn an und bemerkte ein gewisses Interesse in seinem Blick. Das Blut stieg ihr in die Wangen. Er hatte also Notiz von ihr genommen! Sogar ein Mann wie er. Sie interessierte ihn ... nur ein wenig natürlich. Darüber hätte sie lachen können, aber sie lächelte ihn nur schüchtern an.

»Glaubst du, du kannst diesen Fleck entfernen? Es ist eine teure Jacke.«

»Ich werde den Stoff zuerst einweichen und abwarten, was passiert. Samt ist schwierig zu reinigen.«

»Ja, das dachte ich mir schon …«

Er war so verschämt wie ein Schuljunge. Wie ihre Mutter, ihre Großmutter und ihre Urgroßmutter zuvor verfügte auch sie über jene seltsame Macht, selbst einen kühlen, berechnenden Mann wie einen Schuljungen einzuschüchtern. Aber mit all ihrer Macht über die Männer war es ihr nicht gelungen, Marcus' Treue zu gewinnen, noch hatte sie Everard ganz für sich einnehmen können. Was kümmerte sie jetzt dieser Mann hier? Aber sie brauchte ein wenig Ablenkung, und vielleicht wurde es ja ganz lustig.

Sie legte die Jacke auf den Tisch und berührte den Fleck mit dem Finger. Plötzlich kam ihr der Verdacht, er könnte die Jacke mit Absicht schmutzig gemacht haben. Das sähe ihm ähnlich, kalt und berechnend wie er war. Er fühlte sich von ihr angezogen, das merkte sie deutlich. Seine kränkliche Frau fiel ihr ein, die ihre Tür vor ihm verschloß. Es war ihr ein kleiner Trost, ihn ein bißchen zu reizen, diesen kalten, gefühllosen Mann, der plötzlich gar nicht mehr so kalt zu sein schien.

»Du scheinst glücklicher zu sein, als du es erwartet hattest«, sagte er.

»Ja, danke.«

»Sicher hast du sehr gelitten.«

Sie sah zu ihm auf und hatte Tränen in den Augen. Es waren echte Tränen, Tränen der Wut und des Selbstmitleids. Und sie würden ihre Wirkung bei ihm nicht verfehlen.

Er sah schnell weg und sagte langsam: »Wenn es dich interessieren sollte … möchte ich, daß du weißt, daß ich an deine Unschuld glaube.«

»Danke«, sagte sie wieder und lächelte trotz ihrer Tränen.

»Ich bin jetzt müde, Carolan«, seufzte Lucille Masterman. »Dieses Buch ist nicht besonders spannend. Auch deine Stimme klingt schon ganz müde. Zieh doch bitte die Vorhänge zu; von der Sonne tun mir schon die Augen weh. Gott sei Dank ist der März bald zu Ende. Wie ich mich schon auf den Winter freue! Obwohl ich kaum in der Lage sein werde, viele Gesellschaften zu geben; ich habe einfach nicht die Kraft dazu.«

Carolan klappte das Buch zu. In den letzten Wochen hatte sich ihre Stellung im Hause entscheidend verbessert. In der Küche behandelte man sie voller Respekt, aber sie war dort nicht mehr besonders häufig. Zwar schlief sie immer noch bei den anderen im Keller, aber sie brauchte keine niederen Arbeiten mehr zu verrichten, die sie verabscheute. Manchmal polierte sie die Gläser. Mrs. Masterman sagte: »Sieh zu, daß sie glänzen, wenn sie auf den Tisch kommen. Diese Leute haben von so etwas einfach keine Ahnung.« Carolan dies und Carolan jenes, und einmal nannte sie sie sogar »liebe Carolan«. All das verdankte sie der Gerissenheit, die sie von Marcus abgeschaut hatte. Sie war nett zu Lucille, lauschte ihren Erzählungen mit geheucheltem Interesse und erfand sogar eine Krankheit, an der ihre Großmutter angeblich gestorben wäre. Es war eine ähnliche Krankheit, unter der Lucille sich einbildete zu leiden. Und jetzt kümmerte sie sich um Lucilles Kleider; sie nähte und flickte. Nicht daß sie Näharbeiten liebte, aber es war auf alle Fälle besser, als Kartoffeln zu schälen und den Boden aufzuwischen. Oft las sie Mrs. Masterman etwas vor, und sie führte den Kalender ihrer gesellschaftlichen Verpflichtungen. Bei Tisch bediente sie, und die Besucher sagten: »Was für ein gutaussehendes Mädchen, und wie gut sie sich benehmen kann! Meine Liebe, Ihr habt wirklich Glück!« Mrs. Masterman verließ sich ganz auf sie. »Carolan, wo sind meine Tabletten? Carolan, gib doch Parfüm auf mein Taschentuch und lege es auf meine Stirn. Du machst dir keine Vorstellung, wie mein Kopf heute wieder schmerzt. Zieh die Gardinen zu und lies mir etwas vor.«

Sie war nicht unfreundlich. Am besten gefiel es ihr, mit Carolan über Krankheiten und über England zu reden. Oft sagte sie: »Hier tut es mir weh, wenn ich an England denke.« Dabei berührte sie ihre Brust, und ein paar Tränen liefen ihre Wangen hinunter. »Meine Großmutter hatte ein Haus in Kensington, Carolan. Mama hat einen großen Fehler gemacht, als sie einen General heiratete. Mama hatte eine wundervolle Jugend. Sie hat mir oft davon erzählt. Mit ihrem Kindermädchen ging sie im Park spazieren, besuchte das Theater, ging zu Festen und zu Bällen. Sie hatte wunderschöne Kleider. Auf einem dieser Bälle hat sie sich dann Hals über Kopf in meinen Papa verliebt. Sie hat ihn geheiratet, ohne darüber nachzudenken, was es bedeutet, die Frau eines Soldaten zu sein. Arme Mama! Sie hat gelitten, so wie ich jetzt leide. Ich war ihr einziges Kind, und ich hätte sie beinahe umgebracht, hat sie mir erzählt. Wenn sie Kopfschmerzen hatte, massierte ich ihr immer die Stirn. Ich muß dir zeigen, wie es geht. Es tut so gut. Die meiste Zeit verbrachte sie auf dem Sofa. Und dann starb sie, und ich bin mit Papa hierhergekommen. Und hier habe ich auch Mr. Masterman kennengelernt.«

Ihre Kindheit mit ihrer kränklichen Mutter, umgeben von Tabletten und Arzneien, hatte sie sehr beeinflußt. Auch als erwachsene Frau redete sie von ihren Medikamenten wie von wertvollen Schätzen.

Carolan war verschlagen; sie täuschte Sympathie vor, wo sie doch nichts als Verachtung für diese Frau empfand.

Jedem, der es hören wollte, sagte Lucille Masterman: »Also ich wüßte nicht, was ich ohne Carolan tun würde!« Und Carolan, die so viel durchgemacht hatte, unterdrückte all ihre angeborene Wahrheitsliebe und spielte Marcus' Spielchen.

Bevor sie Laudanum für sich entdeckte, war Lucille Masterman die Herrin gewesen, die zu einer Sträflingsdienerin freundlich war, weil sie ihr gefiel. Aber mit dem Auftauchen der Flasche änderte sich dies.

Eines Tages kam Carolan ins Zimmer und sah, daß Lucille tief und fest schlief. Auf ihrem Nachttisch stand eine Flasche und ein Glas. Carolan roch an dem Glas und am Inhalt der Flasche und dachte einen Moment lang, Lucille hätte sich umgebracht.

Sie saß auf dem Bett und schaute sie an. Noch vor einem Jahr hätte ihr der Gedanke an den Tod Angst und Schrekken eingejagt. Jetzt hingegen ließ der Tod sie völlig kalt. Eigentlich war sie viel zu jung, um so gleichgültig zu sein, aber vielleicht lag es ja gerade an ihrer Jugend, daß sich ihr Herz so schnell verhärtet hatte. Sie empfand kaum Mitgefühl mit Lucille, die in ihren Augen eine törichte Frau war, da sie gar nicht wußte, was es hieß, wirklich zu leiden. Hunger, Durst, die Peitsche – für sie waren das nichts als Worte. Damit wurden die Strafen beschrieben, die böse Menschen eben verdienten. Die Art und Weise, in der Lucille von solchen Menschen redete, drückte ihre große Gleichgültigkeit aus. Sie zog es vor, an Carolans Unschuld zu glauben, da diese offensichtlich nicht als armes Mädchen aufgewachsen war und weil sie mit ihr stundenlang über ihre Krankheit und über England reden konnte. Es war angenehm, Carolan zu vertrauen und sie als Kammerzofe zu behandeln, weil man in diesem Land meist nur Mörder, Räuber und Prostituierte als Dienstboten bekam. Trotzdem fühlte Carolan, wie unsicher ihre Stellung war, und dies trug dazu bei, daß sie sich noch mehr verhärtete. Sie wußte genau, daß man sie jederzeit in einen anderen Haushalt schicken konnte; ein Wort von Lucille oder von Mr. Masterman hätte genügt, damit sie ausgepeitscht würde. Bis jetzt war sie darum herumgekommen, aber es lagen noch sieben lange Jahre der Gefangenschaft vor ihr. Gerissen spielte sie ihre Rolle, obwohl ihre ursprüngliche Weichherzigkeit gar nicht dazu paßte. Sie beobachtete die Frau und dachte über ihre Beziehung zu ihrem Ehemann nach. Und wenn sie an den Mann dachte, dann lächelte sie zynisch. Denn der Mann wurde langsam, aber sicher von seiner tugendhaften Lebensweise abgebracht, da er sich mehr und mehr ihres jugendlichen Körpers unter ihrem gelben Sträflingsgewand bewußt wurde. Sie liebte diese Macht, die sie über ihn hatte. In seiner Gegenwart war sie immer sehr unterwürfig und vermied es, ihn anzusehen, damit er nicht merkte, daß sie sich über ihn lustig machte. Eigentlich war sie wütend auf die ganze Welt, und an wem konnte sie ihre Wut besser auslassen als an diesen beiden, die bestimmte Dinge von ihr haben wollten? Sie sehnte sich danach, andere zu verletzen, da man sie selbst so sehr verletzt hatte. Also ließ sie Marcus nicht an sich heran und lächelte Tom Blake verführerisch zu, damit er sie für die Frau hielt, nach der er sich sein Leben lang gesehnt hatte; sie beachtete auch Esther kaum noch – obwohl sie sich dafür haßte, denn was hatte Esther ihr jemals angetan, außer daß sie sich benahm wie eine Heilige! –, sie behandelte Lucille Masterman mit gespielter Sympathie, weil sie sich dadurch Vorteile erhoffte; aus demselben Grund machte sie auf demütige Weise Mr. Masterman schöne Augen und versuchte, ihn immer mehr in ihren Bann zu ziehen. Er, der Herr, sollte zum Sklaven werden; das würde ihr gefallen. Vielleicht gestaltete sich ihr Leben dadurch ja ein wenig erträglicher. Ich bin verachtenswert, dachte sie, während sie auf Lucille Mastermans Bett saß. Und sie versuchte, sich die anderen Carolans ins Gedächtnis zu rufen. Das kleine Mädchen, das um eine zerbrochene Puppe geweint hatte, weil sie glaubte, die Puppe hätte Schmerzen; das Mädchen, das zum erstenmal auf einem Pony geritten war und vor Freude den Hufschmied umarmt hatte, weil sie an jenem Tag alle Menschen liebte; das Mädchen auf ihrem ersten Ball, das so verliebt in ihren Everard gewesen war. Diese Carolans waren für immer verloren. Newgate und die Gefangenschaft hatten sie auf dem Gewissen.

Lucille öffnete die Augen, ihre Pupillen sahen seltsam aus, was ihrem Gesicht einen völlig anderen Ausdruck gab.

Schläfrig sagte sie: »Gunnar ... Oh, Carolan ...«

»Ihr habt so fest geschlafen.«

Die Augenlider zuckten.

»Carolan, wenn jemand zu Besuch kommen sollte, dann sag, daß es mir nicht gutgeht. Ich will noch ein wenig schlafen.«

Carolan nahm die Flasche und stellte sie in den Medizinschrank. Sie nahm das Glas und ging zur Tür.

»Carolan, wo gehst du hin?«

»Ich lasse Euch allein, damit Ihr schlafen könnt.«

»Geh nicht. Ich war so müde. Letzte Nacht habe ich kein Auge zugetan. Setz dich ... und zieh die Vorhänge zu.«

Carolan gehorchte.

»Ich bin eine unglückliche Frau, Carolan.« Tränen rannen aus ihren Augen. Carolan nahm ein Spitzentaschentuch und wischte sie weg. »Das Leben ist grausam, Carolan.«

Carolan hätte laut lachen können. Was weißt du schon von Grausamkeit! dachte sie. Hast du etwa in Newgate gesessen? Hast du schon einmal versucht, im stinkigen Sträflingsquartier eines Gefangenenschiffs zu schlafen? Hast du schon gespürt, wie die Läuse durch dein Haar gekrochen sind?

»Oh, ja, Madam«, sagte sie sanft.

»Mein Ehemann ... er liebt mich nicht wirklich ... Wie gut, daß ich jetzt dich habe, denn er kümmert sich ja nicht um mich. Ist dir das nicht auch schon aufgefallen?«

»So dürft Ihr nicht denken. Ihr habt ein schönes Haus, Madam, Dienstboten, die Euch bedienen. Ihr habt wunderschöne Kleider ...«

»Was bedeuten diese Dinge schon?«

Wenn man dich in einen formlosen gelben Sack stecken würde, dann wüßtest du die weiche Seide, die du auf der Haut trägst, zu schätzen. Hättest du in Newgate dahinvegetiert, dann würdest du dein Federbett lieben!

»Sie bedeuten schon etwas, Madam«, entgegnete sie ruhig.

»Es ist sehr schlimm, daß wir keine Kinder haben, Carolan. Er ist ein sehr ehrgeiziger Mann. Er war ein Nichts, und aus dem Nichts hat er sich all dies hier aufgebaut. Eigentlich war er gar nicht eine passende Partie für mich, kein richtiger Gentleman. Papa war auch zuerst gegen unsere Verbindung. Aber als er sah, wie er ständig weiter aufstieg, da hatte er nichts mehr dagegen.«

Wie abwesend ihre Augen aussahen! Sie nannte zwar Carolans Namen und sah ihr ins Gesicht, aber ihre Augen schienen durch sie hindurchzusehen. Es war, als spräche sie mit sich selbst.

»Als ich ihn heiratete, war ich vierundzwanzig, und doch wußte ich nicht, was eine Ehe bedeutete.«

In Haredon wurde man sozusagen mit diesem Wissen geboren. Gespräche mit den Dienstboten, Jennifers Andeutungen, Mamas kokette Art, ihre Intrigen, die Grobheiten des Squire, all das verriet einem so manches Geheimnis.

»Er ist ein Mann, mit dem man nicht besonders leicht auskommen kann.«

Innerlich mußte Carolan lachen. Du weißt eben nicht, wie du ihn behandeln mußt, Madam! Wäre ich an deiner Stelle … Bei dieser Vorstellung konnte sie kaum das Lachen unterdrücken.

»Carolan, kannst du ein Geheimnis für dich behalten?«

»Ihr könnt mir in jeder Beziehung vertrauen, Madam.«

»Vor fünf Jahren war ich einmal sehr krank. Niemand wußte, wie krank ich war. Niemand wußte, wie ich gelitten habe.«

Das war alles? Noch eine Krankheit?

»Das tut mir sehr leid. Euer ganzes Leben scheint ja nur aus Krankheiten zu bestehen.« Benommen, wie Lucille war, entging ihr Carolans Sarkasmus.

»Diesmal war es anders, Carolan. Es hört doch sonst niemand zu? Ich sollte ein Kind bekommen! Und hatte furchtbare Angst davor! Mit meiner angegriffenen Gesundheit …«

»Ihr hättet es nicht durchgestanden.«

»Wie gut du alles verstehst! Nein, ich hätte es nicht durchgestanden. Da gab es einen Mann … er war der Diener einer anderen Familie, ein Sträfling …, aber früher war er Arzt gewesen. Es kostete eine Menge Geld, sogar ein Sträfling will für so etwas Geld haben. Er half mir also aus meinen Schwierigkeiten. Aber ein Kind hier in diesem primitiven Land, das konnte ich mir nicht vorstellen. Die Schmerzen, die ich ertragen mußte, waren entsetzlich, Carolan. Und ich mußte sie in aller Stille ertragen, denn mein Mann durfte unter gar keinen Umständen etwas davon erfahren.«

Ach du arme, feige Frau, dachte Carolan verächtlich, aber sie freute sich, daß er um sein Kind betrogen worden war.

»Ich … ich könnte das nicht noch einmal durchmachen.« Sie setzte sich auf, und ihre Augen waren unnatürlich weit geöffnet.

»Carolan, die Flasche, wo ist sie?«

»Ich habe sie weggestellt.«

»Oh …«, sie sank zurück in ihre Kissen. »Das Mittel wirkt

so beruhigend ... und ich konnte nicht schlafen. Ich will nicht, daß er sie findet.«

»Wäre er sehr wütend, wenn er sie fände?«

»Er braucht niemals ein Schlafmittel. Und er hat gar kein Verständnis für mich. Einmal hat er gesagt, ich solle einfach aufhören zu denken, daß ich krank bin, dann würde ich schon gesund. Oh ... er kann so grob sein. Aber was sage ich da? Er ist dein Herr, und er ist ein sehr kluger Mann.«

»O ja«, sagte Carolan beruhigend, »er ist sehr klug. Er hat es weit gebracht, nicht wahr?«

»Er will nichts über seine Kindheit erzählen. Alle meine Fragen danach hat er abgewehrt, als ob ich nicht das Recht hätte, ihm Fragen zu stellen. Er will nicht an die Vergangenheit denken. Aber er ist so klug; es kann gut sein, daß er eines Tages noch Gouverneur wird.«

»O ja, er ist ein großer Mann in diesem Land.«

Sie mußte an seinen bittenden Blick denken, diese Hilflosigkeit in seinen Augen, wenn er ihren jugendlichen Körper betrachtete. Verglich er sie wohl mit seiner verblichenen, verkümmerten Frau? Sie wollte noch mehr über ihn erfahren.

»Er möchte nicht, daß Ihr das einnehmt ... was in der Flasche ist?«

»Er wäre rasend vor Wut! Er will, daß ich gesund werde, und stark ... nur damit ich ihm einen Sohn schenken kann. Er lebt nur für seinen Ehrgeiz, Carolan. Er will einer der Gründerväter dieses neuen Landes werden und es mit seinen Kindern bevölkern. Bestimmt würde er sagen, daß das Zeug mich schwächt. Aber ich muß einfach schlafen, Carolan. Ich kann es nicht ertragen, immer wach dazuliegen. Diese ewige Hitze, die Moskitos, die grelle Sonne hier ... Wie herrlich wäre es, in England aufzuwachen! Der Regen dort ist so wunderschön, weich und zärtlich. Und alles ist so grün! Bald ist es April ... April in England ... Frühling! Seit zehn Jahren bin ich schon hier, seit zehn Jahren habe ich den englischen Frühling nicht mehr gesehen, Carolan!«

»Wünscht Ihr, daß ich die Flasche verstecke, Madam?«

»Ja, Carolan, verstecke sie! Er darf sie nicht sehen, er würde sie mir wegnehmen.«

»Woher bekommt Ihr das Mittel?«

»Von dem Doktor, der mir damals geholfen hat. Er ist jetzt ein freier Mann und handelt mit Arzneien. Von ihm kann ich praktisch alles bekommen, was ich will. Er scheint gut voranzukommen in Sydney; kein Wunder bei seinen horrenden Honoraren.«

»Ihr müßt jetzt versuchen, zu schlafen. Dann wird die Wirkung der Droge bald nachlassen, und Mr. Masterman wird nichts merken. Ich werde die Flasche in der obersten Schublade Eurer Kommode verstecken und sie abschließen.«

Sie nahm die Flasche aus dem Medizinschrank heraus und schloß sie in die Schublade. Dann ging sie zum Bett zurück und schob den Schlüssel sanft unter das Kopfkissen. In diesem Moment hatte sich eine grundlegende Veränderung vollzogen, denn von jetzt an übernahm Carolan das Kommando.

Carolans Auftreten hatte sich völlig verändert. In diesem Hause brauchte sie die Peitsche nicht mehr zu fürchten; nichts brauchte sie hier zu fürchten. Dieses Wissen war wie Balsam für ihre Wunden. Sie wurde ein wenig sanftmütiger. Marcus hatte wie sie einen einfachen Weg gesucht, um sein Leben angenehmer zu gestalten. Sie waren sich in vielem ähnlich. Sollte sie ihn also verurteilen? Der Gedanke an eine Versöhnung war süß. Wenn sie nachts im Bett lag, dachte sie ständig daran. Marcus, wie er sie lieben würde! Wie sie in seinen Armen lag! Sie würde in nicht allzu ferner Zukunft zu ihm gehen.

Er kam häufig in die Küche, schaute durchs Fenster und machte Esther und Margery und manchmal sogar Jin schöne Augen. Carolan gegenüber war er kühl, aber durch ihre neu gewonnene Macht wußte sie, daß sich seine abweisende Art durch einen Blick von ihr ändern konnte. Sie ihrerseits flirtete mit Tom Blake, der sich darüber sehr freute.

Beide machten sich einander etwas vor, dachte sie. Sie war wütend auf ihn, wenn er mit Esther schäkerte. Er sollte allmählich mit diesem dummen Spiel aufhören und sie um Vergebung bitten. Sie trat auf wie eine Königin, weil sie spürte, wie ihre Macht über ihren Herrn immer größer wurde. Wenn sie sogar einen so kühlen Mann in ihren Bann schlagen konnte, welche Wirkung mußte sie dann erst auf Marcus haben!

Doch immer weiter schäkerte er mit Esther herum und spielte das Spiel, das er so perfekt beherrschte. Bisweilen mußte er mit Esther richtiggehend geflirtet haben, wenn Carolan bei der Hausherrin war.

Margery sah dem ganzen Spiel lachend zu. Oh, Mistreß Carolan, wie eingebildet du bist! Aber auch für ein so hübsches Mädchen gilt schließlich das Sprichwort: Hochmut kommt vor dem Fall. Und Margery wartete amüsiert auf diesen Fall. James kam ja immer seltener zu ihr, und mit irgend etwas mußte sie sich schließlich trösten.

Als sie das grüne Kleid geschenkt erhielt, war Carolan auf dem Höhepunkt ihres Triumphs angelangt. Es war ein ziemlich einfaches Nachmittagskleid, wirkte aber sehr vorteilhaft.

»Ich habe es nie gemocht, ich bin zu krank, um grün zu tragen«, sagte Lucille. »Dein rotes Haar sieht wunderschön dazu aus. Meine armen Haare fangen an auszufallen; das ist ein Zeichen großer Schwäche.«

»Wie gern würde ich es tragen!« Carolans Augen wanderten zur obersten Schublade der Kommode, und Mrs. Masterman folgte ihrem Blick. Carolan konnte Lucilles Gedanken leicht erraten. Carolan war mehr als eine Dienerin, sie war eine Vertraute, eine Freundin. Sie hatten Geheimnisse miteinander. Lucille stand in Carolans Schuld. Aber was würde Mr. Masterman sagen? Er haßte es, wenn seine Regeln nicht beachtet wurden. Eine Gefangene in einem teuren Kleid! Aber sie war zu müde, um an ihn zu denken.

»Du mußt es anziehen, ich trage es schließlich nie.«

»Oh, vielen Dank, Madam. Wie großzügig Ihr seid!« Voller Freude nahm Carolan das Kleid und ging hinüber zum Nähkorb in der Ecke des Zimmers.

»Ich wünschte, ich könnte mich auch einmal so freuen wie du! Es ist doch nichts weiter als ein abgelegtes Kleid.«

»Soll ich Euch jetzt Eure Tabletten geben?«

»Nein, ich glaube, ich nehme lieber ein wenig Laudanum.«

Carolan schüttete ihr ein Glas voll ein, dann beschäftigte sie sich damit, das Kleid ein wenig weiter und länger zu machen, während sie die ganze Zeit über die Krankheit ihrer Großmutter sprach. Als sie fertig war, zog sie ihr gelbes Sträflingskleid aus und probierte das grüne Kleid an. Sie sah unglaublich verändert aus. Nie wieder würde sie dieses gräßliche gelbe Ding anziehen!

Mrs. Masterman wurde nervös. »Was wird der Herr wohl dazu sagen?«

»Glaubt Ihr, er wird es bemerken?« fragte Carolan hinterhältig.

»Vielleicht merkt er ja auch nichts. Lies mir doch ein wenig vor, Carolan.«

Sie las, aber es war ihr gar nicht bewußt, was sie las. Sie konnte es kaum erwarten, in ihrem neuen Kleid in die Küche zu gehen. Margerys Gesicht! Jins und Esthers Gesichter! Sie hoffte, daß Marcus durchs Fenster sehen würde. Ihr Leben hatte sich schließlich doch zum Besseren gewandelt. Welche andere Frau, die mit einem Sträflingsschiff hierhergekommen war, hatte wohl so ein angenehmes Leben wie sie? Welche andere durfte wohl ein grünes Nachmittagskleid tragen? Vielleicht ein paar von denen, die im Bordell arbeiteten. Aber was war das für ein Leben! Sie dagegen brauchte nicht ihren Körper zu verkaufen, sie konnte ihren Kopf benutzen.

Mr. Masterman kam ins Zimmer, während sie las. Er kam häufig, wenn sie da war. Erstaunt sah er sie in dem grünen Kleid am Bett sitzen; ihr rotes Haar fiel weich auf ihre Schultern. Sie lächelte ihn unterwürfig an.

»Wie geht es dir heute?« fragte er seine Frau.

»Nicht viel besser als gestern.«

Er stand neben dem Bett. Carolan hatte sich eine Näharbeit zur Hand genommen; sie spürte, daß seine Aufmerksamkeit nur ihr galt. Er sprach, ohne bei der Sache zu sein. Sie wußte, er dachte nicht an die kranke Frau im Bett, sondern an sie.

Schließlich ging er wieder hinaus.

»Außer seinen Geschäften scheint ihn nichts zu interessieren«, seufzte Mrs. Masterman.

Carolan schwieg.

»Dennoch hatte ich den Eindruck, als ob er dich neugierig betrachten würde.«

Jetzt war es soweit, triumphierte Carolan. Jetzt war sie die wahre Herrin im Haus. Herrin über diese beiden.

Das Mädchen, dachte Margery, ist wirklich unmöglich. Wer hatte jemals so etwas gehört? Nicht einmal drei Monate war sie in diesem Land und bildete sich schon sonst etwas ein. Jetzt kommandierte sie sogar in der Küche herum!

»Mrs. Masterman will keine schmutzigen Gläser auf dem Tisch sehen!« Mrs. Masterman dies und Mr. Masterman jenes! »Mr. Masterman erwartet heute abend Gäste und wünscht dieses Menü!«

Einmal sagte sie sogar: »Ich will diese Blumen nicht länger in Mrs. Mastermans Zimmer sehen. Das Wasser stinkt!«

Wer hatte in dieser Küche denn eigentlich was zu sagen? fragte sich Margery.

Carolan trat auf wie eine Prinzessin. Sie trug sogar ein Kleid der Herrin, die sie offensichtlich vollkommen verhext hatte. Aber was war nur mit dem Herrn los? Warum sprach er nicht endlich ein Machtwort? Na ja, vielleicht war er ja auch nur froh, daß die Herrin jetzt besserer Laune zu sein schien.

Und Carolan war wirklich wunderschön! Wie immer dachte Margery an ihre eigene Jugend. Jetzt mußte sie sich damit begnügen, die Liebe der anderen zu beobachten. Allerdings konnte sie es sich nicht verkneifen, die Dinge ein wenig zu beeinflussen, und versuchte dies ziemlich erfolgreich mit pikanten Andeutungen und Sticheleien. Das gab ihr das Gefühl, an den Liebesaffären der Jungen teilzuhaben.

Hochmut kommt vor dem Fall, Miß Carolan, und du bist das hochmütigste Stück, das ich jemals sah, dachte Margery. Aber wie hübsch war sie auch anzusehen! Es war kein

Wunder, daß Marcus sie liebte, daß Tom Blake verrückt nach ihr war, daß die Herrin sie gern mochte. Trotzdem trug das dumme Ding den Kopf ein wenig zu hoch und hielt sich für außerordentlich schlau. Marcus wollte sie, wenn er auch noch so sehr mit Esther herumschäkerte, aber er war eben ein Mann, der ein halbes Dutzend Frauen gleichzeitig lieben konnte, und auf so einen mußte man ein wachsames Auge haben. Tom Blake würde zwar treu sein, aber er war nicht der Richtige für Carolan. Und die Zuwendung einer Herrin war eine unsichere Sache. Das Blatt konnte sich jederzeit wenden.

Margery lachte so sehr, daß Tränen in ihren Pudding fielen. Lange schon hatte sie auf so etwas gewartet. Aber war es denn wirklich möglich? Doch, es gab keinen Zweifel. Das geschieht dieser eingebildeten Ziege recht, dachte sie.

Die zurückhaltende, fromme Esther sah in den letzten Tagen seltsam verändert aus. Sie war bleich und wirkte völlig verängstigt. Oh, das wird ein Schock für dich, Miß Carolan!

Margery behielt ihr kleines Geheimnis zunächst für sich und kostete die Vorfreude aus.

Eines Nachmittags, als Carolan in die Küche kam, fragte Margery, ob sie eine Tasse Tee mit ihr trinken wolle.

»Ich kann nicht bleiben, ich muß wieder nach oben«, sagte Carolan.

Oh, sie war sich wohl zu gut, um mit der alten Margery zu plaudern!

»Ich will nur ganz kurz mit dir sprechen.«

»Leider habe ich nicht viel Zeit!«

»Nun, ich dachte immer, Jin würde so etwas passieren. An sie habe ich dabei nie gedacht.«

»Was meinst du?«

»Was, du hast noch nichts gemerkt?«

»Ich weiß nicht, was ich hätte bemerken sollen!«

»Was ihr passiert ist.«

»Wem, Poll?«

»Nein, Esther. Hast du denn keine Augen im Kopf?«

»Esther ...?«

»Gestern ist sie glatt umgekippt. Sie hat anscheinend etwas ... Unanständiges getan.«

»Du bist eine verdorbene alte Frau. Wenn Esther ohnmächtig geworden ist – dann ist sie wohl krank. Wer kann schließlich dieses Leben hier ertragen, ohne krank zu werden?«

»Nun, einige von uns erobern sich einen Platz im oberen Stockwerk. Wir anderen haben nicht so viel Glück. Aber wenn ich jemals ein Mädchen in Schwierigkeiten gesehen habe, dann sehe ich jetzt eines.«

»Aber das ist doch nicht möglich!«

»Ja, stille Wasser gründen tief!«

»Ich glaube es einfach nicht!«

»Das wirst du wohl müssen. Gestern habe ich sie zur Rede gestellt, das arme Ding. Sie hat nur gesagt, daß sie ihn liebt und daß sie nicht anders konnte. Das sagen sie alle.«

»Marcus!« flüsterte Carolan.

»Ja, wahrscheinlich. Er hing dauernd hier herum. Kein Mädchen kann ihm wohl auf die Dauer widerstehen. Bestimmt hat er ihr erzählt, wie wunderschön und heilig die Liebe ist ... und dann hat sie sich ihm hingegeben. Und jetzt hat sie die Quittung.«

Carolans Gesicht war schneeweiß. Ihre Augen funkelten.

So, meine Dame, das hat gesessen! Das hat deinen Stolz verletzt. Du dachtest, er hätte nur Augen für dich. Oh, du mußt noch eine Menge lernen, meine Schöne.

Carolan ging an Margery vorbei hinaus auf den Hof, wo Esther an der Wasserpumpe stand. Sie packte das Mädchen und riß sie mit sich fort. Am liebsten hätte sie sie umgebracht. Wäre sie ihr doch nie begegnet! Wütend und traurig war sie. Sie schleuderte ihr Worte der Verachtung entgegen. All das fromme Getue hatte sie also nicht davon abhalten können, ihre beste Freundin zu hintergehen!

Margery kicherte in sich hinein. Alles hatte an jenem Abend begonnen, als Carolan oben bei ihrer Herrin gewesen war. Marcus war zu Besuch gekommen, und sie hatten Gin zusammen getrunken. Margery hatte dafür gesorgt, daß Esthers Glas nicht leer wurde, und Marcus, der sich keine

Gelegenheit entgehen ließ, hatte leichtes Spiel gehabt. So hatte das Schicksal seinen Lauf genommen.

Carolan kam wieder herein. Sie sah aus wie eine Schlafwandlerin.

»Ach, mein Schätzchen, du darfst es dir nicht so sehr zu Herzen nehmen. Es zahlt sich eben doch nicht aus, wenn man einen Mann zu lange warten läßt«, sagte Margery.

Aber Carolan schien ihre Worte nicht zu hören und ging stumm an Margery vorbei.

»Zieh die Vorhänge zu, Carolan. Ich will für eine Weile ruhen.«

»Ich werde Euch allein lassen, Madam. Dann könnt Ihr Euch besser ausruhen.« Carolans Stimme klang hart und entschlossen. Sie konnte es in diesem Zimmer nicht länger aushalten. »Ich möchte den Schrank im Badezimmer aufräumen. Wenn Ihr mich braucht, dann klopft an die Wand.«

Lucille Masterman nickte unterwürfig, und Carolan ging hinaus.

Sie betrachtete sich selbst in dem großen Spiegel. Wie seltsam sie aussah! Würde die selbstsüchtige Frau nicht ausschließlich an sich und ihre albernen Medikamente denken, dann hätte es ihr auffallen müssen. Es gab niemanden, der Carolan tröstete. Margery war schadenfroh. Esther weinte sich wahrscheinlich die Augen aus dem Kopf, aber sie weinte nur, weil sie selbst in Schwierigkeiten war. Diese tugendhafte Esther, die sich immer benommen hatte wie eine Heilige, sie hatte sich wie ein Dienstmädchen zu ihm geschlichen. Nein, sie war nicht mehr ihre Freundin. Esther und Marcus hatten sich geliebt! »Hoffentlich hast du deine Gebete nicht vergessen, bevor ihr es getan habt!« Diese Worte hatten das Mädchen erbleichen lassen, aber das geschah ihr recht, dieser elenden kleinen Heuchlerin. Und Marcus war eine Bestie. Wie gut, daß sie ihn los war. Hätte sie ihn geheiratet, er wäre ihr nicht länger als eine Woche treu geblieben. Ich hasse sie beide, dachte sie. Sie hatte gesagt: »Mr. Masterman wird außer sich sein, wenn er das hört. Er will bestimmt wissen, wie es passiert ist und wer der Mann ist. Er wird wissen wollen, wie du dazu kommst, andere Sträflinge in seinem Haus zu empfangen. Ich möchte nicht in deiner Haut stecken, Esther.« Esther hatte daraufhin gestammelt: »Ich wünschte, ich wäre tot.«

Was sollte jetzt aus der schwächlichen, heulenden Esther werden?

Ich möchte nicht in deiner Haut stecken, Esther! Aber in Wahrheit hätte sie alles darum gegeben, an Esthers Stelle zu sein. Alles hätte sie darum gegeben, in Esthers Haut zu stekken, Marcus' Kind zu erwarten, von ihm geliebt zu werden.

Warum geht nur alles schief mit mir? fragte sie sich. Zuerst habe ich Everard verloren und jetzt auch noch Marcus. Warum? Warum?

Die Antwort konnte sie in ihrem eigenen Gesicht lesen. Dieses eigensinnige Kinn, diese blitzenden Augen! Darin lag die Antwort. Sie hatte Marcus ausschließlich durch ihre eigene Schuld verloren.

Dabei begehrte sie Marcus. Sie liebte Marcus. Erst jetzt war ihr bewußt geworden, wie sehr, jetzt, wo alles zu spät war. Sie mußte sich damit abfinden. Wie könnte sie Marcus jetzt noch heiraten, wo Esther sein Kind trug?

Sollte Esther doch ihr Kind bekommen; was machte das schon? Andererseits – da war dieser Arzt, der Mrs. Masterman damals geholfen hatte. Warum sollte er nicht auch Esther helfen?

Nein! Esther sollte selbst sehen, wie sie aus ihren Schwierigkeiten herauskam. Sie stellte sich vor, wie sie Mr. Masterman ihre Schuld eingestand. Was sollte aus Esther werden? Wen kümmerte es, was mit ihr geschehen würde? Esther hatte gedankenlos gehandelt. Jetzt mußte sie eben die Suppe auslöffeln, die sie sich eingebrockt hatte.

Und was sollte aus ihr selbst werden? Sie liebte Marcus, aber er liebte sie nicht, wie sehr er es auch beteuern würde. Unglücklich sank sie auf einen Stapel Kleider, die sie aus dem Schrank geräumt hatte, und begann herzzerreißend zu schluchzen.

Plötzlich wurde ihr bewußt, daß sie nicht allein war. Langsam wandte sie sich um. Zuerst sah sie seine schlanken Beine in gutsitzenden Reithosen, seine dunkle Jacke, sein bleiches Gesicht, das sie an eine Statue erinnerte, die sie in den Gärten von Vauxhall gesehen hatte.

Die Situation schien ihm peinlich zu sein. »Ich fürchte, du bist sehr unglücklich«, sagte er. »Wenn ich irgend etwas für dich tun kann ...?«

Sie lächelte traurig und schüttelte den Kopf. »Es ist nichts, vielen Dank.«

Er kniete neben ihr auf den Kleidern nieder.

»Ihr seid sehr freundlich«, sagte sie und dachte: Sieben Jahre lang muß ich in diesem Haus bleiben und für ihn und seine Frau arbeiten. Jetzt gibt es keine Hoffnung mehr, zu entrinnen. Plötzlich wurde ihr klar, wie sehr sie die ganze Zeit auf eine Versöhnung mit Marcus gehofft hatte, auf ein gemeinsames Leben mit ihm auf einer Farm. Der Gedanke an ihre blinde Torheit ließ sie erneut laut aufschluchzen.

»Ach komm«, sagte er, »du darfst nicht so traurig sein. Willst du mir nicht sagen, warum du so unglücklich bist?«

Er kniete noch immer neben ihr – und berührte ihre Schulter.

»Mein armes Kind, wie alt bist du?«

»Siebzehn.«

»Das ist noch sehr jung.«

»Ich fühle mich viel älter. Noch vor einem Jahr war ich jung. Aber jetzt bin ich alt.«

»Du mußt mir alles erzählen. Nicht jetzt, aber wenn du dich besser fühlst. Es geht bestimmt bald vorüber. Gestern noch dachte ich, du wärest der fröhlichste Mensch, den ich kenne.«

Seine Worte trösteten sie. Sie fing an, ihn mit Marcus zu vergleichen. Auch in seinen blassen Augen lag jenes brennende Verlangen. Aber das war auch schon alles, was sie gemeinsam hatten. Gunnar Masterman war ein aufrechter, ehrlicher Mann, freundlich und kühl. Sein Begehren ließ ihn sehr jung wirken, obwohl er wahrscheinlich älter war als Marcus. Aber was seine Erfahrungen mit Frauen anbetraf, so war er fast noch ein Junge.

Sie streckte ihre Hand aus, und er nahm sie.

»Ich kann gar nicht verstehen, warum Ihr so gut zu mir seid«, flüsterte sie. Natürlich heuchelte sie, denn niemand wußte es besser als sie.

Er umklammerte ihre Hand noch fester. »Es tut mir sehr leid, daß du hier so unglücklich zu sein scheinst. Vielleicht hast du ja Heimweh.«

»O nein! Ich habe kein Heimweh! Was kümmert es mich, wenn ich England nie wiedersehe! Auch hier gibt es Bäume und Gras. Nein, England, das ist Newgate, Grausamkeit, Ungerechtigkeit. Nie wieder möchte ich dahin zurück!«

»Wie schrecklich sie dir weh getan haben«, sagte er.

Sie nickte, und er zog sie an sich.

Sie sah zu ihm auf, ihre Lippen berührten sich fast. Mit Marcus bin ich fertig, dachte sie. Ich will ihn vergessen, und nur die Verschlagenheit, die ich von ihm gelernt habe, wird mich an ihn erinnern. Solange ich lebe, werde ich nie wieder jemanden lieben.

Er starrte sie an. Jeden Moment würde er sie küssen, es sei denn, sie wendete sich ab. Nur einmal müßte sie ihn zurückweisen, dann würde er sie für immer in Ruhe lassen, so ein Mann war er. Jetzt kämpfte er noch mit sich. Er durfte sich nicht mit einem Sträflingsmädchen einlassen, von der er nichts wußte, außer daß sie außerordentlich hübsch und jung war.

Könnte er jetzt der Situation entfliehen, dann würde er für eine ganze Weile verschwinden; hocherhobenen Hauptes würde er in die Kirche gehen und seinem Gott danken, daß er der Versuchung widerstanden hatte. Genau wie Esther! Sie wurde erneut wütend. Diese Feiglinge! Sie wollten, was alle anderen auch wollten, aber sie hatten nicht den Mut, es sich zu nehmen. Sie taten solche Dinge nicht freudig, sondern nur weil die Versuchung zu groß war. Schwächlinge, alle miteinander!

Sie rückte noch näher an ihn heran, und er nahm sie in seine Arme und küßte sie. Triumphierend und wütend erwiderte sie seinen Kuß. Oh, du mächtiger, bedeutender Mann! Jetzt bist du hier und küßt eine Gefangene, während deine Frau im Nebenzimmer schläft!

Sie befreite sich von ihm. Sein Gesicht war blaßrosa geworden. Es sah lustig aus, wie er dort kniete.

»Es tut mir leid«, sagte er. »Du mußt mir verzeihen.«

Er saß da mit gesenktem Kopf. Mr. Masterman, der Hausherr! Jetzt war er nicht länger ihr Herr!

»Es macht nichts«, sagte sie. »Es ist nicht so wichtig.«

»Doch, es ist von größter Wichtigkeit«, beharrte er. »Ich fürchte, ich habe dich beleidigt.«

Insgeheim mußte sie lachen. Er war noch kein bißchen erwachsen. Vielleicht hatte er eine mächtige Position in der Kolonie inne, aber gleichzeitig war er ein junger Mann, der seine erste leidenschaftliche Liebesaffäre erlebte.

Sie zuckte die Schultern und stand auf.

»Man gewöhnt sich daran … an die Beleidigungen, meine ich. Es tut Euch leid, das weiß ich.«

Er stand neben ihr, Madams blaues Samtkleid lag wie ein Teppich unter ihren Füßen.

»Ich muß es dir erklären«, sagte er. »Du hast mich schon eine ganze Weile beunruhigt.«

Mit großen Augen fragte sie: »Ich … habe Euch beunruhigt?«

»Du verstehst das nicht. Es ist einzig und allein mein Fehler. Deine einzige Schuld ist deine Jugend, deine Schönheit und deine Einzigartigkeit.«

Ohne es zu wollen, fühlte sie eine gewisse Zärtlichkeit für ihn.

»So oft wollte ich das schon tun … so oft.«

»Ja, aber …«

»Es ist natürlich nicht richtig, überhaupt nicht richtig. Aber ich habe es dir jetzt gesagt. Und in Zukunft … Ich möchte, daß du meine Entschuldigung annimmst. Du mußt mir glauben, daß so etwas nie wieder geschehen wird.«

Langsam ging er zur Tür.

Sie hängte die Kleider wieder in den Schrank. Der Schmerz um den Verlust von Marcus war ein wenig schwächer geworden. Während sie zurück in die Küche ging, versuchte sie an Mr. Masterman zu denken, wie er auf dem Kleid seiner Frau gekniet und sie um Vergebung angefleht hatte. Zu Margery und Esther verhielt sie sich sehr distanziert.

Esther versuchte einmal, nach ihrer Hand zu greifen, aber sie ließ sie schlaff herunterhängen, und Esther blickte traurig und verängstigt drein.

James kam herein. Carolan sollte zur Hausherrin kommen.

»Oh, Carolan, ich habe schreckliche Kopfschmerzen. Gib mir doch ein Schmerzpulver. Der Herr war gerade hier, er wird für ein paar Tage verreisen. Zu einer der Farmen, er muß dort nach den Männern sehen.«

Carolan dachte: Jetzt werden die Tage monoton und gleichförmig dahingehen, immer weiter für sieben lange Jahre. Ob die Begierde bei allen Männern schnell nachließ? Bei Marcus war es so gewesen, und auch bei Everard. Ich bin es so leid, eine Dienerin zu sein und mir das langweilige Gerede einer Herrin anzuhören.

»Wann reitet er los, Madam?«

»Morgen, ganz früh bei Sonnenaufgang.«

»Ihr seht müde aus, Madam.«

»Müde? Ich fühle mich ganz erschlagen.«

»Gleich wird es dunkel sein«, sagte Carolan. Dabei war es noch ganz hell. Sie konnte sich einfach nicht daran gewöhnen, daß es hier von einer Minute auf die andere stockdunkel wurde, ohne Dämmerung wie in England. »Soll ich die Kerzen anzünden?«

»Zuerst mein Pulver.«

»Oh, ja ... An Eurer Stelle würde ich morgen den ganzen Tag ruhen, Madam ... wo der Herr doch fort sein wird. Ich habe Euch noch nie so müde gesehen.«

»Gib mir den Spiegel.«

Carolan setzte sich aufs Bett und hielt ihr den Spiegel hin. Wie herrlich müßte es sein, auf so einem weichen Bett zu liegen. Wie sie den feuchten Kellerraum haßte! Wie sie es haßte, eine Gefangene und eine Dienerin zu sein! Es war so eintönig, dabei mußte sie noch dankbar sein, denn andere hatten es weitaus schlechter als sie. Nichts, auf das man sich freuen konnte. Immer noch brannte der Kuß auf ihren Lippen. Der Herr! Die Begierde in seinen Augen hatte der in Marcus' Augen geähnelt. Ich bin es so leid, eine Dienerin zu sein und nicht geliebt zu werden. Meine Mutter hatte in meinem Alter Liebhaber. Meine Großmutter auch … Die Frauen in meiner Familie wurden immer geliebt.

Ihr Herz begann wild zu schlagen. Jetzt dachte sie fast überhaupt nicht mehr an Marcus.

»Ich hole jetzt Eure Medizin.« Sie ging zur Kommode, schloß die oberste Schublade auf, holte die Flasche heraus und schüttelte sie.

»Ich wollte doch das Pulver«, sagte Lucille erschreckt.

»Ach ja, das Pulver. Ich dachte nur, weil Ihr so müde ausseht … Aber wenn es nur Kopfschmerzen sind, dann gebe ich Euch lieber das Pulver.«

»Nein, nein, Carolan, gib mir lieber das da … In meinem ganzen Leben war ich noch nie so müde. Und Dr. Martin sagt, ich brauche Schlaf nötiger als alles andere.«

Lucille leerte das Glas, das ihr Carolan eingeschenkt hatte.

»Ich werde es auswaschen, dann ziehe ich die Vorhänge zu und lasse Euch allein.«

»Was würde ich bloß ohne dich anfangen, Carolan?«

»Schlaft gut, Madam.«

Im Badezimmer zündete Carolan eine Kerze an und betrachtete ihr Gesicht im Spiegel. Ihre Lippen waren leicht geöffnet, ihre Augen leuchteten, ihr Gesicht sah verwegen aus.

Ich will nicht länger eine Dienerin bleiben!

Schnell ging sie durchs Zimmer und klopfte an seiner Tür.

»Herein«, sagte er. Sie ging hinein. Auf dem Sims brannten zwei Kerzen. Sie blies ihre aus.

»Ich habe gehört, daß Ihr morgen früh fortreitet, und dachte, ich könnte Euch vielleicht ein paar Sachen packen.«

»Packen? Nein, ich glaube nicht. Es gibt nichts zu packen.«

»Ich verstehe. Gute Nacht.«

Ihre Stimme war ein atemloses Flüstern.

Mit fester Stimme sagte er: »Gute Nacht.« Aber dann: »Carolan?«

Er stand vor ihr und blickte auf sie hinab.

»Du hättest nicht kommen sollen«, sagte er atemlos.

»Ich weiß. Aber morgen geht Ihr doch fort … Ich dachte nur …«

Er hob sie hoch, und sie legte ihre Arme um seinen Hals. Sie wußte nicht, ob dies ihre Rache an Marcus war oder ob sie sich nur zu lange ungeliebt gefühlt hatte.

»Carolan«, sagte er, als sie auf seinem Bett lagen, »was denkst du?«

»An dich … und an mich.«

»Was ist mit uns?«

»Es war wunderbar, nicht wahr?«

»Ja, das war es.«

»Du siehst so glücklich aus … und so schuldbewußt. Eine merkwürdige Mischung.«

»Was sagst du da? Ehebruch ist schließlich eine Todsünde!«

»Ach, ich hätte nicht herkommen sollen.« Sie schlang ihre Arme um seinen Hals. »Wenn du die Uhr zurückdrehen könntest und ich wieder mit der Kerze in der Tür stünde, würdest du mir befehlen zu gehen?«

»Ich glaube, ich würde vor keiner Sünde zurückschrekken, um das hier noch einmal zu erleben.«

Sie lächelte, ohne daß er es sehen konnte, und dachte an Esther, die in ihrer Leidenschaft genauso verwegen gewesen war wie dieser Mann. Beide hatten sie ihren Gott verleugnet, Esther und dieser Mann. Aber sie selbst und Marcus? Was war mit ihnen?

Sie streichelte die feinen Haare auf seiner Hand. In ihren Gedanken begann sich ein Plan abzuzeichnen.

Es amüsierte sie, wie sich Schuldbewußtsein in seine Erregung mischte.

»Was bin ich nur für ein schlechter Mensch! Du bist so jung und unschuldig! Und ich war immer darauf bedacht, daß es in diesem Hause ehrbar zugehen sollte …«

Zärtlich küßte sie seine Lippen. Die Liebe lag ihr im Blut, genau wie ihrer Mutter und Großmutter.

»Wenn ich dir jetzt etwas erzähle, dann mußt du versprechen, mich nicht zu verachten … Gunnar. Es ist ein so seltsamer Name!«

Er nahm sie noch fester in seine Arme.

»Ich höre es so gern, wenn du meinen Namen nennst. Meine Mutter hat ihn mir gegeben. Sie kam aus Schweden.«

»Darf ich dich denn wirklich so nennen? Natürlich nur, wenn wir allein sind. Sind andere dabei, dann müssen wir uns sehr zusammennehmen …«

Sie hielt inne und war gespannt, wie er reagieren würde. Hatte sie nicht angedeutet, daß dieser Liebesakt kein einmaliger Zwischenfall bleiben sollte?

»Ich habe dich zu dieser Sache getrieben«, seufzte er. »Du bist so jung und wurdest mir anvertraut …«

Sie lachte leise.

»Ich wollte dir doch etwas sagen, aber du darfst mich deswegen nicht verachten.«

»Dich verachten! Ich bin es, den …«

»Nein«, sagte sie, »Es war mein Fehler. Ich bin böse und schamlos. Ich konnte es einfach nicht ertragen, daß du verreisen würdest, und wollte dich vorher sehen … deshalb bin ich zu dir gekommen … und habe gefragt, ob ich dir helfen kann …«

Er war bezaubert. Natürlich wußte er nicht, daß eine Frau so sein konnte. Er hielt sie für naiv und unschuldig. Wie abstoßend waren dagegen Frauen wie Lucille, die angstvoll um ihre Jungfräulichkeit besorgt waren, obwohl es sowieso keiner darauf abgesehen hatte, und die einem dann schließlich widerwillig ihre Gunst erwiesen. Dagegen dieses Mädchen hier, dieses unschuldige Kind, sie verschenkte alles so großzügig und gestand auch noch, daß sie es aus eigenem Willen gegeben hatte. Er wurde von zärtlichen Gefühlen für sie überwältigt.

»Hör zu, Carolan, so etwas darf nie wieder geschehen. Ich kann mich selbst kaum verstehen. Der Teufel muß mich geritten haben.«

Sie schaute ihn an. Sein Körper war sehr ansehnlich, und seine Gesichtszüge waren nicht unattraktiv. Sie mochte seine Einfachheit; es gefiel ihr sogar, daß er Puritaner war, denn das war etwas, das Marcus niemals sein könnte. Marcus war ein Lügner und ein Betrüger. Warum sollte sie ihre Gedanken an ihn verschwenden? Jetzt hatte sie Mr. Masterman, beziehungsweise Gunnar, wie sie ihn in Zukunft nennen würde ... Er war ein mächtiger Mann in der Kolonie, und sie hatte größere Macht über ihn, als sie jemals über Marcus gehabt hätte. Ein Mann, der von seinem tugendhaften Pfad abgekommen war, weil er nicht in der Lage war, Carolan Haredon zu widerstehen. Er suchte keine schnelle Leidenschaft; seine Liebe war natürlich und rein wie der Wind, die Sonne und der Regen. Marcus' Liebe dagegen war etwas Künstliches, wie eine Blume, die man im Gewächshaus gezüchtet hatte. Gunnar jedoch hatte nichts Verwegenes an sich. Er hatte beide Türen zu seinem Zimmer verschlossen, bevor sie sich geliebt hatten. Marcus stand für Unsicherheit; das Verschließen der Türen war ein Symbol für die Sicherheit, die eine Frau an der Seite eines Mannes wie Gunnar Masterman genoß.

»Du mußt es einsehen, Carolan«, sagte er traurig, »es darf kein zweites Mal geben. Zwar wird es schwierig sein, aber ich werde eben viel Zeit auf den Farmen verbringen.«

»Erzähl mir von den Farmen«, sagte sie.

Er redete ziemlich langsam und ohne große Begeisterung, aber es gelang ihm, ihr das Leben auf einer einsamen Farm zu schildern; umgeben von Weiden, wo Schafe grasten, Vieh gezüchtet und Pferde gezähmt wurden. Sie stellte sich vor, wie sie mit ihm dort leben würde. Nach einem Tag im Freien würde sie das Essen für ihn zubereiten. Unter freiem Himmel würden sie sich lieben. Mr. Masterman, der Herr. Die Leute sprachen immer mit einer gewissen Ehrfurcht von ihm. Bei ihr jedoch war er anders. Er zitterte und sagte, daß dies das erste- und letztemal bleiben müßte. Sie lächelte, denn sie wußte genau, daß sie es war, die darüber zu entscheiden hatte.

Während sie seinen Schilderungen lauschte, fühlte sie

beinahe schon ein Pferd unter sich, spürte den Wind auf ihren Wangen, während sie dahingaloppierten ... beide zusammen.

Beinahe war sie glücklich; wenn sie nur nicht jenes wilde Verlangen nach Marcus gehabt hätte, dann wäre sie wirklich glücklich gewesen. Gunnar Masterman jedenfalls war Balsam für ihren verletzten Stolz, dieser starke Mann, der nur bei ihr schwach wurde.

»Erzähl mir mehr, Gunnar. Ich möchte alles von dir wissen.«

Er berichtete ihr von seiner schwedischen Mutter, die während der Reise über den Atlantik gestorben war. Vor etwas mehr als dreißig Jahren hatte sie ihn geboren. Und zwar genau in jenem Jahr, betonte er, als Lord North Premierminister von England wurde und Kapitän Cook Neusüdwales entdeckte. Er versuchte, ihr die Bedeutung dieser beiden Männer klarzumachen. Wer war denn für den Verlust der amerikanischen Kolonien verantwortlich gewesen? In der Hauptsache doch Lord North und sein halb verrückter Monarch. Und wer hatte dafür gesorgt, daß hier eine neue Kolonie gegründet wurde? Kapitän Cook! Und er, Gunnar Masterman, wurde just in dem Jahr geboren, als sich das Schicksal von Amerika und Neusüdwales entschied. So hatte er es immer aufgefaßt. Als er noch ein kleiner Junge war, hatten er und seine Schwester Greta und seine Eltern Amerika verlassen, um nach England zurückzukehren, denn sein Vater war ein Puritaner und ein so getreuer Anhänger Englands gewesen, daß es für ihn im neuen Amerika keinen Platz mehr gab. An die Zeit vor der großen Reise, auf der seine Mutter gestorben war, hatte Gunnar nur vage Erinnerungen. Für sie alle begann ein ganz neues Leben auf der anderen Seite des Ozeans. Hatten sie vorher immer ein bescheidenes Auskommen gehabt, so waren sie jetzt bitterarm. Die alte Heimat bot ihren Söhnen, die in der Ferne so tapfer für sie gekämpft hatten, keine Gastfreundschaft. Es gab nur die vage Hoffnung auf ein neues Land, das Kapitän Cook entdeckt hatte. Sein Vater war ein seltsamer Mann. Er beklagte sich nicht, sondern versuchte, die Menschen, die an der Themse in ihren elenden Hütten hausten, zu Puritanern zu machen. Dafür predigte er in Tavernen, und dort traf er auch seine zweite Frau. Sie war wunderschön, aber liederlich und verderbt, und verdiente sich ihr Geld bei den Seeleuten und Werftarbeitern. Er nahm sie mit in sein schäbiges Zuhause und heiratete sie, weil er sie genauso begehrte wie jetzt sein Sohn ein Sträflingsdienstmädchen. Carolan konnte sich den ältesten Sohn dieser Familie genau vorstellen, ein großer, dünner Junge, der immer hungrig war. Sie besaßen eine heruntergekommene Pension am Fluß, aber die Stiefmutter konnte sich nicht von der Ginflasche fernhalten und der Vater nicht vom Predigen. Zahlreiche Kinder kamen zur Welt, und Gunnar, der sich noch dunkel an ein besseres Leben erinnern konnte, wußte, daß es so nicht weitergehen konnte. Er begann Geld zu verdienen; er trug Pakete aus, belud Barkassen, tat alles, um zu Geld zu kommen.

»Ich habe es noch nie jemandem erzählt«, sagte er nachdenklich. »Warum nur möchte ich es dir erzählen? Es liegt wohl daran, daß ich mich in dich verliebt habe. Du sollst alles über mich erfahren.«

Carolan, der die Tränen in die Augen stiegen, begann, zärtliche Gefühle für diesen Mann zu empfinden. Nie wieder werde ich mich verlieben, schwor sie sich. Es ist schön, geliebt zu werden, aber man darf nicht selbst lieben.

Er erzählte vom Winter, als die Eiszapfen vom Giebel des Logierhauses herunterhingen, vom kalten Ostwind, der das Flußwasser in den Hof trieb, von Lungenentzündungen und Keuchhusten, Krankheiten, an denen einige seiner Halbgeschwister starben, von seinem Vater, der auf den Marktplätzen predigte, und von seiner Stiefmutter, die sich weigerte, bei der Kälte das Bett zu verlassen. Er war es, der die Kinder waschen und füttern mußte. Wer hätte das von Mr. Masterman gedacht!

Dann berichtete er von den heißen Sommern, vom Gestank der Abfälle in den Straßen, von wahren Wanzenarmeen in den Betten, von Ratten, die sich in den Lagerhallen vermehrten und die auch in die Wohnhäuser kamen.

Die Kerzen flackerten; jeden Moment würden sie ausgehen. Carolan hatte die Zeit vergessen. Sie dachte an Lucille, die unter dem Einfluß des Laudanums im Nebenzimmer tief und fest schlief und nichts von dem Leben ahnte, das ihr Mann vor ihrer Heirat geführt hatte.

Sie betrachtete sein Gesicht – mutig und entschlossen. Leicht konnte sie darin den jungen Gunnar erkennen, den Jungen, der entschlossen war, den stinkenden Fluß und all das Elend hinter sich zu lassen.

»Du willst nicht nach England zurückkehren, Gunnar?«

»Nein!« sagte er grimmig.

»Ich auch nicht! England bedeutet für dich Armut, Schwindsucht und überschwemmte Straßen und Höfe. Ich verstehe das. Du hättest heulen können vor Kälte. Aber du hast nie geweint, Gunnar. Niemals hast du geweint. Immer wieder hast du dir gesagt: ›Ich werde es schaffen!‹«

»Warum bist du nicht schon vor zehn Jahren hierhergekommen? Warum habe ich dich nicht getroffen, als ich ankam?«

»Du hättest doch keine Sträflingsfrau ehelichen können! Nun, statt dessen hast du die Tochter eines angesehenen Offiziers geheiratet. Das verschaffte dir eine gute Stellung in der Stadt.«

Er fühlte sich plötzlich unbehaglich. Eine Zeitlang hatte er Lucille vergessen, jetzt wurde er wieder an sie erinnert.

Sie wünschte, sie hätte nichts gesagt, aber sie war von Natur aus taktlos, und sie wollte sich seiner ganz sicher sein.

»Ich habe dich traurig gemacht«, sagte sie und rückte noch näher an ihn heran. »Es tut mir leid. Wie kannst du wissen, was du getan hättest?«

»Sei dir im klaren darüber: Wenn es möglich gewesen wäre, dich zu heiraten, dann hätte ich um deine Hand angehalten, bevor …«

»Bevor das hier passiert ist!« sagte sie. »Jetzt mußt du mir noch den Rest erzählen.«

»Als ich fast elf war, beschloß ich, mich davonzumachen. Ich fühlte mich erwachsen. Meine Schwester, damals neun Jahre alt, konnte sich um die Kleinen kümmern. Ich haßte die Pension, sie kam mehr und mehr herunter. Meine Stiefmutter war fast immer betrunken. Mein Vater wollte, daß aus mir ein Prediger werden sollte. Ich wußte, wenn ich in seine Fußstapfen trat, dann würde es für mich nichts als Armut geben.«

»Du bist also weggelaufen, Gunnar?«

»Nicht bevor ich wußte, wohin ich gehen konnte. Man hatte mir Arbeit in einem Gasthof in Holborn angeboten. Ein Jahr lang arbeitete ich dort als Küchenjunge. Dann bin ich mit einem Hausierer fortgegangen. Mit einem Packpferd zogen wir im Land umher. Alles mögliche haben wir verkauft. Bald beschloß ich, für mich selbst zu arbeiten. Ich sparte etwas Geld und kaufte Waren, die ich dann wieder verkaufte. Ich war sparsam. Im Sommer schlief ich im Freien, um Geld zu sparen.«

Sie verglich ihn mit Marcus, der einen gefährlichen, skrupellosen Weg eingeschlagen hatte, der ins Verderben führte. Gunnar dagegen hatte die sichere Straße gewählt, die zum Erfolg führte. Marcus war ein Taschendieb und Betrüger; Gunnar machte Pläne und verzichtete auf eine Schlafstelle und regelmäßige Mahlzeiten. Marcus war ein Sträfling, wie verschlagen und clever er auch sein mochte; Gunnar war ein erfolgreicher Mann. Sie hatte recht daran getan, sich an diesen starken, ehrlichen Mann zu binden. Trotzdem begehrte sie Marcus. Sie sehnte sich nach seiner Fröhlichkeit, nach seinem Witz, nach seinen leidenschaftlichen Augen und seinen zärtlichen Händen. Unwillkürlich rückte sie von dem Mann an ihrer Seite ab. Das Ganze machte sie krank. Sie wünschte, sie könnte alles ungeschehen machen.

Kaum, daß sie ihm noch zuhörte. Er konnte also seine kleinen Erfolge verbuchen und hatte beschlossen, nach Sydney zu gehen. Die Regierung half Leuten, die eine gewisse Summe gespart hatten, nach Neusüdwales auszuwandern. Dort war es einfacher für einen Mann wie ihn, eine sichere Existenz aufzubauen. So fuhr er eines Tages auf einem Frachtschiff nach Australien. Der Rest war einfach, denn Männer wie er wurden dort gebraucht. Sein Organisationstalent brachte ihn rasch vorwärts. Schnell war er aufgestiegen, hatte Major Gregorys Tochter geheiratet und ein schönes Haus in Sydney gebaut. Überall erwies man ihm Respekt.

»Während du nach und nach Karriere gemacht hast«, sagte Carolan, »bin ich immer tiefer abgesackt.« In kurzen Worten schilderte sie ihr Leben. Die Nachstellungen des Squire schienen ihn mehr zu schockieren, als daß man sie und ihre Mutter ins Newgate-Gefängnis gesteckt hatte.

»Mein armes Kind«, sagte er. »Wie grausam dich das Leben behandelt hat ... und dann hat es dich hierhergebracht ... zu so einem Ungeheuer!«

Aber das ließ sie nicht gelten.

»Was sagst du da? Nichts Schöneres hätte mir geschehen können.«

»Mein armes Kind ... Mein liebes Kind!«

»Gunnar, du hast keine Kinder. Wolltest du Kinder?«

Er antwortete nicht, aber er drückte sie an sich.

»Auch ich wünsche mir Kinder«, sagte sie und dachte, wenn ich ein Kind hätte, dann würde ich aufhören, an Marcus zu denken und an Everard. Ein Kind ... mein eigenes Kind! Und ein Kind sollte einen Vater haben, zu dem es aufsehen kann. Nicht einen Lüstling wie den Squire; nicht einen Schwächling wie Darrell und nicht einen attraktiven Schürzenjäger wie Marcus. Solche Männer gaben keine guten Väter ab. Es waren die ruhigen, praktischen Männer, die Puritaner, die manchmal ein wenig streng waren, aber weise und freundlich.

Gerne wollte sie ihm klarmachen, wie glücklich er hätte werden können, hätte er vor zehn Jahren Carolan Haredon geheiratet und nicht Lucille Gregory. Wie schlecht ich doch geworden bin, dachte sie. Hat mich Newgate so verändert? Oder war das Böse immer schon in mir und hat nur auf eine Gelegenheit gewartet, zum Vorschein zu kommen?

»Ich muß dir noch etwas sagen, Carolan«, meinte er. »Du darfst mir deswegen keine Vorwürfe machen. Aber mein wahrer Name ist Morton. Ich habe ihn geändert, als ich nach Sydney kam.«

»Masterman ist ein guter Name. Mir gefällt er, und er

paßt zu dir. Warum sollten wir nicht selbst unsere Namen wählen! Es ist ein guter Name, den du an deine Kinder weitergeben kannst.«

»Ich werde niemals welche haben«, sagte er verzweifelt. »Du mußt jetzt gehen, Carolan. Es ist alles so schwierig, und es war so falsch ...«

»Oh, mein Liebster, auch für mich ist es schwer.«

»Du mußt jetzt gehen ... du mußt!«

Sie schmiegte sich enger an ihn, legte ihre Arme um seinen Hals und preßte ihren Körper an ihn.

»Carolan ...!«

Er sollte sich im klaren darüber sein, daß nicht er zu bestimmen hatte, wann sie ging; von nun an hatte sie das Kommando. Sie mochte ihn, diesen Mann, dem so viele Menschen gehorchten. Er hatte ihre Sinne angeregt, wenn auch nicht ihr Herz, und ihre Sinne waren äußerst wichtig für sie; zu lange war sie nicht geliebt worden. Sie konnte seine Zärtlichkeiten genießen, mochte sie dabei auch an Marcus denken. Dieser aufrechte, ehrliche Mann ließ sich von ihr zur Sünde verleiten.

Jetzt warf er alle sein Prinzipien über den Haufen und vergaß, was er vor wenigen Minuten beschlossen hatte.

»Gunnar ... Bitte, mein Geliebter, geh morgen nicht fort. Ich könnte es nicht ertragen.«

»Nein«, sagte er atemlos. »Ich kann nicht verreisen ... Natürlich kann ich morgen nicht fortgehen ... Vielleicht später ...«

Carolan schritt hocherhobenen Hauptes umher.

Sie wirkt nicht wie ein Mädchen, dem man gerade das Herz gebrochen hat, dachte Margery. Sie benimmt sich, als wäre sie die Hausherrin. Margery mußte jedoch zugeben, daß sie bezaubernd aussah. Ihr Haar war weich und glänzend, und wie hübsch sie es jetzt immer frisierte!

Aber soll ich mich denn von ihr in meiner eigenen Küche herumkommandieren lassen? Ich müßte mal mit Mr. Masterman reden, schließlich hat er mir gesagt, daß ich hier zu bestimmen habe.

Carolan war jedoch nur selten in der Küche. Sie schlief nicht einmal mehr im Keller, sondern hatte oben ihr eigenes Zimmer.

»Mrs. Masterman wünscht mich in ihrer Nähe, falls sie mich nachts einmal braucht.«

Hatte man so etwas schon gehört? Die Hausherrin war in sie vernarrt, und der Herr schien blind und taub geworden zu sein. Mit keinem Wort hatte er protestiert, obwohl er doch immer darauf bestanden hatte, daß keine seiner Regeln gebrochen wurde.

So war Carolan also nach oben gezogen, und jetzt hatte sie sogar verlangt, daß Poll ihr Badewasser brachte.

Das ging nun wirklich zu weit! Das mußte sie dem Hausherrn melden, dachte Margery.

Marcus kam oft zu Besuch, zusammen mit Tom Blake. Sie konnten sich nicht von Carolan fernhalten, obwohl dieses hochmütige Weibsstück so tat, als ob ihr die beiden egal wären. Während sie Tom manchmal ein Lächeln schenkte, schien sie durch Marcus hindurchzusehen.

Eines Nachmittags, als Margery gerade im Schuppen neben der Pumpe war, kam Carolan auf den Hof, und es sah aus, als ob sie jemanden erwartete. Kurze Zeit später kam Marcus. Die beiden schienen verabredet zu sein.

»Carolan!« sagte er.

»Ich möchte mit dir über Esther reden.«

»Hast du mich deshalb kommen lassen?«

»Sie ist sehr unglücklich, Marcus. Sie denkt an den Tod.«

»Was kann ich dagegen tun?«

»Was du tun kannst? Du bist der Grund für ihre Sorgen. Du wirst etwas tun müssen.«

»Und was?«

»Marcus, du bist ein schrecklicher Mensch! Ich wünschte, ich hätte dich nie getroffen. Du hast Esthers Leben ruiniert. Weißt du denn nicht, was sie fühlt? Sie glaubt, daß sie auf ewig verdammt ist.«

»Du gibst mir also die alleinige Schuld.?«

»Weil nur du Schuld daran hast! Du bist skrupellos und hast keinerlei Ehrgefühl. Ich verachte dich. Es gibt nur eines, was du jetzt tun kannst. Esther wird an gebrochenem Herzen sterben, oder sie bringt sich um. Sie kann diese Schande nicht ertragen. Du mußt sie heiraten.«

»Ich soll sie heiraten? Ich denke gar nicht daran. Du bist hart und grausam, kalt wie Eis.«

»Du mußt sie heiraten, sonst wird sie sterben, dessen bin ich mir ganz sicher.«

»Meine liebe Carolan, du redest Unsinn. Wie könnte ich sie heiraten, wo wir doch Sträflinge sind?«

»Du ein Sträfling! Was ist das für eine schlechte Welt, in der so einer wie du sich ein schönes Nest bauen kann und ihm unschuldige Menschen wie Esther zum Opfer fallen! Ich sage dir, du wirst Esther heiraten!«

»Es ist unmöglich, Carolan.«

»Mich wolltest du doch auch heiraten.«

»Das hätten wir sehr vorsichtig arrangieren müssen.«

»Nun, deine Heirat mit Esther ist arrangiert. Ich habe alles veranlaßt.«

»Was sagst du da? Du verstehst das einfach nicht. Wir sind hier nichts als Sklaven. Wir sind erst kurze Zeit hier und müssen erst beweisen, daß wir einer Ehe würdig sind.«

»Das bist du zwar nicht – und wenn Esther nicht so eine Närrin wäre, dann würde ich ihr raten, sich trotz des Kindes von dir fernzuhalten.«

»Aber du mußt doch einsehen, daß es unmöglich ist! Ich würde sie ja vielleicht heiraten, aber sie ist doch an dieses Haus gebunden …«

»Es ist möglich. Ich habe mit Mr. Masterman gesprochen. Er ist mit eurer Heirat einverstanden.«

Margery hielt im Schuppen den Atem an. Es hatte ihr die Sprache verschlagen.

Carolan stand triumphierend da. Sie haßte ihn, obwohl sie ihn gleichzeitig liebte. Störrisch wie ein Maulesel und grimmig wie eine Tigerin.

»Du hast mit Mr. Masterman gesprochen? Du, Carolan?«

»O ja Marcus, das habe ich«, sagte sie in scharfem, spöttischem Ton. »Mr. Masterman und ich, wir sind Freunde … sehr gute Freunde.«

Margery war rasend vor Wut. Am liebsten hätte sie dem Mädchen einen Peitschenhieb in ihr unverschämtes Gesicht verpaßt.

»Ich bin sicher«, sagte Carolan hochmütig, »daß ich diese Sache zur Zufriedenheit aller regeln kann.«

»Du Schlampe!« schrie er. »Wie lange geht das schon?«

»Das geht dich nichts an.«

»Ich muß lachen! Du, meine stolze, hochmütige Carolan ... und dieser Puritaner! Er gilt doch als so überaus tugendhaft. Wie hast du es bloß geschafft, diesen Kerl zu verführen?«

»Wie kannst du es wagen, so zu reden? Er ist ein besserer Mensch, als du es jemals sein könntest. Und ich bin glücklich. Er liebt mich!«

»Daran habe ich keinen Zweifel, Carolan. Masterman! Dieser prüde Kerl! Dieser Puritaner! Ich platze gleich vor Lachen!«

»Das wäre das Beste, was dir passieren könnte, und vielleicht auch Esther.«

»Carolan, verzeih mir, aber es ist wirklich lustig. Du und Masterman! Du wirst sehr vorsichtig sein müssen!«

»Wag bloß nicht, es auszuplaudern! Sonst werde ich dafür sorgen, daß du hart bestraft wirst, daß man dich zu Tode prügelt!«

»Na gut, ich werde nichts davon erzählen. Und du verrätst nichts von meinen Gaunereien. Was sind wir doch für ein schönes Pärchen!«

Margery dachte, das Mädchen würde gleich anfangen zu weinen, wenn sie auch den Kopf so hoch hielt. Was ihn anbetraf, so war auch sein Herz gebrochen, mochte er auch noch so spöttisch daherreden. Die beiden verzehrten sich nach einander, und trotz allem hätte Margery um sie weinen mögen.

»Genug!« sagte Carolan und wandte sich von ihm ab. Margery sah, daß ihre Lippen bebten. »Du und Esther, ihr könnt schon sehr bald heiraten.«

»Carolan!« Er war jetzt an ihrer Seite, hatte seine Hände auf ihre Schultern gelegt und zwang sie, ihn anzusehen.

»Was soll das?« fauchte sie. »Faß mich nicht an!«

»Und wenn ich dich nicht loslasse? Dann wirst du zweifellos deinen Geliebten rufen, damit er mich auspeitscht!«

»Du hast kein Recht, hier zu sein. Du trittst auf wie ein freier Mann und bist in Wahrheit ein Gefangener.«

»Denkt deine Herrin, du hast das Recht zu tun, was du getan hast? Oder weiß sie etwa Bescheid?«

»Geh jetzt! Du bist unverschämt.«

»Ich bin traurig, Carolan. Ich trauere um das süße Mädchen, das ich einmal geliebt habe und dessen Taschentuch ich noch immer an meinem Herzen trage.«

»Hattest du es auch dabei, als du Esther verführtest?«

Das war ein Geständnis, wenn er nur den Sinn ihrer Worte verstanden hätte. Sie war verrückt vor Eifersucht.

»Ich trage es immer bei mir. Aber ich werde es verbrennen, wenn ich zurückkomme. Es hat jetzt keine Bedeutung mehr.«

»Wie schade um den schönen Stoff. Schenke es doch Esther oder irgendeiner anderen Dame.«

»Ich will es jetzt nicht mehr behalten. Wenn ich es ansehe, denke ich immer an dich – zusammen mit diesem Puritaner. Aber du scheinst mir eine kluge Frau zu sein, Carolan. Wenn du weiterhin so klug bist, dann wirst du es noch weit bringen.«

»Zufällig bin ich verliebt, und alles andere ist mir egal.«

Urplötzlich ließ sie ihn stehen und ging auf den Schuppen zu. Margery dachte schon, sie hätte sie gesehen, und ihre Knie begannen zu zittern. Wenn Carolan nun Mr. Masterman erzählte, daß Margery eine unzulängliche Köchin wäre und nächtliche Besuche von James erhielte. Sie hatte Macht hier im Haus. Kein Wunder, daß sie so eingebildet war! Sie war jetzt die wahre Hausherrin.

Carolan blickte sich noch einmal um.

»Die Hochzeit wird so bald wie möglich stattfinden. Das ist das Beste für Esther.«

Sie verschwand im Haus. Und er sah aus wie jemand, dem alles, was ihm jemals etwas bedeutet hatte, verlorengegangen war.

Am liebsten hätte Margery ihn getröstet, aber sie wagte

es nicht. Sie mußte von nun an vorsichtig sein. Es gab eine neue Herrin im Haus.

Sie wartete, bis er fort war, dann ging sie in die Küche. Dort hörte sie, wie Carolan im Schlafraum mit Esther sprach.

Nachdem Lucille Masterman aus tiefem Schlaf erwacht war, begann sie mit Carolan zu reden.

»Er hat sich verändert. Findest du nicht auch?«

»Ich finde nicht, daß er anders ist als sonst.«

»Aber du kennst ihn doch genauso gut wie ich. Er hat sich verändert, dessen bin ich mir ganz sicher. Er kommt nur noch selten hierher. Und er wirkt so abwesend. Das war er vorher nie. Manchmal glaube ich, es kümmert ihn nicht, wie krank ich bin oder ob ich jemals wieder gesund werde.«

»Ihr redet Unsinn«, sagte Carolan.

»Ja, du hast recht. Wahrscheinlich rede ich wirklich Unsinn. Ich war sehr müde, und jetzt werde ich so langsam wieder wach. Lächelst du, Carolan? Du bist so stark und praktisch. Darin bist du ihm sehr ähnlich. Einst wollte er, daß ich wieder gesund werde, er war ganz versessen darauf. Nicht weil er mich liebte, sondern nur, damit ich ihm Kinder schenken sollte. Söhne wollte er. Große, starke Männer, die dieses Land reich und mächtig machen könnten. Er ist ein merkwürdiger Mann, Carolan. Du kannst es nicht wissen, denn für dich ist er dein Herr, der alles richtig macht.«

»Warum versucht Ihr nicht, noch ein wenig zu schlafen?«

»Ich habe doch schon so viel geschlafen. Manchmal wünschte ich, daß ich nie wieder aufwachen würde. Wenn ich schlafe, dann scheint mich irgend etwas in die Dunkelheit ziehen zu wollen … damit ich nie wieder zurückkehren muß …«

Carolans Augen glitzerten.

»Ihr habt zu viel Laudanum genommen; Ihr müßt vorsichtig sein.«

»Ich werde mich vorsehen, Carolan. Doch wenn ich müde bin, dann gibt es nichts Schöneres, als in diesen tiefen Schlaf zu sinken.«

»An Eurer Stelle würde ich nicht so oft davon nehmen.«

»Du darfst es mir nicht verbieten, Carolan!«

»Wie käme ich dazu, Euch etwas zu verbieten?«

»Wie gut und verständnisvoll du bist. Was sollte ich nur ohne dich tun? Du bist stark; starke Menschen haben mich schon immer angezogen. Wahrscheinlich hat er mir deshalb auch so gut gefallen. Ich wünschte, ich hätte ihm die Ehefrau sein können, die er wollte. Als ich noch nicht so krank war, muß ich ihm wohl gefallen haben. Wir hatten häufig Gäste. Erst nach unserer Heirat war er im Hause des Gouverneurs so gut gelitten. Er hat mir eine Menge zu verdanken, Carolan.«

»Was würde er tun, wenn er das mit dem Kind wüßte?«

»Du wolltest es doch niemandem sagen!«

»Natürlich nicht! Ihr habt mich doch um Stillschweigen gebeten.« Sie lachte. »Aber ich wette, er wäre sehr wütend darüber.«

Lucille war jetzt hellwach. Die Droge hatte ihre Wirkung verloren.

»Es wäre entsetzlich, wenn er es herausfände. Er kann rücksichtslos sein. Ich frage mich oft, was für ein Leben er führte, bevor er nach Sydney kam.«

»Hat er Euch nichts davon erzählt?«

»Niemals!«

»Nicht einmal, als Ihr ein Liebespaar wart?«

»Ein Liebespaar? Carolan, was meinst du damit?«

Carolan hätte laut lachen können. Sie waren nie ein Liebespaar gewesen. Ihre Ehe war nichts als eine Farce gewesen, eine gute Partie eben. Deshalb war er jetzt so glücklich und liebte sie so wahnsinnig. Es kam Carolan schon ein wenig merkwürdig vor, über ihren Geliebten mit seiner eigenen Frau zu reden. Fast schämte sie sich. Sie mußte sich zwingen fortzufahren. »Ich meine während der Verlobungszeit.«

»Die war sehr kurz. Warum auch nicht? Ich war mir damals ganz sicher, daß es eine erfolgreiche Ehe würde.«

»Ach, kommt schon«, sagte Carolan hinterhältig. »Es ist doch eine erfolgreiche Ehe. Oder etwa nicht?«

»Das weiß ich nicht.«

»Ihr denkt wohl an das Kind?«

»Ach Carolan, sprich nicht mehr davon.«

»Ich werde nicht mehr davon reden, wenn Ihr es nicht wünscht. Aber wenn er es wüßte, dann würde er es als eine große Sünde ansehen.«

»Oh, ich konnte die Schwangerschaft nicht durchstehen, Carolan. Ich bin nicht so stark.«

»Er hätte es aber für Eure Pflicht gehalten, daß Ihr es durchsteht.«

»Ich war sehr schlecht – das denkst du doch, Carolan?« Lucille ergriff ihre Hand. »Aber jetzt spielt es keine Rolle mehr. Ich bin mir sicher, er hat sich damit abgefunden. Früher machte er immer so ein trauriges Gesicht, wenn er kam, um nach mir zu sehen, und ich wußte, er dachte an Kinder. Aber er hat wohl aufgehört, daran zu denken. Er wirkt ... als ob ihm das Leben ganz gut gefällt ... er ist nicht mehr so enttäuscht. Ich glaube, er ist jetzt so richtig zufrieden mit seinem Leben.«

»Ihr glaubt, er hat die Hoffnung auf Kinder aufgegeben?«

»Ja, das glaube ich, Carolan. Übrigens – ich war in letzter Zeit ein wenig unvorsichtig. Die Flasche ... sie stand auf meinem Nachttisch, als er hereinkam.«

»Was hat er gesagt?«

»Er hat gar nichts gesagt.«

»Vielleicht hat er sie nicht gesehen.«

»Bei so etwas ist er sonst immer sehr aufmerksam. Er sah die Flasche nur an und fragte: ›Wie geht es dir heute, Lucille?‹ Sehr sanft, beinahe zärtlich. Ich glaube, in dem Moment liebte er mich mehr als jemals zuvor.«

»Aber hätte ihn die Flasche denn nicht irritieren müssen?«

»Aber warum denn? Vielleicht wußte er ja nicht, was es war. Ich habe am ganzen Körper gezittert und hatte schreckliche Angst, er könnte den Korken herausziehen und herausfinden, was es ist. Dann hätte er mir verboten, noch mehr davon zu nehmen.«

»Hättet Ihr ihm gehorcht?

»Ich muß schlafen, Carolan. Dr. Martin sagt, ich soll so viel wie möglich schlafen.«

»Aber er würde Euch nicht dieses Zeug hier geben! Ihr müßt es Euch von Eurem dubiosen Sträflingsdoktor besorgen, demselben, der Euch damals mit dem Baby geholfen hat ...«

»Ich dachte, du würdest mich verstehen, Carolan«, sagte Lucille, und ihre Stimme klang zittrig vor Angst.

»Ich verstehe Euch ja, aber Ihr habt ihn nun einmal hintergangen. Wenn man einen Mann heiratet, dann verspricht man ihm damit Kinder. Ihr habt Euer Versprechen nicht gehalten. Kommt, legt Euch jetzt hin. Seid nicht so betrübt. Ihr seid eben nicht stark genug. Ihr hättet niemals heiraten dürfen.«

»Aber Carolan, ich glaube nicht, daß er noch daran denkt. Er ist nicht mehr so sehr um meine Gesundheit besorgt. Früher wollte er immer, daß ich stark genug bin, ihm Kinder zu schenken.«

»Er denkt also nicht mehr an Kinder, wollt Ihr sagen?«

»Nein, ich glaube nicht, aber ich bin mir nicht sicher. Er hat mir von diesem Mädchen erzählt, von dieser Esther. Ist es nicht freundlich von ihm, sich um sie zu kümmern? Er arrangiert alles für sie. Er sorgt dafür, daß der Vater des Kindes sie heiraten darf. Nichts wünscht er mehr, als daß dies hier ein wundervolles Land wird. Ordnung und Frieden liegen ihm am Herzen. Er beneidet diesen Mann wohl, weil er Vater wird. Er kann nicht aufhören, daran zu denken.« Sie zitterte. »Wenn ich ihm doch Kinder hätte schenken können ...«

»Hört zu, Ihr dürft Euch nicht aufregen. Das ist nicht gut für Euch. Ihr müßt vergessen, daß Ihr ihn betrogen, daß Ihr sein Kind getötet habt.«

»Getötet ... Carolan!«

»Ach, jetzt habe ich Euch verletzt. Nein, nein! Das war kein Mord, nur wenn das Kind geboren ist, dann ist es Mord. Ihr dürft nicht so viel von dem Zeug nehmen, es könnte seine Wirkung verlieren, und es ist zu gefährlich, immer mehr davon zu trinken. Ich werde Euch zudecken.

Es ist kühl. Jetzt schlaft ein bißchen, und dann lasse ich Euer Badewasser bringen.«

Carolan sah die Angst im Gesicht der Frau. Mord! So hatte sie es wohl noch nicht gesehen. Ihre Hände zitterten. Sie zitterten oft, das lag wohl an der Droge. Sie war eine Närrin. Es geschah ihr recht. Sie hätte alles haben können, aber sie fürchtete sich vor dem schönen, einfachen Leben, das vor ihr lag.

Carolan ging nach unten.

»Poll«, sagte sie, »mach Wasser heiß, die Mistreß will baden.«

Poll! Auch sie hatte ihr Baby umgebracht. Aber für die Reichen gab es ein anderes Gesetz als für die Armen. Poll hätte den Sträflingsarzt nie bezahlen können, deshalb hatte sie ihr Baby gleich nach der Geburt umgebracht ... mit ihren mageren, kleinen Händen. Lucille, die Lady, hatte sich diese Arbeit abnehmen lassen. Was machte das für einen Unterschied? Arme Poll! Arme Lucille! Aber sie wollte ihr Mitleid nicht an diese beiden verschwenden. Sie brauchte all ihre Kräfte, um für sich selbst zu kämpfen.

Esther war nicht da, sie war mit Marcus zusammen. Wahrscheinlich war sie gerade dabei, ein Babykleidchen zu nähen. Sie würde glücklich sein und hübsch aussehen. Marcus liebte alles Schöne.

Margery beobachtete sie verstohlen, und Carolan fühlte eine seltsame Zuneigung zu dieser lüsternen alten Frau.

Jetzt sah Margery sie von oben bis unten an. Carolan bekam Angst. Diesen scharfen Augen schien nichts zu entgehen.

»Was für ein seltener Besuch! Ich nehme an, du hast keine Zeit, ein Glas Grog mit mir zu trinken?«

»Nun, das ist eine Einladung, der ich kaum widerstehen kann«, sagte Carolan lachend.

»Jin, hol die Flasche!«

Jin brachte die Flasche. Beim Einschenken machte sie ein mürrisches Gesicht.

Margery leckte sich die Lippen. »Das ist gutes Zeug!«

»Ja, du verstehst dich aufs gute Leben, Margery!«

Was sollte das schon wieder heißen? Wer weiß, was sie dem Herrn so alles erzählte. Frauen redeten im Bett über die merkwürdigsten Dinge.

»Ja, genau wie du, mein Schätzchen!«

Carolan lachte verlegen. Beide waren sie auf der Hut voreinander.

»Ohne dich ist meine Küche nicht mehr das, was sie einmal war, Schätzchen.«

»Ach, ich werde öfter nach unten kommen und ein Schwätzchen mit dir halten.«

»Und wie gefällt es dir, in einem Federbett zu schlafen?«

Carolan wurde feuerrot. Margery ahnte wohl, daß sie etwas mit dem Herrn hatte?

»Es ist natürlich sehr bequem«, sagte sie.

Poll kam mit dem Wasser herein.

»Trag es nach oben«, befahl Carolan.

Schon wieder gab sie Befehle in Margerys Küche! Aber Margery sagte nichts. Schließlich war Carolan die Geliebte des Hausherrn, und die Hausherrin zählte sowieso nicht.

Poll ging mit den Kannen nach oben, und Carolan folgte ihr. Margery sah ihnen nach.

»Klopf an der Tür«, sagte Carolan, »und sag der Herrin, daß ihr Bad fertig ist.«

»Was?« fragte Poll.

»Klopf an der Tür, habe ich gesagt.«

»Wieso ich?«

Carolan ging durch das Badezimmer, klopfte an und hörte Lucilles schläfrige Stimme »Herein!« rufen, dann öffnete sie die Tür und stieß Poll ins Zimmer.

Lucille blickte auf. Poll starrte die Frau im Bett an und staunte über all den Luxus im Zimmer.

»Ja … ja?« stotterte Lucille.

»Das Bad ist fertig!« rief Poll und lief dann schnell weg.

Ein paar Minuten später ging Carolan ins Zimmer. »Euer Bad ist soweit.«

»Ja … dieses Mädchen hat es mir gesagt.«

»Arme Poll! Sie ist ein Unglückswurm, findet Ihr nicht auch?«

»Ja, sie sieht schrecklich aus.«

»Sie ist ziemlich verwirrt.« Wütend strich Carolan die seidene Bettdecke glatt. »Newgate! Deportation! Das sind entsetzliche Erfahrungen; nur wer es am eigenen Leibe erlebt hat, kann das nachempfinden.«

»Gib mir meinen Bademantel, Carolan.«

»Sie wurde des Mordes angeklagt. Weil sie ihr Baby umgebracht hat. Arme Poll!« Carolan legte Lucille den Bademantel um die Schultern. »Warum zittert Ihr? Es ist ganz schön kühl geworden. Kommt jetzt, sonst wird das Wasser kalt.«

Carolans Zimmer lag direkt über dem von Lucille. Es war ein kleines Zimmer, in dem nur ein Bett und ein Schrank standen. Lucille konnte mit einem langen Stock an die Dekke klopfen, wenn sie Carolan in der Nacht brauchte, sie tat es jedoch nie.

Manchmal kam er in der Nacht. Carolan wartete auf seinen Schritt. Er klopfte leise an die Tür, und sie ließ ihn herein. Sie fühlte sich merkwürdig bei der ganzen Sache. Tat sie es nur, weil sie entschlossen war, für den Rest ihres Lebens in einem Federbett zu schlafen, oder weil sie sich über den Verlust von Marcus hinwegtrösten wollte? Wie dem auch sei, jetzt mußte sie den Weg, den sie einmal eingeschlagen hatte, auch zu Ende gehen. Deshalb bekam sie auch Angst, wenn er mehr als zwei Nächte wegblieb. War er bei ihr, dann gehörte er ihr ganz und gar, dann konnte sie mit ihm machen, was sie wollte. Aber wenn er wieder fort war, hatte sie Angst, einen Fehler gemacht zu haben. Die Liebe mit ihm war für sie äußerst aufregend, und das Verbotene daran machte alles noch erregender. Trotzdem fürchtete sie, daß er sich eines Tages von ihr freimachen könnte. Am Anfang hatte er tatsächlich vorgehabt, ihre Beziehung so schnell wie möglich zu beenden, jetzt brachte sie ihn bereits dazu, daß er sagte, er würde lieber alles andere aufgeben, als sie zu verlieren. Sie fühlte sich dann stark und mächtig. Deshalb konnte sie diese Monate genießen, den Kopf hochhalten und sogar glücklich sein, als sie von der Geburt von Esthers Sohn hörte.

Er lag in ihren Armen, dieser mächtige Mann, und plauderte ein wenig. Sie war sich sicher, daß er mit niemandem jemals so geredet hatte wie mit ihr. Er sah in ihr nicht nur eine Bettgespielin, sondern auch eine Vertraute, mit der er über seine Zukunftspläne und über seine Vergangenheit reden konnte. Und sie war wild entschlossen, sein Herz ganz und gar zu gewinnen.

Er war ein seltsamer Mann – kalt und trotzdem leidenschaftlich. Manchmal war es ihr, als kenne sie ihn kaum, und manchmal kam er ihr vor wie ein unschuldiges Kind. Ehrgeiz und Idealismus bestimmten seinen Charakter. Schüchtern sprach er von seinen Träumen. Er träumte von einer großen Familie, von Söhnen, die das Land besiedeln sollten, das er so sehr liebte; von Töchtern, die wiederum Kinder für dieses wunderbare Land gebären würden. Das war es, was er wollte. Er selbst hatte vor, ein wichtiger Mann zu werden, vielleicht sogar Gouverneur, obwohl die Regierung zu Hause dem wohl nicht zustimmen würde.

Wenn er von diesem neuen Land redete, wurde er richtig aufgeregt. Er dachte gern an die Ankunft der ersten Flotte.

»Du mußt dir vorstellen, Carolan, es waren nur elf Schiffe, die eine neue Welt gründeten. Was für ein erhebender Augenblick muß es gewesen sein, als sie Land sichteten!«

Carolan dachte an die Sträflinge, die unter Deck eingepfercht waren, und schwieg.

»Und Philip ... dieser große Mann. Er segelte in die Botany Bay und dann in die Bucht von Sydney. Unser Hafen ist tatsächlich der schönste auf der Welt. Warum sollte nicht das ganze Land zum schönsten auf Erden werden? Wir alle sind Pioniere, die ihr Heimatland verlassen haben, um hier neu zu beginnen!«

So romantisch brachte er seine Gefühle zum Ausdruck. Die Liebe zu ihr, sein Wunsch nach Kindern, seine Liebe zu diesem Land – das waren die Ideale dieses starken Mannes.

Und unten lag diese nutzlose, selbstsüchtige Frau, die ihm die Erfüllung dieser Wünsche versagt hatte.

Carolan wartete auf ihn. Heute nacht mußte sie besonders verführerisch sein, denn es stand viel auf dem Spiel. Heute nacht kämpfte sie nicht nur für sich selbst.

Der Spiegel sagte ihr, daß sie schön war. Was würde er sagen ... dieser Puritaner? Was würde er jetzt tun? Sie hatte schreckliche Angst, er würde nicht kommen. Den ganzen Tag lang hatte sie sich überlegt, was sie ihm sagen wollte.

Ihr Herz klopfte bis zum Hals, als sie seine Schritte hörte. Sie öffnete die Tür und warf sich in seine Arme.

Sie liebten sich ... und gleich würde er sagen, was für ein Monster er doch wäre und daß sie einen Ausweg aus dieser Situation suchen müßten. »Gunnar, ich habe schreckliche Angst«, flüsterte sie.

»Aber warum, was ist passiert?«

»Kannst du es dir nicht denken?«

Er schwieg. Aber sie konnte fühlen, wie sein Herz wild schlug. So viel hing jetzt von seiner Reaktion ab.

Sich aus seiner Umarmung befreiend, richtete sie sich auf. Sie war sich ihrer Schönheit bewußt, denn sie sah sich im Spiegel.

»Trotz allem kann ich nichts dagegen tun, daß ich glücklich bin, Gunnar.«

Er legte seinen Arm um sie.

»Carolan«, sagte er mit gebrochener Stimme, »es war meine Schuld ... ich habe dir das angetan ...«

»Es ist genauso meine Schuld, Gunnar.«

»Meine Geliebte ... meine über alles Geliebte.«

Sie küßte ihn. »Das Leben ist immer schwer für mich gewesen, Liebster. Du mußt dich nicht um mich sorgen.«

»Geliebte, alles Menschenmögliche muß jetzt getan werden. Ich bin so verwirrt ... Dein Kind, Carolan ... und meines! Wir müssen dich von hier wegbringen. Aber wohin? Wohin kann ich dich schicken? Du darfst nicht aus Sydney fortgehen, es wäre nicht sicher genug ...«

Sie legte ihre Arme um seinen Hals – und triumphierte. Ihre Sicherheit! Die Sicherheit des Babys! Das war es, was ihm Sorgen machte, nicht der Verlust seines guten Rufs. Sie hatte sich nicht in ihm getäuscht. Wilde Ideen und Pläne schossen ihr durch den Kopf, böse Pläne. Sie war so aufgeregt, daß sie Mühe hatte, die Rolle zu spielen, die sie sich vorgenommen hatte.

»Gunnar, ich habe viel nachgedacht … Du brauchst dir keine Sorgen zu machen. Ich lasse mir doch das wunderbarste Ereignis meines Lebens nicht durch irgend etwas verderben.«

»Du bist wunderbar, Carolan. So eine wie dich gibt es nicht noch einmal. So tapfer … so verständnisvoll … du bist alles, was ich mir von einer Ehefrau nur wünschen könnte.«

Sie vergrub ihr Gesicht in den Händen; ihre Wangen waren blutrot. Fast hatte sie den Eindruck, er könne ihre bösartigen Gedanken lesen.

»Es gibt da einen Mann, der mich jederzeit heiraten würde«, sagte sie kühn. »Sein Name ist Tom Blake. Er ist hierhergekommen, um Schafe zu züchten – und hat sich in mich verliebt. Ich weiß, er würde mich gern heiraten.«

»Carolan!« rief er entsetzt.

»Sieh mich nicht an. Ich kann es doch selbst kaum ertragen.«

»Ich dachte, du liebst mich«, stöhnte er.

Ihre Augen blitzten, als sie zu ihm aufsah. »Wie kalt du das sagst! Du dachtest, ich liebe dich? Du hattest schließlich auch jeden Grund, das zu denken! Ich liebte dich … dachte nicht an die Folgen, die das für mich haben könnte. Du weißt es. Du weißt, daß ich unberührt war, bevor ich mich so sehr in dich verliebt habe, daß ich …«

Das reichte. Er nahm sie in die Arme und flüsterte ihr zärtliche Worte ins Ohr. Wußte sie denn nicht, daß es ihm unerträglich wäre, wenn sie einen anderen heiraten würde?

»Geliebte! Denk nicht mehr an diese Heirat!«

»Aber ich muß es tun, Gunnar! Was soll ich denn sonst machen? Mein Kind braucht doch einen Vater! Oh, ich weiß, daß es einen hat! Den besten Vater der Welt. Aber wie könnte ich allen Leuten eingestehen, daß du sein Vater bist? Gunnar, du kannst das nicht verstehen. Für mich ist das Kind schon lebendig. Ich bin seine Mutter. Ich kann es doch nicht zulassen, daß mein Kind ohne Vater aufwächst. Ich bedaure es nicht, daß ich dein Kind bekommen werde ... nein, ich freue mich darüber! Du wolltest Kinder, hast du gesagt. Auch ich will Kinder. Ich will dieses Kind mehr als alles andere auf der Welt. Um ihm einen Namen zu geben, bin ich sogar bereit, einen Mann zu heiraten, den ich nicht liebe.« Sie beobachtete ihn im Spiegel. »Mein Kind muß einen Namen haben, und wenn seine Mutter deswegen auch noch so sehr leiden wird!«

Er war verzweifelt. Der Gedanke, sie zu verlieren, machte ihn halb wahnsinnig ... und beide dachten sie an die Frau, die unten im Bett lag.

»Carolan, meine Geliebte, wenn es doch nur möglich wäre, wenn ich dich doch heiraten könnte ...«

»Gunnar, was redest du da! Du kannst doch keine Sträflingsfrau heiraten!«

»Selbst wenn du eine lebenslange Strafe verbüßen müßtest, so würde ich doch Mittel und Wege finden, dich zu heiraten ... wenn bloß nicht ...«

»Wenn bloß nicht was, Gunnar?«

»Nur eines steht unserer Heirat im Wege. Ich bin schon verheiratet!«

»Ach ... wenn es doch möglich wäre! Aber denk an deine Stellung in der Stadt. Gunnar Masterman heiratet eine Gefangene! Es würde dich ruinieren. Auch wenn es möglich wäre, würde ich dir nicht erlauben, ein solches Opfer zu bringen.«

Er zog sie an sich. »Glaubst du, meine Stellung hier in der Stadt wäre mir wichtiger als du? Glaubst du nicht, ich würde Schwierigkeiten überwinden?«

»Ja, das würdest du, mein Geliebter. Alles würdest du tun! Du bist ein wunderbarer Mensch. Du kannst alles tun, was du tun möchtest. Nichts könnte dich aufhalten ... wenn du etwas wirklich haben willst.«

Er küßte sie noch einmal und drückte sie fest an sich. Sie wußte, er würde es niemals erlauben, daß sie zu Tom Blake ging. Bestimmt dachte er an ihr gemeinsames Leben – Mr. und Mrs. Masterman. Dann brauchte es keine Heimlichkeiten mehr zu geben, die er so verabscheute. Nur noch diese Liebe würde existieren, ohne die er nicht mehr leben konnte. Sie überließ ihn eine Weile seinen Träumen, bevor sie die Frau unten erwähnte.

»Es scheint wirklich so etwas zu geben wie die Ironie des Schicksals«, sagte sie dann. »Sie, die ein Kind hätte bekommen können, wollte keines. Oh, Gunnar, ist es nicht grausam? Sie als deine Frau ... sie wollte es nicht ...«

Sie hatte leise gesprochen, und er träumte noch immer. Bestimmter fuhr sie fort: »Ich würde niemals tun, was sie getan hat, Gunnar. Nicht einmal in meiner Lage würde ich so etwas tun. Ich finde, es ist nichts anderes als Mord ...«

»Mord?« fragte er erschreckt.

»Du hast mir nicht zugehört. Es ist auch nicht so wichtig ...«

Aber er wollte es doch wissen.

»Das Baby«, sagte sie, »das von dir und deiner Frau.«

»Es hat nie ein Baby gegeben.«

»Ich meine das eine ... das nie geboren wurde. Ich hätte dich nicht daran erinnern sollen ... wie dumm von mir!«

»Wo hast du dieses Gerücht gehört, Carolan?«

»Sie selbst hat es mir erzählt. Gunnar, ich darf nicht mehr dazu sagen ... Bitte zwinge mich nicht. Ich fühlte nur eine gewisse Bitterkeit ... Sie als deine Frau ... und mit Absicht ... Ach, ich will nicht mehr davon reden.«

»Du mußt es mir sagen! Ich weiß nichts davon!«

»Oh, was habe ich getan! Sie hat es mir erzählt – nachdem sie zuviel von diesem Zeug genommen hatte. Vielleicht wollte sie es mir gar nicht sagen. Oh, wie dumm von mir! Bitte stell mir keine weiteren Fragen, Gunnar!«

»Aber ich muß dich fragen, Carolan.« Sie spürte, wie sein Haß auf die Frau wuchs, die seinem Glück entgegenstand. »Du mußt mir alles berichten.«

»Sie hat mir zwar gesagt, ich solle es für mich behalten. Aber ich dachte, du hättest es gewußt. Sie nimmt wirklich zuviel von diesem Laudanum. Es macht mir angst, wie leicht könnte sie eine Überdosis schlucken ... es würde sie töten. Sie hatte Angst, sagte sie ... schreckliche Angst, ein Kind in diesem unzivilisierten Land zu bekommen. So ging sie zu diesem Arzt. Er ist ein ehemaliger Sträfling, der Medizin und Dienste verkauft, die man von anderen Ärzten nicht erhalten kann. Und er hat sich bereit erklärt. Sie war krank; beinahe wäre sie daran gestorben, sagte sie. Verstehst du jetzt, was ich meine? Sie hätte ihr Baby glücklich und in Freuden bekommen können, während ich ...«

Er verstand es. Seine Augen glänzten kalt. Jetzt haßte er Lucille – aber es tat ihm nicht mehr leid um das Kind, das sie ihm geraubt hatte. Er wollte nichts mehr von Lucille. Er wollte Carolan und das Kind, das sie von ihm erwartete. Aber er war machtlos. Was sollte er bloß tun? Stets war er ein praktischer Mann gewesen, der sich nie etwas gewünscht hatte, das er nicht erreichen konnte.

»Es ist entsetzlich«, sagte Carolan und schauderte. »Mir erscheint es wie Mord. Aber was uns betrifft – du darfst nicht verzweifeln, Gunnar. Wer weiß, vielleicht wird alles doch noch gut.«

»Carolan, du mußt mir versprechen, diesen Mann nicht zu heiraten.«

»Wie sehr ich dich liebe!«

»Ich könnte es nicht ertragen. Ich würde alles tun, um es zu verhindern.«

»Du wirst es nicht zulassen, Gunnar«, flüsterte sie. »Du wirst es verhindern ... ich weiß es. Du bist so klug ... so stark ...«

Irgend etwas schien mit dem Herrn nicht zu stimmen. Margery spürte es! Er wirkte abwesend und aß wenig. Auch mit Mistreß Carolan war etwas nicht in Ordnung. Sie war blasser als sonst und gab oft keine Antwort, wenn man mit ihr sprach. Fast immer trug sie ein schwarzes Kleid, ein Kleid mit einem weiten Rock. Es war ein Kleid, das etwas verbergen sollte. Sie wirkte ein wenig verstört, wollte sich Margery jedoch nicht anvertrauen.

Sie kam fast nur noch in die Küche, um Poll zu sagen, sie

solle der Herrin das Badewasser bringen. Margery fragte sich, warum Poll das immer tun sollte.

»Bring das Badewasser hinauf, Poll.«

»Hallo, mein Schätzchen! Wie geht es dir denn heute?«

»Sehr gut.«

»Das überrascht mich aber, du siehst nämlich ein wenig blaß aus. Ich mache mir Sorgen um dich, du bist ganz anders als sonst. Komm, wir beide trinken ein schönes Glas Grog zusammen. In deinem Zustand gibt es nichts Besseres als Grog.«

»Wie meinst du das?«

»Nun, du scheinst dich nicht ganz wohl zu fühlen. Der alten Margery kannst du doch nichts vormachen.«

Carolan zögerte. Sie ahnte, daß Margery es wußte, und setzte sich an den Tisch.

»Jin!«

Verdrießlich wie immer kam Jin mit der Flasche.

»Hier, mein Schatz, trink das aus. Es wird dir guttun.« Margery leckte sich die Lippen. »Das tut gut! Ich glaube, wir haben den besten Herrn in ganz Sydney. Wir hatten Glück, daß wir hier gelandet sind.«

Wenn Margery dachte, das Mädchen würde jetzt in Tränen ausbrechen, dann hatte sie sich getäuscht.

»Du bist voller geworden. Das gute Leben scheint dir zu bekommen.«

Mit ruhiger Stimme antwortete Carolan: »Ja, ich glaube, ich habe ein wenig zugenommen.« Ohne Eile leerte sie ihr Glas. Sie war bewunderungswürdig.

Als Poll mit dem Badewasser kam, ging Carolan mit ihr nach oben.

»Gunnar, ich muß mit dir reden.«

Sie standen zusammen in der Halle. Er war gerade von einem Ausritt zurückgekehrt.

»In meinem Zimmer«, sagte er. »Geh du schon vor.«

Sie ging, und nach einigen Minuten kam er nach.

»Sie wissen es. Es wird offensichtlich. Margery hat gewisse Andeutungen gemacht.«

»Du mußt sofort von hier weg, Carolan.«
»Ja, ich werde fortgehen.«
»Du mußt einsehen, daß mein Plan der beste ist.«
»Nein, meiner ist der beste.«
»Du kannst diesen Mann nicht heiraten.«
»Ich kann es, Gunnar, und ich muß. Ich werde ihm alles sagen – und ich glaube nicht, daß er ablehnt. Er würde alles für mich tun.«

Sie beherrschte sich, um nicht in Tränen auszubrechen. Tom Blake! Der Mann stieß sie ab, aber wenn Gunnar sie dazu zwang, würde sie ihr Versprechen halten. Sie dachte an rauhe Hände, die sie berührten. Und nicht einmal er wäre imstande, die Umstände zu vergessen, unter denen sie ihn geheiratet hatte; und das Kind würde ihn ständig daran erinnern. Sie würden streiten. Und was am schlimmsten war, sie würden mit Marcus und Esther unter demselben Dach wohnen. Es wäre schrecklich.

Sich dagegen vorzustellen, als Gunnars Frau hier in diesem Haus zu leben … Sie konnte ihn zwar nicht lieben, aber sie mochte ihn. Rein körperlich zog er sie fast genauso an wie Marcus. Seine Frau zu sein, das bedeutete Sicherheit. Sie wollte von ihm geliebt werden, seine Kinder zur Welt bringen.

Aber es konnte nicht sein, wegen seiner Frau.

»Du wirst ihn nicht heiraten, Carolan. Vergiß nicht, daß du meine Zustimmung brauchen würdest.«

»Du willst sie mir nicht geben? Das würdest du nicht wagen, wo ich doch ein Kind erwarte!«

»Aber es ist mein Kind, Carolan! Mein Kind!«

Sie schöpfte neuen Mut.

»Hör zu, du kannst nicht länger hier bleiben«, fuhr Gunnar fort. »Ich kenne eine sehr diskrete Familie, die dich aufnehmen würde. Es wird dir an nichts fehlen, dir und dem Kind … Ich werde oft kommen und euch besuchen.«

»Das hört sich sehr einfach an, Gunnar. Aber es geht nicht.«

»Du mußt vernünftig sein, Carolan. Wir beide müssen vernünftig sein und realistisch.«

»Ich bin vernünftig und realistisch. Weil ich einsehe, daß ich Tom Blake heiraten muß. Ich bin es gewöhnt, daß mir schlimme Dinge zustoßen. Mein Herz wird brechen; mein Leben wird keinen Sinn mehr haben.« Sie legte die Hände auf ihren Leib. »Nur das Baby ... der Gedanke daran ist wundervoll. Ich möchte es nicht ungeschehen machen. Ich bin bereit. Und ich bin mir ganz sicher – mein Kind wird ehelich geboren werden.«

»Aber es ist doch auch mein Kind, Carolan.«

»Nein, es ist ausschließlich meines. Und es wird auch Toms sein. Wenn ich Tom heirate, dann werde ich dich nie wiedersehen. Ich werde dem Mann, mit dem ich verheiratet bin, immer treu sein. Und jetzt werde ich gehen. Es gibt nichts mehr zu sagen.«

»Carolan! Carolan, was soll ich nur tun?«

Sie küßte ihn zärtlich auf den Mund.

»Du kannst nichts tun, außer mir Adieu zu sagen. Das Leben hat uns grausam behandelt, mein Liebster. Aber wir müssen tapfer sein. Wir dürfen nicht nur an uns denken – wir müssen an das Kind denken. Sag dem Kind Adieu, Gunnar. Sag mir Adieu. Morgen gehe ich zu Tom. Und du wirst deine Einwilligung zu unserer Heirat geben. Das ist der einzige Ausweg.«

»Carolan, ich kann das nicht ertragen.«

Er wandte sich ab. In seinen Augen standen Tränen.

»Mach es mir doch nicht noch schwerer, Gunnar. Ich habe Angst. Schlimmes geht mir durch den Sinn ... Wenn sie doch nur eine Überdosis nehmen würde, denke ich. Du siehst, wie sehr ich dich liebe, wie ich mich um mein Kind sorge ... Doch jetzt muß ich gehen. Adieu, Gunnar. Vielleicht ist es besser, wenn wir uns nicht noch einmal sehen.«

Er erhob sich, und sie lief zu ihm und küßte ihn stürmisch.

»Adieu, Gunnar. Adieu!«

Er zitterte. Er, dieser starke, selbstsichere Mann.

Im Badezimmer zog Carolan das schwarze Kleid aus und das grüne Kleid an. Ihre Augen blitzten in ihrem bleichen

Gesicht. Sie betrachtete sich. O ja, Margery hatte es bestimmt bemerkt. In dem grünen Kleid war es ganz offensichtlich.

Sie klopfte.

»Komm herein«, sagte Lucille.

Sie saß im Bett in ein Schultertuch gehüllt. In letzter Zeit ging sie immer sehr früh zu Bett. Seit Carolan sich um sie kümmerte, war aus der zarten Frau eine Invalidin geworden.

»Ich wollte die Vorhänge zuziehen und die Kerzen anzünden«, sagte Carolan.

»Carolan, du siehst merkwürdig aus. Hast du geweint?«

»Das Schultertuch rutscht Euch herunter. Ihr dürft Euch nicht erkälten.«

»Du bist so gut zu mir, Carolan.«

»Nein, Ihr seid es, die gut zu mir ist.«

»Ich soll gut sein? O nein, Carolan. Gerade in letzter Zeit denke ich darüber nach, was ich doch für eine schlechte Frau bin.«

»Ihr dürft Euch das nicht so zu Herzen nehmen. Es gibt bestimmt viele Frauen, die … das getan haben.«

»Was, Carolan?«

»Es tut mir leid … nichts. Ihr dürft Euch nicht sorgen.«

»Mir kommt es jetzt auch so vor, als ob es ein Mord war, Carolan. Nur noch ein paar Monate … dann wäre es Mord gewesen. Das Baby hat gelebt …«

»Hört auf, davon zu reden, es regt Euch zu sehr auf.«

»Ich träume davon. Ich habe geträumt, daß es lebte, daß es ein richtiges Baby war. Und daß ich es umgebracht habe. Sie haben mich erwischt und zum Galgen gebracht. Auch er war dort. Er sagte immer ›Mörderin!‹ Danach konnte ich nicht mehr schlafen. Heute morgen war ich dann so müde. Ich sehnte mich danach zu schlafen. Ein traumloser Schlaf, Carolan … das ist beruhigend und angenehm.«

»Aber am frühen Morgen solltet Ihr doch wirklich kein Laudanum nehmen! Ihr nehmt viel zu viel davon, Ihr könnt nicht mehr ohne das Zeug auskommen.«

»Ja, du hast recht, Carolan.«

»Ihr kommt noch in Versuchung, für immer schlafen zu wollen.«

Lucille lachte. »Ist es nicht merkwürdig, daß man Trost in so einer Flasche findet?«

»Ja, in der Tat!«

»Du siehst so anders aus heute abend, Carolan. Vielleicht liegt es an dem grünen Kleid. Es steht dir so viel besser als mir. Aber es ist dir zu eng, meine Liebe. Ich muß dir etwas anderes besorgen. Du bist immer so gut zu mir.«

Carolan blickte Lucille mit großen Augen an.

»Was ist los, Carolan?«

»Nichts … nichts.«

»Für einen Moment dachte ich, daß mit dir etwas nicht in Ordnung ist. Du wirkst irgendwie so abwesend, sonst bist du doch immer so verläßlich. Wenn ich dir helfen kann, will ich es gern tun. Aber vielleicht bilde ich mir alles nur ein, denn auch der Herr scheint mir in letzter Zeit so seltsam zu sein.«

»Wieso denn das?«

»Er sieht mich so merkwürdig an. Vielleicht geht auch nur meine Fantasie mit mir durch. Er fragt wieder mehr nach meiner Gesundheit. Möchte er etwa wieder Kinder?«

»Und wenn es so wäre?«

Lucille zitterte. »Ich würde sterben. Ich könnte es nicht durchstehen. Vielleicht könnte ich ja nach Hause fahren. Aber die lange Reise … Ich würde sterben. Irgendwie habe ich das Gefühl, daß mein Ende nicht mehr weit ist, daß ich den Tod verdiene …«

»Weil Ihr Euer Baby getötet habt? Diesen Unsinn müßt Ihr Euch aus dem Kopf schlagen. Ein Kind zu bekommen, ist eine wunderbare Erfahrung für eine Frau in Eurer Stellung. Ich wäre glücklich über ein Kind.«

Jetzt hätte sie es verstehen müssen. Aber sie war so selbstsüchtig, daß sie das Leben nur aus ihrem eigenen Blickwinkel sehen konnte.

Carolan wandte sich ab, ihre Lippen bebten. Hatte Lucille wirklich nicht begriffen? Eine kränkelnde Frau, ein hübsches Mädchen, ein Mann, der sich Kinder wünschte – das war eine alte Geschichte. Aber Lucille konnte nur an ihre eigenen selbstsüchtigen Bedürfnisse denken – an ihre Tabletten, ihr Laudanum.

Lucilles Augen wirkten glasig; die Droge verhinderte starke Reaktionen; alle Kraft wich langsam, aber sicher aus ihrem Körper. Schlaf wollte sie, ewigen Schlaf. Das war alles, was sie für sich selbst wollte – und was auch Carolan und Gunnar ihr wünschten.

»Lies mir etwas vor, Carolan«, bat Lucille.

Carolan schlug die Bibel auf. Ihre Augen brannten, und ihre Hände zitterten.

»›Sarah, die Frau Abrahams, gebar ihm keine Kinder: und sie hatte eine Dienerin, eine Ägypterin, deren Name war Hagar ...‹«

Im Raum war es totenstill bis auf Carolans Stimme.

Plötzlich schrie Lucille: »Hör auf! Hör auf! Ich will nichts mehr hören.«

Carolan legte das Buch zurück und ging zu ihr. Sie sahen sich in die Augen. Carolans Augen waren gebieterisch, und die Lucilles unterwürfig.

Carolan sagte leise: »Ihr dürft Euch nicht die Schuld geben. Ihr wart krank und schwach. Ihr habt ihm etwas Schlimmes angetan, aber es ist vorbei. Lebt weiter und gebärt ihm viele Kinder.«

»Ich könnte es nicht, Carolan. Du weißt, wie schwach ich mittlerweile geworden bin.«

»Ihr müßt leben! Ihr müßt ihm viele Kinder schenken, denn das ist es, was er will. Nur so könnt Ihr versuchen, Eure große Sünde wiedergutzumachen.«

»Meine Sünde, Carolan!«

»Der Mord an Eurem Kind ...«

»Ich bin zu krank, Carolan.«

»Vergeßt nicht«, sagte Carolan in herrischem Ton, »kein Laudanum mehr heute abend. Ihr würdet eine doppelte Dosis brauchen, damit es überhaupt wirkt, denn Ihr habt heute morgen schon etwas genommen.«

»Carolan, willst du mich jetzt verlassen?«

»Ich gehe jetzt, damit Ihr schlafen könnt.«

»Ich kann aber nicht schlafen.«

»Ihr müßt. Versucht, Euch zu beruhigen. Ihr braucht Schlaf.«

»Aber ich kann nicht schlafen … ohne …«

»Gute Nacht«, sagte Carolan. »Vergeßt nicht, was ich Euch gesagt habe, gute Nacht.«

Carolan ging in ihr Zimmer, legte sich aufs Bett und starrte an die Decke. Sie war erschöpft.

KATHARINE MASTERMAN

Katharine Masterman erwachte früh an diesem Dezembermorgen, aber die Sonne schien bereits in ihr Zimmer. Sie hatte geträumt, daß es schon Weihnachten wäre, obwohl es in Wahrheit bis dahin noch drei Wochen dauerte. Noch drei Wochen! Einem zehnjährigen Kind mußte das wie eine Ewigkeit erscheinen.

Sie zog das Moskitonetz zur Seite und stand auf. Ihr Zimmer lag im obersten Stockwerk des Hauses bei den anderen Kinderzimmern. Von ihrem Fenster aus konnte sie das strahlendblaue Meer sehen und Wellensittiche und Kakadus, die durch die Luft flogen. Sie beobachtete die bunten Vögel, vergaß ihren Traum, breitete die Arme aus, rannte im Zimmer herum und stieß kleine Freudenschreie aus, bis sie plötzlich an ihre Brüder dachte, die im Nebenzimmer schliefen. Jeden Moment würden sie hereinkommen und rufen: »Ich bin ein Kakadu, ich kann am schnellsten fliegen!« Immer machten sie ihr alles nach, sie waren noch so jung. James war acht, Martin sechs, und der kleine Edward war erst vier. Sie fühlte sich ihnen haushoch überlegen, da sie ja so viel älter war. Außerdem hatte Margery gesagt, daß Mädchen viel schneller erwachsen sein würden als Jungen.

Katharine setzte sich aufs Bett und überlegte, was sie heute tun sollte. Es würde sicher ein besonderer Tag werden, weil sie geträumt hatte, daß Weihnachten wäre. Aber was konnte sie tun, damit es auch wirklich aufregend würde?

Sie war groß für ihr Alter, ziemlich dünn, mit blaugrünen Augen und mit ein bißchen mehr Rot in den Haaren als Carolan. Vom Charakter her war sie ruhig und nach innen gekehrt wie ihr Vater; auch den festen Zug um den Mund hatte sie von ihm. Sie verfügte über die Gabe, den ganzen Haushalt mit ihren ständigen Fragen zum Wahnsinn zu treiben. Fast alle ihre Sätze begannen mit wo, warum, oder was.

Sie beobachtete die Menschen um sich herum und merkte sich alles, was sie ihr jemals erzählt hatten. So war es nicht zu verwundern, daß sich die anderen bei dem unvoreingenommenen, prüfenden Blick ihrer ruhigen, blaugrünen Augen ein wenig unbehaglich fühlten. Selbst die kleinste Abweichung einer zuvor erzählten Geschichte blieb ihr nicht verborgen. »Aber letztens hast du noch etwas ganz anderes gesagt ...« Es konnte einen aus der Fassung bringen. Trotzdem war sie der Liebling von allen, obwohl James der älteste Sohn und Martin und Edward auch Jungen waren. Die meisten Leute wollten doch lieber Jungen haben. Und trotzdem war ihr klar, daß alle sie am liebsten mochten.

Es war schön, geliebt zu werden; es gab ihr ein warmes, sicheres Gefühl. Papa nahm sie manchmal mit auf die Farmen. Dann ritt sie neben ihm her in ihrem hübschen Reitkostüm. Wenn sie Leute trafen, die alle mit ihr plaudern wollten, dann wurde Papa ein wenig rot, so gern hörte er, was für ein nettes Mädchen sie doch geworden wäre.

Ihr Vater schien ihr rätselhafter zu sein als alle anderen Menschen. Vielleicht lag es daran, daß er eine so wichtige Person war. »Dein Vater ist ein sehr beschäftigter Mann! Dein Vater ist ein sehr kluger Mann!« Wie oft hatte sie diese Sätze gehört. Aber sie wußte nicht so viel über ihn, wie sie über Margery, Miß Kelly und Wando Bescheid wußte. Er war einfach nur Papa, ein sehr kluger und sehr beschäftigter Mann, der rot wurde, wenn Leute ihr Komplimente machten. Die Gespräche mit ihm waren oft nicht sehr befriedigend. Sie konnte ihm einfach keine Geheimnisse entlocken. Bei Mama war das ein kleines bißchen einfacher.

»Papa, möchtest du lieber, daß ich ein Junge wäre?«

»Nein.«

»Aber willst du denn keine Jungen?«

»Ja ... doch.«

»Das älteste Kind sollte doch immer ein Junge sein. Warum hast du dann ein Mädchen aus mir werden lassen?«

»Solche Dinge können wir nicht bestimmen, Katharine.«

»Warum nicht?«

»Weil sie für uns entschieden werden.«

»Wer entscheidet denn darüber?«

»Lehrt dich Miß Kelly denn nicht, die Bibel zu lesen?«

»Doch, Papa. Aber so etwas steht da nicht drin. Muß man feste beten, wenn man als Erstgeborenen einen Sohn haben will?«

»Ja.«

»Hast du denn nicht gebetet?«

Ihre Fragen waren so schonungslos, daß Papa früher oder später stets den Erwachsenen hervorkehrte.

»Kleine Mädchen sollten nicht so viele Fragen stellen.«

»Ja – aber Papa, hast du denn nicht gebetet? Ich meine, daß Gott deine Gebete hätte erhören müssen. Ich finde es gemein von ihm, daß er aus mir keinen Jungen gemacht hat, wenn du doch einen Jungen haben wolltest.«

»Sei jetzt still, Katharine!«

»Warum soll ich still sein?«

»Weil es nicht gut ist, wenn du so daherredest.«

»Ich soll nicht über Erstgeborene und über Gott reden?«

»Ja.«

»Aber in der Bibel steht eine Menge über Erstgeborene und über Gott. Gott tötete alle Erstgeborenen. Oh, Papa, stell dir vor, er würde alle Erstgeborenen in Sydney töten! Dann würde er mich auch töten … oder nicht, sicher würden es nur alle erstgeborenen Söhne sein. Dann wäre es James.«

»Jetzt hör schon auf damit! Niemand wird irgendwelche Erstgeborenen in Sydney töten.«

»Aber woher willst du das wissen, Papa?«

»Weil ich es eben weiß.«

»Hat er es dir gesagt? Aber, Papa, wenn er dir das gesagt hat, hättest du ihn doch bei der Gelegenheit fragen können, warum dein erstgeborenes Kind kein Junge geworden ist.«

»Wir werden uns jetzt nicht länger über dieses lächerliche Thema unterhalten.«

Nein, man konnte einfach nicht mit Papa reden. Es gab so viele Dinge, die sie ihm gern mitgeteilt hätte. Einmal hätte sie fast gesagt: »Vielleicht hat es ja etwas mit deiner ersten Frau zu tun, Papa.« Aber sie wagte es nicht. Papa konnte bisweilen sehr bedrohlich wirken. Aber sie wußte, daß es eine erste Frau gegeben hatte. Sie hatte Margery mit Miß Kelly darüber reden hören. Margery hatte geflüstert, so wie es Erwachsene tun, wenn sie über ein sehr schockierendes Thema sprechen, selbst wenn sie nicht wissen, daß jemand zuhört, der nicht zuhören sollte.

Margery hatte geflüstert: »Ich kriege eine richtige Gänsehaut, wenn ich in den ersten Stock hinauf muß.«

»Es ist dort geschehen, nicht wahr?« flüsterte Miß Kelly zurück.

»Ja, dort ist es passiert. Und sie, und er …« Das Geflüster war so leise geworden, daß man durch die Küchentür nichts mehr verstehen konnte. Sie und er? Wer? Papa und Mama, oder Papa und seine erste Frau?

»Ganz sicher«, sagte Margery. »Sie müssen darüber nachdenken. Miß Katharine wird schon dafür sorgen.«

Sie selbst sollte für etwas sorgen? Wie sollte sie das können, wo sie doch gar nichts wußte!

»Nicht, daß ich ihnen Vorwürfe machen würde … ihm oder ihr!« sagte Margery.

Wem wurde etwas vorgeworfen? Papa und Mama? Oder Papa und der ersten Frau?

Es war aufregend und faszinierend! Nicht, daß sie viel darüber nachdachte, denn dieses Geheimnis war einfach zu verschleiert, als daß es ein kleines Mädchen allzu lange hätte faszinieren können. Es waren die Blauen Berge, die sie viel mehr begeisterten.

Wando hatte ihr von den Blauen Bergen erzählt. Wando war sehr, sehr dunkel. Er hatte ein faltiges Gesicht, schwarze Augen, schwarzes Haar und einen schokoladenbraunen Körper. Seine Füße waren faszinierend, die Zehen sahen ganz verkrüppelt aus. Er arbeitete für Papa und begleitete ihn und seine Männer auf ihren Expeditionen. Katharine nannte er »Missy Kat«, worüber sie jedesmal lachen mußte. Sie ging gern zu seiner kleinen Hütte und fühlte sich dort fast am allerwohlsten. Sie mochte Wando, und er mochte Missy Kat. Meist trug er eine Hose, die zu kurz für ihn war, und ein buntes Hemd, weil er ein Christ geworden war. Aber wenn er allein in seiner Hütte saß, trug er nichts weiter als einen alten Lappen um seine Hüften geschlungen. Katharine fand auch, daß man die Unbequemlichkeiten, die das Christentum verlangte, ruhig ablegen konnte, wenn man allein war. Sie war ganz fasziniert von ihm. Er war sehr, sehr alt, und sie glaubte, daß er traurig war, weil er sich noch an die Zeit erinnerte, bevor der weiße Mann in sein Land gekommen war. Papa hatte ihr davon erzählt, wie Gouverneur Phillip mit den ersten Sträflingen in die Botany Bay gesegelt war. Papa fand, daß es eine aufregende Geschichte war, und sie tat, als fände sie sie ebenfalls aufregend, denn es war schön, wenn ihr kluger Papa fast wie Martin aussah, der Edward die Geschichte von Dick Wittington erzählte. Er redete von den Pionieren und von der Verantwortung, die Tochter eines neuen und großartigen Landes zu sein.

»Aber ich dachte, ich wäre deine Tochter, Papa!«

»Das bist du ja auch, aber du bist auch die Tochter dieses großartigen Landes.«

Papa erzählte ihr oft von der Ankunft der ersten Flotte. Die schwarzen Männer hatten »Warawara« gerufen, als die Schiffe näher kamen. Sie hatte Wando fragen wollen, ob er damals auch dabei gewesen war, aber sie vergaß es immer. Die Dinge, die er ihr in seinem lustigen Englisch erzählte, interessierten sie auch viel mehr. In seiner Jugend war er ein großer Jäger gewesen. Jetzt, wo er ein alter Mann war und der weiße Mann sich in seinem Land aufhielt, mußte er sich damit zufriedengeben, in einer kleinen Hütte zu leben und Expeditionen in die unbekannten Gebiete zu begleiten. Es waren wunderbare Geschichten, die er von der Zeit berichtete, bevor der weiße Mann in sein Land gekommen war. Katharine konnte den Nervenkitzel der Jagd förmlich spüren. Wando hatte mit einem Speer gejagt. Er hatte sich an das Känguruh herangepirscht und die Angst und den scharfen Geruchssinn des Tieres überlistet. Wando konnte in Sätzen, die nur aus einem oder zwei Worten bestanden, die Erregung der Jagd heraufbeschwören. Katharine schlich sich mit ihm näher an seine Beute heran. Sein Körper war mit Lehm beschmiert, um seinen Geruch zu überdecken. Sie freute sich mit ihm, wenn er erzählte, wie er das tote Känguruh über seine Schulter geschleudert hatte. Man mußte das Känguruh in seinem Fell kochen, hatte er ihr berichtet, damit das Fleisch saftig bliebe. »Das ist so gut, Missy Kat, so gut!« sagte er dann immer und leckte sich die Lippen. Und sehnsuchtsvoll erinnerte er sich an die Zeit vor der Ankunft der weißen Männer. Jedesmal wenn sie ihn sah, fragte sie ihn, wie er die beiden Zehen an seinem rechten Fuß verloren habe. Er konnte sich nicht daran erinnern, aber wenn sie ihn danach fragte, dachte er an die Vergangenheit, und es fielen ihm andere Dinge wieder ein. Die Geschichte von einer seiner Frauen, die auf der Suche nach wildem Honig von einem Baum heruntergefallen und gestorben war, hörte Katharine besonders gern. Er hatte vier Frauen gehabt, was äußerst verwirrend für Katharine war. Wando redete ganz zwanglos über sie, als ob sich ein Mann so viele Frauen nehmen könne, wie er wolle. Und doch flüsterten Margery und Miß Kelly miteinander über irgend etwas Geheimnisvolles im ersten Stock, nur weil Papa eine erste Frau gehabt hatte.

Wando war es, der ihr von den Blauen Bergen erzählte. Papa hatte sie ihr gezeigt, als sie noch ein kleines Mädchen gewesen war.

»Warum nennst du sie blau? Sie sind gar nicht blau!«

Papa wußte es nicht. Papa war so klug, daß er nur Dinge wußte, die für ihn wichtig waren. Papa fand nichts Aufregendes an den Blauen Bergen. Für ihn waren sie einfach Berge, die eine unüberbrückbare Barriere bildeten. Hinter den Bergen mochte wunderbares Weideland liegen, oder Ozeane, oder China. So sah Papa diese Berge; aber für Katharine war das Wichtigste, daß sie blau waren. Sie fand heraus, warum sie blau waren. Es kam von dem Nebel, der sie ständig bedeckte. Je länger man hinsah, desto blauer wirkten sie. Die Blauen Berge!

»Mama, möchtest du nicht auch einmal über die Blauen Berge reiten?«

»Niemand kann das. Sie sind unpassierbar.«

»Wird denn keiner jemals wissen, was auf der anderen Seite der Blauen Berge ist?«

»Sehr wahrscheinlich nicht.«

»Ich würde so gerne über die Spitze der Blauen Berge reiten. Könnte ich es nicht versuchen, Mama? Ich bin sicher, daß ich es schaffen würde; ich würde bergauf reiten bis dahin, wo es blau wird, und dann über den Gipfel ...«

Mama hörte nicht zu. Ihre Zofe kleidete sie gerade für den Abend an. Mama war groß und wunderbar. Alles an ihr glitzerte und funkelte, um den Hals trug sie eine Kette aus grüner Jade. Mama war sehr bedeutend, aber Papa war nicht ganz so bedeutend wegen Mama. Das hatte sie einst jemanden flüstern hören. Schon wieder Geflüster! Es gab ein paar Fragen, die man besser nicht stellte, denn wenn man es doch tat, dann waren die Leute auf der Hut und antworteten nicht einmal mehr auf Fragen, die sie sonst ohne nachzudenken beantworteten.

Wando wußte eine Menge über die Blauen Berge. Wenn er über sie redete, wurde sein Gesicht noch faltiger, und seine Augen zogen sich zu zwei schmalen Schlitzen zusammen. Er sprach nicht gern über die Blauen Berge. Aber sie tanzte um ihn herum. Mama und Papa konnte man gewisse Fragen nicht stellen. Bei Wando war das anders. Wando antwortete immer.

Hinter den Blauen Bergen befand sich eine Welt, die niemand zu betreten wagte.

»Ich würde mich trauen, Wando! Ich würde mich trauen!«

»Nein, nein, Missy Kat! Nein!«

Sein Mund bebte, seine flache Nase zitterte, wie immer, wenn er Angst hatte.

»Wando, sag mir doch, was ist hinter den Blauen Bergen?«

Er erzählte es ihr flüsternd. Ein riesiger See lag auf der anderen Seite der blauen Nebelschleier. Und dort lebten hellhäutige Menschen, gottähnliche Wesen.

»Ich werde gehen, Wando. Ich werde dorthin gehen und sie mir ansehen.«

Heftig schüttelte er den Kopf. Nein, sie durfte nicht gehen.

Sie konnte es sich einfach nicht vorstellen, irgendwo nicht willkommen zu sein. In den Bergen jedoch lebten eine Menge böser Geister, und diese bösen Geister würden es niemandem erlauben, ihre Berge zu überqueren.

»Wando, was würden sie denn tun, wenn trotzdem jemand auf ihre Berge klettern würde?«

Er antwortete ihr nicht, aber sein Schweigen und der Blick seiner schwarzen Augen sagten ihr mehr als tausend Worte. Sie zitterte vor Angst beim Gedanken an die bösen Geister.

Was faszinierte sie nur so sehr an den Blauen Bergen? Das Grauen und die Schönheit, die von ihnen ausgingen? Jene bösen Geister hatten einen blauen Vorhang für ihre Berge gewählt, keinen schwarzen oder scheußlich violetten, sondern einen wunderschönen blauen Vorhang.

Sie war zum Fenster zurückgegangen. Die See war blau. Einige der farbenprächtigen Wellensittiche waren ebenfalls blau.

Dies mußte einfach ein aufregender Tag werden! Hatte sie nicht geträumt, daß heute Weihnachten war? Und etwas Aufregendes war für sie immer unweigerlich mit den Blauen Bergen verbunden.

Sie lief in das Zimmer der Jungen und weckte sie auf. Jeder hatte sein eigenes Bett. James, der älteste, und Edward, der jüngste, sahen sich sehr ähnlich, aber Martin war ganz anders als sie. Martin war sehr still und verträumt. Alle sagten, daß er einmal sehr klug werden würde.

»Ich habe geträumt, daß Weihnachten ist!« rief sie. Alle drei sahen sie staunend an und mußten ebenfalls an Weihnachten denken.

»Ich bin schon seit Stunden wach«, sagte sie fröhlich. »Ich bin geflogen!«

»Geflogen?«

»Ich war ein Wellensittich – ein wunderschöner Wellensittich.« Sie lief im Zimmer umher und bewegte ihre Arme wie Flügel auf und ab. Schnell sprangen die Jungen aus den Betten und taten es ihr nach, woraufhin Miß Kelly das Zimmer betrat.

Katharine hörte sofort damit auf, ein Wellensittich zu sein, und dachte an Miß Kelly und an ihren Bruder, der ein Sträfling gewesen war. Durch ihre beharrliche Fragerei hatte Katharine sich Miß Kellys Geschichte zusammengereimt. In England war Miß Kellys Bruder vor vier Jahren Amok gelaufen.

»Amok! Amok! Amok!« flüsterte Katharine, denn sie liebte es, ungewöhnliche Wörter wegen ihres schönen Klangs vor sich hin zu sagen. Die Bedeutung dieses Wortes war ihr nicht ganz klar, aber es mußte etwas Schlechtes sein, denn wegen des Amoklaufens war Miß Kellys Bruder schließlich ein Sträfling geworden. Miß Kelly liebte ihn so sehr, daß sie ihm nach Sydney gefolgt war, damit er ein Zuhause haben konnte, wenn er freigelassen würde. Es war eine sehr traurige Geschichte, denn man hatte Miß Kellys Bruder nach Van Diemens Land geschickt, wo er gestorben war. »Van Diemens Land!« murmelte Katharine vor sich hin, wenn sie sich nachts im Bett ein wenig gruseln wollte. Sie mußte dann immer an rote Teufel mit glühenden Zangen denken. Einer von Papas Dienern hatte gesagt: »Van Diemens Land, Missy – das ist die Hölle auf Erden!« Sie hatte versucht, mit James darüber zu reden. Aber mit James konnte man sich nie besonders gut unterhalten. »Nur Sträflinge kommen dorthin«, sagte James. »Aber es ist die Hölle, James, die Hölle auf Erden!« James jedoch schien das nicht weiter zu stören, schließlich wurden ja nur Gefangene dorthin geschickt. Aber Miß Kellys Bruder war dort gewesen und gestorben. Miß Kelly war deswegen manchmal furchtbar traurig, und manchmal war sie deswegen auch sehr schnippisch. Mama sagte: »Ihr müßt nett zu Miß Kelly sein, denn sie hat sehr viel gelitten.«

So kam Miß Kelly also ins Zimmer und fragte: »Was hat dieser Lärm hier zu bedeuten?«

»Wir sind Vögel!« verriet ihr Katharine.

»Vögel! Ich kann nichts weiter sehen als ein freches Mädchen und drei freche Jungen!«

Miß Kelly sprach immer in kurzen, abgehackten Sätzen, die jegliche Fantasie sofort unterbanden.

»Jetzt kommt schon«, sagte Miß Kelly, ohne zu lächeln. Sie lächelte fast nie und schien es zu hassen, wenn andere Leute lachten, denn das mußte sie wohl an die Dämonen auf Van Diemens Land erinnern, die ihren Bruder mit ihren glühenden Zangen gequält und dabei natürlich gelacht hatten. »In einer halben Stunde gibt es Frühstück. Wollt ihr etwa eure armen Eltern aufwecken?«

»Sie sind doch nicht arm, Miß Kelly?« fragte Martin ängstlich. »Sie sind reich!«

Katharine versuchte es ihm zu erklären. »Sie sind nicht arm, weil sie kein Geld haben, sondern weil wir sie so früh morgens aufwecken.«

Martin ging Katharine auf die Nerven. Niemals konnte er mit seinen Gedanken bei der Sache bleiben.

»Ist Papa sehr reich?«

»Natürlich ist er sehr reich«, sagte Katharine stolz.

»Der reichste Mann der Welt?«

»Ist er das, Miß Kelly?« fragte Katharine.

»Bestimmt nicht«, antwortete James überlegen. »Gouverneur Macquarie muß wohl der Reichste sein.«

Katharine ärgerte sich, daß sie nicht selbst darauf gekommen war.

»Stimmt das, Miß Kelly? Ist der Gouverneur der reichste Mann der Welt?« wollte sie wissen.

»Reich ist er in der Tat«, sagte Miß Kelly. »Und besonders mit dem Geld anderer Leute geht er sehr großzügig um, wenn du mich fragst. Neue Straßen müssen wir haben, neue Gebäude … Er will, daß Sydney großartiger wird als London. Das will er!«

Beim Stichwort London warf Martin ein: »Miß Kelly, erzählen Sie uns von London!«

»Ich werde euch gleich etwas anderes erzählen!«

»Was denn, Miß Kelly, was denn?«

»Wenn ihr euch jetzt nicht augenblicklich anzieht, dann bekommt ihr heute kein Frühstück.«

»Wir möchten lieber etwas über London hören und auf das Frühstück verzichten«, meinte Katharine würdevoll.

Das machte Miß Kelly wütend.

»Ihr möchtet also auf das Frühstück verzichten? Natürlich wißt ihr nicht, wie der Hunger schmeckt, sonst würdet ihr nicht gutes Essen verschmähen!«

»Miß Kelly, wie kann man denn Hunger schmecken?«

Sie fingen an zu lachen. Martin und James warfen sich auf ihre Betten und strampelten vor Lachen mit den Beinen. Bevor Edward es ihnen nachmachen konnte, gebot Miß Kelly ihnen Einhalt.

Nur Katharine wußte, daß Miß Kellys plötzliche Wut davon kam, daß sie an ihren Bruder dachte. Deshalb lachte sie auch nicht, sondern befahl den anderen: »Kommt, ihr drei! Wascht euch!«

»Oh!« bettelte James. »Miß Kelly soll uns aber von London erzählen!«

Edward wurde so aufgeregt, daß er sich beinahe verschluckte. »Mama ...«, stotterte er, »Mama ... war in London!« Armer Edward, immer brabbelte er dummes Zeug daher.

Katharine verließ das Zimmer, denn langsam bekam sie doch Hunger.

Nach dem Frühstück gab Miß Kelly ihnen Unterricht. Lesen, Schreiben, Rechnen, ein bißchen Französisch und Latein. Wie langweilig doch diese Stunden waren! Die Jungen gaben sich schwierig an diesem Morgen. Die Hitze war unerträglich. Katharine schlief beinahe ein. Miß Kelly ließ Martin und James ein langweiliges Diktat schreiben, das vom Weihnachtsfest in England handelte. Edward kratzte auf einer Schiefertafel herum. Er war noch sehr dumm und konnte noch nicht einmal die Buchstaben richtig hinkriegen. Katharine sollte ein französisches Theaterstück von Molière lesen; kein Wort, das sie davon verstand. Durchs Fenster konnte sie Mama und Papa sehen. Papa war reisefertig. Mama sah wunderbar aus in ihrem Musselinkleid, das mit grünen Bändern abgesetzt war. Mama wäre eine der schönsten Frauen in Sydney, hatte sie die Leute sagen hören. Warum blickten die Leute bloß immer so merkwürdig drein, wenn sie von Mama redeten? Warum nur? Das war es, was sie interessierte, und nicht Latein oder Französisch.

Ein glückliches Paar. Sie küßten sich. Katharine hatte oft gesehen, wie sie sich küßten. Papa küßte Mama immer so, als ob er nie wieder damit aufhören wollte.

Sie wünschte, sie würde heute mit Papa ausreiten, auf ihrer eigenen Stute, die er ihr zum Geburtstag geschenkt hatte. Wohin wollte er wohl heute? Warum nahm er sie denn nicht mit?

Von unten her drang der Duft nach Kaffee ins Schulzimmer. Sie mußte an Margery denken und stand auf.

»Miß Kelly, ich kann hier nicht lesen. Das Diktat stört mich. Darf ich auf mein Zimmer gehen?«

»Du darfst gehen«, sagte Miß Kelly.

Mit ihrem Molière unter dem Arm ging Katharine die Treppe hinunter. Im ersten Stock hielt sie inne. Erster Stock, erste Frau. Hatte die erste Frau immer im ersten Stock gewohnt? Wie still es hier doch war! Margery schien sich davor zu fürchten, allein hierherzukommen. Katharine öffnete eine Tür und sah hinein. Das Badezimmer, das die Gäste benutzten. Papa hatte im zweiten Stock ein weiteres Bad einbauen lassen. Sie schlich hinein. In der Ecke stand eine Badewanne, an der Wand hing ein großer Spiegel. Es roch nach verwehtem, betörendem Parfüm. Sie betrachtete sich im Spiegel und versuchte, sich das Haus ohne Mama vorzustellen. Und wenn Mama nicht da wäre, dann gäbe es weder sie noch Martin, noch James, noch Edward, denn sie waren ja alle Mamas Kinder. Warum versuchten die Erwachsenen bloß immer, alles vor den Kindern geheimzuhalten? Drei Türen führten aus dem Badezimmer heraus. Durch die eine war sie gerade gekommen, die anderen beiden führten einfach in ganz gewöhnliche Schlafzimmer. Was sollte daran eigentlich so spannend sein? Sie ging in eines der Schlafzimmer.

Ein plötzliches Geräusch ließ sie aufschrecken. Schritte im Badezimmer. Ein Geist? Ja, das mußte es sein; im ersten Stock gab es Geister, zumindest gab es einen Geist, den Geist von Papas erster Frau. Sie war zu Tode erschrocken, rannte zum Bett, kroch hinein und zog die Bettvorhänge zu. Ihr Herz klopfte wie wild. Durch einen Spalt zwischen den Vorhängen konnte sie sehen, wie die Tür sich langsam öffnete. Mama trat ins Zimmer – doch sie sah ganz anders aus als sonst. Ihr Gesicht war angstverzerrt. Sie wirkte wie ein verängstigtes Kind. Mama blickte sich im Zimmer um. Sie atmete so merkwürdig und schien nach Luft zu schnappen. Arme Mama! Katharine vergaß ihre eigene Furcht und zog schnell die Bettvorhänge zur Seite. In dem Moment wurde Mamas Gesicht kreidebleich.

»Mama!« rief Katharine. Als Mama sah, wer hinter den Vorhängen steckte, bekam sie schnell wieder Farbe. Sie kam näher. Katharine konnte nicht sagen, ob sie wütend war oder nicht.

»Dachtest du, ich wäre ein Geist?« fragte sie.

»Was für ein Unsinn!« antwortete Mama. »Es gibt keine Geister.«

»Du sahst aus, als hättest du große Angst.«

»Du hast mich beobachtet, du böses Mädchen.« Mamas Stimme klang sanft und liebevoll, als ob sie Katharine keineswegs für ein böses Mädchen hielte. Deshalb stellte sie sich aufs Bett und schlang die Arme um Mama, und Mama drückte sie ganz fest an sich.

»Katharine, was machst du hier? Warum bist du nicht im Schulzimmer?«

»Weil die Jungen ein Diktat schreiben. Und ich lerne deshalb in meinem Zimmer.«

Mama hob erstaunt die Augenbrauen; das sah so lustig aus, daß Katharine darüber lachen mußte.

»Ich bin die Treppe runtergegangen, und als ich zum ersten Stock kam, da wollte ich mich hier mal ein bißchen umsehen.«

»Katharine, dieser erste Stock scheint dich ja wirklich außerordentlich zu interessieren. Warum eigentlich?«

»Ich weiß auch nicht«, log Katharine, denn sie konnte mit Mama einfach nicht über den Geist von Papas erster Frau reden.

»Du solltest nicht Dinge tun, von denen du nicht weißt, warum du sie tust.«

»Wissen Erwachsene denn immer, warum sie etwas tun?«

Carolan lächelte ihre neugierige Tochter an, die offensichtlich irgendwelchen Tratsch über diese Räume, vielleicht sogar über Lucille, gehört haben mußte. Aber was? Sollte sie denn ihr Leben lang davon verfolgt werden?

»Ich glaube, sie wissen es auch nicht immer.«

Katharine zog ihre Knie unters Kinn und rollte auf dem Bett herum, das einst Lucille gehört hatte. Es war herrlich! Sie genoß dieses Rendezvous mit der aufregendsten erwachsenen Person, die sie kannte: Mama!

»Warum tun sie denn etwas, wenn sie nicht wissen warum?«

»Weil sie dumm sind.«

Dumm! Erwachsene konnten also auch dumm sein, genau wie Kinder! Wenn Mama so redete, dann durfte man sie bestimmt alles fragen. Mama war heute ganz anders als sonst.

»Warum ist es hier so still, Mama ... auf diesem Stockwerk, meine ich? Warum geht Margery so ungern hierher, nicht einmal wenn es draußen noch hell ist?«

»Was erzählst du da? Hat Margery dir das etwa gesagt?«

»Sie hat es mir nicht gesagt. Ich weiß es eben. Stell dir vor, sie nimmt lieber Edward mit, als daß sie allein geht! Edward wüßte doch gar nicht, was er tun sollte, wenn er einem Geist begegnen würde! Ich glaube, er weiß noch nicht einmal, was ein Geist ist!«

Plötzlich stand Mama auf. Jetzt war sie wieder die würdevolle, erwachsene Mama, die ihr kein Geheimnis mehr anvertrauen würde.

»Du bist sehr töricht, Katharine. Wenn Edward nichts über Geister weiß, dann ist er immer noch schlauer als du. Und jetzt hör bitte mit diesen Dummheiten auf. Es wird Zeit, daß du weiterlernst. Hier drinnen ist es kalt.«

»Aber Mama ... ich schwitze ... Es ist heiß.«

»Es ist kühl im Vergleich zu den anderen Räumen«, sagte Mama, und Katharine bemerkte, daß Mamas Hände eiskalt waren.

»Nun komm schon«, sagte Mama und zog sie ziemlich unsanft vom Bett herunter. Und dann veränderte sich Mamas Laune so plötzlich wie immer. »Hast du Lust, Huckepack zu reiten?« Katharine sprang auf ihren Rücken, schlang die Arme um Mamas Hals, und Mama rannte mit ihr aus dem Zimmer. Katharine kreischte vor Vergnügen.

»Jetzt aber schnell zurück in dein Zimmer! Und sieh zu, daß du dein Theaterstück liest!« Mama lief mit ihr die Treppe hinauf.

»Miß Kelly hat heute schlechte Laune«, sagte Katharine. »Ich glaube, sie mußte wieder an ihren Bruder denken.«

»Sei nett zu Miß Kelly, denn sie ist sehr unglücklich.«

»Das hast du mir schon gesagt. Und ich bin nett zu ihr. Und ich sorge auch dafür, daß die Jungen brav sind.«

Es war ein merkwürdiger Morgen.

Mama aß mit ihnen, weil Papa nicht zu Hause war. Edward schüttete sich sein Essen auf den Schoß.

Dann sagte Miß Kelly, daß Edward Prügel bekommen müßte oder zumindest kein Essen haben sollte, woraufhin Edward zu weinen anfing. Aber Mama tröstete ihn und sagte, daß es nicht seine Schuld gewesen wäre. Sie nahm ihn auf den Schoß und fütterte ihn.

Danach folgte ein schläfriger Nachmittag. Mama und Edward schliefen; Martin und James gingen zusammen nach draußen. So blieb Katharine allein.

Sie ging hinunter in die Küche. Nachmittags ging sie besonders gern in die Küche. Margery döste meist ein wenig in ihrem Sessel, und während sie döste, plauderte sie noch mehr Geheimnisse aus als sonst.

»Na, du kleiner Tunichtgut«, sagte Margery. Sie saß da mit leicht gespreizten Beinen. Ihre fetten Hände lagen auf ihren Knien. Amy wusch das Geschirr ab, und Poll wollte gerade mit dem Aufwischen beginnen.

»Ich habe geträumt, es wäre schon Weihnachten«, sagte Katharine.

»Wär es doch bloß schon vorbei! Nichts macht so viel Arbeit wie Weihnachten! Lieber hätte ich zwanzig Männer im Haus als Weihnachten!«

»Zwanzig, das sind eine ganze Menge«, sagte Katharine und setzte sich neben Margery.

»Ich würde schon fertig mit ihnen«, entgegnete Margery augenzwinkernd. »Denen würde ich schon die Flötentöne beibringen!«

»Würdest du sie die ganze Arbeit tun lassen, Margery?«

»Aber selbstverständlich!«

»Den Boden aufwischen und Kartoffeln schälen?«

»Darauf kannst du wetten!«

»Und was würden Poll und Amy dann den ganzen Tag tun?«

»Ja, was wohl? Sie würden den Männern hinterherlaufen, was denn sonst?«

»Und du, Margery, würdest du ihnen auch hinterherlaufen?«

»Nein, ich nicht mehr.«

Katharine wußte von Polls Baby; das hatte sie aus Margery herausbekommen. »Sag bloß nicht deiner Mama oder deinem Papa, daß ich dir das erzählt hab'!«

»Warum nicht, Margery?«

»So was solltest du eben noch nicht wissen, du bist doch noch ein Kind!«

»Wie lange dauert es noch, bis ich solche Dinge wissen darf?«

»Nun, das kann ich dir auch nicht sagen. Manche kapieren es ganz schnell, aber andere ... Aber wenn du so bist wie deine Mutter ... Ach du meine Güte, was rede ich denn schon wieder daher!«

Es geschah häufig, daß Margery unbedacht etwas daherredete. Poll hatte ihr Baby umgebracht, weil es nicht richtig war, daß sie ein Baby haben sollte. Amy hatte man deportiert, weil sie einen Straßenräuber bei sich versteckt hatte. Amy war eine fröhliche Person in den mittleren Jahren. Sie redete nicht viel über sich selbst, aber Margery liebte es, über sie zu reden. So erfuhr Katharine eine ganze Menge über Amy. Wie sehr hatte sie den Straßenräuber geliebt! Aber er war ein gewissenloser Kerl gewesen, der sie nur ausgenutzt hatte. Als man ihn aufhängte, wurde die arme Amy zu sieben Jahren Deportation verurteilt, weil sie ihm Unterschlupf gewährt hatte.

Margery beschwor ein lebhafteres Bild des alten Vaterlandes herauf, als es Miß Kelly jemals vermocht hätte. Miß Kelly unterrichtete mit dürren Worten, Margery lehrte das Leben. Margery erzählte von Reisen, die sie mit einem ihrer Ehemänner, einem Hausierer, unternommen hatte. Konnte man sich etwas Schöneres vorstellen, als die Frau eines Hausierers zu sein?

»Margery, ich wünschte, du würdest uns Unterricht geben anstatt Miß Kelly!«

»Gott behüte! Ich bin nicht so gebildet wie sie!«

»Ihr Bruder wurde nach Van Diemens Land geschickt, Margery!«

»Ja, ich weiß. Der Ärmste!«

»Weißt du, wie es dort ist, Margery?«

»Es ist das Gräßlichste, was einem passieren kann, hab' ich gehört.«

Es machte Katharine ungeheuren Spaß, mit Margery zu reden. Sie deutete andauernd irgendwelche verbotenen Dinge an. Manchmal, wenn sie ein wenig Gin getrunken hatte, war sie noch redseliger als sonst. Danach mußte Katharine ihr immer versprechen, niemandem etwas davon zu erzählen.

Poll hatte begonnen, den Boden aufzuwischen. Die Stühle, auf denen Margery und Katharine saßen, standen bereits in einer Wasserlache.

»Das Wasser steigt immer hörher, Margery. Wir ertrinken gleich. Vielleicht werden wir ja auch gerettet. Hast du schon jemals Schiffbruch erlitten, Margery?«

»Nein, aber ich habe eine Menge Seeleute gekannt.«

»Erzähl mir doch von den Seemännern, Margery!«

»Matrosen sind auch nicht viel anders als andere Männer. Sie gehen jedoch zur See, und dann kommen sie wieder nach Hause, und das ist der Unterschied.«

»Warst du einmal mit einem Seemann verheiratet, Margery?«

»Ja, irgendwie schon.«

»Und ist er auch zur See gefahren und wieder nach Hause gekommen?«

»Ja – nur manchmal, da kam er etwas zu früh.«

»War er dein erster Mann?«

»Aber nein, mein Schätzchen.«

»Margery, mein Papa hatte doch eine erste Frau, stimmt's?«

Katharine nahm das Glas vom Tisch und reichte es Margery.

»Hier, Margery, trink einen Schluck! Ich weiß, daß Papa eine erste Frau hatte.«

Dieses Kind! Margery hatte sie immer am liebsten von allen vier Kindern gemocht. Ihr Anblick machte sie ein wenig stolz. Ohne ihr Zutun würde es Katharine heute vielleicht nicht geben. Ihre Mutter wäre möglicherweise mit diesem Marcus auf und davon gegangen, und die erste Herrin wäre dann noch am Leben ... Aber es war gefährlich, über all dies nachzudenken ... noch dazu mit einem so neugierigen Kind in der Nähe. Außerdem gehörte alles schließlich längst der Vergangenheit an ... elf Jahre waren seitdem verstrichen.

Und was hatte das kleine Mädchen jetzt bloß wieder im Sinn? Was wußte sie über die ganze Sache?

»Papa hatte eine erste Frau«, flüsterte Katharine.

»Ja, na und? In diesem Land gibt es kein Gesetz, das es einem Mann verbietet, noch einmal zu heiraten, *wenn* seine erste Frau tot ist ...«

»Oh, sie ist also tot?«

»Ja, natürlich!«

»Margery, hast du sie gekannt?«

»Ob ich sie gekannt habe?« Margerys Gesicht wurde vor Aufregung ganz rot. Die Kinder mußten es schließlich irgendwann einmal erfahren. Damals war es das Stadtgespräch von Sydney gewesen. So bald danach wieder zu heiraten ... Die Leute waren schockiert. Sie wunderte sich, daß ihr Herr so etwas getan hatte. Aber war er nicht immer schon halsstarrig gewesen? Zwei Monate nach ihrem Tod hatten sie geheiratet, und das Baby war nur dreieinhalb Monate später auf die Welt gekommen – diese kleine Katharine. Sie mußte ja fühlen, daß da etwas nicht stimmte.

Kein Wunder, daß die Leute redeten, selbst jetzt noch, nach so vielen Jahren.

»Ja«, sagte Margery, »ich habe sie gekannt.«

»Oh, Margery, wie war sie?«

»Kränklich.« Nein, so sollte man nicht mit einem Kind reden! Aber es war so langweilig in der Küche geworden. Und seit Carolan den Herrn geheiratet hatte, gab es fast nichts Spannendes mehr. Sie waren ein ganz gewöhnliches Ehepaar. Sie aßen zusammen, schliefen miteinander und bekamen Kinder. Der ganze Klatsch schien ihnen nichts anhaben zu können. Eine ganze Weile war Mr. Masterman sehr unbeliebt gewesen, während sie stolzerhobenen Hauptes ihr Kind trug. In den letzten Monaten ihrer ersten Schwangerschaft hatte Carolan dann zufrieden gewirkt, als wäre sie stolz darauf, ein selbstgestecktes Ziel endlich erreicht zu haben. Erst nachdem das Kind geboren war, schien das Zimmer, in dem die erste Mrs. Masterman gestorben war, eine gewisse Bedeutung zu bekommen. Erst dann machten sie daraus ein Gästezimmer und zogen hinauf in den zweiten Stock.

Mord ist eine merkwürdige Sache und läßt einem keine Ruhe. Sicher würde man immer an denjenigen denken müssen, den man ermordet hatte. Ich möchte keine Mörderin sein, dachte Margery.

Hatte *sie* die erste Mrs. Masterman umgebracht? Oder hatte *er* es getan?

Eine Überdosis von einem Schlafmittel! Niemand konnte sagen, woher sie es hatte. Wenn Frauen eine Überdosis von einem Schlafmittel nehmen, gerade rechtzeitig, damit ihre Ehemänner ein Mädchen, das in Schwierigkeiten war, heiraten können, dann gibt einem das schließlich zu denken! Margery fühlte ein wohliges Gruseln.

»Was bedeutet kränklich?« wollte Katharine wissen.

»Immer krank.«

»Hat Papa sie sehr geliebt?«

»Wie sollte ich das wissen?«

»Du hättest es bestimmt gewußt. Hast du damals schon in dieser Küche gearbeitet?«

»Ja, das habe ich.«

»Dann mußt du es wissen, Margery. Du weißt doch immer alles.«

Margery konnte diesen schmeichelnden Worten nicht widerstehen.

»Und wenn ich es wüßte?«

»Dann solltest du nicht so tun, als ob du es nicht weißt.«

»Jetzt werd' mal nicht frech. Sonst bekommst du gleich die Peitsche zu spüren.«

»Die Peitsche ist doch nur für die Sträflinge da, nicht für mich, Margery!«

»Nun, so ein großer Unterschied besteht ja nun auch nicht zwischen dir und einem Sträfling!«

»Was sagst du da, Margery?«

Jetzt wurde es gefährlich, aber Margery liebte die Gefahr.

»Was meinst du damit, Margery? Ich soll nicht viel anders als ein Sträfling sein?«

»Alle Menschen sind gleich gut, Miß. Das meine ich.«

»Ein Sträfling soll also genauso gut sein wie ein freier Mensch?«

»Als Mensch vielleicht schon.«

Als Mensch! Was meinte Margery bloß wieder damit? Diese geheimnisvolle Margery!

»Ich unterhalte mich ja so gerne mit dir!« Sie legte die Arme um Margerys Hals.

»Du erwürgst mich ja fast!«

»Du riechst nach Grog, Margery.«

»Ja, na und?«

»Meine Mama riecht immer nach Veilchen.«

»Daran habe ich keinen Zweifel. Einigen von uns ergeht es in dieser Welt eben besser als den anderen.«

»Meinst du damit, daß es Mama besser ergeht als dir? Riecht sie deshalb nach Veilchen, und du riechst nach Grog?«

Was für ein Mädchen! Ich wünschte, sie wäre meine Tochter! Die Männer werden ihr später in Scharen nachlaufen. Sie wird bestimmt eine gute Partie machen. Dafür wird Madam Carolan schon sorgen! Und wo würde sie jetzt sein, wenn die erste Mrs. Masterman nicht gerade rechtzeitig gestorben wäre? Hatte sie es getan? Oder hatte sie ihn dazu gebracht? Nein, der Herr könnte so etwas nicht tun! Aber sie …

»O ja, deiner Mutter ist es besser ergangen als mir.«

»Du meinst, als die erste Frau gestorben ist, da hat sie meinen Papa geheiratet. Wenn er dich geheiratet hätte, würdest du dann jetzt nach Veilchen riechen?«

»Es war niemals davon die Rede, daß dein Vater mich heiraten wollte, du dumme Göre!« sagte Margery wütend.

»Es war also nur die Rede davon, daß er Mama heiraten wollte?«

»Natürlich! Wofür hältst du ihn denn? Er ist doch den Frauen nicht nachgelaufen. Er hat geheiratet, und fertig.«

»Nein, Margery. Erst war da die erste Frau, und dann Mama.«

»Du bist ja wirklich neunmalklug!«

»Margery, wo war Mama, als er noch mit der ersten Frau verheiratet war?«

Sie wurde zu neugierig. Wenn Margery verraten würde, daß ihre wunderschöne Mama eine ehemalige Gefangene war, dann konnte sie in Teufels Küche geraten. Und mit Madam Carolan wollte sie es sich nicht verderben. Beide waren sie auf das Schweigen der anderen angewiesen. Margery hätte Carolans Kindern sonstwas erzählen können. Wie ihre Mutter zerlumpt und verlaust in ihre Küche gekommen war. Und wie sie sich in den ersten Stock hochgearbeitet hatte, in das Zimmer der Mistreß und des Hausherrn. Und noch viel mehr hätte sie andeuten können …

Carolan wiederum könnte ihrem Mann von Margerys nächtlichen Abenteuern mit James berichten. Wie sie sich vor allen anderen mit ihm auf diesem Bett da gewälzt hatte … Und wer war es jetzt? Irgendeiner mußte es ja schließlich sein! Dem Hausherrn würde es nicht gefallen, wenn er von derartigen Dingen erführe, die sich in seinem Keller abspielten.

Nein, das würde ihm nicht gefallen! Aber wenn oben so etwas passierte, dann war es wohl etwas anderes! Selbst wenn man dafür eine arme, kränkliche Frau aus dem Weg schaffen mußte! Nicht, daß Margery etwas verraten würde! Im Gegenteil, sie verteidigte ihre Herrschaften gegen alle Anfeindungen von außen. Und Madam Carolan gehörte nun mal ohne Zweifel nach oben und nicht nach unten in die Küche. Aber es konnte schließlich nicht schaden, wenn man sich manchmal so seine eigenen Gedanken machte. Denn hatte sie bei der ganzen Sache nicht auch eine gewisse Rolle gespielt?

Aber nun war dieser kleine Zwerg auf etwas gestoßen. Sie war wirklich das neugierigste Kind der Welt! Aber auch lieb und hübsch …

»Margery, du weißt es doch – wo war Mama vorher?«

»Woher sollte ich das wissen? Die zweite Frau kennt man meistens nicht, bevor die erste tot und begraben ist.«

Das stellte Katharine einigermaßen zufrieden.

»Sie wohnte im ersten Stock, nicht wahr?«

»Nun ja, das stimmt.«

»Ich weiß, was los ist. Mama hat Angst.«

»Angst? Wovor?«

Poll kam mit ihrem Putzlumpen immer näher, deshalb flüsterte Katharine leise: »Vor ihrem Geist!«

Margery war sehr abergläubisch und begann am ganzen Körper zu zittern. Konnte das wirklich sein? Was wußte dieses Kind? Irgendwas stimmte nicht in diesem Haus … das hatte sie schon lange im Gefühl gehabt …

»Hat sie dir gesagt, daß sie Angst hat?«

»O nein! Sie tat, als ob nichts wäre. Ich war dort.«

»Was heißt das?«

»Ich hatte mich im Bett versteckt und die Vorhänge zugezogen. Da hat die arme Mama gedacht, ich wäre ein Geist.«

Margery schnappte nach Luft.

»Du wolltest deiner armen Mama angst machen. Ich hoffe, sie hat dich ordentlich verprügelt.«

»Nein, sie hat mich überhaupt nicht verhauen. Sie hat gelacht. Aber als sie ins Zimmer kam, Margery, muß sie mich hinter den Vorhängen gehört haben. Und da hat sie gedacht, ich wäre der Geist … der ersten Frau.«

»Woher willst du das wissen?«

»Ich weiß es eben, Margery. Vielleicht hat die erste Frau ja in dem Zimmer gewohnt. Und es würde ihr bestimmt nicht gefallen, daß Mama jetzt Papas Frau ist.«

»Du weißt zuviel!«

Margery stand auf.

»Poll, brauchst du denn den ganzen Tag, um die Küche aufzuwischen? Du bist furchtbar langsam, gleich bekommst du die Peitsche zu spüren …«

In Wahrheit dachte Margery gar nicht an Poll. Madam Carolan hatte also verängstigt ausgesehen. Warum? Hieß es nicht, daß ermordete Menschen ihren Mördern erscheinen und sie verfolgen? Margery bekam es mit der Angst zu tun, denn vielleicht wäre dieser Mord ja niemals geschehen, wenn sie Marcus damals nicht in Esthers Arme getrieben hätte, woraufhin Carolan dann zu Mr. Masterman gegangen war. Sie selbst war also auch nicht ganz unschuldig. Vielleicht würde Mrs. Mastermans Geist bald auch sie verfolgen!

»Ich glaube, du hast auch Angst«, sagte Katharine.

»Du fängst schon wieder an, Unsinn zu reden, Naseweis!

»Margery, glaubst du wirklich, daß die erste Frau böse ist, weil Mama jetzt hier ist?«

»Nein, das glaube ich nicht. Und weißt du was? Ich möchte jetzt kein Wort mehr hören über irgendwelche Geister und deine Mutter. So, und jetzt mach, daß du rauskommst, ich habe noch viel Arbeit!«

»Ach Margery, du hast überhaupt nichts zu tun!«

»Wem gehört wohl diese Küche? Muß ich dich erst rausschmeißen und mich dann bei deiner Mama beschweren?«

»Ach Margery, ich dachte, du hast es gern, wenn ich dich besuche.«

»Alles zu seiner Zeit. Und jetzt raus mit dir, bevor ich böse werde!«

Margery war tatsächlich ganz verstört. Sie redete nicht gern über Geister.

In einer Küche, in der man offensichtlich nicht länger erwünscht war, konnte man schließlich nicht bleiben. Katharine schritt würdevoll über den nassen Küchenboden und ging hinaus in den Hof.

Es war heiß, aber sie fühlte die Hitze nicht so sehr wie Mama, Margery, Amy oder Poll. Sie war hier geboren. Es wäre schön, aus der Stadt hinauszureiten. Das Meer sah verlockend aus. Aber nein, heute war ein besonderer Tag. Es war Nachmittag, und bis zur Dunkelheit würden noch Stunden vergehen. Sie könnte fortreiten ... auf Entdeckungsreise gehen.

Sie ging zurück ins Haus und kam an der Küche vorbei; Margery saß noch immer in ihrem Sessel.

»Oh, da bist du ja schon wieder!«

»Ich will nicht hierbleiben. Ich werde jetzt ausreiten.«

»Bei dieser Hitze?«

»Nennst du das etwa Hitze?«

Katharine rannte die Treppe hinauf. Als sie bald darauf zurückkam, trug sie ihr hübsches Reitkostüm. Margery, die jetzt wieder in Plauderstimmung war, rief ihr zu: »Warum so eilig, mein Schatz? Bleib doch noch ein wenig bei mir, bis es kühler wird.«

»Mir ist es nicht zu heiß.«

»Ach komm schon! Wie wär's mit einem Schwätzchen?«

Aber Katharine hatte keine Lust mehr. Sie wollte ausreiten und hatte jetzt keine Zeit für Geheimnisse.

»Wir können uns später unterhalten. Auf Wiedersehen, Margery, auf Wiedersehen, Poll und Amy!«

Sie ritt hinaus aus der Stadt, aber nicht zum Meer, sondern in die entgegengesetzte Richtung. Ihr rotes Haar wehte im Wind. An diesem Tag hatte sie schon eine Menge aufregender Dinge erlebt, und sie hatte das Gefühl, als ob vielleicht noch mehr auf sie zukäme.

Es war doch ziemlich heiß, wenn man so in der prallen Sonne dahinritt, deshalb machte sie im Schatten eines Gebüschs kurze Rast. Hinter und unter ihr lag die Stadt; sie sah aus wie eine Spielzeugstadt. Die Gebäude standen alle dicht gedrängt, und davor erstreckte sich der wunderschöne Hafen, von dem Papa immer sagte, daß er der schönste auf der Welt wäre.

Es war sehr einsam hier draußen. Sie wußte, daß vor ihr noch viele, viele einsame Meilen lagen. Der Gedanke daran bedrückte sie nicht, obwohl sie sonst gern Menschen um sich hatte und es liebte, sie zu beobachten, ihnen zuzuhören, etwas über sie zu erfahren. Sie lag im Gras, dachte nach und blickte auf die schroffen Berge und auf den Wald, der bis ans Wasser reichte. Wie hübsch die silberne Rinde der Gummibäume doch aussah. In einiger Entfernung entdeckte sie ein großes Känguruh mit einem Baby im Beutel. Känguruhs sollten doch so gut schmecken, wenn man sie richtig zubereitete. Vor vielen Jahren, bevor Papa und die anderen weißen Männer hierhergekommen waren, hatte es da unten keine Stadt gegeben. Wo hatten die schwarzen Männer da nur gelebt? Sie mußte Wando danach fragen. Mama wollte nicht, daß sie zu viel mit Wando redete. Es war nicht angemessen für eine junge Dame aus Sydney, sich mit Eingeborenen zu unterhalten oder sich mit ihnen anzufreunden. Das Känguruh war außer Sichtweite gesprungen. Mama und Margery hatten ihr von den Tieren in der alten Heimat erzählt. Dort gab es weder Känguruhs noch Koalas. Mama und Papa hatten noch nie welche gesehen, bevor sie nach Sydney gekommen waren. Das konnte sie sich gar nicht vorstellen.

Sie stand auf und streckte sich. Es würde noch viele Stunden dauern, bis es dunkel wurde. Schwungvoll stieg sie auf, ritt weiter und ließ ihre Gedanken schweifen. Sie dachte an Miß Kelly und ihren Bruder; an Margery – die geheimnisvolle Margery, die deportiert worden war, weil sie zu viele Männer geheiratet hatte. Sie dachte an Poll und ihr Baby und an Amy und ihren Straßenräuber; an Mama und Papa und an die erste Frau, und an das Zimmer der ersten Frau. Sie stellte sich dieses Zimmer nachts bei Mondschein vor und schauderte.

Jetzt war sie ziemlich nah an die Berge herangekommen. Wunderschön waren sie, umgeben von einem geheimnisvollen blauen Schleier. Sie hatte keine Ahnung, wie spät es sein könnte, aber sie war bereits durstig geworden. Außerdem war es ihr nicht erlaubt, sich zu weit von der Stadt zu entfernen. Losgeritten war sie mit der verrückten Idee, die Berge irgendwie zu überqueren. Doch jetzt, da ihr Durst sie von Minute zu Minute mehr quälte, wurde ihr klar, daß die Wirklichkeit doch etwas ganz anderes war als irgendwelche Träume, die man zu Hause in seinem Bett träumte.

Am vernünftigsten war es, jetzt heimzureiten.

Sie wandte ihren Blick von den Bergen ab. Um sie herum waren meilenweit nur Gebüsch und kleine felsige Hügel zu sehen, auf denen Eukalyptusbäume standen. Plötzlich bekam sie Angst. Wenn sie zusammen mit Papa ausritt, dann konnte sie sich immer ganz sicher fühlen. Margery sagte oft: »Für kein Geld in der Welt würde ich im Dunkeln dort draußen allein sein wollen. Verbrecher bleiben Verbrecher, auch wenn man sie freigelassen hat!«

Diese Einsamkeit! Sie war allein in einer Welt aus Dikkicht, Felsen und Eukalyptusbäumen. Irgendwo vor ihr war der riesige Ozean, und hinter ihr waren die unüberwindbaren Blauen Berge. So sehr konnte sie sich doch nicht verlaufen haben! Sie ließ ihr Pferd durchs Gebüsch traben. So steinig und felsig hatte sie das Gelände auf dem Hinweg gar nicht empfunden. Oder war sie vielleicht auf einem anderen Weg hergeritten?

Nach etwa einer Stunde war von der Ansiedlung weit und breit noch nichts zu sehen. Außerdem hatte ihr Pferd angefangen zu lahmen. Die Berge schienen jetzt noch näher zu sein, obwohl sie doch von ihnen weggeritten war. Sie meinte, merkwürdige Erscheinungen hinter dem blauen Schleier zu erkennen. Das mußten die bösen Geister sein, die sich ausmalten, was sie mit ihr machen würden, wenn sie es wagte, ihnen zu nahe zu kommen.

Sie ritt weiter. Der Schweiß stand ihr auf der Stirn, und sie war müde und schmutzig. Die Gegend um sie herum schien immer gleich zu bleiben. Nichts kam ihr bekannt vor. Es würde spät werden, bis sie nach Hause kam, und Mama würde sehr böse sein.

Sie stieg ab, band ihre Stute an einen Baum und legte sich auf den Boden. Jetzt mußte sie nachdenken, welchen Weg sie gekommen war und wie sie nach Hause zurückfinden sollte. Sie fühlte sich durchaus nicht mehr wie einer der unerschrockenen Entdecker, von denen Papa ihr so viel erzählt hatte. Dies hier war ganz anders. Sie spürte nichts als Einsamkeit und Angst.

Während sie so auf der Erde lag, meinte sie von weit her das Geräusch von Pferdehufen zu hören. Sie stand auf und sah sich um. Von einem Reiter war nichts zu sehen.

Schnell legte sie die Hände um ihren Mund und rief: »Coo ... eee! Coo ... eee!«

Dann drückte sie ihr Ohr wieder auf den Boden. Immer noch konnte sie Hufgetrappel hören. War es schon lauter geworden, oder bildete sie sich das nur ein?

»Coo ... eee!« rief sie wieder. Von jenseits des Dickichts schien eine Antwort zu kommen. »Coo ... eee! Coo ... eee!« schrie sie erneut, und die Stimme antwortete. So ging es eine ganze Weile. Einmal verstrich eine beängstigend lange Zeit zwischen ihrem Ruf und der Antwort. Als sie die Stimme dann doch wieder hörte, lachte und weinte sie vor Erleichterung.

Am Rand ihres Gesichtsfelds tauchte etwas auf – verschwand – und erschien wieder. Ein Pferd mit einem Reiter?

»Coo ... eee!« rief sie, und die Stimme antwortete. Sie schöpfte neue Hoffnung.

Es war ein Pferd mit Reiter. Als sie näher herankamen, staunte sie, denn der Reiter war noch ein Junge, der nicht viel älter als sie selbst sein konnte. Er wirkte bei ihrem Anblick überrascht, sagte aber nur leichthin: »Hallo! Hast du dich verlaufen?«

»Nun«, sagte sie, »jetzt hat man mich ja gefunden!«

Er lockerte den Zügel, um sein Pferd grasen zu lassen. Sie ärgerte sich, weil er seinem Pferd mehr Beachtung schenkte als ihr. Schlechte Bauernmanieren! dachte sie hochmütig, denn es war offensichtlich, daß er nicht aus Sydney kam. Sie sagte ihm, daß sie aus Sydney käme, und erwartete seinen Respekt.

Er pfiff durch die Zähne. »Das ist ja ein ganz schöner Weg!« Seine kühlen blauen Augen musterten jedes Detail ihrer eleganten Kleidung. »Wieso haben sie dich allein ausreiten lassen?«

»Ich reite oft allein aus.«

Er zog die Brauen hoch. »Schon mal von Strauchdieben gehört?«

»Ja, habe ich.«

»Und was würdest du tun, wenn ich dir sagen würde, daß ich einer bin?« fragte er spöttisch.

»Ich würde dir nicht glauben.«

»Und warum nicht?«

»Weil du noch ein Junge bist.«

»Es gibt auch junge Strauchdiebe ...«

»Aber wenn du einer wärst, dann hättest du mir schon längst die Kehle durchgeschnitten oder mir eine Kugel ins Herz gejagt.«

»Du hast dich hier draußen verlaufen, und jetzt wirst du auch noch frech. Wirklich – du benimmst dich wie eine Dame von Welt.« Seine Haut war von der Sonne tief gebräunt, seine strahlendblauen Augen musterten sie abschätzig. »Deine Mama sollte dir nicht erlauben, allein auszureiten.«

»Sie hat es mir ja auch nicht erlaubt.«

»Stell dir vor, ich würde dich jetzt entführen und nicht wieder nach Hause lassen.«

»Was würdest du denn mit mir machen?

»Ich würde dich mit auf die Farm nehmen und dir eine Arbeit zuteilen.«

»Du lebst also auf einer Farm. Weißt du was – wenn du mich entführst, dann würdest du im Gefängnis landen. Dafür würde mein Papa schon sorgen!«

»Da sei dir mal nicht so sicher. Wer ist denn dein Papa?«

»Mr. Masterman.«

Der Junge lachte über ihren Stolz.

»Er ist ein sehr bedeutender Mann«, beharrte sie. »Und er ist sehr klug.«

»Ich wette, er ist nicht halb so bedeutend wie seine Tochter.«

»Ich verstehe nicht, was du meinst.«

»Ich meine, daß mir dein Vater vollkommen egal ist. Außerdem bin ich gar kein Strauchdieb. Wenn du willst, dann nehme ich dich mit auf die Farm und gebe dir etwas zu essen. Wir bekommen nicht viel Besuch.«

»Bist du ein Sträfling?«

»Nein, aber meine Eltern waren Sträflinge.«

»Sind sie schlimm dran?«

»Sehr schlimm dran!« sagte er spöttisch. Er war ein faszinierender, jedoch sehr arroganter Junge. Es wäre spannend, herauszufinden, was von seinen Lügengeschichten wirklich stimmte.

»Bitte bring mich auf deine Farm«, sagte sie. »Ich bin hungrig und durstig.«

»Es ist ein langer Ritt. Meinst du, du schaffst es? Aber wenn wir dort ankommen, dann gibt es etwas Gutes zu futtern. Sie wollten heute ein fettes Kalb schlachten.«

»Wie heißt du?« fragte sie.

Er sagte, sein Name sei Henry Jedborough, aber er wollte ihr nicht sein Alter verraten. Sie hatte ihm gesagt, daß sie zehn sei, und er hatte so getan, als wäre sie noch unwahrscheinlich klein. Dabei war er nicht viel größer als sie, aber breiter und stämmiger; er sah stark aus, und seine Haut war beinahe so dunkel wie die Haut der Eingeborenen.

Begeistert berichtete er ihr von den Rinderherden, die er beaufsichtigen half, und sie erzählte ihm, wie gern sie die Berge überqueren würde. »Aber niemand hat das jemals geschafft.«

»Man wird es schaffen, und zwar bald«, sagte er.

»In den Bergen gibt es böse Geister. Und sie werden jeden vernichten, der versucht, die Berge zu überqueren.«

Er lachte schrill und spöttisch. Sein Gelächter machte sie wütend, und gleichzeitig fühlte sie sich gedemütigt.

»Du bist ein dummes Ding! Du hast wohl den Eingeborenen zugehört?«

»Ich habe mich mit Wando unterhalten.«

»Glaubst du etwa diesen Quatsch?«

»Nein!« log sie und wurde dabei feuerrot.

»Es freut mich, das zu hören. Es gibt keine bösen Geister

in den Bergen. Die gefährlichen Schluchten machen es so schwierig, die Berge zu überqueren. Aber eines Tages wird man es schaffen ... Und mein Vater wird einer der ersten sein.«

»Dein Vater ... der Sträfling?«

»Der entlassene Sträfling!« erinnerte er sie. »Er war auf einer Expedition dorthin dabei, aber sie mußten umkehren. Trotzdem meint er, daß man irgendwann einen Weg über diese Berge finden wird, und dann ...«

»Was dann?« fragte Katharine atemlos.

»Dann werden wir sehen, was auf der anderen Seite ist.«

»Glaubst du, daß es auf der anderen Seite wunderschön ist?«

»Aber natürlich! Mein Vater sagt immer, daß wir eingesperrt sind, weil diese Berge uns im Wege stehen. Er will neues Land finden. Mein Vater will immer etwas Neues entdecken.«

»Er ist bestimmt sehr nett.«

»Nett!« Das klang schon wieder grimmig. Wie sollte denn ein kleines Stadtmädchen auch wissen, was für einen großartigen Vater er besaß!

Sie konnte es kaum noch erwarten, diesen Mann endlich kennenzulernen, diesen Exsträfling, der neues Land entdekken wollte.

Als sie ihn dann endlich sah, war sie ein wenig enttäuscht. Er lag in einer Hängematte auf der Veranda; sein Hemd war offen und gab den Blick auf seine mahagonifarbene Brust frei. Sein dunkles Haar war leicht gewellt; die leuchtendblauen Augen waren von unzähligen Falten umgeben. Er hatte sehr fröhliche Augen und ein sehr fröhliches Gesicht. Nach Henrys Beschreibung hatte sie eher einen riesigen Muskelprotz erwartet.

»Vater, hier ist ein Mädchen, das ich gefunden habe«, sagte Henry. »Sie hat sich im Busch verlaufen.«

Er rollte sich aus der Hängematte heraus.

»So so!« sagte er und sah sie an, als ob er eine Menge über sie wüßte. Dann meinte er: »Dies ist uns eine Ehre. Wir bekommen nicht oft Besuch hier auf unserer einsamen Farm.

Geh und sag deiner Mutter, sie soll für eine weitere Person decken, Henry.«

Henry ging hinein, und sie lächelte den Mann schüchtern an.

»Wie heißt du, kleines Mädchen?«

»Katharine Masterman.«

Mit seinem Gesicht ging eine merkwürdige Veränderung vor; seine Augen schienen sich ein wenig weiter zu öffnen.

»Aus Sydney?« fragte er beiläufig.

»Ja, woher wißt Ihr das?«

»Oh«, sagte er geheimnisvoll, »du siehst eben aus wie Katharine Masterman aus Sydney.«

»Wie meint Ihr das?«

»Es hat mich nicht überrascht zu hören, daß du Katharine Masterman aus Sydney bist, das ist alles.«

»Dann kennt Ihr vielleicht meinen Papa?«

»Nein, dieser Ehre kann ich mich nicht rühmen. Ich habe früher einmal deine Mutter gekannt.«

»Das hat sie mir nicht erzählt.«

»Hat sie das nicht? Dann ist sie wohl ein wenig vergeßlich geworden. Du siehst ihr erstaunlich ähnlich.«

»Margery sagt das auch.«

»Ach, die gute alte Margery!«

»Kennt Ihr denn auch Margery? Auch sie hat mir nichts von Euch erzählt.«

»Du liebe Güte, im Hause Masterman scheint man sich ja meiner nicht gern erinnern zu wollen! Wie geht es deiner Mutter?«

»Es geht ihr gut, vielen Dank.«

»Und wie viele Geschwister hast du?«

»James und Martin. Und Edward, aber er ist fast noch ein Baby.«

»Komm mal her und laß dich ansehen.«

Er nahm ihre Hand; seine fröhlichen Augen betrachteten ihr Gesicht.

»Du hast bestimmt Hunger?« fragte er.

»Ja, es ist schon ziemlich lange her, daß ich was gegessen habe.«

»In der Küche wird Kalbfleisch gebraten.«

Henry kam zurück und sagte: »Es dauert wohl noch eine halbe Stunde, bis das Essen fertig ist.«

»Bring uns doch etwas zu trinken, Henry.«

Henry verschwand, und als er mit einem Tablett zurückkam, war er nicht allein. Hinter ihm stand eine Frau. Sie war blaß und dünn und schien irgendwie unglücklich; doch hatte sie wunderschönes gelocktes Haar.

»Esther«, sagte der Mann – und seine Stimme klang, als ob er einen lustigen Witz erzählen würde –, »das ist Katharine Masterman, Carolans Tochter.«

Katharine fragte sich, warum die Frau so bestürzt aussah, nur weil sie Katharine Masterman und Carolans Tochter war.

Katharine stand auf und machte einen Knicks.

»Wie ist sie denn hierhergekommen?« fragte die Frau.

»Henry hat sie hergebracht. Sie hatte sich im Busch verlaufen.«

Katharine meinte, eine Erklärung schuldig zu sein. »Ich bin ausgeritten und habe nicht gemerkt, wie weit ich schon von zu Hause fort war. Und dann hab' ich ›Coo...eee‹ gerufen, und Henry hat mich gefunden.«

»Deine Mutter wird sich sorgen.« Die Frau sah den Mann an. »Du solltest sie schnell zurückbringen, dann wäre sie vielleicht noch vor Dunkelwerden daheim.«

»Aber Esther, Miß Masterman ist sehr hungrig. Es wäre äußerst unhöflich, sie ohne Essen fortzuschicken.«

»Carolan wird sich entsetzliche Sorgen machen!«

»Meinst du?« sagte er und sah ein wenig grausam aus.

Daran hatte Katharine überhaupt noch nicht gedacht. Sie stand auf. »O ja, ich muß fort. Mama wird beunruhigt sein.«

Der Mann erhob sich und sagte: »Mach dir keine Gedanken. Es ist zu spät, um nach Hause zu reiten. Du mußt die Nacht über hierbleiben. Morgen früh werde ich dich zurückbringen. Wir können deinen Eltern aber eine Nachricht schicken, damit sie wissen, daß du in Sicherheit bist.«

Sie lächelte. Wie klug er war! Und wie freundlich! Sie wollte zwar auf keinen Fall, daß ihre Mutter sich sorgte, aber sie hätte es auch bedauert, wenn dieses Abenteuer so schnell zu Ende gewesen wäre. Zuerst hatte sie sich verlaufen und war gerettet worden. Jetzt hatte sie großen Hunger und freute sich auf das gebratene Fleisch. Außerdem hatte sie neue Leute kennengelernt. Darüber hinaus hatten diese Menschen irgend etwas Aufregendes und Geheimnisvolles an sich. Sobald der Mann begonnen hatte zu reden, hatte sie das gespürt, aber erst recht, als die Frau erschienen war. Sie war seine Ehefrau und Henrys Mutter, also waren sie wie Mama und Papa, aber doch auch ganz anders. Papa sah Mama immer an, als wäre sonst niemand im Zimmer; und Mama lächelte Papa an und sagte, was für ein kluger und vielbeschäftigter Mann er doch sei. Aber diese beiden versuchten sich nicht anzusehen, und wenn sie es taten, dann war es irgendwie anders. Außerdem gab es da natürlich noch Henry – und das war schon aufregend genug.

Der Mann und die Frau gingen ins Haus, und sie blieb allein mit Henry auf der Veranda zurück.

»Hast du noch Brüder und Schwestern?« fragte sie.

»Keine richtigen Brüder und Schwestern.«

»Was soll das heißen?«

»Man kann Halbbrüder und Halbschwestern haben. Die sind dann vom Vater, aber nicht von der Mutter.«

Das hörte sich sehr kompliziert an.

»Ich habe hier eine Halbschwester. Sie ist zwei Jahre alt, heißt Elisabeth und wohnt hier; sie ist die Tochter der Magd.«

Katharine war verwirrt. Der Junge sah klug aus, und sie wollte ihm keine weiteren Fragen stellen, damit er sie nicht für dumm hielt.

Der Mann kam zurück und streckte sich wieder in seiner Hängematte aus.

»Sie will über die Blauen Berge gehen«, sagte Henry. »Glaubt aber, daß es dort böse Geister gibt!«

Katharine wurde rot.

»Das ist nur ein Märchen, das sich die Aborigines erzählen«, sagte der Mann freundlich.

»Ich weiß!« entgegnete Katharine.

»Sie wußte es nicht … ich habe es ihr gesagt.«

»Sei doch nicht so unhöflich, Henry. Ich bin sicher, daß sie es gewußt hat.«

»Ist es denn unhöflich, die Wahrheit zu sagen?«

»Manchmal ist es das, mein Sohn.«

»Ihr seid ein Sträfling, nicht wahr?« sagte Katharine.

»Ich war einer.«

»Wart Ihr sehr böse?«

»Ganz furchtbar böse!«

Katharine lachte, denn es war sehr komisch, wenn ein erwachsener Mann sagte, daß er böse war.

»Was habt Ihr denn getan?« fragte sie.

Er konnte wunderbar erzählen – viel besser als Margery –, und seine Augen leuchteten dabei. Niemals zuvor hatte sie England so deutlich vor sich gesehen. Sie sah es, wie Marcus es vor zwanzig Jahren gesehen hatte, konnte sich die gepflasterten Straßen von London lebhaft vorstellen, die Gebäude aus roten Ziegeln, die alten Gasthäuser; sie sah die Felder vor der Stadt und die Dörfer Brentford, Chiswick und Kensington. Barfüßige Jungen, ewig hungrige Straßenfeger und die reichen Leute, die in ihren Kutschen vorbeifuhren; Hahnenkämpfe und Hundekämpfe; Betrunkene, die sich vor den Pubs drängelten; die Bettler in ihren Lumpen; die Taschendiebe und Straßenhändler. Das London, von dem er erzählte, war voll von aufregenden Menschen. Da waren Mr. Sheridan und Charles James Fox, die sich mit dem verschwenderischen Prinzen gegen den halbverrückten König verbündet hatten. Da gab es auch noch die wilde Prinzessin von Wales. Es waren Geschichten wie aus einem Märchenbuch, und doch war alles so wunderbar realistisch.

Auch als sie bereits am Tisch saßen, hörte der Mann nicht auf zu erzählen. Er hatte sich vorgenommen, Carolans Tochter zu bezaubern, und er war damit bei Katharine genauso erfolgreich wie damals bei Carolan selbst.

Das Fleisch war zart und köstlich, und Katharine hatte großen Hunger. Aber es war nicht das Essen, das sie von dieser Mahlzeit in Erinnerung behielt, sondern die Geschichten und die fröhlichen blauen Augen des Mannes und seine sanfte Stimme. Er redete mit ihr nicht wie mit einem Kind. Sie fühlte sich von ihm ernst genommen und genoß dieses Gefühl.

Außer diesem Mann, seiner Frau Esther und Henry saßen am Tisch noch ein Mann namens Blake, seine Frau May und ihre beiden Kinder; außerdem noch Elisabeth, von der Henry gesagt hatte, daß sie seine Halbschwester sei. Als sie mit dem Essen fertig waren, setzte sich die kleine Elisabeth auf Marcus' Schoß und beobachtete seinen Mund, während er unablässig redete.

Von Esther war Katharine nicht besonders angetan, weil sie ihn dauernd unterbrach und ihn daran erinnerte, daß er mit Kindern redete. Ständig sagte sie: »Marcus!«, was Henry und Katharine verrückt machte.

Aber er schenkte ihr keine Beachtung und redete weiter über all die verbotenen Dinge, die er in London getan hatte; wie er den feinen Herrschaften an die Geldbörse gegangen war, um sich zu bereichern. Er schaffte es spielend, die Sympathie seiner jungen Zuhörer für sich zu gewinnen, so daß sie volles Verständnis für seine Taten hatten.

»Ihr, meine liebe Miß Masterman, habt ja keinerlei Vorstellung davon, wie extravagant es in unseren Lustgärten zugegangen ist!« Dann erzählte er von Ranelagh und Vauxhall, und sie sah diese Lustgärten vor sich. Zusammen mit ihm spazierte sie die Alleen hinunter, schaute dem Feuerwerk zu und lauschte einem Konzert. Sie trank mit ihm heißen Punsch und Schaumwein und aß Austern; die Musik von Händel und Mozart bildete den Hintergrund zu dieser Szenerie, denn ab und zu gab Marcus eine musikalische Einlage.

Er trank ziemlich viel und berichtete ihr, wie er in Vauxhall einst die Handtasche einer feinen Dame gestohlen hatte, die dort heimlich mit ihrem Geliebten verabredet gewesen war.

Diese Geschichte war auch nicht schockierender als all die anderen, die er schon zum besten gegeben hatte, und doch stand Esther plötzlich erbost auf.

»Du bist wirklich schlimm!« rief sie und brach in Tränen

aus. Aber er warf ihr nur einen grausamen Blick zu, ohne etwas zu sagen. Katharine konnte sehen, daß er sie haßte und daß sie ihn haßte. Sie rannte weinend aus dem Zimmer, woraufhin Katharine sich zunächst sehr unbehaglich fühlte. Die anderen Kinder jedoch schienen es kaum bemerkt zu haben, woraus sie schließen konnte, daß sich solche Szenen in diesem Haus wohl häufiger abspielten. Eigentlich war Katharine ganz froh, daß Esther gegangen war, denn sie hatte ja doch nur versucht, ihnen den Spaß zu verderben.

Inzwischen war es dunkel geworden, und sie saßen immer noch am Tisch und unterhielten sich. Dann kam Elisabeths Mutter herein und nahm das Kind auf den Arm; sie war eine hübsche junge Frau mit einem runden, etwas dümmlichen Gesicht. Henrys Vater küßte die kleine Elisabeth zärtlich und gab auch ihrer Mutter einen flüchtigen Kuß. Das erschien Katharine äußerst ungewöhnlich, aber die anderen nahmen überhaupt keine Notiz davon. Sie versuchte sich vorzustellen, daß ihr Papa Poll oder Amy küssen würde. Ganz unmöglich!

Als der Tisch endlich abgeräumt war, holte Marcus eine Karte hervor und breitete sie aus. Sydney war darauf zu sehen, ein dicker, schwarzer Punkt, und da war auch die Küste und das Meer und Port Jackson und Botany Bay und dahinter wanden sich wie eine große Raupe die Blauen Berge. Jenseits der Blauen Berge war die Landkarte noch weiß.

Oh, es war herrlich, gemeinsam die Karte zu studieren! Wie lebhaft Marcus von den verschiedenen Orten redete! Einmal unterbrach sie ihn und sagte: »Darf ich wiederkommen? Darf ich öfter kommen?«

Er ergriff ihre Hand und sagte: »Komm, so oft wie du willst, Miß Masterman – oder vielleicht darf ich dich ja auch Katharine nennen …?«

Er erzählte, wie er mit einigen anderen versucht hatte, die Blauen Berge zu überqueren; wie sie das dichte Buschwerk mit großen Messern weggehackt hatten, wie sie am Ufer eines Baches ihr Lager aufgeschlagen und dann vergebens versucht hatten, einen Weg über die Berge zu finden.

Gefährliche Schluchten und Abhänge, Hunger, Kälte und Durst hatten sie schließlich zum Umkehren gezwungen.

Sie beteten ihn an. In dem einen Augenblick war er wie ein Kind und freute sich über Dinge, über die sich Kinder freuen; und im nächsten Moment war er wieder ein Mann und behandelte sie, als ob sie bereits erwachsen wären.

Die Frau verdarb alles, indem sie ihren lockigen Kopf zur Tür hereinsteckte und sagte: »Es ist Zeit, daß Henry ins Bett geht; und dasselbe gilt auch für das Mädchen.«

Merkwürdigerweise protestierte er nicht, sondern legte die Landkarte zusammen, und damit war der herrliche Abend zu Ende.

Katharine wurde in ein kleines Zimmer geführt, in dem nichts stand außer einem schmalen Bett, einer Kommode und einer Waschschüssel. Die Frau lieh ihr ein Nachthemd, und als sie es ihr brachte, konnte Katharine sehen, daß sie geweint hatte. Aber Katharine war zu müde, um sich Gedanken darüber zu machen und schlief bald ein. Als sie am nächsten Morgen erwachte, wusch sie sich schnell und lief nach unten. Marcus saß schon auf der Veranda, wo ihr dann ein fettes Dienstmädchen Milch und Brot servierte.

»Wir werden zurück nach Sydney reiten, sobald du fertig bist«, sagte Marcus. Er schien nicht mehr so fröhlich zu sein wie am Abend zuvor. Als sie ihr Frühstück beendet hatte, meinte er ernst: »Ich hoffe, du wirst wiederkommen. Es ist kein besonders weiter Ritt von Sydney hierher, wenn man den direkten Weg kennt. Du mußt auf dem Rückweg aufpassen, damit du das nächstemal weißt, wohin du reiten mußt.«

»Vielen Dank!«

»Es tut dir also nicht leid, daß du dich verlaufen hast?«

»Nein, ich bin sogar froh darüber. Es hat mir hier so gut gefallen. Ich werde bestimmt wiederkommen. Darf ich das denn wirklich?«

»Was mich betrifft, kannst du gar nicht oft genug kommen.«

»Ich bin so froh, daß Ihr mich mögt.«

»Heißt das etwa, daß du mich auch magst?«

»Ihr seid so anders als andere Leute.«

»Anders als dein Vater?«

»Aber ja, ganz anders!«

»Und trotzdem kannst du mich leiden? Du mußt ihn doch bestimmt sehr gern haben.«

»Ja, doch. Er ist sehr klug, müßt Ihr wissen. Und sehr beeindruckend.«

»Und er bringt dich zum Lachen, so wie ich es gestern abend getan habe?«

»Oh, nein … so ist Papa nicht. Er redet nicht … besonders viel. Außer über die erste Flotte und Mr. Bass und Mr. Flinders … doch auch darüber sagt er nicht allzu viel. Er erzählt nicht so, wie Ihr es tut.«

»Und du magst die Art, wie ich erzähle?«

Sie war verwirrt, weil sie nicht wußte, was er von ihr hören wollte. Plötzlich dachte sie nicht mehr nur an ihn, sondern auch an ihre Eltern. Ob sie sich wohl gesorgt hatten?

Sie sagte: »Er ist der beste Vater der Welt.«

»Woher willst du das wissen?« fragte er, so wie Martin vielleicht gefragt hätte.

»Das sagt Mama.«

Er ließ das Thema fallen, und sie war froh darüber.

Sie verabschiedete sich von Henry, der sie dringend bat, doch bald wieder zu Besuch zu kommen. Danach sagte sie Esther, Mr. Blake und allen Kindern auf Wiedersehen und ritt an Marcus' Seite zurück.

Er redete lebhaft, während sie so dahinritten, deutete auf markante Punkte in der Landschaft; erklärte die verschiedenen Gräser und Bäume und verglich sie mit denen in England. Manchmal sang er alte Lieder, die er noch in seiner Heimat gelernt hatte, und sie war sehr traurig, als sie die Stadt erreichten.

Mama kam auf den Hof gestürzt. Sie war leichenblaß, hatte schwarze Ringe unter den Augen und starrte die beiden an, als seien sie Gespenster.

»Hallo, Mama!« rief sie unsicher. »Ich hatte mich verlaufen.«

»Katharine …«, sagte Carolan tonlos und starrte den Mann an.

Katharine stieg von ihrem Pferd ab und zupfte unsicher am Zaumzeug herum.

»Carolan, deine kleine Tochter ist von meinem Sohn gerettet worden«, sagte Marcus. »Wenn das kein hübscher Zufall war …«

Mama rief einen der Stallburschen, der sich um Katharines Pferd kümmern sollte. Sie wirkte blaß und hochmütig. Margery kam nach draußen; sie hatte offensichtlich geweint. Als sie Katharine sah, stieß sie einen Schrei aus. »Ach mein Schatz! Mein lieber kleiner Schatz!« Und Katharine, die ohne zu wissen, warum, plötzlich Angst bekommen hatte, lief zu Margery und warf sich in ihre Arme.

»Zu Tode erschreckt hast du mich, mein Liebling! Was hast du denn bloß gemacht?«

»Ich habe mich verlaufen. Und Henry hat mich gefunden, und …«

Margerys Körper spannte sich plötzlich an. Über Katharines Kopf hinweg starrte sie zu Marcus hinüber.

Papa erschien. Sein Gesicht leuchtete auf bei ihrem Anblick, und in diesem Augenblick wurde Katharine klar, daß sie keine Botschaft erhalten hatten und sich furchtbare Sorgen gemacht haben mußten.

Sie rannte zu Papa; er hob sie hoch, sie küßte ihn und konnte gar nicht aufhören, ihn zu küssen.

Dann sagte Mama: »Jetzt ist ja alles wieder gut. Sie hatte sich verlaufen. Dieser … Gentleman da hat sie nach Hause gebracht.«

»Er soll hereinkommen!« rief Papa.

Sie gingen ins Haus, und als sie drinnen waren, zog Mama Katharine aus Papas Armen, und ihre Augen wurden kalt und sehr wütend.

»Geh sofort auf dein Zimmer, Katharine!« sagte sie. Ihre Stimme klang eiskalt und schneidend. Katharine ging widerspruchslos hinaus. Sie schämte sich, denn sie hätte darauf bestehen müssen, daß man sie sofort nach Hause brachte. Esther hatte recht gehabt. Dieser aufregende, fröhliche, wunderbare Mann hatte sein Wort nicht gehalten. Er hatte keine Nachricht geschickt.

Bedrückt ging sie in ihr Zimmer und fühlte, daß irgend etwas Schreckliches geschehen würde. Kurze Zeit später hörte sie, wie Marcus davonritt. Sie hoffte, daß sie nett zu ihm gewesen waren, wo er sie doch so freundlich behandelt hatte. Ob man ihm etwas zum Essen und Trinken angeboten hatte? Es wäre entsetzlich, wenn Mama unfreundlich gewesen wäre, nur weil er vergessen hatte, einen Boten zu senden.

James und Martin kamen herein.

»Wo bist du gewesen?« wollte James wissen.

»Ich habe mich verlaufen«, antwortete sie knapp.

»Wir haben einen Suchtrupp organisiert!« rief James aufgeregt.

»Wir hatten Laternen und brennende Fackeln!« kreischte Martin.

»Wir dachten schon, du wärst ermordet worden«, sagte James fröhlich.

Miß Kelly kam ins Zimmer.

»Du solltest dich schämen«, sagte sie. »So etwas Ungehöriges habe ich noch nie erlebt! Du verdienst eine ordentliche Tracht Prügel!«

Miß Kelly scheuchte die Jungen hinaus und verschloß die Tür von außen.

Es verging eine ganze Weile, bis Mama endlich kam. Katharine warf sich in ihre Arme.

»Mama! Warum bin ich hier eingesperrt? Es war doch nicht meine Schuld. Ich hatte mich verlaufen ... das kann doch jedem einmal passieren ... Und dann habe ich Henrys Pferd gehört. Es war furchtbar spannend; ich habe ›Coo...eee‹ gerufen, und er hat mir immer geantwortet, und dann ist er gekommen und hat mich mit zu sich nach Hause genommen.«

»Und weiter?« fragte Mama mit einer merkwürdig kalten Stimme.

»Und dann war es so wunderbar, Mama! Henrys Vater ist wirklich überall gewesen! Und er hat erzählt ... er hat uns alles erzählt! Von London und England. Er redet ganz anders als alle Menschen, die ich kenne. Wenn er etwas erzählt, dann kann man es richtig vor sich sehen! Oh, Mama, magst du ihn denn nicht auch? Darf er uns besuchen? Er würde sicher gern kommen. Hier ist es schöner als dort … und ich glaube, sie streiten sich viel. Sie sieht ihn an, als ob sie ihn haßt, und ihm ist es egal, wenn sie weint. Und er küßt die Magd. Und da ist auch eine kleine Elisabeth. Henry sagt, daß er Halbbrüder und Halbschwestern hat. Was sind denn eigentlich Halbgeschwister, Mama? Henry ist sehr nett. Oh, Mama, können sie uns besuchen?«

»Also, Katharine, ich habe nicht die leiseste Ahnung, wovon du da eigentlich redest. Und außerdem war es sehr, sehr böse von dir, einfach von zu Hause fortzureiten. Ich werde dich für deine Gedankenlosigkeit bestrafen müssen. Dein Vater und ich, wir haben uns die größten Sorgen gemacht.«

»Aber Mama, ist denn niemand hierhergekommen? Sie sagte, du würdest dich sorgen, und er wollte jemanden schicken, der euch berichtet, daß ich in Sicherheit bin.«

»Wer ist sie?«

»Sie wurde Esther genannt.«

»Esther!« sagte Mama mit schwacher Stimme. »Selbstverständlich ist niemand gekommen.«

»Oh, aber er hat doch gesagt …«

»Er ist ein Lügner!«

»Aber Mama, das war bestimmt ein Mißverständnis. Ich weiß, daß er es gesagt hat … ich muß ihn fragen …«

»Er ist schon fort.«

»Ich werde bald wieder dorthin reiten, Mama. Sie haben mich eingeladen, Henry und er.«

»Du wirst sie niemals wiedersehen!«

Katharine konnte es nicht fassen. Es verschlug ihr die Sprache.

»Und den Rest des Tages wirst du hier auf deinem Zimmer verbringen, allein!«

Damit ging Mama hinaus. Sie war zuerst ganz blaß gewesen, doch zuletzt war ihr Gesicht feuerrot geworden, und ihre Augen sahen hart aus wie blitzende Edelsteine.

Katharine hörte, wie der Schlüssel im Schloß herumgedreht wurde. Sie war wütend auf Mama, auch auf Papa war sie wütend, weil er ihr nicht half.

Mehr als alles andere auf der Welt wünschte sie sich, Marcus und Henry wiederzusehen.

»Und ich werde sie wiedersehen!« sagte sie, holte ihre Bibel aus dem Schrank, legte ihre rechte Hand darauf und schwor: »Mit Gottes Hilfe werde ich sie wiedersehen!«

* * *

Carolan wurde gerade für eine Abendgesellschaft angekleidet. Es war ein wichtiges Fest, bei dem Katharine in die Gesellschaft eingeführt werden sollte. Sie war jetzt siebzehn Jahre alt. Carolans Gedanken wanderten zurück zu einem Ball, der vor etwa zwanzig Jahren ihr zu Ehren gegeben wurde. Ihr erster Ball, auf dem sie ein grünes Kleid getragen hatte. Auch heute trug sie ein grünes Kleid. Wie sehr hatte sie sich seit damals verändert! Jetzt war sie eine ziemlich behäbige, aber immer noch schöne Frau, ausgeglichen und selbstbewußt, Mutter von fünf Söhnen und einer Tochter, Mrs. Masterman aus Sydney. Welten schienen zwischen ihr und dem schlanken Mädchen zu liegen, das einst im Ballsaal von Haredon mit Everard getanzt hatte.

Audrey, ihre Zofe, wollte gerade damit beginnen, ihr das Haar zu richten. Audreys Augen, die sie im Spiegel ansahen, drückten Bewunderung aus. Sie hatte Audrey aus der Küche gerettet, genau wie sie selbst vor so vielen Jahren von Lucille aus der Küche herausgeholt worden war. Das Mädchen war jetzt ihre ergebene Sklavin. Sie konnte sich kaum noch daran erinnern, wie Lucille ausgesehen hatte, und doch mußte sie oft an sie denken. Alles in diesem Haus schien sie an Lucille zu erinnern. Warum zogen sie nicht in ein anderes Haus? Doch wenn sie zu Gunnar sagen würde: »Warum suchen wir uns nicht ein neues Haus?« dann wüßte er, daß sie an Lucille dachte. Während ihrer achtzehnjährigen Ehe hatten sie stets versucht, einander vorzumachen, daß sie sich beide kaum noch an Lucille erinnerten.

Es war ein lächerliches Theaterspiel. Sie wußte, daß er

ständig an Lucille dachte. Der Schatten seiner ersten Frau trübte das Glück, das er mit seiner Frau hätte genießen können.

Audrey fragte: »Perlen, Madam?« Carolan lächelte zustimmend. Ihr Lächeln war so bezaubernd wie eh und je. Immer war sie bemüht, nett zu ihren Dienern zu sein, besonders wenn sie Sträflinge waren. Jeder Sträfling erinnerte sie an Newgate, und die schrecklichen Erfahrungen, die sie dort gemacht hatte, würden sie ein Leben lang verfolgen. Über Audrey wußte sie nur, daß man sie für vierzehn Jahre deportiert hatte. Audrey war sanft und freundlich und stets bemüht, ihrer Herrin jeden Wunsch von den Augen abzulesen.

Audrey legte ihr die Perlenkette um und trat einen Schritt zurück.

»Sie sind wunderschön, Madam!«

Ein Geschenk von Gunnar – eines seiner vielen Geschenke. Sie mochte ihn, obwohl er sie bisweilen bis aufs Blut reizen konnte. Sein ganzes Denken war äußerst konventionell und langweilte sie; fast immer wußte sie haargenau, was er zu jedem Thema sagen würde. Seine Lebensweise war stets vollkommen tadellos gewesen – bis auf diesen einen Ausrutscher vor so vielen Jahren.

Carolan lächelte ihrem Spiegelbild zu. Eine reife Frau war sie, mit vollen, sinnlichen Lippen und grünen Augen. Ihre Launen waren mit der Zeit immer wechselhafter geworden. Sie sah ihrer Mutter und ihrer Großmutter sehr ähnlich, ihr Charakter jedoch beinhaltete eine gewisse Stärke, die den anderen gefehlt hatte. Möglicherweise war diese Stärke im elenden, stinkenden Newgate-Gefängnis entstanden. Ein bewundernder, leidenschaftlicher Blick zweier fröhlicher Augen – und sie war wie ihre Mutter zu jedem Abenteuer bereit gewesen. Aber jedesmal hatte sie der Versuchung widerstanden, weil sie niemals vergessen konnte, daß ihr Mann nicht nur seine Seele, sondern auch – was für ihn mindestens ebenso wichtig war – seine gesellschaftliche Position hier in Sydney aus Liebe zu ihr aufs Spiel gesetzt hatte.

Gunnar war in der Tat ein Mann ganz nach Lachlan Macquaries Geschmack. Wäre nicht jener nun achtzehn Jahre zurückliegende Skandal gewesen, dann hätte er unter diesem Gouverneur eine herausragende Position erreichen können. Gunnar bewunderte den Gouverneur von ganzem Herzen, und der Gouverneur bewunderte Gunnar – aber da war jener alte Skandal, der Gunnar anhaftete und der seinen Aufstieg in die höchsten Positionen verhinderte. Es war nicht die Tatsache, daß er eine Gefangene geheiratet hatte, sondern es waren die Umstände, unter denen die Hochzeit stattgefunden hatte. Es gab viele Sträflinge, die nach ihrer Freilassung so behandelt wurden wie alle anderen auch. Jeder wußte, daß die schlechten Lebensumstände in England aus den besten Menschen Verbrecher machen konnten. Aus vielen ehemaligen Sträflingen waren hier respektable Bürger geworden. Nein, die Tatsache, daß Mrs. Masterman als Gefangene nach Sydney gekommen war, war lange nicht so wichtig wie die Sache mit Mastermans erster Frau.

Und wieder sinne ich über all das nach, dachte Carolan. Vor achtzehn Jahren ist es geschehen, und doch kommt es mir vor wie gestern.

Heute abend fand Katharines Fest statt, welch freudiger Anlaß! Katharine, ihre süße Tochter. Fünf Söhne hatte sie Gunnar geboren. Eine Schwangerschaft nach der anderen hatte sie willig auf sich genommen, weil sie es für ihre Pflicht hielt, Gunnar die Söhne zu schenken, die er sich immer gewünscht hatte. Und doch war es Katharine, die sie beide am meisten liebten. Mußte er, wenn er sie ansah, auch immer an die Monate vor ihrer Geburt denken? War sie ihnen deshalb so besonders lieb? Nein! Es lag an Katharines Charme, an ihrem liebreizenden Wesen. Carolans Tochter. Ihre Augen wirkten jetzt nicht mehr grünlich, sondern blau wie die Kornblumen in England; ihr Haar hatte einen tieferen rötlichen Schimmer; ihr kleines, festes Kinn drückte Willenskraft aus. Die Jungen waren wie ihr Vater, viel ruhiger als Katharine. Sie würden bestimmt den richtigen Weg wählen. Bei Katharine war sie sich da keineswegs sicher. Gunnar wollte gern, daß sie in England erzogen würde, aber Carolan war dagegen.

»Aber meine Liebe«, sagte Gunnar, »sie braucht mehr, als Sydney ihr zu bieten hat. Es gibt gewisse Dinge, die sie lernen muß und die sie nur in der alten Heimat lernen kann. Man muß ihr vor allem beibringen, wie eine Dame sich zu benehmen hat – die Manieren hier sind einfach zu grob ...«

»Nein«, sagte sie entschlossen, »ich hätte keine Minute Ruhe. Wie können wir sicher sein, daß ihr dort nichts zustößt?«

Sie bekam ihren Willen. Manchmal erinnerte sie sich daran, wie sie im Dunkeln neben ihm gelegen und ihn im Arm gehalten hatte.

»Gunnar, ich könnte es nicht ertragen! Was mir geschehen ist ...«

Und er hatte sie beruhigt und getröstet. Katharine sollte bei ihr bleiben. In solchen Momenten hätte sie ihn fast lieben können.

Und jetzt war Katharine verschlossen geworden. Ihre blauen Augen wirkten träumerisch, ihre Gedanken waren weit fort. Wenn man sie ansprach, antwortete sie oft nicht; sie vertraute ihrer Mutter keine Geheimnisse mehr an. Manchmal glaubte Carolan zu wissen, was los war. Hatte es nicht vor Jahren begonnen, als das Kind eines Tages verschwand und am nächsten Morgen von Marcus zurückgebracht worden war?

Der Gedanke an Marcus machte sie wütend, tröstete sie und tat ihr gleichzeitig weh. Wie unverschämt er ausgesehen hatte, als er dort auf dem Hof gestanden war. Sie wußte, daß er das Kind absichtlich über Nacht bei sich behalten hatte, um ihr weh zu tun. Er hatte sie verletzen wollen, so wie sie ihm immer weh getan hatte. Unverschämt hatte er ihr ins Gesicht gesehen, haßerfüllt und doch voller Liebe, genau wie sie ihn haßte und doch gleichzeitig liebte. Gunnar hatte nichtsahnend dabeigestanden und den Mann als einen lieben Freund betrachtet, der ihm seine Tochter sicher nach Hause gebracht hatte.

In Marcus' Augen hatte sie noch etwas anderes gelesen,

die Bitte, einen Augenblick mit ihr allein zu sein. Seine Augen schienen zu sagen: »Carolan, Carolan, wir müssen uns wiedersehen. Wo, Carolan, wo?« Und ihr Herz hatte schneller geschlagen, und ihre Sehnsucht nach ihm war ebenso groß wie ihre Liebe zu ihren Kindern. Er hatte das bemerkt, und seine Augen waren voller Hoffnung gewesen. Aber Gunnar war neben ihr gestanden. Nichts von alldem hatte er mitbekommen. Überschwenglich hatte er sich bei Marcus bedankt.

Jener Tag, an dem Marcus mit Katharine in den Hof geritten kam, war ein bitterer Tag, denn danach hatte sich ihr Verhältnis zu ihrer Tochter merklich abgekühlt. Viel zu streng war sie mit dem Kind gewesen. »Nie wieder wirst du dorthin gehen!« hatte sie gesagt, und Katharine hatte mit störrischem Schweigen geantwortet. Wenn man eine Tochter hatte, die einem selbst so ähnlich war, dann konnte man oft ihre Gedanken erraten. Natürlich war sie wieder dorthin gegangen, natürlich! Sie war bezaubert von Marcus' unwiderstehlichem Charme. Und da war auch noch dieser Junge, Henry … Esthers Sohn. Zweifellos war er wie sein Vater, genau wie Katharine ihrer Mutter ähnelte.

Das Kind war oft einen ganzen Tag lang verschwunden. Sie ritt in der Frühe fort und kam nicht vor Sonnenuntergang zurück. Wo war sie gewesen? Sie kam mit von der Sonne geröteten Wangen wieder, und ihre Augen strahlten vor Glück. Als sie darüber geredet hatten, daß sie nach England gehen sollte, hatte sie sich störrisch dagegen gewehrt. »Ich will nicht nach England! Ich werde nicht nach England gehen!« Warum wollte sie nicht fort? Weil sie dann auf die herrlichen Tage, die sie auf Marcus' Farm verbrachte, verzichten müßte.

Carolan hatte den Jungen gesehen, und der war ebenso attraktiv wie sein Vater. Zwar hatte er keine Manieren, aber so etwas war Katharine möglicherweise einerlei. Dunkel war er, so dunkel wie Marcus, mit denselben wachen Augen. Sie hatte gehört, wie er in der Stadt jemanden gerufen hatte. Auch seine Stimme klang so melodisch wie die von Marcus.

Katharine war jung, gerade erst siebzehn. Vielleicht meinte sie ja auch nur, den Sohn von Marcus zu lieben, weil er der erste war, der zu ihr von Liebe gesprochen hatte. Deshalb war Carolan stets bemüht, Gesellschaften für sie zu arrangieren, damit sie nette junge Leute kennenlernen konnte. Sydney war zu dieser Zeit keine kleine Ansiedlung mehr. Macquarie hatte geschworen, Sydney zu einer bedeutenden Stadt zu machen, die sich mit anderen Städten auf der Welt messen konnte, und er hatte sein Wort gehalten. Vom Hafen aus wirkte Sydney bereits großartig. Fast nichts erinnerte mehr an das wilde Durcheinander von Behausungen, das Carolan bei ihrer Ankunft gesehen hatte. Alles wirkte großzügig und stattlich; imposante Häuser aus behauenem Stein waren an die Stelle der kleinen Häuschen getreten. Viele Geschäfte waren entstanden, um die Bedürfnisse der ständig wachsenden Bevölkerung zu befriedigen. Sydney würde einst eine große und wunderschöne Stadt werden. Es gab hier einige gutsituierte junge Herren, denen der frische, natürliche Charme der jungen Miß Masterman nicht entgangen war. Unter diesen war auch Sir Anthony Greymore, der erst vor kurzem aus England gekommen war; ein junger Mann, gebildet und charmant, reich und ernsthaft. Kurz, er würde sicher einen hervorragenden Ehemann abgeben. Warum sollte es ihm nicht gelingen, Katharine von Henry abzubringen?

Ich werde es nicht zulassen, daß sie Marcus' Sohn heiratet, dachte Carolan, und wenn es ihr zunächst auch das Herz brechen sollte. Er ist wie sein Vater.

Audrey hielt einen Augenblick mit dem Kämmen inne.

»Es tut mir leid, Audrey. Ich bin ein bißchen nervös.«

Audreys Augen leuchteten vor Bewunderung. Sie war überglücklich, eine so freundliche Herrin zu haben.

Gunnar war hereingekommen, gerade von einem Ausritt zurück. Er sah sonnengebräunt und gesund aus. Da er sich ein wenig verspätet hatte, war er in Eile, aber er würde genau im richtigen Moment fertig sein, um seine Gäste in Empfang zu nehmen.

Audreys Frisierkünste waren beachtlich; Carolans Haar kam prachtvoll zur Geltung.

»Ihr seht kaum älter aus als Miß Katharine, Madam. Ihr könntet ihre ältere Schwester sein!«

So eine Schmeichlerin! Sie sah um viele Jahre älter aus als Katharine, man konnte sie wirklich nur für ihre Mutter halten.

Plötzlich wünschte sie sich, noch einmal in Katharines Alter zu sein, auf ihren ersten Ball gehen zu können und Everard sagen zu hören, daß er sie liebte. Hätte sie gewußt, wie die Dinge sich entwickeln würden – wie hätte sie ihn angefleht, sie sofort zu heiraten! Wäre sie nie nach London gegangen, dann hätte sie auch nie Marcus kennengelernt. Nein, das konnte sie sich nicht wünschen. Nein, wenn es ihr möglich wäre, ihr Leben noch einmal zu leben, dann würde sie die Zeit zurückdrehen bis zu dem Augenblick, in dem sie von Marcus' Liebschaft mit Clementine Smith erfahren hatte.

Ungeduldig hob sie die Schultern. Hatte sie denn etwa kein Glück gehabt? Dieses Leben, das sie mit Gunnar teilte, verschaffte ihr Ansehen und Sicherheit, beides hätte sie von Marcus nie bekommen.

Gunnar kam aus seinem Ankleidezimmer. Sie bemerkte gleich, daß er mit ihr reden wollte, deshalb schickte sie Audrey hinaus.

Er lächelte ihr zu und bewunderte ihre Schönheit – und auch ihre Fähigkeit, ihm jeden Wunsch von den Augen abzulesen.

»Ich habe mich ein wenig verspätet, weil ich dem jungen Greymore begegnet bin«, sagte er. »Er hat mich darum gebeten, um Katharines Hand anhalten zu dürfen.«

»Das hast du ihm sicher nur allzugern erlaubt!«

»Aber natürlich!«

»Ich hoffe, sie wird seinen Antrag annehmen«, sagte Carolan ängstlich. »Es wäre schrecklich, wenn sie ablehnen würde.«

»Vielleicht sollten wir mit ihr reden und ihr sagen, wie wir darüber denken.«

Wie naiv Gunnar doch war! Glaubte er denn etwa, daß Katharine tun würde, was ihre Eltern für richtig hielten? Da kannte er seine Tochter aber schlecht.

»Es könnte sein, daß sie sich bockig verhält«, warnte sie ihn.

»Sie ist doch sehr vernünftig – und er ist doch eine wirklich gute Partie.«

»Du glaubst also, jeder ist so vernünftig wie du, mein Lieber?«

»Oh, Katharine verfügt schließlich über einen gesunden Menschenverstand!«

Aber nein, hätte Carolan beinahe gesagt. Mit dem gesunden Menschenverstand ist es bei Katharine nicht besonders weit her, denn von dir hat sie nicht sonderlich viel geerbt; sie ist genau wie ich, verwegen und abenteuerlustig. Und schließlich gab es eine Zeit, in der auch du selbst …

»Gunnar, wenn sie ihm einen Korb gibt, was dann?«

»Wir sprechen mit ihr«, antwortete er zuversichtlich. »Er ist sehr entschlossen. Ich glaube nicht, daß er sich mit einem ›Nein‹ so einfach abfinden würde.«

»Ich mache mir Sorgen um sie, Gunnar. Manchmal frage ich mich, ob sie sich nicht vielleicht schon heimlich verlobt hat.«

»Aber Carolan, mit wem denn bloß?«

»Wie sollte ich das wissen?«

»Aber dafür müßte es doch irgendwelche Anhaltspunkte geben …«

Natürlich hatte er Katharines leuchtende Augen, ihre Abwesenheit, ihr strahlendes Gesicht nicht bemerkt. Niemals würde er so etwas sehen. Blinder Gunnar!

»Ich werde dafür sorgen, daß sie den richtigen Mann heiratet«, sagte Carolan entschlossen. »Sicher braucht sie eine leitende Hand. Die Jungen werden bestimmt eine kluge Wahl treffen … das spüre ich. Aber Katharine …«

Sie sah sein Gesicht im Spiegel und wußte, daß er an ihre erste Schwangerschaft dachte; wie Carolan davon geredet hatte, Tom Blake zu heiraten. An all das konnte er sich lebhaft erinnern; es lag wie ein dunkler Schatten über seinem Leben und über dem ihren.

Sie wandte sich ihm zu und schloß ihn zärtlich in die Arme.

»O Gunnar, du hast so viel für uns alle getan. Du hast mich so glücklich gemacht.«

»Meine Geliebte!« sagte er mit belegter Stimme. Aber ein Schatten lag immer noch über seinem Gesicht. Lucille?

Margery klopfte an Katharines Tür und schlich sich in ihr Zimmer. Katharine stand vor dem Spiegel und bewunderte sich in ihrem blauen Ballkleid, das üppig mit gelber Spitze besetzt war. Auch Katharine war von Audrey frisiert worden; ihr Haar fiel in wunderschönen Locken auf ihre Schultern. Margery klatschte erfreut in die Hände.

»Mein kleines Schätzchen! Die Männer werden heute hinter dir her sein wie der Teufel hinter der armen Seele!«

»Du kannst an nichts anderes als an Männer denken!«

Sie nahm kein Blatt vor den Mund wie ihre Mutter, diese Katharine. Aber sie war nicht so schrecklich hochmütig. Irgend etwas hatte sie ausgeheckt, das war Margery klar.

»Schade, daß er heute abend nicht hier sein wird!«

»Wer?«

»Du weißt doch, wen ich meine! Ich meine den, mit dem du dich immer heimlich triffst. Der alten Margery kannst du doch nichts vormachen!«

»Du weißt zuviel!«

»Ach, was soll eine alte Frau denn sonst auch machen? Die Männer schauen mich doch nicht mehr an.«

»Du darfst nichts verraten, Margery! Du hast hoffentlich niemand etwas erzählt?«

»Eher würde ich mir die Zunge abbeißen!«

»Manchmal habe ich das Gefühl, Mama weiß etwas. Margery, wenn du es ihr erzählt hast, rede ich nie wieder mit dir!«

»Ich doch nicht, Schätzchen! Und wenn sie es weiß, na und? Glaubst du, sie hat nie ...«

Die alte Margery hatte ihn gesehen. Ständig lungerte er in der Nähe des Hauses herum. Ganz der Vater!

»Schade, daß er heute nicht kommen kann«, fuhr Margery fort. »Schade, daß du ihn deinen Eltern nicht vorstellen darfst. Wie gern würde ich die Hochzeitsglocken läuten hören für euch!«

»Eltern haben wirklich lächerliche Vorstellungen!«

»Auch Eltern waren einmal jung.« Und wie jung sie gewesen waren! Mistreß Carolan ist stolz in den Kleidern ihrer Herrin herumspaziert, und du, meine Kleine, warst viel zu früh unterwegs.«

»Das stimmt, Margery, aber sie haben diesen Sir Anthony im Sinn.«

»Wenn du den heiratest, dann wirst du leben wie eine feine Dame. Kaum eine würde einen solchen Antrag ablehnen.«

»Ich dachte, wenigstens du würdest verständnisvoll sein, Margery!«

Katharine hatte ihre Träume; sie dachte an lange, sonnige Tage. Wie oft war sie zur Farm hinausgeritten. Wie oft war er ihr entgegengekommen. Zuerst hatte er sie immer wie ein dummes kleines Mädchen behandelt, wenn sie zusammen Marcus' Erzählungen lauschten. Aber als man die Blauen Berge überquert hatte, waren sie beide plötzlich erwachsen geworden. Marcus bedauerte es zutiefst, nicht bei dieser ersten Überquerung der Berge dabei gewesen zu sein, aber er erzählte ihnen so lebhaft davon, daß sie fast glaubten, sie selbst hätten den Weg gefunden.

»Eure Pläne mögen noch so schwierig erscheinen; wenn ihr daran festhaltet, dann wird euch alles gelingen, so sicher wie es gelungen ist, die Blauen Berge zu bezwingen!«

Sie war zu ihnen hinausgeritten und hatte niemandem etwas davon verraten, weil sie die sonnige Veranda und die Gesellschaft der beiden liebte. Marcus rauchte seine Zigarre und trank seinen Grog. Liebevoll sah er die Jüngeren an. Manchmal nannte er Katharine Carolan. »So heißt meine Mutter! Ich bin Katharine!« sagte sie dann. »Aber natürlich, du mußt mir verzeihen. Ich habe deine Mutter früher sehr gut gekannt.« Warum nur mochte ihre Mutter ihn nicht? Vielleicht hielt sie ihn ja für unkultiviert, weil er keine Politik machte und keine öffentlichen Ämter bekleidete, und weil er eben ganz anders als Papa war. War Mama vielleicht ein wenig eingebildet? Wollte sie mit allen Mitteln verhindern, daß ihre Tochter sich mit einem Mann wie Marcus anfreundete? Sie wußte mittlerweile, daß auch Mama als Sträfling hierhergekommen war. Ein Mädchen in der Schule hatte es ihr erzählt, und es war ein großer Schock für sie gewesen. Seitdem betrachtete sie die Sträflinge mit ganz anderen Augen. »Sind Sträflinge eigentlich richtige Menschen?« hatte Martin einmal gefragt. Sie war auch nicht anders als Martin gewesen. Aber Mama war als Sträfling nach Sydney gekommen, und Marcus und Esther auch. Sträflinge waren ganz normale Menschen. Und zwei von ihnen – Marcus und Mama – gehörten zu den Menschen, die sie am meisten auf der Welt liebte. Mama sollte sich also Marcus gegenüber nicht so aufspielen. Daraufhin mochte sie Mama nicht mehr ganz so gern wie zuvor. Aber später, nachdem sie Margery die Geschichte der ersten Ehefrau entlockt hatte, wurden ihre Gefühle für ihre Mutter doch wieder liebevoller. Arme Mama – eine Dienerin in diesem Haus, in dem sie jetzt die Hausherrin war! Und Papa war so unglücklich mit seiner ersten Frau gewesen. Wie mußte ihre arme, stolze Mutter da gelitten haben! Gut, daß ihr Vater nach dem Tod seiner ersten Frau entdeckt hatte, daß er Mama liebte. Vage konnte sie sich daran erinnern, daß sie sich vor der ersten Frau einmal gefürchtet hatte. Was war sie damals doch für ein neugieriges kleines Mädchen gewesen! Überall hatte sie Geheimnisse gewittert, jeden hatte sie mit ihren ewigen Fragen zum Wahnsinn getrieben. Dann hatte sie Marcus und Henry entdeckt und das Haus mit der Veranda. Danach hatte sie kaum noch über den ersten Stock nachgedacht.

Was würde Mama wohl dazu sagen, wenn sie wüßte, daß sie beim Viehtrieb dabeigewesen war, und Papa erst! Aber es war herrlich, neben Henry herzureiten. »Du bleibst besser dicht neben mir, kleine Katharine!« Typische Worte für Henry, bevor er wußte, daß er sie liebte. »Die Bullen können ganz schön wild sein. Also bleib in meiner Nähe!«

Zuerst hatten sie nicht gewollt, daß sie mitkam; sie sagten, es wäre zu gefährlich. Doch wie gern hörte sie das wilde Geschrei! Mit welcher Geschicklichkeit sie das Vieh in die richtige Richtung trieben! Sie war ungeheuer stolz auf Henry. Und eines Tages erlaubten sie ihr, mitzukommen. Danach hatte Henry ihr zum erstenmal etwas geschenkt, eine Reitpeitsche mit einem Griff aus schön geschnitztem Holz, das nach Veilchen roch.

Sie sehnte sich so danach, bei ihnen auf der Farm zu sein, mit ihnen auf der Veranda zu sitzen, bis es dunkel wurde, dem Gesang der Schafscherer zu lauschen und den Erzählungen der Farmarbeiter zuzuhören. Wie gern wäre sie im Dunkeln einmal allein mit Henry zurückgekommen und hätte nur für sie beide etwas gekocht.

Marcus hatte ihnen ihre eigene Farm versprochen, wenn sie erst verheiratet wären. Schon jetzt könnten sie dort einziehen ... Marcus würde ihnen keine Steine in den Weg legen. Mit Marcus konnte man alle Pläne diskutieren. Er entmutigte einen niemals, sondern war hilfsbereit und zuversichtlich.

»Du wirst meine Tochter sein, Katharine!« sagte er. »Stell dir das vor! Seit ich dich zum erstenmal sah, habe ich gewünscht, du wärest meine Tochter.«

Er war wirklich ein Schatz. Wäre es Papa gegenüber nicht so furchtbar unfair gewesen, dann hätte sie ihm geantwortet, daß auch sie sich ihn als Vater wünschte. Ein Schwiegervater war sowieso fast dasselbe wie ein Vater. Sie legte ihre Arme um seinen Hals und gab ihm einen Kuß, als er ihnen von der Farm erzählte. Es gefiel ihm ... jedoch schien es ihn merkwürdigerweise auch zu beschämen. Er sagte: »Katharine, Katharine! Für diesen Kuß hätte ich euch auch zwanzig Farmen geschenkt!« Man durfte nicht immer alles glauben, was ihm über die Lippen kam. Er wollte nur irgendwie ausdrücken, wie sehr er sich über ihre Zuneigung freute. Vielleicht entsprachen auch nicht alle seine Geschichten der Wahrheit, aber was machte das schon? Er schmückte sie einfach ein wenig aus, weil er wußte, daß ihnen das gefiel. Sie liebte ihn genauso sehr wie Henry und Mama und Papa. So wie er war kein zweiter.

Mit Henrys Mutter dagegen wurde sie einfach nicht

warm. Ganz bestimmt hatte Esther etwas gegen ihre Ehe mit Henry. Sie schien sich gegen ihren Mann und ihren Sohn aufzulehnen.

Aber nichts konnte sie aufhalten. Sie und Henry waren füreinander bestimmt, da waren sie sich beide ganz sicher. Als sie ihr Ohr auf den Erdboden gelegt hatte, um auf das Hufgeklapper seines Pferdes zu lauschen, und danach »Coo…eee« gerufen hatte, da hatte sie auf der Schwelle zu einem neuen Leben gestanden. Das wußte sie nun schon lange. Seine dunklen Augen brannten wie Feuer, wenn er sie ansah. Er war achtzehn. Papa würde sagen: »Du liebe Güte! Wie jung er noch ist!« Aber Papa konnte so etwas einfach nicht verstehen.

Niemals würde sie den Tag vergessen, an dem Henry aufgehört hatte, sie wie ein kleines Mädchen zu behandeln. Den Tag, an dem er ihr die Peitsche geschenkt hatte. Dieses Geschenk symbolisierte mehr als Anerkennung für den gemeinsam bestandenen Viehtrieb. Es war vielmehr ein Symbol dafür, daß sie sich gefunden hatten. Sie war damals vierzehn. Er war fünfzehn, schien aber viel älter zu sein; sogar bei ihrem allerersten Treffen war er ihr beinahe wie ein Mann vorgekommen. Am Anfang waren sie sehr schüchtern, und Marcus wußte, warum! Doch beobachtete er sie mit fröhlicher Zärtlichkeit und ermutigte sie, einander zu lieben.

Sie war sechzehn, als Henry ihr sagte, daß er verliebt in sie sei. Es war genau an der Stelle, wo er sie vor Jahren gefunden hatte. Wie romantisch er doch war, ihr seine Gefühle an dieser Stelle zu offenbaren! Sie lagen auf dem rauhen Gras, und sie konnte sein Herz schlagen hören, wie sie damals die Hufe seines Pferdes gehört hatte.

Er redete über ihr gemeinsames Leben. Sie konnte die Farm, die sie miteinander bewirtschaften wollten, förmlich vor sich sehen. Sie liebte das Leben, das er führte. Auch für sie war es die einzig richtige Art, das Dasein zu genießen. Frische Luft, Sonnenschein und ein neues Leben jenseits der Blauen Berge, wo die Stadt Bathurst bereits begann, sich auszubreiten, wo es gutes Weideland für Millionen von Schafen gab.

So redeten und planten sie, liebten sich und träumten von ihrem gemeinsamen Leben jenseits der Blauen Berge.

Margery sah, wie Katharine verträumt in den Spiegel schaute und flüsterte: »Nun sag's schon der alten Margery. Wollt ihr zusammen durchbrennen? Deiner alten Margery kannst du doch vertrauen.«

Katharine packte Margery an den Schultern.

»Hör auf, Margery! Ist es denn nicht schon schlimm genug? Ich kann ihnen doch nicht so weh tun! Ich liebe sie. Wie könnte ich jemals glücklich werden, zusammen mit Henry jenseits der Blauen Berge, wenn sie es nicht auch sind? Wie könnte ich das, Margery?«

»Aha, ein neues Heim auf der anderen Seite der Berge? Das gefällt mir aber gar nicht, Schätzchen! Warum denn nicht hier in der Nähe?«

»Sei doch nicht dumm, Margery! Wir wollen dorthin, denn dort ist auch die Farm.«

»Die Farm! Welche Farm?«

»Unser neues Zuhause. O Margery, du darfst mich nicht zwingen, dir alles zu erzählen, es ist doch ein Geheimnis … Es ist wundervolles Land, Margery. Es ist gutes, fruchtbares Land …«

»Ihr seid doch noch zwei richtige Kinder. Ihr braucht einen, der sich um euch kümmert. Warum nehmt ihr die alte Margery nicht einfach mit?«

»Aber nach all den Jahren könntest du Mama doch nicht einfach so verlassen, Margery!«

»Nun, vielleicht könnte ich es doch. In diesem Haus gibt es ein paar Sachen, die mir ganz und gar nicht gefallen. Man sollte es vielleicht abreißen und irgendwo ein neues bauen.«

»Aber warum denn, Margery?«

»Ich habe eben so ein Gefühl. Und meinst du etwa, ich könnte es hier noch aushalten, wenn du nicht mehr da bist?«

Katharine lachte und schlang die Arme um Margerys Hals.

»Kein Wort darfst du sagen, Margery! Schwöre, daß du kein Wort darüber sagst!«

»Ich schwöre!«

»Margery, wenn du dein Wort brechen solltest ... dann werde ich dir den Geist einer Toten schicken, der dich den Rest deines Lebens verfolgen wird.«

Margery kreischte auf und wurde leichenblaß. Katharine mußte lachen.

»Jetzt schwöre noch einmal ... schnell!«

»Ich schwöre es hoch und heilig, Miß Katharine!«

»Gut, ich werde darüber nachdenken. Wir ... wir werden darüber reden. Ich glaube, es wäre ganz nett, dich im Haus zu haben. Ich muß jetzt nach unten gehen. Papa wird sonst böse.«

Sie ging zur Tür. Margery zitterte noch immer.

»Margery, glaubst du denn wirklich, daß es in diesem Haus spukt?«

Margery schwieg.

»Du glaubst es wirklich, Margery? Und ich weiß auch, wer das Gespenst sein soll!«

»Sprich nicht davon, Miß Katharine! Es ist besser, wenn man nicht darüber spricht. Man kann nie wissen ...«

»Aber im Gegenteil, ich weiß es ganz genau!« Sie schnitt Margery eine Grimasse. »Es ist die erste Frau, stimmt's?!«

Damit ging sie aus dem Zimmer und knallte die Tür hinter sich zu.

Der Salon erstrahlte hell im Schein unzähliger Kerzen. Es wimmelte nur so von fröhlichen Gästen, aber sie sehnte sich nach jener sonnigen Veranda, wo sie zusammen mit Henry Pläne für ihre gemeinsame Zukunft schmieden wollte.

Mama sah sie mißtrauisch an und sagte: »Katharine, Lady Greymore wünscht dich zu sprechen. Sie wartet dort drüben auf dich!«

»Hallo, meine Liebe!« wurde sie von Lady Greymore begrüßt. »Ich muß sagen, daß Ihr heute abend ganz wundervoll ausseht! Das Kleid steht Euch wirklich gut. Habt Ihr es selbst ausgesucht, oder hat Eure Mama dabei geholfen? Ich wette, daß Euch die Londoner Kleider gefallen würden. Dagegen ist hier doch alles ziemlich provinziell!«

Katharine murmelte zustimmend einige freundliche Worte.

»Und Ihr, meine Liebe, würdet in London einiges Aufsehen erregen, weil Ihr so anders seid als andere. Und wenn sie dann hörten, daß Ihr von der Botany Bay kommt, dann würden sie sich bestimmt totlachen!«

»Warum denn?« fragte Katharine.

»Wer hätte wohl in England noch nie etwas von der Botany Bay gehört! Aber niemand denkt, daß von dort so hübsche Mädchen kommen!«

»Dann wissen sie zweifellos wenig darüber und tun so, als wüßten sie alles!«

»Oh, du bist ja ganz schön vorlaut, mein Kind. Aber es steht dir gut. Schau, da sind die Männer. Auch Anthony hat dich gesehen. Er kommt herüber, der gute Junge.«

Sie war tatsächlich fasziniert von seiner Eleganz, die in krassem Gegensatz zum Aussehen der robusten Männer stand, die sie kannte. Papa war immer sehr gut und ordentlich gekleidet, aber niemals sah er elegant aus. Und Henry hatte sie noch nie in etwas anderem als in seinen Reithosen und einem offenen Hemd gesehen. Marcus trug bisweilen hübsche Jacketts, aber sie waren in Sydney geschneidert worden und wirkten sehr einfach im Vergleich zu Sir Anthonys blauem Satinanzug, der ohne Zweifel aus London stammte. Ein schwacher Hauch von Parfüm umgab ihn. Seine Schnupftabakdose war aus Silber und mit Edelsteinen besetzt, sein Monokel aus feinstem Schildplatt. Und er hatte außerdem schöne blaue Augen, die sehr warm wirkten. Sie mochte ihn lieber als seine Mutter.

»Oh!« sagte Sir Anthony. »Wie sehr ich mich auf den heutigen Abend gefreut habe!«

Lady Greymore zog sich zurück, um die beiden allein zu lassen, und er begann sofort zu reden. Was er sagte, klang sehr interessant, fast wurde Katharine an Marcus erinnert. Allerdings sprach er nur von den wohlhabenden Menschen in London, Marcus dagegen hatte immer den Kontrast zwischen den Vierteln der Reichen und den Elendsvierteln betont, wodurch seine Erzählungen viel faszinierender wurden. Sir Anthony entwarf das Bild eines fröhlichen, sorgenfreien Stadtlebens vor ihr. Er redete von Bällen und Pferderennen, Hofklatsch und eleganter Mode.

In einem anderen Raum, den man für den Tanz leergeräumt hatte, wurde Musik von Mozart gespielt. Die Musik war wunderschön, und sie hätte gern getanzt.

»Die Tänze hier sind in England schon völlig aus der Mode gekommen«, bemerkte er. »In London haben wir neue, modernere Tänze. London wird Euch gefallen, Miß Katharine.«

»Ich glaube nicht, daß ich jemals London besuchen werde. Vielleicht später einmal ...«

Sie dachte lächelnd an die Zukunft. Marcus hatte Henry empfohlen, selbst die besten Märkte für seine Wolle auszukundschaften, und Henry hatte geantwortet: »Wir werden nach London gehen, Katharine und ich, und dann werden wir sehen, ob es dort wirklich so großartig ist, wie sie uns immer weismachen wollen.« Sie stellte sich vor, wie sie zusammen mit Henry an der Themse entlanggehen würde, wie sie sich das furchterregende Newgate-Gefängnis ansehen würden, in dem Mama so sehr gelitten hatte. Die Kaffeehäuser könnten sie besuchen, mit einer Kutsche würden sie durch die Stadt fahren. Sie hatte von London geträumt, aber sie wollte nur gemeinsam mit Henry dorthin.

»Warum solltet Ihr denn wohl London nicht besuchen?« Er war ihr jetzt so nah gekommen, daß sie seinen Weinatem riechen konnte, der sich mit dem Duft seines Parfüms mischte. Seine langen weißen Hände fielen ihr auf. Solche Hände sah man nicht in diesem Teil der Welt, müßige, sorgfältig manikürte Hände ... Frauenhände! Ihre eigenen waren wohlgeformt, aber braungebrannt von der Sonne, und die Nägel waren kurz; es waren nützliche kleine Hände.

»Nun, mein Zuhause ist doch hier.«

»Und warum sollte Euer Zuhause immer hier sein?« Er legte seine Hand auf ihren Arm. »Würdet Ihr denn nicht gern nach London gehen? Ich werde bald dorthin zurückreisen. Und ich könnte Euch mitnehmen ...«

»O nein! Das ist ganz unmöglich!«

»Aber warum denn nicht, Katharine? Es würde ganz wunderbar werden …« Seine Finger streichelten ihren Arm. Niemand außer Henry hatte das Recht, sie so zu berühren. Sie wich zurück.

»Nein, nein! Ihr meint doch nicht etwa …«

»O doch, ich meine, daß ich dich heiraten werde, Katharine. Ich werde dich mit nach Hause nehmen, wo du hingehörst. Ganz bestimmt paßt du nicht hierher, in diese Verbrechergesellschaft.«

Sie wurde feuerrot. Wie konnte er es wagen, so von ihrem Zuhause zu reden! Dieser dumme, eingebildete Geck! Was wußte er schon von den Menschen, die dieses Land gegründet hatten? Voller Verachtung redete er von Verbrechern! Von Marcus! Von ihrer eigenen Mutter!

Ernsthaft sagte sie: »Ihr sollt wissen, daß dieses Land von großartigen Menschen kultiviert wird. Es sind Pioniere, keine Verbrecher. Sie sind hierhergekommen, um sich eine Heimat zu schaffen, und mein Vater ist einer der ihren.« Sie hob den Kopf. »Verbrecher! Ihr redet von Verbrechern! Von wem sind sie denn zu Verbrechern gemacht worden? Von Eurem England! Von Euren ungerechten Gesetzen, von Eurer Grausamkeit! Dann hat England sie hierhergeschickt, um sie loszuwerden … elf Schiffe, fünf davon waren bis an den Rand beladen mit kranken, halb verhungerten Männern und Frauen. Das hat Euer großartiges England vollbracht … vor kaum vierzig Jahren! Und schon jetzt ist hier Sydney entstanden. Die Stadt ist noch jung, aber sie wird eines Tages riesengroß und wunderschön sein. Wir haben die Blauen Berge überquert! Neues Land liegt uns zu Füßen. Diese Menschen haben das vollbracht … diese Verbrecher, wie Ihr sie nennt! Ihr sollt wissen, daß wir hier nicht alle Verbrecher sind!«

»Bravo!« sagte er amüsiert. »Was bist du doch für eine tapfere kleine Patriotin! Aber das paßt zu dir, Katharine. Wie gern würde ich es erleben, wenn du diese Rede in deinem eigenen Salon halten würdest!«

»Ich meine jedes Wort ernst, das ich gesagt habe. Außerdem *bin* ich hier in meinem eigenen Salon.«

»Nein, er gehört deinem Vater, meine Liebe. Hör zu, Katharine. Ich gehe jetzt zu deinem Vater und sage ihm, daß du bereit bist, mich zu heiraten. Du brauchst gar nicht so ängstlich dreinzuschauen, denn ich habe bereits mit ihm gesprochen.«

»Ihr habt mit meinem Vater gesprochen?«

»Und er ist hocherfreut, mich als Schwiegersohn zu bekommen, meine Liebe.«

»Aber ... ich ...«

»Ja, du bist eine temperamentvolle junge Dame, das habe ich gleich gesehen. Erinnerst du dich noch an unser erstes Treffen? Du warst zu Pferde und machtest eine hervorragende Figur. Oh, du bist so süß wie Honig und so wunderhübsch wie ein englischer Garten im Frühling. Ich kann es kaum erwarten, dich mit nach Hause zu nehmen!«

»Ich werde nicht mitkommen.«

Da er ein überaus selbstbewußter junger Mann war, konnte er es einfach nicht glauben, daß ein Mädchen aus Sydney, dessen Eltern zwar zu den Reichsten der Stadt gehörten, jedoch aus irgendeinem Grunde nicht einmal hier in Sydney die gesellschaftliche Achtung genossen, die man hätte erwarten können, seinen Antrag wirklich ablehnen würde. Dann war sie wohl doch ein kokettes Ding. Sie wollte umworben werden. Gut, dann würde er eben um sie werben!

Er legte seine Hände auf ihre Schultern.

»Du wirst mit mir kommen, meine Schöne. Ich habe mich in dich verliebt. Du wirst meine Frau werden!«

»Nein!« rief sie.

Margery stand plötzlich in der Tür und sah der Szene mit offenem Mund zu.

»Wenn Ihr mich jetzt bitte entschuldigen wollt ...«, sagte Katharine kalt und ging zu Margery hinüber. Er starrte ihr ungläubig nach und kämpfte um seine Fassung.

Margery zog sie mit sich fort. Henry wartete in der Küche. Katharine rannte zu ihm, und sie fielen sich in die Arme und küßten sich.

»Wie schön du bist!« sagte Henry.

Sie lachte ein wenig nervös. Henry sah so vollkommen anders aus als der elegante Sir Anthony. Es war ein Unterschied wie Tag und Nacht. Sie konnte nicht aufhören, ihn zu küssen.

Er berührte ihre weiße Schulter und dann die Spitze und den weichen Stoff ihres Kleides.

»Du bist so wunderschön«, wiederholte er immer wieder.

»Ach, das ist nur das Kleid«, sagte sie. »Viel lieber hätte ich jetzt mein Reitkostüm an und säße mit dir auf eurer Veranda.«

Verliebt blickten sie sich in die Augen.

»Warum bist du gekommen?« fragte sie atemlos.

»Ich habe an dich gedacht … im Ballsaal … wie du tanzt. Du bist doch so wunderschön, jeder Mann muß sich einfach in dich verlieben.«

»So ein Unsinn«, flüsterte sie, und sie küßten sich wieder. Seine Hände streichelten ihre nackten Schultern.

Margery weinte vor Rührung. Noch einmal jung sein … siebzehn oder achtzehn! Da glaubt man noch, die Liebe dauert ewig.

Plötzlich ging die Tür auf, und Carolan kam herein, rasend vor Wut – wenn auch nichts anderes dahintersteckte als die Angst um ihre Tochter, die sie mehr liebte als alles andere auf der Welt.

»Katharine!« rief sie.

»Es ist Zeit, daß du Henry einmal kennenlernst, Mama«, sagte Katharine mutig.

»Henry?« sagte Carolan kalt.

Henry verbeugte sich.

»Henry Jedborough«, entgegnete Katharine würdevoll. »Wir werden bald heiraten.«

Carolan wurde blaß.

»Das kommt ja wohl ein wenig plötzlich, nicht wahr?« Sie musterte den jungen Mann mit eiskaltem Blick.

»Nein«, sagte Henry selbstbewußt. »Katharine und ich haben es schon vor langer Zeit so beschlossen. Und jetzt sind wir es leid, noch länger zu warten.«

»Ja, Mama, so ist es.«

»Ich kann mich nicht daran erinnern, daß Ihr bei mir um die Hand meiner Tochter angehalten habt. Vielleicht habt Ihr ja mit ihrem Vater gesprochen?«

»Nein!« sagte er und haßte sie, weil er wußte, was sie damit sagen wollte: Wer ist dieser ungehobelte Rüpel, der es nicht für nötig hält, die gesellschaftlichen Konventionen zu beachten? »Wir meinten«, fügte er hinzu, »daß diese Sache nur uns beide etwas angeht.«

Ich weiß, warum sie ihn so haßt, dachte Margery. Er ist das Ebenbild seines Vaters.

»Katharine«, sagte Carolan, ohne ihn noch weiter zu beachten, »es war sehr unhöflich von dir, deine Gäste allein zu lassen. Geh sofort zurück.«

»Mama!«

»Du gehst augenblicklich zurück!«

»Mama, bitte versteh doch …«

»Mein liebes Kind, dies ist kaum der richtige Augenblick, eine solch lächerliche Szene zu machen. Dieser Herr hier … dein Freund kann ja morgen mit deinem Vater reden. Ich muß ihn jetzt wirklich bitten, uns zu verlassen.«

Henry verbeugte sich. Er hatte seinen Stolz. »Auf Wiedersehen, Liebste«, sagte er. »Ich werde morgen wiederkommen.« Und mitten in der Küche, vor Carolans und Margerys Augen, nahm er sie in seine Arme und küßte sie auf den Mund. Sie zitterte vor Sehnsucht nach ihm, trotz der vorangegangenen Szene und der beiden Zuschauer.

»Liebste«, flüsterte er ihr zu, »du mußt es mir versprechen. Laß dich nicht von ihnen …«

»Nein, nein!« rief sie.

»Sie werden es versuchen …«

»Es wird ihnen niemals gelingen.«

»Denk immer an die Farm … an uns beide … jenseits der Blauen Berge.«

»Wir beide, mein Geliebter, jenseits der Berge.«

Er küßte ihre Hände – er konnte sich einfach nicht losreißen von ihr.

Carolan stampfte vor Wut mit dem Fuß auf.

Als er fort war, musterte sie Katharine mit kaltem Blick. »Geh jetzt sofort nach oben. Die Leute fragen sich schon, wo du bleibst. Ich schäme mich ...«

Katharine war bereit, zu gehorchen. Sie liebte ihre Mutter, schließlich waren sie beide sich doch so ähnlich. Bevor Henry ins Spiel gekommen war, hatten sie sich sehr nah gestanden. Langsam ging sie zurück zu den Gästen und zu der Musik, aber sie träumte von Henry und ihrer Farm.

»Du hast dieses Treffen arrangiert!« fuhr Carolan Margery an.

»Aber was soll ich denn tun, wenn ein junger Mann kommt und nach Miß Katharine fragt? Dann muß ich ihn doch wohl hereinlassen, oder?«

»Ich glaube, du hast es arrangiert, du bösartiges altes Weib! Du hast ihn hergebracht, immer mußt du dich in das Leben anderer einmischen!«

»Ich finde, daß man jungen Liebenden helfen sollte«, entgegnete Margery tapfer. »Und eines sage ich Euch, Madam! Ihr habt es gerade nötig, an mir herumzunörgeln!«

»Du bist unverschämt!«

»Aber Madam, habt Ihr denn ganz vergessen, wie es ist, wenn man verliebt ist? So lange ist es doch gar nicht her ...«

»Unverschämtheit!« schrie Carolan, und ihre Augen blitzten vor Wut.

»Oh, jetzt bist du wieder die kleine bibbernde Maus, die damals in meine Küche kam. Lauter Rosinen im Kopf! Wie schlecht du damals den Vater von diesem Jungen behandelt hast! Und dann bist du zu unserem Dienstherrn gegangen, und dann ... und dann ...« Margery konnte nicht mehr weitersprechen – aber sie sah nach oben, zum ersten Stockwerk. Ihre Augen waren starr vor Schreck, und ihre Angst übertrug sich schnell auf Carolan, die förmlich in sich zusammensackte. Sie war nicht weniger abergläubisch als Margery.

Später dachte Margery, daß plötzlich irgend etwas Eiskaltes sie berührt hatte. Sie war überzeugt davon, daß es der Geist der kranken ersten Frau gewesen war.

Margery stieg die Treppe hinauf und klopfte an die Schlafzimmertür.

Carolan stand vor dem Spiegel und befestigte einen Spitzenkragen an ihrem Kleid; Audrey packte gerade Wäsche in den Schrank.

»Was gibt's?« fragte Carolan unfreundlich. Das gestrige Gespräch mit Margery saß ihr noch in den Knochen.

Margery kam herüber und flüsterte: »Hier ist ein Brief für Euch.«

»Es ist gut, Margery, vielen Dank. Du kannst jetzt gehen.«

Sobald Margery das Zimmer verlassen hatte, riß Carolan den Brief auf:

»Verehrte Mrs. Masterman«, las sie. »Würdet Ihr so gut sein und mir ein Gespräch gewähren? Ich glaube, wir haben vieles zu besprechen, das unsere Kinder betrifft. Vielleicht kann Katharine Euch ja den Platz beschreiben, wo Henry sie einst gefunden hat, als sie sich verlaufen hatte. Die beiden jungen Leute haben diesen Platz zu ihrem Treffpunkt auserkoren; könnte es auch unser Treffpunkt werden? Ich bin heute nachmittag um vier Uhr dort. Falls Ihr nicht kommt, werde ich auch morgen auf Euch warten. Ich hoffe so sehr, Euch zu sehen. William Jedborough.«

Wütend knüllte sie den Brief zusammen. Das sah ihm ähnlich! Was für eine Unverschämtheit! Sie wollte mit allen Mitteln die Heirat von Katharine und Henry verhindern; was versprach sich Marcus denn bloß von diesem Treffen? Er überschätzte wohl seine Überzeugungskraft.

Sie hatte ihn nicht gesehen, seit er Katharine damals zurückgebracht hatte. Diese Heirat war vollkommen ausgeschlossen. Die beiden Familien durften niemals miteinander verbunden werden! Esther und Marcus! All diese Erinnerungen ... Auf gar keinen Fall durfte Katharine den Sohn von Marcus heiraten!

Erschaudernd dachte sie an die Szene, die sich am vorigen Abend in der Küche abgespielt hatte. Diese unverschämte Margery hatte doch tatsächlich versucht, sie zu beeinflussen. Katharine war zu den Gästen zurückgekehrt, aber ihre Gedanken waren ganz woanders gewesen. Und Anthony Greymore schien ihre Verträumtheit auch noch attraktiv zu finden. Oh, Katharine, du kleine Närrin mit deinen romantischen Vorstellungen von der Liebe und vom Leben! Du könntest alles haben, Reichtum, Sicherheit ... und willst all das wegwerfen für eine Farm mitten in einem wilden, unerforschten Land, wo das Leben deiner Familie von Strauchdieben und Eingeborenen bedroht sein wird. Du sagst, du willst Liebe ... Sir Anthony liebt dich! Dummes Kind, eines Tages wirst du noch verstehen, daß es weiser ist, geliebt zu werden, als selbst zu lieben. Und dein Henry, was erwartest du von ihm? Er ist doch genau wie sein Vater. Was glaubst du denn, wie lange seine Liebe zu dir andauern wird?

O nein, dieser Wahnsinn muß verhindert werden, weil ich dich liebe, Katharine, mehr als alles andere auf der Welt. Nicht weil ich es nicht ertragen könnte, Marcus wiederzusehen, will ich eure Heirat verhindern, nicht weil ich Henrys Mutter hasse, weil sie mir Marcus weggenommen hat – es geht nur um dich, mein Liebling, nur um dein Wohlergehen.

Sie zerriß den Brief in viele winzige Schnipsel. Ich frage mich, wie er jetzt wohl aussieht. Er muß über vierzig sein, er hat seinen Zenith schon überschritten. Und ich bin sechsunddreißig. So viele Jahre sind vergangen, seit ich ihn zum erstenmal sah und er mein Taschentuch stahl! Dieser Dieb! Dieser Schürzenjäger! Dieser Schurke!

Sie dachte an sein Zimmer im Newgate-Gefängnis, wie er sie mit Hühnchen gefüttert hatte. Sie dachte an sein Angebot, das er ihr dann gemacht hatte. Sie dachte an Lucy, die zur Tür hereingeschaut hatte, und an Clementine Smith auf dem Schiff. Auf beide war sie in diesem Moment fast genauso wütend wie damals.

Aus dem Spiegel schaute Mrs. Masterman sie an – mit einem glatten, gutgepflegten Gesicht, eine würdige Dame;

aber hinter dieser Maske kam die alte Carolan Haredon zum Vorschein.

Plötzlich sah sie Audreys Gesicht im Spiegel. Auch Audrey trug eine Maske, hinter der sich ihr wahres Wesen verbarg.

»Audrey«, sagte Carolan freundlich, »ich habe mich schon oft gefragt, aus welchem Grund man dich hierher deportiert hat. Du brauchst es mir nicht zu erzählen, wenn du nicht willst. Manchmal tut es weh, über all die schrecklichen Dinge zu reden.«

Audreys graue Augen füllten sich mit Tränen.

»Ihr seid so gütig, Madam.«

»Gütig!« Carolan lächelte. Gütig, o nein! Selbstsüchtig, und manchmal auch grausam und intrigant und ...

»Niemand außer Euch könnte so gütig sein«, sagte Audrey. »Niemand außer Euch – und dieser Frau. Sie hat mit mir gesprochen. Sie sagte, ›Verzweifle niemals, Audrey ... das Leben ist nicht nur grausam. Im Leben gibt es Gut und Böse. Such nach dem Guten, Audrey‹, das hat sie zu mir gesagt.«

»Warst du in Newgate, Audrey?«

Audrey nickte. Sie begann zu zittern. Carolan erschauderte ebenfalls. Sogar nach zwanzig Jahren erschreckte sie die Erinnerung an Newgate.

»Erzähl mir alles, Audrey.«

Audreys Schicksal war verlaufen wie das von tausend anderen, die schließlich im Newgate-Gefängnis und auf einem Gefangenenschiff landeten. Ihre Eltern hatten sie schon als Baby auf die Stufen eines Logierhauses gelegt und waren verschwunden. Dort hatte man sich ihrer angenommen, weil man dachte, sie könnte eines Tages von Nutzen sein. Schon mit fünf Jahren mußte sie die Böden schrubben, und mit sieben war sie schon ein richtiges Arbeitstier und wurde geschlagen und angebrüllt. Schnell lernte sie zu stehlen, zuerst nur Essen, dann auch andere Dinge. Irgendwann lief sie fort und endete in der Küche einer Mutter Soundso. Die übliche Geschichte von Verbrechen und Gewalt. Ein unschuldiges Kind war von einem brutalen System zur Verbrecherin gemacht worden. Sie war in einer Besserungsanstalt gewesen. Dort hatte sie Menschen getroffen, die ihr nach ihrer Entlassung helfen wollten. Sie halfen ihr tatsächlich – bei ihrem Abstieg.

Audreys Gesichtsausdruck veränderte sich bei ihrer Erzählung. Jetzt konnte Carolan hinter die Maske des Mädchens sehen. Verderbtheit, Gerissenheit und Lüsternheit kamen da zum Vorschein. Carolan erlebte eine ganz andere Audrey.

»Und zum Schluß Newgate?« fragte Carolan, die genug von dieser Geschichte hatte.

Carolan stellte sich dieses Mädchen umgeben von jenen wilden Bestien vor. Sie dachte an Esther, die völlig nackt vor ihnen gestanden hatte, an ihre Mutter, wie sie zu Boden gefallen war, an sich selbst und die arme Millie, blutbeschmiert vom Kampf. Aber dieses Mädchen hier war sicher besser auf all das vorbereitet gewesen, denn sie ähnelte zu dem Zeitpunkt bestimmt schon diesen Bestien. Sie war kein Unschuldslamm mehr, als sie nach Newgate kam.

Audrey vergrub ihr Gesicht in den Händen.

Carolan sagte: »Und dann wurdest du von Newgate zum Schiff gefahren. Es war sicher gräßlich. Meine arme Audrey! Vielleicht war es sogar das Allerschlimmste ... denn freie Menschen haben dich ausgelacht und beschimpft. Aber denk nicht mehr daran; es ist zu deprimierend.«

Audrey blickte auf. Ihr Gesicht sah jetzt wieder ruhig und sanft aus.

»Wir sind in einem geschlossenen Wagen gefahren. Sie hat das so angeordnet.«

»Wer hat das so angeordnet?« fragte Carolan.

»Sie tat es. Eines Tages kam sie zu uns herein. Sie sah aus wie ein Engel. Und sie lächelte so gütig. Sie nahm ein kleines Kind auf den Arm. Es war ganz schmutzig, und sein Gesicht sah schrecklich aus von irgendeinem Ausschlag. Sie nahm es trotzdem auf den Arm, als ob sie seine Mutter wäre. Und wunderschön war sie, Madam – aber nicht so, wie Ihr es seid. Sie war so schön, wie man sich einen Engel vorstellt ...«

Audrey mußte wohl fantasieren. Wenn man selbst einige schreckliche Wochen in Newgate zugebracht hatte, dann wußte man, daß es kein Ort für Engel war. Das arme Mädchen hatte wohl eine Halluzination gehabt.

»Audrey, beende jetzt deine Arbeit und verlasse mein Zimmer. Ich möchte allein sein.«

Sie hob die Schnipsel von Marcus' Brief auf. Was bildest du dir nur ein! Ich werde dich nicht treffen! Und was würdest du wohl machen, wenn ich es doch täte? Du würdest mir schmeicheln und mir sagen, daß du mich nie vergessen konntest. Du würdest …

Sie versuchte das wilde Schlagen ihres Herzens zur Ruhe zu bringen. Es lag nicht an Marcus, daß sie so aufgewühlt war, sondern an den Erzählungen ihrer Zofe. Newgate veränderte die Menschen, bewirkte irgend etwas in ihrem Gehirn. Wenn man zu lange dort war, dann war es nur zu verständlich, daß man Halluzinationen bekam.

Eine Dame … wie ein Engel. Eine Dame, die sich unter diese Bestien wagte, mußte wohl wirklich ein Engel sein!

»Audrey! Wer hat dir diese Geschichte von der Dame erzählt, die ein Engel sein soll?« Das Mädchen stand noch an der Tür.

»Ich habe sie doch selbst gesehen, Madam! Der Wärter hat zu ihr gesagt: ›Wenn Ihr da reingeht, dann ist das Euer eigenes Risiko.‹ Und trotzdem ist sie reingekommen. Ihre Röcke raschelten wie Engelsflügel. Alle hatten wir erst Angst vor ihr, aber irgendwie waren wir auch froh. Und sie nimmt eins von den Babys auf den Arm …«

»Hat sonst noch jemand diese … Vision gesehen?«

»Aber Madam, alle haben es gesehen. Es war keine Vision. Sie hieß Mrs. Fry*.«

»Ich habe noch nie etwas von einer Mrs. Fry gehört.«

»Aber Ihr werdet von ihr hören. Sie besuchte uns manchmal und hat uns etwas vorgelesen … und Handarbeiten hat sie uns beigebracht. Und sie hat gesagt: ›Eines Tages wird jeder Mrs. Fry kennen. Alle werden dann wissen, was sie für euch arme Seelen hier getan hat.‹«

---

* Elizabeth Fry, 1780–1845. Brit. Sozialreformerin. Gründete den Verein zur Besserung weiblicher Sträflinge.

Warum sollte man seine Zeit damit verschwenden, sich mit einer törichten Zofe zu unterhalten? Carolan steckte die Papierfetzen in ihre Tasche. Ich werde nicht gehen, auf gar keinen Fall werde ich gehen!

Katharine war den ganzen Tag über nicht da gewesen. Natürlich war sie bei ihrem Liebsten. Carolan war müde und doch unruhig. Sie zog sich früh auf ihr Zimmer zurück. Sobald Katharine nach Hause kam, sollte sie sich bei ihr melden.

Katharine war mürrisch, fast ein wenig feindselig.

»Schämst du dich nicht, diesem jungen Mann nachzulaufen?«

»Nein, ich schäme mich nicht, und ich bin ihm auch nicht nachgelaufen. Wir haben uns getroffen.«

»Was meinst du wohl, was Sir Anthony dazu sagen wird, wenn er das erfährt?«

»Das ist mir vollkommen gleichgültig.«

»Du bist ein törichtes Mädchen, Katharine. Verstehst du denn nicht, was Sir Anthony dir alles bieten könnte?«

»Oh, Mama, ich möchte überhaupt nicht, daß mir etwas geboten wird. Du bist wirklich hoffnungslos altmodisch. Wahrscheinlich hast du dich, bevor du Papa geheiratet hast, vergewissert, daß auch alles genauso war, wie es sich gehörte. Die Menschen sind heutzutage ein wenig anders, Gott sei Dank!«

Carolans Gesicht war rot vor Scham. Fast war es, als sei Lucille Masterman im Zimmer und lachte sie aus. Alles so, wie es sich gehörte! Das war lustig! Wenn Katharine wüßte! Und nur für sie hatte sie es getan. O nein, Carolan, du hast es genausogut für dich selbst getan. Nein, für mein Kind. Ich konnte doch nicht zulassen, daß es ohne einen richtigen Namen geboren wurde. Ich habe alles nur für sie getan, und wie dankt sie mir dafür? Sie hintergeht mich und erweist mir keinen Respekt. Sie hat fest vor, mit einem Jungen davonzulaufen, der sie ins Unglück stürzen wird, denn er ist genau wie sein Vater. Marcus und ich würden miteinander verwandt sein! Das ist die Ironie des Schicksals. Marcus käme zurück in mein Leben! Sie darf Henry nicht heiraten!

»Du kannst Henry nicht ohne unser Einverständnis heiraten, und ich versichere dir, daß du es niemals erhalten wirst!«

»Glaubst du etwa, du kannst uns trennen?«

Wie ähnlich sie mir doch ist! Wie ihre Augen blitzen! Wie die von Carolan bei Everard, ihrer ersten großen Liebe.

»Dein Vater und ich werden dir diese Heirat nicht erlauben.«

»Mein Vater würde sein Einverständnis geben, wenn du es tätest. Er würde uns helfen, das weiß ich genau.«

»Dein Vater will, daß du Sir Anthony heiratest.«

»Aber du könntest ihn umstimmen!«

»Als ob ich das jemals tun würde. Du bist ein dummes Kind. Du weißt nichts vom Leben!«

»Muß man denn erst das Leben kennen, um zu wissen, wen man heiraten will? Vielleicht sollte man ja vorher auch noch nach England fahren, um die richtige Wahl zu treffen!«

»Rede doch keinen Unsinn, Katharine.«

»Du redest selber Unsinn!«

»Mein Kopf tut mir schon weh. Du bereitest mir wirklich Kummer. Wenn du wüßtest, was ich alles für dich getan habe …!«

»Hör doch damit auf, Mama. Ich habe nicht darum gebeten, in die Welt gesetzt zu werden, stimmt's?«

Nein, ich war es, die dich wollte. Ich habe dich vor deiner Geburt benutzt, um das zu bekommen, was ich wollte.

»Katharine, kannst du denn nicht einsehen, daß dein Vater und ich besser wissen, was das richtige für dich ist?«

»Nein, Mama. Jeder Mensch hat das Recht, sein Schicksal selbst zu bestimmen. Mama, ich möchte dich nicht länger hintergehen.«

»Ach nein? Du hast es aber getan, wie viele Jahre ging das bloß so?«

»Ich hatte doch keine andere Wahl. Bitte gib doch dein Einverständnis zu unserer Heirat, Mama … liebste Mama! Wir haben uns doch alle immer so gern gehabt. Ich werde Henry heiraten. Warum können wir uns nicht alle gemeinsam darüber freuen?«

»Mein liebes Kind, du redest romantischen Blödsinn. Wir denken doch nur an dein Glück. Du weißt ja, wie dieser Junge aufgewachsen ist. Du weißt, daß sein Vater ein Sträfling ist!«

»Aber Mama …!«

»Bei mir war es etwas anderes. Es war alles ein Irrtum. Guter Gott, hältst du deine eigene Mutter etwa für eine Verbrecherin?«

»Nein, Mama … liebste Mama …«

»Was ihn angeht, so liegen die Dinge völlig anders. Er war schon früher einmal hier, ist geflohen und später wieder deportiert worden. Ich kenne sein Strafregister.«

»Sein Strafregister geht nur ihn etwas an, Mama. Es ist doch Henry, den ich heiraten will.«

»Aber er ist Henrys Vater!«

»Mama, wenn du etwas Furchtbares getan hättest, dann wolltest du doch auch nicht, daß man mir dafür die Schuld geben würde, oder?«

Was meinte sie bloß damit? Wußte sie etwas? Bestimmt hatte diese bösartige alte Margery etwas ausgeplaudert. Spürte auch sie, daß ein Geist im Hause umging?

»Oh, Mama, ich weiß, daß du es einsehen wirst. Du kannst doch nicht Henry für die Taten seines Vaters verantwortlich machen!«

»Ich werde dir niemals die Erlaubnis geben, diesen Jungen zu heiraten.«

»Und wir werden uns von niemandem trennen lassen.«

»Auf keinen Fall solltest du etwas überstürzen. Du bist unsere Tochter und erst siebzehn Jahre alt; dein Vater kann ihn einsperren lassen, wenn er dich entführt.«

»Oh, Mama, du wärest doch niemals imstande, so grausam und so gemein zu sein!«

»Wenn es die Situation erfordert, dann bin ich zu so manchem imstande, dessen kannst du versichert sein …«

»Mama, du machst mir angst.«

»Das ist doch lächerlich, Kind. Warum sollte ich dir angst machen?«

»Weil du so etwas sagst, Mama!«

»Ich hoffe, du wirst vernünftig sein, mein Schatz. Du kannst dir gar nicht vorstellen, wie aufregend und schön das Leben in London ist, wenn man Geld hat. Besteht dein Vater darauf, daß du Sir Anthony heiratest, dann würdest du ihm bis ans Ende deiner Tage dafür dankbar sein!«

»Wenn Papa wüßte, wie unglücklich ich in einer Ehe mit Sir Anthony wäre, dann würde er niemals darauf bestehen …«

»Warum starrst du mich so an, Kind?«

»Du siehst verändert aus …«

»So ein Unsinn. Geh jetzt. Dein Vater wird über diese Sache entscheiden.«

»Nein, Mama, du bist es, die darüber entscheidet. Du könntest ihn überzeugen, und du willst doch, daß ich glücklich werde. Du könntest ihm klarmachen, daß es nur eines gibt, das mich glücklich machen kann.«

»Du bist wirklich schrecklich hartnäckig, Katharine. Geh auf dein Zimmer, ich habe Kopfschmerzen. Denk noch einmal über alles nach, dann wirst du begreifen, was das beste für uns alle ist.«

Katharine ging zur Tür. Ganz benommen stellte sie sich vor, wie man ihr Henry entreißen würde. Van Diemens Land! Das ist die Hölle auf Erden, und die Hölle auf Erden ist genauso schlimm wie die richtige Hölle!

»Audrey!« rief Carolan, nachdem Katharine gegangen war. »Ich habe Kopfschmerzen. Gib doch ein wenig Parfüm auf mein Taschentuch und leg es mir auf die Stirn.«

Audrey gehorchte sofort.

»Vielen Dank, Audrey.«

Sie lächelte schläfrig und dachte an Gunnar, diesen kalten Mann, in dem sie dennoch eine ungeheure Leidenschaft entfachen konnte, auch jetzt noch. Der seltsame, treue Gunnar! Sie hatte ihn gewählt und dieses Haus mit all seinen Annehmlichkeiten. Die einsame Farm, das abenteuerliche Leben dort hatte sie verschmäht. Und sie wußte nicht, ob sie die richtige Entscheidung getroffen hatte. Aber was war schon das richtige im Leben? Mit ihren sechsunddreißig Jahren war sie immer noch eine Schönheit. Sie hatte nicht ständig Süßigkeiten gegessen wie die arme Kitty; sie war zwar auch ein wenig füllig geworden, aber nicht zu dick. Was wäre wohl auf der Farm aus ihr geworden? Eine Schlampe? Dieses wilde Leben dort draußen forderte seinen Tribut und zehrte an der Schönheit einer Frau. Und Marcus war schon immer ein Frauenheld gewesen. Er hätte ihr niemals treu sein können, und sie hätte ihn deswegen gehaßt. Vielleicht hätte sie es ihm ja auch mit gleicher Münze heimgezahlt.

Wie sollte man jemals herausbekommen, welcher Weg im Leben der richtige war?

Doch wie gern hätte sie etwas Gutes in ihrem Leben getan! So vieles kam ihr heute abend in den Sinn. Einmal hatte Esther zu ihr gesagt, sie sei eine geborene Anführerin und Pionierin. Damals hatte sie geantwortet, daß sie gern eine gute Samariterin sein würde. Aber war nicht auch sie achtlos auf der anderen Straßenseite weitergegangen? Nur als sie selbst unter die Diebe und Räuber geraten war, hatte sie sich um andere Opfer gekümmert.

Und doch war eine Frau in diese Räuberhöhle gegangen und hatte wie ein Engel gelächelt. Ihre Röcke hatten wie Engelsflügel gerauscht, und sie hatte ein nacktes krankes Kind aufgehoben. Ohne jede Angst hatte sie all das getan. Oh, nur eine Heilige konnte sich unter diese eingesperrten Bestien begeben, ohne sich zu fürchten. Was war das nur für eine Macht, die sie besaß?

»Audrey, komm her zu mir! Hol dir einen Stuhl und setz dich. Ich möchte mehr über diese Mrs. Fry erfahren.«

Noch einmal berichtete Audrey von der Ankunft dieser engelsgleichen Frau. Mit stammelnden Worten beschrieb sie ein verändertes Newgate-Gefängnis. Die Gefangenen, die nun dorthin gebracht wurden, litten nicht mehr ganz so furchtbar, wie Carolan damals gelitten hatte. Dieser Engel im Quäkergewand hatte eine Veränderung bewirkt. Audrey redete vom Vorlesen und vom Nähen. Neuerdings war es sogar möglich, ein wenig Geld zu verdienen, während man in Newgate war. Ein guter Engel hatte seine schützenden Flügel über die armen, verzweifelten Menschen im Gefängnis ausgebreitet.

Nachdem Audrey noch eine Weile erzählt hatte, sagte Carolan: »Laß mich jetzt allein, Audrey. Ich möchte schlafen. Mein Kopf tut mir so weh.«

Ganz deutlich erinnerte sich Carolan jetzt an alles. Die Ankunft in Newgate, der Kampf, die zotigen Reden, der Gestank, die Fahrt nach Portsmouth im offenen Wagen. Mama, Millie, Esther – so jung und unschuldig, und wie sie an diesem elenden Ort gebetet hatte. Das Schiff. Der heiße Morgen an Deck, bunte Vögel, dieser gräßliche Mann mit dem Monokel, und Gunnar …

Ich wollte eine Heilige sein. Ich wollte sein wie Mrs. Fry. Aber was habe ich statt dessen aus meinem Leben gemacht?

Sie zitterte. »Du hättest eine Pionierin sein sollen. Du hättest es geschafft, Carolan!« O nein, Esther, ich hätte mich vom Elend abgewandt und wäre weitergegangen.

Aber ich habe nicht nur Schlechtes in mir. Ich wäre Everard eine gute Frau gewesen. Ich hätte den Armen geholfen. Als Everards Ehefrau wäre ich vielleicht wie Ihr gewesen, Mrs. Fry …

»Marcus!« rief sie.

Er sprang aus dem Sattel und band sein Pferd an einen Baum. Ihr Blick fiel auf seine Hände, sie waren wettergebräunt.

»Ich wußte, daß du kommen würdest, Carolan«, sagte er. »Wie machst du es nur, immer jung zu bleiben?«

»So ein Unsinn! Ich bin um Jahre gealtert, ich habe immerhin sechs Kinder geboren.«

»Carolan, Carolan, dies ist ein wichtiger Tag in meinem Leben!«

Schon wieder die alten Schmeicheleien.

»Bist du froh, mich wiederzusehen, Carolan? Findest du, daß ich mich verändert habe?« Er war näher gekommen und hatte ihre Hände umfaßt. Seine Augen waren anders geworden, erfahrener, aber er war charmant wie eh und je.

»Natürlich freue ich mich. Schließlich mußte ich eine ganz schöne Strecke zurücklegen, um dich zu treffen. Aber wir sind nicht hierhergekommen, um über uns zu sprechen.«

»Ach nein?« sagte er und hielt immer noch ihre Hände. »Das wäre doch auch kein uninteressantes Thema! Wie ist es dir im Leben ergangen, Carolan?«

»Sehr gut, vielen Dank. Und dir ging es wohl auch nicht schlecht, wie ich sehe.«

»Oh … ohne dich war mein Leben öde und leer, Carolan.«

»Ach Marcus, du bist zu alt, um solche Reden zu führen, und ich bin zu klug, um darauf hereinzufallen. Wir sollten vielmehr über unsere Kinder reden.«

»Mein Henry und deine Katharine! Das Leben verläuft doch in merkwürdigen Bahnen, Carolan! Als wir uns vor achtzehn Jahren auf unsere gemeinsame Zukunft freuten, hättest du dir da vorstellen können, daß wir uns einst an dieser einsamen Stelle treffen würden, um über die Heirat meines Sohnes und deiner Tochter zu reden?«

O nein, sie würde sich nicht von seiner Verwegenheit hinreißen lassen. Schließlich war sie die würdevolle Mrs. Masterman aus Sydney.

»Ja, es scheint wirklich die Ironie des Schicksals zu sein, aber es ist nun einmal so. Also, kommen wir endlich zum Thema. Warum wolltest du mich sehen?«

»Ich bitte dich, Carolan, lege unseren Kindern keine Hindernisse in den Weg. Sie sind so jung und bezaubernd. Es wäre schrecklich, wenn auch sie ihr Glück verlieren würden. Unsere Geschichte darf sich nicht auf so grausame Weise wiederholen. Wir müssen das verhindern.«

»Nein, du hast dich nicht verändert«, sagte sie wütend. »Man kann deine Worte einfach niemals ernst nehmen. Du meinst also, wir hätten unser Glück verloren? Das stimmt einfach nicht. Wir sind beide mit unserem Leben ganz zufrieden.«

»Hast du denn wirklich das vollkommene Glück gefunden, Carolan?«

»Laß uns doch mit diesem sentimentalen Gerede aufhören! Wer ist schon vollkommen glücklich?«

»Zumindest kann man davon träumen. Ich habe davon geträumt, Carolan, damals in Margerys Küche.«

»Als du beschlossen hast, Esther zu heiraten?«

»Nein, als ich dachte, ich würde dich heiraten«, sagte er verzweifelt. »O Carolan, was warst du doch für eine Hexe! Du hattest mich verhext. Ich mußte dir gehorchen. Den ganzen Tag und die ganze Nacht habe ich nur von dir geträumt. Ich glaube, ich habe niemals damit aufgehört.«

Sie blickte an ihm vorbei auf die Berge. Für sie waren es Katharines Berge, weil Katharine als kleines Mädchen immer so gern von ihnen erzählt hatte.

»Hör zu, Marcus. Ich liebe meine Tochter mehr als alles andere auf der Welt. Es macht mich traurig, daß sie jetzt so wütend auf mich ist. Ich verliere sie. Wenn sie deine Tochter wäre, wolltest du dann nicht auch nur das Beste für sie?«

»Ja natürlich, Carolan.«

»Da ist ein Mann, der sie gerne heiraten möchte. Er hat alles, Geld und eine gute Position. Er ist freundlich und tolerant, und ich glaube, daß er sehr verliebt in sie ist. Er kann sie mit nach England nehmen und sie glücklich machen. Aber sie ist besessen von deinem Sohn. Nur mit ihm kann sie sich vorstellen, glücklich zu werden. Doch ich darf es nicht zulassen, daß meine Tochter sich ihr Leben zerstört!«

»Ihr Leben zerstört, Carolan?« sagte er ernsthaft. »Warum sollte sie ihr Leben zerstören?«

»Du kennst doch die Verhältnisse ebenso gut wie ich. Was wäre denn das für ein Leben für eine Frau? Sie müßte dort draußen in der Einsamkeit vegetieren, würde kaum andere Menschen treffen. In London dagegen würde sie aufblühen, könnte sich alle Wünsche erfüllen und ein gesichertes Leben führen. Das wünsche ich mir für meine Tochter. Woher sollen wir wissen, was hier alles geschehen wird? Dies ist ein neues Land. Ich habe gehört, was auf diesen einsamen Farmen für schreckliche Dinge geschehen sind. Die Menschen sind hier noch skrupelloser und die Gesetze weniger streng. Nein, nein! Sie würde deinen Sohn bestimmt schnell vergessen. Ich nehme an, daß er dir sehr ähnlich ist. Er weiß genau, wie man ein junges Mädchen bezaubern kann. Sicher wird er ihr weh tun … genau wie du mir weh getan hast – und Esther, und deiner Lucy, und Clementine

Smith und all den anderen. Ich weiß nur zu gut, wie es Frauen ergeht, die ohne Schutz dieser Welt ausgeliefert sind ...«

»Ach Carolan, wo ist nur dein gesunder Menschenverstand geblieben? Bei Henry wird sie sicher sein. Er liebt sie und wird sich um sie kümmern, das verspreche ich dir.«

Sie war außer sich. Kaum, daß sie noch an Katharine dachte, sie selbst und Marcus gingen ihr nicht aus dem Sinn. Heiße Tränen stiegen in ihren Augen auf, denn seine Anziehungskraft auf sie war so stark wie eh und je. Sie erinnerte sich an all die Jahre, die vergangen waren, an den Geist, der sie nun schon seit achtzehn Jahren verfolgte, und sie dachte an jenes wilde, freie Glück, das sie mit Marcus hätte erleben können.

Er legte seinen Arm um ihre Schulter, denn er hatte die Tränen in ihren Augen gesehen.

»Carolan, wir sind doch noch jung«, flüsterte er.

Sie sah ihm prüfend ins Gesicht. Er warf den Kopf zurück und sagte lachend: »Carolan, ich bin kaum über vierzig. Ist das etwa schon so alt? Du bist sechsunddreißig, in deinen besten Jahren. Carolan, sieh dir diese Berge an! Sind sie nicht wunderschön? Fühlst du nicht, wie sie dich rufen? Sie sind wild und versprechen dir Abenteuer. Ein neues Land liegt hinter ihnen. Carolan, warum solltest du zurück nach Sydney gehen? Warum, mein Liebling, warum? Vor achtzehn Jahren hast du mir gehört und ich dir, und daran hat sich bis heute nichts geändert. So wird es immer bleiben!«

»Marcus!«

Er nahm sie fest in seine Arme und küßte sie, und sie erwiderte seinen Kuß.

»Es ist seltsam«, murmelte sie, »sich wieder jung zu fühlen. Seit vielen Jahren habe ich mich nicht mehr jung gefühlt.« Einen Moment lang hatte sie die Kontrolle über sich verloren, aber sie war entschlossen, daß es bei diesem einen Moment bleiben sollte. Nur einmal noch hatte sie spüren wollen, wie es war zu lieben ohne nachzudenken, ohne auf irgend etwas Rücksicht zu nehmen. Dieses Erlebnis hatte sie jetzt gehabt – und sie würde sich für den Rest ihres Lebens daran erinnern.

»Mehr kann ich dir nicht geben«, sagte sie.

Er schüttelte den Kopf. »Carolan, laß uns zusammen fortgehen. Was hindert uns? Einmal, da wärst du mit mir gegangen ...«

»Ja, aber wieviel ist seitdem geschehen!«

»Vor einer Sekunde, da warst du wieder meine süße, wunderschöne Carolan, die ich immer geliebt habe, im Laden deines Vaters, in Newgate, auf dem Schiff und in Margerys Küche. Du hast mein Herz gebrochen, als du zu ihm gingst.«

»Und du brachst das meine, als du zu ihr gingst!«

»Es bedeutete mir nichts, Carolan. Hast du ihn geliebt?«

»Ich schätze ihn«, sagte sie.

Er küßte sie wütend. »Warum hast du unser Leben zerstört?«

»Du warst es, der es zerstörte, Marcus!«

»Nein, du mit deinen Moralvorstellungen!«

»Es war deine Schuld – mit deinen Schurkereien, deinen Lügen, deinen Betrügereien ... Woher weiß ich eigentlich, daß du nicht auch in diesem Moment unaufrichtig bist? Vielleicht machst du dich ja insgeheim lustig und genießt es, dich mit der ehrbaren Mrs. Masterman zu amüsieren. Sprich seinen Namen, meinen Namen nicht aus!«

»Oh, du bist Carolan, nichts weiter als Carolan. Warum liebe ich denn wohl deine Tochter? Weil sie dir so ähnlich ist. Warum erschien mir mein Leben plötzlich heller und freundlicher, als sie auf meine Veranda trat? Weil sie genau wie ihre Mutter ist.«

»Warum sagst du bloß immer die Dinge, die ich am liebsten hören möchte?«

»Weil ich dich liebe.«

»Marcus, es ist zu spät, um von Liebe zu reden.«

»Dazu ist es nie zu spät. Carolan, du darfst nicht nach Sydney zurückkehren! Wir gehen zusammen nach England, nach London. Es wird jetzt ein anderes London sein als diese schreckliche Stadt, in der wir uns zum erstenmal begegnet sind. Diesmal werden wir die Stadt erobern, Carolan!«

»Es ist zu spät. Glaubst du etwa, ich brächte es fertig, meinen Mann und meine Kinder zu verlassen?«

»Und wenn ich zwanzig Kinder hätte, für dich würde ich sie verlassen!«

»Bitte Marcus, hör auf, davon zu sprechen!«

»Wenn ich nur genug rede, dann wirst du schon einsehen, daß wir unsere letzte Chance, glücklich zu werden, nicht einfach fortwerfen dürfen.«

»Wir haben keine Chance, Marcus. Wir haben unsere Chance vor achtzehn Jahren verpaßt.«

»Meine Liebste, solange es Schiffe gibt, die uns von hier fortbringen können, gibt es noch eine Chance für uns.«

»Ich könnte niemals meine Familie verlassen.«

»Ich bin deine Familie. Ich bin dein Zuhause. Du gehörst mir und ich dir. Das mußt du endlich begreifen.«

»Aber die Menschen verändern sich nun einmal in achtzehn Jahren. Ich habe mich verändert.«

Er küßte sie, hielt sie eng an sich gedrückt und lachte vor Freude.

»O nein, du hast dich nicht verändert; du bist immer noch meine süße Carolan. Und du darfst nicht zurückgehen. Ich habe mir immer geschworen, daß ich dich niemals loslassen würde, wenn ich dich jemals wieder so in den Armen halten könnte. Ich bin nicht mehr jung, Carolan, es stimmt. Ich bin jetzt alt genug, um klüger zu sein. Nie wieder werde ich dich gehen lassen, meine Geliebte.«

»Ich hätte nicht kommen sollen«, sagte sie traurig. »Ich mache uns beide nur noch unglücklicher. Denk daran – ich habe geschworen, meinen Ehemann niemals zu verlassen.«

»All deine Schwüre zählen jetzt nichts mehr, meine Liebste. Du gehörst mir – das kannst du nicht verleugnen!«

»Mitten in der Nacht, wenn ich zitternd aufwache, oder wenn ich nicht schlafen kann, dann werde ich an meinen Schwur erinnert. Mein Mann liegt neben mir. Manchmal kann er auch nicht schlafen, und ich frage mich, was er denkt. Ich habe gesagt: ›Ich werde dich nie verlassen, Gunnar. Ich werde alles tun, damit du glücklich wirst.‹ Es ist wegen … wegen der Sache, die geschehen ist, Marcus. Und ich werde dir sagen, warum ich nicht mit dir fortgehen kann. Wie gern würde ich es tun! Ich kann dir nicht länger etwas vormachen; ich habe dich immer geliebt. Ich hätte dich und Esther damals umbringen können. Aber ich allein trug ja die Schuld an allem, das weiß ich jetzt. Hör zu, Marcus, ich bin eine Mörderin. Deshalb kann ich nicht mit dir kommen. Hast du denn niemals die Gerüchte gehört, die man in Sydney über uns verbreitet hat? Hast du nicht gehört, wie Lucille Masterman starb? Ich war schwanger mit seinem Kind, Marcus, und ich war allein und verängstigt, und ich war außer mir. Heute rede ich mir ein, daß Newgate mich so veränderte. Aber vielleicht ist das nur eine Entschuldigung. Wenn man stark ist, dann kann einen wohl nichts vom rechten Weg abbringen.

Lucille Masterman nahm immer ein Schlafmittel. Ich wußte davon, genau wie Gunnar, und dachte mir, wie leicht sie doch eine Überdosis davon erwischen könnte. Sie wollte nicht leben; aber ich wollte leben, und mein Kind sollte leben. Wer kennt schon die wahren Beweggründe für seine Taten? Ich rede mir ein, ich tat es für mein Kind. Aber habe ich es nicht doch für mich selbst getan? Er war sehr gut zu mir. Er wollte mich zu netten, verschwiegenen Menschen schicken, die sich um mich kümmern sollten, aber darüber habe ich nur gelacht. Es war mir nicht genug. Nein, sagte ich, du mußt mich heiraten, damit mein Kind ein richtiges Zuhause hat, sonst werde ich einen anderen heiraten. Weißt du noch, daß Tom Blake mich damals auch heiraten wollte? Gunnar liebte mich, du kannst dir nicht vorstellen, wie sehr. Er wollte Kinder, und sie hatte ihn um sein Kind betrogen. Marcus, schau mich nicht so an! Nimm mich fest in deine Arme. Seitdem läßt sie mir keine Ruhe. Manchmal denke ich, sie treibt mich zum Wahnsinn. Sie war so schwach, und sie hing kein bißchen am Leben. Und dann hatte sie diese Flasche; es war doch so einfach. Sie hatte das Zeug von einem ehemaligen Sträfling bekommen, der mit unerlaubten Arzneien handelte. Meist nahm sie eine ganze Menge davon, um ein wenig Schlaf zu bekommen. Sie bildete sich immer ein, krank zu sein. Und ich glaube, sie wußte, wie es um mich stand; ich habe mein Bestes getan, es sie wissen zu lassen, ohne es direkt auszusprechen. Stets habe ich sie gewarnt, bloß keine Überdosis von dem Mittel zu nehmen. Dadurch ist sie dann wohl erst recht auf diese Idee gekommen. Ich habe es ihr eingeredet!«

Marcus sah ihr in die Augen.

»Carolan, du … du, hast sie umgebracht!«

Sie warf den Kopf zurück.

»Ja!« schrie sie. »Ich habe sie ermordet! Ich habe sie umgebracht! Ich habe ihr das Zeug zwar nicht ins Glas geschüttet und es ihr gegeben – das nicht. Ich weiß nicht, wer das getan hat. Vielleicht hat *er* es getan. Manchmal stelle ich mir vor, wie er in ihr Zimmer gegangen ist. ›Du siehst müde aus, Lucille!‹ hat er vielleicht gesagt. ›Hast du nicht irgendeine Arznei, die dir beim Einschlafen hilft? Schlaf doch ein bißchen, das wird dir guttun. Ich hole dir die Medizin …‹ Aber weißt du, wenn *er* es getan hat, dann war ich es, die ihn dazu trieb. Ich quälte ihn mit meinen Drohungen, Tom Blake zu heiraten. Ich trug sein Kind unter dem Herzen und drohte damit, es ihm zu entziehen. Er ist ein seltsamer, starker Mann. Ich habe mich oft gefragt, ob er zu dieser Tat in der Lage war. Ich weiß es nicht, aber ich halte es für möglich. Immer steht das zwischen uns. Hat *er* es getan? Das frage ich mich, aber ich habe es nie gewagt, ihn zu fragen. Ich habe Angst vor der Antwort. Aber wie auch immer es geschah, Marcus, ob sie nun selbst die Überdosis genommen hat, oder ob er sie ihr gegeben hat, so bin doch *ich* ihre Mörderin, denn ich habe diese Situation, aus der es keinen anderen Ausweg gab, heraufbeschworen. Für meine Tochter, habe ich mir gesagt! Aber ich tat es nicht für meine Tochter. Ich tat es für mich selbst!«

Sie lag schluchzend in seinen Armen, lachend und weinend zugleich.

»Siehst du, Marcus, ich bin schlecht. In mir ist nicht sehr viel Gutes. Und ich wollte doch so gerne gut sein! Audrey hat mir von einer Frau erzählt, einer wundervollen Frau, die Newgate verändert hat, Marcus. Vielleicht würden wir es jetzt gar nicht mehr wiedererkennen. Diese Frau ist eine

Heilige. Wie ich sie beneide! Ich hätte werden können wie sie. Und was ist aus mir geworden …? Eine Mörderin!«

»Carolan, Carolan!« rief er. »Wie aufgeregt du bist! Was redest du nur für absurdes Zeug! Du hast dich kein bißchen verändert. Du bist immer noch dieselbe Carolan, dieselbe süße Carolan.«

»Bitte sprich meinen Namen nicht so zärtlich aus, ich kann es nicht ertragen. Verstehst du denn nicht, daß ich ihn nie verlassen kann? Nach dem, was ich getan habe! Von dir habe ich mein ganzes Leben lang geträumt, und so wird es auch bleiben. Ich habe immer an dich gedacht, mich nach dir gesehnt … Nein, nein, hör bitte auf! Es hat keinen Sinn. Ich kann nicht glücklich mit ihm sein – weil es dich gibt. Und ich könnte mit dir nicht glücklich werden, denn ich müßte immer daran denken, was er meinetwegen getan hat … oder vielleicht nicht getan hat … aber er ist ein guter Mensch, der von seinem Gewissen geplagt wird, und er leidet, auch wenn er nicht der Täter ist, denn er weiß, warum sie sterben mußte. Sie mußte sterben wegen unserer Sünde, und das weiß er, und ich weiß es auch.«

»Carolan«, seufzte er, »ich werde dafür sorgen, daß du all das vergißt.«

»O Marcus, ich mache mir solche Sorgen um meine Tochter. Sie ist so eigensinnig, wie ich es war. Manchmal denke ich, daß die Frauen in meiner Familie das Unglück anziehen. Es gibt da eine Geschichte über meine Großmutter und eine über meine Urgroßmutter. Und dann erst meine Mama! Sie hat mir erzählt, wie sie ihren Liebsten einst an die Preßpatrouille verloren hat!«

Er streichelte ihr Haar.

»Die Preßpatrouille gibt es seit dem Krieg nicht mehr, Carolan. Siehst du denn nicht, wie sich vor unseren Augen eine neue Welt auftut? Alles scheint sich zum Besseren zu wenden, sogar das gräßliche alte Newgate. Langsam aber sicher, Carolan. Laß uns nicht länger an unsere persönlichen Tragödien denken. Schau in die Zukunft … auf unsere Kinder und deren Kinder … all die Generationen, die folgen werden. Die Preßpatrouille existiert nicht mehr. Newgate verändert sich! Und denk an die Veränderungen, die Katharine und Henry noch erleben werden!«

»Marcus, verstehst du denn nicht, daß es mir um die Sicherheit meiner Tochter geht ...?«

»Man kann niemandem Sicherheit garantieren, Carolan.«

»Doch, das kann man!«

»Nein, Liebste. Unsere Kinder leben ihr eigenes Leben. Wir können uns nicht einmischen. Menschen sollten sich niemals einmischen, nur die Zeit, in der wir leben, kann uns beeinflussen – und die Zeiten sind anders geworden, Carolan. Wenn deine Eltern heute noch einmal sein könnten! Keine Preßpatrouille würde ihr Leben ruinieren. Newgate ändert sein Gesicht. Wer weiß, vielleicht wird es bald überhaupt kein Newgate mehr geben! Vielleicht ist es ja bald nicht mehr möglich, daß unschuldige Menschen wie du und Esther von ungerechten Richtern verurteilt werden. Vielleicht kommen ja auch schwache Menschen wie ich nicht in Versuchung, das Gesetz zu brechen. Carolan, siehst du denn nicht, daß sich eine wunderbare neue Welt vor uns auftut?«

»Jetzt redest du Unsinn, Marcus. Das hast du schon immer getan. Es gibt noch viel zu viel Grausamkeit auf der Welt. Und so wird es auch bleiben. Wie könnten wir jemals all die Armut und Ungerechtigkeit überwinden?«

»Schau dort hinüber, Carolan! Unsere Blauen Berge ... Wie lange ist es her, daß wir dachten, wir könnten diese Barriere niemals überwinden? Nicht passierbar, sagte man. Die Eingeborenen erzählten die schrecklichsten Geschichten über Dämonen, die dort hausen sollten und jeden vernichten würden, der ihre Berge betritt. Aber wir haben es getan, Carolan. Wir haben diese Berge überwunden. Auf der anderen Seite ist fruchtbares Land. Es ist zwar noch unerschlossen, genauso wie unsere Zukunft. Aber es liegt dort, und es ist wunderbar. Alle Mühen, die Berge zu bezwingen, haben sich gelohnt. So sehe ich es. Carolan, der Weg über die Blauen Berge führt in eine wundervolle Zukunft. Unsere Kinder und Enkelkinder, Carolan ... sie werden mit Schwierigkeiten kämpfen müssen, so weit dort draußen. Vielleicht wird es auch für sie immer einen Gebirgszug geben, den es zu überqueren gilt, aber es ist die Mühe wert, Carolan, wenn man auf die andere Seite gelangt.«

»Sie wollen jenseits der Blauen Berge leben«, flüsterte sie. »So fern von uns.«

»Dann laß sie doch, Carolan! Oh, laß sie doch! Mag sein, daß du recht hast. Es wäre vielleicht klüger, wenn sie ihren Ritter heiratete, und mit ihm nach London ginge. Aber es ist nicht an uns, das zu entscheiden. Die Zukunft gehört nicht uns, Carolan, sondern ihnen. Sie brauchen ihre Freiheit. Wir müssen sie ihnen geben. Verstehst du das jetzt, Carolan?«

»Ich bin froh, daß ich gekommen bin, Marcus.«

»Geh nicht zurück, Carolan! Warum solltest du? Zurück in ein Spukhaus! An meiner Seite wirst du vergessen, daß es jemals eine Frau namens Lucille Masterman gegeben hat. Du hast sie nicht getötet, meine Liebste, dich trifft keine Schuld. Wenn sie sich selbst getötet hat, dann war es einzig und allein ihre Schuld! Wenn er es getan hat, dann soll er auch die Schuld tragen. Komm mit mir, Carolan. Ich mache dich glücklich!«

»Du hast mich davon überzeugt, daß unsere Kinder ihren eigenen Weg gehen müssen, Marcus. Das muß dir genügen. Ich werde an das, was du gesagt hast, denken. Ich werde es niemals vergessen.«

»Du wirst also zurückgehen, Carolan?«

»Ja.«

»Du hast mein Herz schon einmal gebrochen. Ich konnte es nur notdürftig zusammenflicken. Wirst du es jetzt noch einmal brechen?«

»Nein Marcus, dein Herz war niemals gebrochen. Du wirst nach Hause gehen, und du wirst in deinem Leben noch viele glückliche Augenblicke genießen. Vielleicht denkst du manchmal an mich, und vielleicht redest du dir ein, daß ich allein dich hätte glücklich machen können. Du hast dich überhaupt nicht verändert, Marcus. Dein Herz ist stark – es wird nicht so leicht brechen. Und auch ich werde nach Hause gehen und dieselbe hochmütige, arrogante, manchmal auch achtbare Mrs. Masterman sein wie zuvor. Heute nachmittag habe ich geweint wie ein dummes kleines Mädchen, aber das war nur ein Teil meines Wesens. Einerseits bin ich ein törichtes Mädchen – und andererseits eine hochmütige Dame. Ich gebe mich sanftmütig, aber ich kann auch gerissen und verschlagen sein. Frag mich nicht, wer ich in Wahrheit bin – ich weiß es nicht. Ich wäre so gerne eine Heilige wie jene Mrs. Fry – und bin doch nur eine Sünderin. Ich war nicht stark genug, so einfach ist das. Die Ereignisse haben aus mir gemacht, was ich jetzt bin; sie haben auch dich geprägt, ebenso wie Gunnar. Wir sind schwache Menschen. Trotzdem haben wir uns verändert, und trotzdem verändert sich die Welt. So wird es immer weitergehen. Und, Marcus, du hast recht: Wie schwierig es auch sein mag, ein Gebirge zu überqueren, irgend jemand wird es schaffen. Daran werde ich denken. Leb wohl, Marcus. Leb wohl!«

Sie sah sich nicht um, als sie auf ihr Pferd stieg. Hocherhobenen Hauptes ritt sie davon, zurück zu dem Haus in Sydney, zurück zu Gunnar und ihrer Familie, zurück zu der Erinnerung an Lucille Masterman.

Nach einer Weile jedoch wandte sie sich noch einmal um. Eine einsame Gestalt sah ihr nach. Weit dahinter ragten die Blauen Berge bis zum Himmel empor.